中国社会科学院创新工程学术出版资助项目

中国哲学社会科学学科发展报告·当代中国学术史系列

保险法学的新发展

NEW DEVELOPMENT OF INSURANCE LAW

邹海林 ● 著

中国社会科学出版社

图书在版编目(CIP)数据

保险法学的新发展 / 邹海林著. —北京：中国社会科学出版社，2015.10
（中国法学新发展系列丛书）
ISBN 978 - 7 - 5161 - 7178 - 3

Ⅰ.①保…　Ⅱ.①邹…　Ⅲ.①保险法 - 法的理论 - 中国　Ⅳ.①D922.284.1

中国版本图书馆 CIP 数据核字（2015）第 282049 号

出 版 人	赵剑英	
责任编辑	任　明	
责任校对	王佳玉	
责任印制	何　艳	

出　　版	中国社会科学出版社	
社　　址	北京鼓楼西大街甲 158 号	
邮　　编	100720	
网　　址	http：//www.csspw.cn	
发 行 部	010 - 84083685	
门 市 部	010 - 84029450	
经　　销	新华书店及其他书店	

印刷装订	北京市兴怀印刷厂	
版　　次	2015 年 10 月第 1 版	
印　　次	2015 年 10 月第 1 次印刷	

开　　本	710×1000　1/16	
印　　张	36.25	
插　　页	2	
字　　数	594 千字	
定　　价	98.00 元	

总　序

当今世界正处于前所未有的激烈的变动之中，我国正处于中国特色社会主义发展的重要战略机遇期，正处于全面建设小康社会的关键期和改革开放的攻坚期。这一切为哲学社会科学的大繁荣大发展提供了难得的机遇。哲学社会科学发展目前面对三大有利条件：一是中国特色社会主义建设的伟大实践，为哲学社会科学界提供了大有作为的广阔舞台，为哲学社会科学研究提供了源源不断的资源、素材。二是党和国家的高度重视和大力支持，为哲学社会科学的繁荣发展提供了有力保证。三是"百花齐放、百家争鸣"方针的贯彻实施，为哲学社会科学界的思想创造和理论创新营造了良好环境。

国家"十二五"发展规划纲要明确提出："大力推进哲学社会科学创新体系建设，实施哲学社会科学创新工程，繁荣发展哲学社会科学。"中国社会科学院响应这一号召，启动哲学社会科学创新工程。哲学社会科学创新工程，旨在努力实现以马克思主义为指导，以学术观点与理论创新、学科体系创新、科研组织与管理创新、科研方法与手段创新、用人制度创新为主要内容的哲学社会科学体系创新。实施创新工程的目的是构建哲学社会科学创新体系，不断加强哲学社会科学研究，多出经得起实践检验的精品成果，多出政治方向正确、学术导向明确、科研成果突出的高层次人才，为人民服务，为繁荣发展社会主义先进文明服务，为中国特色社会主义服务。

实施创新工程的一项重要内容是遵循哲学社会科学学科发展规律，完善学科建设机制，优化学科结构，形成具有中国特色、结构合理、优势突出、适应国家需要的学科布局。作为创新工程精品成果的展示平台，哲学社会科学各学科发展报告的撰写，对于准确把握学科前沿发展状况、积极推进学科建设和创新来说，是一项兼具基础性和长远性的重要工作。

自中华人民共和国成立以来，伴随中国社会主义革命、建设和改革发展的历史，中国特色哲学社会科学体系也处在形成和发展之中。特别是改革开放以来，随着我国经济社会的发展，哲学社会科学各学科的研究不断拓展与深化，成就显著、举世瞩目。为了促进中国特色、中国风格、中国气派的哲学社会科学观念、方法和体系的进一步发展，推动我国哲学社会科学优秀成果和优秀人才走向世界，更主动地参与国际学术对话，扩大中国哲学社会科学话语权，增强中华文化的软实力，我们亟待梳理当代中国哲学社会科学各学科学术思想的发展轨迹，不断总结各学科积累的优秀成果，包括重大学术观点的提出及影响、重要学术流派的形成与演变、重要学术著作与文献的撰著与出版、重要学术代表人物的涌现与成长等。为此，中国社会科学出版社组织编撰"中国哲学社会科学学科发展报告"大型连续出版丛书，既是学术界和出版界的盛事，也是哲学社会科学创新工程的重要组成部分。

"中国哲学社会科学学科发展报告"分为三个子系列："当代中国学术史"、"学科前沿研究报告"和"学科年度综述"。"当代中国学术史"涉及哲学、历史学、考古学、文学、宗教学、社会学、法学、教育学、民族学、经济学、政治学、国际关系学、语言学等不同的学科和研究领域，内容丰富，能够比较全面地反映当代中国哲学社会科学领域的研究状况。"学科前沿研究报告"按一级学科分类，每三年发布，"学科年度综述"每年度发布，并都编撰成书陆续出版。"学科前沿研究报告"内容包括学科发展的总体状况，三年来国内外学科前沿动态、最新理论观点与方法、重大理论创新与热点问题，国内外学科前沿的主要代表人物和代表作；"学科年度综述"内容包括本年度国内外学科发展最新动态、重要理论观点与方法、热点问题，代表性学者及代表作。每部学科发展报告都应当是反映当代重要学科学术思想发展、演变脉络的高水平、高质量的研究性成果；都应当是作者长期以来对学科跟踪研究的辛勤结晶；都应当反映学科最新发展动态，准确把握学科前沿，引领学科发展方向。我们相信，该出版工程的实施必将对我国哲学社会科学诸学科的建设与发展起到重要的促进作用，该系列丛书也将成为哲学社会科学学术研究领域重要的史料文献和教学材料，为我国哲学社会科学研究、教学事业以及人才培养作出重要贡献。

王伟光

《中国法学新发展系列》序

　　历史给了中国机会，而我们在场。历史正在给中国法治进步和法学繁荣以机会，而我们正好在场。回首历史，恐怕没有哪个时代会像当今那样，给了法学研究者这样多的可以有所作为也必须有所作为的机会与责任。社会发展需要法治进步，法治进步需要法学繁荣。我们真的看到，在社会发展和法治进步的期望与现实的交织作用下，在以改革、发展、创新为时代价值的理论生成机制中，中国法学的理论建树与学科建设均呈现出前所未有的成就，其具体表现是那样的明显以至于任何法学研究者均可随意列举一二。因此，在中国法学的理论形成与学科发展的场域中，我们有足够的与我们学术努力与事业贡献相关的过程与结果事例作为在场证明。

　　但是，我们作为法学研究者，是否对我们的理论创造过程以及这一过程的结果，特别是这一过程中的自己，有着十分清醒与充分准确的认识，这恐怕不是单靠态度端正或者经验丰富就能简洁回答的问题。在当前的学术习惯中，对法学研究成果的认识与评价缺乏总体性和系统性，往往满足于某项单一指标的概括标识和简要评述。对于法学研究成果，通常依赖著述发表载体、他引次数、获奖等级等指标进行衡量；对于法学研究过程，通常要在教科书的理论沿革叙述、项目申报书的研究现状描述中获得了解；对于法学研究主体，通常要靠荣誉称号、学术职务甚至行政职务予以评价。（当然，这种学术习惯并不为法学专业所专有，其他学科亦然。）这些指标都是有用的，作为一定范围或一定用途的评价依据也是有效的。但是，这些指标也都是有局限的，都是在有目标限定、范围限定和方法限定的体系中发挥着有限的评价功能。由于这些指标及其所在评价体系的分散运作，其运作的结果不足以使我们在更宏大的视野中掌握中国法学的理论成就和学科发展的整体状况，更不足以作为我们在更深入的层次上把握法学研究与学科建设规律性的分析依据。然而，这种对法学理论与学科现状的整体掌握，对法学研究与学科规律性的深入把握，都是十分重要的，因为这是法学研究者得以自主而有效地进行学术研究的重要前提。因其对法学理论与学科现状的整体掌握和对法学研究与学科建设规律性的深入把握，法学研究者才能在法学的理论形成与学科发展的过程中，明晰其理论生长点的坐标、学术努力的方向和能动创造的维度，从而作出有效的学术贡献，而不是兴之所至地投入理论形成机制中，被法学繁荣的学术洪流裹挟前行。为有效的法学研究助力，这就是我们为什么要撰写中国法学的学科新发展系列丛书的初衷。

在规划和撰写本系列丛书时，我们对"学术研究的有效性"予以特别的关注和深入的思考。什么是"有效的"学术研究，"有效的"学术研究有何意义，如何实现"有效的"学术研究，如此等等，是始终萦绕本系列丛书整个撰写过程的思维精灵。探求学术研究的有效性，不是我们意图为当今的学术活动及其成果产出设置标准，实在是为了本系列丛书选粹内容而设置依据，即究竟什么才是理论与学科"新发展"的判断依据。

首先，有效的法学研究是产生创新性成果的研究，而不是只有重复性效果的研究。学术研究的生命在于创新，法学研究的过程及其成果要能使法学理论得以丰富，使法治实践得以深入，确能实现在既有学术成果基础上的新发展。但由于读者、编辑甚而作者的阅读范围有限或者学术记忆耗损，许多只能算作更新而非创新的法学著述仍能持续获得展示机会，甚而旧作的迅速遗忘与新作的迅速更新交替并行。法学作为一门应用性很强的学科，观点或主张的反复阐释固然能加深世人印象并有助于激发政策回应，但低水平重复研究只能浪费学术资源并耗减学术创新能力，进而会降低法学研究者群体的学术品格。通过与最新的法学研究既有成果进行再交流与再利用，有助于识别与判定法学理论创新的生长点，从而提高法学知识再生产的创新效能。

其次，有效的法学研究是有真实意义的研究，而不是只有新奇效应的研究。法学应是经世致用之学，法学研究应当追求研究成果的实效性，其选题确为实际中所存在而为研究者所发掘，其内容确能丰富法学理论以健全人们的法治理念、法治思维与法治能力，其对策建议确有引起政策回应、制度改善的可能或者至少具有激发思考的价值。当然，法学研究不断取得发展的另外一个结果就是选题愈加困难，法学研究者必须不断提高寻找选题的学术敏感性和判断力以应对这种局面，而不是在选题的闭门虚设与故作新奇上下功夫。谁也不希望在法学研究领域也出现"标题党"与"大头军",无论是著述标题亮丽而内涵无着的"标题党",还是题目宏大而内容单薄的"大头军",都不可能成为理论创新的指望。力求真实选题与充实内容的质朴努力,才是推进有效的法学研究的主要力量。

再次,有效的法学研究是有逻辑力量的研究,而不是只有论断效用的研究。法学研究的创新并不止步于一个新理论观点的提出或者一个新制度措施的提倡,而是要通过严格的论据、严谨的论证构成严密的论点支撑体系,由此满足理论创新的逻辑自洽要素。法学创新的判断标准实质上不在于观点新不新,也不在于制度建议是不是先人一步提出,而是在于新观点、新建议是否有充分的逻辑支撑和清晰的阐发论述。因为缺乏论证的新观点只能归属于学术武断,而学术武断只能引起注意却不能激发共鸣。法学研究者常常以其学术观点或制度建议被立法采纳作为其学术创新及其价值的证明,其实在理论观点或制度建议与立法采纳之间,很难确立以特定学者为连接点的联系,即使能够建立这种联系,导致立法采纳的缘由也并不在于观点或建议的新颖性,而在于观点或建议的论证充分与表述清晰。

最后,有效的法学研究是有利他效应的研究,而不是只有自我彰显效能的研究。在法学研究的运作机制中,学术成果固然是学者个人学术创造力的结晶,其学术影响力是作品的学术质量与作者的学术声誉的综合评判,但学术成果的正向价值却是其学术影响力的本质构成要素。法学研究成果必须有益于法治进步、社会发展和人民福祉,也就是具有超越彰显个人能力与成就的利他效应。如果法学研究成果的形成目的只是在于作者的自我满足,或者其表达效果只有作者自己能够心领神会,其作用结果无益于甚至有损于法治进步、社会发展和人民福祉,那就绝不能视为有效的法学研究。所以,坚守学术成果的正向价值,提高具有正向价值的学术成果的可接受性,是实现法学研究有效性的根本要件。

本系列丛书最为主要的撰写目的,就是通过对一定时期我国法学研究成果的梳理与选粹,在整体上重构我国法学研究既有成果的表述体系,从中析出确属"新发展"的内容成分并再行彰显,以有助于对中国法学研究现状的整体掌握与重点检索,从而促使当今的法学研究能够实现如上所述的有效性。在此主要目的之外,还有一些期望通过本系列丛书达到的目的。诸如其一,有助于提高法学专业学生的学习效率与研读效果。本系列丛书将法学二级或三级学科在近期的知识积累和学术发展予以综合、梳理和评价，从而构成一般法学教科书之外并超越一般法学教科书的知识文本体系。通过阅读本系列丛书，可以更为系统准确地掌握中国法学某一领域的知识体系、学术重点、研究动态、理论沿革、实践效果以及重要学者。其二，有助于强化法学研究人员的学术素质养成。一个学者能够完成法学某个二级学科或三级学科新发展的撰写，就一定会成为这个法学二级学科或三级学科的真正专家。因为他或她要近乎被强迫地对该学科领域学术著述进行普遍阅读，由此才能谈得上对该学科领域新发展的基本把握；要深下功夫对该学科领域的各种学术事件和各家理论观点进行比较分析，由此才能做出是否确属法学新发展的准确判断。通过对法学某个二级学科或三级学科新发展的撰写，可以提高作者对法学研究成果的学术判断力和法学科研规律的认识能力。其三，有助于加强科研人才队伍建设。本系列丛书的主要作者或主编均为中国社会科学院法学研究所和国际法研究所的科研人员，通过本系列丛书的撰写，不仅使法学所和国际法所科研人员的个人科研能力获得大幅度提升，也使得法学所和国际法所的科研人员学科布局获得质量上的均衡，从而使法学所和国际法所的整体科研能力获得大幅度提高。说来有些自利，这也是法学所和国际法所何以举两所之力打造本系列丛书的重要原因之一。

本系列丛书以法学某个二级或三级学科作为单本书的撰写范围，基本上以《××学的新发展》作为书名，如《法理学的新发展》、《保险法学的新发展》等。如果不便称之为"××学的新发展"，便以《××研究的新发展》作为书名，如《商法基础理论研究的新发展》。本系列丛书的规划初衷是尽可能的涵括所有的法学二级学科或三级学科，但由于法学所和国际法所现有科研人员的学科布局并不完整，尤其是从事不同法学二级或三级学科研究的科研人员的素质能力并不均衡，即使联合外单位的一二学界同道助力，最终也未能实现本系列丛书涵括范围的完整性。这种规划上的遗憾再次提醒我们，加强科研队伍建设，既要重视科研人员个体科研能力的提高，也要重视一个机构整体科研能力的提高。我们希望，如果五年或十年之后再行撰写中国法学新发展系列丛书时，其所涵括的法学二级或三级学科将会更多更周延。

本系列丛书对各个法学二级或三级学科研究成果的汇集范围，限于2000 年至 2012 年间已发表的专业著述。既然阐释学科新发展，总得有一个适当的标定期间范围。期间太短，则不足以看清楚学科新发展的内容、

要点、意义与轨迹；期间太长，则不便称之为学科的"新发展"。本系列
丛书选萃材料的发表期间截至 2012 年，这是本系列丛书的撰写规划年份，
也是能够从容汇集材料并析出其中"新发展"要素的最近年份；本系列
丛书选萃材料的发表期间起始为 2000 年，倒不是因为 2000 年在法学研究
的学术历史中有什么特别意义，只是因为前至到 2000 年能够确立一个易
于阐释学科新发展的适当期间。当然，人们通常认为 2000 年是新世纪的
起点，以 2000 年为起始年份，多少有些借助万象更新好兆头的意思。

　　本系列丛书中每本书的具体内容由其作者自行把握，在丛书规划上只
是简略地做出一些要求。其一，每本书要从"史、评、论"三方面阐释
一个法学二级或三级学科的新发展。所谓"史"，是指要清晰地描述一个
学科的发展脉络与重要节点，其中有意义的学术事件的起始缘由与延续过
程，重点理论或实践问题研究的阶段性结果，以及各种理论观点的主要内
容与论证体系，特别是各种观点之间的起承转合、因应兴替。所谓
"评"，是指对一个学科的学术事件和各家观点予以评述，分析其在学术
价值上的轻重，在理论创新上的得失，在实践应用上的可否。所谓
"论"，是指作者要对撰写所及的该学科重要理论或实践问题阐释自己的
看法，提出自己的观点并加以简明论证。"史、评、论"三者的有机结
合，可以使本系列丛书摆脱"综述大全"的单调，提升其作为学术史研
究的理论价值。这里特别需要说明的是，因本书撰写目的与方法上的限
定，"论必有据"中"据"的比重较大，肯定在重复率检测上会获得一个
较高的数值。对属于学术史研究的著述而言，大量而准确地引用学界既有
论述是符合学术规范的必要而重要之举。可见，重复率检测也是很有局限
性的原创性判定方法，本系列丛书的重复率较高并不能降低其原创性。其
二，每本书要做一个本学科的关键词索引，方便读者对本书的检索使用。
现在的大多数学术著作欠缺关键词索引，不方便读者尤其是认真研究的读
者对学术著作的使用。本系列丛书把关键词索引作为每本书的必要构成，
意在完备学术规范，提高本系列丛书在学术活动中的利用价值。其三，每
本书在其书后要附上参考资料目录。由于 2000 年至 2012 年间的法学著述
洋洋洒洒、蔚为大观，在确定参考资料目录上只得有数量限制，一般是每
本书所列参考资料中的学术论文限 100 篇，学术专著限 100 本，只能少列
而不能多列。这种撰写要求的结果，难免有对该学科学术成果进行重要性
评价的色彩。但因作者的阅读范围及学术判断力难以周全，若有"挂百

漏万"之处,万望本系列丛书的读者海涵。

中国社会科学院正在深入推进的哲学社会科学创新工程,是哲学社会科学研究机制的重大改革。其中一项重要的机制性功能,就是要不断提高科研人员和科研机构的科研效能、科研效率与科研效果。深入系统地掌握具体学科的发展过程与当前状况,不仅是技术层面的学术能力建设,更是理念层面的学术能力建设。因为对既有科研过程和学术成果的审视与省察,可以强化科研人员的学术自省精神和学者的社会责任,从而提高理论创新的动力与能力。中国社科出版社以其专业敏锐的学术判断力,倾力打造学科新发展系列图书,不仅是"中国法学新发展系列丛书"的创意者,更是本系列丛书的规划者、资助者和督导者。正因法学所、国际法所与中国社会科学出版社之间的良性互动,本系列丛书才得以撰写完成并出版面世。可见,科研机构与出版机构之间的良性互动与真诚合作,确是学术创新机制的重要构成。

陈 甦

2013 年 7 月 1 日于北京

目　　录

第 一 章

我国保险法学 21 世纪以来的发展状况

第一节 我国保险法学发展的时代背景

保险法学为应用法学,是研究和诠释保险法、保险制度构成、制度运用以及演化的实践性学科。保险法学的客体为保险法治。保险法治则是国家有关保险立法、司法以及与之相关的实践或制度模型。保险法学和保险法治有其自身的本质差异,但因为它们都涉及保险法及其制度,因此,在研究或者学术的视野下,很难将作为实践性学科的保险法学和作为制度模型的保险法治分得清清楚楚。在我国,保险法治的发展状况基本上圈定了保险法学的研究空间,保险法学的研究状况基本上也是保险法治发展状况的学术评估,以及对保险法治未来发展趋势的预判。

一 我国《保险法》的创制

早在清朝末期,我国开始引进保险业,并同时引进近代资本主义国家的保险立法。1907 年,我国近代史上涉及保险的第一部法律草案《保险业章程草案》起草完成。1909 年完成《海船法草案》的起草,1911 年完成《商律草案》。清末《商律草案》曾经仿照《日本商法典》,在商行为编中设有损害保险和人寿保险 2 章。但清末的保险立法活动,最终并没有形成法律。中华民国成立后,起初的北洋政府草拟了“保险契约法草案”,计有 4 章共 109 条;1917 年,北洋政府还拟订了“保险业法案”。国民政府金融管理局于 1928 年拟定了《保险条例(草案)》,共 9 章 29 条。1929 年,国民政府公布了我国历史上第一部保险法,以保险合同关系作为该法的调整对象;该法共计 3 章 82 条。1935 年,国民政府还颁布了《保险业法》、《简易人寿保险法》和《简易人寿保险章程》。1937 年，国民政府修订公布了《保险法》、《保险业法》和《保险业法施行法》。保险制度的引进与保险法的初创，成为我国保险法学研究的历史性素材。

1949 年后，我国废除了国民政府时期颁布的"六法全书"，使国民政府时期颁布的《保险法》和《保险业法》退出了我国的法治舞台。与此同时，我国政府接收了官僚资本保险公司，全面改造了私营保险业，并成立了中国人民保险公司，开办了财产保险和人身保险等业务。但在当时的历史条件下，或许不具备构建我国保险法治的基础，我国中央政府和相关的立法机构仅在规范保险业方面颁布了一些涉及民生的保险法规。例如，政务院 1951 年发布的《飞机旅客意外伤害强制保险条例》、《铁路旅客意外伤害强制保险条例》、《轮船旅客意外伤害强制保险条例》等。在其后的社会主义建设时期，我国保险法治没有任何进展；尤其是在 1956 年社会主义公有制改造完成以后，直至 1978 年改革开放的期间，我国的保险法治事实上处于停滞阶段。当然，这个时期没有开展保险法学的研究，有相当复杂的历史原因，但有一点至少是十分清楚的，即因为缺失作为学术研究对象的保险法律制度，相应地就不会有以诠释和解读保险法律制度为核心任务的保险法学。

1978 年，我国开始推行改革开放的政策。此后，我国的经济体制逐步发生变化，保险业也随之获得发展，保险司法、立法以及保险制度的运行也走上了"从恢复到逐步完善"的道路。在保险合同方面，1981 年颁布的《中华人民共和国经济合同法》（1993 年曾修订一次，后为 1998 年颁布的《合同法》所取代），为我国财产保险合同的订立和履行规定了基本行为规范；1983 年，国务院发布《中华人民共和国财产保险合同条例》，为执行《中华人民共和国经济合同法》规定的财产保险合同规范提供了更为细致的依据；1992 年颁布的《中华人民共和国海商法》，对海上保险合同的订立、变更、转让，当事人的权利和义务，以及海上保险赔偿责任等作出了明确具体的规定。在保险业的监督管理方面，国务院 1985 年发布《中华人民共和国保险企业管理暂行条例》，对我国保险企业的设立和管理、中国人民保险公司的地位、保险企业的偿付能力和保险准备金、再保险等事项作出了原则性规定；为适应上海市对外开放和经济发展的需要，加强对外资保险机构的管理，中国人民银行 1992 年专门制定了《上海外资保险机构暂行管理办法》，对于外资保险机构的设立与登记、

资本金和业务范围、业务管理、资金的运用（投资）、清理与解散等事项
作出了规定。改革开放后涉及保险的上述制度性变化，为我国开展保险法
学的研究提供了基本的素材。

为了使我国的保险业能够建立在法治基础上，充分保护保险活动当事
人的合法权益，中国人民银行 1991 年 10 月成立保险法起草小组，开始起
草《中华人民共和国保险法（草案）》。八届全国人大常委会于 1995 年 6
月 30 日通过了《中华人民共和国保险法》［下称《保险法》（1995 年）］。
该法共有 8 章 152 条。一方面，《保险法》（1995 年）的颁布，对于我国
政府规范保险活动，调控保险市场的竞争设定规则，构成保险监督管理委
员会监管保险业的行动指南，具有十分重要的意义。另一方面，《保险
法》（1995 年）是所有保险活动的参与者应当遵循的行为规范，是法院保
护被保险人、受益人乃至保险人利益的裁判规范。也正是有了《保险法》
（1995 年），我国保险法学的研究才逐步走上了正轨，并始终围绕我国保
险法治的发展变化展开了富有成效的理论研究。

《保险法》（1995 年）共 8 章。该法将保险合同法和保险业法规定于
一部法律中，除第 2 章保险合同和第 1 章总则中 152 条的部分规范以外，
该法的其他规定几乎均涉及保险业。第 1 章总则，共计 8 条，规定的内容
包括立法目的、适用范围、保险活动的原则以及有关保险业管理的基本规
定。总则部分对于《保险法》（1995 年）其余各章的规范适用和解释具
有普遍的指导意义。第 2 章保险合同，共计 3 节 60 条，分为保险合同的
一般规定、财产保险合同规范和人身保险合同规范三部分内容。第 3 章保
险公司，共计 23 条，规定的内容主要有保险公司的组织形式、设立保险
公司的条件、保险公司的分支机构、保险公司的清算以及保险公司的保险
等事项。第 4 章保险经营规则，共计 16 条，分别规定了保险公司的业务
范围、再保险业务以及保险公司开展保险和再保险业务活动的基本行为准
则。第 5 章保险业的监督管理，共计 16 条，分别规定了保险险种的条款
和费率的审批和备案、保险公司的业务和财务监督、保险公司的整顿与接
管等制度。第 6 章保险代理人和保险经纪人，共计 10 条，分别规定了保
险辅助人的地位、保险辅助人的业务活动准则，以及对保险辅助人的监督
管理等事项。第 7 章法律责任，共计 16 条，分别规定了违反《保险法》
（1995 年）从事保险活动应当承担的行政责任和刑事责任等事项。第 8 章
附则，共计 6 条，分别规定了海上保险的法律适用、外商投资保险公司的

法律适用、农业保险的法律适用、保险公司以外的保险组织、现存保险公司的改制，以及《保险法》（1995 年）的施行日期。

二 《保险法》的第一次修订

自我国颁布《保险法》（1995 年）至 2001 年，保险业的外部环境和内部结构都发生了深刻变化：保险业务规模不断扩大，市场的年保费收入从 1995 年的 683 亿元增加到 2001 年的 2109 亿元；竞争主体不断增加，保险公司由 1995 年的 9 家增加到 50 余家，并有外国保险公司参与我国的保险市场竞争；保险业监管不断加强，成立了保险监督管理委员会对商业保险实行统一监管；保险公司经营管理水平和自律能力有所提高；特别是在我国加入世界贸易组织（WTO）后，我国保险业的对外开放和市场化进程有所加快。这些深刻的变化，使得保险法存在的问题和不足日益显露，对其进行修改完善成为我国保险业改革和发展的必然要求。[①]

2002 年 10 月 28 日，全国人民代表大会常务委员会通过《关于修改〈中华人民共和国保险法〉的决定》，对《保险法》（1995 年）予以修改。除《保险法》（1995 年）第 2 章第 2 节以外，修改涉及其他所有章节，修改和补充的条文有 38 个，但并没有对《保险法》（1995 年）的结构作出调整，主要还是为了应对保险业发展形势的变化而集中修改了保险业的监管制度。因为这个原因，就保险业法而言，《保险法》（2002 年）于 2003年 1 月 1 日施行，与《保险法》（1995 年）相比，已经具有了许多不同，主要可以概括为以下三个方面。

（一）强调了诚实信用原则在保险法上的应用

将《保险法》（1995 年）第 4 条拆分成两个条文，即《保险法》（2002 年）第 4 条与第 5 条。其中第 5 条专门规定："保险活动当事人行使权利、履行义务应当遵循诚实信用原则。"《保险法》（2002 年）将诚实信用原则作为规范保险活动的基本原则，单独规定为一条，具有十分重要的意义。有学者认为，"诚实信用原则在保险法上的应用，应当有其特殊性，并与保险作为防范危险的法律行为的特质结合起来，从而具有自己的内涵。故《保险法》（2002 年）第 5 条的规定，不单纯是对民法通则

---

① 参见《金融时报》2002 年 11 月 22 日。

合同法规定的诚实信用原则简单复述，而是通过这一规定为中国大陆保险法的未来发展和完善提供广阔的空间。而且，该条规定为法院审理保险案件、妥当解释和适用保险法提供补充法律漏洞的空间，为最高法院解释保险法相关条文创造更为有利的条件，也为中国大陆保险法的学术研究和理论创新提出新的课题"①。《保险法》（2002 年）第 5 条单独规定诚实信用原则，实际上有力地提升了诚实信用原则在保险法上的应用水准。《保险法》（2002 年）第 17 条所规定的保险人的说明义务和投保人的如实告知义务，为诚实信用原则在保险法上的核心价值；此外，《保险法》（2002年）对于保密义务、危险增加的通知义务、保险事故的通知义务、索赔的协助义务、道德危险不予承保等方面的规定，相应地丰富了诚实信用原则的应有内容，并作出了以下的补充或增加：（1）保险人对被保险人或受益人负担理赔通知义务。（2）保险人的保密义务的扩张，即保险人和再保险人承担保密义务的范围有所扩大，受保密义务保护的当事人的范围也有所扩大。（3）人身保险合同和准备金的转让，不得损害被保险人或受益人的利益。②

（二）提供了保险业发展的更加合理的制度性基础

保险业的发展离不开保险法规定的制度性基础，而这些制度性基础因《保险法》（1995 年）的规定不尽合理，相当程度上阻碍保险业的发展或者限制保险业的发展空间。《保险法》（2002 年）在相当程度上降低了保险法规定的制度性基础对保险业发展的不合理限制，主要体现为：（1）以分业经营的例外弱化了保险公司严格的分业经营制度，即允许经营财产保险业务的保险公司经核定后，经营短期健康保险业务和意外伤害保险业务。（2）丰富了保险业的组织形式，即就外国保险公司进入我国保险市场的运作方式作出了更为明确的规定。（3）有限度地放松了对保险资金运用的限制，弱化了保险公司的资金向企业投资的严格限制，使得我国的保险公司可以在保险业的范围内进行投资设立企业。

（三）重点改革了保险业监管的方式和内容

政府对保险业必须进行监管，这里涉及的问题不是应否监管，而是应

---

① 邹海林：《评中国大陆保险法的修改》，《月旦法学》（台北）第 99 期，2003年 8 月。

② 参见邹海林主编《中国商法的发展研究》，中国社会科学出版社 2008 年版，第 286—287 页。

当如何监管的问题。《保险法》（1995 年）对于保险业监管的方式和内容的规定具有计划经济时代的色彩，过度干预了保险公司的行为，实际上"等于否定了各保险公司的商业定价权，企业无法按照市场变化调整价格，非常不利于市场公平竞争"。① 同时，该法对保险监督管理委员会监管保险公司的偿付能力欠缺全面具体的规定，致使保险监督管理委员会无法具体落实对保险公司的偿付能力的监管；缺少保险监督管理委员会宏观调控保险业的具体授权，保险监管的灵活性较差，透明度不高。《保险法》（2002 年）通过改革保险业监管的方式和内容，完善了相关的监管制度，提高了保险业监管的透明度和效率。②

三 《保险法》的第二次修订

我国修改《保险法》（1995 年）的目的，主要还是为了应对我国加入世贸组织后保险业的监管制度所面临的改革，在保险合同法部分，几乎没有作出修改，存在的明显法律漏洞甚多，不能满足我国保险实务处理纠纷的要求。而且，在保险业法的规范层面上，《保险法》经过第一次修改，虽然在我国保险业发展的制度性基础、保险业的监管方式和内容方面已经有所改善，但与我国保险业迅速发展的要求之间仍然存在很大的差距。《保险法》（2002 年）开始实施之日，也就提出了继续修改的课题，"有必要通过修改现行保险法，进一步规范保险公司的经营行为，加强对被保险人利益的保护，加强和改善保险监管机构对保险市场的监管，有效防范和化解保险业风险，促进保险业持续稳定快速健康发展"。③ 2009 年2 月 28 日，第十一届全国人民代表大会常务委员会第七次会议修订通过《中华人民共和国保险法》，同日公布，并决定自 2009 年 10 月 1 日起施行。

（一）《保险法》整体布局的变化

《保险法》（2009 年）在总体结构上，仍然与《保险法》（2002 年）

---

① 参见《二十一世纪经济报道》2002 年 11 月 22 日。

② 参见邹海林主编《中国商法的发展研究》，中国社会科学出版社 2008 年版，第 289—290 页。

③ 参见吴定富《关于〈中华人民共和国保险法（修订草案）〉的说明》（2008年 8 月 25 日）。

保持一致，采取保险合同法与保险业法相结合的单行法模式。但是，《保险法》（2009 年）在法律规范的局部结构上有所调整，例如，第二章保险合同的第二节，用人身保险合同替代了财产保险合同，更加突出人身保险在保险业实务中的地位以及更加注重对人身利益的保护。同时，《保险法》（2009 年）修改和增加的条文范围和内容是比较全面的：不仅对《保险法》（2002 年）的保险合同规范作出了比较重要的修正，而且对保险业法规范也作出了实质性的修正。① 《保险法》（2009 年）仍为 8 章，分别为总则、保险合同、保险公司、保险经营规则、保险代理人和保险经纪人、保险业监督管理、法律责任和附则，计有 187 条；除个别条文外，对《保险法》（2002 年）的条文事实上几乎均有所修订。我国保险法的第二次修订，共涉及《保险法》（2002 年）的 145 个条文，并新增加 48 个条文，删除 19 个条文，修改 126 个条文。②

（二）关于保险合同规范的修订

《保险法》（2009 年）提高了保护被保险人利益的层次，并着眼于保险合同规范的可操作性，以利于保险实务的遵守，并为保险纠纷的预防和解决提供尽可能的方案。此次修改的主要内容有：（1）修改了保险利益制度。实行人身保险和财产保险区分的保险利益制度，一定程度上达到了缓和保险利益对保险合同的效力否定评价的效果，并相应地扩大了人身保险的保险利益范围。（2）健全了保险人解除保险合同的约束机制。以法定的期间限制保险人因投保如实告知义务的违反而解除保险合同，并建立了保险人弃权的新规则。（3）进一步强化了保险人的说明义务。相应扩大了保险人订立合同时免除责任条款的明确说明义务的范围，并增加了保险人对格式条款的提示义务。（4）明确了保险合同格式条款的解释方法。以通常的理解作为保险合同格式条款发生争议的解释方法，并将"不利解释"限定于格式条款所发生的歧义，使得保险合同的解释更加合理。（5）缩小了道德危险的范围。将受益人故意造成被保险人死亡或者伤残，排除于保险人不承担保险责任的法定事由之外，以保护被保险人的保险合同利益。（6）确立保险合同随标的转让而转让的规则。保险标的转让时，

① 参见常敏《保险法学》，法律出版社 2012 年版，第 27 页。

② 参见王小平《新〈保险法〉修改内容的分析和评价》，《海南金融》2009 年第 10 期。

保险合同的受让人承继保险合同约定的权利和义务，在相当程度上有助于减少纠纷。（7）加强了对责任保险的第三人的保护。明确责任保险的保险人有保护第三人的利益的义务，第三人有条件地取得对保险人的直接请求权；被保险人尚未对第三人的损害作出赔偿的，保险人不得向被保险人给付保险赔偿金。①

（三）关于保险业规范的修订

《保险法》（2009 年）进一步完善了《保险法》（2002 年）已经有所改善的保险业监管的各项制度，主要可以概括为：（1）进一步明确了保险公司的设立条件和审批程序，内容更具体，增强了可操作性；（2）健全了保险公司的信息披露制度，并对保险公司的关联交易建立制度性的管控措施；（3）进一步放宽了保险公司运用资金的限制，增加了保险公司资金运用的项目；（4）对保险业从业人员提出了更加具体的要求，规定了不得在保险活动中为不符合诚实信用原则的法定的行为；（5）丰富了保险辅助人各项制度的内容，增加了保险公估人制度；（6）国家监管保险业的方式和措施更加多样化，并趋于灵活，以适应不断变化的保险业的需求；（7）对于违法行为的查处更具有针对性，处罚力度有所提高。

第二节　我国保险法的渊源理论

一　保险法的渊源

法律渊源是法律的表现形式。保险法的法律渊源，即保险法的表现形式。在我国，保险法的渊源，一般包括宪法中有关保险的规定、保险法律、保险行政法规与地方性法规。宪法是国家的根本大法。宪法有关我国基本经济制度、公民的基本权利等规定，为我国保险法的存在和发展的重要基础；以任何形式表现的保险成文法，均应当以宪法为依据，不得与宪法相抵触。保险法律，是指我国依照宪法颁布的有关保险的专门法律以及具有调节保险关系的其他法律。有关保险的专门法律，主要有《保险法》；其他具有调节保险关系的法律，主要有《海商法》、《合同法》、《民法通则》、《道路交通安全法》等。《保险法》为我国调整保险关系的

---

① 参见常敏《保险法学》，法律出版社 2012 年版，第 27—28 页。

基本法。在保险法律之外，我国以适用保险法律为目的，还颁布有调整保险关系的行政法规，如国务院颁布的《中华人民共和国外资保险公司管理条例》、《中华人民共和国道路交通安全法实施条例》和《机动车交通事故责任强制保险条例》等。

在保险法领域，除保险业法以外，人们特别注重我国立法机关制定的法律，也会经常感受到保险法律供给的短缺，尤其是在《保险法》（2009年）之前，总是可以听到这样的说法：有关保险诸多事项，这个没有法律规定那个也没有法律规定，或者法律规定不足。实际上，除保险业法以外，保险法为私法，其规范不论来自何种法律渊源，保险契约当事人均可以自治以确定其相互间的权利义务关系，有无成文的保险法规范并不十分重要。这是否说明，在理论和观念上，人们对保险法的法律渊源仍旧保守，而没有充分注意到我国保险实务界在这个方面所作出的努力（向社会公众供给具有规范属性的保险条款），尽管这个努力仍不充分。在一定意义上说，保险实务界所作出的努力，应当成为我国保险法研究的非常重要的"法源"。

二 保险法的渊源扩张

我国保险法的渊源，是否包括保险法司法解释、保险规章、保险惯例（习惯）和保险公司使用的保险格式条款？有学者以为，"司法解释、保险规章、保险惯例（习惯）和保险格式条款具有规范的特点，并具有相应的约束力，在我国的保险法治生活中发挥着非常重要的作用。在这个意义上，司法解释、保险规章、保险惯例（习惯）和保险条款足以应当构成保险法的渊源的组成部分"。①

（一）保险法司法解释

在我国，最高人民法院的司法解释不是立法，司法解释的活动亦非立法活动，有关保险的司法解释不属于法律渊源。但是，最高人民法院对法律有解释权，其发布的有关保险法的解释性意见、指示、批复等，对各级人民法院审理保险纠纷案件适用法律具有非常重要的指导作用，甚至具有相当程度的约束力。最高人民法院作出的关于保险的司法解释，如最高人

---

① 常敏：《保险法学》，法律出版社 2012 年版，第 17—18 页。

民法院《关于审理海上保险纠纷案件若干问题的规定》（2006 年）、《关于适用〈中华人民共和国保险法〉若干问题的解释（一）》（2009 年）、《关于保险金能否作为被保险人遗产的批复》（2010 年）等，应当构成我国保险法渊源的重要补充。同时，我们可能还要注意到最高人民法院公布的"指导案例"的作用。在英美法系国家，保险判例是保险法的主要渊源或存在形式。但在大陆法系国家，一般不承认"判例"的法律地位，法院的判决只对个案有约束力。我国不承认法院的判决具有法律渊源的地位，法院不能直接援引其他法院或者上级法院的判决裁判。但是，最高人民法院所公布的有关保险的"指导案例"，往往对下级法院审理同类案件或者解释法律具有指导或者引导作用，类似于司法解释而成为我国保险法渊源的补充。

（二）保险规章等规范性文件

国务院保险监督管理机构为贯彻保险法律和行政法规，依照法律规定和国务院的授权，制定和发布了 400 多件部门规章和规范性文件。中国保险监督管理委员会制定的部门规章，诸如《保险公司管理规定》、《保险经纪机构监管规定》、《保险专业代理机构监管规定》、《保险公估机构监管规定》、《再保险业务管理规定》、《保险资金运用管理暂行办法》、《保险保障基金管理办法》、《保险公司偿付能力管理规定》等，成为保险监督管理机构监管保险业的重要执法依据。再者，中国保险监督管理委员会发布规范性文件，例如《关于调整保险公司投资政策有关问题的通知》（2010 年）、《关于改革完善保险营销员管理体制的意见》（2010 年）等，对于保险公司开展保险业务活动具有十分重要的指导或引导作用。国务院保险监督管理机构制定和发布的保险规章等规范性文件，构成我国保险业法渊源的重要补充。

（三）保险惯例

在许许多多的法域，商事习惯都被承认为法律的重要渊源。我国的民事和商事立法在相当程度上也承认商事习惯所具有的法律渊源地位。例如，我国《民法通则》第 142 条规定，中华人民共和国法律和中华人民共和国缔结或者参加的国际条约没有规定的，可以适用国际惯例。《海商法》第 268 条第 2 款规定，中华人民共和国法律和中华人民共和国缔结或者参加的国际条约没有规定的，可以适用国际惯例。《合同法》充分肯定"交易习惯"在补充和解释合同内容方面所具有的法律渊源地位。但是，将交易习惯或者惯例直接作为法律渊源的，不仅在法律上而且在理论上似乎也没有那么确定。尤其是，究竟什么规范构成交易习惯或惯例，并没有一个准确的标准。对于我国的保险法律渊源而言，交易习惯充其量具有补充意义，即在补充或者解释保险合同的内容方面具有意义。

（四）保险公司使用的保险格式条款

保险公司向国家保险监督管理机构报请审批或者备案的格式条款，一旦使用，构成保险合同的内容，即对保险合同的当事人产生约束力，并构成被保险人或者受益人享有和行使权利的依据。格式条款虽不及部门规章等规范性文件，但在保险权利义务关系的确定上却发挥着实实在在的效用。

有学者认为，当事人之间的契约就是法律，在保险的场景下，格式条款就是法律，虽然并不受我国理论和实务的强力支持，但尊重当事人的意思自治和选择毕竟是我国法律倡导的基本价值。格式条款已经成为表述保险合同内容的基本形式，相比较保险法等法律规范，对于当事人之间的权利义务的安排更为详尽和细密，具有约束保险合同当事人行为的规范特点。再者，保险合同的条款，不仅仅应当具有约束当事人的效力，更重要的是构成法院或仲裁机构裁断当事人之间所发生争议的依据，从而具有裁判规范的特点；法院或仲裁机构依照保险合同的条款就可以作出裁断，而不必在合同约定之外再去寻找什么"法律规定"。这里特别需要说明的是，保险合同的格式条款反映保险的社会需求和发展现状，要比保险法的渊源更具有生命力，保险法治的理念和制度的发展无法脱离保险格式条款的使用和创新，格式条款可以说是保险活动的"活法"。[1] 在这个意义上，保险公司使用的保险格式条款构成我国保险法渊源的重要补充。

第三节　我国保险法的立法体例论

一　保险法的立法体例之争

在法律渊源方面，我国保险法的立法体例或立法结构是否存在问题，一直都有争议。

---

① 参见常敏《保险法学》，法律出版社 2012 年版，第 19 页。

我国《保险法》（1995 年）将保险合同法和保险业法规定于一部法律中。该法共有 8 章，分别为第 1 章总则、第 2 章保险合同、第 3 章保险公司、第 4 章保险经营规则、第 5 章保险业的监督管理、第 6 章保险代理人和保险经纪人、第 7 章法律责任和第 8 章附则。除第 2 章保险合同和第 1 章总则中的部分条款以外，我国《保险法》（1995 年）的其他规定几乎均为有关保险业的规定。保险法在立法结构上的如此安排，确实也受到了不少学者的质疑。

有学者认为，国际上较为通行的做法是将保险合同法与保险业法分别立法；从立法的科学性上讲，将遵循不同原则的公法和私法放在一个法典里，有违法律自身的逻辑，并且有很多问题在立法技术上无法解决；从立法的科学性和目前我国立法的发展趋势来看，修改《保险法》（1995 年）时应当采用保险合同法和保险业法分别立法的体例。① 也有学者认为，我国立法机关将保险合同法与保险业法合并规定于一部法律中，并无可以责难之处，公法与私法的划分并非立法者在设计法律结构时所必须考量的因素。保险法的立法结构应当考虑便利性，并尊重已经形成的保险法结构，避免立法成本的不必要浪费。②

有关保险法立法结构的争论或许还会继续。

从保险法起草前的立法和司法实践来看，我国保险法的内容或规范体系，确实区分为保险合同法和保险业法两部分，且相互之间没有直接或者必然的关联；二者在不同的层面和领域分别获得发展；尤其是在理论上，保险合同法属于私法的范畴，为私法学者所关注，而保险业法原则上归属于行政（经济）法的范畴。但是，为何我国保险法的颁布在立法技术上并没有格外强调保险合同法和保险业法之间存在的差别，而将保险合同法和保险业法规定于同一部法律中？此做法未有立法理由书的明确说明，但我们可以从中得到的启示或许是，我国保险法的立法者在决定保险法立法结构时，并不怎么关注保险合同法和保险业法的性质在理论上的划分或差异，而主要着眼于法律适用的便利。学者从公私法划分的角度的确可以对

---

① 参见李玉泉、李祝用《修改〈保险法〉的若干思考》，《中国保险》2002 年第 4 期。

② 参见邹海林主编《中国商法的发展研究》，中国社会科学出版社 2008 年版，第 291—292 页。

保险法的立法结构提出质疑，但是，如此的质疑并不能表明保险法在结构上的"二法合一"，会导致法律规范的体系失当或适用障碍。立法应当讲究立法结构的科学性和技术性，但立法结构的科学性和技术性，并非"公私法划分"的规范不能规定于同一部法律中。将保险合同法和保险业法放置于同一部法律中，在立法例上也有先例可循，我国台湾地区的《保险法》采用的就是这种"二法合一"的结构。

保险法集保险合同法与保险业法于一身，若其逻辑结构分明，规范体系设计合理，适用便利，并非不是一个良好的立法技术选择。事实上，任何一部法律需要规定哪些内容，主要应当考虑的因素还是法律规范要达成的目的以及规范前后顺序的安排，而非公私法划分的法律理论的完整。特别是，按照我国现有的立法程序，保险法在立法结构上已经是保险合同法和保险业法的"二法合一"，若修改法律时将其一分为二而分别颁布保险合同法和保险业法，无异于制定两部新的法律，立法成本昂贵，效果是否就一定显著，也不好说。

二 《保险法》的立法结构调整

我国保险法将保险合同法和保险业法规定于一部法律中，并非应当重点检讨立法结构问题。保险法的立法体例现存的问题，并非"二法合一"的问题，而是保险法的结构与具体的制度设计或安排不尽合理。有学者以为，《保险法》（1995 年）第 2 章第 1 节一般规定中有"再保险"，但再保险究其性质并非财产保险和人身保险的"种概念"，而更多地具有财产保险的性质，其所应当具有的制度设计并不能适用于人身保险，将其规定于保险合同的一般规定，显然属于立法体例上的安排不当。[①] 像这样的明显问题，我国《保险法》（1995 年）经两次修订，均没有涉及。同样的问题还有，我国《保险法》（2009 年）在总则中规定有"诚实信用原则"等仅适用于保险合同规范的制度，似与保险业法没有直接的对应关系，在立法体例的安排上也有不妥。再度修改保险法时，应当考虑制度安排的妥当性，并对保险法的立法结构作出符合制度设计妥当性的调整。在维持保险法的立法结构"二法合一"的情形下，我国立法者对保险法立法结构

---

① 参见邹海林《评中国大陆保险法的修改》，《月旦法学》（台北）第 99 期，2003 年 8 月。

的调整，应当着重考虑"制度类型化的规范调整"和"新章节的创设"这两个方面的内容。①

（一）关于制度类型化的规范调整

有学者认为，保险的制度设计应当按照保险合同法与保险业法分别进行安排，所有的制度均可以在立法结构上进行类型化的处理。尤其是，《保险法》（2009 年）第 1 章有关总则的规定，应当是贯穿于保险法的所有规范的基本规定或原则，其第 4 条和第 5 条，应当移到其后第 2 章保险合同的一般规定中；第 6 条至第 9 条，应当相应移到其后的第 3 章、第 4 章或第 5 章中，并同时增加规定相应的章节，诸如保险业的监管机构和监管原则。除上述以外，还有必要按照制度类型化的要求，对《保险法》（2009 年）的结构做出如下的调整：（1）修改第 2 章第 1 节的一般规定，将第 28 条（再保险的定义）和第 29 条（再保险法律关系），相应移到第 2 章第 3 节有关财产保险合同的部分。（2）修改有关人身保险中的健康保险、意外伤害保险的相应规范，诸如《保险法》（2009 年）第 46 条（人身保险代位权的禁止），将有关条文作"柔性"处理或者作出例外规定，以便其能够适用有关财产保险的相应规范，消除这些险种和财产保险（损失保险）之间不应当存在的差异。（3）丰富财产保险的险种内容。考虑到财产保险中的责任保险、信用保险（保证保险）所具有的特殊性，在第 2 章中应当增加有关责任保险、信用保险的规范，以为财产保险的特别规定。②

（二）关于新章节的创设

有学者认为，因为制度选择的类型化处理，《保险法》（2002 年）的立法结构应当考虑制度选择的类型化后出现的法律规范差异性，有必要专门创设相应的章节，以增加或丰富具有差异性的制度设计，以体现立法技术的逻辑性和科学性。例如，在对再保险规范作相应的调整时，可以考虑增加规定责任保险、信用保险的内容；与此相关，似有必要在修改《保险法》（2002 年）时，于第 2 章中紧随第 3 节财产保险合同，分别增加责

---

① 参见邹海林主编《中国商法的发展研究》，中国社会科学出版社 2008 年版，第 292 页。

② 参见邹海林主编《中国商法的发展研究》，中国社会科学出版社 2008 年版，第 292—293 页。

任保险合同、信用保险合同以及再保险合同三节。① 还有学者也提出了相同的观点，"在体系构造上，为彰显再保险合同之特质，应突破现行《保险法》将有关再保险合同之相关规定置于'第二章保险合同'之'第一节一般规定'的窠臼，设置'再保险合同'之'专节'，以利于再保险合同规范之完备，并符立法科学性之要求"。② 同时，考虑到保险法对于保险业的组织形式实行法定主义，而目前的制度设计并不能够满足保险业的发展需求，在保险股份有限责任公司和国有独资保险公司之外，有必要增加规定保险业的其他组织形式，诸如相互保险公司、保险互助合作社等，而这些新类型的保险业组织形式均有其自身的特点，应当分别加以规定，存在专门创设章节的必要性。特别是，有关相互保险公司的规定应当体现出相互保险公司与股份有限公司、有限责任公司（含国有独资公司）所存在的根本性差别，极有必要专设一章，对相互保险公司的设立、展业等作出较为完整的规定。③

第四节　我国保险法学的研究成果

21 世纪以来，我国保险法学取得了卓有成效的发展，研究成果有目共睹。尤其是，随着我国《保险法》（2002 年）的颁布，保险法学的研究开启新局面，并为我国保险法的第二次修改积累了相当丰富的研究成果。《保险法》（2009 年）虽然在某些细节方面还存在或多或少的问题，以致学者们仍然在争论我国保险法的继续修改；但是，该法在总体上仍然是一部符合时代发展要求并具有中国特色的保险法典，它不仅是我国保险法学发展富有成效的产物，而且是我国保险法学继续保持发展和创新的基础。有关保险法学的研究成果，简要概括如下五个重点内容。

---

① 参见邹海林主编《中国商法的发展研究》，中国社会科学出版社 2008 年版，第 293 页。

② 樊启荣：《论再保险合同之法理构造——以我国"保险法第二次修改"为背景》，《北方法学》2009 年第 5 期。

③ 参见邹海林主编《中国商法的发展研究》，中国社会科学出版社 2008 年版，第 294 页。

一 保险法的基本原则

有关保险法的基本原则研究，多集中于保险合同法的基本原则方面。21世纪以来的研究，主要对诚实信用原则、保险利益原则、公平原则、填补损失原则、近因原则、保险和防灾减损相结合的原则等做出了富有成效的研究，其中尤以诚实信用原则和保险利益原则的研究为重点。不论从哪个角度看，诚实信用原则和保险利益原则都在相当长的时期内支配我国保险合同法的制度设计与规范改革，并且成为我国学者解释和适用保险法规范的工具。

我国学者相当程度上已经认识到了诚实信用原则在保险法上所具有的特殊意义或价值：诚实信用原则在保险法上全面支配着保险合同及其条款的效力、保险条款内容的解释以及当事人之间利益的平衡。在此基础上，对于抽象的诚实信用原则在保险法上的具体运用，提出了丰富和发展贯彻诚实信用原则的制度设计和制度创新，例如保险人的说明义务、投保人的告知义务、保险人的保密义务、被保险人的危险增加的通知义务、保险事故的通知义务、索赔的协助义务、保险人的理赔结果通知义务、保险条款的不利解释、保护被保险人（受益人）利益、道德危险不予承保、责任保险的受害人之利益保护以及创设"保险人放弃权利"的新制度等，这些研究都有力地丰富了诚实信用原则在保险法上的应有内容。对于诚实信用原则的研究，学者们也注意到了我国保险法对于贯彻诚实信用原则的具体制度设计所存在的不足，并提出了许多改进的建议或方案，这些理论上的研究结论，都相应地反映在保险法的两次修订过程中，并对我国司法实务裁判保险争议案件提供了一定的理论支持。

保险利益原则在我国保险法理论上受到了特别重视，学理上都毫无掩饰地肯定保险利益原则的根本目的在于防止道德危险的发生而更好地实现保险"分散危险和消化损失"的功能。直到《保险法》（2009年）改革保险利益制度，理论上对保险利益原则所应当发挥的作用都丝毫没有怀疑，研究重点集中于保险利益的概念或构成、保险利益原则在我国保险法上的不足、财产保险利益与人身保险利益的区分等方面。尤其是，对于财产保险而言，在订立保险合同时，投保人对保险标的是否具有保险利益并不十分重要；但在保险事故发生时，被保险人对保险标的必须具有保险利益。这些研究推动了我国《保险法》（2009年）对保险利益制度的改革以及我国司法实务应用保险利益原则的立场。在保险利益制度改革实行财产保险和人身保险区分的情形下，理论研究由此也将迈上一个新台阶。有学者认为，"保险法区分人身保险和财产保险，并没有绝对地将保险利益作为保险合同的效力要件，保险利益原则表现为：保险利益是人身保险合同的效力要件，是财产保险被保险人的保险给付请求权的行使要件"。①

二　保险合同及其效力

保险合同因为承保的危险之不确定性，其成立与效力的维持具有自身的特征。理论研究充分注意到保险合同所具有的区别性特征，诸如最大诚信、机会性以及附合性，并对其得以存在和发展的现实和理论基础进行了分析研究，从而较为清晰地再现了保险合同在效力维持方面所具有的特殊制度结构。

首先，有关保险合同生效的问题，我国保险法对此没有明文规定，故这个问题只能交给保险合同当事人去约定；当事人在保险合同中没有约定的，发生争议，可以适用我国合同法有关合同生效的规定来解决争议。但问题是，保险合同的生效可否适用合同法关于合同生效的规定？合同法的规定若能够解决保险合同的生效问题，那又如何处理合同的生效和保险人按照约定的时间开始承担保险责任之间存在的微妙关系？理论的研究推动了我国保险司法实务的相应发展。

其次，我国保险法对于保险合同的无效，并没有建构统一的无效基准，也没有排除民法普通法（例如合同法）有关合同无效的规定对保险合同的适用，保险合同无效的外延边界在法律上就没有穷尽，究竟哪些法律的规定可以成为保险合同无效的依据，仍然是存在疑问的。故我国保险法应当以违反社会公共利益作为保险合同无效的基准，从而减少保险合同无效的发生事由，不仅有利于保险交易的安全，而且有助于防止不必要的争议发生，应当成为保险法理论的价值取向。在此基础上，着重强调违反法律的强制性规定的保险合同无效的制度应用，科学区分保险法中的强制性规范、限制性规范和授权性规范，以利于实践准确判断保险合同是否因为违反保险法的强制性规定而无效。最后，保险合同的失效制度应当体现

---

① 常敏：《保险法学》，法律出版社2012年版，第38页。

对被保险人利益的保护，对保险合同的解除制度应当进行较为深刻的反省。例如，保险合同成立后，除非保险法规定或保险合同约定投保人不得解除保险合同，投保人可以其意思表示解除合同；但保险合同为被保险人或受益人的利益而存在时，投保人解除保险合同与被保险人或受益人的意思或者利益相左，是否仍然有权解除保险合同？特别是已经具有现金价值的人寿保险合同，可否仅仅因为投保人之意思表示而解除？这不仅是理论问题，也是实践问题，保险法理论都对之予以了高度关注。

三　道德危险的控制

被保险人故意造成保险事故发生的，属于道德危险，保险人不承担保险责任。这是保险法所建构的控制道德危险的基本制度。我国保险法将道德危险规定为保险人除外责任的法定事由，属于强行法，保险合同不得对之约定变更。在理论上，我国保险法应当实行更加合理的道德危险控制机制，并无争议。但是，究竟什么是道德危险？我国保险法的相关规定并没有准确地作出定位。我国保险立法将投保人或者被保险人故意造成的保险事故作为排除保险人应负保险责任的法定事由，立法目的在于防止道德危险，本无可非议。但是，因为保险法的立法技术不完善而存在十分明显的道德危险控制问题时，就不能不引起理论界和司法实务界、立法者的重视。即使将道德危险限定于被保险人有意识追求的危险，是否就不需要考虑保险人和被保险人、受益人之间的利益平衡，而将道德危险的控制机制予以绝对的贯彻，也是值得慎重考虑的问题。

首先，被保险人为道德危险，应当自行承担责任；但是，保险人在订立保险合同时疏于注意义务，以致道德危险发生，也应当承担相应的责任。

其次，对于道德危险的担当者的范围应当予以较为严格的限定，原则上应当以被保险人为限，不应当将投保人和受益人都纳入道德危险的担当者范围内，这对于被保险人利益的保护不利。投保人和受益人故意造成保险事故发生，对于被保险人而言仍然属于"意外"，保险事故的发生与被保险人的有意识地追求事故的发生的主观心理状态毫无关系，在性质上属于保险应予承保的危险。将这个问题交给保险法予以法定，不如将之交给当事人在保险合同中约定，这样在制度设计上就相当于缩小了道德危险担当者的范围。

再次，被保险人自杀，是被保险人有意识结束自己生命的行为，构成道德危险无疑。但作为一种特殊类型的道德危险，如果其发生的概率属于保险业可以控制的范畴，法律没有必要绝对地将之排除于保险人的责任范围之外。对于被保险人的自杀这一道德危险，立法者可以将这样一个棘手的问题有条件地交给当事人意思自治，而不能一律否认保险合同对被保险人的保护效力。保险人对被保险人自杀所应当承担的保险责任完全取决于保险合同对此是否有约定。

最后，对于被保险人的"故意犯罪"行为，不仅会引起被保险人死亡或者伤残的事故发生，而且会放大被保险人发生事故的风险机会，保险人对于此等危险难以预测和控制，将之列入保险人不承担保险责任的事由，应属合理。保险法上所称"故意犯罪"，与刑法上的"故意犯罪"相当，仅仅是法律规定的判断被保险人的行为性质的标准问题，而非要对被保险人予以刑罚，在判断被保险人是否具有"故意犯罪"行为的问题上，法官或者仲裁机构所考量的标准就是刑法规定的"故意犯罪"标准，并非仅限于被保险人因为刑事追诉程序而被判决有罪的"故意犯罪"状态。而且，故意犯罪和被保险人的死亡或伤残之间应当存在直接因果关系。

四 责任保险的现代发展

在理论上，责任保险不仅具有填补被保险人因为履行损害赔偿责任所受利益丧失或者损害的功效，而且具有保护被保险人致害行为的直接受害人获得及时赔偿的功效。依照如此理论逻辑，我国责任保险的现代发展主要围绕责任保险的功效如何实现这样的法律制度设计展开。

责任保险得以发展的社会基础，最为重要者为民事责任制度的变化。合同法的赔偿责任（如缔约过失赔偿责任或者违约赔偿责任）、侵权责任法上的赔偿责任以及其他法律规定的赔偿责任，出现类型多样和复杂化的时候，分散赔偿责任风险的社会需求剧增，当事人得以其意思表示将不断变化的民事责任纳入保险分散危险的范畴，以致形成责任保险的标的扩张，为责任保险的实践应用和理论的发展提供了基础。特别是，民事责任制度的任何变化均会刺激社会对责任保险的需求。当民事责任制度向有利于受害人的方向发展，作为制造危险的加害人在主观上有利用责任保险分散危险的强烈愿望，在客观上有利用责任保险分散危险的需求。在这种社会需求的背景下，责任保险的承保范围必将逐步扩大，以适应发展变化了的社会现实。在此背景下发展起来的责任保险制度，其理论结构也必然要反映保险的本旨以及对加害行为受害人的救济，故责任保险对受害人的保护价值，在理论上日益受到重视，不仅提出和发展了"以被保险人对受害人的赔偿责任"为填补对象的现代责任保险理论，并由此导出受害人对保险人的直接请求权理论、责任保险人对被保险人承担和解与抗辩的义务理论，更加形成了以保护受害人为直接目的的强制责任保险理论。如上的认识，在相当程度上推动了我国机动车第三者责任保险制度的落实①和《保险法》（2009 年）第 65 条有关责任保险保护受害人利益的内容扩张②。

五 保证保险的理论贡献

保证保险，是指保险公司作为被保险人的保证人提供担保而成立的保险合同。我国《保险法》（2002 年）对于保证保险并没有明确的规定，保证保险合同如何订立，其性质如何，在理论和实务上的确存在不少疑问。尤其是，随着分期付款保证保险业务的开展，理论认识和实务立场的不一致产生了大量的保证保险合同纠纷。关于保证保险在法律上的定位，学术上的分歧基本上形成对立的阵营，一种观点认为保证保险在性质上是保证而非保险，应当适用我国担保法所建构的保证制度来解决保证保险合同纠纷；另一种观点认为保证保险在性质上是保险而非保证，不能适用担保法有关保证的规定，应当适用我国保险法来解决保证保险合同纠纷。保险法理论研究的结果表明，保证保险并非保证，性质上属于保险行为，应当依照合同当事人的意思确定其相互间的权利义务关系；在发生争议时，不能适用有关保证的法律，当事人对于保证保险合同没有约定的事项，应当适用保险法。保证保险的理论研究促成我国《保险法》（2009 年）明文规定了"保证保险"，并将之提升为保险业务中的一种"有名合同"，实践意义显著。

---

① 2006 年，国务院发布《机动车交通事故责任强制保险条例》以落实 2003 年颁布的《道路交通安全法》第 17 条规定的"机动车第三者责任强制保险制度"。

② 《保险法》（2009 年）第 65 条增加规定，第 2 款"责任保险的被保险人给第三者造成损害，被保险人对第三者应负的赔偿责任确定的，根据被保险人的请求，保险人应当直接向该第三者赔偿保险金。被保险人怠于请求的，第三者有权就其应获赔偿部分直接向保险人请求赔偿保险金"。第 3 款"责任保险的被保险人给第三者造成损害，被保险人未向该第三者赔偿的，保险人不得向被保险人赔偿保险金"。

第五节　保险法学及其发展存在的不足

21 世纪以来，我国保险法学已经取得了较为显著的成绩。但是，我们也必须正视保险法学研究和发展过程中存在的不足。

一　保险法的实证研究力度明显不足

保险法学是应用法学，保险法学以保险法律制度的构造与运行为研究对象，但保险法律制度不是脱离开社会生活实践的抽象存在，这就决定了保险法学的研究任务至少包括两个方面的内容：一是研究社会生活的实际，揭示其一般规律，然后设计出符合社会生活规律的保险法律制度。二是对已经设计出的保险法律制度适用于社会生活的实际效果进行检验，获得修正既有法律制度的依据。这样一来一往，保险法学研究才能构成一个完整过程，保险法学就是在这种往复循环中逐步成长和发展起来的。因此，保险法学的研究应当具有实证性，应当特别重视实证研究方法的运用。我国保险法学多采取规范性研究、抽象性研究和比较法研究。当然，我们要充分肯定这些研究方法所具有的独到价值，尤其保险制度对于我国来讲是舶来品，对保险法的比较研究，对于我国保险法学的发展居功至伟。但是，这些必须能够还原为实证的价值和具有实证的意义。

实证研究方法是保险法学的根本方法，甚至是事关保险法学生命力的方法。实证研究方法应当贯穿于保险法研究的全部过程和各个环节。首先，对国情的研究离不开实证方法。通常我们提及"国情"或"中国特色"，似乎有一种为某些不合时宜的做法提供合理注解的嫌疑，但是，保险法是以社会经济生活为基础的上层建筑，保险法在具有其自身规律的同时，根本上还要反映社会生活的要求，与社会生活的实际面貌相吻合。具体如我们在研究保险制度时，就得分析我国不同地域居民的收入水平和收入结构、消费水平和信用消费的占比、最低生活成本以及当地的社会保障水平等基本情况，并充分尊重保险实务界在这个方面所做出的努力。其次，保险法学需要加强对保险审判实践的研究。保险制度设计中存在的问题往往是通过审判实践暴露出来的，这些问题当然就成为保险法学研究的最好素材。对保险审判实践的研究，既要关注个案，也要重视对保险程序适用效果的统计分析。而我们的研究所反映出来的问题则是，保险法学理论研究与保险司法实践有相当的距离，多注重规范制度的研究，理论研究者接触司法实务的机会相对较少，实务工作者更缺乏时间和精力去关注理论问题，在理论和实务二者之间还没有建构起顺畅的沟通渠道。保险法学的研究，如同我国其他的应用法学研究，都有比较严重的比较法研究方法的依赖症，喜好对境外保险立法和实践经验的参照与比较，并以此作为提出和改善我国保险法制度乃至推动我国保险法理论研究的重要论据，这样势必忽视对我国本土经验的实证分析；比较法的研究方法还经常被当作检视我国保险法本土经验的工具。我国境外尤其是发达市场经济国家或地区的保险法制度和经验，应当受到我国学者关注，这是推动我国保险法进步和发展的一个重要因素，但过于依赖比较法的研究路径，也相应地造成了我国保险法的理论研究和制度设计出现"水土不服"的状况，就一点也不奇怪了。需要特别注意的是，在保险法领域，比较法的研究方法是否真的揭示了域外保险法的成功经验，在相当程度上还是令人怀疑的，在我国保险法的实证研究不足的时候，拿来主义的研究方法会很有市场，但也会是相当危险的。

总体而言，实证研究的不足，严重制约了我国保险法学的发展，更不利于我国保险法学自有体系和话语权的形成。在这个意义上，我们期待着保险法学实证研究的加强。保险法学的实证研究效果如何，将决定我国保险法学的发展水平。

二 保险法的创新性研究深度不够

从根本上讲，法律制度只是调整社会生活的一种手段，而非目的，我们不能刻意追求法律制度的创新，否则，反而会扰乱社会生活。但是，法律制度落后于社会生活的现状以及其所应当具有的引领社会生活的作用又要求在制度设计上作出必要的创新。保险法理论的创新，就是要为保险法律制度的创新提供支持。21世纪以来，我国保险法学获得了长足的发展，形成了数量可观的学术著述和文章，其中不乏对保险法研究的真知灼见和有价值的创新性成果，已如前述。但是，保险法研究在内容上的重复现象还是相当严重的，重复性研究对于研究者个人专业素养的提高和保险法知识的普及是有价值的，但是，对于保险法学及保险法律制度的进步所具有的作用就十分有限了。

我国保险法理论研究还是相对较为保守的，创新的意识并不十分强烈，而且还总是特别喜欢用民法普通法或者合同法的理念与制度结构来评价和诠释保险法制度及其实践。这样做的结果，就造成了保险法学研究的视野具有相当的局限性，忽视对于分散危险这样一种特殊法律行为所具有的区别性特征的认识，影响保险法学自成体系的理论形成和发展。因为概念法学的影响，学者尤其在意对我国保险法规范的研究，而且还十分自然地将保险法规范与民法规范统合研究，这在相当程度上会封闭保险法学的研究空间。在保险法理论上，我们经常会碰到保险法没有规定的事项，是否应当适用合同法规范的问题；按照特别法和普通法的适用规则，这个问题似乎不应当成为问题；但恰恰因为保险合同的特殊性，即使保险法没有规定，如果不加区分地或经过简单推理就适用合同法规范，就一定会成为问题。在这里，首要的问题，是没有充分认识到保险合同的特殊性，如果我们充分认识到保险合同的特殊性，就不会也不应当轻易地去考虑合同法规范的适用问题了，这就是观念缺乏创新研究和制度缺乏创新设计的必然结果。保险法的理论研究如果停留在这个层面，何以能有深度？

再者，保险法上的行为规范多为任意性规范，我们大可不必对之太在意。我们需要特别倾注精力的研究对象应当是保险实务界的做法以及司法实务的立场，并从中总结出保险法规范的发展路径或制度结构，用保险业务实践自身的创新来丰富和推动我国保险法理论的发展。虽然我国的保险立法取得重大进步，但现代保险法治的体系结构还是框架性的，还有很多后续的保险立法工作要做，现行保险法的实施效果如何，也尚待反思与检讨，这些都是我国保险法学应当担负的历史使命。恰恰在这一点上，我国保险法的理论研究却集中力量于保险法规范的诠释和评价上，尤其喜欢对保险法规范的制度设计"挑毛病"，似乎通过修法将保险法规范中"毛病"消除了，我国的保险法制度和理论研究就会有大的发展。当然，保险法的理论研究不能缺乏对规范的分析，但更应当认识到，以任意性规范作为主体的保险法规范，其生命力只能源自保险实务并成长于保险实务。如果我们的理论研究没有充分尊重保险实务，甚至缺乏对保险实务的创新引领，何以能够打开保险法学研究的空间？

总之，在保险法学研究的创新方面，创新性研究的深度有所欠缺，虽有客观的实践基础和环境不够好的因素影响，但主要还是保险法学的研究内容过于陈旧造成的，欠缺引导保险业务实践的勇气和方法。实践基础上的理论创新是社会发展和变革的先导，理论创新推动制度创新。保险法学的历史使命，不仅要有理论和制度的创新，而且要有理论和制度创新的深度。唯有与时俱进，不断进行保险法理论的变革与创新，中国保险法学及其保险法律制度才能获得巨大的发展。

第 二 章

保险的类型化

第一节　保险的基本范畴

一　保险的学说

关于保险的学说，理论上众说纷纭。但在我国的保险法理论上，学者并没有对保险的学说产生兴趣，只不过在不同的场合基于不同的立场，在复述保险法理论上既有的一些观点。总体而言，保险的学说在我国可以基本归类为"损失说"、"统一不能说"和"非损失说"三大学说阵营。[①]

损失说认为，保险是补偿偶然发生的事件或者危险造成损失的制度或工具。但对于损失补偿的方法或者实现途径又有不同的理解，出现了目的补偿说、损失分担说和风险转嫁说。目的补偿说认为，保险是一种赔偿合同，目的在于补偿因为偶然发生的事件或者危险所造成的实际损失。损失分担说认为，保险是众多人合作分担因为偶然发生的事件或者危险造成的损失的一种经济补偿制度。危险转嫁说认为，保险的本质是风险转移，被保险人将个人承担的风险转移给保险人，而保险人则将相同属性的危险集中起来转移给多数人团体平均分摊。这三种学说之间并不存在本质的对立。它们都强调保险的补偿损失的本质或者功能，仅仅是对补偿损失的理解有所不同，才产生了这三种不同的学说。目的补偿说注重对保险的补偿损失的功能的解释，保险就是补偿意外事故造成的损失的合同，至于意外事故造成的损失是如何被他人分担或者转移给他人的，并非保险这种合同

---

①　参见李玉泉《保险法》（第二版），法律出版社 2003 年版，第 1—7 页；温世扬主编：《保险法》，法律出版社 2003 年版，第 1—5 页。

的内容。损失分担说以互助关系作为基础来解释保险具有的补偿损失的功能，危险转移说则以分散危险的方法来解释保险的补偿损失的功能。

统一不能说，又被称为"二元说"，是关于保险应当区分人身保险和财产保险、分别解释其本质的学说。统一不能说认为，财产保险和人身保险具有不同的性质，财产保险以损失填补为目的，人身保险以定额给付为目的，难以对二者作出统一的解释。统一不能说对于财产保险，均承认其为填补损失的合同，不存在分歧；但对于人身保险，产生了不同的认识，有两种对立的观点："人身保险否定说"和"择一说"。人身保险否定说不承认人身保险为保险，因为人身保险不具有填补损失的根本属性，而将人身保险归入带有储蓄或投资性质的金钱支付合同。择一说认为，人身保险是不同于财产保险的保险，财产保险为补偿损失的合同，人身保险为给付一定金额的合同，但不具有填补损失的目的。

非损失说认为，围绕损失的补偿来解释保险，具有一定的局限性。在损失说之外，学者提出了技术说、欲望满足说、所得说、经济确保说、财产共同准备说、相互金融机关说等多种解释保险的本质的学说。[①] 非损失说并不否认保险相当程度上具有补偿损失的功能，但它们在解释保险的本质时，更加注重保险作为一种营业的存在基础和保险营业的制度价值，是在经济学意义上寻求解释保险的本质的合理或有效元素，与保险法上规定的作为一种补偿损失合同的"保险"没有多少关联。

十分显然，对于什么是保险的问题，不同的人站在不同的角度所进行的阐述或说明必然会有所差异，由此形成对保险的不同认识或者学说。但这些学说都是围绕着保险所具有的功能进行解释的，各自都有理论的基点，很难说哪种学说具有绝对的优势。但若从保险作为法律制度的规范目的上考虑，损失说是较为契合保险这一法律行为所涵盖的权利义务关系内容的学说。

二 保险的定义

关于保险的定义，争论主要源自于我国《保险法》（1995 年）第 2

---

① 参见李玉泉《保险法》（第二版），法律出版社 2003 年版，第 3—7 页。

条的规定。① 我国《保险法》（1995 年）立足于人身保险和财产保险的区分，有关保险的定义，则直接将保险等同于保险合同。如此规定，受到了某些学者的批评。

有学者认为，《保险法》（1995 年）第 2 条以"择一说"为基础对保险下定义，混淆了保险和保险合同的区别，将保险与保险合同等同，这是不能接受的；保险的概念，应当从两个方面进行分析，一方面，从社会角度看，保险是分散危险和消化损失的一种经济制度；另一方面，从法律角度看，保险是一种产生权利义务关系的契约。②

也有学者认为，我国《保险法》（1995 年）第 2 条对保险采取"择一说"的定义方法，形式上对保险的概念作了综合阐述，但在内容上只揭示了财产保险与人身保险的种差，并未抽象出二者的共同属性。保险的定义应当表述为：保险是指投保人根据合同约定向保险人支付保险费，保险人依约定向投保人或合同指定的其他人支付保险金的商业行为。③

但也有学者认为，保险作为分散危险和消化损失的经济制度，具有补偿被保险人损失或者帮助被保险人安定生活的功能。这是不受投保人和保险人的意思表示左右的客观存在。在经济制度的层面上，保险的内涵和外延均有不确定性，这也是对保险的定义或本质发生如此多争议的缘由。我国保险法不能用内涵和外延尚不确定的"经济补偿制度"给保险下定义。但是，我们又必须注意到，不论人们对保险的定义或者本质如何争议，作为法律行为的"保险"，其内涵和外延则是确定的，这是保险合同法能够规范"保险"的基础，也是保险业法能够调控围绕着"保险"这一法律行为而开展活动的基础。《保险法》（1995 年）第 2 条关于保险的定义，严格限定于法律行为的范围内，将保险等同于保险合同，具有妥当性。但是，第 2 条区分财产保险和人身保险的差异，对保险进行统一的描述，相当不妥；第 2 条关于保险的描述无异于对财产保险和人身保险的内容作简

---

① 《保险法》（1995 年）第 2 条规定："本法所称保险，是指投保人根据合同约定，向保险人支付保险费，保险人对于合同约定的可能发生的事故因其发生所造成的财产损失承担赔偿保险金责任，或者当被保险人死亡、伤残、疾病或者达到合同约定的年龄、期限等条件时承担给付保险金责任的商业保险行为。"上述规定在历次修法时均没有变化。

② 参见李玉泉《保险法》（第二版），法律出版社 2003 年版，第 8 页。

③ 参见温世扬主编《保险法》，法律出版社 2003 年版，第 5 页。

单叙述,并没有抽象概括出保险的本质特征,以此作为保险的定义也是不科学。保险应当定义为:投保人依照约定向保险人支付费用,保险人在约定的保险事故发生时依照约定承担给付责任的法律行为。①

保险法是规范人的行为的法律。法律对于保险的定义也应当以人的行为为核心要素。在定义保险时,所考察的应当是人(保险合同当事人)的行为,而非保险制度本身。在定义保险时,之所以不能着眼于保险制度,因为保险制度的内涵要远比"保险"本身的内涵具有更加丰富的内容。在本质上说,保险是一种分散危险的法律行为。除当事人和意思表示外,法律行为的核心要素为权利义务关系。保险的权利义务关系的纽带为保险事故,投保人因为保险事故发生的不确定性,要向保险人支付保险费;保险事故发生的不确定性,使得保险人承担合同约定的保险责任(给付义务)也具有了不确定性。尽管保险事故的具体表现形式(保险事故的外延),在财产保险和人身保险的场合有所不同,但其内涵则是确定的,即引起保险人承担保险责任的事由。因为保险事故的发生所引起的保险人承担的合同约定的保险责任,不论财产保险抑或人身保险,也具有相同的性质,均为基于合同约定而产生的给付义务。所以,在这个意义上,如果我们抛开《保险法》(1995 年)第 2 条中有关财产保险和人身保险的差异性描述,在认识保险的定义上并不存在什么不妥当之处。这或许正是我国保险法历次修改都没有对此作出变动的原因。

第二节　保险的分类及其标准

一　保险的分类多样性

区分保险类型,与保险的历史、目的、制度结构、内容等诸多因素有关。在保险实务上,一般按照保险承保的危险种类,将保险区分为火灾保险、盗窃保险、陆空保险、责任保险、海上保险、人寿保险、健康保险、伤害保险等。保险法的生命力在于保险合同的成长与发展,实务上的保险合同基本上按照上述分类来拟定并投入市场的,故保险法的理论研究不能

---

① 参见常敏《保险法学》,法律出版社 2012 年版,第 5—6 页。

忽视这样的实务分类，而且在相当程度上还要按照这样的分类评价和分析保险法制度。当然，在现代保险理论和实务上，因为选取的分类标准的不同，保险的分类就具有了更丰富的内容。这里所要强调的是，保险的分类具有多样性。

二　保险的分类标准

以保险营业的主体性质为标准，保险可以分为私营保险和公营保险。有学者以为，私营保险，是指由保险公司经营的各种保险业务。保险公司具有营利性，可以经营所有的商业保险。公营保险，是指由政府专设的特种保险机构经营的各种保险业务。某些商业保险的险种，风险大盈利水平低，不宜由保险公司经营，国家应当设立专门的特种保险组织予以经营，例如强制保险、政策性保险等。[1]

以保险合同的成立或实施方式为标准，保险可以分为自愿保险和强制保险。这是许多学者都坚持的观点。自愿保险，是指投保人和保险人在自愿、平等、互利的基础上，经协商一致而订立的保险合同。自愿保险，又被称为任意保险。强制保险，是指依据法律规定而在投保人和保险人之间强制订立的保险合同。强制保险，又被称为法定保险。[2]

以保险标的的种类为标准，保险可以分为人身保险和财产保险。这在我国的保险法理论上是一种最为常见的分类标准。学者多认为，人身保险，是指以人的寿命或者身体为保险标的的保险。财产保险，是指以财产以及同财产有关的利益为保险标的的保险。财产保险和人身保险的分类方法具有保险业务发展的历史传承逻辑，而且也为我国保险立法和司法实务所普遍认同。[3] 但也有学者对人身保险和财产保险的分类提出了改进意见，因为随着保险法制度体系的发展，保险权利义务关系的市场细分化，

---

[1]　参见邹海林《保险法教程》，首都经济贸易大学出版社 2002 年版，第 11—12 页。

[2]　参见温世扬主编《保险法》，法律出版社 2003 年版，第 13—14 页；王伟：《保险法》，格致出版社、上海人民出版社 2010 年版，第 45—46 页。

[3]　参见邹海林《保险法教程》，首都经济贸易大学出版社 2002 年版，第 11 页；温世扬主编：《保险法》，法律出版社 2003 年版，第 14—15 页；李玉泉：《保险法》（第二版），法律出版社 2003 年版，第 105 页；王伟：《保险法》，格致出版社、上海人民出版社 2010 年版，第 41—43 页。

人们发现财产保险和人身保险的分类仍然存在不足。有学者提出，以"保险标的之性质"为标准，采"财产或人身保险"的二分模式，从"分类标准之同一"而言，在逻辑上应当说具有相当之自足性；而且，"财产或人身保险"之二分模式，作为对保险业的营业范围之划分——"产、寿险分业经营"，其规范效果毋庸置疑。问题的关键是，保险契约分类的标准是否等同于保险业的营业范围划分标准？其规范效果又将如何评价？以"财产或人身保险"的二分模式作为保险契约的分类标准及其体系架构，而无视保险契约在权利义务性质上的差异性，其结果是不仅对于保险契约的权利义务无法有效达成规范目的，而且导致适用上的诸多争议。①

以保险金的给付方式或者给付目的为标准，保险可以分为定额保险和补偿保险。有学者认为，定额保险，是指在发生保险事故时，保险人依照保险合同约定的保险金额全额或者比例额承担给付责任的保险。定额保险，又被称为定额给付保险或者非补偿性保险。定额保险不以填补被保险人的损害为保险给付的目的，不论被保险人是否发生实际损失或者损失数额，保险人均应当给付保险合同约定的金额。补偿保险，是指在保险事故发生时，保险人以保险合同约定的保险金额为限，仅承担补偿被保险人所发生的实际损害的给付责任的保险。补偿保险，又被称为补偿给付保险或者损害保险，以填补被保险人的实际损害为保险给付的目的。② 还有学者认为，"通过对保险目的的变迁的认识，以及对财产保险和人身保险的区别性特征的分析，学理上将保险分为定额保险和补偿保险，不仅可以说明保险的给付目的或者性质，而且相当程度上可以合理地解释财产保险和人身保险的分类难以解释的许多问题。定额保险对应于人寿保险或者生命保险；补偿保险对应于财产保险和健康保险与意外伤害保险中的医疗费用给付保险"。③

以财产保险的保险价值的确定方式为标准，保险可以分为定值保险和不定值保险。学者多认为，定值保险，是指投保人和保险人明示约定保险

---

① 樊启荣：《"人身保险无保险代位规范适用"质疑——我国〈保险法〉第68条规定之妥当性评析》，《法学》2008年第1期。

② 参见邹海林《保险法教程》，首都经济贸易大学出版社2002年版，第10页；李玉泉：《保险法》（第二版），法律出版社2003年版，第105—106页。

③ 常敏：《保险法学》，法律出版社2012年版，第15—16页。

标的的固定价值、并将之载明于保险合同而成立的保险。对于定值保险，发生保险事故时，保险人按照约定的保险金额承担保险责任。不定值保险，是指投保人和保险人对保险标的的价值不作明示约定、仅载明保险事故发生后再按照一定的方式确定保险价值而成立的保险合同。对于不定值保险，发生保险事故时，保险人以约定的保险金额为限，对被保险人所发生的实际损失承担保险责任。[1] 当然，对于定值保险是否违反财产保险填补损失原则的问题，我国学者也进行了相应的研究。有学者认为，法律允许订立定值保险合同，并非默认超额保险是合法的。[2] 更有观点明确表示，定值保险是损失补偿原则的例外。[3] 对于定值保险而言，保险事故发生时，保险标的的实际价值可能低于投保时的实际价值，保险法认可被保险人获取超出实际损失之外的保险赔偿。但保险法对这种获利行为的容忍是有限度的。一方面定值保险的适用范围受到保险法的限制，多适用于实际价值不易确定的保险标的，如古玩、字画、矿物标本等，此类标的唯一性决定了，一旦损毁很难依据市场同类产品确定其价值。另一方面，定值保险约定的保险价值同样受到保险法的限制，即约定的保险价值至少应当反映保险合同订立时保险标的的实际价值。合同双方约定的保险价值应当以保险合同订立时保险标的的实际价值为准，不允许合同当事人以远超出保险标的实际价值的金额随意约定保险价值。对于定值保险而言，保险金额不得超过合同双方约定的保险价值，同时双方约定的保险价值不得明显超过保险合同订立时保险标的的实际价值。[4] 然而，另有学者认为，"定值保险基于投保人和保险人的约定而发生效力，在发生保险事故后，除非保险人能够举证证明被保险人在确定保险价值时有超额保险的恶意（欺诈行为），不得以保险标的的实际价值与保险合同约定的保险价值不相符为由，拒绝承担保险责任。这就是说，当事人选择定值保险的，在订立保险合同时已经充分考虑到了财产损失保险的填补损失原则，不得随意以超

---

[1] 参见邹海林《保险法教程》，首都经济贸易大学出版社 2002 年版，第 10 页；李玉泉：《保险法》（第二版），法律出版社 2003 年版，第 100—101 页；王伟：《保险法》，格致出版社、上海人民出版社 2010 年版，第 43 页。

[2] 参见李玉泉《保险法》（第二版），法律出版社 2003 年版，第 101 页。

[3] 参见任自力主编《保险法学》，清华大学出版社 2010 年版，第 60 页。

[4] 参见荣学磊《保险利益原则与意思自治原则的冲突及适用》，《中国保险》2010 年第 2 期。

额保险对定值保险的效力予以否认。因此，保险合同当事人约定定值保险的，不发生超额保险问题"。"然而，定值保险作为特例，实际上也要贯彻填补损失原则，尤其是订立定值保险合同时，对保险标的进行预先的估价并将之确定下来的过程，就是在运用填补损失原则。这就是说，定值保险不能忽略填补损失原则的适用。"①

除上述以外，保险还可以按照其他的诸多标准予以分类。例如，我国学者经常会采取的其他分类主要有：（1）按照承保同一风险的保险人的人数划分，保险可以分为单保险和重复保险。单保险，是指投保人对于同一保险标的、同一保险利益、同一保险事故，与一个保险人订立的保险合同。重复保险，是指投保人对同一保险标的、同一保险利益、同一保险事故与数个保险人分别订立数个保险合同。②（2）按照保险责任发生的先后次序划分，保险可以分为原保险和再保险。原保险，是指保险人和投保人之间订立的、作为再保险标的的保险合同。再保险，是指保险人以其承担的保险责任的一部分或者全部为保险标的，向其他保险人转保而订立的保险合同。③（3）按照保险标的是否特定为标准，保险可以分为特定保险与总括保险。特定保险，是指以特定的保险标的订立的保险合同。总括保险，又称为概括保险或统括保险，是指无特定保险标的但仅以一定标准所限定的范围内的某种保险利益或某类保险标的作为承保对象订立的保险合同。④

保险业已经发展到了相当复杂的程度，在理论和实务上都很难有一个标准，能够将保险作出符合所有人都能够接受的分类，故保险的分类永远是相对的。尤其是，保险业历经数百年的发展，其中含有许多传统的因素，对保险的分类之梳理，仍会产生相当大的束缚；对保险予以分类，不

---

① 常敏：《保险法学》，法律出版社 2012 年版，第 146 页和第 140 页。

② 参见邹海林《保险法教程》，首都经济贸易大学出版社 2002 年版，第 11 页；李玉泉：《保险法》（第二版），法律出版社 2003 年版，第 106 页；王伟：《保险法》，格致出版社、上海人民出版社 2010 年版，第 45 页。

③ 参见邹海林《保险法教程》，首都经济贸易大学出版社 2002 年版，第 11 页；温世扬主编：《保险法》，法律出版社 2003 年版，第 15 页；李玉泉：《保险法》（第二版），法律出版社 2003 年版，第 108 页；王伟：《保险法》，格致出版社、上海人民出版社 2010 年版，第 44 页。

④ 参见李玉泉《保险法》（第二版），法律出版社 2003 年版，第 103 页。

能脱离保险业发展的历史或传统。保险分类的相对性，是由保险的分类标准的相对性所决定的。在这里，应当格外强调的是，对保险的分类以及分类标准的选取，只要尊重了保险业发展的历史或传统，都是可以接受的，因为这些分类或分类标准已然构成保险业生存和发展的基础。同时，我们也必须清醒地认识到，保险的许多制度或方法的创新，对基于传统的分类标准所形成的保险的分类也提出了挑战；但挑战本身并不是要否定保险的分类之历史发展惯性，而是要在保险的分类上消除那些不能适应发展变化了的生活样态的陈旧观念。例如，不能将人身保险绝对地理解为定额给付保险，否则会阻断赋予不同种类的人身保险适应新形势而应当具有新鲜内涵的法律解释路径。所以，保险的分类只是一个相对的分类，不论在任何情形下，都应当避免将保险的分类作绝对化的理解。

第三节　人身保险和财产保险

一　人身保险和财产保险分类的意义

将保险区分为人身保险和财产保险，为保险法理论对保险所为基本分类。此一分类凸显着人身保险和财产保险的性质。一般而言，人身保险和财产保险的差异决定了它们彼此区分的立场：合同条款不同、费率理算的基础不同、保险费的交纳方式不同、保险期间长短不同、保险责任的目的不同等。

有学者认为，因为标的的不同，财产保险和人身保险在法律制度设计上存在诸多差异：财产保险严格适用损害填补原则，人身保险则不适用；财产保险的保险利益以经济利益为判断标准，而人身保险则不以此为限；人身保险合同在一定条件下具有现金价值，财产保险合同则无现金价值；人身保险的投保人可以任意解除合同，财产保险则不然。[①] 还有学者认为，"以性质上有所不同的人身保险和财产保险开展营业，在监督管理方面应必须体现出差异化，《保险法》第95条将保险公司的业务主要划分为人身保险业务和财产保险业务，实行相对严格的保险分业经营制度，同

---

① 参见温世扬主编《保险法》，法律出版社2003年版，第15页。

一保险人原则上不得同时经营人身保险业务和财产保险业务。因此，人身保险和财产保险的分类，至少在现阶段构成我国保险法制度建设的基础"。①

二 人身保险

人身保险的原始形态和基本形式为人寿保险。现代意义上的人身保险已经远超人寿保险的范畴，所承保的危险覆盖被保险人的"生、老、病、伤、残、死"等各种风险。我国保险法理论将人身保险具体划分为人寿保险、意外伤害保险和健康保险三种。

人身保险有保险标的人格化以及保险给付定额化的本质特征。有学者认为，人身保险具有以下三个基本特征：（1）保险标的人格化。人身保险的保险标的为被保险人的生命或者身体，保险利益为被保险人的人格利益，不能用金钱价值予以准确衡量。在这个意义上，人身保险并非填补损失的保险，填补损失原则不能适用于人身保险，以此也决定人身保险无保险代位权的适用。（2）保险金定额给付。保险标的人格化，使得人身保险的保险标的不能用具体的金钱价值予以确定，从而不存在确定保险金额的实际价值标准，故各类人身保险合同的保险金额，只能由投保人和保险人协商确定一个固定数额，以此作为保险人给付保险金的最高限额。以此为基础，人身保险也不会发生超额保险的问题。（3）保险费不得强制请求。不论投保人向保险人是一次支付全部保险费，还是按照合同约定分期支付保险费，若投保人不支付或者迟延支付保险费的，保险人不得强制投保人支付保险费。② 还有学者认为，人身保险合同具有四个特征，即保险标的的不可估价性、保险金的定额给付性、保险费支付的不可诉性、保险责任准备金的储蓄性。③ 也有学者认为，人身保险的特征表现为：（1）保险金额的固定性。（2）保修期限的长期性。（3）一定的储蓄性。（4）人身保险合同不存在代为求偿权。④ 更有学者认为，人身保险具有以下5个

① 常敏：《保险法学》，法律出版社2012年版，第11—12页。
② 参见邹海林《保险法教程》，首都经济贸易大学出版社2002年版，第11页。
③ 参见温世扬主编《保险法》，法律出版社2003年版，第348—349页。
④ 参见李玉泉主编《保险法》（第二版），法律出版社2003年版，第235—236页。

特征： (1) 保险标的的不可估价； (2) 保险金一般实行定额给付；
(3) 保险合同的期限一般较长； (4) 当事人可以指定受益人； (5) 一般
具有储蓄功能。①

学者有关人身保险的特征的归纳，虽有立足点的差异，但观点所述得
以反映的内容大同小异，并不存在本质上的区别。以上呈现的人身保险合
同的特征表述的差异性，均建立在人身保险合同的标的为人格利益、人身
保险一般为长期合同以及人身保险具有现金价值的基础之上，故其差异性
仅表现为描述角度的不同而已。作为长期合同的人身保险，其保险费具有
特殊性，投保人将之交纳给保险人，其中有相当一部分为被保险人的利益
而存在，使得人身保险合同具有现金价值。正是在这个意义上，人身保险
合同的保险费，在投保人未交纳或者迟延时，保险人不得以诉讼强制投保
人交纳。因此，不论如何表述人身保险的特征，只要充分认识了人身保险
的标的人格化这一本质特征，理论和实务对人身保险的认知就不可能与财
产保险混同。故有学者认为，人身保险的标的人格化，使得被保险人的人
身安全备受关注，保险利益作为防控道德危险的重要工具，在人身保险场
合被贯彻到了极点：人身保险的投保人在订立保险合同时，对被保险人没
有保险利益的，合同无效。同样的理由，以死亡为给付保险金条件的人身
保险合同，未经被保险人同意并认可保险金额的，合同无效。② 但是，在
这个问题上，我们不能将人身保险的标的人格化特征绝对化，就如同人身
保险与财产保险的分类仅仅是一个相对的分类一样。故人身保险的标的人
格化，并不应当绝对地排斥人身保险的标的（如发生内在缺陷或疾病身
体）在特殊情形下所具有的金钱补偿价值。

原则上，人身保险的标的人格化决定了保险金额的定额给付。但是，
人身保险的定额给付并非没有例外。因此，有学者认为，"在费用报销型
（亦称费用补偿型）健康保险中，合同中所约定的保险金等则只能在被保
险人所遭受的损失范围内，根据保险合同的具体约定予以支付，从而在这
类保险中也带有了损失补偿的性质，不属于定额保险或定额给付性保险。
但是，即使是在费用报销型医疗费用保险中，在保险事故因第三人造成的
情形下，保险公司在支付保险金后，也不能向第三人请求赔偿保险金，而

① 参见任自力主编《保险法学》，清华大学出版社 2010 年版，第 155—156 页。
② 参见常敏《保险法学》，法律出版社 2012 年版，第 12 页。

只能由被保险人或受益人予以追偿"。①

三 财产保险

一般以为，财产保险的原始形态和基本形式为海上保险。现代意义上的财产保险，已经远超海上保险的范畴，所承保的危险覆盖被保险人的"财产及财产利益"所遭受的各种损失风险。在理论上，财产保险通常被具体划分为财产损失保险、责任保险、信用保险和保证保险等。有学者认为，海上保险构造了财产保险的制度目的：填补被保险人所发生的实际损害。保险事故发生后，被保险人仅得按其实际所受之损失请求保险人赔偿，不得因而获取超过实际损失的利益；保险人以被保险人实际所发生的损失为限，按照合同约定承担保险责任。而海上保险以外的其他保险则对损害填补作出了发展。②

财产保险的标的为被保险人的财产或者财产上的利益；财产或财产上的利益均可以用金钱价值予以评价，保险人依此为依据承担保险责任，以实现填补被保险人所发生的损失的目的。因此，填补损害成为财产保险的唯一目的和固有特征。有学者认为，财产保险具有以下三个特征：（1）严格适用填补损失原则。保险事故发生后，保险人的赔偿以被保险人实际所发生的损失为限。财产保险以填补损失为基础，以补偿被保险人发生的财产损失或者经济损失为唯一目的。（2）保险责任限定。保险人给付保险金的责任，以保险合同约定的保险金额或保险责任限额为限，并且保险合同约定的保险金额不得超过保险标的的保险价值。（3）保险代位权的适用。被保险人所发生的损失应当由第三人承担损害赔偿责任的，被保险人在请求保险人给付保险金后，依照财产保险的填补损失原则，应当将其请求第三人赔偿的权利交由保险人代位行使。③ 也有学者认为，财产保险的固有特征有两个：（1）财产保险中的标的特殊，表现为特定的财产及与财产有关的利益；（2）财产保险为一种填补损失的合同。此外，财产保险还实行保险代位的原则。④ 还有学者认为，财产保险具有以下四

---

① 王伟：《保险法》，格致出版社、上海人民出版社2010年版，第150页。
② 参见常敏《保险法学》，法律出版社2012年版，第12—13页。
③ 参见邹海林《保险法教程》，首都经济贸易大学出版社2002年版，第12页。
④ 参见王伟《保险法》，格致出版社、上海人民出版社2010年版，第191页。

个特征：（1）保险标的为财产及其有关利益；（2）为典型的补偿性合同；（3）为限定最高赔偿责任的合同；（4）财产保险的保险人享有代位权。①

　　在保险法理论上，财产保险的填补损失的本质特征，为学说一贯坚持，似乎并没有发生多大的变化。但是，如同有学者注意到的那样，"海上保险构造了财产保险的制度目的：填补被保险人所发生的实际损害。而海上保险以外的其他保险则对损害填补作出了发展"。② 这就提示我们是否应当动态地去认识财产保险及其制度的构成。

　　我们知道，历经数百年，财产保险的发展轨迹始终围绕着填补损失的主题展开，而在此过程中，保险法理论以及实务对于"财产"和"损失"的理解已经产生了不少变化。例如，财产不再限于有形财产，而包括了无形财产；财产不再限于积极财产，而包括了消极财产；"损失"不再限于有形财产的实际损失，而包括了财产利益的丧失乃至利益丧失的可能（如法律上的赔偿责任）。这些变化促进了财产保险的发展，并进而使得人们对财产保险的制度构成的理解更加深入。保险法理论将一如既往地围绕财产保险填补损失的主题，推动财产保险的制度构成及其发展：（1）区分财产损失保险、责任保险、信用保险以及保证保险。即广义的财产保险和狭义的财产保险的研究路径会被不断扩展。（2）强调保险金额与保险价值的基础地位，并以此为基础构造超额保险无效、不足额保险与重复保险的填补损失方法以及拓展定值保险的适用空间。（3）保险代位权的制度构成及其适用于财产保险的普适价值，注意区分法定保险代位权与约定保险代位权的不同，并将保险代位权作为贯彻填补损失原则的辅助工具。

第四节　强制保险

一　强制保险的正当性基础

　　一般认为，法律行为的核心要素为当事人的意思，保险为当事人意思自治的结果。但是，因为特别的缘由，国家需要对当事人缔结保险合同的意思自治作出干预时，保险的法律行为性质在相当程度上丧失了意思自治

---

①　参见温世扬主编《保险法》，法律出版社 2003 年版，第 184—185 页。
②　常敏：《保险法学》，法律出版社 2012 年版，第 12 页。

的属性，这就使得保险的成立以及权利义务关系的安排被渗入更多的国家意志，而非当事人的意思。于是，出现了不完全依赖于当事人的意思自治的保险，被称为"强制保险"。这一逻辑为多数学者认可。

有学者认为，国家或政府之所以推行强制保险，主要是出于维护公共利益的需要。具体而言，有以下几方面原因：（1）保障公众利益。例如，将汽车第三者责任保险规定为强制保险，是为了保护交通事故受害人的利益；法律强制经营者投保公众责任险，也是为了使在公共场所意外伤亡的受害人及受益人能够及时得到金钱补偿，从而恢复正常生活。（2）保护公有财产。如我国曾于 20 世纪 50 年代实行过国有企业财产强制保险。（3）保证保险公司经营盈余。对于某些涉及重大社会利益的风险，商业保险公司因为风险太高而无力承保，为了使足够多数的单位和个人参加保险，使危险达到最大限度的分散，可以推行强制保险，如农业保险、渔业保险、地震保险等。①

有学者认为，强制责任保险的异质性特点使得强制责任保险在发挥保险集合危险、分散损失的基本功能的同时，还具有以下的价值功能：（1）强制性功能。为平衡社会文明进程中各方的利益，需要引入责任保险机制对社会化损失进行合理分担，因此，以制定法的形式来确立强制保险中各方的权利和义务，成为政府在管理社会事务中的一种必然选择。强制保险的强制性要受制于法定性，强制程度的强与弱则取决于法律的具体规定。（2）对第三人利益的特别保护功能。从立法目的来看，保障第三人损害赔偿权利的实现是强制保险的立法出发点。（3）社会效益最大化功能。就运作方式而言，强制责任保险虽然是一种市场化的运作方式，但它与一般商业保险的营利目的有根本区别，强制责任保险虽然不排斥个别保险人的营利现象，但强制保险的运作并不以营利为目的，它的实施只是出于对公共利益的保护和国家发展的考虑，社会效益的取得是强制责任保险的一个基本价值功能。②

还有学者认为，保险或多或少事关公众利益或者社会公共利益。国家基于公共政策的考虑，有可能也有必要在某种程度上对保险合同的订立和内容予以强制，更有力地保护被保险人的利益。例如，在保险公司的偿付

① 参见温世扬主编《保险法》，法律出版社 2003 年版，第 13 页。
② 参见郭锋、胡晓珂《强制责任保险研究》，《法学杂志》2009 年第 5 期。

能力的维持问题上，以防保险公司超出其偿付能力或者承保能力承担风险，促进保险业的公平竞争和稳健发展，国家有必要实行法定再保险。再如，为保障商业银行的信用和支付水平，防止在商业银行清算时不能支付储户存款所可能引发的社会危机，国家有必要实行法定的存款保险。除此以外，国家基于公共政策的考虑，强制保险合同的当事人订立合同，限制保险合同当事人的契约自由，更重要的目的在于保护保险合同以外的不特定公众的利益，在责任保险的领域依法强制保险，对被保险人造成损害的第三人提供及时、有效的救济。强制责任保险，当事人在合同订立上没有选择权，在合同内容上的选择权空间缩小，而且保险人还要承担超越保险合同内容的法定义务，即对被保险人引起损害的第三人承担责任。例如，机动车第三者责任强制保险。①

二　强制保险的特征

在保险法理论上，强制保险确实是相对于自愿保险而言的。有学者提出如下的观点："强制责任保险和任意保险之间在保险性质上既有相同的一面，又有无法相互替代的一面：二者在发展目标上既可以相互协调，又相互支持；在政策目标上既相互区别，又可以相互依存；在服务功能上既可以相互补充，又可以相互促进。"② 但强制保险与自愿保险的区分，仅具有理论上的形式意义，主要还是为了比较保险法律行为的差异性而作此分类。

实质上，强制保险并不依附于自愿保险，强制保险依照特别法的规定而独立存在，强制保险也是保险法理论上的独立研究对象；人们在研究和分析强制保险时，并不需要思考自愿保险"如何如何"，而是将注意力集中于推行强制保险的正当性基础以及强制保险制度的构造合理性方面。例如，有学者认为，"在强制保险中，国家通过法律或法令统一规定保险险种、保险责任范围、除外责任、保险期限、保险金额、保险费率、保险赔偿方式等，不容当事人协商和选择。至于承保机构，则可以做出强制性规定，即要求到指定的保险公司投保，也可以不作统一规定，即允许选择保

---

① 参见常敏《保险法学》，法律出版社 2012 年版，第 13—14 页。

② 郭锋、胡晓珂：《强制责任保险研究》，《法学杂志》2009 年第 5 期。

险公司投保。"① "一方面，强制责任保险在一定程度上突破了传统的保险契约自由原则，而具有传统责任保险所不具备的法定强制性等特点；另一方面，强制责任保险在法律容许的范围内对合同当事人意愿的尊重，又使得它在本质上区别于社会保险、政策保险这些带有明显强制色彩的保险品种。"② 故在理论上，因为社会公共利益的渗入，强制保险成为保险法理论研究的新现象。

三 强制保险的实现形式

理论上确有必要分析和研究强制保险的具体实现形式。有学者认为，强制保险只能依照法律的明文规定开办。强制保险首先限制了保险合同当事人的订约自由，投保人和保险人不能自行决定是否订立保险合同，仅能依照法律规定订立保险合同。一般而言，投保人有义务投保强制保险，保险人有义务承保强制保险。强制保险依照其发生效力的不同，分为两种基本形式：自动生效的强制保险和经投保生效的强制保险。③ 然而，在我国的现实生活中，毕竟不再有自动生效的强制保险了，过去曾经存在的自动生效的强制保险的"得失"，或许只能为发展我国强制保险制度提供相应的经验素材。在当今的保险法理论上，所研究的强制保险几乎均为经投保生效的强制保险。经投保生效的强制保险，保险法理论研究的主要对象集中于机动车第三者责任强制保险。有学者表达了如下的核心观点，即机动车第三者责任强制保险仍具有商业保险的性质，只不过采取了强制投保的法策略，目标乃在于优先保护交通事故受害人的赔偿利益。④

有学者认为，经投保生效的强制保险，最大特点在于符合法律规定的条件的投保人负有向保险人投保法定保险的义务；若投保人不依法投保，保险的效力并不当然发生，但不投保的行为将引起相应的法律上的责任。如此做的目的，无非是迫使符合强制保险条件的人投保法定保险，以维护社会公众的利益。对于经投保生效的强制保险，投保人是否投保，没有选

---

① 温世扬主编：《保险法》，法律出版社 2003 年版，第 13 页。
② 郭锋、胡晓珂：《强制责任保险研究》，《法学杂志》2009 年第 5 期。
③ 参见邹海林《保险法教程》，首都经济贸易大学出版社 2002 年版，第 16 页。
④ 参见李青武《机动车责任强制保险制度研究》，法律出版社 2010 年版，第 6—7 页。

择的权利；一旦投保人向保险人作出投保的意思表示，保险人非有正当理由，不得拒绝投保人的投保。除上述以外，经投保生效的强制保险，还具有以下三个特点：（1）法定的费率和费率浮动。强制保险的基础费率由法律统一规定，保险合同不得对之随意变更；法律规定基础费率的上下浮动基准，保险合同可以依照法律规定的费率浮动基准选择对投保人适用的费率。（2）法定的保险责任限额。投保人应当依照法律规定投保的法定保险，其责任限额不得低于法律规定的最低限额。（3）强制保险合同的解除限制。强制保险合同成立后，维持保险合同的效力，对于保护相关的公共利益更为重要。投保人任意解除保险合同的权利，保险人依照保险法规定和合同约定解除合同的权利均受到限制。除专门的强制保险法规定的事由外，投保人或者保险人不得解除强制保险合同。①

第五节　定额保险和补偿保险

一　定额保险和补偿保险分类的理由

关于定额保险和补偿保险的内涵，上文已有介绍，不再重复。在我国，定额保险和补偿保险的分类问题，是因为人身保险和财产保险的分类存在某些不足所引起的。

有学者认为，据保险标的性质不同将保险划分为财产保险和人身保险本身就是不合理的。利益除了经济利益，还包括非经济利益。利益应划分为具体利益和抽象利益。具体利益，即经济利益，是具有确定之经济价值、可以用金钱衡量的利益；反之，则是抽象利益。财产上利益保险和人身上利益保险的分类方式是不周延的，人身上利益保险中既有具体利益保险又有抽象利益保险。将财产保险和人身保险之定义作相应的修正，即主体对于财产上利益保险和主体对于人身上利益保险后会发现，保险关系中客体是财产或人身对保险关系没有本质上的影响。就人身上利益来说，既有自然人之间感情上的亲近依赖之抽象利益，也有生活费用、医疗费用负担之具体利益。而仅仅基于合同或债务关系或财产管理关系对他人的生命和身体具有的利益，是合同上债权或相关财产权益，是经济利益，因此其

---

① 参见常敏《保险法学》，法律出版社 2012 年版，第 15 页。

保险利益应限于具体利益，适用填补损害制度的相应规则。所以，根据保险标的，即保险利益的不同性质，应将保险分为具体利益保险和抽象利益保险，也即大陆法上的损害保险与定额保险。①

二 关于定额保险

学者又称定额保险为给付性保险。保险人在合同中承担的给付金额，是保险合同事先约定的固定金额。在发生保险事故时，例如，被保险人死亡、伤残或者疾病，或者被保险人生存到保险合同约定的年龄时，保险人按照保险合同约定的保险金额，向被保险人或者受益人给付保险金。有学者认为，"给付性保险合同属于非补偿性保险合同，绝大多数人身保险合同为给付性保险合同。这是因为，作为人身保险合同标的的人的生命或身体无法用经济价值加以衡量，故当保险事故发生时，被保险人所遭受的人身伤害客观上是不能获得真正的'赔偿'的。与此同时，在生存保险等保险合同中，只要保险期限届满时被保险人仍然活着，保险人即应向其支付合同约定的保险金"。② 也有学者认为，"人寿保险合同是典型的定额保险合同。意外伤害保险为所约定的死亡保险金、残疾保险金给付的保险，健康保险为所约定的疾病保险金、死亡保险金或者残疾保险金给付的保险，均为定额保险。至于意外伤害保险和健康保险所约定的医疗费用给付保险是否为定额保险，依照当事人在保险合同的意思加以确定：合同条款对于保险人的给付以'津贴'、'补贴'或者'保险金'等术语表述的，且与被保险人享受医疗服务所支出的实际费用没有关联的，为定额保险。"③

三 关于补偿保险

补偿保险的特点在于保险人依照合同承担的给付金额，不以保险合同事先约定的金额为基础，而以保险事故发生时被保险人所发生的损失的评估额或者评价额为基础。所以，学者又称补偿保险为评价保险。在保险事

---

① 温世扬、黄菊：《保险利益的法理分析——以人身保险为重点》，《河南省政法管理干部学院学报》2004 年第 1 期。

② 李玉泉：《保险法》（第二版），法律出版社 2003 年版，第 105—106 页。

③ 常敏：《保险法学》，法律出版社 2012 年版，第 16 页。

故发生之时，被保险人经评估而发生实际损失的，保险人在合同约定的保险金额范围内，以弥补被保险人的实际损失作出给付。学者多以财产保险对之加以描述，并辅助使用费用补偿型医疗保险进行补充说明。有学者认为，"财产保险合同一般都属于补偿性保险合同。在不定值的保险合同中，只要保险事故造成了被保险人的实际损失，该损失即可获得全部补偿，只是其补偿金额不得超过保险金额；在定值保险合同中，即使合同所约定的保险价值在全损时低于实际价值，被保险人所获得的赔偿仍然具有补偿性质"。① 显然，以上论点在表述补偿保险的范围时还不那么确定，故有学者提出："财产保险都属于补偿保险。被学者称之为'中间保险'的人身保险中的健康保险和意外伤害保险约定的医疗费用给付保险是否为补偿保险，依照当事人在保险合同的意思加以确定：合同条款对于保险人的给付与被保险人享受医疗服务所支出的实际费用产生关联的，如按照被保险人实际支付的医疗费用的约定比例赔付，则为补偿保险。"②

四　补偿保险的跨界问题

补偿保险不限于财产保险，其可以延展到人身保险领域。不论怎样讨论定额保险和补偿保险，都无法回避一个核心问题，即财产保险固有的填补损失原则对于所有种类的保险的适应性问题：人身保险有无填补损失原则的适用？财产保险的填补损失原则，以填补被保险人所发生的损失为目的，禁止被保险人通过保险获取不正当利益，保险合同约定的保险金额不得超过保险标的的保险价值，超过保险价值的保险金额部分，不论是否为重复保险，不发生效力。被保险人所发生的损失应当由第三人承担赔偿责任的，保险人对该第三人有代位权。因为填补损失原则的以上固有逻辑，在人身保险的场合实难发挥作用，故在保险实务和理论上就产生了脱离财产保险、并有自身区别性特征的人身保险的产生和发展。财产保险和人身保险的分立，为填补损失原则的适用留下了争论的空间。当然，也有学者不这样认为。"损失补偿原则也可适用于人身保险领域。因为，保险人依据人身保险合同约定向被保险人或受益人支付的保险金同样具有补偿性，它补偿的并非被保险人的寿命或身体，而是被保险人因生老病死等保险事

---

① 李玉泉：《保险法》（第二版），法律出版社 2003 年版，第 105 页。
② 常敏：《保险法学》，法律出版社 2012 年版，第 16 页。

故所损失的保险利益。"① 如果上述观点得以成立，那么人身保险依照法律规定所具有的定额给付特征以及排斥填补损失原则的具体制度（如超额保险、重复保险、代位求偿等）适用的现象，在保险法理论上又当作何解释呢？在这里，我们要特别说明的是，定额保险与补偿保险的分类，恐怕就是要"科学精准地"诠释基于财产保险的填补损失原则在保险给付上的适用空间。

定额保险和补偿保险的分类，原本属于对保险所作的学理上的分类。通过对保险目的变迁的认识，以及对财产保险和人身保险的区别性特征的分析，在保险法学理上，就逐步产生了定额保险和补偿保险的分类学说。之所以在理论上做如此的划分，目的有二：一方面在相当程度上可以说明保险的给付目的或者性质；另一方面，在相当程度上可以合理地解释财产保险和人身保险的分类方法难以解释的诸多个别性问题，例如损害填补原则的例外、保险代位的例外等。如此一来，保险法理论遂将定额保险对应于人寿保险或者生命保险，将补偿保险对应于财产保险和健康保险与意外伤害保险中的医疗费用给付保险。在世界范围内，定额保险和补偿保险分类的思想，对于保险立法和保险实务均产生了积极的影响。在我国，定额保险和补偿保险分类的思想也已经被学者认同，对于保险实务也正在产生积极的影响。

第六节　原保险和再保险

在我国保险法理论上，原保险和再保险的分类，都是立足于保险责任发生的先后次序，先发生的保险当作原保险，而以原保险为基础、后发生的保险作为再保险，已如前述，不再赘述。在原保险与再保险的分类上，再保险的范围问题、再保险与原保险的关系问题、再保险合同的性质问题，成为保险法理论关注的重点。

一　再保险的范围

在保险法理论上，再保险有广义再保险和狭义再保险之区分。广义再

---

① 任自力主编：《保险法学》，清华大学出版社 2010 年版，第 61 页。

保险，是指以原保险的任何保险责任为保险标的而成立的保险合同。广义再保险，并不考虑投保人分保的原保险的保险责任份额，包括全部再保险和部分再保险。狭义再保险，是指仅以原保险的部分保险责任为保险标的而成立的保险合同。狭义再保险与部分再保险同义。依照狭义再保险，原保险人和再保险人不得订立以原保险的全部保险责任为保险标的的保险合同。① 广义再保险与狭义再保险的区别在于，法律是否允许原保险的保险责任的全部分保。

在我国，因为保险法对于再保险的范围已有限定，学者多认为再保险仅以狭义再保险为限。有学者认为，保险人将其承保的责任以分保的形式部分转移给其他保险人而订立的保险合同，为再保险。② 但是，也有许多学者认为，保险人以其承担的保险责任的一部分或者全部作为保险标的，向其他保险人转保而订立的保险合同，为再保险;③ 但同时又不得不认为我国法律规定的再保险仅限于狭义再保险。④

我国法律规定的再保险，以狭义再保险为限，但理论上的论证并未充分展开。有学者认为，再保险应以狭义再保险为妥当。"比较而言，部分再保险明显优于全部再保险。因为就部分再保险而言，由于须自留，故能促使原保险人谨慎从事核保等事项，形成再保险人与原保险人利害与共的关系；而就全部再保险而言，因原保险人无任何危险责任承担，仅赚取再保险佣金或者手续费，其法律地位类似于保险经纪人而已，所以对于危险之良莠可能漠不关心，结果可能使再保险人蒙受不利，违背利害与共、互

---

① 参见邹海林《保险法教程》，首都经济贸易大学出版社 2002 年版，第 201 页。

② 参见李玉泉《保险法》（第二版），法律出版社 2003 年版，第 108 页；任自力主编：《保险法学》，清华大学出版社 2010 年版，第 87 页；常敏：《保险法学》，法律出版社 2012 年版，第 216 页。

③ 参见覃有土主编《保险法概论》，北京大学出版社 2001 年版，第 415 页；邹海林：《保险法教程》，首都经济贸易大学出版社 2002 年版，第 200 页；温世扬主编：《保险法》，法律出版社 2003 年版，第 325 页；马原主编：《保险法条文精释》，人民法院出版社 2003 年版，第 110 页、第 116 页。

④ 参见邹海林《保险法教程》，首都经济贸易大学出版社 2002 年版，第 201 页；温世扬主编：《保险法》，法律出版社 2003 年版，第 326 页。

惠互利之精神，再保险也失其意义。"① 而且，我国禁止原保险责任的全部分保，也缺乏充分的法律依据。在理论上，再保险的范围究竟应当如何限定，仍然具有相当的空间。有学者对此提出，"保险公司在我国若将其承保的原保险的全部责任'分出'，其他保险公司予以承保并订立保险合同的，是否违法或者无效，对此保险法缺乏明文规定。保险公司签发的承保其他保险公司分保的全部保险责任的保险单，虽然不能说属于保险法第28条第1款所规定的'再保险'，但至于这种保险单是否属于责任保险及应否承认其效力，值得研究"②。

二 再保险与原保险的关系

理论上，学者多以保险责任发生的先后作为划分原保险与再保险的标准。这种以保险责任发生的先后来认识原保险和再保险的路径，仅揭示了原保险和再保险法律关系生成的时间顺序，并不能真正揭示原保险和再保险之间存在的从属性和独立性关系。再保险所承保的危险，不论是否为原保险的部分保险责任，再保险的成立都不可能脱离原保险而单独存在，没有原保险也就无所谓再保险。这是问题的一方面，即再保险从属于原保险。问题的另一方面则是，再保险毕竟不同于原保险，完全是一个独立的保险，那么其在多大程度上独立于原保险呢？

关于再保险的从属性，有学者认为，"原保险合同之无效、解除或终止，再保险合同亦生同一效果；因为原保险合同若无效、解除或终止时，再保险合同将因无保险利益而随之失效"③。还有学者认为，再保险是保险人之间以分担保险责任为目的而成立的保险合同，以原保险合同有效存在为前提。没有原保险，就没有再保险，原保险是再保险的基础。原保险不成立或者无效，再保险合同亦不成立或者无效。④ 也有学者认为，原保险合同是再保险合同存在的前提，再保险合同的订立以原保险合同为基

---

① 樊启荣：《论再保险合同之法理构造——以我国"保险法第二次修改"为背景》，《北方法学》2009年第5期。

② 常敏：《保险法学》，法律出版社2012年版，第217页。

③ 覃怡、樊启荣：《再保险合同定位的若干问题探讨》，《法商研究》2000年第1期。

④ 参见邹海林《保险法教程》，首都经济贸易大学出版社2002年版，第204页。

础，没有原保险合同，不会存在再保险合同。①

关于再保险的独立性，有学者认为，"再保险合同虽以原保险合同为基础，但再保险合同为独立的保险合同，仅在原保险人和再保险人之间产生保险权利义务关系，再保险合同的约定不及于原保险合同的约定，原保险人和被保险人或受益人之间的权利义务关系不因再保险合同的成立而受影响"，具体表现为：（1）再保险给付的独立性。原保险人依照原保险合同向被保险人或者受益人承担保险责任，原保险的被保险人对于再保险人没有保险给付请求权。（2）再保险费请求的独立性。再保险人不得请求原保险的投保人交付保险费，仅能依照再保险合同向原保险人请求支付保险费。② 也有学者认为，"再保险合同虽然以原保险合同为基础，但却是不同于原保险合同的、独立的保险合同。在再保险合同的订立和履行过程中，再保险合同的独立性原则体现在：再保险接受人不得向原保险的投保人要求支付保险费；原保险的被保险人或者受益人，不得向再保险接受人提出赔偿或者给付保险金请求；再保险分出人不得以再保险接受人未履行再保险责任为由，拒绝履行或者迟延履行原保险责任"。③ 还有学者从原保险的被保险人不受再保险合同约束的角度，来认识再保险的独立性。"原保险合同是再保险合同得以建立的基础，因此，再保险合同的内容（包括保险危险、保险金额、保险期限等）均要受原保险合同的制约。但是，再保险合同的缔约双方都是保险人，其仅在再保险人和原保险人之间产生法律上的权利和义务关系，即再保险合同对于被保险人不能产生约束力。"④ 更有学者认为，"在再保险合同关系中，再保险接受人仅对再保险分出人负责，与投保人、被保险人或受益人不发生任何直接关系"⑤。

再保险的独立性是否仅仅限于以上情形而不再具有扩展的空间？对此，我国保险法理论的研究还是相对谨慎的。有学者已经充分注意到再保险业务发展过程中出现的"再保险人直接赔付条款"、"理赔控制条款"等法律现象，但却认为这些法律现象在我国不应当具有法律效力，因为它

---

① 参见任自力主编《保险法学》，清华大学出版社 2010 年版，第 282 页。

② 参见邹海林《保险法教程》，首都经济贸易大学出版社 2002 年版，第 204 页。

③ 温世扬主编：《保险法》，法律出版社 2003 年版，第 338 页。

④ 李玉泉：《保险法》（第二版），法律出版社 2003 年版，第 109 页。

⑤ 马原主编：《保险法条文精释》，人民法院出版社 2003 年版，第 120 页。

们的存在与我国《保险法》规定的再保险合同的独立性相冲突，这些条款的使用将严重影响原保险人的权利。① 在提出这样的观点的时候，论者或许对再保险合同的独立性具有的价值多少都有所忽略。再保险合同的独立性不会影响原保险合同的权利义务关系，但基于再保险人和原保险人的意思自治，其在再保险合同中应当有机会并且有条件约定"再保险人直接赔付条款"、"理赔控制条款"等，以限定再保险合同中当事人的权益分配。有学者所表达的观点应当引起我们的重视。有学者提出，"再保险人与原被保险人之间虽无合同当事人关系，但可于再保险合同中，订明再保险人可直接向原被保险人负责。此虽违反《保险法》第29条之强制规定，但此项约定因有利于被保险人，应属有效。此也符合保险立法的现代精神和原则……优先保护被保险人利益"。② 更有学者认为，原保险合同与再保险合同是相互独立的两个保险合同，合同自由允许合同当事人规定当事人自己的权利义务，只要其不去规定其他合同当事人的权利义务，"再保险人直接赔付条款"即属此列。③ 也正是在这个层面上，我们以为，在分析和评价原保险和再保险的关系时，再保险的独立性要远比再保险的从属性更具理论意义和实践价值。

三 再保险的性质

关于再保险的性质，有多种学说，我国的保险法理论或多或少受其影响。经常被我国学者引证的有关再保险性质的学说，主要有原保险性质说（又称为同种保险合同说）、财产损失保险说与责任保险说。原保险性质说认为，再保险从属于原保险，以原保险人订立的保险合同承担的保险给付责任为标的，性质由原保险的性质决定；如果原保险合同为财产保险，则再保险为财产保险，如果原保险合同为人身保险，则再保险也为人身保险。责任保险说认为，再保险以原保险合同约定的原保险人承担的保险责任为基础；当原保险人应当承担保险责任时，再保险合同约定的保险事故即告发生，不论原保险人是否已经向原被保险人给付保险赔偿金或者保险

① 参见李玉泉《保险法》（第二版），法律出版社2003年版，第110—111页。
② 覃怡、樊启荣：《再保险合同定位的若干问题探讨》，《法商研究》2000年第1期。
③ 参见陈欣《保险法》，北京大学出版社2000年版，第259页。

金，再保险人承担向原保险人给付保险赔偿金的责任。①

在理论上，我国学者并不赞成原保险性质说。例如，有学者认为，原保险性质说仅仅注意到再保险的从属性，即再保险合同从属于原保险合同，但却忽略了再保险合同的独立性。再保险合同与原保险合同为独立的合同，前者的标的为原保险合同约定的保险责任，后者的标的则为原保险合同项下的被保险人的财产或者人身，二者存在本质的不同。在这个意义上，原保险和再保险具有分散不同性质的危险的目的。当原保险为人身保险合同时，原保险合同的目的在于保险人对发生保险事故的被保险人或者受益人提供定额给付的保障；再保险合同的标的为人身保险合同约定的给付保险金的义务，再保险合同的目的，在于填补原保险人因为向被保险人或者受益人给付保险金所发生的损失。就再保险合同的目的而言，具有填补损失的保险合同的特征，再保险合同的标的不论基于财产保险合同还是人身保险合同，均为原保险人的保险给付责任，属于再保险合同予以分摊的危险对象。再保险合同的性质，与原保险合同应当不发生关联。②

再保险的标的为原保险人承担的保险责任，故其为财产保险，对之少有学者会持有异议。财产保险的固有形态为财产损失保险，将再保险归入财产损失保险，也甚为自然。财产损失保险的理赔，需要不折不扣地贯彻填补损害的原则。但我们应当注意到，再保险若为财产损失保险，则再保险分散原保险人的保险责任的功效，可能难以有效发挥。有学者认为，财产损失保险所关注的核心问题为"保险标的所发生的损失"；损失为被保险人因为保险事故所受到的实际损失，保险人仅对被保险人所发生的实际损失承担保险责任。再保险的原保险合同约定的保险事故发生引起原保险人的保险责任，但原保险人尚未向原被保险人给付保险赔偿金或者保险金的，原保险人尚没有发生实际损失；同样，当原保险人失去清偿能力而无法履行保险责任时，也没有实际损失发生。再保险人仅对原保险人实际向被保险人支付的保险赔偿为限，承担保险责任。显然，将再保险合同定性为财产损失保险，无法有效实现再保险分散原保险人的保险责任的功能，更难以实现再保险对于原保险的被保险人的利益提供保护的作用。财产损

---

① 参见温世扬主编《保险法》，法律出版社 2003 年版，第 329—331 页。
② 参见常敏《保险法学》，法律出版社 2012 年版，第 219 页。

失保险说，不能合理解释保险实务上的再保险合同的特点和发生的效用。①

在我国保险法理论上，责任保险说是判断再保险合同性质的通说。有学者认为，"从再保险合同的目的、保险标的以及维护原被保险人的利益这些方面考虑，再保险合同在性质上应当属于责任保险合同"②。还有学者认为，"由于再保险合同是以原保险人基于原保险合同所负的责任为保险对象，因此在性质上应属于责任保险合同的范畴"③。也有学者认为，"再保险合同的目的是保险责任在保险人之间的转嫁或分担，功能为分散原保险人的保险危险以维护原被保险人和受益人的利益，结合我国保险法的立法宗旨和基本原则，再保险合同的性质应认定为责任保险合同"④。更有学者认为，再保险合同以原保险人所承担的保险责任为保险标的，的确不同于人身保险的标的，但与财产保险的标的却是一致的，再保险应当属于财产保险，并具有责任保险合同的性质。就再保险标的而言，再保险人并非直接对原保险合同的保险标的的损失给予补偿，而是对原保险人所承担的损失赔偿责任给予补偿，这种补偿方式和责任保险相类似。就再保险目的而言，再保险是为了弥补原保险人因为对原被保险人的赔付所受损失的一种保险。而责任保险同样是以原保险人对第三人所付的赔偿责任为标的，所以再保险合同可归类于责任保险合同。对原被保险人的保护而言，将再保险合同解释为责任保险合同有利于原被保险人，因为这种解释可以更有效地保护被保险人免遭不能清偿之苦，将再保险合同解释为补偿性合同，则设置再保险制度保护原保险人在丧失清偿能力时对原被保险人加以保护的作用就形同虚设。⑤

当然，对再保险合同的责任保险性质，也有学者提出了如下的观点：再保险合同与责任保险合同在合同标的、保险利益等方面都不相同；若从保险实务的角度考察，再保险在形式和实际功用上与责任保险存在着明显的差异。因此，再保险在性质上并不是责任保险。上述观点的主要理由

---

① 参见常敏《保险法学》，法律出版社 2012 年版，第 219—220 页。

② 邹海林：《保险法教程》，首都经济贸易大学出版社 2002 年版，第 203 页。

③ 李玉泉：《保险法》（第二版），法律出版社 2003 年版，第 109 页。

④ 温世扬主编：《保险法》，法律出版社 2003 年版，第 332 页。

⑤ 参见宋云明、张建梅《再保险合同的性质探讨》，《人民司法》2011 年第 5 期。

有：（1）两者的保险标的与保险利益不相同。再保险合同和责任保险合同的标的都是被保险人对他人应当承担的某种责任，但这两种责任具有本质的区别。就再保险而言，再保险合同的标的是原保险人对原被保险人承担的合同义务。而就责任保险合同而言，其标的是被保险人因损害了第三人的某种合法权益而依法应当向第三人承担的民事赔偿责任。由此所决定的两者的保险利益不相同，责任保险合同的保险利益是一种"责任利益"，而再保险合同的保险利益是一种"合同利益"，二者有着明显差异。（2）在保险实务上，再保险与责任保险远非一回事。从再保险的主要形式来看，与责任保险存在着很大差异。再保险有两种基本形式，即比例分保和非比例分保；还有一种新的形式，即金融再保险。它们有的与责任保险形式有相似之处，有的则根本不同。（3）从再保险的实际功用来看，它与责任保险功用并不相同。从再保险业的实际来看，它发挥着分散原保险人过高的承保风险、加强保险公司之间的情报交换与经验交流的功能。①

如何认识我国保险法上的再保险性质，恐怕与再保险合同当事人的意思相关。有学者认为，应当优先考虑再保险合同当事人的意思，以确定再保险合同的性质；在欠缺当事人意思的情形下，应当将再保险合同定性为责任保险。"因为法律没有规定再保险合同为责任保险合同，不能超越再保险合同当事人的意思，将再保险定性为责任保险。依照当事人意思自治的法理，当事人可以约定再保险为财产损失保险合同；再保险合同依照当事人的意思为财产损失保险合同的，再保险人仅在原保险人承担保险责任后，依照再保险合同约定的保险金额，对原保险人给付保险赔偿而发生的损失予以填补。再保险合同没有约定再保险合同为财产损失保险合同或者约定内容不明的，从订立再保险合同的目的、保险标的以及维护原保险被保险人的利益等方面考虑，应当认为再保险合同具有责任保险的性质。"②但有一点应当是清楚的，即再保险合同当事人不论如何表达其意思，我们都不能得出再保险合同与原保险合同属于相同性质的保险之结论。

实际上，保险法理论所面对的问题，正是保险实务界所关注的再保险

---

① 参见丁凤楚《再保险合同是责任保险合同吗?》，《政治与法律》2006 年第 2 期。

② 常敏：《保险法学》，法律出版社 2012 年版，第 221 页。

人的给付义务的承担问题。已如前述，再保险的独立性使得再保险的权利义务关系远超其从属性，更具复杂性。如何平衡再保险当事人之间的利益，甚至再保险人与原保险的被保险人或受益人之间的利益，成为再保险所不可回避的重大问题。而这些问题，都不是一个简单的财产损失保险或责任保险的结论就可以解决的问题。因此，再保险的性质问题，更多地表现为认识再保险的价值判断或方法论。

第 三 章

保险法的基本原则

第一节　基本原则的归纳

保险法的基本原则为我国保险法的立法、司法实务以及理论研究无法回避的一个重要问题。我国的保险立法并没有对"保险法的基本原则"作出明文限定，保险法的基本原则仅仅是学者在理论上以保险法的制度设计为依据，而抽象出来的指引保险法规范的形成、适用以及解释的基本准则。保险法理论对于保险法的基本原则一直存有争议。

有观点提出，保险法的基本原则只有两个，包括公理性原则和政策性原则，前者是指诚实信用原则，后者是指损失补偿原则；至于理论上所称保险利益原则、近因原则、保险与防灾防损相结合原则等，则是由这两个基本原则中派生出来的保险法的具体原则。[1] 有学者认为，保险法的基本原则是贯穿于保险法及人们在保险活动中必须遵循的根本性原则，包括保险与防灾减损相结合的原则、最大诚实信用原则、保险利益原则、损失补偿原则、近因原则。[2]

也有学者认为，保险法的基本原则构成，应当坚持两个标准：一个是保险法特有的原则，而不是适用于民商法领域的基本原则；另一个则是贯穿于整个保险法领域，既适用于财产保险合同又适用于人身保险合同。对于仅适用于财产保险合同或者人身保险合同的某些原则或准则，不能作为保险法的基本原则。故保险法的基本原则仅包括诚实信用原则和保险利益

---

[1]　参见徐卫东主编《商法基本问题研究》，法律出版社 2002 年版，第 299 页。

[2]　参见李玉泉《保险法》（第二版），法律出版社 2003 年版，第 50 页。

原则。① "这两个原则不仅支配保险合同法的诸项制度设计，而且亦为解释和适用保险法规范的工具。对保险合同法的基本原则的认识是否充分，直接影响我国保险法在调整保险人和投保人、被保险人或受益人之间的相互关系的制度定位。"②

因为学术上有关保险法的基本原则的讨论都是研究性的，是从保险法规范的形成以及适用产生影响的角度分析保险法的基本原则的，故每一种见解都有其合理的成分，并有相应的保险法规范或制度结构作为支撑。如果我们站在不同的角度来观察这个比较抽象的问题，保险法的基本原则可以是多样化的，例如，不限于诚实信用原则与保险利益原则，甚至包含民商法（私法）上的基本原则；保险法的基本原则也可以是多层面的，例如，在保险业法和保险合同法两个层面都可能涉及的保险与防灾减损相结合的原则，仅在保险合同法层面存在的诚实信用原则与保险利益原则，甚至在财产保险层面存在的填补损失原则等。本部分内容并无意于去评价学者有关保险法的基本原则的各种见解是否妥当，仅仅是对散布于保险法制度的不同层面的原则予以归纳和总结。

第二节　诚实信用原则

一　诚实信用原则的定位

在一般观念上，诚实信用原则不仅支配保险合同法的诸项制度设计，而且亦为解释和适用保险法规范的工具。对诚实信用原则的认识是否充分将直接影响我国保险法在调整保险人和投保人、被保险人或受益人之间的相互关系的制度定位。

对于诚实信用原则所具有的独特内涵，我国保险法理论予以了较为深入的研究。这方面的研究使得诚实信用原则在保险法上，的确具有不同于我国民商法（私法）上所称"诚实信用原则"的诸多差异性特点。"民法之诚实信用原则当然适用于保险法，保险法诚信原则实为民法诚信原则在保险法领域之具体体现，当然，基于保险关系之特殊性，其运用之细微处

---

① 参见温世扬主编《保险法》，法律出版社 2003 年版，第 34 页。

② 邹海林主编：《中国商法的发展研究》，中国社会科学出版社 2008 年版，第294 页。

当有所区别。"①

有学者认为，长久以来，各国保险界和法学界均称最大诚信原则是保险法的基本原则。例如，要求投保人或被保险人善尽告知义务、保证义务等，而对保险人则有弃权与禁止反言的约束。但对于保险活动何以强调"最大"诚信，其理论基础是什么，我国学者鲜有论述，也未曾见列举有关资料，或绕道而行，或循环论证。弄清这个问题，不仅可使"最大"诚信的称谓名副其实，更重要的是能够准确、全面地认识和应用最大诚信原则。保险活动之所以强调"最大"诚信，究其原因有以下考虑因素：第一，从保险关系的成立基础考察；第二，从保险产品的功能进行考察；第三，从保险合同的特征来考察；第四，从保险的行业特性来考察；第五，从保险业的演进来考察。保险业从根本上讲就是以诚信为本的行业，诚信是保险业的基石。②

也有学者认为，当事人在从事保险活动时不能有损人利己的心理，也不能对另一方当事人放任自己的行为。与一般民事活动所遵循的诚信原则相比较，保险活动中对当事人的诚信要求更加严格，因此保险中的诚信原则被称为最大的诚信原则。保险对诚信的要求之所以"最大"，是由于保险的特殊性所决定的。我国保险合同的最大诚信原则有三项基本内容：告知、保证、弃权和禁止反言。各保险公司对危险因素的估计失当，使得不同质的风险被同等对待，不但损害了保险人的利益，而且从长期来看损害的也是投保人自己的利益。但是，我国《保险法》（2002 年）对于弃权和禁止反言的规定有偏袒保险人之嫌，这造成保险合同当事人在法律上的不平等，严重背离了法治的应有之义。③ 保险法律关系是一种特殊的法律关系，保险合同双方当事人客观上处于互有强弱的地位，因此，要求双方当事人要有超过一般合同的诚实信用，在合同履行中尽到最大的诚信，以更好的实现双方所追求的法律后果。而且，双方之间的强弱地位通常处于"恒强恒弱"的状态，依靠当事人的自身努力很难改变，需要法律的强制

---

① 徐卫东主编：《商法基本问题研究》，法律出版社 2002 年版，第 291 页。

② 孙积禄：《保险法最大诚信原则及其应用》，《比较法研究》2004 年第 4 期。

③ 参见黄霞、董邦俊、唐子艳《保险合同中的最大诚信原则》，《法学杂志》2005 年第 1 期。

性规范来予以规制，以平衡保险合同双方当事人的利益。①

更有学者认为，最大诚信原则作为保险法的特有原则，与民法诚信原则有着明显的不同：其一，最大诚信原则作为保险法的基本原则，贯穿于保险主要制度之中；而诚信原则虽称为"帝王原则"，但其适用上有诸多限制。保险法中的误述、披露、说明、弃权、失权等制度皆脱胎于最大诚信原则，贯穿于保险合同的磋商、缔结、履行等过程的始终。甚至可以讲，在保险的每一个环节均对保险参与主体的最大诚信提出了要求，处处体现了对有悖于最大诚信原则行为的规制，时时警醒投保人、被保险人、受益人、保险人以最大诚信的原则去履行义务。诚信原则名为"帝王原则"，主要存在于判例中，属于衍生、附随义务，劣后于法定义务、约定义务，容易被轻视。只有在法律条文未作规定，当事人未有约定之时，诚信原则方才有适用的余地。其二，最大诚信原则不仅是法律原则，而且衍生出了一系列可操作性极强的保险规则。最大诚信原则的发展并未停留在抽象的法律原则之上，而是形成了一套行之有效的规则，为防范个人的投机行为设置了形式理性规则，为保险参与各方提供了明确而具体的行为指引。诚信原则内容却不确定。其三，保险法中的误述、披露、说明、弃权、失权制度皆规定了具体的法律后果与法律责任，而一旦当事人违反了最大诚信原则引领下的具体规定，则可能导致合同无效、不退还保费、丧失抗辩权、作出对己不利的合同解释等后果。这足以警诫保险合同当事人以最大诚信行事，避免违反此原则而致成本大于收益。而诚信原则的法律后果却需依赖于人的主观判断。其四，诚信原则要求市场主体在交易中不得对对方进行欺诈，但它并不反对利用信息偏在优势去赚取利益。在理性人追求个人利益时，诚信原则只要求他们在追求个人最大利益的同时不能损人利己。与此不同，最大诚信原则要求保险市场的主体彼此坦诚相待，如同爱己一般爱人。当事人在从事保险交易时，不仅仅要彼此无欺，更需向对方"亮出自己的底牌"，充分展示个人私下掌握的信息，以彼此公平、合理的态度相互对待。这种要求，可以讲是诚信原则所无法企及的。②

---

① 参见方乐华《保险法论》，立信会计出版社 2006 年版，第 45 页。
② 参见詹昊《论我国保险法基本原则的立法完善》，《当代法学》2007 年第 3 期。

在保险法理论上，人们确实喜欢讨论"最大诚信原则"。似乎在诚信原则之前，加上"最大"这一形容词的限定，保险法上的诚实信用原则就具有了自己的独特内涵。保险法上的诚实信用原则如果是这样理解的话，在理论上讨论"最大诚信原则"，或许其实益也就丧失殆尽了。事实上，保险法上的诚实信用原则的特殊性，与附加"最大"这一形容词并没有关联。这就正如有学者认为的那样：保险法上的"最大诚实信用"原则，与诚实信用原则并不存在人们所想象的那么大的差异。因为人们在讨论最大诚信原则时，总是强调：第一，保险合同的高度信息不对称性；第二，保险合同的射幸性；第三，保险合同的格式性；第四，保险功能实现的需要。如此的论证逻辑有明显缺陷：首先，信息不对称并非保险合同所独有。其次，射幸合同并不限于保险合同。再次，保险合同只是众多格式合同中的一类。最后，保险功能说本身，也不足以作为保险法中最大诚信原则存在的依据，保险活动当事人所应遵循的诚信水准相较于其他行业并不必然更高。再者，保险法最大诚信原则的相关核心规则（亦为该原则赖以存在的主要依据），只不过是一般私法中诚实信用原则所生细则的一部分而已。无论是投保人的告知义务，还是保险人的说明义务、弃权及禁止反言义务，与一般私法（或合同法）中对应规则间的差异均在日益缩减。这些规则及其所彰显的最大诚信，完全可为一般私法中诚实信用的内容所涵盖。所以，最大诚信原则继续存在的合理性已不复存在。最大诚信原则之称谓，本身具有明显的不严谨性，在法律规则承继过程中，其很可能是误述或者误译自境外相关制度的产物。对中国而言，目前从理论上应尽快厘清最大诚信原则的真正内涵，以诚信原则取代之，在法学研究与司法实践中应尽量减少对其的使用，这是避免其误导与滥用延续的最佳选择。①

同样，还有观点强烈质疑"最大诚信"的正当性，并不认同"最大诚信"有别于"诚信"。该观点认为，"最大诚信原则"的法律渊源并不明确，相对于"诚信"原则而言，并没有更多的实质意义。因为诚信本无程度之分。给"诚信"这一"帝王原则"冠以"最大"的修饰语，并不会造就一个"王中王"，不过是在王冠之上加戴一个草帽。在普通法系

---

① 任自力：《保险法最大诚信原则之审思》，《比较法研究》2010 年第 3 期。

的成文保险法上，并不存在明确的"最大诚信原则"的判例法渊源；继续追溯英国合同法的发展轨迹，会发现"最大诚信原则"与大陆法系民法学界诚信原则并无历史关联。诚实信用原则在大陆法系合同法乃至整个民法体系中具有至高的地位，因此大陆法系中的保险法学者通常容易纯粹从逻辑上倾向于认为最大诚信原则不过是诚信原则在保险合同领域的强化。如果说"最大诚信原则"是对诚信原则的强化，则意味着"最大诚信原则"的确立，应当晚于诚信原则，然而历史正好与此相反。仔细深究可以发现，学者所称"最大诚信原则"在判例法中的渊源不明，也与民法法系中的诚信原则没有历史关联，其意义本身空虚矛盾，而民法中的诚实信用原则足以涵盖之。在我们的法律中，并不存在将"最大诚信"作为不同类别的诚信对待的空间，"最大诚信"并不是一个具有准确内涵的法律术语，故不能将其作为具有准确法律意义的标准而予以适用。我国学界基本一致认为"最大诚信原则"是保险合同法的一项重要基本原则。但值得注意的是，我国立法机关修订后的《保险法》（2002 年），特意将第 5 条表述为"保险活动当事人行使权利、履行义务应当遵循诚实信用原则"，并未采用"最大诚实信用"；同样，《保险法》（2009 年）继续沿用了该表述。立法机关如此"罔顾"法学专家的共识，并非毫无道理。①

在我国的法律语境中，最大诚信原则毕竟是一个外来语，如果我们非要强调保险法上的诚实信用原则，的确有别于民商法（私法）上的诚实信用原则，似乎没有必要突出"最大"这个限定词。我们认为，保险法上的诚实信用原则，有别于私法上的诚实信用原则，根源于保险法的具体制度设计。当我们在评价或者比较保险法上的诚实信用原则时，尤其是将私法上的诚实信用原则放置于保险法的语境体系中，使用"最大诚信原则"这一用语也仅仅是表述上的差异，对私法上的诚实信用原则在保险法上所具有的内涵并没有产生实质影响，完全没有必要将"最大诚信原则"当作"异物"而加以斥责或抨击。所以，"最大诚信原则"就是私法上的诚实信用原则，仅作为保险法上表述有异的抽象法律原则而被使用。

---

① 参见韩永强《保险合同法"最大诚信原则"的祛魅》，《甘肃政法学院学报》2011 年第 3 期。

二 诚实信用原则在保险法上的地位

在保险法理论上，学者多认为，诚实信用原则为私法上的诚实信用原则在保险法上的具体应用和发展。例如，有学者认为，就本质而言，最大诚信原则是民商法诚实信用原则在保险法中的具体运用和发展。最大诚信原则贯穿于保险法的全部内容，统率着保险立法，指导着保险司法，是保险合同当事人和关系人必须遵守的基本行为准则，适用于保险活动的订立、履行、解除、理赔、条款解释、争议处理等各个环节。最大诚信原则在保险合同中的功能，可以概括为：第一，保险当事人应以善意、诚实、守信的态度行使权利、履行义务。第二，平衡保险当事人间的各种利益冲突。第三，授予法官自由裁量权，使法官可以根据公平正义的要求进行创造性的司法活动，以弥补保险立法的缺陷与不足。①

保险法的理论研究对于诚实信用原则的理解，如果仅仅停留在民法诚实信用原则的层面上，那么诚实信用原则的真正意义在保险法上就无法体现出来。这就促使学者不得不进一步思考，为何我国《保险法》（2002年）第5条要专门独条规定诚实信用原则。

有学者认为，保险合同为射幸合同，保险人所承担的责任属于对未来危险责任的估计，保险人在估计危险时主要依靠投保人的陈述以及其自身的经验。若投保人对保险标的的危险状况有所隐瞒或者故意为错误陈述，将可能导致保险人对危险的估计发生错误。正是在这个意义上，保险法格外重视诚实信用原则在保险领域的应用，保险合同也被称为最大诚信合同。起初，诚实信用原则在保险法上的运用主要在于约束投保人的行为而控制保险人所承担的风险。诚实信用原则因海上保险的实践而被赋予了特有的内涵，并随着保险实务的发展而日渐丰富，已经远远超出了约束投保人如实告知的范围。② 这就是说，在保险法上对诚实信用原则的认识，不能脱离保险合同作为分散危险的射幸行为这一特殊场景，诚实信用原则在内涵上也将有别于私法上的诚实信用原则。例如，在民法上，基于诚实信用原则，合同具有约束力，当事人非有正当理由不得解除合同；但在保险

---

① 参见孙积禄《保险法最大诚信原则及其应用》，《比较法研究》2004年第4期。

② 参见邹海林《保险法教程》，首都经济贸易大学出版社2002年版，第43页。

法上，基于诚实信用原则，除非保险合同另有约定，投保人可以随时解除保险合同。这就是说，保险法上的诚实信用原则，使得保险合同的约束力不是绝对的，而是相对的。有学者明确指出，"保险合同与一般民事合同又有其不同之处。就单个保险合同而言，是带有很大的或然性的，保险事故之发生与否对双方之影响甚大。鉴于保险合同的特殊性，保险法诚信原则与民法诚信原则相比，其诚信之内容与公平、正义之标准亦有所不同，这就是所谓'保险法诚实信用原则'之能够独立存在的根据"。①

因此，立法者以独立条文规定诚实信用原则时，相当程度上已经认识到了诚实信用原则在保险法上所具有的特殊意义或价值：诚实信用原则在保险法上全面支配着保险合同及其条款的效力、保险条款内容的解释以及当事人之间利益的平衡。我国保险法专门独条规定诚实信用原则，并非简单重述我国私法上的诚实信用原则，而是我国保险法的立法技术及其理念的巨大进步，它为我国保险法的未来发展和完善提供了广阔的空间，为法院审理保险案件、妥当解释和适用保险法提供了补充法律漏洞的空间，为最高法院解释保险法的相关条文创造了更为有利的条件，并为我国保险法的学术研究和理论创新提出了新的课题。②

三 诚实信用原则在保险法上的制度化

诚实信用原则在保险法上的应用，应当有其特殊性，并与保险作为防范危险的法律行为的特质结合起来，从而具有自己的内涵。我国保险法有关诚信原则的具体制度设计，已基本上实现了诚实信用原则在保险法上的应用。保险法上的诚实信用原则不同于民法上的诚实信用原则，具有附随于保险合同之特性的独有内涵。例如，合同对于当事人具有约束力，不得随意解除；但是保险合同对于当事人的约束力相对弱化，投保人可以随意解除合同，但保险人不得随意解除合同；甚至保险合同当事人以外的利害关系人（如被保险人），也可以解除合同。那么，诚实信用原则在评判保险合同的解除这个特殊事项时，就必须照顾保险合同在约束力方面所具有的这一特质。在我国司法实务上，法院在审理普通的民事争议案件时援引

---

① 徐卫东主编：《商法基本问题研究》，法律出版社 2002 年版，第 301 页。
② 参见邹海林《评中国大陆保险法的修改》，《月旦法学》（台北）第 99 期，2003 年 8 月，第 182 页。

诚实信用原则裁判案件的现象还是较多的，这和我国民商立法尚不十分完备有直接的关系。但是，当法院在审理保险争议案件时，若保险法没有相应的规范可资援引，当事人在保险合同中的约定又不明确，法官是否可以直接援用保险法上的"诚实信用原则"来裁判案件，恐怕是尤为值得慎重思考的问题，因为保险合同争议案件与普通的民事争议案件存在着相当大的差异。我们认为，法院原则上不宜援引诚实信用原则来裁判保险争议案件，除非有极为正当的理由。这实际上无异于要求保险法上的诚实信用原则应当具体化为相应的制度设计，诸如说明、告知、保证、弃权、合同解释等，以实现诚实信用原则在保险法上的应用。

因为认识和立法技术上的局限性，我国保险合同法围绕诚实信用原则所建构的制度，存在明显或者隐含的漏洞，如果要极大改善诚实信用原则在保险法上的应用，在相当程度上将借助于保险法规范的修改与完善。例如，针对我国《保险法》（2002 年），有观点认为，该法虽然对于如实告知、履行保证均作了相关规定，但失之于简陋；而对于弃权、禁止反言，则付之阙如，而代之以特异的"说明义务"，并未达致良好的效果。有鉴于此，我国保险法应当对这些制度作出更为系统的规定。① 以下四项内容，为保险法上的诚实信用原则制度化的典型。

（一）说明义务制度

自《保险法》（1995 年）开始，我国保险法上的说明义务制度都是刚性的。据不完整的立法理由而言，说明义务制度的刚性规定，是为了赋予投保人在订立合同时充分的知情权和选择权，保护被保险人订立保险合同时对于风险负担的合理期待。② 为了解决保险合同订立以及履行时的"信息不对称"问题，要求保险人在订立合同时，向投保人说明保险合同的内容，并不过分。但是，对于保险合同中的某些条款（如限制或免除保险责任的条款），是否保险人未予说明，该条款对投保人就没有约束力？我国保险法在立法政策上，选择了否定保险人未予说明的免除保险人责任的条款之约束力的刚性做法。说明义务制度的刚性规定，事实上使得

---

① 参见穆圣庭、徐亮《关于保险合同法中的最大诚信原则问题》，《武汉大学学报》2003 年第 3 期。

② 参见安建主编《中华人民共和国保险法（修订）释义》，法律出版社 2009 年版，第 47 页。

保险合同的所有免除保险人责任的条款在订立合同时均可能处于效力不确定的状态，明显不利于保险市场的交易安全。有学者认为，"对限制或免除保险人责任的条款的说明，是否构成'明确'说明，需要依据具体情况进行判断，结果使得保险合同的所有限制或免除保险人责任的条款在订立保险合同时均可能处于效力不确定状态。这是诱发保险合同纠纷的直接动因，在客观上也极不利于保险业务的稳定发展"。① 说明义务制度的刚性规定，"为保险交易设定了法律上的风险，保险人在订立保险合同时不能控制是否已尽说明义务的风险，保险合同中有关限制或免除保险人责任的条款的效力，取决于对事实的'事后判断'，不利于交易的安全，也易于诱发争议"。② 但是，对于刚性的说明义务制度，我国仅有少数学者对此进行研究，尚没有真正推动我国保险法的制度改良。

刚性的说明义务制度，在立法论和解释论层面都存在问题。有学者认为，保险是对被保险人面临的风险之分担，保险人不可能对所有的被保险人面临的危险承担责任，限制和免除保险人责任的条款是保险作为一种服务型产品的"特有"品质，如果仅仅因为保险人对之没有作出"提示"或者"明确说明"，这些条款就不产生效力，无异于保险人要对被保险人面临的所有风险承担责任。在这个意义上，刚性的说明义务制度违背保险"产品"的特质。特别是，在我国《保险法》（2002 年）上，关于合同无效（全部条款或部分条款的无效）的条款仅有以下 4 个条文：第 31 条第 3 款（无保险利益的人身保险无效）、第 17 条（未提示或者明确说明的免除保险人责任的条款无效）、第 34 条第 1 款（未经被保险人认可保险金额的死亡给付保险无效）和第 55 条第 3 款（超额保险无效）。《保险法》（2002 年）第 31 条第 3 款、第 34 条第 1 款和第 55 条第 3 款关于保险合同无效之规定，究其原因均在于投保人的行为有悖于社会公共利益，其妥当性不容置疑；但该法第 17 条将保险人未作"提示"或者"明确说明"的条款规定为"无效"，似与社会公共利益关联甚少。我国《合同法》第 39 条也没有以"无效"对待未作说明的格式合同条款。这些立法立场上

---

① 邹海林：《评中国大陆保险法的修改》，《月旦法学》（台北）第 99 期，2003 年 8 月，第 187 页。

② 邹海林：《保险法教程》（修订第二版），首都经济贸易大学出版社 2004 年版，第 26 页。

的差异使得《保险法》（2002 年）第 17 条的立法理由之正当性更受怀疑。①

　　说明义务制度在我国的发展，应当柔性化。也就是说，在我国保险法的规范构成方面，保险人对保险合同的内容有说明义务，但并非要以否定性的立场来对待保险人未说明或者未明确说明的合同条款（包括免除保险人责任的条款）。有学者认为，保护在经济上处于弱者地位的消费者（投保人）和维持以团体性、普遍性为特征的保险制度，是立法者面临的两难选择；若只强调保护消费者而忽视保险基本原理，将对保险法的理论构造造成深刻危害；立足于保险基本原理和保护消费者利益，应当是完善我国保险法的价值取向，并建议对保险人未尽说明义务的保险合同赋予可撤销合同的法律效力。② 也有学者认为，在修改保险法时，应当取消有关"保险人未明确说明的"、"免除保险人责任的条款"无效的规定，将保险人的说明义务予以淡化，要求保险人对投保人尽"限制和免除保险人责任的条款"的提示注意义务，以取代我国保险法上的说明义务制度的刚性规定；仅当投保人对保险合同的条款提出疑问时，保险人应当对投保人的疑问予以说明。如此的制度设计，可以更加合理地平衡保险人和被保险人因为说明义务的履行所产生的利益；保险人若尽到"限制和免除保险人责任的条款"的提示注意义务，则其依照诚实信用原则而负担的说明义务即已履行；若保险人在订立保险合同时，未尽限制和免除保险人责任的条款的提示注意义务，则被保险人不知其存在而不受约束。"限制和免除保险人责任的条款"的提示注意义务具有客观的标准可以判断，这在客观上也能够避免不必要的争议发生。③

　　（二）告知义务制度

　　投保人违反告知义务，保险人相应取得解除保险合同或不承担保险责任的权利。但是，投保人的告知义务并不具有绝对性。我国学者在这个问题上，主要探讨了《保险法》（2002 年）有关告知义务制度的修改，应

---

　　①　参见邹海林主编《中国商法的发展研究》，中国社会科学出版社 2008 年版，第 298 页。

　　②　参见徐卫东主编《商法基本问题研究》，法律出版社 2002 年版，第 399 页。

　　③　参见邹海林主编《中国商法的发展研究》，中国社会科学出版社 2008 年版，第 299 页。

当尽可能多地规定保护被保险人或受益人利益的措施。依照《保险法》（2002 年）第 17 条的规定，保险人询问投保人的所有事项，投保人均应当告知；否则将承担违反如实告知义务的严重后果。这样的规定，极少顾及到被保险人或受益人利益的保护，极为有利于保险人的利益。在保险实务上，上述规定为保险人提供的拒绝承担保险责任或解除保险合同的救济，似乎已经成为保险人随时可以主张的不受限制的权利，也不符合保护被保险人或受益人的利益的保险立法政策。有学者提出，应当全面改革投保人的告知义务制度，采取多项措施提升对投保人利益的保护，以限制保险人的解除保险合同的权利：（1）明文规定免除投保人或被保险人如实告知义务的正当事由，以减轻投保人或被保险人履行如实告知义务的负担，诸如有关保险风险降低，或者保险人已经知道或者在通常的业务活动中应当知道的事项，投保人不必告知保险人。（2）将投保人或被保险人应当如实告知的事项限定于保险人询问的"重要事项"，仅以投保人或被保险人未告知保险人的事项之"重要性"，作为保险人主张解除保险合同或者拒绝承担保险责任的事实基准，以限缩保险人寻求违反如实告知义务救济的空间；（3）以法定的"除斥期间"（可争议期间）排除保险人解除保险合同或拒绝承担保险责任的不受期间限制的救济权利，以达到保险人和被保险人或受益人之间的利益平衡。[1]

《保险法》（2009 年）对告知义务制度作出了相应的修正，一定程度上纠正了投保人（被保险人）和保险人在如实告知事项上存在的利益失衡现象。其中有两点尤为值得重视：其一，投保人有重要事实的不真实陈述，保险人要解除保险合同的，以投保人有故意或者重大过失为限；其二，保险法明文规定保险人解除保险合同的可争议期间，超过法定的可争议期间，保险人不得解除保险合同。[2]

此外，《保险法》（2009 年）第 16 条第 6 款规定了保险人已知投保人不如实告知而订立合同的"弃权"规则，以维持保险合同的效力。该规定虽与投保人的告知义务有关，但其本身并非告知义务制度的组成部分，而是保险法贯彻诚实信用原则增加规定的"保险弃权"制度的内容。

---

① 邹海林主编：《中国商法的发展研究》，中国社会科学出版社 2008 年版，第 297—298 页。

② 《保险法》（2009 年）第 16 条第 2 款和第 3 款。

（三）保险弃权制度

保险弃权，是指保险人依法或依约有解除保险合同的权利或有拒绝承担保险责任等抗辩权时，明示或者默示地放弃该等权利，以致最终丧失解除保险合同的权利或者对抗被保险人或受益人的给付请求的权利的情形。保险弃权制度只能适用于保险人，是法律对保险人履行保险合同的行为或者行使权利所施加的负担。① 保险弃权制度对于我国保险法治的完善，提升保险人的诚实信用水准，最大限度地维持保险合同的效力和确保保险合同的顺利履行以减少纠纷，具有十分重要的意义。

保险弃权制度在英美法上被具体划分为"弃权"（waiver）和"禁止抗辩"（estoppel）两种限制保险公司权利的状态。有学者认为，保险弃权或禁止抗辩为保险法上的重要制度，发源于英美保险法，尽管在我国保险法上没有相对应的概念，但在有关法律条文的表述上则体现了类似制度的精神，法院的司法实务也常常运用类似的制度精神。② 也有学者认为，我国的保险实务没有应用英美法上的"弃权"和"禁止抗辩"的传统，保险立法对"弃权"与"禁止抗辩"也没有明确的规定，严格区分"弃权"与"禁止抗辩"在我国欠缺实践基础。有必要整合"弃权"与"禁止抗辩"的基本功能，以我国《保险法》（2002 年）第 5 条规定的诚实信用原则为基础，建立和健全我国统一的保险弃权制度。统一的保险弃权制度，不仅应当适用于被保险人违反法定或约定义务而保险人"弃权"的场合，而且应当适用于保险人为虚伪意思表示而不得反悔的场合。③

（四）保证制度

保险法上的"保证"，是指投保人在保险合同中作出的一项承诺，投保人或者被保险人在保险合同的效力期间为或者不为特定的行为，或者某种事实状态的确定存在，作为保险人受保险合同约束并承担保险责任的条件。围绕这一行为建构的制度为保证制度。保证制度的核心内容为保险合同约定的"保证条款"。

---

① 在何种场景下，保险人的行为会构成弃权，在我国是存在争议的，多数场合还局限于理论上的讨论。但是，《保险法》（2009 年）第 16 条第 6 款为我国保险弃权制度的内容之一，在理论上已为共识。

② 参见李玉泉《保险法》（第二版），法律出版社 2003 年版，第 70 页。

③ 参见邹海林《保险法教程》（修订第二版），首都经济贸易大学出版社 2004 年版，第 113 页。

保证制度为保险法上的特殊制度，投保人或者被保险人违反保证，保险人取得解除保险合同或者不承担保险责任的地位。保证制度为保险人控制危险的主要措施之一，其理论基础源自诚实信用原则，其制度逻辑依赖于当事人的意思自治。有学者认为，在保证合同中，哪些事项作为保证，通常由当事人双方协商确定。虽然保证的事项本身并不一定重要，但一旦被约定为保证，则被假定为对重要事项的担保，意义相当重大。合同中关于保证的措辞，并不需要特殊的措辞或条款格式，保险法也没有统一的要求。保险合同可以使用"保证"或"投保人/被保险人保证"的字样，也可以不使用这种字样。保险法上的保证，可以区分为明示保证和默示保证。不论保证的形式如何，保证都构成保险合同的基础，投保人或者被保险人违反保证，均致使保险合同失去存在的基础。投保人的承诺，一旦构成保证，只要投保人或者被保险人违反保证，不论其是否存在过错，也不论保险事故是否属于保险责任范围，保险人均不负赔偿责任。①

除非当事人在保险合同中对于"保证"已有明确的意思表示，在理论和实务上如何判断当事人的意思表示构成"保证"，一直都是存在争议的。有观点认为，我国《保险法》（2002年）没有关于保证的规定，因而也没有违反保证对保险合同的影响问题。我国《海商法》第235条虽有违反保证条款的救济性规定，但对何为保证条款没有给出定义，对被保险人违反保证条款又怠于通知保险人的法律后果，也没有作出规定，因而不具有可操作性。② 但另有学者认为，我国保险法明文规定有财产保险的"保证制度"，即被保险人应当遵守国家有关消防、安全、生产操作、劳动保护等方面的规定，维护保险标的的安全。投保人、被保险人未按照约定履行其对保险标的的安全应尽责任的，保险人有权要求增加保险费或者解除合同。除此以外，我国保险法缺少关于保证制度的其他规定，但"保险合同中投保人、被保险人以书面承诺为一定行为或不行为或者保持某种状况的内容视为保险合同中的保证条款"。③ 还有学者认为，"保证条

---

① 参见李玉泉《保险法》（第二版），法律出版社2003年版，第66—70页；温世扬主编：《保险法》，法律出版社2003年版，第41—42页。

② 参见吴庆宝主编《保险诉讼原理与判例》，人民法院出版社2005年版，第85页。

③ 王伟：《保险法》，格致出版社、上海人民出版社2010年版，第70—71页。

款，是指赋予保险人基于投保人在保险合同订立时同意并允诺的合同条件的不满足而享有解除保险合同权利或者拒绝赔付权利的条款。保证条款的构成，应当满足以下三个要素：（1）保险合同明文约定的一种条款；（2）该条款的内容与投保人、被保险人、受益人的行为相关，通常表述为投保人、被保险人或者受益人不得有保险合同约定的行为；（3）该条款的遵守构成保险合同效力维持或存续的条件，通常表述为投保人、被保险人或者受益人'违反'该条款约定的内容，保险人有权解除保险合同或者拒绝给付保险（赔偿）金。保证条款是保险合同中特有的一种限制保险合同约束力的条款。我国保险实务上并不使用'保证条款'这样的术语，但保险合同中约定的诸多限制或者免除保险人责任的条款（诸如财产保险合同经常约定的'被保险人的义务'条款），符合以上要素的，应当归入保证条款的范围"①。

第三节　保险利益原则

在保险法理论上，我国学者对保险利益原则均持肯定的立场，但是就这个原则存在的基础以及该原则所具有的效力范围，仍然存在相当大的争议。何者为保险利益？为什么有保险利益原则？保险利益对于保险合同的效力会产生什么影响？保险利益原则就是围绕着这些问题展开的。

一　保险利益的概念

依照我国保险法的有关规定，学者普遍认为保险利益是指投保人对保险标的具有的法律上承认的利益，或将保险利益称为投保人对保险标的具有的利害关系或者有法律上认可的利益。不论保险为财产保险还是人身保险，保险利益并无本质的差别。在我国的保险实务和理论上，保险利益和可保利益经常混用。有学者认为，保险利益，又称可保利益，是指投保人或者被保险人对保险标的具有的法律上承认的利益，即在保险事故发生时，可能遭受的损失或失去的利益。②

---

① 常敏：《保险法学》，法律出版社 2012 年版，第 54 页。
② 参见李玉泉《保险法》（第二版），法律出版社 2003 年版，第 75 页；温世扬主编：《保险法》，法律出版社 2003 年版，第 34 页。

保险利益是否与保险标的同义？在我国保险法理论上，保险利益和保险标的具有不同的法律内涵，此为多数学者的意见。例如，有学者认为，"保险利益是指投保人对保险标的具有的法律上承认的利益。保险标的是指作为保险对象的财产、有关财产利益或者人的寿命、身体。保险标的或者为财产和财产利益，或者为人身和人身利益，但投保人对之应当有利害关系或者有法律上认可的利益。所谓利害关系或者法律上认可的利益，对于财产保险和人身保险，并无本质的差别"①。但也有不同观点或者表述存在。例如，有观点认为，保险利益与保险标的是两个不同的概念。从客体的角度来看，保险利益是保险合同的客体，保险标的是保险利益的客体。我国现行保险法的规定，对此存在着这两个概念纠缠不清的问题。② 但仍有不少学者将保险利益与保险标的、可保利益等同。例如，有观点认为，保险利益又称可保利益，是体现于保险制度中的特定主体牵连于特定客体的主观关系，是受保险制度保障的利益。保险利益是保险的标的，对保险利益范围的划定关系到保险制度的存在价值和发展方向。③ 还有不少观点将保险利益等同于保险标的。例如，有观点认为，在我国《保险法》（2002 年）的规定框架内，保险标的和保险利益是两回事。保险标的是保险的对象，是危险事故发生的实体，而保险利益则体现着投保人与保险标的之间的利益关系。具体而言，财产保险的保险标的为财产及其相关利益。在保险标的的基础上确定保险利益是存在问题的，财产保险的保险标的就是保险利益。④

对保险利益认识的不同，甚至将保险利益与保险标的作相同的表述，或者将保险利益与可保利益作区别性的划分，恐怕与我国在保险实务上经常对这些术语作不加区别地使用所形成的混乱现象有关。例如，有学者认为，保险利益与可保利益是一回事儿。"今天看，把那种解释投保人与保险标的关系的保险利益叫做可保利益可能更准确一些。否则，我们从利益

---

① 邹海林：《保险法教程》（修订第二版），首都经济贸易大学出版社 2004 年版，第 35 页。

② 孙玉芝：《保险利益的概念分析》，《河北法学》2004 年第 1 期。

③ 温世扬、黄菊：《保险利益的法理分析——以人身保险为重点》，《河南省政法管理干部学院学报》2004 年第 1 期。

④ 参见李新天《论保险标的与保险利益——从物之保险到保险利益之保险》，《法商研究》2005 年第 3 期。

是某一种需求的满足或是某一种行为所带来的好处的角度来对原来的保险利益概念进行解释，就会把投保人与其欲投保标的之间的法律及经济利害关系理解成保险需求的满足或者保险的好处。很明显，这在逻辑上和实践上都是相悖的。"① 但另有学者认为，不宜将保险利益看作可保利益，保险利益仅为可保利益的一种。在保险学界，"保险利益"就是一个宽泛的概念，不仅包括可保利益，还涉及其他主体与保险相关的利益。我国保险法上所称"保险利益"实为"可保利益"。可保利益，用以特指投保人或被保险人与保险标的之间的关系，即保险法明文规定的投保人对保险标的所应具有的法律上承认的利益。显然，可保利益只是与保险活动相关的一种利益，属于保险利益的一种。尽管学界将可保利益混同于保险利益由来已久，但仍有区分的必要，特别是在经济迅猛发展的今天，经济理论对与保险相关的各种利益进行了细致深入的研究，不区分二者必将造成理论和实践的混乱。②

　　保险利益在我国保险法上有其特定的含义，应当依照保险法的规定对保险利益作出识别。在这个意义上，保险利益仅仅是一种抽象的概念描述，是投保人或者被保险人与保险标的之间存在的、基于法律规定而得以识别的某种关系。因此，有学者认为，"《保险法》第 12 条第 6 款将保险利益定义为'投保人或者被保险人对保险标的具有的法律上承认的利益'，以投保人或者被保险人与保险标的之间存在的法律上的利害关系作为保险利益的识别要素。因此，对于人身保险，投保人对自己的寿命或者身体所具有的所属关系、与他人之间所具有的亲属关系或者信赖关系，可以成立保险利益；对于财产保险，被保险人对保险标的因保险事故的发生以致保险标的的不安全而受到损害的利害关系，或者因保险事故的不发生而免受损害的利害关系，均可成立保险利益"③。这样理解的保险利益，显然不同于保险标的，其所表述的内容恰恰是被保险人（投保人）与保险标的之间的某种法律关系或者生活关系。

---

① 参见吴浣非《保险利益论》，中国金融出版社 2001 年版，第 1 页。
② 参见梁鹏《保险利益概念立法之检讨——以我国〈保险法〉第 12 条为中心的研究》，《中国青年政治学院学报》2006 年第 5 期。
③ 常敏：《保险法学》，法律出版社 2012 年版，第 36 页。

二 保险利益原则的立法形式

在我国保险法理论上，保险利益原则是指将保险利益作为影响或者决定保险合同效力的原则。但是，在表述上，学者对保险利益原则还是有相当多的不同表述。例如，有学者认为，"保险利益原则，是指保险法以保险利益作为保险合同的效力要件，投保人或被保险人对保险标的不具有保险利益的，保险合同不具有法律效力"①。也有学者认为，"保险利益原则是指保险利益构成保险合同的效力要件，对于保险合同的效力具有基础评价意义。投保人对保险标的应当具有保险利益，不具有保险利益的，保险合同无效"②。还有学者认为，保险利益原则是指在保险合同订立或履行过程中，投保人或被保险人对保险标的必须具有法律上承认的利益，否则，保险合同无效。保险利益原则包含两层含义：第一，保险利益是保险合同的特殊效力要件，其对保险合同的效力影响甚深；第二，保险利益是贯穿整个保险法的一个核心理论，其与保险法的诸多问题息息相关。③

我国学者多以为，立法有关保险利益原则的规定，基本上可以分为两种形式：概括主义和列举主义。概括主义，是指保险法对保险利益仅作概括或抽象的描述，凡存在与法律的抽象描述相符的利害关系，则有保险利益。列举主义，是指保险法对于构成保险利益的各项利害关系作出明文列举，凡与保险法列举的各项利害关系相同的情况发生或存在，即有保险利益。④ 实际上，保险利益的概括主义与列举主义，仅仅是理论上对于保险利益的立法规范作出的相对概括，二者并不具有立法技术上的优劣，更不是对立的；至少在相当多的场合，列举主义往往是概括主义的具体化乃至补充。例如，有学者认为，我国保险法关于保险利益的定义规定属于概括主义，同时对人身保险利益的规定采取列举主义，以明确人身保险利益的

---

① 温世扬主编：《保险法》，法律出版社 2003 年版，第 34 页。
② 邹海林：《保险法教程》（修订第二版），首都经济贸易大学出版社 2004 年版，第 35 页。
③ 参见李玉泉主编《保险法学——理论与实务》，高等教育出版社 2007 年版，第 69 页。
④ 参见李玉泉《保险法》（第二版），法律出版社 2003 年版，第 76 页；邹海林：《保险法教程》（修订第二版），首都经济贸易大学出版社 2004 年版，第 33 页。

具体情形。① 我国《保险法》（2009 年）第 12 条第 6 款关于保险利益的定义规定，属于典型的概括主义；但《保险法》（2009 年）第 31 条关于人身保险的保险利益的规定，则采取列举主义，以明确人身上的保险利益的具体形态。②

三　保险利益原则的功能

任何法律原则都有其特定的目的或者功能，表现力原则亦不例外。保险利益原则的功能，就是要诠释保险利益原则存在的正当性。我国学者对保险利益原则的研究，是多侧面和多角度的；在许多内容的表述上并不存在本质的差别，但是在强调保险利益原则的存在之正当性角度方面还是有不同的。

有学者认为，确立保险利益原则具有以下三个方面的意义：第一，防止利用保险赌博。保险和赌博在目的、效果及社会评价（包括道德和法律等角度）方面均存有差异，但最根本的区别在于保险中有保险利益的存在。保险利益原则不许可随便以他人的财产或人身作为保险标的投保，以便有效地防止不受损失而获利，从而保证了保险的损失补偿职能，遏制了赌博。第二，防止发生道德危险。道德危险是保险术语，是指投保方为获保险赔偿而故意促使保险事故发生或在保险事故发生时放任损失扩大。坚持保险利益原则，无损失则不赔偿，损失多少赔偿多少，有效地防止了为获得不当利益而发生的道德危险。第三，限制保险赔偿的额度。在保险实务中，保险赔偿的最高额以保险金额为限，而保险金额是以保险利益为基础的。这体现了保险的补偿性。③ 从以上三个方面理解保险利益原则存在之正当性，几乎已经成为我国保险法理论认识保险利益原则的功能或作用的通说。④

对于保险利益原则的功能的上述认知，经受了我国学者在不同的场合的反复论证。例如，有学者认为，保险利益的功能可以概括为以下几点：

① 方芳：《保险利益之法律探析》，《西南政法大学学报》2003 年第 4 期。
② 参见常敏《保险法学》，法律出版社 2012 年版，第 37 页。
③ 郭宏彬：《保险利益原则之再界定》，《中央政法管理干部学院学报》2001 年第 3 期。
④ 参见李玉泉《保险法》（第二版），法律出版社 2003 年版，第 76—77 页；温世扬主编：《保险法》，法律出版社 2003 年版，第 35 页。

第一，保障保险活动的健康发展。保险利益的存在，能防止道德危险的发生。第二，决定保险合同主体资格。保险利益解决的是投保人的主体资格问题，何人有权投保，何人有资格成为被保险人，只能以保险利益作为衡量标准。第三，影响保险合同的内容与效力。保险利益对保险合同效力的影响主要表现在：（1）保险合同的标的是保险利益，欠缺标的的合同为无效合同。（2）保险金额不能超过保险利益，超过部分应当为无效。（3）在保险期间丧失保险利益，如属全部丧失，保险合同全部解除，如属部分丧失，保险合同部分解除。（4）限制保险补偿金额。保险利益是确定保险金额的基础，发生保险事故后，保险人补偿金额不能超过原有利益，被保险人不可因投保而得到额外利益。① 还有观点认为，从保险学角度讲，保险利益原则具有三大功能：第一，排除利用保险进行赌博；第二，防止诱发道德风险；第三，限定保险金额。其中防止道德风险是保险利益原则的基本功能，其他两项功能为派生功能。尤其是，保险法的保险利益原则还具有约束和规范保险合同当事人的意思自治的作用，因此合同法意思自治原则与保险利益原则冲突时，应当承认保险利益原则的优先效力。②

当然，也有学者并没有将保险利益原则的功能做多样化的理解，而仅认为保险利益原则的作用就是为了区别保险与赌博，而证明保险金的获取具有正当性。例如，有观点认为，保险利益理论的产生源于将保险和赌博相区别的需要。保险制度是作为人们防范处理危险的措施之一而产生、存在的，"无危险无保险"为保险第一原则。保险制度使得人们在危险现实发生遭受损失后能够得到一定补偿，使个人无法承受的某种危害后果分担于社会，消化于无形之中。与危险发生即保险事故发生的对象相对应，人们直观地将保险标的即保险保障的对象认定为危险发生会直接破坏伤及的财产或人身本体。而保险利益是这样一种人对客体的关系，因为这种关系的存在，如果保险合同约定的特定事故发生，该主体会受损，因此该主体可依保险合同受到补偿。保险利益的存在使当事人因为保险合同获得的保

① 参见孙积禄《保险利益原则及其应用》，《法律科学》（西北政法学院学报）2005 年第 1 期。
② 参见荣学磊《保险利益原则与意思自治原则的冲突及适用》，《中国保险》2010 年第 2 期。

险金具正当性，防止不当得利，保险制度被赋予积极的社会意义，由此具有了蓬勃的生命力。保险利益是保险标的，即保险利益是保险制度之内的一个核心概念，而非如其产生之初仅仅是一种由学者设立的将保险区别于赌博的规则工具。对保险利益的要求，是保险制度本身性质和机理使然。正是因为保险利益的存在，保险事故发生才会有损害，保险金给付才具有了填补损害的意义，使得保险和投机性获利之赌博行为区分开来，解释了保险合同中保险人为什么要在发生保险事故时支付远远超出投保人缴纳的保险费的保险金。这也体现了保险利益最重要的功能。①

　　保险制度因为人身保险和财产保险的差异性，对保险利益原则自然会有不同的需求。我国保险法理论也注意到，保险利益原则在人身保险和财产保险的场合所发生的作用存在差异，例如前述有关保险利益原则"限定保险赔偿的金额"的功能，在人身保险的场合几乎没有什么作用。因为如此，我国学者对于保险利益原则的前述功能提出了质疑。有学者认为，传统上，保险利益的功能分为三项：防止赌博行为、防范道德危险、限制赔偿额度。但是，我国保险法规定投保人应对被保险人具有保险利益，并不符合此三项功能。第一，预防赌博之功能是保险利益最初之功能，然而，在现行人身保险制度下，投保人已不可能产生赌博之动机，因此预防赌博之功能也在逐渐褪色；保险人应将保险金支付给被保险人或者受益人，而非投保人。如果投保人根本无法取得保险金，也就不存在赌博的动机了。第二，当审视人身保险利益制度时，我们发现，在投保人可以领取保险金的场合，投保人均具有保险利益。防范道德危险之前提是投保人不具有保险利益，既然可以领取保险金的投保人恒具保险利益，便无防范之必要。第三，限制赔偿额度，是针对财产保险而言的。而人身保险的标的是人的生命或身体，无法用货币估价。在人之身体或生命遭遇不幸时，保险人所作赔偿，并非基于被保险人所受损失之价值，而是基于保险合同双方之约定，所谓依保险利益之价值限制保险人的赔偿，防止被保险人或受益人获得不当得利之学说，在人身保险中并不适用。总之，在人身

---

　　① 温世扬、黄菊：《保险利益的法理分析——以人身保险为重点》，《河南省政法管理干部学院学报》2004 年第 1 期。

保险制度下，要求投保人具有保险利益是否具有必要性，令人怀疑。①

我国理论上用于诠释保险利益原则的功能所形成的通说，在人身保险业务已经十分发达的当下，显然已经有些力不从心。但为什么在保险法理论上，我们非要如前述理论"通说"那样表述保险利益原则的功能？实际上，这与保险制度的发展史有关。众所周知，保险利益原则起源于英国的海上保险，海上保险为财产保险的始祖，保险利益原则所发挥的作用，即防止赌博、防范道德危险以及限定保险的赔偿金额，均对海上保险的业务发展有直接的意义。在人身保险业务发展的过程中，人们在诠释保险利益原则时，因为严重受限于财产保险的保险利益原则的思维定式的影响，继续沿用发端并作用于财产保险的保险利益原则的理念，自有事半功倍的效果。在人身保险和财产保险已经是两分天下的当今社会，对于保险利益原则的功能认知，是否应当有所转变呢？

有学者认为，"保险利益原则的根本目的在于防止道德危险的发生而更好地实现保险'分散危险和消化损失'的功能"②。依照上述说法，保险利益原则的功能或许只有一个，就是防范道德危险的发生；保险作为分散危险的制度工具，绝对不能承保道德危险，在保险法上，防范道德危险的工具具有多样性，但其中一个比较重要的制度设计，恐怕就是保险利益原则。保险利益原则防范道德危险的功能，在财产保险和人身保险方面所发挥的具体作用也会存在差别。学术理论研究无法脱离实体法制度的规定，因为我国《保险法》（2002 年）第 12 条关于保险利益的规定，将保险利益作为保险合同的效力基础，故保险利益原则在实现防范道德危险之功能时，所采取的基本方法是否定欠缺保险利益的保险合同的效力。因此，有观点提出："财产保险的被保险人在保险事故发生时，对保险标的应当具有保险利益，没有保险利益的，保险合同无效；人身保险的投保人在订立保险合同时，对被保险人应当具有保险利益，没有保险利益的，保险合同无效。"③

---

① 参见梁鹏《人身保险利益制度质疑》，《中国青年政治学院学报》2011 年第 6 期。

② 邹海林：《保险法教程》（修订第二版），首都经济贸易大学出版社 2004 年版，第 35 页。

③ 邹海林：《保险法教程》（修订第二版），首都经济贸易大学出版社 2004 年版，第 37 页。

　　用于防范道德危险的保险利益原则，是否有必要采取否定欠缺保险利益的保险合同之效力的路径，以实现保险利益原则的功能？我国的保险法理论对此尚未展开深度研究。在我国，学者多认为，保险利益原则的第一层含义就是，保险利益构成保险合同的特殊效力要件，保险利益是否欠缺，必与保险合同的效力（有效、无效或者失效）相关。这样的认识，在我国《保险法》（2009 年）第 12 条、第 31 条和第 48 条重构"保险利益原则"的制度环境下，仍然在影响着我国保险法理论的发展，将保险利益原则评价保险合同的效果，定位于"保险利益是保险合同的特殊效力要件"。① 当然，也有学者对此做出了十分清晰的分析结论，认为：对于财产保险合同，《保险法》（2009 年）所规定的保险利益并非合同成立或生效条件，财产保险合同不因被保险人对保险标的不具有保险利益而无效；保险利益仅仅是保险赔付与否的判断标准，构成保险赔付的条件。②

　　另有学者立足于《保险法》（2009 年）的规定，对保险利益原则的功能认知提出了如下的观点。"保险利益因为具有评价保险合同效力的作用，理论上被归结为'保险利益原则'，取得了制度设计上的较高地位。保险利益原则的作用在于防止道德危险的发生，实现保险'分散危险和消化损失'的功能。因为财产保险合同和人身保险合同的差异，保险利益原则的作用也表现出差异性。""对于人身保险合同，保险利益并没有被用于解释保险人向被保险人给付保险金的依据，而是用于解决如何保护被保险人的人身安全这一基本问题。"保险利益在人身保险的场合，相当程度上具有防止道德危险的功效，从而维护被保险人的人身安全和社会的善良风俗，保险利益制度具有防止投保人利用人身保险进行赌博以获取不当利益，防范投保人谋财害命而维护被保险人的人身安全利益，具有十分显著的意义。《保险法》（2009 年）将保险利益规定为人身保险合同的生效要件，在订立保险合同时，投保人对被保险人有保险利益，在保险合同成立后，至于投保人是否丧失对被保险人的保险利益，对保险合同的效力并不产生影响。对于财产保险合同，保险利益被用于解释保险人向被保险人给付保险赔偿金的依据，是贯彻财产保险填补损失原则的工具。财产保险的被保险人对保险标的具有保险利益，就使得被保险人没有利用保险进

---

① 参见任自力主编《保险法学》，清华大学出版社 2010 年版，第 46 页。
② 参见王伟《保险法》，格致出版社、上海人民出版社 2010 年版，第 55 页。

行赌博的冲动，也会阻止被保险人故意造成道德危险寻求保险赔偿，因为被保险人这样做，不可能获得超过保险利益的额外利益。财产上的保险利益，直接限制和评价被保险人能够获得损害赔偿的数额。在这一点上，保险利益原则只要能够发挥阻止没有利益的被保险人获取不当利益的作用，就能够满足和贯彻财产保险的填补损失原则。故《保险法》（2009 年）仅规定，保险事故发生时，被保险人对保险标的没有保险利益的，不得向保险人请求给付保险赔偿金。"保险利益原则表现为：保险利益是人身保险合同的效力要件，是财产保险被保险人的保险给付请求权的行使要件。"①

第四节　填补损失原则

一　填补损失原则的基本含义

"无损失无保险"为保险及其制度运行的公理性原则，故保险法自始至终都会有填补损失原则的适用问题。填补损失原则，又称为损失补偿原则或者填补损害原则，为保险法上用于分散危险而评价被保险人所受到的损失应否由保险人予以补偿的基本原则。

有学者认为，填补损失原则是由保险的经济补偿性质和职能所决定的，也是市场经济的客观要求，它最直接地体现了保险的经济补偿职能，因而是保险法诸原则的基础，保险法的许多原则和制度都是由它派生出来的。② 对填补损失原则作出的如上解读，在保险法的发展历程中确实如此，在人身保险和财产保险的界限日益清晰并建构各自的制度体系之前，人们并不怀疑填补损失原则在保险领域的普遍存在及其适用的正当性。故有观点认为，填补损失原则的含义可以从三个角度加以描述：一是任何人均不得就无保险利益的财产投保，保险利益的存在是填补损失原则的内在要求，使保险不违反公序良俗；二是填补损失原则使保险被用以填补被保险人因保险事故之发生所遭受的实际损失，将被保险人未来可能遭受的具有不确定性的损失转化为确定的保险费负担；三是禁止被保险人经由保险制度获取超过其所受实际损失的保险金，从而维护保险制度的良性运行。

---

① 参见常敏《保险法学》，法律出版社 2012 年版，第 37—38 页。
② 参见李玉泉《保险法》（第二版），法律出版社 2003 年版，第 88 页。

因此，填补损失原则具有禁止不当得利、控制道德危险和维护保险制度三项基本功能。① 还有学者认为，填补损失原则强调保险赔付只能填补被保险人的损失，而不能成为被保险人获利的工具，故该原则的功能与价值主要有：第一，有利于维护保险双方的正当权益，充分发挥保险的经济补偿职能；第二，有利于防止被保险人从保险中获利，从而减少道德危险。②

　　也有学者并不认同填补损失原则为保险法的基本原则，将填补损失原则降格为财产保险的基本原则，从而有条件地否认该原则对人身保险的适用。例如，有学者认为，填补损失原则是财产保险的基本原则。一方面，该原则要求即无保险。另一方面，该原则要求被保险人获得的补偿不得超过其所遭受的损害。③ 还有学者认为，填补损失原则要求，保险人向被保险人给付保险赔偿，仅以填补被保险人因保险事故而实际发生的损失为限度，该原则为财产保险理赔的基本原则。依照填补损失原则，除定值保险外，保险人在理赔时，必须计算出保险标的所发生的实际损失。对于财产保险中的定值保险，保险人在计算保险标的的实际损失时，仅仅计算保险标的发生损失的程度或者保险标的的受损失的比例，并不计算保险标的的损失金额，但并不表明定值保险就可以忽略填补损失原则。④

　　因为学理上对填补损失原则存在以上的差异化认识，有学者对导致上述不同认识的原因进行了分析，认为：在我国，虽然保险立法确立了补偿原则，并初步构建了该原则的制度体系——保险代位、重复保险、不足额保险、超额保险等规则，但由于保险制度为舶来品，加之保险法理论研究没有受到学术界应有的重视，人们对保险填补损失原则大多食而未化，至今仍有诸多认识上的误区或观念上的错误，诸如以民法上的一般"损害赔偿"观念来解释保险法的"损害补偿"范畴；将保险补偿原则的适用范围定位于财产保险而绝对排除人身保险之适用；将保险补偿原则作为普适的绝对原则而非一般原则并容有例外；对通过保险补偿原则限制保险人给付责任的规范目的的不解乃至怀疑等。上述观念或认识，使得保险人所

---

　　① 黄军、李琛：《损失填补原则探微》，《法学评论》2006 年第 2 期。
　　② 参见任自力主编《保险法学》，清华大学出版社 2010 年版，第 59 页。
　　③ 参见温世扬主编《保险法》，法律出版社 2003 年版，第 202 页。
　　④ 参见邹海林《保险法教程》（修订第二版），首都经济贸易大学出版社 2004 年版，第 136 页。

为诸多符合保险补偿法理乃至国际保险惯例的做法或者条款，在被保险人看来往往是保险人未尽"最大诚信"，或者被斥之为"霸王条款"，甚至责以"诈欺被保险人"，徒增广大社会公众对保险人的误解，并导致广大社会公众对保险业的不信任。如果我国保险法不是将保险区分为人身保险和财产保险，而是将保险区分为补偿保险和定额保险，对填补损失原则的认识就不会存在如上的差异。①

我国学者对填补损失原则虽存在认识上的差异，但不宜将这样的认识差异对立起来。整个保险制度起源于海上保险（财产保险），而作为保险制度立命之本的填补损失原则，伴随保险制度的成长与发展，学理上对保险制度的各种解读，尤其是对"无损害无保险"的认识，也并没有严格限定于财产保险。我们可以说，填补损失原则是财产保险的基本原则，但并不表明填补损失原则绝对不能适用于人身保险，如果某种类型的人身保险具有补偿被保险人所发生的损失之功能，填补损失原则同样有其适用的余地。何况，人身保险与财产保险的分类具有相对性，人身保险中也存在具有与财产保险功能相同的险种，填补损失原则自有其适用的余地。

二 填补损失原则的制度结构

（一）填补损失原则适用的范围

已如前述，填补损失原则为财产保险理赔的基本原则。因此，填补损失原则应当适用于财产保险，主要作用就在于对保险人应否予以填补的损害进行评价。但是，在保险法理论上也存在对于填补损失原则适用的例外的分析，主要有：

1. 人身保险可否适用填补损失原则？理论上一般认为，人身保险的标的为人的寿命或身体，人的寿命或身体无价而不能用金钱衡量，也无法用金钱补偿，人身保险多为定额给付型保险，不适用填补损失原则。但也有学者认为，"固然人的生命和身体是无法用金钱来衡量，但人身保险的补偿功能与财产保险并不相同，保险人补偿的并不是被保险人的生命和身体，而是其因保险事故所失去的经济利益，这种经济利益虽很难准确估

---

① 参见樊启荣《保险损害补偿原则研究——兼论我国保险合同立法分类之重构》，《中国法学》2005 年第 1 期。

计，但无疑是可以补偿的"①。"损失补偿原则也可适用于人身保险领域。因为，保险人依据人身保险合同约定向被保险人或受益人支付的保险金同样具有补偿性，它补偿的并非被保险人的寿命或身体，而是被保险人因生老病死等保险事故所损失的保险利益。"②

2. 填补损失原则对定值保险有否意义？有学者认为，对于财产保险的标的发生事故，保险人在理赔时，必须计算出保险标的所发生的实际损失；而对于财产保险中的定值保险，保险人在计算保险标的的实际损失时，仅仅计算保险标的发生损失的程度或者保险标的受损失的比例，并不计算保险标的的损失金额。这仅仅是理赔计算方式的差异，并不表明定值保险就可以忽略填补损失原则的适用。③ 也有观点认为，定值保险的保险标的发生全部损失时，不论保险标的物的实际价值如何，保险人均应当按照保险合同约定的保险金额进行赔付，此为填补损失原则的例外。④ 在这里要注意的是，填补损失原则在财产保险理赔时对于保险标的的损失计算具有直接的限定意义，但我们不能忽视财产保险合同订立时填补损失原则对于保险标的的价值的确定所具有的限定意义，至少不能随意订立定值保险合同，这就是填补损害原则所发挥的作用。例如，有学者认为，"保险人在计算保险标的的实际损失时，一般仅计算或者估算保险标的发生损失的程度或者保险标的遭受损失的比例，并以此作为给付保险赔偿的依据，而不计算保险标的的损失金额。然而，定值保险作为特例，实际上也要贯彻填补损失原则，尤其是订立定值保险合同时，对保险标的进行预先的估价并将之确定下来的过程，就是在运用填补损失原则"⑤。还要注意的是，定值保险的保险标的因为第三人的行为发生损害，第三人对此负有损害赔偿责任的，保险人向第三人主张代位求偿权时，不能仅以定值保险合同约定的"保险金额"向第三人主张损害赔偿，其代位求偿的金额多少取决于对受损保险标的的损失额的计算（评价），在第三人真正应当承担损害赔偿的金额范围内，保险人的代位求偿方能实现。

---

① 李玉泉：《保险法》（第二版），法律出版社 2003 年版，第 91 页。

② 任自力主编：《保险法学》，清华大学出版社 2010 年版，第 61 页。

③ 参见邹海林《保险法教程》（修订第二版），首都经济贸易大学出版社 2004 年版，第 136 页。

④ 参见任自力主编《保险法学》，清华大学出版社 2010 年版，第 60 页。

⑤ 常敏：《保险法学》，法律出版社 2012 年版，第 141 页。

3. 重置成本保险或比例保险是否为填补损失原则的例外？重置成本保险，是按照重置成本确定损失额或保险金额的保险；比例保险，是保险当事人约定保险标的一定比例的危险由被保险人自己承担的保险，实质是保险人和被保险人共同承担保险标的的危险。有学者认为，重置成本保险在确定损失赔付金额时，由于不扣除折旧，重置成本可能会超过保险标的的市场价格，这对于填补损失原则而言是个例外；比例保险的保险标的发生保险事故，无论是全部损失还是部分损失，保险人均按约定的比例赔付被保险人，这应被视为填补损失原则的一种例外。①

（二）填补损失原则适用于人身保险的争论

医疗保险作为人身保险的组成部分，是否能适用填补损失原则一直存在争议。争议不仅存在于理论上，而且表现为司法实务上。

有学者对相关争议归纳如下：医疗费用保险适用填补损失原则的"肯定说"和医疗费用保险不适用填补损失原则的"否定说"同时存在。持"肯定说"者认为，医疗费用保险具有补偿性质，应适用填补损失原则。该说认为，医疗费用保险具有典型的损失补偿性，应当适用与财产保险合同相同的处理原则。被保险人参加保险发生医疗费用支出后，如果该医疗费用已经从第三方得到全部或者部分补偿的，保险人就可以不再给付医疗保险金，或只给付第三方补偿后的差额部分。如果保险人已经支付了医疗保险金，而事故责任由第三方承担时，被保险人应将向第三方的追偿权转移给保险人，保险人因此而获得代位求偿权。"否定说"主张医疗费用保险不能适用填补损失原则。坚持此说者认为，在人身保险合同中，损失难以确定。生命以及死亡、健康等因素是难以用金钱来衡量的。加害人不得以损益相抵为由，减轻自己的责任。被保险人能够同时获得侵权赔偿或社会保险给付与商业医疗费用保险的赔偿。该说否定了侵权法损益相抵原则在个案中的适用。损益相抵，是指损害事故发生后，赔偿权利人受有损害，同时因发生损害之原因事实受有利益，赔偿义务人于赔偿损害时，得于赔偿额中扣除赔偿权利人所得之利益。关于损害赔偿请求权人受领保险金时，赔偿义务人是否可以主张损益相抵，"否定说"为我国的通说。②

---

① 参见任自力主编《保险法学》，清华大学出版社 2010 年版，第 60 页。

② 参见李华《医疗费用保险适用损失补偿原则之研究——兼评新〈保险法〉第 46 条的理解与适用》，《安徽大学学报》2011 年第 2 期。

有观点认为，以上两种对立的观点，不仅会直接影响保险合同当事人的利益，更会引起保险界的法律价值判断。①

关于医疗保险不适用填补损失原则的理由，主要是基于人身保险和财产保险的区分。按照保险学原理，填补损失原则只适用于财产保险、费用补偿型医疗保险等补偿性保险合同，对人身保险等给付性保险合同不适用。② 但也有观点提出了更加细致的理由：（1）尽管医疗费用类保险具有与财产保险相似的地方，但究其根本还是人身保险。（2）保险监督管理部门一贯持不适用损失补偿原则的态度。（3）不同的投保人购买相同的险种，交纳同样费率的保险费，仅仅因为投保人向其他保险公司重复保险或存在第三方先行给付（如社会医疗保险等）就得不到一样的理赔金额，这违反了保险公平、等价有偿的原则。（4）如果保险人认为被保险人可能获得额外利益并诱发道德危险，完全可以事先在保险合同中约定特定情形下不承担保险责任，并作明确说明，为了公平起见还可约定保险公司在不承担保险责任时退回部分保费。所以，如果保险人对投保人收取了与其他投保人相同的保费，又未在保险合同中对免除自己责任的条款加以约定或作明确说明，保险事故发生后却以适用于财产保险的填补损失原则拒绝赔付，这一行为不应得到法律的支持。③

已如本书前文有关保险的分类所述，保险的分类是个相对的分类，不能将保险分类而产生的差异性制度设计做绝对化的理解和适用。尤其是，通过对保险目的变迁的认识，以及对财产保险和人身保险的区别性特征的分析，在保险法理论上，就逐步产生了定额保险和补偿保险的分类学说。在这里，医疗保险为人身保险，虽其标的为人的身体和健康，但不可否认医疗保险又有定额保险与补偿保险的实务操作，因此，医疗保险在给付目的上并没有完全"复制"作为典型的人身给付性保险（如人寿保险）的固有特征，而是将"触角"伸向了财产补偿性保险的领域。如果我们不对这个基于当事人意思自治而产生的医疗保险现象作合乎情理与法理的解

---

① 参见汤媛媛《保险法损失补偿原则的适用范围》，《社会科学战线》2011 年第 6 期。

② 参见罗向明、岑敏华《基于损失补偿原则的保险竞合研究——兼论保险利益与重复保险》，《中央财经大学学报》2010 年第 3 期。

③ 参见汤媛媛《保险法损失补偿原则的适用范围》，《社会科学战线》2011 年第 6 期。

释，仅仅一味强调"填补损失原则不适用于人身保险"，未免过于僵化。这样的研究在日益复杂化的保险领域，还是少些为好。"否定说"与"肯定说"之间的差异，源自对填补损失原则适用的范围之绝对理解，而忽略了保险给付目的对保险合同"法律解释"所具有的意义，并进而将填补损失原则的适用僵化地限定在财产保险领域。

（三）填补损失的范围

在理论上，关于填补损失的范围，主要围绕保险标的的实际损失展开，并同时强调"合理费用"的补偿。

关于实际损失，有学者认为，保险标的因保险事故而发生的实际损失，保险人应当予以填补。保险人在填补保险标的的实际损失时，以保险合同所约定的保险金额为最高赔偿限额。若为定值保险，保险标的发生全损，保险人应当给付保险金额全额；保险标的发生部分损失，保险人则按照损失的比例乘以保险金额计算应当支付的保险赔偿额予以给付。若为不定值保险，则以保险标的发生保险事故后按照保险合同约定的方法所确定的保险价值为基础，计算出保险标的的实际损失，在此损失范围内，保险人以保险金额为限给付保险赔偿。① 另有学者认为，实际损失的计算，通常以损失发生时，受损财产的实际现金价值为准；在人身保险的场合，则以约定保险金额为最高限额。②

关于合理费用，有学者认为，合理费用包括被保险人在发生保险事故后，因尽减损义务而进行施救以及因为尽其他诚实信用义务（如通知义务），或者按照保险人的要求为特定的行为（诸如协助保险人勘验事故、保险标的的检验、估价、出售等），并因而支付的合理费用。保险人应当补偿被保险人支付的合理费用，该项费用的补偿，独立于保险人应当支付的保险赔偿金额，但以保险合同约定的保险金额为限，另行计算。③ 但也有不少学者将"合理费用"区分为"减损费用"和"调查费用"两项。④

---

① 参见邹海林《保险法教程》（修订第二版），首都经济贸易大学出版社 2004 年版，第 136 页。

② 参见李玉泉《保险法》（第二版），法律出版社 2003 年版，第 91 页。

③ 参见邹海林《保险法教程》（修订第二版），首都经济贸易大学出版社 2004 年版，第 136 页。

④ 参见李玉泉《保险法》（第二版），法律出版社 2003 年版，第 91—92 页；常敏：《保险法学》，法律出版社 2012 年版，第 149 页。

还有学者将"合理费用"部分,相应表述为"施救费用"和"调查费用"(为查明和确定保险事故的性质、原因和保险标的的损失程度所支付的必要的、合理费用)。① 另有学者进一步明确"调查费用"还应当包括责任保险中的"抗辩与和解费用"。②

(四)填补损失的方式

理论上,填补损失的方式,应当依照保险合同当事人的意思确定。有学者认为,填补损失的方法主要有四种:(1)现金赔付;(2)修理;(3)更换;(4)重置(恢复保险标的至受损前的状态)。③ 还有学者认为,在发生保险事故后,保险人有填补损失的责任发生时,应当按照保险合同的约定向被保险人支付保险赔偿金。保险赔偿金可以票据或者现金支付。在保险实务上,保险人填补损失一般采用金钱赔付的方式。仅在保险合同有约定或某些特定情形下,保险人有必要而且有权选择以恢复原状或者替代给付填补被保险人的损失,诸如以修理受损保险标的或者更换受损保险标的的方式作为填补损失的方法。④ 在这里,我国学者对于填补损失的方式,原则上具有高度的认同,仅在表述上存在差异。也有学者明确提出,"保险人应当承担的保险责任,以金钱给付为原则;但是,保险法另有规定或者合同另有约定的,从其规定或者约定"⑤。

第五节 近因原则

一 近因原则的意义

我国保险法理论对于近因原则,并没有一个统一的理解,在术语表述上也存在多样性。总体而言,近因原则所要解决的问题,为保险人对被保险人承担保险给付责任的正当性问题,即保险事故的发生与保险标的的损害之间存在因果关系。如果保险事故的发生与损害结果之间存在近因关系

---

① 参见温世扬主编《保险法》,法律出版社 2003 年版,第 210 页。
② 参见任自力主编《保险法学》,清华大学出版社 2010 年版,第 62 页。
③ 参见李玉泉《保险法》(第二版),法律出版社 2003 年版,第 92—93 页;任自力主编:《保险法学》,清华大学出版社 2010 年版,第 63 页。
④ 参见邹海林《保险法教程》(修订第二版),首都经济贸易大学出版社 2004 年版,第 136—137 页。
⑤ 常敏:《保险法学》,法律出版社 2012 年版,第 149 页。

时，保险人应当对被保险人承担保险给付责任。虽然有学者认为，"保险立法大都将近因原则确定下来，使其和保险利益原则、最大诚信原则等原则一样成为保险法的基本原则"，① 但理论上的诸多观点，仅将近因原则当作保险理赔的一项基本规则或规则。例如，有学者认为，"近因原则并非保险合同法的基本原则，更不是保险法上的基本原则，而是在理赔这个环节，为了确定保险人是否应承担保险责任而采取的相应的判断标准"②。

对于近因原则究竟是什么的问题，有学者认为，近因原则是指危险事故的发生与损失结果的形成有直接的因果关系（近因）时，保险人才对损失负补偿责任的原则。"近因"为英美法系保险法上的称谓，我国法律上则称为"因果关系"。保险人应当对由保险事故所引起的一切直接结果承担责任，即对非直接结果而言，保险事故仅为一种条件，而不是法律上的原因。③ 与之类似的观点还有，"近因原则是危险事故的发生与保险标的的损害之间有直接的因果关系，保险人始对保险标的的损害承担保险责任的原则"；近因原则实际为英美法系保险法上的术语，在我国法律上，则称为"因果关系原则"。④

也有观点提出，在我国，虽然法律尚未对"近因原则"作出明文规定，但是在法律界、保险界多数专家学者均主张"近因原则"是保险理赔的基本原则之一。况且，我国目前的保险实践，对涉及因果关系的保险事故也采用近因原则处理赔案，其理论根据是唯物辩证法。原因和结果之间存在必然联系，只要有一定的原因出现，就不可避免地产生一定的结果。因果联系的客观性是客观事物本身固有的，不以人的意志为转移，人们的因果观念只不过是客观因果联系的反映。上百年的保险实践，足以证明采用近因原则判断承保危险与保险标的之间的因果关系的合理性。要确定是否属保险人承担的责任，首先要弄清致损的原因。只有造成损失的原因是属保险人承保的保险事故，保险人才予以赔偿，即要求赔偿的损失必须与保险承保的危险有因果关系。根据因果关系来确定保险责任是保险理

---

① 吴庆宝主编：《保险诉讼原理与判例》，人民法院出版社 2005 年版，第 3 页。

② 王伟：《保险法》，格致出版社、上海人民出版社 2010 年版，第 117 页。

③ 参见李玉泉《保险法》（第二版），法律出版社 2003 年版，第 94 页。

④ 参见邹海林《保险法教程》（修订第二版），首都经济贸易大学出版社 2004 年版，第 103 页。

赔的一个重要原则。①

还有学者提出，近因原则指保险人承担赔偿责任的范围应限于以承保风险为近因造成损失的根本规则。该原则源于英国1906年海上保险法（Marine Insurance Act，1906）。该原则要求保险人承保危险的发生与保险标的的损害之间必须具有符合海上保险法的因果关系。这一原则后来逐渐被英美法系的法官和学者延伸到整个保险法乃至侵权行为法领域。经过长期的实践总结与发展，近因原则已经被许多国家的保险法采纳为一项基本原则。② 也有学者认为，经过几个世纪的发展，近因原则已为越来越多的国家和地区所接受，并成为许多国家或地区保险法中的重要原则之一；近因原则一定意义上具有限制保险人责任范围、维系保险合同当事人之间利益平衡的效果。③

另有学者认为，保险事故与保险标的的损害之间不具有直接的因果关系的，保险人不承担保险责任；仅在具有直接的因果关系的情形下，保险人对保险标的的损害才应当承担保险责任，这就是所谓的"近因原则"。"近因原则"是对保险人有无保险责任作出的价值判断。在我国理论上，与"近因原则"相对应的术语为"因果关系原则"。我国《保险法》没有使用"近因"这个术语，也不存在类似于"近因原则"的表述，更加缺乏相应的规定。但这并不表明，在发生保险事故时，尤其在确定保险人是否应当承担保险责任时，我国的理论和实务就可以不考虑保险事故和保险标的的损害之间的联系。相反，在发生保险事故后，究竟什么原因造成保险标的损害，是理论和实务都无法回避的问题；如果引起保险标的损害的原因不明，就无法确定保险人应否承担保险责任。保险人对被保险人应否承担保险责任，无法离开"近因原则"的运用，"近因原则"事实上发挥着指导我国保险实务查明保险标的损害的原因以合理确定保险责任的积极作用。由于我国法律对"近因"和"近因原则"没有相应的规定，只能从理论上归纳、总结"近因原则"在我国的适用，称为"近因理论"

---

① 参见李毅文《近因原则是理赔的基本原则》，《保险研究》2003年第2期。
② 参见任以顺《保险近因原则之"近因"概念内涵探析》，《保险研究》2008年第5期。
③ 参见任自力主编《保险法学》，清华大学出版社2010年版，第67页。

似乎更为妥当。①

二　近因的识别

在保险法理论上，一般将近因描述为促成保险标的发生损害的直接原因，或者在效果上对保险标的损害的发生具有支配力的原因。

有学者认为，近因是指除非存在着这样的原因，否则，保险标的的损失根本不可能或几乎不可能发生。由于存在着这种原因，保险标的的损失才会发生，损失是原因的必然或自然的结果和延续，而原因则是损失的先决条件，这个条件就是近因。但是，若这个条件或原因仅仅是增加了保险标的损失的程度或扩大了损失的范围，则此种条件或原因不能构成近因。② 与之类似的观点还有，近因是直接造成保险标的的损害的原因。当保险事故直接造成保险标的的损害的，保险人应当承担保险责任；如果保险事故仅为保险标的的损害发生的一个条件，并非导致保险标的的损害的直接原因，则保险人不承担保险责任。③

有学者对于"近因"的认识，附加了"保险人承担法律责任"这项要素。该观点认为，近因既有"有效性"、"决定性"因素，又有"承担法律责任"的因素。故"近因是指对损害或损失的发生起决定性作用的、有效的，并且引起法律责任承担的原因"。只有这样的定义，才能兼顾近因两方面的本质，才是在法学上具有意义的近因。至于保险法上的近因，可以由此推广，是指对保险事故的发生起决定性作用的、有效的，并且能够引起保险人承担补偿或给付义务的原因。简言之，即该原因对保险事故的发生起着直接的、决定性的作用，保险人因此而必须承担保险法上的责任。近因存在范围之间的差异：保险的近因不仅包括由侵权而产生的近因，而且包括由非侵权产生的近因；侵权行为引起的近因未必是保险法上的近因；综上所述，作为保险的近因，从总体范围上来看，广于侵权的近因，但由于保险合同的可约定排除性，在某些侵权的场合下，侵权的近因又不能作为保险的近因；在保险法中，不可抗力和意外事件是不折不扣的

---

① 参见常敏《保险法学》，法律出版社 2012 年版，第 93 页。
② 参见陈欣《保险法》，北京大学出版社 2000 年版，第 149 页。
③ 参见李玉泉《保险法》（第二版），法律出版社 2003 年版，第 94 页。

近因。① 以上述说法定义"近因"，已经在客观上极大地缩小了危险事故与保险标的损失之间的原因关系的范围。应当注意的是，近因理论的目的并不在于确立保险人承担保险责任的条件或要件，仅在于找寻到保险人承担或者不承担保险责任的正当性理由。因此，在探讨或者识别保险法上的近因时，人们并不仅仅关注保险人承担保险责任这一要素；相反，人们更加关注的是，造成保险标的损失的原因是否落入保险合同约定的"除外责任"范围。保险人对被保险人不承担保险责任的事实判断，为近因理论产生和适用的最为原始和直接的动因。在这个意义上，近因原本就是具有法律意义的，哪怕是否定保险人的保险责任。所以，保险标的损失的"近因"一旦成立，近因属于保险责任范围时，保险人应当承担保险责任；近因不属于保险责任范围时，保险人不承担保险责任。

也有学者认为，保险法上的近因主要通过原因力来判断的。如果说民法上因果关系的认定为平衡加害人与受害人的利益，倾向于保护受害人的利益而放宽因果关系。而在保险法上，立法宗旨正好相反，侧重于对保险人的保护，从而设置了较为严格的近因规则。从保险法上近因的内涵分析，应采用必然因果关系和直接因果关系理论，即近因一般来说是直接原因和主要原因，体现为保险事故和损害结果之间的内在、本质和必然的联系。保险合同是典型的射幸合同，具有悬殊的对价特征，当事人权利和义务的发生取决于不确定的事件的发生或不发生。在保险期间内发生保险事故，被保险人或受益人所取得的保险金远远大于其所缴纳的保险费。为维系保险合同当事人之间利益的平衡，保险法必须确立有利于保险人的公平归责机制。该种公平归责机制，应适用特别的因果关系，即保险法上的近因。如果保险事故对损害结果的发生不能起到能动和决定性的作用，保险公司则不承担保险责任。②

还有学者分析认为，"时间说"和"效力说"对"近因"的解释都存在一定的片面性。在保险实践中，运用近因原则来判定近因、确认保险责任时，只有结合个案的具体情况实事求是地进行分析，才可能得到科学、正确的结论。在运用近因原则时，不妨对"时间说"和"效力说"

① 参见梁鹏《保险法近因论》，《环球法律评论》2006 年第 5 期。
② 参见李利、许崇苗《论近因原则在保险理赔中的把握和应用》，《保险研究》2008 年第 7 期。

同时加以考虑，实行综合运用。因为社会生活的错综复杂性导致的保险事故原因同样也错综复杂，有时很难一下说清楚导致危险损失的原因到底是时间最近的原因，还是效力最大的原因，哪个起决定性作用。而且如果仅用"时间说"和"效力说"其中之一来分析一个具体案件，极有可能导致主观理念对客观事物认识的片面性。另外，"时间说"和"效力说"二者之间并不存在必然的矛盾，在对具体保险案件的处理中，二者并非必然水火不相容。因此，在实践中分析一起保险理赔案件时，可以把"时间说"和"效力说"这两个要素都一并考虑进去，进行客观、全面的分析研究，使二者实现有机的结合。因此，"近因"概念的内涵可以归纳为："近因"是既考虑时间上的接近，同时也考虑效果上是对发生损失最有作用力的客观真实原因。①

在保险法理论上，学者使用"直接"、"客观"、"决定性"、"支配力"甚至"顺序性"对原因关系进行限定，试图寻找到理解"近因"的内涵因素。但是，近因问题不单纯具有客观性，同时也会具有主观性。在长期的保险业务实践中，"近因"的寻找往往会成为平衡保险人与被保险人之间利益的一个价值判断工具。

因此，有学者认为，"引起保险标的损害的原因，往往是较为复杂的。这样一来，造成保险标的损害的原因，就具有了相对性和条件性。寻找何者为'近因'，就是要找出造成保险标的损害的最为直接、起决定性作用的原因。寻找'近因'的基本方法，是以动态和发展的逻辑去分析原因和结果之间的各种复杂关联，既可以通过原因去认识结果，也可以基于结果去寻找原因。当我们从原因去认识保险标的发生损害的结果时，有时看到的是单一的原因造成保险标的损害，而有时看到的则是诸多原因造成保险标的损害。当造成保险标的损害的原因只有一个时，这个唯一的原因就是'近因'。当造成保险标的损害的原因有多个时，则应当以多个原因的演变过程为认识的基础：如果发现多个原因的演变呈现连续状态，构成原因或事件链，即从第一个事件开始合乎逻辑地出现了最后一个事件，期间没有发生中断，那么第一个事件就是保险标的损害的'近因'；如果发现在事件链的演变过程中，出现其他事件而引起事件链的中断，则最初

---

① 参见任以顺《保险近因原则之"近因"概念内涵探析》，《保险研究》2008年第5期。

发生的事件就很可能不是保险标的损害的近因。当我们从结果去寻找引起保险标的损害的原因时，有时看到的是，保险标的的损害起因于单一的事件；而有时看到的则是，保险标的的损害起因于多个原因或事件。在基于结果去寻找原因的过程中，造成保险标的损害的原因只有一个时，该原因即为'近因'；造成保险标的损害的原因有多个时，则以最后发生的事件为起点，逆向逻辑判断事件链的演变过程，直至寻找到组成原因或事件链的最初的事件，该事件为'近因'。"[1]

另外，在近因的判断或识别问题上，以下观点是值得重视的。有观点提出，逻辑学中的盖然判断，亦称"或然判断"、"可能判断"，反映对象可能有或者可能没有某种属性的判断。盖然性指有可能又不是必然的性质。盖然性其实是合理存在的，比如用已知的证据对未知的待证案件事实进行证实活动时："证明的结果总是与案件的事实真相存在一定的差距，即证明的案件事实与实际发生的事实不可能完全吻合。"更为重要的是：在追求公平、公正的前提下，处理民事纠纷时不能忽视盖然性的作用。承认盖然性的存在是建立在公平原则的基础之上的，公平原则为盖然性提供了法律上的生存空间，反过来看，盖然性的存在也推动着公平原则的进一步发展。[2] 上述观点为近因的识别提供了进行价值判断的一种思路。

三　近因与保险责任的承担

近因的存在，仅仅表明保险标的损害的原因关系，并不必然会导出保险人对被保险人应当承担保险责任的结论。近因的判断具有复杂性，而且还会夹杂着价值判断因素，这本身就为保险人是否应当承担保险责任增添了许多不确定性。如果近因是单一原因，那我们仅需要判断此原因是否属于保险责任范围，就能确定保险人应否承担保险责任，问题并不具有复杂性。但是，如果造成保险标的损害的近因有多个，保险人对被保险人应否承担保险责任时，就会相当复杂了，在这种情形下，价值判断因素所起的作用更加显著。在这个问题上，我国学者研究还是探索性的，目前并没有形成主流意见。

---

① 常敏：《保险法学》，法律出版社 2012 年版，第 94—95 页。
② 参见龙锐《公平原则与盖然性》，《律师世界》2003 年第 12 期。

（一）同时发生多个近因的

造成保险标的损害的多个原因均为近因，如果它们同时发生，表明这些原因在发生的时间上没有先后顺序，或者说没有事实表明这些原因存在前后继起的关系，保险人应当如何承担保险责任？

有学者认为，如果同时发生的多个近因都是保险事故的，保险人应当赔偿所有原因造成的损失；反之，则不承担保险责任。如果在多个原因中，既有保险危险，又有不保危险的，保险人仅负责赔偿保险事故所造成的损失，对非保险事故造成的损失不赔偿；如果损失无法分别估算，应当由保险人和被保险人协商赔付。[①]

有学者认为，多个同时发生的近因，如果其中有些为保险事故，另一些则不属于保险事故，不属于保险事故的那些原因亦非除外责任的，原则上，保险人应当对保险标的的损害承担全部保险责任；但是，如果保险标的的损害能够依照不同的原因分别计算出来的，保险人仅对属于保险事故的那些原因所造成的保险标的的损失部分，承担保险责任。多个同时发生的近因，如果其中有些为保险事故，另一些则属于保险合同约定的除外责任，但多个近因相互间彼此独立，即任何一个原因都会造成保险标的的损害，保险人应当对属于保险事故的那些原因所造成的保险标的的损失部分，承担保险责任；但是，如果多个近因相互间彼此依存，即没有其他原因的发生，任何一个原因都不能单独造成保险标的的损害，那么属于除外责任的近因取得优先适用的地位，保险人对保险标的的损害，不承担任何保险责任。[②]

另有观点认为，在同时发生的多个近因中，既有承保危险又有非承保危险的，首先应当确定承保危险与非承保危险是否可以区分开来，如果能够区分，则保险人应当对由于承保危险所造成的保险标的的损害承担保险责任。在损失不能被区分的情形下，则应当区别以下两种情形分别对待：第一，多个近因中既有承保危险，又有保险单没有提及的危险，保险人必须负责赔偿；第二，多个近因中既有承保危险又有除外危险，则保险人无

---

① 参见李玉泉《保险法》（第二版），法律出版社2003年版，第96页。
② 参见邹海林《保险法教程》（修订第二版），首都经济贸易大学出版社2004年版，第105页。

须赔偿。①

还有观点认为，同时发生且相互独立的多种原因均为近因的，如果这些致损原因都属于承保责任范围，保险人应该赔偿；如果这些致损原因都属于责任免除范围，保险人不予赔偿；如果部分原因属于承保责任，在损失可以分别估计的情况下，保险人仅对属于承保责任的那部分损失承担责任，如果损失无法从价值上划分，只有按比例分摊或协商解决。同时发生且相互依存的多种原因均为近因的，由于原因之间相互依存，缺一不可，共同造成损失，在无法分清哪部分损失是由哪些原因造成的情况下，如果有些原因是承保风险，有些原因是非承保风险，保险人仍然对所有损失承担赔偿责任；如果有些原因是承保风险，有些原因是除外责任，依照"除外责任优于保险责任"的原则，保险人不需要承担赔偿责任。②

（二）连续发生多个原因的

造成保险标的损害的多个原因的发生呈连续状态，表明这些原因在发生的时间或顺序上有先有后，或者说这些原因是相继发生的，它们之间存在"前因"与"后因"的关系，保险人应当如何承担保险责任？

有学者认为，多个原因连续发生，保险人是否承担赔偿责任有三种情况：（1）连续发生的原因都是保险危险的，保险人应承担赔偿责任；（2）不保危险先发生，保险危险后发生，如果保险危险是不保危险的结果，保险人则不承担赔偿责任；（3）保险危险先发生，不保危险后发生，如果不保危险仅为因果连锁的一环，则保险人仍应负责赔偿。③

还有观点认为，多种原因相继发生、前后衔接，多种原因互为因果关系而导致损失的情况下，对事故的发生起决定作用的原因为近因。通常情况下，根据事物发展的逻辑顺序，时间或空间最接近损失的后因为近因，但在下列情况下，前因为损失的近因：（1）后因是前因的直接必然结果；（2）后因是前因的合理延续；（3）后因是前因自然延长的结果。在前因为不保危险，后因为保险危险的情况下，如果保险危险是不保危险的结果，保险人不负赔偿责任；在前因为保险危险，后因为不保危险的情况

---

① 参见吴庆宝主编《保险诉讼原理与判例》，人民法院出版社 2005 年版，第 6 页。

② 参见姜南《论保险法上的因果关系原则》，《河北法学》2006 年第 7 期。

③ 参见李玉泉《保险法》（第二版），法律出版社 2003 年版，第 96 页。

下，如果不保危险对事情的发展不起决定作用，保险人承担保险责任。若多种原因相继发生却有新的因素介入而导致损失时，如果新的因素对损失的发生具有现实性、支配性和决定性，新的因素取代其前因成为导致损失的近因。但对于新的因素出现前已经产生的损失则要考虑前因，因为前因才是这部分损失的近因，保险人应当对前因是承保风险的损失承担责任。①

以上的分析是否将问题说清楚了，是值得讨论的。因为上述观点都注意到了原因发生的连续或相继现象，而在考虑保险人是否承担保险责任问题时，忽略了对近因的判断所具有的意义，而是把注意力放在了前因或后因（仅仅是原因而已）是否为保险危险的现象上。我国学者对于连续发生多个原因造成保险标的损害的情形，在研究上多在强调"前因"与"后因"的问题，也就是说连续发生的多个原因在相互之间存在"因果联系"，而这些有"因果联系"的多个原因已经形成一个事件链，那么在判断"近因"时，就只能去寻找具有决定性作用的那个原因。在这种情形下，近因就只能有一个。例如，有学者认为，"两个以上的灾害事故连续发生所造成的损失，一般以最近的、有效原因（后因）为近因。但是，如果有下列原因之一时，则前因为近因：（1）后因是前因直接的必然的结果；（2）后因是前因的合理的连续；（3）属于前因自然延长的结果"②。还有学者认为，"致损原因有多个，而它们连续发生的，且彼此间又互为因果关系。在这种情况下，属于多个原因前后衔接的情况。致损原因之间存在因果关系，前一个损因就是致损的近因"③。这是否说明在连续发生多个原因时，不可能存在多个近因的情形？有学者认为，数个原因连续发生，前一项原因与后一项原因之间有因果关系且未发生中断，在这种情形下，后一项原因是前一项原因直接作用的结果，或后一项原因是前一项原因的自然延伸，据此可以确定最初原因即为决定性的、支配性的原因（近因）。④

所以，对于连续发生多个原因造成保险标的损害的，保险人应否承担

---

① 参见姜南《论保险法上的因果关系原则》，《河北法学》2006 年第 7 期。
② 李玉泉：《保险法》（第二版），法律出版社 2003 年版，第 96 页。
③ 吴庆宝主编：《保险诉讼原理与判例》，人民法院出版社 2005 年版，第 6 页。
④ 参见王伟《保险法》，格致出版社、上海人民出版社 2010 年版，第 116 页。

保险责任取决于对近因的判断，当找到互为因果联系的多个原因中的"近因"时，保险人是否承担保险责任的问题或许也就解决了。造成保险标的损害的"近因"，若属于保险合同约定的"保险事故"，保险人应当承担保险责任。造成保险标的损害的"近因"，若不属于保险合同约定的"保险事故"，则保险人不承担保险责任。有学者提出了如下的观点，"连续发生两个以上的原因（事件），是指发生具有先后次序、且呈不间断状态的原因或事件链。在此情形下，最初发生的原因为造成保险标的损害的'近因'。造成保险标的损害的'近因'，属于保险事故的，保险人应当承担保险责任；否则，保险人不承担保险责任"[1]。

（三）间断发生多个近因的

间断发生多个近因的，是指相互之间没有任何关联而分别发生的多个致损原因或事件。因此，间断发生的多个近因，彼此之间都是独立发生的。一般而言，间断发生的多个近因，均属于保险事故的，保险人应当承担保险责任；均不属于保险事故的，保险人不承担保险责任。但是，间断发生的多个近因，部分属于保险事故，部分不属于保险事故或者部分属于除外危险的，保险人应当如何承担保险责任？

我国学者对此问题的研究并未有效展开。理论上对于间断发生多个原因的后果之研究，主要还是集中于寻找间断发生的多个原因何者为"近因"的问题上。例如，有学者认为，"多种原因间断发生，保险人是否承担赔偿责任有两种情况：（1）新的独立原因为保险危险，即使发生在不保危险（前因）之后，由保险危险所造成的损失仍须由保险人赔偿；但由于连锁中断，对前因不保危险造成的损失，保险人不负责任。（2）新的独立原因（近因）为不保危险，即使发生在保险危险之后，由不保危险造成的损失，保险人不负赔偿责任；但对以前保险危险造成的损失，保险人仍应赔偿。"[2] 其他许多观点所表达的意思，也基本相同。[3]

间断发生的多个近因如何影响保险人的责任承担，也有学者表达了自

---

[1]　常敏：《保险法学》，法律出版社 2012 年版，第 95 页。

[2]　李玉泉：《保险法》（第二版），法律出版社 2003 年版，第 96 页。

[3]　参见邹海林《保险法教程》（修订第二版），首都经济贸易大学出版社 2004 年版，第 106 页；吴庆宝主编：《保险诉讼原理与判例》，人民法院出版社 2005 年版，第 7 页；王伟：《保险法》，格致出版社、上海人民出版社 2010 年版，第 117 页。

己的观点。例如，有学者认为，若多种原因相继发生却有新的因素介入而导致损失时，如果新的因素对损失的发生具有现实性、支配性和决定性，新的因素取代其前因成为导致损失的近因。但对于新的因素出现前已经产生的损失则要考虑前因，因为前因才是这部分损失的近因，保险人应当对前因是承保风险的损失承担责任。所以，可以把新的因素前后发生的事故认定为两个独立的保险事故，分别进行责任认定。[1] 还有学者提出，"间断发生的原因，有的为不保危险，有的为承保危险，此时，因两种危险之间不存在因果关系，故保险人只需赔付由承保危险导致的损失"。在多因间断发生致损情形下，保险人的赔偿责任依个别原因是否属于保险危险而定，对属于保险危险造成的损失，保险人负赔偿责任；对属于非保险危险造成的损失，保险人不负赔偿责任。[2]

第六节　公平原则

一　公平原则在保险法上的适用

我国保险法明文规定有公平原则，即投保人和保险人订立保险合同，应当遵循公平互利的原则。在这个意义上，公平原则已为我国保险合同法的基本原则。保险法作为民商法的组成部分，民法上的公平原则，在保险法上自有其适用的余地和空间，民法理论有关公平原则的理念与研究，在保险法上是具有相同的意义和价值。因为保险法上的公平原则起源于民商法的基本制度安排和理论构成，保险法理论对公平原则的研究尚不深入。

保险合同毕竟不同于民法上的普通合同，公平原则对于保险合同究竟具有何种评价意义，尤其值得保险法学者作有针对性的研究。民法理论有关公平原则的认知，不加区分地适用于保险合同，恐怕也是存在问题的。有观点认为，"由于公平理念内涵本身的确定性，交易公平原则（即商法的公平原则）与民法的公平原则在许多方面是一致的。民法的公平原则在规范民事主体的权利、义务上体现公平，法院在处理民事案件时，法律有明确规定的，按照规定处理本身体现了公平原则，在法律没有明确规定时，法官应以公平原则处理以及当事人在进行民事活动时应遵循公平原则

---

① 参见姜南《论保险法上的因果关系原则》，《河北法学》2006 年第 7 期。
② 参见任自力主编《保险法学》，清华大学出版社 2010 年版，第 73—74 页。

都体现了民法公平原则的内在之义。交易公平原则同样在规范商主体的权利、义务上体现平等，同样要求有法律规定时以法律规定处理，没有法律规定时，以公平原则处理，同样要求商主体在从事商行为时应遵循公平原则。但是，交易公平原则和民法的公平原则又确实是有差别的。这些差别不仅是由民法公平原则与交易公平原则调整范围不同决定的，而且也与商法的价值取向和特征分不开"。"现代交易已不似简单商品生产时代的交易，交易的内容和形式充满了复杂性。证券、期货、信托等交易的复杂性是民法所没有的，交易的复杂要求处理上具有技术性。交易公平原则在衡量交易行为时必然染上复杂性和技术性的特点，而民法的公平原则却不致如此复杂和有技术性。此点虽不构成交易公平原则和民法的公平原则之间的主要差别，却不可不辨。"①

保险法上的公平原则究竟具有什么作用？有学者认为，保险人和投保人在订立保险合同时，实际地位并不平等，保险人使用标准格式的保险单或其他保险凭证，相应地限制了投保人的选择和决定保险合同内容的权利。为避免投保人和保险人实际地位不平等可能产生的不公平结果，法律要求投保人和保险人在订立保险合同时，应当确保其内容的公平互利。②这样一来，保险法上的公平原则，其首要职能就是要控制保险合同的内容。事实上，保险法对于保险合同的内容控制，多通过强行法规范来完成；但强行法规范在控制保险合同的内容之公平性方面也会存在疏漏。有学者提出，严格控制交易一方当事人滥用格式条款以维护交易公平，为现代合同法的基本目标，格式条款的控制机制就成为现代合同法的一个主要内容；保险合同的格式条款理应受合同法与保险法格式条款控制机制的检验，而这些机制主要包括"订入控制"、"效力控制"和"解释控制"。③而这些机制在相当程度上具有实现或者导入公平原则的机能。例如，有学者认为，"保险合同条款由保险人单方提供，保险人说明义务履行的好坏事关投保人意思表示是否真实，从而对投保人的公平与否产生影响"④。

① 梁鹏：《文易公平原则本体论》，《中国青年政治学院学报》2004 年第 2 期。
② 马原主编：《保险法条文精释》，人民法院出版社 2003 年版，第 43 页。
③ 参见曹兴权《保险霸王条款：从舆论批判到法律检视》，载尹田、任自力主编《保险法前言》2012 年第 1 辑，法律出版社 2012 年版。
④ 徐卫东主编：《商法基本问题研究》，法律出版社 2002 年版，第 341 页。

公平原则在确保保险合同的内容的公平性问题上，仍然是具有意义的。

然而，有学者认为，公平原则在保险法上的适用应当极为审慎。"公平原则在保险法上究竟是什么含义，不仅缺乏深入的保险法理论研究，而且缺乏司法实务的经验支持。投保人和保险人订立保险合同应当符合公平原则，似乎不成为问题；但是，以什么标准或者基准来确定投保人和保险人订立的保险合同符合公平原则，恐怕就是不小的问题"。"在保险法上强调公平原则，意义恐怕仅在于督促保险人拟定保险条款和费率时，最大限度地考虑或者顾及被保险人的利益；保险人不能借助于保险获取'暴利'。公平原则是否应当成为判断保险合同的条款或者费率公允与否的工具或裁判规范，是值得讨论的。""因为风险计算的原因，保险合同的条款和费率之间存在十分微妙的关系，很难用一般的社会公平观念来评价保险合同的条款或者内容。尤其是，现代保险业已经全面实现了保险合同的格式化，保险业实行准入制度，保险条款和费率均应当依法向保险监督管理机构报批或者备案。保险合同的条款和费率是否会出现如同普通的消费合同那样普遍的显失公平的情形，更是有疑问的。""因为公平原则并没有明确的具体内容，仅仅是一种社会观念或者抽象规范，法院以此裁判保险合同的条款或者费率是否公平，会有过度干预当事人意思的危险发生，不利于保险业的展业和发展。"①

二　公平原则与格式合同的内容控制

保险合同的基本形式已经实现格式化。对格式合同内容的控制，应当为公平原则发挥作用的首要场景。除解释保险合同的内容规则以外，我国保险法起初对保险合同的内容控制并没有从格式条款的角度予以规范，但这并不表明公平原则不发挥作用。例如，有学者这样认为，保险合同标准化本身即含有对投保人不公平的因素，不公平条款在任何合同中都可能或多或少地存在，保险合同的所有条款即使都是经协商议定，也不敢保证都公平合理。对此，应当拓展投保人意思自治的空间，允许投保人对大部分

---

① 常敏、邹海林：《我国保险法修订的路径思考》，载谢宪主编《保险法评论》（第二卷），中国法制出版社 2009 年版。

格式条款进行议商。① 基于这样的理解，公平原则具有提升投保人在订立保险合同时的弱势地位的价值。

再者，我国《合同法》第 40 条对格式条款已经建构相应的强行法规范机制，即免除提供格式条款一方的责任、加重对方责任、排除对方主要权利的格式条款无效。我国学者对合同法规定的无效之不公平格式条款已有大量研究，这些制度设计和理论研究对于保险合同中的类似不公平条款也有相当的评价作用，直接促成了我国《保险法》（2009 年）第 19 条引进规制无效格式条款的相关措施。上述规制保险合同的格式条款内容的强行法规定，成为我国保险法上的公平原则得以实现的一项重要具体制度。有学者认为，我国保险法从否定格式条款的效力方面对格式条款予以规制，就是为了防止保险人利用格式合同侵犯投保人、被保险人和受益人的利益。保险合同中免除保险人依法应当承担的责任，排除投保人、被保险人或受益人依法享有的权利之条款无效；如此强制性规定，行为人不得以约定的形式进行修改或者排除。② 还有观点提出，《保险法》（2009 年）第 19 条规定的格式条款的无效，应该是违背公平原则的具体情况，其"免除"、"加重"、"排除"的情况都应以公平为基础来裁量，当对投保人或被保险人设定的责任超出了正常合理的要求，造成了双方权利义务不对等而显失公平的情况，免责条款才被认定为无效。对于保险合同这种特殊合同，保险法单独规定不公平格式条款无效，以贯彻公平原则，既考虑到自由裁量权的运用又照顾到个案的具体情况，是具有相当的必要性的。③

---

① 参见徐卫东主编《商法基本问题研究》，法律出版社 2002 年版，第 331 页和第 340—350 页。

② 参见王伟《保险法》，格致出版社、上海人民出版社 2010 年版，第 104 页。

③ 参见龚贻生、朱铭来、吕岩《论保险合同免责条款和保险人明确说明义务》，《保险研究》2011 年第 9 期。

第 四 章

保险合同的要素论

第一节　当事人与关系人

一　保险合同的主体的限定

主体为保险合同的基本要素。保险合同的主体被区分为当事人（投保人和保险人）和关系人（被保险人和受益人）两类。[①] 依照通常的理解，保险合同的当事人，是指依法订立保险合同并受合同约束的利害关系人，包括投保人和保险人。保险合同在当事人之间成立并产生约束力。但是，作为分散危险的保险合同，常为第三人的利益而存在，或者涉及第三人的利益，故在当事人之外，保险合同还有"关系人"一说。保险合同的关系人，是指并未参与保险合同的订立但享有保险合同约定的利益的人，包括被保险人和受益人。

关于保险合同的主体的表述，与我们通常所称合同当事人的表述不同，主体的构成在外延上要比合同当事人为广，而其内涵也与合同当事人存在差异，包括但不限于合同当事人。在保险法律关系的制度体系下，保险合同的当事人与关系人的法律地位是有所不同的。例如，关系人并没有参与保险合同的订立，其不受保险合同的约束，他们只是因为保险合同的约定或者法律的规定而取得了保险合同上的利益。保险合同的约束力对于投保人而言是相当弱的，作为合同当事人的投保人可以随时解除保险合同，这使得作为当事人的投保人不同于普通合同的当事人，二者是否可以

---

① 参见李玉泉《保险法》（第二版），法律出版社 2003 年版，第 118—119 页；温世扬主编：《保险法》，法律出版社 2003 年版，第 66 页。

类比，也是值得讨论的。因为被保险人或者受益人并非保险合同的当事人，仅处于关系人地位，理论上还一般认为被保险人不能主张解除保险合同，这更加值得讨论。保险合同项下的权利义务的分配，就是围绕投保人、保险人、被保险人和受益人展开的；漠视或者忽略对投保人、保险人、被保险人和受益人的法律地位的准确认知，就难以公允地把握保险合同项下的权利义务关系。

二 投保人的法律地位

（一）关于投保人的法律地位

投保人，又称要保人，是指与保险人订立保险合同并依照合同约定负担交付保险费义务的人。我国学者有关投保人的法律地位之解读多种多样，但主要有两种观点。

一种观点认为，保险合同的当事人不以投保人为限，投保人不是仅有的保险合同的当事人，投保人与被保险人共同成为保险合同的当事人。例如，有学者认为，保险合同的当事人是相当特殊的，与一般合同的当事人是不同的，投保人、被保险人都是保险合同的当事人，相对于保险人来说，他们是合同的另一方当事人。保险合同通常是由投保人和保险人订立的，投保人主要履行如实告知和按约交付保险费的义务。保险合同订立后出现了被保险人的概念，他与保险人成为保险合同的主角。投保人除须按照合同约定交付保险费外，被保险人成为保险合同权利义务的主要享有者和履行者。[1] 依照上述见解，投保人并非保险合同的当事人之全部，仅将投保人当作保险合同的当事人是不完整的。还有学者认为，我国保险法规定的投保人和被保险人是与保险人相对应的两个最重要的主体，被赋予了基于保单产生的几乎所有权利；即便是在指定受益人的情况下，受益人享有的也仅仅只是一种事实期待权，在实现权利之前，投保人或者被保险人完全可以变更或撤销受益人。将投保人、被保险人都作为与保险人相对的合同一方来看待，的确有利于简化保险合同法律关系，强化对被保险人利益的保护。[2] 这一见解的理由，与上述见解基本相同，但突出了投保人和被保险人共同享有保险合同法律关系中的所有权利。

---

① 参见李玉泉《保险法》（第二版），法律出版社 2003 年版，第 119 页。
② 参见王伟《保险法》，格致出版社、上海人民出版社 2010 年版，第 93 页。

另一种观点认为，保险合同的当事人仅有投保人，其法律地位源自保险合同的订立以及法律的规定。例如，有学者认为，投保人，又称要保人，是指与保险人订立保险合同并依照合同约定负担交付保险费义务的人。在保险合同中，与保险人相对应的另一方当事人，既非被保险人，亦非受益人，而是投保人。① 也有不少学者对投保人的法律地位所作表述，与上述观点相同或者类似。② 事实上，作为保险合同当事人的投保人，其法律地位的核心要素应当包括什么内容，在学理上的解读是不能类比普通合同的当事人的；投保人作为保险合同的当事人，因为保险合同的特殊性致其权利义务亦具有特殊性，保险合同项下的权利义务在投保人和不同的利害关系人之间进行了分配，投保人仅享有保险合同项下的部分权利。有学者认为，"防范道德危险已经成为各国保险立法的基本原则。被保险人存在的场合，对被保险人生命财产安全的保护在立法价值排序上位居前列，而对投保人和保险人经济利益的保护位居其后。被保险人拥有保险利益，而将保险合同利益赋予投保人极易产生道德危险。故此，拥有保险利益的被保险人应当享有保险合同利益"③。但值得注意的是，保险合同约定的某些权利不属于投保人，并不影响投保人作为保险合同当事人的法律地位。

还需要强调的是，学理上解读投保人的法律地位，不能离开我国《保险法》（2009 年）第 10 条第 2 款的规定。有学者在界定投保人的法律地位时，格外强调了以下两点：（1）投保人是作出订立保险合同的意思表示的人。投保人自行订立保险合同，应当受合同的约束。投保人可以自己的人身或者财产利益为标的，为自己的利益订立保险合同，或者以自己的人身或者财产利益为标的，为他人的利益订立保险合同，或者以他人的人身或者财产利益为标的，为自己的利益或者他人的利益订立保险合同。如果保险合同没有明确约定为被保险人以外的他人利益投保，视为投保人为被保险人的利益投保。（2）投保人作为保险合同的当事人，并不享有保险合同约定的保险给付利益，但承担向保险人支付保险费的义务。投保

---

① 参见温世扬主编《保险法》，法律出版社 2003 年版，第 67 页。
② 参见邹海林《保险法教程》（修订第二版），首都经济贸易大学出版社 2004 年版，第 47 页；任自力主编：《保险法学》，清华大学出版社 2010 年版，第 89 页。
③ 潘红艳：《被保险人法律地位研究》，《当代法学》2011 年第 1 期。

人是否享有保险合同约定的权利，并不取决于其当事人地位，相当程度上依赖于保险法的规定或者保险合同的约定。① 或许正是因为投保人在保险合同中的地位较为特别，他承担支付保险费以维持合同效力的义务，但却不能享有保险合同约定的利益；以此观之存在利益失衡之处，故法律又赋予投保人保险合同解除权，以为利益平衡。

对于作为合同当事人的投保人法律地位的理解，切不可以"当事人"就应当如何，将其并不享有的权利予以包括或者扩张，只能依照保险法的规定以及保险合同的约定以"具体化"投保人的权利和义务；也只有这样，基于保险合同而产生的权利义务关系在不同利害关系人之间的分配才会是清晰的，适用法律以保护被保险人的利益才会最有效果。如果为了"简化保险合同法律关系，强化对被保险人利益的保护"，就将投保人和被保险人均纳入当事人的范围，其结果将导致投保人的法律地位模糊。我国保险法理论上之所以会出现对保险合同当事人的不同争议和观点，均与对投保人的法律地位之模糊认识有关。

（二）关于投保人解除合同的权利

保险合同成立后，除非保险法另有规定或保险合同另有约定，投保人可以其意思表示解除合同。投保人有保险合同解除权，被当作保险合同当事人的固有权利，也就是说非保险合同的当事人不能解除保险合同，这也是保险合同具有相对性所决定的。例如，有观点认为，被保险人不是保险合同的当事人，不具有解除合同的权利，只有提出解除合同的申请权并由投保人执行。②

投保人的保险合同解除权，因有保险法的明文规定，学者习惯性地将之称为"法定解除权"。但是，投保人的保险合同解除权却不以特定法律事实的存在作为条件，除法律规定或者合同约定不得解除保险合同的以外，投保人可以解除保险合同，无须向保险人陈述其解除合同的理由。③

有学者将投保人的保险合同解除权，称为"任意解除权"，即保险法

---

① 参见常敏《保险法学》，法律出版社 2012 年版，第 45—46 页。

② 参见华春辉《谈谈投保人的合同解除权——兼与李松商榷》，《上海保险》2005 年第 4 期。

③ 参见邹海林《保险法教程》（第二版），首都经济贸易大学出版社 2004 年版，第 88 页。

直接规定投保人可以解除保险合同的全部或者部分，而不需要理由；但是，保险法规定的投保人的"任意解除权"，并非强制性规定，并不意味着投保人可以为所欲为、毫无限制地行使法定合同解除权，例如保险合同可以约定限制投保人的解除权，保险法亦有限制投保人解除保险合同的例外规定等。① 还有观点认为，投保人的任意解除权受到法律的限制以及保险合同约定的限制。就保险合同约定之限制而言，保险条款不得设置不合理条款，以至于实质上剥夺了投保人之任意解除权，这便体现了保险合同之强行性效力。一旦发生争议，裁判机关得依等价平衡原则以及诚实信用原则就剥夺投保人之解除权条款进行司法审查，以判定其法律效力之有无，保护投保人之正当合法的任意解除权，避免保险人利用其优势地位将投保人依法享有的任意解除权架空。②

另有学者将投保人的保险合同解除权，称为"自由解除权"，并认为：投保人依照《保险法》（2009 年）第 15 条享有的"自由解除权"，虽来源于法律的规定，但却不同于合同法上所称之"法定解除权"，因为后者是为了平衡合同双方当事人的利益，而赋予其中一方当事人的、在一定条件下终止合同以减少损失的权利，这个权利必须在满足法律规定的特别条件时方可行使，而投保人的"自由解除权"不需要有任何特别条件，合同成立后随时可以行使。③

或许在这里有必要强调，投保人依照《保险法》（2009 年）第 15 条享有的保险合同解除权，与合同法所规定的法定解除权相比，确实具有性质上的巨大差异，不能将二者混同。投保人的保险合同解除权，并非法律赋予其终止保险合同效力的救济性权利，而是投保人依照保险合同的机会性特征所享有的固有权利。无论有无保险法的规定，投保人均有保险合同解除权。这是保险合同约束力的例外。与此相对应，如果要限制或者排除投保人的保险合同解除权，则要取决于保险法的规定或者保险合同的约定。所以，我国《保险法》（2009 年）第 15 条规定的实质内容在于：保险法规定或者保险合同约定投保人不得解除保险合同的，保险合同成立后，投保人不得解除合同。

① 参见温世扬主编《保险法》，法律出版社 2003 年版，第 168 页。
② 参见方志平《浅议投保人解除保险合同规则》，《上海保险》2007 年第 1 期。
③ 参见王伟《保险法》，格致出版社、上海人民出版社 2010 年版，第 134 页。

投保人有保险合同解除权，通过合同约定投保人的合同解除权，或者投保人依照合同法的规定主张解除保险合同，是否具有存在的实际意义？这或许值得研究。我国学者普遍认为，投保人解除保险合同的，仅向将来发生效力，保险合同解除的效果不会溯及合同订立时。例如，有学者认为，"一般而言，保险合同的解除，仅对将来发生效力"①。如果投保人解除保险合同以恢复原状为目的，任意解除保险合同则不能达其目的，投保人借助于保险人违反合同约定而解除保险合同，或许就有意义了。再者，如果保险合同约定有投保人不得解除保险合同的条款，投保人应当受该条款的约束，但投保人可以基于保险人违反合同约定而解除保险合同，以摆脱保险合同对其合同解除权的束缚，也会具有实益。因此，从合同解除的类型化角度考虑，有学者提出了投保人依照法律或者合同约定解除保险合同的现实性问题：除任意解除保险合同外，投保人还可以依法或者依约解除保险合同，就如同保险人解除保险合同，应当仅以个别情形为限，诸如保险人违反保险合同中规定的特约条款、保险人的代理人以不正当手段订立保险合同、保险公司解散或者破产、投保人破产等。②

投保人的保险合同解除权的存在理由如何呢？我国学者对此尚未进行深入的研究。众所周知，在合同法理论上，合同当事人受合同的约束，除发生法律规定或者合同约定的解除合同的事由，当事人不得解除合同。投保人为保险合同的当事人，依照合同对当事人具有约束力的原理，并不享有解除合同的权利。所以，投保人的保险合同解除权，显然不是合同当事人的固有权利。有学者对此进行了初步分析，并认为："有效成立的保险合同，对当事人具有约束力；但保险合同作为特殊的一种机会性合同，对当事人的约束力因为当事人对于合同承保的危险的控制力的不同，存在十分明显的差异。……投保人作为保险合同的当事人，因其认知能力有限，在订立合同时，不仅难以充分认识保险合同承保的危险发生的概率，而且更不能充分地知晓保险合同是否满足其分散危险的需求，应当给予其不受保险合同约束而随时反悔的机会；除非保险法另有规定或者保险合同另有约定，投保人可以解除保险合同。"③ 如果沿着这一思路，或许我们能够

---

① 常敏：《保险法学》，法律出版社 2012 年版，第 86 页。
② 参见周玉华《保险合同法总论》，中国检察出版社 2000 年版，第 390 页。
③ 常敏：《保险法学》，法律出版社 2012 年版，第 79—80 页。

得出一个初步的结论：投保人的保险合同解除权，并非源自其当事人地位，而是源自保险合同的机会性特征，保险合同对投保人仅有"十分微弱"的约束力，对保险合同约定的机会利益有直接利害关系的人，不限于作为当事人的投保人，还有作为关系人而不受合同约束的被保险人，他们在理论上均有保险合同解除权。

保险合同并非为投保人的利益而存在，因此，与投保人行使保险合同解除权的效果相关的问题会相继发生。例如，当保险合同为被保险人（受益人）的利益而存在时，投保人解除保险合同与被保险人（受益人）的意思或者利益相左，是否仍然有权解除保险合同？尤其是，具有现金价值的人身保险合同，可否仅仅基于投保人之意思表示而解除？这个疑问不仅是理论问题，更是实践问题。

有观点认为，在投保人行使合同解除权时应遵循"除法律另有规定或合同另有约定外"，被保险人可以随时解除保险合同，投保人不经被保险人同意不得解除合同。投保人没有履行相应义务而被保险人可以随时解除保险合同，投保人不经被保险人同意，不得解除合同，投保人没有履行相应义务而被保险人可以代为履行。① 依照上述观点，投保人的保险合同解除权受到被保险人意思表示的限制，被保险人亦可因投保人不履行合同义务而解除保险合同。

学者几乎没有疑问地认为，投保人解除合同的权利是应该受到限制的权利。但是，我国保险法毕竟没有规定被保险人对投保人解除保险合同可以提出异议，也没有规定被保险人可以径行解除保险合同，因此在理论上所提出的诸多限制投保人解除保险合同的应对措施，也多带有不确定性。

有观点认为，当投保人单方行使解除合同的权利时，法律赋予被保险人在有意愿使合同效力继续维持下去以保障自身和受益人利益时，可以申请成为合同新的当事人的权利。② 还有学者认为，我国《保险法》（2002年）仅规定投保人有保险合同解除权，而投保人解除合同通常能获得现金价值。法律赋予投保人以法定解除权的目的在于保护投保人的利益。我

---

① 参见李松《不经被保险人同意能解除合同吗？》，《国际金融报》2004年9月22日。

② 参见王盈、刘觅《对投保人合同解除权的反思与立法建议》，《海南金融》2007年第4期。

国保险法在对待保险合同解除权的配置上，采取了"向投保人倾斜"的立法原则，法律不但偏向投保人的利益，而且对保险人行使解除权的条件也加以严格限制。但是，投保人的法定解除权，在保险法既有的制度框架下，不仅侵害了被保险人的利益，而且造成了投保人的法定解除权在继承问题上的混乱。所以，在投保人意图解除保险合同的情况下，被保险人是否愿意继续享有保险合同保障的心理状态就极为重要。如被保险人愿意继续获得保险保障，只要向投保人支付了其解除合同后所能获得的现金价值，就应该能继续维持保险合同的效力。投保人以他人为被保险人订立的保险合同，投保人未取得被保险人同意，不得解除保险合同。被保险人不同意解除保险合同，在向投保人支付相当于解除保险合同所能获得的退保金额，并承担继续交付保险费的义务后，取得投保人资格。① 依照上述见解，被保险人得以维持保险合同的效力为由，取代投保人而成为保险合同的当事人，即被保险人享有变更为投保人的"替代权"。投保人的地位源自保险合同的订立，投保人对保险合同的成立有其独立的意思表示，而受保险合同的约束；被保险人并不参与保险合同的订立而仅为保险合同的关系人，并且不受保险合同的约束。仅基于被保险人的单方意思表示便可取代投保人在保险合同中的法律地位，理论上如何自圆其说，制度上如何设计，恐怕都会徒增法律关系的复杂性。

有不少学者认为，投保人的解除权应当受到被保险人的利益或者意思的限制。例如，有学者认为，在为他人利益所投保的保险合同场合，投保人任意解除权的行使应该接受保险金权利人之约束，否则将无法保护第三人利益（合同之第三人独立直接向保险人请求保险金的权利）的实现。在为他人利益之保险合同中，投保人不能随意解除保险合同，除非保险合同另有约定或者法律有特别规定。保险合同为被保险人或受益人的利益而存在时，投保人解除保险合同与被保险人或受益人的意思或者利益相左，其是否仍然有权解除保险合同？答案应当是否定的。特别是，已经具有现金价值的人寿保险合同，可否基于投保人之意思表示而解除，需要立法对之作出明确的规定。②

---

① 参见王西刚《人身保险合同投保人法定解除权研究》，《兰州学刊》2007 年第 4 期。

② 参见方志平《浅议投保人解除保险合同规则》，《上海保险》2007 年第 1 期。

也有学者认为，对于人身保险合同而言，保险合同常为被保险人或者受益人的利益而存在，被保险人以其寿命或者身体作为保险标的并承受着保险危险，投保人并非保险合同的受益人，仅仅以其为保险合同的当事人身份解除合同，与被保险人或者受益人的利益相冲突，违反被保险人或者受益人的利益或者意思。于此情形，投保人解除保险合同，非经被保险人或者受益人的同意，立法不应当允许投保人解除保险合同。我国保险法应当明确规定，除法律另有规定或保险合同另有约定外，投保人可以解除合同；但是，投保人解除具有现金价值的人身保险合同的，应当征得被保险人或者受益人的同意。①

还有观点认为，对于具有现金价值的人身保险合同，我国保险法赋予投保人解除合同权利时，没有充分考虑具有现金价值的人身保险合同存在和维持效力的意义。人身保险合同的标的为被保险人的身体或者寿命，人身保险合同为被保险人或者受益人的利益而存在，并非为投保人的利益而存在，投保人解除人身保险合同直接影响被保险人或者受益人的利益，尤其使得被保险人的寿命或者身体不再受保险保障，投保人能否解除合同，都是值得讨论的。我国保险法对于投保人解除人身保险合同没有任何附加条件，显然不合法理与情理。在法律解释上应当认为，投保人有权解除保险合同。但在解除人身保险合同时，应当征得被保险人的同意；被保险人不同意解除保险合同的，投保人不得解除人身保险合同。②

还有一个问题。投保人的继承人可否继承并行使投保人的保险合同解除权？这个问题是投保人的保险合同解除权派生出来的，在理论上也多有讨论。

有观点认为，保险合同的财产权利具有可继承性，能够为继承人所继承。继承人继承了投保人对保险合同的权利，自然继承了处分权，可以自由行使保险合同解除权。③

还有观点认为，投保人死亡后，其在保险合同中的权利义务应由其继

① 参见常敏、邹海林《我国保险法修订的路径思考》，载谢宪主编《保险法评论》（第二卷），中国法制出版社 2009 年版。
② 参见常敏《保险法学》，法律出版社 2012 年版，第 86 页。
③ 参见王皓《投保人死亡后保险合同解除权归属研究》，《上海保险》2009 年第 10 期。

承人继受。投保人的继承人基于继承的法律事实而概括地继受了投保人在保险合同关系中的法律地位，在投保人死亡后，其继承人能够继受并行使完整的投保人权利；继承权受法律保护，不能任意剥夺或减损。根据《保险法》（2009 年）第 15 条和第 47 条的规定，继承人有权行使法定解除权，解除保险合同，并获得应得退费或现金价值。①

但也有学者认为，投保人的法定继承人不能因为继承而享有保险合同的解除权。②

还有观点认为，对于被保险人或受益人不是继承人的保险合同，继承人如果随意行使保险合同解除权，必然会给被保险人（受益人）的利益造成损害，特别是被保险人（受益人）与投保人生前存在特定利益关系，继承人任意解除合同对被保险人（受益人）造成不公平，必须予以限制。继承人解除保险合同不得损害被保险人、受益人的利益，在行使解除权时，应当征得被保险人和受益人同意，并且提前通知，或者赋予被保险人（受益人）优先购买保险的权利。③

另有学者在分析投保人的继承人解除保险合同的根源后认为，继承人与被保险人的冲突，究其实质，是保险合同解除权与受合同保障权的利益冲突。但只要我们确立"被保险人本位"的思想，这些问题就能迎刃而解。被保险人本位，即保险合同，尤其是利他人寿保险合同应以被保险人的利益为中心，以保障被保险人为主要职能，在建构相关的各项制度、确定合同当事人及其利害关系人义务时，更应注重保护被保险人的利益。可以说，订立、履行保险合同的最大意义即在于使被保险人得到合同保障。相对而言，投保人的保险合同解除权处于次要位置。保险合同订立的意义在于履行、实现合同目的，而非解除。当投保人不再履行合同义务时，应允许被保险人补充履行，从而不因投保人的行为而轻易否定保险合同的效力，而以被保险人利益为中心来考虑尽量维持保险合同效力。投保人死亡后，当其继承人要求解除保险合同时，被保险人对以其身体、生命为保险

---

① 参见王飞、王高英《论投保人死亡后被保险人利益的保护》，《上海保险》2011 年第 10 期。

② 参见赵志军《论受益人保险合同效力维持权》，《保险研究》2010 年第 12 期。

③ 参见王皓《投保人死亡后保险合同解除权归属研究》，《上海保险》2009 年第 10 期。

标的的人寿保险合同应享有变更自己成为投保人的权利，通过继续缴纳保费等方式维持合同的效力。替代投保人规则是运用被保险人中心主义对投保人继承人继受保险合同解除权的一种限制，确实造成了投保人继承人的继承权在一定程度上受到侵害或者剥夺。为了保障继承人的合法权益，平衡各方的利益，若被保险人行使替代权而成为新投保人的，应给予原投保人的继承人补偿。补偿金额相当于应得退费或现金价值。①

在合同法上，合同当事人死亡的，其继承人可以继承其在合同中的地位，并成为合同当事人。这就是"合同当事人的继承"之普通合同观念。如果我们不能摆脱这种观念的束缚，投保人的继承人在投保人死亡后，便会因为继承而享有已死亡的投保人原本享有的各项权利。但是，在以机会性为要素的保险合同项下，前文已经分析投保人的解除权并不是源自投保人的当事人地位，而是源自保险合同的机会性特征，投保人的保险合同解除权，不是投保人作为合同当事人的固有权利。所以，投保人死亡后，其继承人有权继承投保人基于保险合同的约定而享有的权利或利益，但不能继承投保人基于保险合同的机会性特征而享有的保险合同解除权。再者，投保人是指与保险人订立合同并承担支付保险费义务的人，订立保险合同的意思表示已经"固定"了投保人的独有法律地位，没有订立保险合同的意思表示的其他任何人（包括投保人之继承人），不能称为"保险合同的投保人"。在这一点上，投保人固有的法律内涵，也排斥投保人的继承人对"投保人的法律地位"的继承。如果我们在这些内容上，能够认识到我国保险法上的投保人之独有法律地位，多方面具有不同于普通合同的当事人之区别性特征，那么投保人的继承人便不能继承保险合同的投保人地位，仅能继承投保人依照保险合同约定而享有的权利和利益，也就不会存在投保人的继承人在投保人死亡后解除保险合同的问题了。投保人死亡的，相对于保险人而言，被保险人则成为唯一享有保险合同解除权的关系人。

（三）关于合同解除时的现金价值的归属

理论上，投保人解除保险合同的，是否享有保险合同解除后应当清算的合同利益，则要看保险法的规定或者保险合同的约定。对于财产保险合

① 参见王飞、王高英《论投保人死亡后被保险人利益的保护》，《上海保险》2011 年第 10 期。

同而言，被保险人对保险标的应当具有保险利益，被保险人是保险合同约定的给付利益的享有者，投保人不能主张保险合同约定的给付利益；但保险合同解除时或者保险法规定保险人应当退还保险费的情形下，保险合同解除后的已付保险费，应当依照法律规定或者合同约定，退还给投保人。但是，具有现金价值的人身保险合同因为投保人的意思表示而解除的，现金价值应当归属于何人呢？长期以来，这个问题在我国保险法理论上都是不清楚或者存在争议的。关于保险合同的现金价值的归属，基本可以划分为"投保人专属说"和"投保人非专属说"两种观点。

"投保人专属说"认为，人身保险合同解除后的现金价值，归属于投保人。例如，有学者认为，"传统保险理论中，现金价值获取权利是投保人在行使保险合同解除权时固有的权利"。[1] 还有观点认为，不丧失价值就是保单上的现金价值，属于投保人所有，它不会因保险合同效力的变化而丧失。根据不丧失价值条款，投保人在合同有效期内可以选择有利于自己的方式处置保单上的现金价值，其中一种处置方式就是解除保险合同，领取退保金，实现保险合同权利。[2] 也有观点认为，从我国目前的立法来看，现金价值的归属主体应当为投保人，主要的原因就是该部分价值是保险费的累积生息，而保险费是由投保人交纳的。[3] 更有观点认为，投保人是合同当事人，其有权获得保单现金价值。《保险法》（2009 年）第 47条规定："投保人解除合同的，保险人应当自收到解除合同通知之日起三十日内，按照合同约定退还保险单的现金价值。"继承人继承了投保人的合同地位，有权获得保单现金价值。受益人的期待权只有在保险事故发生后，才转化为既得权；事故未发生的，受益人无权获得现金价值。投保人身故后，从严格意义上说，保单现金价值属于投保人的遗产。[4]

更有观点认为，保险合同约定的现金价值属于投保人，与投保人是否解除保险合同没有关系，可作为投保人的债权人之责任财产。在人身保险

---

[1]　王西刚：《人身保险合同投保人法定解除权研究》，《兰州学刊》2007 年第 4 期。

[2]　参见王皓《投保人死亡后保险合同解除权归属研究》，《上海保险》2009 年第 10 期。

[3]　参见任自力主编《保险法学》，清华大学出版社 2010 年版，第 187 页。

[4]　参见王飞、王高英《论投保人死亡后被保险人利益的保护》，《上海保险》2011 年第 10 期。

合同中，投保人仅有缴纳保险费的义务，无受领保险金的权利（除非投保人亦是受益人）。在保险合同成立后，投保人可以随时解除合同，并请求保险人返还保单现金价值。也就是说，在保险事故发生前，投保人对于保单现金价值拥有所有权，这部分财产应作为投保人的财产而不是受益人的财产。原则上，投保人的债权人对保险合同的现金价值有追偿权，但在债权人行使权利时，应当合理保护受益人的利益：第一，投保人指定自己为受益人或者没有指定受益人的，投保人或被保险人的债权人对保险赔偿金或保单现金价值享有追偿权。第二，投保人或被保险人明确指定自身之外的其他受益人的，如果投保人或被保险人在投保时，经营状况已出现恶化状态，其主观上存在逃避债务的恶意，此时债权人可以在自己债权的范围内向法院申请撤销受益人的指定，该财产只能作为投保人或被保险人的财产，从而使债权人的债权获得实现；如果投保人或被保险人在投保时，财务状况良好，那么指定受益人有效，如果在投保后的经营过程中由于管理不善等原因而发生不能清偿债务的情况时，法律依然保护受益人的受益权，保险赔偿金由受益人享有，债权人对之没有追偿权。第三，投保人在投保时，如果投保人或被保险人的债权人的利益受到了明显的侵害，则债权人或管理人可申请法院撤销受益人的指定，将保单所具有的现金价值或保险赔偿金列入债务人财产。但管理人得于保险宣告后三个月内终止保险合同，以获取保单的现金价值。受益人有权垫付保单的现金价值，以维持保险合同的效力。第四，投保人或被保险人的债权人依法以保险赔偿金实现其债权时，依照民事诉讼法的规定，应当为受益人保留必要的生活费用，受益人为法人、非法人团体的除外。[①]

"投保人非专属说"认为，人身保险合同的现金价值并不专属于投保人，应当依照合同约定属于被保险人或者投保人。有学者认为，长期人身保险合同具有现金价值，人身保险的现金价值，原本属于被保险人或者投保人。就被保险人而言，现金价值为其在保险合同的存续期间所享有的不受合同效力影响的权益；对于保险人而言，现金价值则属于保险人可以利用而依法提取的责任准备金的组成部分，是对被保险人或者投保人的负债。现金价值的给付，恰恰是保险人不承担人身保险合同项下的保险金给

---

① 参见李政宁《保险受益权与投保人或被保险人的债权人利益的冲突与解决》，《内蒙古财经学院学报》（综合版）2010 年第 5 期。

付义务时的"替代给付"。在投保人解除人身保险合同时，保险人应当依合同的约定，将现金价值支付给被保险人或者投保人。①

　　我国的保险法理论，无论是在业界还是学界，几乎都高度认同"投保人专属说"。"投保人专属说"似乎为多数说，出现这样的现象是否与我国《保险法》（2002 年）第 69 条所规定的"退还保险单的现金价值"用语不明②有关？我们不能说没有关系，但肯定有一定的关系。该法第 69 条规定的"退还保险单的现金价值"，没有明文限定或者暗示"保险单的现金价值"应当退还给何人，在解释上得出"投保人专属说"也是可以理解的。同时，"谁投资谁受益"的观念在保险业界也大行其道，或许更加助长了"投保人专属说"的"合理成分"。

　　现在的问题是，对于法律规范中的含义不清晰的用语，学者为何没有通过法律解释的方法予以澄清，实在难以理解。有学者充分地认识到，"投保人专属说"的存在，成为整个保险业界无法回避的"投保人解除保险合同的动力或动机"，由此引发了保险业界的诸多不可思议的问题。"投保人解除保险合同的原因可能有多种，可能基于经济方面的因素，诸如急需现金，转而投向收益率更高的金融产品等；可能是基于产品服务的因素，如对保险产品不满意，有更加合适的产品；也可能是基于情感方面的因素，如不愿意继续为被保险人投保等。但是，无论基于什么样的直接原因，能够获得现金价值始终是解除保险合同的一个根本动因。"③ 基于如此的动机解除保险合同，与保险这一法律行为分散危险保障被保险人的契约利益的基本目的背道而驰，原本就不应当获得法律层面的支持。在理论和实务上，对于法律规定的含义不清的内容不作澄清，却普遍承认投保人对保险合同的现金价值拥有权利，又恰恰助推了这种"逆选择"现象的出现。"投保人专属说"在这个层面是不具有正当性或合理性的。

　　我国《保险法》（2009 年）第 47 条规定的"保险人按照合同约定退还保险单的现金价值"，已经明确现金价值的归属主体按照"合同约定"，

①　参见常敏《保险法学》，法律出版社 2012 年版，第 127 页。
②　我国《保险法》（2002 年）第 69 条规定："投保人解除合同，已交足二年以上保险费的，保险人应当自接到解除合同通知之日起三十日内，退还保险单的现金价值；未交足二年保险费的，保险人按照合同约定在扣除手续费后，退还保险费。"
③　王皓：《投保人死亡后保险合同解除权归属研究》，《上海保险》2009 年第 10 期。

"投保人专属说"已经不再有任何法律规定的依据。保险合同当事人依照保险法的规定，有充分的自治空间约定保险合同的现金价值归属于何人。例如，保险合同可以约定保险合同的现金价值归属于被保险人或者受益人；也可以约定保险合同的现金价值归属于投保人。所以，投保人有无权利取得保险合同的现金价值，并不取决于其投保人地位，仅取决于保险合同有无约定。从保险业的良性发展考虑，尤其要维护保险的信赖水平，具有现金价值的人身保险合同，应当约定合同的现金价值归属于被保险人，这将极大地提升公众对保险产品的预期信心或信赖水平，因为这样的私法自治对保险合同的有效性予以了高度维持，阻断了投保人解除保险合同的不良动机。保险合同对现金价值的归属没有约定的，基于保险的合理期待原则，并考虑到被保险人以自己的身体或寿命作为保险标的承受保险合同约定的风险，被保险人具有取得保险合同的现金价值的优势地位，故在解释保险合同的现金价值的归属时，应当认为被保险人而非投保人有权取得之。这样的解释结论应当有助于维持保险合同的有效性，并阻断投保人解除保险合同的不良动机。

三 保险人的法律地位

保险人，又称为承保人，是指与投保人订立保险合同并承担合同约定的保险责任的人。学者对于保险人的法律地位的分析和研究，主要围绕以下几个基本问题展开。

（一）保险人为保险合同的当事人

保险人作为保险合同的当事人，与普通合同的当事人并不存在什么特别的差异。保险人参与保险合同的订立，并受保险合同的约束，不得解除保险合同。保险人应当依照保险合同的约定履行其在合同中约定的义务。

我国学者普遍认为，保险人作为保险合同的当事人之法律地位，应当从以下方面进行理解：保险人是经营保险业务的商组织体；在保险合同成立后，保险人享有保险费交付请求权；保险人是承担给付保险金义务的人。[1] 因为保险人的法律地位与普通合同的当事人之法律地位，并不存在

---

① 参见李玉泉《保险法》（第二版），法律出版社 2003 年版，第 119 页；温世扬主编：《保险法》，法律出版社 2003 年版，第 67 页；邹海林：《保险法教程》（修订第二版），首都经济贸易大学出版社 2004 年版，第 48 页。

特别的差异，学者在理解保险人时，也就不存在表述上的分歧，保险人作为保险合同当事人的一方，受保险合同约束，依照保险合同约定享有权利和承担义务。由此也决定，保险人在保险合同中的地位，可以由保险人的承继者承继，保险人亦可以将其在保险合同中享有的权利和承担的义务转让给其他经营相同业务的保险公司。

我国《保险法》（2009 年）第 10 条第 3 款对保险人的内涵已有具体的描述，对保险人的法律地位之理解，是否应当主要从订立保险合同的意思表示、保险人法定主义以及保险责任的承担三个方面入手，还是值得进一步研究的。例如，有学者认为，保险人的法律地位表现为以下三个方面：（1）保险人是作出订立保险合同的意思表示的人。保险人与投保人订立保险合同，成为合同当事人，应当受合同的约束。保险人依照合同约定，对被保险人或者受益人承担保险责任，并享有向投保人收取保险费的权利。投保人不依照保险合同的约定交付保险费的，保险人可以依约解除保险合同或者不承担保险责任。在保险合同解除或者法律规定应退还保险费的其他情形下，保险人应当退还已收取的全部或者部分保险费。除非保险法另有规定或者保险合同另有约定，保险人不得解除保险合同。（2）保险人以经国家保险监督管理委员会核准经营保险业务的保险公司为限。我国依法实行保险业务许可经营制度，商业保险业务只能由依法设立的保险公司经营，除保险公司以外的任何机构或者个人，均不得经营商业保险业务。而且，在我国境内的法人和其他组织，需要办理境内保险业务的，应当向我国境内的保险公司投保。因此，保险公司具有订立保险合同并承担保险责任的当事人能力；未经国家保险监督管理委员会核准经营保险业务的任何其他民事主体，不能成为保险合同的保险人。（3）保险人是保险合同项下的责任承担者。在发生保险事故时，或者在保险合同约定的给付保险金的条件具备时，保险人应当依照保险合同的约定向被保险人或者受益人给付保险（赔偿）金。保险人给付保险（赔偿）金，以发生保险合同约定的保险事故作为条件，并以保险合同约定的保险金额为限。① 事实上，上述三个方面的内容，已经足以揭示保险人作为合同当事人的法律地位的本质。至于保险人享有的保险费交付请求权，是否有必要

---

① 参见常敏《保险法学》，法律出版社 2012 年版，第 46 页。

将之纳入限定保险人法律地位的必要因素，实际意义恐怕并不显著；我国保险法的相关规定，也未将保险费交付请求权作为限定保险人法律地位的内涵之必要因素，这是值得审慎对待之处。

（二）关于保险人解除合同的权利

保险合同成立后，保险人受保险合同的约束，不得解除保险合同。但是，如果发生影响保险人应否承担以及如何承担保险责任的特定事由，应当建构保险人免于受保险合同约束的救济机制。保险人享有的保险合同的权利，是为救济保险人的利益而设，构成保险人受保险合同约束的例外。有学者认为，保险人解除保险合同的权利，或为保险法的明文规定，或为保险合同的约定，前者为法定解除权，后者为约定解除权。保险人的法定解除权和约定解除权，并没有性质上的差异，均为形成权，保险人行使解除权的，保险合同的效力归于消灭。其中，保险人的法定解除权，仅以保险法规定的保险人得以解除保险合同的场景为限，保险人不得以合同法或者其他法律规定的当事人解除合同的事由主张解除保险合同。① 但要注意的是，我国保险法所规定的保险人的法定解除权，与合同法所规定的法定解除权具有相同的属性，前者只不过是后者的具体表现形式而已，此与投保人的保险合同解除权完全不同。

有学者认为，依照我国保险法的规定，保险人解除保险合同的法定事由，主要有：（1）投保人违反如实告知义务的；（2）被保险人或者受益人骗取保险给付的；（3）投保人、被保险人或者受益人故意制造保险事故的；（4）投保人、被保险人违反维护保险标的安全义务的；（5）保险标的危险程度增加的；（6）人身保险合同中误报年龄且超过年龄限制的；（7）效力中止的人身保险合同逾期未复效的。② 也有学者基于我国保险法规定的保险人解除保险合同的事由，将保险人的法定解除权归纳为以下6项，并对其内容做出了较为具体的阐述：（1）因投保人不真实陈述而产生的解除权；（2）因道德危险行为而产生的解除权；（3）因人身保险复效不能而产生的解除权；（4）因危险增加而产生的解除权；（5）因防灾义务的违反而产生的解除权；（6）因保险标的部分损失而产生的解除

---

① 参见常敏《保险法学》，法律出版社2012年版，第81页。
② 参见温世扬主编《保险法》，法律出版社2003年版，第169页。

权。① 上述归纳，均将保险人的法定解除权限定于我国保险法的明文规定范围内。

再者，保险人行使保险合同解除权的方式、期间以及效果，我国保险法缺少完整的规定。除《保险法》（2009 年）第 16 条（投保人违反如实告知义务）和第 32 条（年龄误保）的规定外，保险人解除保险合同的方式、期间以及效果，是否可以并应当适用《合同法》关于合同解除的规定？这在相当程度上还是有疑问的。例如，有学者认为，保险人依照保险法的规定或者保险合同的约定解除保险合同的，应当书面通知保险人或者投保人；保险合同自投保人或者保险人解除合同的通知到达保险人或者投保人时解除。② 但对于保险合同的解除有异议的，投保人、被保险人或者受益人是否可以在收到通知后的约定期间或合理期间内，向解除保险合同的保险人提出异议③，以及异议保险合同的解除之效果如何，估计仍有研究的余地。有学者认为，对方对保险合同的解除有异议的，是否解除合同的通知就不生效力，而必须待法院或仲裁机构裁决？我国合同法对于解除合同，以解除合同的通知到达相对人时发生合同解除的效力，但同时又规定相对人可以对合同的解除提出异议，相当程度上否定了合同解除权的形成权性质，产生了我国司法实务的困扰，异议解除权行使的合同处于效力待定状态，保险合同的解除亦有相同的问题存在。对于保险人解除保险合同的效果，应当坚持解除权所具有的形成权属性，保险合同的效力不应因为异议解除权的行使而处于效力不确定的状态。④

这里还有一个理论和实务问题：投保人迟延交付保险费的，保险人可否解除保险合同呢？对于投保人迟延交付保险费的情形，《保险法》（2009 年）第 37 条（效力中止超过 2 年的保险合同）赋予保险人解除效力中止的人身保险合同的法定权利，但该项权利的行使是有条件的，即投保人逾期交付保险费超过 2 年而人身保险合同未能复效；对于投保人迟延交付保险费的其他情形，我国保险法并没有规定保险人可以解除保险合

---

① 参见常敏《保险法学》，法律出版社 2012 年版，第 81—84 页。

② 参见徐卫东主编《商法基本问题研究》，法律出版社 2002 年版，第 451 页。

③ 参见最高人民法院《关于适用〈中华人民共和国合同法〉若干问题的解释（二）》（法释〔2009〕5 号）第 24 条。

④ 参见温世扬、吕筹《略论保险合同的解除》，载李劲夫主编《保险法评论》（第一卷），中国法制出版社 2008 年版。

同。至于《保险法》（2009 年）第 37 条，也仅规定投保人迟延交付保险费为合同的效力中止之事由，并没有直接规定保险人可以投保人交付保险费逾期为由解除保险合同，故该条的规定客观上使得保险人也没有机会以投保人未交付保险费为由解除保险合同。在这个意义上，我国保险法未将"投保人迟延交付保险费"当作保险人取得法定解除权的事由加以考虑。

另一个比较有意思的问题是，投保人迟延交付保险费的，如果保险合同也没有约定保险人可以解除保险合同，保险人可否依照《合同法》第 94 条（当事人一方违反主要义务）的规定，主张解除保险合同呢？这在理论和实务上更是有争议的。按照一般的理解，保险合同为双务合同，交付保险费为投保人的基本义务，投保人未按照合同约定交付保险费的，构成根本违反合同，保险人基于"诚实信用"和"对价平衡"的原则，应当享有解除保险合同的救济性权利，保险人主张适用《合同法》第 94 条，也并非全无道理。例如，有观点认为，在保险合同没有明确约定投保人不交付保险费将产生何种法律效果的情况下，保险人可以依照《合同法》第 94 条的规定，选择行使合同解除权对自己的权益进行救济。投保人不按期交付保险费的，保险人应当予以催告，要求其在合理期限内履行交付保险费的义务；合理期限经过后，投保人仍不履行交付保险费义务的，保险人可以行使单方解除权，消灭保险合同的效力，以维护自身的利益。① 我国的司法实务相当程度上也反映着这样的认识。例如，最高人民法院 2003 年 12 月 9 日为征求意见向社会公布的《关于审理保险纠纷案件若干问题的解释》（征求意见稿）第 6 条规定："投保人在财产保险合同成立后未按照约定交纳全部或者部分保险费的，保险人有权解除合同。合同解除前，未发生保险事故的，保险人要求投保人支付保险人开始承担责任时至合同解除前期间的保险费的，人民法院应予支持。"②

与上述观点所不同的是，多数学者对于保险人依照《合同法》第 94 条主张解除保险合同不持立场，明确表示支持的意见几乎没有，但明确表示反对的意见也不多见。考虑到保险合同与普通合同之间存在的区别性特征，我国保险法对于保险人的法定解除权已有具体的限制，不宜再允许保

---

① 参见吴庆宝主编《保险诉讼原理与判例》，人民法院出版社 2005 年版，第 116—117 页。

② http：//old. chinacourt. org/public/detail. php? id = 94321&show_ all_ img = 1.

险人主张合同法等其他法律的相关规定解除保险合同；否则，保险合同的解除事由的范围不确定性，将危害公众对保险业的期待与信赖。再者，保险合同的高度自治已经给予保险人巨大的空间，其可以将法定解除权限制外的事由，通过合同约定的方式预先为其解除保险合同提供依据，保险人基于其从业的专业经验和对保险合同内容的控制优势，在订立保险合同时完全可以做到这一点。保险人主张解除合同，既没有保险法的规定也没有保险合同的约定，不得已寻求《合同法》第 94 条之规定主张解除保险合同，除了表明保险人的从业水平不高以外，保险人应当对其事先能约定而未约定的解除合同事由承担不利后果。对于保险人的法定解除权，相对于合同法而言，保险法为特别法，已有具体的规定，在法律适用的层面也排除了合同法的相关规定之适用。所以，投保人迟延交付保险费的，如果保险合同没有约定保险人可以解除保险合同，保险人不享有解除合同的权利，也不能依照《合同法》第 94 条的规定主张解除保险合同。

四　被保险人的法律地位

（一）关于被保险人的法律地位

我国学者多以《保险法》（2009 年）第 12 条第 5 款的规定作为依据，对被保险人的法律地位加以概括。有学者认为，被保险人，是指以自己的财产或者人身利益享受保险保障，在保险事故发生或者保险合同约定的保险金给付条件具备时，对保险人享有保险金给付请求权的人。被保险人并没有参与保险合同的订立，其在保险合同上的地位源自投保人订立合同的意思表示，投保人的订约行为赋予了被保险人的财产或者人身受保险合同保障的效果，被保险人才取得请求保险人依照保险合同约定给付保险（赔偿）金的权利。[①]

但是，我国学者对于被保险人的法律地位的描述存在明显的角度差异。要说明的是，有关被保险人的定义，没有学者对保险法的相关规定提出疑问，然而基于该规定而对被保险人的法律地位具体化时，差别就出现了。有学者认为，投保人作为相对于保险人的保险合同的一方当事人，其权利和义务是不完整的，而被保险人在保险合同由始而终的过程中，却身

---

① 参见常敏《保险法学》，法律出版社 2012 年版，第 47 页。

负对应于保险人的众多权利和义务，投保人与被保险人合一而构成相对于
保险人的具有完全的权利和义务的一方当事人。因此，被保险人在保险合
同中，和投保人一样，也处于当事人的地位，可与投保人共称为"投保
方"。① 还有学者认为，具有与投保人相同的当事人地位的被保险人，应
当符合以下两个条件：（1）被保险人是保险事故发生时遭受损失的人；
（2）被保险人是享有赔偿请求权的人。② 也有学者将被保险人与投保人予
以区分，将被保险人归入保险合同的关系人范畴，并认为被保险人的法律
地位体现为以下方面：（1）被保险人是受保险合同保障之人；（2）被保
险人是保险事故发生时受有损失之人；（3）被保险人是享有保险金给付
请求权之人；（4）被保险人是享有同意权之人；（5）被保险人可以是投
保人，也可以不是投保人。③

　　另有一个现象尤其值得我国学者注意。在我国的保险实务上，"被保
险人"一语使用得过于广泛，甚至在许多场合将投保人和被保险人混用。
不区分被保险人和投保人的现象，是否因我国保险法理论将被保险人与投
保人理解为保险合同的当事人而产生？还是说，因为存在保险实务上的被
保险人和投保人混用的现象，才导致保险法理论对被保险人和投保人的理
解混同？据现有的资料信息，已经无法证实上述疑问。在保险合同条款的
构成方面，出现大量约定"被保险人义务"的条款。被保险人并不参与
保险合同的订立，何以能受这些条款的约束？

　　为了回答这个问题，有学者认为，"无论投保人与被保险人是否是同
一人，各国法律均规定，被保险人主要有四项义务：（1）维护保险标的
的安全；（2）危险程度增加的通知义务；（3）保险事故发生时的施救义
务；（4）保险事故发生后通知义务。这些义务，即使保险人与投保人在
订立合同时未约定，被保险人也不能免除。因为法律上有明确规定。因
此，当投保人与被保险人不是同一人时，投保人与保险人在保险合同中约
定的被保险人义务条款，不能认为是为被保险人设置义务条款，其只不过

---

　　① 参见郭宏彬《保险利益原则之再界定》，《中央政法管理干部学院学报》2001
年第 3 期。
　　② 参见李玉泉《保险法》（第二版），法律出版社 2003 年版，第 122—123 页。
　　③ 参见温世扬主编《保险法》，法律出版社 2003 年版，第 69—70 页。

是将法律的规定转化为保险合同的具体内容而已，效力自不能否认"。①
上述观点以法律规定约束被保险人为基础，得出结论保险合同的约定同样
约束被保险人，逻辑推理因为推理条件的转换而难有说服力。

另有学者认为，实际上，保险合同中大量规定"被保险人义务"的
条款，是没有区分投保人和被保险人的法律地位形成、将被保险人视作保
险合同的当事人的结果。投保人是保险合同的当事人，被保险人仅仅是保
险合同的关系人（当事人以外的第三人），被保险人具有完全不同于投保
人的法律地位，这已为我国《保险法》所明文规定。由此决定，被保险
人所享有的权利和承担的义务，与投保人不相同。依照我国《保险法》
（2009 年）第 12 条的规定，被保险人的地位主要体现为享有保险给付请
求权，该条并没有对被保险人是否为合同当事人作出任何表述或者暗
示。② 在这个意义上，如果我们对被保险人和投保人不进行法律地位上的
区分，恐怕很难消除理论和实务上混用被保险人和投保人的现象。

被保险人的法律地位的取得，与其有无民事行为能力无关。合同的当
事人应当具有民事行为能力，无民事行为能力人因其意思表示能力的缺
乏，不能订立合同而成为合同的当事人，保险合同亦同。有学者认为，完
全民事行为能力人、限制民事行为能力人以及无民事行为能力人，都可以
成为财产保险合同中的被保险人。③ 还有学者认为，被保险人并非保险合
同的当事人，不参与保险合同的订立，不受保险合同的约束，因此，被保
险人有无民事行为能力，并不影响被保险人取得保险合同关系人的地
位。④ 我国学者都注意到，立法例禁止为无民事行为能力人投保以死亡为
给付条件的人身保险合同。⑤ 我国《保险法》（2009 年）第 33 条规定：
"投保人不得为无民事行为能力人投保以死亡为给付保险金条件的人身保
险，保险人也不得承保。父母为其未成年子女投保的人身保险，不受前款

---

① 李玉泉主编：《保险法学——理论与实务》，高等教育出版社 2007 年版，第
105 页。

② 参见常敏《保险法学》，法律出版社 2012 年版，第 47 页。

③ 参见温世扬主编《保险法》，法律出版社 2003 年版，第 70 页。

④ 参见常敏《保险法学》，法律出版社 2012 年版，第 48 页。

⑤ 参见李玉泉《保险法》（第二版），法律出版社 2003 年版，第 123 页；温世
扬主编：《保险法》，法律出版社 2003 年版，第 70 页；邹海林：《保险法教程》（修
订第二版），首都经济贸易大学出版社 2004 年版，第 49 页。

规定限制。但是，因被保险人死亡给付的保险金总和不得超过国务院保险监督管理机构规定的限额。"之所以有这样的禁止性规定，是为有效保护无民事行为能力人的生存利益，防止道德危险的发生。显然，无民事行为能力人可为以死亡为给付条件的保险以外的其他人身保险的被保险人，"未成年的子女"也可以作为以父母为投保人的人身保险的被保险人。

还有学者对被保险人的法律地位发生变动的现象进行了研究，认为被保险人必须在保险合同中作出明确规定而加以确定，也可以变更合同条款的方式确定被保险人。在保险合同中增加一项变更被保险人的条款，一旦该条款约定的条件成立，候补的主体自动成为被保险人，取得被保险人的地位。比如财产的承租人或者受托人作为候补的被保险人，承租人或受托人变更后取得与原被保险人相同的资格。另外，保险合同可以"扩展的方式"确定被保险人，这种方式不直接列明具体的被保险人，而是将被保险人确定在一定范围内而不论属于这个范围的成员是否有变化，就能使一定范围的人员都具有被保险人的地位。①

（二）关于被保险人对投保人解除合同的"同意权"

保险合同约定的给付利益，为被保险人而存在。故保险合同中的给付利益的归属之任何变化，均与被保险人有直接的利害关系。如果投保人的权利或者行为，对被保险人在保险合同项下的给付利益会产生不利影响的，被保险人应当有寻求救济的途径。

有学者认为，被保险人享有保险合同约定的"保险给付"利益，保险合同为被保险人的利益而存在。当投保人拒绝或者迟延交付保险费，足以影响保险合同效力的，被保险人可以代替投保人向保险人交付保险费，保险人不得拒绝。被保险人代替投保人交付保险费，并非被保险人有保险合同约定的交费义务，而是被保险人基于诚实信用原则，采取的"避免其保险合同利益受到损害"的避险措施。另外，投保人作为保险合同的当事人可以解除保险合同，但对于具有现金价值的人身保险合同，保险法没有限制投保人解除合同以保护被保险人利益的相应规定。因为人身保险合同的标的以及保险合同约定的利益专属于被保险人，被保险人在已经成立的保险合同上的利益不能完全受投保人的意思表示的支配，故投保人解

---

① 参见潘红艳《被保险人法律地位研究》，《当代法学》2011年第1期。

除具有现金价值的人身保险合同时，应当征得被保险人的同意；未经被保险人同意的，投保人不能解除具有现金价值的人身保险合同。①

（三）关于被保险人的义务

被保险人不是保险合同的当事人，投保人和保险人在订立保险合同时，不能为被保险人约定合同上的义务。因此，作为保险合同关系人的被保险人，并不存在承担保险合同约定的义务之问题。但这并不表明，被保险人不承担义务。作为保险合同的关系人，被保险人在享有保险合同项下的权利时，没有合同约定的义务，但依照诚实信用原则或者保险法的规定仍应当承担相应的义务。这些义务在性质上非合同或约定义务，而是法定义务。总之，被保险人在保险合同效力的存续期间，承担法定义务。

例如，有学者认为，被保险人的法定义务包括但不限于：（1）防损义务。财产保险的被保险人，对保险标的的安全应当尽法定的注意义务，要采取措施维护保险标的的安全，防止保险事故的发生。（2）危险增加的通知义务。财产保险的保险标的危险程度显著增加的，被保险人应当及时通知保险人。（3）减损义务。保险事故发生后，财产保险的被保险人应当采取必要的措施，防止保险标的的损害进一步扩大。（4）事故通知义务。保险事故发生后，被保险人知其事实的，应当及时通知保险人。（5）协助义务。在发生保险事故后，被保险人对于保险人查勘保险事故现场、判定保险事故发生的原因和程度或者行使保险代位权，应当予以必要的协助等。②

（四）关于被保险人的保险合同解除权

被保险人并非保险合同的当事人，有无保险合同解除权，因为保险法未有明文规定，遂成为疑问。尤其是，当人身保险合同之保险标的为被保险人的身体或者寿命、合同存续与否同被保险人具有直接的利害关系时，被保险人是否应当有保险合同解除权？不过，因为保险法对被保险人的合同解除权没有明文规定，在我国保险法理论上，似乎不存在被保险人有保险合同解除权的观点。为了救济被保险人的利益，学者提出了两种基于被保险人的意思终止保险合同效力的观点："撤销同意说"和"请求投保人解除说"。

---

① 参见常敏《保险法学》，法律出版社 2012 年版，第 48 页。

② 同上书，第 48—49 页。

"撤销同意说"认为,被保险人与投保人不是同一人的,被保险人同意投保人为其利益或者他人利益投保财产保险或者人身保险的,如果不愿意再以其财产或者人身利益作为保险标的,可以通知投保人撤销其同意,投保人应当通知保险人解除合同。例如,有学者认为,死亡保险之被保险人对经其同意订立的保险合同,可随时撤销其同意,撤销效果视为投保人解除合同。① 还有学者认为,"我国《保险法》也应该考虑到被保险人不再愿意提供自己的寿命和身体作为保险标的的情况,只要被保险人通知投保人及保险人,保险合同也应该解除"②。更有学者认为,在被保险人同意他人为其购买死亡保险之后,被保险人有权撤销同意,进而解除保险合同,该保险合同的解除,不具有溯及既往的效力。③

"请求投保人解除说"认为,被保险人没有保险合同解除权,但具有请求投保人解除保险合同的权利,被保险人向投保人请求解除保险合同的,投保人应当解除保险合同。例如,有观点认为,被保险人已经具备了超出一般合同第三人的"类当事人地位",可赋予其请求投保人解除合同的权利。被保险人在保险合同中享有广泛的权利,是保险合同利益的最终归属者,也是对保险合同标的拥有保险利益的人。同时,除了缴纳保险费的义务之外,被保险人须承担保险合同中广泛的义务。被保险人的权利和义务体系几乎涵盖了保险合同中的所有权利和义务,将被保险人简单地视为第三人利益合同的第三人显然不能适应被保险人的利益需求,也无法满足保险法对被保险人偏重保护的立法目标。依据合同法一般原理,合同的当事人有权在合同中约定解除合同的条件,或者经由事后的协议解除业已生效的合同,或者法律规定的事由出现时当事人可以解除合同。我国保险法规定投保人享有合同的解除权,是对合同法一般原理的遵循。与投保人相比,被保险人不享有解除保险合同的权利,也不享有保险合同解除后追回保险单现金价值的权利。但已有立法例将被保险人的权利扩张到影响保险合同效力的体系中来。如果说某一主体的法律地位是由该主体的权利义

---

① 参见樊启荣《死亡给付保险之被保险人的同意权研究——兼评我国〈保险法〉第 56 条第 1、3 款之疏漏及其补充》,《法学》2007 年第 2 期。

② 王西刚:《人身保险合同投保人法定解除权研究》,《兰州学刊》2007 年第 4 期。

③ 参见梁鹏《死亡保险被保险人同意权之研究》,《保险研究》2010 年第 7 期。

务所反映和决定的，那么为在保险合同的稳定性与被保险人利益保护间创设平衡点，我国保险法可以借鉴日本保险法的规定，增加规定被保险人合同解除请求权的制度。被保险人对投保人有解除合同的请求权，该请求并不直接导致保险合同效力的终止，如果投保人不解除合同，被保险人可以提起以投保人为被告的诉讼，以达解除合同的目的。①

"撤销同意说"和"请求投保人解除说"均为被保险人可否解除保险合同提供了思考的路径。被保险人若要解除保险合同，应当先撤销其同意，然后发生保险合同解除的效果。但若投保人订立保险合同时，未经被保险人同意的，被保险人如何解除保险合同就成为疑问。经被保险人同意订立的保险合同的解除，似乎也不必拘泥于被保险人是否应当撤销其同意。以被保险人撤销同意，作为被保险人解除保险合同的桥梁，没有立法论上的依据，但就相关制度的解释，若以撤销同意作为被保险人解除保险合同的条件，具有在制度设计上兜圈子之嫌，徒增困惑。例如，被保险人同意投保人投保的，其同意的意思表示为单方意思表示，一经作出即时发生效力，何以会有撤销其意思表示的余地？在这个意义上，被保险人若要解除保险合同，与其在订立保险合同时已经发生效力的"同意"之意思表示，似无半点关联。再者，被保险人并非保险合同的当事人，只能请求投保人解除保险合同，该立论基础显然在于只有合同当事人可以解除合同。对于保险合同而言，事实可能并非如此。

投保人的合同解除权，并非源自其合同当事人地位，而是保险合同的机会性独有特征所决定的，被保险人虽非合同当事人，但其却享有较投保人更多更广的权利。因此，保险法可以直接规定被保险人有保险合同解除权，使之在保险合同的解除事项上具有与投保人相同的地位，并无不当。即使没有保险法的明文规定，基于被保险人与保险标的之间不可分割的利益关系，被保险人应当具有较投保人解除合同更优的地位，在终止合同效力的方式选择上，通过解释赋予被保险人保险合同解除权，也是可行的。同时考虑到，被保险人并非保险合同的当事人，不受保险合同的约束但享有保险合同约定的权利和利益，赋予被保险人保险合同解除权，等同于被保险人放弃其在保险合同的权利和利益。总之，不论我国保险法是否规定

---

① 参见潘红艳《被保险人法律地位研究》，《当代法学》2011 年第 1 期。

被保险人的保险合同解除权，被保险人均有保险合同解除权。

五 受益人的法律地位

（一）受益人的法律地位之取得

受益人是我国保险法上特有的保险合同关系人。理论上一般认为，受益人是指人身保险合同中由被保险人或者投保人指定的享有保险金请求权的人。受益人的法律地位总体上因为制度设计而具有以下三个特征：（1）仅有人身保险合同才会存在受益人问题，故受益人是人身保险特有的关系人。（2）受益人的地位，源自被保险人或者投保人的指定。（3）受益人取代被保险人享有保险合同约定的保险金给付请求权。[①]

我国保险法对受益人的范围、人数、权利份额或者顺序，并没有限制性的规定，故人身保险的受益人可以为自然人，也可以为法人，投保人、被保险人或者第三人均可以作为受益人；被保险人或者投保人指定数人为受益人的，被保险人或者投保人可以意思表示确定各受益人的受益顺序和受益份额，未确定受益顺序或者受益份额的，受益人按照同等顺序或者相等份额享有受益权。

我国保险法有关指定或变更受益人的权利归属，实行"双轨制"，即被保险人和投保人均有权指定或变更受益人。但观保险法规定之内容，投保人指定或变更受益人的，应当征得被保险人的同意，而被保险人指定或者变更受益人（包括投保人指定的受益人），则无须投保人的任何意思表示。由此，指定或变更受益人的真正权利人为被保险人。有学者认为，"指定受益人的权利配置给被保险人较为妥当，因为投保人虽然是同保险人签订保险合同并交付保费的人，但是保险合同却并不是为投保人的利益而存在的，而主要是为被保险人的利益而存在，在发生保险事故时，被保险人当然享有保险金的请求权。受益人仅仅享有保险金的请求权，这种请求权应当来源于被保险人，而不是投保人"[②]。需要说明的，"双轨制"

---

① 参见李玉泉《保险法》（第二版），法律出版社 2003 年版，第 123—124 页；温世扬主编：《保险法》，法律出版社 2003 年版，第 70 页；王伟：《保险法》，格致出版社、上海人民出版社 2010 年版，第 94 页；常敏：《保险法学》，法律出版社 2012 年版，第 49 页。

② 王伟：《保险法》，格致出版社、上海人民出版社 2010 年版，第 178 页。

并没有改变受益人法律地位取得之源泉，仅仅是为便利指定或变更受益人的手续而设，实务操作上也不存在障碍。

（二）关于指定和变更受益人的意思表示形式问题

被保险人可否以遗嘱的方式指定或者变更受益人？有观点认为，受益人不能在遗嘱中指定，其主要理由是：保险合同中的受益人一栏是保险合同的部分内容，其填写须与保险人共同协商，公民的个人行为不能改变合同的内容。在变更保险合同时，应向保险公司办理书面申请，按照保险合同和保险法确定的方式办理变更手续，才能实现自己的真实意思表示。所以，在遗嘱中指定受益人是无效的。[①] 另有观点认为，允许遗嘱变更受益人，符合私法自治原则，亦符合公序良俗原则，更加有利于切实保障被保险人的合法权益。我国《保险法》（1995 年）第 62 条第 1 款的规定，并没有限制被保险人不得以遗嘱方式变更受益人；以遗嘱方式变更受益人，也可以是"书面通知保险人"变更受益人的一种方式。指定与变更受益人本身就是被保险人的权利，任何人不得限制和干涉，无须与"保险人共同协商"。[②]

受益人的指定或变更，是否应当以保险人的相应意思表示为条件？有观点认为，受益人的变更应经保险人"批注"才发生效力。投保人或者被保险人变更受益人是一种合同变更，投保人或被保险人对受益人的变更是对原来的合同提出新的要约，只有保险人对这种要约做出承诺，对保险合同的变更才能生效。投保人或被保险人变更受益人的程序经过法律的规定，虽然得以简化，无须经过保险人同意，但投保人或被保险人必须通知保险人，只有保险人接到通知，在保险单上批注（也就是承诺），合同的变更才得以完成，经变更后的新合同才能生效。[③] 有学者认为，保险合同以关系人利益为中心进行权利配置，这是保险合同与一般民事合同有别之处。保险法上的相应规则亦应以是否有利于被保险人利益为标准来予以设计。只有被保险人才能根据自身利益处分保险合同利益。我国现行保险法将受益人的最终决定权分配给被保险人，由被保险人通过行使同意权来实

---

① 参见唐玮《受益人不能在遗嘱中指定》，《上海保险》2001 年第 1 期。

② 参见熊海帆《人身保险的受益人可以遗嘱指定——兼与〈受益人不能在遗嘱中指定〉一文的作者商榷》，《上海保险》2001 年第 8 期。

③ 参见陈会平《论遗嘱变更受益人的法律效力》，《上海保险》2003 年第 8 期。

现。变更受益人是由被保险人的单方行为来实现的。意思自治原则是保险法的核心理念，变更受益人无须强行法上的过多限制，变更受益人的行为不能当然解释为要式行为，在变更通知上应采书面通知的对抗主义模式，而不应采取成立主义和生效主义模式。① 更有学者清晰地表达了如下的观点：受益人的法律地位，根源于被保险人（或投保人）的指定，与保险人是否接受被保险人的指定并没有关系；保险合同对受益人是否有所约定或者记载，则非所问。被保险人指定受益人的行为，为单方意思表示；受益人的指定，自被保险人为指定受益人的意思表示时起发生效力，受益人即取得保险合同约定的利益。但是，被保险人指定受益人的意思表示，若要对保险人产生效力，则应当通知保险人其指定受益人的意思；被保险人指定受益人未通知保险人的，对保险人不发生效力。被保险人通知保险人其指定受益人的，保险人应当依照保险合同的约定向该受益人为保险给付。受益人的变更亦同。被保险人变更受益人的，仅以其有变更受益人的意思表示为已足，不以保险人在保险单或者其他保险凭证上批注或者加贴批单为必要。被保险人变更受益人没有通知保险人的，受益人的变更不能对抗保险人。②

受益人的指定不具体，是否构成未指定受益人？有学者认为，在受益人的指定不十分清楚的情形下，应当基于对"受益权保护"的立场，肯定被保险人的指定有效。"目前被保险人在保单受益人一栏填写'法定'或'法定受益人'时均理解为'法定继承人'作为受益人。事实上在我国法律并无有关法定受益人的规定（有些国家、地区规定法定受益人即继承人），但将'法定受益人'理解为'法定继承人'，一般也是符合被保险人真实意愿的。有的被保险人明确填写以'法定继承人'为受益人，这意思表示明确，应该是符合法律要求的。问题在于不少保险理赔实务及司法实践中，均把填写'法定受益人'或'法定继承人'为受益人的保单视作没有指定受益人，均将保险赔偿金作为被保险人遗产按继承法处理。……这种处理是损害了受益人的权益，违背保险法充分保护受益人权益的原则。"③

---

① 参见高宇《论我国保险法上受益人之变更》，《当代法学》2004 年第 6 期。
② 参见常敏《保险法学》，法律出版社 2012 年版，第 119—121 页。
③ 庄咏文：《保险受益人权益的保护》，《上海保险》2001 年第 8 期。

（三）关于财产保险有无受益人的问题

我国保险法对于财产保险，并没有规定或者暗示"受益人"的存在，但是，财产保险有无"受益人"，在我国的保险实务和理论上实实在在却是个问题。在我国的保险实务上，投保人在财产保险合同中指定债权人（如银行）为"受益人"已是不争的事实，且得到保险人与保险管理机构的认可。如此的保险实务，也是有保险法理论支持的。例如，有学者认为，在财产保险中，如果投保人或者被保险人指定受益人，如甲以自己的财产订立保险合同，以丙为受益人，实际是为第三人设定权利的行为，应当允许。[①] 有观点认为，"广义上的保险受益人不仅存在于人身保险合同中，而且存在于财产保险合同中，泛指保险事故发生后，有权请求和受领保险金的人"。"财产保险合同中通常并无保险受益人的概念，请求和受领保险金的权利一般属于被保险人；仅在保证保险、信用保险等保险合同中偶尔使用保险受益人的概念，但其主要指有权请求和受领保险金的债权人，因此不同于狭义上的保险受益人。"[②] 也有观点认为，"法律允许当事人约定的权利必须在合同上写明或双方认可，但当事人仅在船舶保险合同中约定了一个高度简单浓缩的概念'第一受益人'，而没有在保险合同中赋予其具体的权利义务，法院在认定受益人的权利时，依据何在？因此，从某种意义上讲，在船舶保险合同中即便当事人约定了受益人，而不具体地约定其权利义务，法律对其也不应保护，审判实践中保护其权利没有法律依据"。[③]

受益人是有其特定内涵的。并非享有保险合同约定的利益的任何人，都能称为受益人。享有保险合同约定的给付利益的人，诸如被保险人、人身保险的受益人、责任保险的受害人（第三人）、财产保险标的物的担保权人，其法律地位各不相同，不能以"受益人"加以概括。若受益人没有特定的内涵，则受益人的外延就会是不确定的，例如有学者不得已曾将受益人作出了"狭义上的保险受益人"、"中义上的保险受益人"和"广

---

① 参见李玉泉《保险法》（第二版），法律出版社 2003 年版，第 124 页。
② 张秀全：《保险受益人研究》，《现代法学》2005 年第 4 期。
③ 苏江：《船舶保险合同中的受益人制度及审判实践》，《人民司法·应用》2010 年第 21 期。

义上的保险受益人"之区分。① 如果受益人的外延不确定，其内涵不统一，以此建构相关的权利义务关系，制度设计上缺乏周延就在所难免了。

有学者认为，财产保险的被保险人享有保险合同约定的利益，投保人如果和被保险人是同一人，可称为"为自己利益保险"；如果不是同一人，则为"为他人利益保险"。因此，在财产保险合同中，如果合同没有特别约定，享有保险合同约定利益的人指被保险人，没必要特别指定"受益人"。但在人身保险中，尤以被保险人的死亡为给付保险金条件的保险，除投保人和被保险人以外，尚有受益人的存在，这是受益人制度的由来。② 还有学者认为，"我国财产保险实务之所以会产生受益人概念，源于对受益人这一保险法上的专有概念的缘起、意义没有正确的认识。财产保险实务上的受益人概念不能得到立法与理论上的支持，若在保险合同履行中因保险金请求权发生纠纷，应当适用债权让与相关规定来予以解决"③。

我国学者更多的观点，则是从"受益人"的概念内涵以及保险法的制度结构予以分析，认为"受益人"是人身保险项下的特有关系人，不适用于财产保险。

(四) 受益人与被保险人的利益分配问题

我国保险法有关被保险人和受益人的规定有一个共同点，即强调被保险人和受益人均为"享有保险金请求权的人"，但对于二者享有的"保险金请求权"，法律没有作出明文区分，因而属于同一个权利，这势必会引起疑惑：被保险人或者受益人究竟谁享有保险金请求权？

有学者对这个问题进行了研究，认为：保险法上的被保险人与受益人，是两个独立的主体，我国保险法将保险金给付请求权既分配给被保险人，又分配给受益人，导致了被保险人与受益人合同权利的重合，无法有效解释当被保险人与受益人非为同一人时，两者中谁享有保险金给付请求权。法律在被保险人和受益人之间所为权利配置的规定是不清楚的，难免

---

① 参见王伟《保险法》，格致出版社、上海人民出版社 2010 年版，第 176—177 页。

② 参见周玉华《保险合同法总论》，中国检察出版社 2000 年版，第 114 页。

③ 李娟：《"财产保险合同有受益人概念适用"质疑》，《浙江金融》2009 年第 8 期。

会产生思维上的混乱，有必要澄清被保险人与受益人存在的各自法律意义及其权利。被保险人是对保险标的具有保险利益的人，如果合同没有特别约定，法律将保险金给付请求权分配给被保险人。受益人的存在，实际上是为被保险人处分其利益而设置的主体，当被保险人自己不欲享有或者不能够享有保险金给付请求权时，可通过预先指定受益人的方式，由符合自己意思的人享有。保险合同区别于一般民事合同，合同利益并不当然为投保人存在而为其所属。保险合同利益实际上是为保险合同关系人而存在的，即为被保险人或受益人利益而存在。为受益人利益而存在时，实际上是被保险人处分保险合同利益的结果。因此，被保险人可以自己为受益人，亦可以他人为受益人，当保险合同未约定受益人时，推定被保险人为受益人。①

上述观点对于澄清被保险人和受益人谁应当享有"保险金请求权"是有积极意义的，尤其是指出了受益人的保险金请求权是被保险人处分其自己享有的保险金请求权的结果。在这个意义上，受益人的保险金请求权，源自被保险人的保险金请求权的"预先让与"，且被保险人可以变更其让与保险金请求权的意思。因此，受益人所取得并可以行使的保险金请求权，以被保险人作出的"让与保险金请求权"的意思表示为准，被保险人可以部分让与，也可以全部让与，也可以让与附有条件。当然，被保险人指定受益人时，若对让与其保险金请求权的范围意思表示不明的，则保险合同约定的性质上应当归属于被保险人的给付利益，仍然属于被保险人，受益人并不能取得保险金请求权。例如，保险合同约定之生存金给付，专为被保险人的生存利益而存在，被保险人指定受益人时，对生存金给付没有明确的意思表示由受益人享有，则受益人并不能当然取得保险合同约定的生存金给付请求权。

（五）继承人有无"受益人"地位的问题

没有指定受益人的、受益人先于被保险人死亡而没有其他受益人的，或者受益人依法丧失受益权或者放弃受益权而没有其他受益人的，被保险人死亡后，其继承人（包括法定继承人和遗嘱继承人）应当如何请求保险金给付？对此问题，我国学者形成了两种不同的意见。

---

① 参见高宇《被保险人与受益人同时死亡时保险金之给付》，《当代法学》2005年第6期。

一种意见认为，被保险人死亡时没有受益人的，其继承人为法定受益人或者受益人。依照这种意见，继承人若为受益人，则继承人对保险人就享有保险金请求权。有学者认为，依照我国《保险法》（2002 年）第 64 条的规定，没有指定受益人的、受益人先于被保险人死亡而没有其他受益人的，或者受益人依法丧失受益权或者放弃受益权而没有其他受益人的，被保险人死亡后，保险金作为被保险人的遗产，由保险人向被保险人的继承人履行给付，被保险人的法定继承人为"法定受益人"。① 还有学者认为，没有指定受益人的、受益人先于被保险人死亡而没有其他受益人的，或者受益人依法丧失受益权或者放弃受益权而没有其他受益人的，被保险人死亡后，其保险金额应当作为被保险人的遗产，由其法定继承人作为受益人。② 前述两种观点一方面认为"保险金"作为被保险人的遗产，另一方面认为继承人为受益人，是否表明继承人既可以"遗产继承"为由主张保险金给付，也可以受益人的保险金请求权向保险人主张保险金给付？另有学者对此问题有明确的表示："无受益人时，被保险人的继承人可以领受保险金，此时的继承人是以受益人的身份领受保险金的，保险人给付的仍是保险金而不是遗产，保险人无权处理保险金，更无权将保险金用于偿付被保险人身前的债务。"③

当然，有学者注意到，"我国《保险法》所称的受益人仅限于指定受益人，但指定受益人与法定受益人的分类具有更大的理论意义和实践价值。指定受益人是指人身保险合同中由被保险人或者投保人指定的于被保险人死亡时有权受领身故保险金的人；法定受益人是指未指定受益人或指定受益人先于被保险人死亡或放弃受益权、丧失受益权，又无其他指定受益人时，由法律推定的有权受领保险金的人"。"在人身保险合同中，被保险人的继承人受领身故保险金系基于其法定受益人之地位，而非遗产继承人之地位。根据受益人产生的原因，应将受益人分为指定受益人和法定受益人。"我国保险法应当规定法

---

① 参见覃有土、樊启荣《保险法学》，高等教育出版社 2003 年版，第 354—356 页。

② 参见李玉泉《保险法》（第二版），法律出版社 2003 年版，第 252 页。

③ 温世扬主编：《保险法》，法律出版社 2003 年版，第 358 页。

定受益人制度。① 很显然，在我国保险法尚未规定法定受益人之前，被保险人死亡时，无受益人的，继承人可为受益人的观点没有法律上的依据。

另一种意见认为，我国保险法已经明文规定，没有指定受益人的、受益人先于被保险人死亡而没有其他受益人的，或者受益人依法丧失受益权或者放弃受益权而没有其他受益人的，被保险人死亡后，"保险金作为被保险人的遗产"，欠缺将被保险人的继承人解释为受益人的理由。例如，有学者认为，我国《保险法》（2002 年）仅规定了指定受益人，未规定法定受益人；该法第 64 条规定的并不是法定受益人如何受益的问题，而是继承人对被保险人身故保险金的遗产继承问题。② 还有学者认为，人身保险合同没有指定受益人的，被保险人死亡后，其本人为受益人，保险公司依照保险合同承担的给付保险金的义务，应当向被保险人履行；因为被保险人已经死亡，保险公司所承担的给付构成被保险人的遗产，应当由被保险人的法定继承人继承。③

在这里有必要强调的是，我国《保险法》（2009 年）第 42 条规定："被保险人死亡后，有下列情形之一的，保险金作为被保险人的遗产，由保险人依照《中华人民共和国继承法》的规定履行给付保险金的义务：（一）没有指定受益人，或者受益人指定不明无法确定的；（二）受益人先于被保险人死亡，没有其他受益人的；（三）受益人依法丧失受益权或者放弃受益权，没有其他受益人的。"其中所称"保险金作为被保险人的遗产，由保险人依照《中华人民共和国继承法》的规定履行给付保险金的义务"，几乎已经封闭了被保险人的继承人具有受益人地位的解释空间。有学者认为，我国《保险法》（2009 年）"第 42 条所规定的并不是法定受益人的受益问题，而是继承人对被保险人身故保险金的遗产继承问题"④。

---

① 张秀全：《保险受益人研究》，《现代法学》2005 年第 4 期。

② 参见周玉华《保险合同总论》，中国检察出版社 2000 年版，第 116 页。

③ 参见邹海林《保险法教程》，首都经济贸易大学出版社 2002 年版，第 273 页。

④ 王伟：《保险法》，格致出版社、上海人民出版社 2010 年版，第 182 页。

第二节　保险标的理论

一　作为保险合同要素之标的

保险合同所形成的权利义务关系，为民事法律关系的一种。民事法律关系的客体，又称民事权利客体或者权利标的，构成民事法律关系的要素之一。也就是说，客体是民事法律关系不可或缺的组成部分。在理论上，客体是民事法律关系主体享有的民事权利和承担的民事义务所共同指向的对象。客体是相对于主体而言的，民事法律关系的主体享有的权利和承担的义务均直接指向客体。客体在具体形态上包括物、权利、利益、作为或不作为等。民事法律关系的客体是一个抽象的认识，更是一个具体的制度模型；缺乏客体，民事法律关系就不能成立。

保险合同的客体，又称保险标的，是指受保险合同保障的被保险人的财产或财产利益、人身或人身利益，即保险合同双方当事人权利和义务指向的对象。财产保险围绕被保险人的财产或财产利益形成权利义务关系，人身保险围绕被保险人的身体或者寿命形成权利义务关系，故作为保险标的的被保险人的财产或者人身构成保险合同不可或缺的要素。

二　保险标的理论的争议

什么是保险合同的要素？保险标的是否为保险合同的要素？我国保险法对保险标的和保险利益均有相应的规定，保险标的和保险利益在制度结构以及保险合同的内容上，均有其各自特定的含义，在理论上存在争议的机会相对就少。但是，保险合同的要素或者客体，我国保险法并未予以明示，则相当程度上取决于理论的归纳。在我国，要想回答好这个问题，或许真的没那么容易。我国学者有关保险合同的客体的争议，主要有"给付行为说"、"保险利益说"和"保险标的说"。

"给付行为说"认为，保险利益与保险标的具有相同的意义，二者均非保险合同的标的（保险合同的客体），作为保险标的之一种的保险标的物，更非保险合同的标的。保险合同形成以保险为内容的债的关系，债之标的为"作为或者不作为"，故保险合同的标的为合同当事人的给付行为。① 依照"给付行为说"，保险利益和保险标的均非保险合同的要素，保险合同当事人在保险合同项下的"给付行为"，才是保险合同的客体。将投保人和保险人的"给付行为"归结为保险合同的客体，除了能够表明作为法律行为的保险合同具有债权行为或者负担行为属性以外，还会产生何种法律上的效果或者实益呢？"债的内容主要表现为债权人有权向债务人请求为特定行为或不为特定行为，债务人有义务为特定行为或不为特定行为。"② 就保险合同而言，"给付行为"存在之目的显然在于实现保险合同约定的权利义务关系，给付行为是权利义务的实现方式而已，给付行为与权利义务二者不可分割，实为一体，似应构成保险合同的内容，而非其客体。

"保险利益说"认为，保险合同的客体，或者保险法律关系的客体，是保险合同当事人权利义务所指向的对象。因为保险合同保障的对象并非保险标的本身，而是被保险人对其财产或者生命、健康所拥有的利益，即保险利益。因此，保险利益是保险合同的客体。③ "保险利益说"因为保险利益和保险标的之区分与否，又可以分成"保险利益单独说"和"保险利益混同说"。"保险利益单独说"强调保险标的和保险利益的区别，保险标的是被保险的财产（利益）或者被保险人的寿命和身体，是确定保险合同关系和保险责任的依据，仅是保险利益的载体。故保险合同的客体只能是保险利益，而不是作为保险标的之财产本身。"保险利益混同说"则以保险标的与保险利益的同一性作基础，保险标的即保险利益；保险利益是保险合同成立的必要条件之一，无保险利益，保险合同不成立，故保险利益对于保险合同的成立和效力具有至关重要的作用，构成保险合同的客体。"保险利益说"将保险利益作为保险合同的要素，主要依据是保险利益为保险合同的成立要件。但是，我国保险法明确区分保险利益和保险标的这两个术语，保险利益仅仅解决被保险人（投保人）与保

---

① 参见周玉华《保险合同法总论》，中国检察出版社 2000 年版，第 61—62 页；温世扬主编：《保险法》，法律出版社 2003 年版，第 72 页。

② 王利明、崔建远：《合同法新论·总则》（修订版），中国政法大学出版社 2000 年版，第 15 页。

③ 参见王伟《保险法》，格致出版社、上海人民出版社 2010 年版，第 95—96 页。

险标的之间的关系问题，并由此影响被保险人的权利或利益，但保险合同的权利义务关系并不指向"保险利益"：保险利益的有无，在财产保险合同，不构成其成立和生效的条件；而在人身保险合同，投保人对被保险人应当具有保险利益仅在合同订立时具有意义，合同成立后，保险利益有无，并不影响合同的效力和被保险人的权利。所以，保险利益不能也不可能构成保险合同的要素，也不能成为保险合同的客体。

"保险标的说"认为，保险合同的客体与保险标的同义，在财产保险中，保险标的为财产及其有关的利益；在人身保险中，保险标的为人的寿命和身体。有学者认为，保险合同的客体，又称保险标的，是指保险合同双方当事人权利和义务指向的对象。保险合同如果没有双方当事人权利和义务指向的对象，就会因为没有目标而不能落实，从而也就丧失其存在的意义。财产保险的保险标的，是各种财产本身或者有关的利益和责任；人身保险的保险标的，则是人的生命和身体。① 保险合同的客体本为学说的归纳，"保险标的说"简单直观不绕圈子。"保险标的说"将保险合同的客体与保险标的对应，符合我国保险法有关保险权利义务关系的逻辑安排，保险权利义务关系围绕着保险标的在投保人、被保险人和受益人，以及保险人之间进行配置，没有保险标的就不可能生成保险合同。保险标的为保险合同的不可或缺的要素。

三 保险标的之意义

保险标的，或称保险合同的标的，或称保险合同的客体，是指受保险合同保障的被保险人的财产和财产利益、被保险人的身体和寿命。我国保险法对保险标的曾经有过定义，即"保险标的是指作为保险对象的财产及其有关利益或者人的寿命和身体"。②《保险法》（2009年）删除了上述定义，因为已有其他条文对保险标的之内涵作出了形式有异的表述，没有必要重复。该法第12条第3款和第4款分别明确了人身保险和财产保险的保险标的。保险标的因被区分为财产和人身，保险合同相应地被分为财产保险和人身保险。不同的保险标的，决定着保险合同的种类和性质。

如果我们能够在保险合同的要素这一层面分析和评价保险标的的意

---

① 参见李玉泉《保险法》（第二版），法律出版社2003年版，第144页。
② 《保险法》（1995年）第11条第4款，《保险法》（2002年）第12条第4款。

义，或许会发现：保险标的完全不同于保险利益，任何保险合同都不能没有保险标的，欠缺保险标的，保险合同不能成立；但保险合同的成立与生效却可以没有保险利益。例如，我国《保险法》（2009 年）第 12 条第 2款和第 48 条，并未将保险利益作为财产保险合同的效力要件，有无保险利益仅对被保险人是否可以向保险人请求保险赔偿产生影响。还有必要强调的是，保险标的与保险利益在保险合同中的地位是完全不同的，绝不能将二者混同，或许这正是我国保险法将保险标的与保险利益分别赋予不同内涵的原因。①

　　作为保险合同的客体，保险标的是否应在合同中约定，取决于保险合同的种类。不论保险合同的种类，保险标的都是特定的，非特定的财产或人身不能作为保险标的，故合同约定保险标的，只是将财产或者人身特定为保险标的的方法。财产保险的标的非经约定，无法特定，保险合同亦无法成立；人身保险的标的为被保险人的身体或者寿命，只要能够确定受保险合同保障的被保险人，就可以固定其保险标的。有学者认为，保险标的并非所有的保险合同均应当约定的内容。对于人身保险而言，保险标的为被保险人的身体或者寿命，在合同中并不需要列明保险标的究竟是被保险人的身体抑或寿命，投保人和保险人在约定人身保险合同的内容时，并不需要对保险标的加以明示。人身保险合同的保险标的究竟为被保险人的身体或者寿命，抑或身体和寿命二者，依照保险合同的条款内容足以确定。保险标的作为保险合同应当约定的内容，更多地出现在财产保险合同上。在财产保险合同中明确保险标的，一方面有助于查明投保人（被保险人）对保险标的有无保险利益；另一方面可以明确保险人承担保险责任的范围，即使法律允许约定为保险标的的财产或者利益，保险合同也可以约定缩小受保险保障的标的物的范围。再者，保险标的不同，保险危险的种类和危险程度也会不同，保险费率也就不同。但是，法律规定不得为保险标的的财产或者利益，例如违法财产、违章建筑物等，投保人和保险人不得将之约定为保险合同的标的。②

---

　　① 参见《保险法》（1995 年）第 11 条第 4 款和第 3 款，《保险法》（2002 年）第 12 条第 4 款和第 3 款，《保险法》（2009 年）第 12 条第 3 款、第 4 款和第 6 款。
　　② 参见常敏《保险法学》，法律出版社 2012 年版，第 50—51 页。

第三节　保险合同的内容

一　保险合同的内容构成

保险合同的内容，是保险合同当事人享受权利和承担义务、赋予保险合同关系人权利的基础。保险合同作为分散危险的机会性法律行为，当事人在合同内容的确定上具有高度的私法自治地位，投保人和保险人可以约定任何内容的保险合同，但是道德危险、损害社会公共利益以及违反社会善良风俗的危险，不得利用保险合同予以分散。此外，投保人和保险人在约定保险合同的内容时，应当公平合理；尤其是，保险人不得利用拟定格式条款的优势地位，在保险合同的格式条款中约定"免除保险人依法应承担的义务或者加重投保人、被保险人责任"或者"排除投保人、被保险人或者受益人依法享有的权利"的内容。

依照我国《保险法》（2009 年）第 18 条的规定，保险合同应当约定如下的内容：保险人的名称和住所、投保人的姓名（名称）和住所、被保险人或受益人（如有）的姓名（名称）和住所；保险标的；保险责任和责任免除；保险期间和保险责任开始时间；保险金额；保险费及其支付办法；保险金赔偿或者给付办法；违约责任及争议处理；订立合同的时间；等等。由上述内容可以看出，当事人和关系人的约定，并非保险权利义务关系的组成部分，而是保险合同的主体；保险标的则为保险合同的客体，所以，保险权利义务关系之约定，并非保险合同的全部内容。

二　保险合同的条款

（一）保险条款的内涵

保险合同的内容，通过保险合同的条款予以表现。保险合同的条款，由保险条款和其他条款组成。保险条款为保险合同内容的组成部分，是格式化的记载保险权利义务关系的条款。

有学者认为，保险合同的条款，以其表现形式的不同，可以分为意定条款和格式条款。意定条款，是指投保人和保险人订立保险合同时通过协商载明于保险合同中的条款。意定条款是当事人协商的产物，在订立合同时，当事人双方可以自由表达其意思，例如当事人条款、保险金额条款、财产保险的保险标的条款等，这些条款只能通过当事人协商才能达成。而格式条款，是指保险人事先拟定的、在订立保险合同时，投保人只能表示接受或者不接受的条款。投保人对格式条款除了表示接受外，不能提出更改的要求。格式条款也并非不是当事人意思表示的产物，格式条款之所以能够纳入保险合同具有约束力，前提条件也是投保人在订立保险合同时有接受格式条款的意思表示。① 保险条款仅限于保险合同的格式条款。

（二）保险条款的特征

有学者认为，保险条款具有以下三个特征：第一，保险条款由保险人单方面预先拟定。第二，保险条款规定的是各险种的最基本事项。第三，保险合同成立后，保险条款对双方当事人具有约束力。②

还有学者在此基础上，强调保险条款的标准化特征。例如，有学者认为，保险条款特征主要有：第一，保险条款由保险人单方面预先拟定。第二，保险条款实现了标准化，是定型化或格式化的条款。第三，保险条款规定各险种的基本事项。第四，保险合同一经订入保险合同，即对双方当事人产生相应的法律约束力。③

（三）保险条款的强制性问题

在保险条款中，有一部分内容是不允许合同当事人自治的，而是由法律规定的。这部分条款是经由当事人的意思表示而直接将保险法的规定纳入合同中形成的。因法律的强制性规定而载入保险条款的内容，被学者称为"法定条款"。但是，在我国保险法理论上，对于法定条款的理解还存在差异。

有学者认为，法定条款是指根据法律必须明确规定的条款，并以我国《保险法》（2002 年）第 19 条规定的事项，作为法定条款的依据。④ 实际上，这是对法定条款的误解。《保险法》（2002 年）第 19 条仅规定了保险合同应当约定或者包括的事项，并没有强制合同当事人应当如何约定该条所规定的事项，而保险合同约定的这些事项属于当事人意思自治的范畴的，保险法对其内容并不加以干预。将约定《保险法》（2002 年）第 19 条所列明的事项之条款，称为法定条款，范围无边界，没有实际意义。

---

① 参见常敏《保险法学》，法律出版社 2012 年版，第 55—56 页。
② 参见李玉泉《保险法》（第二版），法律出版社 2003 年版，第 145 页。
③ 参见温世扬主编《保险法》，法律出版社 2003 年版，第 73—74 页。
④ 参见李玉泉《保险法》（第二版），法律出版社 2003 年版，第 146 页。

另有学者认为，"法定条款相对于约定条款而言，是指法律规定保险合同应当含有的条款，且其内容亦直接来源于保险法的规定，投保人和保险人在保险合同中不得对保险法规定的内容作出任意变更。法定条款构成保险合同的基本内容，但法定条款不一定构成保险合同必须约定的条款，因为已有保险法的规定，保险合同缺乏法定条款，保险合同亦能成立，保险合同对于'法定条款'的内容没有约定的，依照保险法的规定办理"①。依照上述观点，法定条款强调其条款内容的强制性。保险人在拟定保险条款时，对于保险法中的强制性规定应当有预先的研判，其写入条款的内容不得与保险法的强制性规定相冲突。之所以要注意保险条款的强制性，主要原因在于在解释保险合同的法定条款时，在解释方法或者解释依据上，与保险合同当事人自由约定的条款相比会有所不同。法定条款的效力和内容，均直接源自保险法的规定；保险合同对法定条款作出不利于被保险人或者受益人的变更的，其变更不具有对抗投保人、被保险人或受益人的效力。

（四）基本条款和附加条款的区别

有学者认为，依照保险条款的性质不同，保险条款可以区分为基本条款和附加条款。基本条款，是指保险人在事先准备和印就的保险单上，根据不同险种而规定的有关保险合同当事人双方权利义务的基本事项。附加条款，是指保险合同当事人在基本条款的基础上所附加的、用以扩大或者限制原基本条款中所规定的权利和义务的补充条款。在保险实务中，一般将保险人因为基本条款所承保的危险责任，称为基本险；将保险人因为附加条款所承保的危险责任，称为附加险。② 还有学者认为，依照保险条款在保险合同中的地位的不同，保险条款可以区分为基本条款和附加条款。③ 另有学者更直接认为，以保险合同承保的危险范围的不同，保险条款区分为基本条款和附加条款。④

对于基本条款和附加条款的内容或者其所发挥的作用，上述观点在理解上并没有性质上的差异。

---

① 参见常敏《保险法学》，法律出版社 2012 年版，第 55 页。
② 参见李玉泉《保险法》（第二版），法律出版社 2003 年版，第 145—146 页。
③ 参见温世扬主编《保险法》，法律出版社 2003 年版，第 74 页。
④ 参见常敏《保险法学》，法律出版社 2012 年版，第 55 页。

（五）关于特约条款的问题

在保险实务和理论上，还存在一种"特约条款"的现象。什么是特约条款？特约条款的内容或者表现形式如何？我国保险法对之都没有给出任何定义性的描述或者暗示。

有学者认为，保险合同的内容，除基本条款以外，还有特约条款。特约条款是指保险合同当事人双方根据特殊需要，而自愿约定的条款。特约条款主要包括协会条款、保证条款和附加条款三种。① 上述观点，是将保险合同的基本条款以外的所有其他条款都归入特约条款的范围。这一范围较广的特约条款之表述，在保险条款的包容性上似乎存在不周延之处。例如，保证条款通常都是基本条款的组成部分，每个保险合同所采用的基本条款都会有保证条款；如果说保证条款是特约条款，又如何将特约条款置于基本条款之外？

还有学者认为，特约条款是指对有关保险的任何权利、义务或者事实确认所作出的特别约定，内容包括三个方面：（1）有关保险合同规定的当事人或者关系人之权利的特约；（2）有关保险合同约定的当事人或者关系人之"义务"或"条件"的特约；（3）有关保险合同的事实确认的特约。特约条款的意义，在于提升基本条款和附加条款的效力，当事人违反特约条款，保险合同得以存在的基础发生动摇乃至丧失，保险合同的效力不得不发生变动。在实务上，特约条款主要用于补充保证条款，可以通过特约条款增加保证条款的内容。② 上述观点强调，在保险合同的基本条款和附加条款之外，当事人对于保险合同的内容所作出的特约，主要目的在于增强保险条款的效力。

也有学者认为，"投保人和保险人在订立保险合同时，可以在前述基本条款以外，对与保险有关的其他事项作出特别约定，以满足当事人的特别需要。特约条款不得违反强制性的法律规定，亦不得违背公序良俗，否则，会导致有关条款的无效。如果保险合同中的特约条款与基本条款相冲突，那么，在通常情况下，特约条款的效力优先"③。

---

① 参见温世扬主编《保险法》，法律出版社 2003 年版，第 77—78 页。
② 参见邹海林《保险法教程》（修订第二版），首都经济贸易大学出版社 2004 年版，第 128 页。
③ 任自力主编：《保险法学》，清华大学出版社 2010 年版，第 95 页。

　　另有学者认为，"保险合同中的'特约条款'，是指投保人和保险人在保险合同的意定条款与格式条款的基础上，所作出的限制或者扩张保险合同利害关系人的权利义务的意思表示"。"保险合同约定'特约条款'的意义主要在于，通过保险合同的特约，提高保险合同已有的意定条款和格式条款的约束力。利害关系人遵守'特约条款'，将直接影响保险合同的利害关系人就保险合同的意定条款和格式条款所享有的权利；在许多场合，'特约条款'构成保险合同的'保证条款'的补充或附加，保险合同的利害关系人违反'特约条款'，保险人有权解除保险合同，在发生事故时，对被保险人或者受益人不承担保险责任。因'特约条款'具有以上意义，故保险合同的'特约条款'的效力优先于保险合同的意定条款和格式条款的效力。"①

---

① 　常敏：《保险法学》，法律出版社 2012 年版，第 56 页。

第 五 章

保险利益制度论

第一节　保险利益的基本范畴

一　保险利益的内涵与功能

依照我国保险法的有关规定，学者普遍认为保险利益是指被保险人或投保人对保险标的具有的法律上承认的利益，或将保险利益称为被保险人或投保人对保险标的具有的利害关系或者有法律上认可的利益。被保险人或投保人与保险标的之间的利益关系为保险利益的本质。不论财产保险还是人身保险，对保险利益的抽象理解并无本质的差别。另外，保险利益这一术语来源于英国保险法上的术语 Insurable Interest，也有不少学者将其称为"可保利益"。故在我国的保险实务和理论上，保险利益和可保利益是经常混用的。关于保险利益的内涵、保险利益与保险标的、可保利益之区分，以及保险利益原则及其制度功能的研究，本书第三章第三节已经有所讨论，这里不再赘述。

二　保险利益的特征

有不少学者区分财产保险和人身保险，认为保险利益的特征因为财产保险和人身保险有所不同。例如，对于财产保险，保险利益的特征有三个：第一，合法性。保险利益应当具备合法性。保险利益应是符合法律要求的利益，且为法律所承认和受法律保护。对于不符合法律规定而取得的利益和违反善良风俗取得的利益，属于不法利益，不能成为保险利益。第二，确定性。保险利益应当具有确定性，即投保人或被保险人对保险标的所具有的利害关系，已经确定或者可以确定的，才能构成保险利益。第三，经济性或者可计算性。保险利益应当具有可计算性，即投保人或被保险人对保险标的所具有的利益，必须是具有金钱价值并可以加以计算的，才能构成保险利益。对于人身保险，保险利益的特征则表现为与财产保险利益的区别上，主要有三点：第一，人身保险利益不具有计算性。人身保险的目的不在于补偿被保险人的损失，其保险利益不能用金钱加以计算。第二，人身保险利益应当存在于保险合同订立时。在保险合同订立时，投保人必须具有保险利益，在保险事故发生时，投保人无须具有保险利益。第三，对保险利益的要求不同。人身保险的投保人对被保险人有保险利益，若投保以死亡为给付保险金条件的保险，还需要获得被保险人的同意。[1]

保险利益的特征，因为财产保险和人身保险的差异性，而被分别叙述，主要原因是产生于财产保险的保险利益原则对人身保险存在诸多解释上的障碍。所以，有观点认为，由于财产保险与人身保险在保险标的和合同的性质方面有所不同，必然使保险利益原则在财产保险合同与人身保险合同中的适用存在差异性，忽视这种差异性，在保险实务中易引发保险合同纠纷，有违保险合同的公正，甚至损害被保险人的利益。我国保险法应当明确规定保险利益分为财产保险利益和人身保险利益，并对其分别作出解释，前者指投保人或被保险人对保险标的具有的法律上承认的可以估算的利益，后者指投保人对保险标的具有物质上或人身上的合法利害关系。[2]

也有学者并不认可财产保险和人身保险的区分，保险利益的特征并不因为人身保险利益和财产保险利益而存在区别；保险利益的特征应当反映保险利益的本质，即投保人或被保险人与保险标的之间的利害关系。保险利益的特征，应当表现为以下三个：第一，适法性。依照我国保险法的规定，保险利益必须是投保人或被保险人对保险标的具有的法律上承认的利益。适法的利益，可因法律的直接规定而产生，亦可因当事人的约定而发

---

① 参见李玉泉《保险法》（第二版），法律出版社 2003 年版，第 78 页、第 82—83 页；温世扬主编：《保险法》，法律出版社 2003 年版，第 35—37 页；任自力主编：《保险法学》，清华大学出版社 2010 年版，第 45 页、第 51 页。

② 兰虹：《保险利益原则在保险合同适用中的差异性》，《保险研究·法律》2002 年第 10 期。

生。当事人依照约定取得的利益，不得违反法律的强制性规定或者社会公共利益。凡是违反法律强制性规定而取得的利益，以及违反公序良俗而取得的利益，投保人或被保险人对之虽有利害关系，但不具有保险利益。第二，确定性。保险利益是法律所承认的已经确定或可以确定的利害关系。投保人或被保险人对保险标的所具有的利害关系，已经确定或者可以确定的，才能构成保险利益。已经确定的利益或者利害关系，为现有利益；尚未确定但可以确定的利益或者利害关系，为期待利益。第三，公益性。保险利益具有公益性，表明保险利益原则为强行法，即保险利益作为人身保险合同的效力要件或者财产保险的被保险人之保险给付请求权的行使要件，实为社会公益所追求；在缺乏保险利益的情形下，法院均得依职权援引保险利益原则，判决保险合同无效，或者驳回财产保险被保险人的给付请求。①

　　保险利益制度为我国保险法规定的影响保险合同效力之基本制度，对于人身保险和财产保险的适用，虽有差异，但其本质并无变化，所体现的利益关系均可归纳为投保人或被保险人对保险标的所具有的利害关系，或为财产保险的经济利益关系，或为人身保险的所属关系、亲属关系和信赖关系。我国保险法将"保险利益定义为'投保人或者被保险人对保险标的具有的法律上承认的利益'，以投保人或者被保险人与保险标的之间存在的法律上的利害关系作为保险利益的识别要素"②。保险利益并非保险标的，对于各不相同的保险标的，仍然可以抽象出投保人或者被保险人对保险标的所具有的一般利益，即我国保险法所称"法律上承认的利益"。所以，我们在考察保险利益的特征时，不必拘泥于人身保险和财产保险的具体利益，而足以仅就抽象之保险利益在其发挥作用的层面予以概括。

---

　　① 参见马原主编《保险法条文精释》，人民法院出版社 2003 年版，第 50—51 页；邹海林：《保险法教程》（修订第二版），首都经济贸易大学出版社 2004 年版，第 33—34 页；吴庆宝主编：《保险诉讼原理与判例》，人民法院出版社 2005 年版，第 231—232 页；常敏：《保险法》，法律出版社 2012 年版，第 37 页。

　　② 参见常敏《保险法学》，法律出版社 2012 年版，第 36 页。

第二节　保险利益的制度结构变革

一　人身保险和财产保险的区分结构下的保险利益

在我国 2009 年修订保险法之前，保险利益的法定制度结构是存在明显的法律漏洞的。我国学者从不同角度对之提出了批评，并相应提出了一系列的改革建议。

财产保险的投保人在订立保险合同之时对保险标的缺乏保险利益，并不会引发道德危险，只要法律规定，出险时被保险人对保险标的的具有保险利益作为保险人承担给付责任的前提条件，即可达成保险利益制度的目的。与之不同，对人身保险合同亦作相同的处理，则有失公允。人身保险合同，尤其是人寿保险合同，多是长期（超过一年，甚至延及人的一生）合同，在这样一段相当长的历史时期内，投保人与被保险人之间的关系可能发生很多的变化，但被保险人始终对自己拥有无限的利益，不存在保险利益的变动或丧失的问题。若过于强调投保人对被保险人的保险利益，则会因为在保险合同的存续期间，只要投保人与被保险人之间的关系发生了变化，投保人对保险标的丧失法律上承认的利益，保险合同的效力相应发生变动，对于被保险人显然是十分不公正的。这些道理之存在，促使我国《保险法》（2009 年）对保险利益的制度作出了重大调整：保险利益因人身保险和财产保险而有所区分。

有学者认为，"因为财产保险合同和人身保险合同的差异，保险利益原则的作用也表现出差异性。《保险法》区分人身保险和财产保险，并没有绝对地将保险利益作为保险合同的效力要件，保险利益原则表现为：保险利益是人身保险合同的效力要件，是财产保险中被保险人的保险给付请求权的行使要件"①。

既然我国保险法已经区别了人身保险和财产保险，对保险利益制度分别作出规定，那么就会有认识上的变化，这些变化就是十分必要的。对于人身保险合同，在订立保险合同（保险单生效）时，投保人对保险标的必须具有保险利益；至于在被保险人死亡时，投保人的保险利益是否仍然

---

① 常敏：《保险法学》，法律出版社 2012 年版，第 38 页。

存在对保险合同的效力不产生影响。对于财产保险合同，在订立保险合同时，投保人对保险标的是否具有保险利益并不重要；但在保险事故发生时，被保险人对保险标的必须具有保险利益。我国《保险法》（2009 年）关于保险利益制度的规定，一方面肯定了保险利益在维持保险合同的效力方面的积极作用，即人身保险的投保人或者财产保险的被保险人对于保险标的应当具有保险利益，以防止道德危险的发生；另一方面又充分照顾到我国保险业的实践需求，体现了保险利益制度在保险业的实践方面应用的灵活性，这将有效拓展我国团体人身保险业务的发展空间。

二　关于强调投保人具有保险利益的问题

有学者认为，保险利益应是被保险人对保险标的所具有的利益而非投保人对保险标的所具有的利益。事实上投保人对于保险标的的损失以及保险赔偿并无任何利益关系，也不会因此而诱发赌博和道德危险之发生，要求投保人对保险标的具有保险利益在理论和实践上均无积极的意义，而相反却会限制那些投保人对保险标的无保险利益而被保险人对保险标的有保险利益的保险业务的发展。[①]

有学者认为，我国保险法虽对保险利益作了原则性的规定，但规定过于笼统，未体现保险利益原则在财产保险合同与人身保险合同中适用的差异性。随着保险业务的发展，保险实务中出现的保险利益的一些问题没有法律依据。例如，是否所有的保险合同都严格要求投保人对于保险标的必须具有保险利益？财产保险利益如何认定？保险利益存在的时间有何要求？保险利益是对投保人的要求，还是对被保险人或受益人也有要求？以上这些问题，保险法没有做出明确的规定，机械地适用《保险法》（1995年）关于"投保人对保险标的不具有保险利益的，保险合同无效"的规定，在保险实务中易引起保险合同纠纷，有违保险合同的公正，甚至会损害被保险人的利益。只要被保险人对保险标的具有保险利益，就可以有效地防范道德危险，财产保险强调保险事故发生时被保险人对保险标的必须具有保险利益。对于人身保险，应当着重强调签约时投保人对保险标的具有保险利益，至于保险事故发生时是否存在保险利益，并不影响保险金的

---

① 郭宏彬：《保险利益原则之再界定》，《中央政法管理干部学院学报》2001 年第 3 期。

给付。同时，为防范道德危险，避免受益人为得到保险金而对被保险人的生命或健康造成威胁，保护被保险人的生命安全，对以死亡为给付条件的人身保险合同，我国保险法应规定受益人必须对被保险人有保险利益，否则不得享有保险金请求权。[1]

有学者认为，作为保险人的相对人之投保人，是发出订立保险合同要约、负有交付保险费义务的人，并不享有保险合同利益。在此种合同权利配置下，为防范道德危险，保险法应要求在保险事故发生时受有损失的被保险人对保险标的具有保险利益，而不应要求投保人对保险标的具有保险利益。有人会质疑为何投保人只是订立保险合同、交付保险费，而不享有合同利益，谁会那样去订立保险合同。这样的问题无须考虑。至于投保人因何甘心为被保险人利益订立保险合同、交付保险费，属于其内部关系决定的范围，自有其这样行为的理由，在保险合同权利结构设计中，无须考虑。若其不愿意，该主体自然可以选择不以非自身的他人为被保险人订立保险合同。[2]

有观点认为，保险利益的适用主体是投保人，而且不因财产保险或人身保险的险种差异而不同。根据财产保险的损失补偿原则，只有利益受到损失的人才能享有损失补偿请求权，在保险事故发生时，如果被保险人对保险标的不具有保险利益，那么被保险人不可能受到损失，也就不能请求保险金的赔付。因而，仅仅要求投保人对保险标的应当具有保险利益是不正确的，至少是不完善的。随着我国保险业实践活动的不断发展，投保人作为保险利益唯一主体的必要性受到了冲击。现实生活中投保人为他人利益投保而无保险利益的现象不乏其例，而这种情况下，保险人一般均认可合同的效力。例如，厂家为促销，以让利方式为客户投保相关保险；为表达祝愿，以保单作为礼品或特别的储蓄馈赠亲友等也是很常见的事情。我国《保险法》（2002 年）的修订草案明确规定"投保人或者被保险人对保险标的应当具有保险利益"，从而将保险利益主体范围由投保人扩大为

---

[1] 参见兰虹《保险利益原则在保险合同适用中的差异性》，《保险研究·法律》2002 年第 10 期。

[2] 参见高宇《保险合同权利结构与保险利益归附之主体——评〈中华人民共和国保险法（修改草案送审稿）〉第 12 条、33 条、53 条之规定》，《当代法学》2006 年第 4 期。

投保人或者被保险人。投保人或者被保险人具有保险利益，此为合同生效之必要条件，如此规定更符合保险利益原则的本质要求，同时也更符合我国的司法实践。①

三　关于被保险人具有保险利益的问题

有学者认为，依照我国《保险法》（1995 年）的规定，投保人对保险标的应当具有保险利益，但没有要求被保险人对保险标的应具有保险利益。这不仅与当今世界的通常规定不一致，更主要的是与保险利益原则的宗旨相违背。一方面，要求投保人对保险际的具有保险利益，在财产保险中，使基于社会公益、无因管理、助贫扶弱的保险失去了存在的合法性。而事实上，这些类型的保险在我国大量存在，如果要依法认定这些保险合同无效，将违背社会公益和公德。另一方面，不明文规定被保险人应对保险标的具有保险利益，易产生道德危险。从《保险法》（1995 年）对被保险人给出的定义来看，被保险人对保险标的具有保险利益是其题中之义。但由于《保险法》（1995 年）未在保险利益原则中宣示，实践中就会订立被保险人对保险标的不具有保险利益的保险合同。我国保险法应对保险利益的担当人作出相应修正：（1）取消投保人对保险标的具有保险利益的规定；（2）规定被保险人对保险标的应当具有保险利益；（3）鉴于人身保险的特殊性，在取消投保人须对被保险人有保险利益的规定后，应规定"投保人以他人为被保险人订立人身保险合同，须征得被保险人同意；被保险人为未成年人的，须征得其父母的同意；未成年人的父母可以为其订立人身保险合同"②。

有学者认为，我国《保险法》（2002 年）有关保险利益的规定没有强调被保险人对保险标的所具有的利害关系，仅仅强调了投保人对保险标的所具有的利害关系，难以反映保险实务对保险利益的真实需求。财产保险的目的在于填补被保险人所遭受的损害，被保险人在发生保险事故时对保险标的应具有保险利益，填补损失的条件才能得到满足。投保人在订立

---

①　参见吕岩、朱铭来《论保险利益原则在我国保险立法中的修订与完善》，《保险研究》2009 年第 3 期。

②　参见王新红、王礼生《保险利益原则与中国保险立法》，《湖南社会科学》2002 年第 4 期。

保险合同时，对保险标的是否具有保险利益，实际上并不重要；投保人有无保险利益，不会增加被保险人诱发道德危险的机会。真正有意义的是，在保险事故发生时，被保险人对保险标的若没有保险利益，则说明没有损害发生，自然没有利用保险加以填补的必要；唯有被保险人对保险标的有保险利益，才会发生实际损失，利用保险予以填补才能够实现保险的功能。因此，在订立财产保险合同时，投保人对保险标的是否具有保险利益并不十分重要；但在保险事故发生时，被保险人对保险标的必须具有保险利益。对于人身保险合同，在订立保险合同（保险单生效）时，投保人对保险标的必须具有保险利益；至于被保险人死亡时投保人的保险利益是否仍然存在，对保险合同的效力并不产生影响。①

还有学者认为，对于投保人、被保险人或者受益人对保险标的是否应当具有保险利益的问题上，在理论上虽有不同的说法，值得讨论。但是，在我国的实证法上，投保人对保险标的应当具有保险利益；投保人对保险标的不具有保险利益的，保险合同无效。在主体上，要求投保人对保险标的具有保险利益，而被保险人对保险标的无须具有保险利益。这样的处理是有欠妥当的。实际上，投保人是否对保险标的具有保险利益并不会产生对保险标的之不利后果。在财产保险上，因保险事故发生真正受有损失的人才有权请求保险金给付；而投保人若因事故发生没有任何损失，当然不具有保险金请求权，即使其实施了损害保险标的之行为，亦不是其享有合同利益所诱使。因此，在学理上，即使投保人无须对保险标的具有保险利益，也不能引发道德危险。强求投保人必须与保险标的具有保险利益，实则不利于被保险人，也妨碍了行为人友善助人的行为自由，保险法因此失去了成就被保险人的精神关照。②

另有学者认为，我国《保险法》（2002 年）第 12 条第 3 款的规定，对保险利益作出了法律上的解释，即"保险利益是指投保人对保险标的具有的法律上承认的利益"。《保险法》（2002 年）将保险利益的享有者

---

① 参见邹海林《保险法教程》（修订第二版），首都经济贸易大学出版社 2004 年版，第 36—37 页。

② 参见高宇《保险合同权利结构与保险利益归附之主体——评〈中华人民共和国保险法（修改草案送审稿）〉第 12 条、33 条、53 条之规定》，《当代法学》2006 年第 4 期。

界定为投保人而不包含被保险人。在财产保险的场合，这样的界定存在着较严重的缺陷，很有可能损害在客观上具有保险利益的相关主体的权益，致使相关的保险合同形同虚设，损害交易的安全，甚至为保险人提供获取不当利益的机会。《保险法》（2002 年）第 12 条有关"投保人对保险标的应当具有保险利益。投保人对保险标的不具有保险利益的，保险合同无效"的规定，对于财产保险而言缺乏科学性和必要性。如果取消投保人对保险标的必须具有保险利益这一毫无意义的规定，投保人势必会有所增加。这将会有效地促进保险业的蓬勃发展，同时也能更大限度地发挥保险补偿损失的社会和经济作用。[①] 有观点认为，我国法律对保险利益主体应分别考虑，财产保险利益的主体应为被保险人，人身保险利益的主体应为投保人和被保险人。[②]

对此，更有学者认为，财产保险的目的在于填补被保险人所遭受的损害，保险利益原则要求被保险人在发生保险事故时对保险标的具有保险利益，至于投保人是否具有保险利益，实际上并不重要。我国保险利益制度的改革，应当考虑以下的因素：（1）不再过分强调投保人对保险标的具有保险利益，有效降低投保人对保险标的之保险利益支配保险合同效力的评价效果；（2）财产保险的被保险人在保险事故发生时，对保险标的应当具有保险利益，没有保险利益的，保险合同无效；（3）人身保险的投保人在订立保险合同时，对被保险人应当具有保险利益，没有保险利益的，保险合同无效。[③]

四　关于受益人应否具有保险利益的问题

有观点认为，要求投保人具备保险利益，是对被保险人或受益人保险利益要求的误认。大陆法系以保险人和投保人为保险合同的当事人。投保人仅有交付保费的义务，无保险金请求权，而当事人之外，还有被保险人和受益人。在损失补偿保险中，被保险人是于保险事故发生时有权受领保

[①] 参见周琨《论财产保险合同中保险利益原则的适用》，《法律适用》2006 年第 6 期。

[②] 参见晓静《论保险利益以及我国相关立法的完善》，《江西财经大学学报》2008 年第 6 期。

[③] 参见邹海林主编《中国商法的发展研究》，中国社会科学出版社 2008 年版，第 301 页。

险金的人；在人寿保险中，被保险人是指以其生存或死亡为保险事故的人或指保险事故发生的客体。英美法系坚持保险利益原则，作为合同当事人的被保险人，理所当然地成为保险利益的承担者。另外，为了有效地防止道德危险，受益人、保险金受领人以及保单受让人，均须具备保险利益；而只在财产保险领域坚持保险利益原则的大陆法系，也认为保险利益的归属主体不是投保人，而是保险事故发生后真正受损失的人，即被保险人。保险利益的归属主体不应当是投保人，而是被保险人或者受益人。故我国保险法有关保险利益的原则性规定，应当将保险利益的归属主体确定为保险金的受领人，即被保险人或受益人。[①]

还有学者认为，在投保人与保险金受领权人并非同一人的情形下，投保人无从因保险事故的发生而获利，自然不会有故意制造危险的动因；要求投保人具有可保利益并无实益，反而增加法律操作的复杂程度，还会抑制保险业的发展。在人身保险的场合，受益人应当具有保险利益。[②]

也有学者在对保险合同的当事人详加考证后认为，财产保险和人身保险中被保险人的内涵实质是存在差异的。其共性在于，无论在什么险种中，"被保险人"指的都是其损失会触发保险人给付义务的人，但却未必都是享有保险金受领权的人，也不一定是需要具有保险利益的人。仅以死亡人寿保险为例，被保险人的死亡使之遭受损失的，并非被保险人，而是对被保险人在经济上或情感上有利害关系的人；在给付性保险的语境中，被保险人不需要具有保险利益。实践中投保人无须具有保险利益的例子也比比皆是，给付性保险中保险利益的抽象归属在于受益人，保险利益的主体是受益人。给付性保险中的受益人应当具有保险利益，该利益不仅需要存在于保险合同生效时，也需要存在于保险事故发生时。[③]

更有学者认为，"受益人是否需要具有保险利益，应视下列具体情形而定：（1）当受益人与投保人合一时，受益人必须对被保险人的生命或健康具有保险利益，否则，保险合同无效。（2）当受益人非投保人，投

---

① 参见孙玉芝《保险利益的概念分析》，《河北法学》2004 年第 1 期。

② 参见杨芳《可保利益效力研究——兼论对我国相关立法的反思与重构》，法律出版社 2007 年版，第 69、90 页。

③ 参见温世扬《给付性保险中保险利益的制度构造——基于比较法的视角》，《中国法学》2010 年第 2 期。

保人为被保险人时，受益人通常由投保人指定，其当然具有保险利益。(3) 受益人、投保人、被保险人均为独立自然人时，受益人通常需要具有保险利益，即或者与被保险人之间存在身份或经济方面法律上承认的利害关系，或者取得了被保险人的同意。(4) 合同生效后，投保人改变受益人时，因受益人变更需经被保险人同意，故其当然具有保险利益"①。

对于受益人应当具有保险利益的观点，我国许多学者并不认同。毕竟我国保险法有关保险利益的强制性规定没有要求受益人对被保险人（保险标的）应当具有保险利益，学者不认为受益人应当有保险利益也属情理之中。保险利益的制度目的在于防止道德危险，但不能将这一目的作夸大的解释，凡与保险合同约定的给付利益有关的利害关系人，对被保险人均应当具有保险利益；保险合同的权利结构配置已经表明，受益人之地位源自被保险人的保险金给付请求权的让与，被保险人指定或变更受益人的意思表示，已经足以实现保险利益制度的初始目的，故受益人应否具有保险利益，实际与保险利益的制度目的并不相关。例如，有学者认为，受益人的受益权实际上是被保险人对保险金请求权的处分。被保险人的处分行为只要符合法律的规定即可，故受益人不必具有保险利益。②

当然，从受益人享有保险给付请求权的角度观察，主张受益人应具有保险利益的观点也是有一定的合理成分的。但以此主张受益人应当具有保险利益，力度相当有限。我们不能不注意的是，学理上解释保险合同的权利结构以及保险利益制度的混乱状况，才真正成就了以上有关受益人应否具有保险利益的争议。如果在保险利益制度的结构上，能用"受益人"替换"投保人"，就不仅仅是一个简单的词语替换，而是一个全新的制度设计，要求受益人具有保险利益，就需要对这个命题的合理性与妥当性做出论证。不论制度上如何设计受益人具有保险利益，有两点内容会十分清楚：其一，因为受益人是不断变化的，受益人存续于保险合同的有效期间，要求受益人对被保险人具有保险利益，将比要求投保人对被保险人具有保险利益增加更多的制度成本；其二，要求受益人具有保险利益，事实上将会进一步强化保险利益防控道德危险的机能，与保险利益防控道德危

---

① 任自力主编：《保险法学》，清华大学出版社 2010 年版，第 53 页。
② 参见孙积禄《保险利益原则及其应用》，《法律科学》（西北政法学院学报）2005 年第 1 期。

险机能的衰弱趋势相左。

对于人身保险合同，其标的为被保险人的身体或寿命，被保险人对之拥有无限的利益，自没有必要讨论被保险人是否应当具有保险利益这样的问题；而在人身保险的场合，讨论保险利益的基本目的是防止道德危险，而成就道德危险的利害关系人除被保险人以外，就只有投保人和受益人了。我国保险法仅要求投保人具有保险利益，已经非常中性地照顾到了保险利益制度防控道德危险的应有作用，并没有把它推向极端，而是把更多的自治空间交给了被保险人，故才强调保险利益存在于保险合同订立时，这样的制度设计消除了阻碍或影响我国人寿保险业发展的诸多不利因素，实属不易。在保险利益防控道德危险的机能日益衰落的当下，主张受益人应当具有保险利益恐非上策。

五　关于人身保险利益存废的争议

保险法理论毕竟是在解释我国现行的保险法制度，对于保险利益构成人身保险合同的效力要件的认识，我国学者到目前都没有太大的分歧。投保人以自己的身体或者寿命为保险标的，订立人身保险合同，有保险利益无疑；投保人以他人的身体或者寿命为保险标的，在订立人身保险合同时，应当对被保险人有保险利益，没有保险利益的，所订立的人身保险合同无效。但是，人身保险合同是否真的需要保险利益制度来维持其效力？

在国际上，已经出现否定保险利益原则适用于人身保险合同的多种观点，对我国的相应学说和制度演化也产生了一定的影响，不能不令人怀疑保险利益原则在人身保险的场合究竟是否具有防控道德危险的作用。我国的保险法理论在相当程度上对此还是存在疑问的，"保险利益必要说"、"保险利益否定说"以及"保险利益折中说"由此产生。

面对疑问，"保险利益必要说"认为，为防止道德危险的发生，以保护被保险人的人身安全利益，在保险合同订立时，要求投保人对被保险人具有保险利益，则是必要的。例如，有观点认为，人身保险是否有适用保险利益制度的必要，应从保险利益制度能否发挥避免赌博和防止道德危险的功能出发，而此功能是否能得以发挥又与人身保险合同中的保险金请求权归属于何人有关。又因为任何人都对自己具有人身保险利益，所以只需考察投保人以他人为被保险人投保的场合即可。若保险金请求权属于投保人，自然应对投保人提出应具有某种保险利益的要求，以避免赌博和防止道德危险的发生；若保险金请求权属于被保险人，投保人无赌博与道德危险的动力，则避免赌博和防止道德危险的功能也无从发挥，此时法律若要求被保险人同意，其价值更多的是体现了法律对被保险人的尊重，而不是因其具备道德危险的事先防范功能。在现行法律制度框架之下，保险金请求权属于被保险人，对被保险人的生命应当给予最高程度的尊重，人身保险须特别防范赌博和道德危险，因而法律对投保人强加其应具有保险利益的要求，也并不过分；至于这样的要求可能影响缔约方而制约人寿保险事业发展的问题，可通过对人身保险利益规定的完善而得以避免。可见，保险利益在人身保险中有适用的必要。①

"保险利益否定说"认为，人身保险没有保险利益制度的适用问题，保险利益制度只应当适用于财产保险，在人身保险的场合，只要有被保险人同意，投保人即可订立人身保险合同，无须借助于保险利益制度来维持人身保险合同的效力，以同意原则取代保险利益原则。例如，有人认为，无论将人身保险利益定性为金钱利益、经济利益、血缘关系、亲属关系、感情关系、信任关系中的一种或数种，都是不恰当的。人身保险利益定性上的经济利益主义、亲属主义、同意主义，实际上是人身保险利益缺乏质的规定性的反映，现有立法与理论无法对人身保险利益作出科学的定性。人身保险利益更无法定量。人身保险利益虽有防止道德危险的作用，但其作用既非绝对的，亦非无限的。人身保险利益理论是一种有害的形式主义理论，制约了人寿保险业的发展。立足于道德危险的事先防范，应当摒弃人身保险利益理论，代之以具有确定性与可操作性的同意原则。② 也有观点认为，保险利益的概念中关于防止赌博的发生、限定保险金给付的范围、防范道德危险的功能在人身保险中不但没有适用的实益，而且还存在诸多弊端。人身保险并无讨论其保险利益的必要，因而也就没有讨论其保险标的之必要。人身保险中所关注的是作为保险的关系连接对象的人的身体、寿命。但是，被保险人的人身、寿命与被保险人之间具有不可分性，为一事之两面，因此，人身保险考察的重点应该是被保险人及其自由意志

---

① 参见晓静《论保险利益以及我国相关立法的完善》，《江西财经大学学报》2008 年第 6 期。

② 参见张秀全《人身保险利益质疑》，《郑州大学学报》（社会科学版）2000 年第 6 期。

（同意）。①

　　"保险利益折中说"认为，我国保险法对于保险利益的制度安排，采取的是"利益"与"同意"的折中做法，保险合同的成立，要求投保人或者对被保险人具有利益，或者取得被保险人同意，但对于以死亡为保险金给付条件的保险，被保险人同意则是唯一的。保险利益和被保险人同意，在控制人身保险合同的道德危险方面各有作用。例如，有学者认为，我国现行保险立法承认保险利益原则在给付性保险中的适用，但是在具体制度安排方面，采取的是利益与同意并行的折中立法模式。依照《保险法》（2009 年）第 31 条，具有保险利益的情形，要么是存在法定的金钱或其他利害关系，要么是已经取得被保险人同意而推定之。而对于特殊的死亡保险合同，结合第 31 条和第 34 条可知，也许立法设计的初衷是保险利益加上被保险人同意双重要件，但是实质上仅仅需要被保险人同意这一项要件即可。但不论如何争议，将保险利益原则与同意原则简单对立而划分阵营的做法是错误的。究竟是保险利益、被保险人同意，还是保险人的自我控制？哪种才是解决问题的最佳手段？其背后的逻辑是，立法者更相信的是法官、被保险人还是保险人。容易忽视的是，往往选择的倾向性，并不必然否定他者的合理性。问题的解决，可能是主次手段综合运用的结果。单纯的被保险人同意无法圆满地实现目标。给付性保险中需要保险利益原则、被保险人同意以及保险人的自控手段综合作用而实现控制道德风险和防止赌博的最终目的。②

　　如果仔细分析以上的"保险利益必要说"、"保险利益否定说"和"保险利益折中说"，就会发现它们的出发点都在于控制人身保险的道德危险，所不同的是控制道德危险的方法或者逻辑存在差异。"保险利益必要说"肯定保险利益制度的一体化，并没有将人身保险利益因其具有差异性而与财产保险利益对立，仍然坚持其抽象的保险利益机理，强调投保人与被保险人之间的利害关系，包括但不限于被保险人同意。"保险利益否定说"则将被保险人同意排除于保险利益之外，仅将保险利益作"被

---

① 参见李新天《论保险标的与保险利益——从物之保险到保险利益之保险》，《法商研究》2005 年第 3 期。

② 参见温世扬《给付性保险中保险利益的制度构造——基于比较法的视角》，《中国法学》2010 年第 2 期。

保险人同意"以外的理解，包括但不限于经济利益与人身利益，将被保险人同意作不同于保险利益的理解，人为形成"被保险人同意"与保险利益的对立，否定我国保险法已经构造的一体化的保险利益制度。"保险利益折中说"则试图在"保险利益必要说"和"保险利益否定说"之间找到平衡，但其立足点则是模棱两可的，保险利益与被保险人同意究竟应是"种属关系"抑或"并列关系"，并没有给出清晰的结论。应当充分注意到的是，"保险利益必要说"、"保险利益否定说"和"保险利益折中说"似乎是在各自不同的语境下，对人身保险合同的保险利益存废问题展开讨论的，其争论结果可想而知。

关于保险利益制度在人身保险的适用，能否达成控制道德危险和防止赌博的目的，一直都存在不小的争议。但总体上，保险利益对于人身保险合同防控道德危险还是具有一定的作用的，否则也没有如此多的立法例都做出了类似的选择。我们能够做的是，改革或者完善人身保险合同的保险利益制度，不能将保险利益防控道德危险的机能作夸大的理解。如果有一天我们发现，保险利益制度不再具有管控人身保险合同的道德危险的价值了，不论该制度是否阻碍人身保险业务的发展，那么舍弃保险利益制度的时代就会到来。

第三节 人身保险利益

一 关于人身保险利益的识别要素

以什么样的标准判断人身保险利益之存在，属于我国保险法理论不断探讨的问题，但总体而言，有两个观点值得重视。

有一种观点认为，人身保险利益，仍然是投保人对于被保险人的寿命和身体所具有的利害关系，即投保人将因保险事故的发生而遭受损失，因保险事故的不发生而维持其原有的利益。[①]

这一观点所表达的核心意思，无非是要强调投保人与被保险人之间存在的经济利益关系，借用了财产保险利益学说，并将隐藏于投保人和被保险人的人身关系背后的经济利益关系当作判断保险利益有无的重要因素。

① 参见李玉泉《保险法》（第二版），法律出版社2003年版，第82页。

例如，有学者认为，人身保险的保险标的不可估价，因此保险利益一般没有客观的评判标准。投保人为自己投保，保险利益可以无限，但要受到缴费能力的限制；投保人为他人投保，保险利益的量取决于投保人与被保险人法律上的相互关系或经济上的相互关系和依赖程度，但法律或保险合同对保险金额有限制的除外，保险利益一般没有严格的量的规定。① 还有学者认为，人身保险利益的确定具有主观性。人身保险的标的物是人的生命和身体。生命、身体是无价的，有人按照生命以及身体的某个部分赚多少钱来计算生命及身体的价值。这是将两个完全不同的事物混在一起。生命、身体的价值和生命、身体能够创造多少财富完全是两回事。人并不只是为了劳动而活着。人的生命和身体并不只是劳动工具，生命的意义是丰富多彩的。人身保险合同的补偿并没有超出财产保险利益的保护范围，只不过这种保险利益的确定的确有许多主观成分，因此，在计算与证明方面有许多困难。决定人身保险利益要受以下几个因素影响：血缘关系、夫妻关系和债权债务关系。② 也有观点认为，人身可保利益由两方面组成：一方面是天然的亲情感情利益，另一方面是经济利益。③

另一种观点认为，人身保险利益因为保险标的之特殊性，保险利益有无的识别因素自与财产保险不同，不能将投保人和被保险人之间的人身关系背后的经济利益关系，当作人身保险利益有无的判断因素。人身保险利益，不直接体现为投保人对保险标的之利害关系，而体现为投保人和被保险人之间的人身依附关系或者信赖关系，即人身保险利益为投保人对自己的寿命或者身体所具有的所属关系，以及投保人和被保险人之间的亲属关系和信赖关系。投保人对自己的寿命或者身体具有保险利益，是因为投保人对自己的寿命或者身体拥有无限的利益；但投保人对他人的身体或者寿命是否具有保险利益，并不取决于投保人和被保险人相互间有否利害关系，只取决于法律对亲属关系和信赖关系的特别规定。④

---

① 参见兰虹《保险利益原则在保险合同适用中的差异性》，《保险研究·法律》2002 年第 10 期。

② 参见孙积禄《保险利益原则及其应用》，《法律科学》（西北政法学院学报）2005 年第 1 期。

③ 参见梁鹏《保险利益概念立法之检讨——以我国〈保险法〉第 12 条为中心的研究》，《中国青年政治学院学报》2006 年第 5 期。

④ 参见邹海林《保险法教程》，首都经济贸易大学出版社 2002 年版，第 64 页。

这一观点所要表达的意思是，在识别人身保险利益时，没有必要绕弯子去寻找投保人和被保险人之间的人身关系背后的经济利益关系，投保人和被保险人之间存在的人身关系本身即构成保险利益的判断因素，而这些因素借助法律的规定就上升到保险利益的高度，以为法律所规定的这些保险利益的表现形式都是客观存在而易于识别的法律事实。例如，有学者认为，人身保险利益的特殊性在于人身保险标的的人格化。投保人对保险标的所具有的法律上承认的利益，实质上是投保人对自己的寿命或者身体所具有的所属关系以及投保人和被保险人之间的亲属关系和信赖关系，而并非如有人所言，是隐藏在上述关系之后的经济利益关系，属于被保险人的人格利益或人身利益，其独立于价值评价而存在，故保险金额并不与被保险人的人格利益等值。保险利益对于人身保险的评价目的，在于投保人和被保险人有法律上的利害关系从而在相当程度上防止投保人的赌博投机或谋财害命行为。我国保险立法关于人身保险利益所产生的依据采取利益和同意兼顾的原则。① 也有学者认为，对于人身保险合同，保险利益并没有被用于解释保险人向被保险人给付保险金的依据，而是要解决如何保护被保险人的人身安全这一基本问题。被保险人或者受益人经由保险人处取得的保险金，并非因被保险人死亡、伤残、疾病或生存而受到经济损失的补偿，保险利益对于被保险人或者受益人请求给付保险金，不具有任何估价损害的意义。人身保险的投保人和被保险人有法律上承认的利害关系（诸如亲属关系或者信赖关系），相当程度上可以排除投保人对被保险人可能施加的加害行为，彰显投保人订立保险合同的诚实信用。因此，人身上的保险利益，表现为投保人对自己的寿命或者身体所具有的所属关系，以及法定的投保人和被保险人之间的亲属关系和信赖关系。②

二　人身保险利益之表现形式

有学者认为，"事实上，依照我国《保险法》的规定，人身上的保险利益是投保人对自己的寿命或者身体所具有的所属关系，以及投保人和被保险人之间的亲属关系和信赖关系。投保人对自己的身体或者寿命具有保险利益，是因为投保人对自己的寿命或者身体拥有无限的利益；但投保人

① 参见方芳《保险利益之法律探析》，《西南政法大学学报》2003年第4期。
② 参见常敏《保险法学》，法律出版社2012年版，第38—39页。

对他人的身体或者寿命有否保险利益，并不取决于投保人和被保险人相互间有否利害关系，没有法律的特别规定，是不能确定的"①。在这个意义上，人身保险利益之表现形式，只能由法律明文规定，其范围必定是受限制的。

当然，对于人身保险利益之表现形式的扩张或限缩，保险法理论是具有足够的空间进行分析论证的。例如，有学者认为，除本人以外，投保人对他人是否具有保险利益，包括如下的诸多情形：（1）配偶。（2）亲属关系。（3）债权人对于债务人。（4）雇佣人与受雇人。（5）合伙人。（6）其他情形，如当事人之间的合同或商务关系。②但学理上的研究，不能作为确定人身保险之保险利益的事由，仅可为人身保险利益的表现形式的法定化提供理论上的支持。例如，有学者认为，因为《保险法》（2002年）以投保人和被保险人之间的"人身依附关系"和"信赖关系"为基础，严格限定了人身上的保险利益的范围。这样的制度设计，使得人身上的保险利益并不包括因为法律关系而产生的"被保险人同意"以外的其他信赖关系，诸如合伙人之间的信赖关系、雇主与雇员之间的信赖关系等。以法律的明文规定严格限定人身上的保险利益，在相当程度上会限制人身保险业务的拓展；而事实上，因为人身保险利益的范围限制，对团体人身保险业务的开展已经有所阻碍。我国保险法应当将更广泛的信赖关系或其他法律关系，诸如合伙关系、雇佣关系等，明文规定于人身保险之保险利益的范畴内。③

有关人身保险利益，《保险法》（2009年）第12条第1款规定，"人身保险的投保人在保险合同订立时，对被保险人应当具有保险利益"。第31条规定，"投保人对下列人员具有保险利益：（一）本人；（二）配偶、子女、父母；（三）前项以外与投保人有抚养、赡养或者扶养关系的家庭其他成员、近亲属；（四）与投保人有劳动关系的劳动者。除前款规定外，被保险人同意投保人为其订立合同的，视为投保人对被保险人具有保

---

① 邹海林：《保险法教程》（修订第二版），首都经济贸易大学出版社2004年版，第40页。

② 参见李玉泉《保险法》（第二版），法律出版社2003年版，第84—85页。

③ 参见常敏、邹海林《我国保险法修订的路径思考》，载谢宪主编《保险法评论》（修订第二卷），法律出版社2009年版。

险利益。订立合同时，投保人对被保险人不具有保险利益的，合同无效"。依照上述规定，我国法定的人身保险利益之表现形式，还是相对宽泛的。

有学者认为，人身保险利益表现形式，具体包括：（1）投保人本人。任何人对于自己的身体或者寿命都有无限的利益。（2）配偶、子女、父母。配偶、子女或者父母，为投保人的家庭成员，家庭成员相互间具有保险利益。（3）其他家庭成员、近亲属。主要是指与投保人有共同生活关系的祖父母、外祖父母、孙子女以及外孙子女等直系血亲，或与其有共同生活关系的亲兄弟姐妹、养兄弟姐妹、有扶养关系的继兄弟姐妹等旁系血亲。（4）有劳动关系的劳动者。包括与投保人有着"雇佣关系"、"人事关系"或者"劳动关系"的所有从业人员，不论这些从业人员与投保人是否订立有书面"合同"，也不论是否约定有雇佣期限，投保人对这些从业人员均有保险利益。（5）被保险人同意。投保人以他人的寿命或者身体投保人身保险，若该被保险人没有前述利害关系的，经被保险人书面同意投保人订立人身保险合同的，视为投保人对被保险人有保险利益。①

三　关于被保险人同意

被保险人同意，是指被保险人同意投保人以被保险人的身体或者寿命作为保险标的订立保险合同的意思表示。涉及投保人订立人身保险的事项，被保险人同意在两个不同的层面发挥作用：其一，被保险人同意投保人订立保险合同，视为投保人有保险利益；其二，以死亡为给付保险金条件的合同，应当经被保险人同意并认可保险金额。②

我国保险法对于人身保险利益之表现形式已有规定，但死亡保险的被保险人之同意权，是否也属于保险利益的制度范畴？有不少学者对此持肯定的立场，因为人身保险利益之存在，不仅要求投保人在订立保险合同时与被保险人之间存在利害关系，而且还要征得被保险人同意。③

但是，也有学者并不认为我国保险法特别规定的死亡保险之被保险人

---

① 参见常敏《保险法学》，法律出版社 2012 年版，第 39—40 页。

② 参见《保险法》（2009 年）第 31 条和第 34 条。

③ 参见李玉泉《保险法》（第二版），法律出版社 2003 年版，第 83 页；温世扬主编：《保险法》，法律出版社 2003 年版，第 37 页、第 353 页。

同意是保险利益表现形式，而是以建构死亡保险的被保险人之同意权制度，作为实现控制道德危险的一种措施。在第三人订立的"以被保险人死亡为给付保险金条件"的人身保险合同中，因其危险事故的对象为被保险人，且事故之性质及其结果为被保险人之死亡，为避免"谋财（保险金）"而"害命"之道德危险的发生，我国《保险法》（2002 年）第 56 条第 1 款有死亡保险的被保险人同意权制度的规定。以法律体系解释之方法论来审视我国《保险法》（2002 年）第 12 条、第 53 条及第 56 条之逻辑关系，我国保险立法的规定，在被保险人"书面同意"之外另加上"保险利益"之双重防护，以期能有效防止道德危险的发生。被保险人的同意权，应当专属被保险人本人，即使被保险人为限制民事行为能力人，亦不得由其法定代理人代而为之。①

还有学者在人身保险利益表现形式之外，对这个问题也表达了类似的同意权观点。依照我国保险法的规定，为他人投保死亡保险者，须经被保险人同意，法律之所以要求投保人为他人投保死亡保险时须经被保险人同意，其立法目的为控制道德危险，并间接保护被保险人的生命权。在被保险人同意的方式上，《保险法》（2009 年）删除了"书面"二字，使得同意之方式多样化，这更有利于保护被保险人的利益。由于限制行为能力人无法行使同意权，应当通过将保险金额限制在丧葬费用范围内的方式来控制道德危险，此种方式无须经限制行为能力之被保险人同意。②

仔细分析我国《保险法》（2009 年）第 31 条第 1 款、第 2 款和第 34 条第 1 款的规定，不难发现这两条所规定的制度均有一个共同的目的：防止道德危险的发生以维护被保险人的人身安全利益。如果说为了实现一个立法目的而需要设计两个以上不同的法律制度，那么就需要更充分的理由分别阐明不同制度的功效和发挥作用的机理。在这两个条文规定的制度结构和发挥作用的机理上看，二者并没有本质的差别。因此，是否可以这样认为：《保险法》（2009 年）第 31 条是对人身保险合同的保险利益的表现形式的一般性规定，而第 34 条则是对死亡保险合同之保险利益之特别规定。不论投保人是否有第 31 条所规定之保险利益，"被保险人同意"

---

① 参见樊启荣《死亡给付保险之被保险人的同意权研究——兼评我国〈保险法〉第 56 条第 1、3 款之疏漏及其补充》，《法学》2007 年第 2 期。

② 参见梁鹏《死亡保险被保险人同意权之研究》，《保险研究》2010 年第 7 期。

投保人订立死亡保险合同的，投保人才有保险利益；否则，投保人没有保险利益，由此订立的死亡保险合同无效。但是，父母为其未成年子女投保死亡保险的，不受该特别保险利益制度的限制。

第四节　财产保险利益

一　财产保险利益之归属

我国《保险法》（1995 年）明文规定投保人对保险标的应当具有保险利益，但保险法理论对于财产保险之保险的归属，均采取归属于被保险人的立场。财产保险的目的，是为了填补被保险人所遭受的损害，被保险人在发生保险事故时对保险标的应当具有保险利益，才会发生损害应受填补的问题；被保险人对保险标的没有保险利益的，便不存在损害，自然不能通过保险加以填补。在订立保险合同时，投保人对保险标的是否具有保险利益，并不影响被保险人的财产之安全，也不存在道德危险问题。在发生保险事故时，保险利益成为评判被保险人应否获得保险人赔偿以及获得多少赔偿额的基础或依据。因此，保险利益制度应当关注的是保险合同约定的被保险人与保险标的之间是否存在利害关系。财产保险之保险利益应当归属于被保险人，作为被保险人请求保险人给付保险赔偿的条件，已为我国学者普遍认同，前文已经讨论，不再赘述。

对于财产保险，被保险人对保险标的应当具有保险利益，为我国《保险法》（2009 年）第 12 条第 2 款和第 48 条明文规定。投保人对保险标的是否具有保险利益，对财产保险合同的成立与生效不发生任何影响。有学者认为，财产保险利益不是保险合同成立或生效之条件，仅仅是保险人赔付的条件。在保险合同订立时，不论被保险人对保险标的是否具有保险利益，均不影响保险合同的成立和生效；但在保险事故发生时，被保险人对保险标的没有保险利益的，则丧失保险金请求权。[1]

二　财产保险利益的表现形式

我国保险法对于财产保险利益的表现形式，并没有相应的规定。在这

---

[1]　参见王伟《保险法》，格致出版社、上海人民出版社 2010 年版，第 55 页。

个意义上，财产保险利益的表现形式，没有实行法定主义，此与人身保险利益之表现形式存在差别，应当引起注意。财产保险利益在表现形式上的这个特点，足以引起保险法理论对财产保险利益的表现形式予以具有操作性的研究，并认识到财产保险利益的表现形式是开放性的，而不是封闭性的。

财产保险的保险标的都是具体的物或者利益，被保险人与具体的物或者利益之间存在的各种形式的权利义务关系，原则上皆可归入保险利益的范围内。例如，有观点认为，财产保险利益通常产生于财产所有权，但又不限于财产所有权，具体包括：财产所有人、经营管理人的保险利益；抵押权人与质押权人的保险利益；负经济责任的财产保管人、货物承运人以及各种承包人、承租人的保险利益；经营者对合法的预期利益有保险利益。① 还有观点认为，财产保险利益主要产生于投保人或被保险人对保险标的的各项权利和义务。它主要包括现有利益、期待利益和责任利益。现有利益是投保人或被保险人对保险标的的现在正享有的利益，包括所有利益、占有利益、抵押利益、留置利益、债权利益等，是保险利益最为通常的形态；期待利益又称希望利益，是指通过现有利益而合理预期的未来利益，如盈利收入利益、租金收入利益、运费收入利益等；责任利益主要针对责任保险而言，是指民事赔偿责任不发生而享有的利益。②

财产保险利益的表现形式的开放性，表明我国保险法理论对于财产保险利益的形式之归纳无法穷尽。这里就将我国多数学者所持的观点予以介绍。有学者认为，财产保险利益具体表现为三种形式：（1）现有利益。被保险人对保险标的的所享有的现存利益，包括但不限于被保险人对保险标的之所有权利益、占有利益、用益物权利益以及担保物权利益等。（2）期待利益。被保险人在订立保险合同时，对保险标的的利益尚不存在，但因其现有权利而未来可获得的利益。期待利益因为现有利益而产生；没有现有利益，也不可能存在期待利益。（3）责任利益。被保险人依法应当承担的合同上的责任、侵权损害赔偿责任以及其他补偿责任，构

---

① 参见朱文胜《保险利益原则是保险合同成立的前提条件》，《保险研究》2000年第5期。

② 参见兰虹《保险利益原则在保险合同适用中的差异性》，《保险研究》2002年第10期。

成责任利益。① 也有学者将财产保险利益的表现形式归纳为两类，即现实利益与期待利益，而期待利益则具体区分为积极的期待利益和消极的期待利益（责任利益）。②

另外，还有学者认为，财产保险利益应当限于经济利益。保险的基本目的在于尽量避免和减少自然灾害、意外事故发生后所带来的不利影响。保险利益制度是为了完善保险制度，防止奸诈之人通过保险制度获得非法或不当利益。因此，重要的不是利益是否为法律所承认，而是它能否确实弥补某些人在经济上受到的损失。只要被保险人对某一种关系存在经济上的利益，即可借保险制度分散危险。可见，财产保险利益的基础并非合法与否的问题，而是是否具有经济性的问题。如果一个利益具有经济性，正常情况下就应当允许投保，这样才能将保险制度避免、分散风险的功能发挥到最大。③

三　财产保险利益的变动问题

保险利益的变动，为财产保险所特有。人身保险没有保险利益变动的问题。在订立人身保险合同时，投保人对被保险人具有保险利益，其后保险利益不论发生何种变化，均不影响保险合同的效力。有学者认为，人身保险的标的为被保险人的生命或身体，被保险人对其生命和身体具有保险利益，此等利益与被保险人的生存同在，而且与被保险人的人格不可分割，被保险人对保险标的所具有的利益，不会发生因为被保险人的死亡、破产或者被保险人的法律行为而转移由第三人承继的问题。④ 对于财产保险合同而言，保险利益若发生变动，对被保险人的权利将会产生影响。我国学者主要研究了财产

---

① 参见温世扬主编《保险法》，法律出版社 2003 年版，第 36 页；邹海林：《保险法教程》（修订第二版），首都经济贸易大学出版社 2004 年版，第 38—39 页；任自力主编：《保险法学》，清华大学出版社 2010 年版，第 49 页；常敏：《保险法学》，法律出版社 2012 年版，第 40—41 页。

② 参见王伟《保险法》，格致出版社、上海人民出版社 2010 年版，第 52—53 页。

③ 参见梁鹏《保险利益概念立法之检讨——以我国〈保险法〉第 12 条为中心的研究》，《中国青年政治学院学报》2006 年第 5 期。

④ 参见邹海林《保险法教程》（修订第二版），首都经济贸易大学出版社 2004 年版，第 42 页。

保险利益发生变动的以下两个问题：继承和保险标的的转让。

关于继承，有学者认为，财产保险的被保险人死亡时，除保险合同另有约定外，保险利益原则上因为继承而转移给继承人，即"保险合同仍为继承人的保险利益而继续存在"。① 还有学者认为，在财产保险的被保险人死亡的情形下，被保险人因为死亡而失去对保险标的之利益，继承人因为继承而取得死亡的被保险人的地位，从而取得对保险标的之利益，除非保险合同另有约定，保险合同应当为继承人的利益继续存在。②

关于保险标的的转让，我国学者所持立场基本上是阐述我国保险法的相关规定。例如，因有《保险法》（2002 年）第 34 条之规定，有学者不得不认为，我国仅承认货物运输保险的标的转让后，保险利益随着保险标的的移转而自动移转，其他财产保险合同并不会自动移转，但保险合同有约定的，从其约定。③ 但在理论上，保险标的的转让并不一定会导致保险标的的危险程度增加，我国保险法的上述规定，不利于保护保险标的受让人的利益，有损于交易安全。所以，我国《保险法》（2009 年）第 49 条第 1 款规定："保险标的转让的，保险标的的受让人承继被保险人的权利和义务。"有学者认为，我国在立法政策上，已经采取了财产保险合同随保险标的的移转自动移转的立场，即"保险标的转让的，无须保险人另有同意继续承保的意思表示，受让人承继保险合同约定的被保险人的权利和义务"④。

但这里仍有一个值得研究的问题，即《保险法》（2009 年）第 49 条第 1 款是否为强制性规范？若为强制性规定，对于保险标的的转让而自动移转于受让人的效果，财产保险合同不能作出不同于保险法的约定。有学者认为，立法者关于这个问题的有关意图是不清楚的。但从这个制度的目的以及财产保险业务控制风险的角度看，《保险法》（2009 年）第 49 条第 1 款并非强制性规定，而仅仅具有补充保险合同未约定或者约定不明确的作用，因此，财产保险合同仍可以对保险标的之转让与保险合同的效力存续另为约定。⑤

---

① 参见李玉泉《保险法》（第二版），法律出版社 2003 年版，第 86 页。

② 参见邹海林《保险法教程》（修订第二版），首都经济贸易大学出版社 2004 年版，第 42 页。

③ 参见李玉泉《保险法》（第二版），法律出版社 2003 年版，第 86 页。

④ 常敏：《保险法学》，法律出版社 2012 年版，第 154 页。

⑤ 参见常敏《保险法学》，法律出版社 2012 年版，第 154 页。

第 六 章

说明义务论

第一节 说明义务的价值判断

一 保险人说明义务

说明义务是保险人在订立保险合同时，对投保人承担的法定义务。依照我国《保险法》（2009 年）第 17 条的规定，保险人的说明义务被区分为一般说明义务和特别说明义务。一般说明义务，是指保险人对保险合同内容的说明所承担的义务，包括但不限于对保险合同约定的限制或者免除保险人责任的条款之说明所承担的义务。特别说明义务，则指保险人对保险合同约定的免除保险人责任的条款予以明确说明所承担的义务。保险人的一般说明义务和特别说明义务没有性质上的差别，仅有保险人的说明"明确与否"的程度上的差异以及法律救济方法上的差异。

保险合同因投保人和保险人的意思表示一致而成立，并以保险人和投保人相互的诚实信用为基础。投保人并非保险业务的专业人士，难以准确把握保险合同使用的保险条款之内容，投保人若要理解保险合同的内容，相当程度上依赖于保险人对其保险条款（包括保险合同本身）予以说明。也正是因为投保人在相当程度上是基于对保险人的信赖，即相信保险人对保险条款的内容所作的描述、解释或者说明，才会决定受保险合同的约束，并向保险人支付保险费。因此，保险人就保险合同使用的保险条款向投保人作出说明，构成保险人和投保人意思表示一致而成立保险合同的基础。因此，不论在何种情况下，保险人均有义务在订立保险合同前或订立保险合同时，向投保人说明保险合同的各项条款，并对投保人有关保险合同条款的询问作出直接、真实的回答，就投保人有关保险合同条款的疑问予以准确无误的解释，特别是要对保险合同中限制或免除保险人责任的条款作出"明确说明"。

保险人不得以格式条款预先限制或者免除保险人的说明义务。有学者提出，保险人的订约说明义务具有法定性，"是保险人的法定义务，一切保险人均负此义务，且不允许保险人以合同条款等方式予以限制或免除"①。但是，对于保险人说明义务的免除问题，我国学者在理解上尚有不清晰之处。例如，有学者认为，从降低交易成本的角度考虑，说明义务的履行会给保险人带来巨大的成本，故保险人说明义务不应当是无限制的说明义务。对于合同中的某些条款，如果投保人已经理解或者能够以极低的成本获悉并了解，就应当减轻或者免除保险人的说明义务。一是保险人已经说明过的保险条款，在续保时没有必要再要求保险人予以说明；二是保险条款中援引的法律的强制性规定。② 以上"减轻或者免除保险人的说明义务"的两种情形，究其实质并非保险人说明义务的减轻或者免除问题。对于已经说明过的合同内容，表明保险人已尽说明义务；对于法律的强制性规定，保险人原本对该事项就没有说明义务。

此外，我国学者注意到保险法在规定保险人说明义务的条文中，同时规定了格式条款的出示以及免除保险人责任条款的提示，但将之与保险人说明义务作一体化分析。有学者认为，保险人的说明义务，分成两个层次：（1）保险人有提醒投保人注意的义务，包括提供保险合同条款、提醒投保人注意去阅读、提醒投保人注意他们有权利监督自己对条款的说明义务之履行。（2）保险人的主动说明与回答询问义务。对免责条款，适用"主动说明"加"回答询问"规则；对于其他条款，适用回答询问规则。提醒规则与主动说明、询问回答规则相结合的制度可以替代我国保险法上的说明与明确说明区别对待的制度。这不仅可行，也符合说明义务制度的目的。③ 还有学者认为，在理论上和实务操作中，如果保险人的"说明"仅有一种提示作用，仅是告知投保人该格式条款是保险合同的内容，

① 参见温世扬《保险人订约说明义务之我见》，《法学杂志》2001 年第 2 期。
② 参见汪华亮《保险合同信息提供义务研究》，中国政法大学出版社 2011 年版，第 148 页。
③ 参见曹兴权《反差与调适：保险人说明义务的履行》，《求索》2005 年第 2 期。

显然与保险人说明义务的法理和立法目的不符，不能够使投保人在真正了解条款内容的基础上对该内容达成合意，也不能达到最大诚信原则的要求。因此，保险人的说明不仅应包括提示格式条款为保险合同的内容，还应包括对条款的内容进行说明。① 另有学者将保险人依法承担的"格式条款提示义务"和免除保险人责任条款的"提请注意义务"作为保险人说明义务的组成部分一并讨论，并认为保险人的说明不以投保人事实上已经理解保险合同的内容作为必要条件，但投保人对保险合同的内容存在疑问，或者要求保险人继续说明的，保险人应当就投保人的疑问或者要求作出解释性的答复。在实务上，保险人一般是通过提示投保人注意保险合同内容的方式，对保险合同的内容予以说明的。②

从我国保险法关于保险人说明义务的规范内容上看，保险人在说明保险合同的内容之前，应当将拟议中的合同内容提交于投保人，对保险合同中免除保险人责任条款要提请投保人注意，故格式条款的出示以及免除保险人责任条款的提示构成保险人说明合同内容的基础；在这个意义上，也可以说保险人出示格式条款和提请投保人注意免除责任条款，为保险人法定之保险合同的说明义务的最低要求。因此，保险人说明义务还应当包括以下两个内容：格式条款的出示义务与免除保险人责任条款的提示义务。

格式条款的出示义务，是指保险人在订立保险合同时，采用格式条款的，有义务将该格式条款提供给投保人或者在向投保人提供的投保单上附格式条款。那么问题也就会相应存在，如同保险人的一般说明义务之未履行，保险人在订立保险合同时，未尽格式条款的出示义务，是否会发生格式条款未被纳入保险合同的后果？例如，保险人在订立保险合同时，向投保人提供的投保单上未附格式条款，但在向投保人签发的保险单上附有格式条款，保险单上附格式条款已经发生在合同成立之后，保险人订约时未向投保人"出示"格式条款，保险合同能否成立？或者说，保险单上所附格式条款是否已经加入保险合同？在我国合同法理论上，格式条款能够订入到合同中，主要取决于格式条款的使用人以合理的方式提请相对方注

---

① 参见张雪楳《保险人说明义务若干问题探析》，《法律适用》2010 年第 8 期。
② 参见常敏《保险法学》，法律出版社 2012 年版，第 64—65 页。

意格式条款的存在，包括但不限于"出示"格式条款。① 但在我国保险法上，因为法律规定保险人有"出示"格式条款的义务，问题相对有些复杂了。这个问题，直接关系到保险合同的成立或者生效，还是值得进一步研究的。

免除保险人责任条款的提示义务，是指保险人在订立保险合同时，对保险合同中免除保险人责任的条款，有义务在投保单、保险单或者其他保险凭证上作出足以引起投保人注意的提示。免除保险人责任条款的提示义务，是我国《保险法》（2009 年）增加的内容，但在此前我国学者已经对之有所涉及。例如，有学者认为，保险合同的格式化，使得保险人在订立保险合同时，居于较优于投保人的地位，其所拟定的保险合同条款若含有免除保险人的责任的内容时，投保人往往会对之不甚了解。在这种状态下，若保险人不事先对投保人详加说明，等于投保人被强制接受该内容。为了保护投保人、被保险人或者受益人的利益，法律特别要求保险人对保险合同中规定的免除保险人责任的条款，在订立合同时有义务提请投保人注意并作出明确说明。②

二　保险人说明义务之理论基础

一般而言，保险人说明义务得益于两个理论的支撑：诚实信用原则以及意思表示合意理论。诚实信用原则要求保险人承担帮助或者协助投保人理解保险人单方面拟定的保险合同条款的义务。而意思表示合意理论，则为私法自治的应有之义，即交易的当事人各方对于交易的内容应有了解并愿意承担交易的后果，才会达成合意。不论在哪个层面上说，保险人应当承担说明义务。例如，有学者认为，我国保险法关于保险人说明义务的规定，立法宗旨在于保护投保人（被保险人）之利益，而其法理依据则为最大诚信原则与当事人合意之要求。③

有学者提出，因各利益主体都在追求如何实现自己的价值目标，因此

① 参见王利明、崔建远《合同法新论·总则》（修订版），中国政法大学出版社 2000 年版，第 194 页。

② 参见邹海林《保险法教程》（修订第二版），首都经济贸易大学出版社 2004 年版，第 25 页。

③ 参见温世扬《保险人订约说明义务之我见》，《法学杂志》2001 年第 2 期。

在不同的主体之间，法律价值之间的矛盾，如公平与效率的矛盾是存在的。保险人为了追求效率，可能就会滥用其信息优势损害投保人的利益，破坏合同的正义。保险人说明义务作为一项法律制度，其价值目标就在于确保在保险活动过程中，通过公平配置保险信息资源，平衡合同双方的权利和义务，维护处于缔约弱势的投保人的利益，实现保险交易中的正义、平等、自由、效率和秩序。[①] 有学者更加具体地认为，保险人说明义务规则的立法目的在于，鉴于绝大多数保险合同是格式（附合）合同，保险条款是保险人经过反复研究、慎重考虑、事先制定的，而投保人一般不具有保险专业知识，或保险专业知识很少，对保险条款中所使用的一些术语的含义不一定能充分理解，为确保投保人的知情权和选择权，乃对保险人施加保险条款说明义务。对保险人施加有关说明义务，可以体现保险法上的最大诚信原则，并实现实质意义上的意思表示自由。[②]

但是，也有观点认为，保险人说明义务的理论基础为投保人（被保险人）作为消费者的知情权。在保险合同领域，投保人作为消费者有权要求保险人在提供保险格式合同的同时，对合同条款进行解释和说明。这才是保险人说明义务的理论基础，而并非如有的学者所言是基于英美保险法上的最大诚信原则。事实上，与最大诚信原则相匹配的是投保人的告知义务，而它与保险人说明义务并非属同一范畴，前者的对象往往是合同文本以外的内容，而后者更多是对合同文本本身进行解释，简单地通过双向性延伸而将其对等是不可取的。[③] 依此观点，保险人说明义务无须借助于诚实信用原则等理论来加以说明，消费者的知情权足以产生保险人说明义务制度。

还有观点认为，保险人的说明义务是一种法定义务。我国保险法规定之保险人说明义务，其目的在于保证投保人能够就交易的内容作充分的了解。保险人说明义务正当性的理论基础可以归结为：保险法上的诚实信用原则、合同法上的合同程序正义、经济学上的信息不对称理论以及消费者

① 参见董成惠《论保险人说明义务制度的价值取向》，《中山大学学报论丛》2006 年第 2 期。

② 参见李理《保险人说明义务若干疑难问题研究》，《河北法学》2007 年第 12 期。

③ 参见何丽新、傅超伟《审视保险人说明义务》，《中国海商法年刊》2007 年第 17 卷，第 217—236 页。

保护理论。①

也有学者提出，由于保险合同的格式化，投保人的谈判成本已经被减少到较低限度，投保人的信息成本和保险合同的格式化与专业化，决定保险人对于保险条款享有信息优势，而投保人获取保险条款信息的难度较大和成本较高。有保险人说明保险条款的含义是一种有助于减少市场型交易成本的制度安排。因此，保险人说明义务的理论依据在于总的市场型交易成本的减少。② 还有学者认为，我国保险法规定保险人的"明确说明义务"，其目的恰好就是要在保险人和投保人之间就信息沟通不完全所带来的成本进行合理分摊。从这个意义上讲，"明确说明义务"是保险人单方面免除自己保险责任的对价，是法律对保险交易双方应尽的信息披露义务的适当分配。这更多是应从经济学角度考量的问题，而不是简单的道义上对弱者进行扶持。明确这个命题对制度完善具有重要的意义。无论对保险人明确说明范围的界定，还是说明标准的认定，都必须在利益平衡的基础上进行，以使保险的天平更趋近公平正义的支点。③

保险人说明义务毕竟是法律规定的保险人对投保人承担的一项义务，不论该义务的履行与否会产生何种法律效果，探讨其理论基础均应当围绕保险人说明义务的制度功能进行，而保险人说明义务的制度功能应当是有限的，似乎仅有两个：贯彻诚实信用原则和满足订立合同的意思表示合意的要求。因此，诚实信用原则与当事人意思表示合意的理论，包括但不限于合同自由、要约与承诺的意思表示真实，格式条款纳入合同等，应当构成保险人说明义务的理论基础。

三　保险人说明义务的性质

保险人说明义务为保险人承担的法定义务，我国学者对之并无疑义。但是，法定义务的未履行或者违反，是否必然引起相应的法律后果，学者间存在疑问。这个疑问与对保险人说明义务性质的认识相关。再者，我国

---

① 参见李娟《保险人说明义务正当性之探讨》，《上海保险》2008 年第 8 期。
② 参见汪华亮《保险合同信息提供义务研究》，中国政法大学出版社 2011 年版，第 167—168 页。
③ 参见杨茂《完善我国保险人明确说明义务的法律思考》，《现代法学》2012年第 2 期。

保险法将保险人说明义务，区分为一般说明义务和特别说明义务，二者因为法律所规定的法律效果的差异，在性质上是否会有所不同？保险人说明义务的性质，因其制度功能而有所差别，但我国学者对此所为研究，仍然是初步的。

保险人说明义务，相比较于我国合同法规定的格式条款使用人的说明义务有无差异？有学者认为，我国保险法关于保险人说明义务之规定使用了"应当"字样，显然"说明义务"为法定义务和强制性义务，无论是保险人还是投保人、被保险人均不能以约定排除或选择适用。在这一点上，与我国合同法上的规定尚有不同。我国《合同法》第 39 条规定格式条款的提供者应"采取合理的方式提请对方注意免除或者限制其责任的条款，按照对方的要求，对该条款予以说明"。析而言之，格式条款提供者应按契约相对方之要求对免除或限制格式条款提供者责任的条款予以说明。如果契约对方未提出对免责或限制责任条款的说明要求，则格式条款提供者无须主动进行说明。这表明，合同法关于格式条款提供者对免除或限制其责任的条款之说明采任意性规范，明显顾及了契约相对方的主观范围。这与保险法规定之保险人契约条款之说明义务的法定性、强行性并不相同，保险法并未考虑投保人之主观范围，无论投保人是否提出说明要求，保险人都要进行说明。① 另外需要说明的是，我国合同法并没有规定合同当事人对合同内容的说明义务，仅对格式条款有所要求，但并没有排除合同当事人对合同内容的说明，在订立合同时，相对方提出要求的，合同订约的一方依照诚实信用原则亦有说明义务。再者，我国《合同法》第 39 条规定之格式条款说明义务之违反，是否会发生"提供格式条款的一方未尽到提示义务或者拒绝说明的，该条款不生效力"② 的法律效果？更是值得讨论的。合同法上的订约说明义务的这些特殊性内容，对于保险人说明义务的性质之判断或许会有所帮助。保险人说明义务的性质，因其制度功能而有所差别。

（一）一般说明义务的性质

对于保险合同的内容，保险人对投保人承担一般说明义务。如果保险

---

① 参见于海纯《保险人说明义务之涵义与规范属性辨析》，《保险研究》2009年第 11 期。

② 王利明、崔建远：《合同法新论·总则》（修订版），中国政法大学出版社2000 年版，第 199 页。

人对于应予说明的合同内容未加说明的，保险人会否承担相应的法律后果？有学者认为，保险人未说明保险合同的内容，包括隐瞒和遗漏，不论保险人未说明的事项是否重要，保险人都应承担违反说明义务的法律责任，只要未说明的事项重要，且与投保人遭受的损害之间有因果联系。[①]还有学者进一步认为，保险人违反一般说明义务，要承担缔约过失责任。虽然我国保险法没有规定保险人违反一般说明义务的法律后果，保险人未对保险合同的内容加以说明，不影响未说明的条款的效力，但在保险人违反说明义务而构成欺诈的情形下，投保人有权依照合同法撤销保险合同，保险人相应承担缔约过失责任。在更多的情形下，保险人违反说明义务，并不会导致投保人享有撤销权，并同时考虑到投保人有随时解除保险合同的权利，而保险合同仍然是有效的，保险人对投保人应当承担合同有效情况下的缔约过失责任。[②]因为我国保险法没有规定保险人未履行一般说明义务的法律后果，上述观点都是在借用合同法上的缔约过失理论对之予以解读，在保险合同的订约过程中，合同法上的缔约过失理论是否好用呢？

或许在这里需要明确的是，一般说明义务的功能主要在于帮助投保人对保险合同的内容有更加准确的认识和理解，保险人对保险合同的内容未予说明的，并不会实质上影响投保人对合同内容的理解。例如，有学者认为，一般说明义务的"目的在于帮助缺乏保险知识的投保人作出知情选择"。[③]再者，保险合同具有机会性与专业性（技术性），要求保险人在订约时就保险合同的内容对投保人作全面、客观、准确的说明，既不现实也无必要。正如有学者所言，从我国《保险法》（1995年）第16条和第17条的有关规定看，保险人的订约说明义务适用于一切保险合同，即一切保险合同之订立均适用这一规则。但对上述规定的适用范围应作限制解释，即仅适用于采用格式条款订立的保险合同。在现代社会，保险契约具有技术性、定型性及团体性，而其内容常由保险公司一方面所决定。投保人通常仅能依保险公司所规定之条款，决定是否同意订立，鲜有讨价还价

---

① 参见徐卫东主编《商法基本问题研究》，法律出版社2002年版，第395—396页。

② 参见汪华亮《保险合同信息提供义务研究》，中国政法大学出版社2011年版，第157—159页。

③ 任自力主编：《保险法学》，清华大学出版社2010年版，第103页。

之余地，故保险契约为附合契约。正因为如此，才有规定保险人订约说明义务之必要。在采用非格式条款的情形下，保险合同条款系由投保人与保险人共同协商拟定，投保人在订约过程中可以充分了解合同条款之内容及其含义，若仍使保险人担负订约说明义务，即非必要，对于保险人也有失公允。① 还有学者认为，我国保险法规定了"一般说明义务"，即保险人对全部保险合同内容的说明义务，但实务中没有任何一家保险公司对全部合同内容进行说明，也没有进行全部说明的可能性。② 如果我们在此基础上作进一步的展开，保险合同的内容不论是否为格式条款，只要不是免除保险人责任的条款，要求保险人负担具有法律后果的订约说明义务都是不公允的。事实上，在保险合同订立时，保险人未向投保人说明保险合同的内容，绝对不会影响保险合同的成立与生效；在保险合同成立并有效的场景下，继续授予投保人（被保险人或受益人）寻求缔约过失的救济机会，实在没有这个必要。所以，保险人依照诚实信用原则所负担的一般说明义务，在性质上并不同于未履行即会产生法律后果的义务，我们不妨称为"非真正法定义务"或"消极法定义务"，它仅仅是对保险人诚实信用水准的评判，即保险人在订约时对于投保人理解保险合同的内容是否有积极的帮助。

另外，在保险法上，不论保险人对保险合同的内容是否说明以及作出了什么样的说明，对保险合同的成立和生效都不会产生影响，因为保险人的说明只不过是"在保险合同成立前，保险人对保险合同条款内容向投保人作出的解释"③。但是，保险人对保险合同的内容"说"与"不说"，或许会对保险合同的相关条款之理解产生影响，这又会涉及保险法上的"弃权制度"和"保险合同解释规则"等特有理论和制度的适用，这对于投保人（被保险人或受益人）的利益保护已属周全，不存在利用合同法上的缔约过失理论解决此等问题的必要性。因此，有学者认为，"保险人对保险合同的内容有说明义务，但该义务属于保险人依照诚实信用原则承担的单方义务。保险人没有说明的，并不会产生不利于保险人的法律后

---

① 参见温世扬《保险人订约说明义务之我见》，《法学杂志》2001 年第 2 期。
② 参见梁鹏《新〈保险法〉下说明义务之履行》，《保险研究》2009 年第 7 期。
③ 李玉泉主编：《保险法学——理论与实务》，高等教育出版社 2007 年版，第65 页。

果。但是，保险人对保险合同的内容向投保人作出说明的，应当对其说明承担法律上的责任，例如，保险人或其代理人就保险合同的内容所为说明有误，应当承担说明不实的责任"①。

以上解读或许正是我国保险法在规定保险人一般说明义务而不附加相应法律后果的真正原因，并非如有些学者所认为的那样："从逻辑构成上看，《保险法》第17条第1款是一个不完整的法律规范，只有行为模式，没有法律后果，亦即只规定了'保险人应当向投保人说明合同的内容'，没有规定保险人违反此项义务应承担什么样的法律责任，在《合同法》和《保险法》的其他条文中也找不到问题的答案。这是一个明显的法律漏洞，应当如何补充?"②

（二）特别说明义务的性质

对于保险合同约定的免除保险人责任条款，保险人对投保人承担明确说明义务。因为有《保险法》（2009年）第17条第2款的刚性规定，保险人未尽明确说明义务，即保险人未作提示或者"明确"说明的，免除保险人责任条款不产生效力，使得保险人的明确说明义务在性质上有别于一般说明义务。明确说明义务，为保险人承担的"积极法定义务"。特别说明义务在法律规范的构成上具有我国法学理论所认为的义务法定性、主动性和强制性的全部特征，已成为我国保险法理论的共识。保险人对保险合同约定的免除保险人责任条款，消极对待而不为说明的，将承担法定的不利后果。

有学者认为，保险人说明义务在我国不断受到强化。我国《保险法》（2009年）强化了保险人的说明义务：一方面扩大了保险人说明义务的范围，将原先法定为保险人应当明确说明对象的"责任免除条款"，修改为"免除保险人责任的条款"，为保险人应当特别说明的事项之范围扩张留下了解释空间；另一方面，对"明确说明义务"作了较为具体的界定，细分为提示和说明义务，规定"对保险合同中免除保险人责任的条款，保险人在订立合同时应当在投保单、保险单或者其他保险凭证上作出能够

---

① 常敏:《保险法学》，法律出版社2012年版，第64—65页。

② 汪华亮:《保险合同信息提供义务研究》，中国政法大学出版社2011年版，第157页。

足以引起投保人注意的提示，并对该条款的内容"向投保人作出说明。①
我国保险法对于明确说明义务的规定，使得原本为了帮助投保人更好地理
解保险合同约定的免除保险人责任条款的说明义务，成为未履行即会产生
法律后果的真正义务或积极法定义务，并进而演变为保护被保险人或者受
益人利益的工具，这是否是保险人说明义务在我国所发生的一种"异化"
现象？

第二节　保险合同内容的说明

一　说明的方式

就保险合同的内容，无须投保人询问或者请求，保险人应当主动进行
说明。因为保险法有关保险人说明义务的规定，与《合同法》第 39 条之
规定有所不同，并没有要求保险人在投保人就保险合同的内容提出疑问或
者说明要求时，保险人才有义务进行说明。所以，保险人对保险合同内容
的说明，不仅是法定的，而且是主动的。有学者认为，保险人说明义务之
履行，不以投保人之询问为条件，保险人应主动履行。②

保险人具有选择说明方式的自由。一般认为，就保险合同内容而言，
保险人可以书面或者口头向投保人就保险合同的具体内容作出说明，也可
以提请投保人注意阅读保险合同内容的方式，对保险合同的内容作出说
明。有学者认为，保险人的说明不以投保人事实上已经理解保险合同的内
容作为必要条件，但投保人对保险合同的内容存在疑问，或者要求保险人
继续说明的，保险人应当就投保人的疑问或者要求作出解释性的答复。在
实务上，保险人一般是通过提示投保人注意保险合同内容的方式，对保险
合同的内容予以说明。③

对保险合同内容进行说明的，保险人可以采用的方式具有多样性，我
国法律并没有要求保险人对保险合同的内容必须在投保单上或者以其他书
面形式作出说明。如同保险合同的订立之形式自由主义，保险人可以选择

---

① 参见林海权《保险法修订理念探析——从保护被保险人利益的视角》，《人民
司法·应用》2009 年第 17 期。

② 参见温世扬《保险人订约说明义务之我见》，《法学杂志》2001 年第 2 期。

③ 参见常敏《保险法学》，法律出版社 2012 年版，第 64 页。

任何承载说明内容的媒介，对保险合同的内容予以描述、解释或者澄清。具体而言，保险人对保险合同的内容予以说明的方式，包括但不限于口头、书面、数据电文形式等。除此以外，保险人出示格式条款或者提请投保人注意或阅读保险合同的相关条款，亦为保险人对保险合同的内容予以说明的重要方式。在绝大多数情形下，保险人出示格式条款或者提示投保人注意或阅读保险合同的相关条款，都是保险人谨慎营业并帮助投保人理解保险合同内容的成本最低和效果最佳的方式。还有学者认为，口头说明的方式更符合说明义务的立法目的较为可取。① 在这个问题上，我们是否应当坚持一个理念，即保险人履行说明义务的核心价值在于：保险人应当"说什么"和"说了什么"，而不是保险人应当"如何说"。说明的方式问题仅是解决保险人"如何说"的问题。以上有关保险人的说明方式的极为普通的认知，却因为我国保险法区分一般说明义务和特别说明义务，而被人为复杂化了。

例如，有观点认为，在保险合同纠纷中，因保险人未履行明确说明义务而败诉的比较多。保险人如何证明已经尽到说明义务，是一件不易解决的事情。比如合同条款中用黑体标明、投保单上被保险人签字能不能视为已经履行说明义务。口头说明很难举证证明和认定。有的保险合同采取在合同上单独印刷一行字，即"保险人已将保险合同的内容，包括责任免除部分向我做了说明，我也充分了解，同意该保险合同的内容，同意按该保险合同的内容，订立合同"。然后由投保人签字。仅凭此种形式也不能说明保险人已尽说明义务。因此，在履行说明义务的方式上，要"继续完善保险人现行普遍采用的在合同格式条款中表述投保人对下列条款已阅读知晓的做法，让当事人首先知晓合同条款的内容"，同时"实行保险合同内容的说明义务多样化。对保险合同条款的说明义务可以继续采取传统的口头方式进行说明；对于口头说明不足以引起当事人理解的，可以针对不同的险种制定规范的书面说明内容作为合同的附件进行说明；对合同条款的重要内容和意思的说明和解释，还可以采取使用'说明笔录'的方式，把说明和解释工作情况记录在卷，由当事人签字；对重要客户的说明义务可以采用录音录像方式进行，把履行说明义务的工作情况用音像制品

---

① 参见汪华亮《保险合同信息提供义务研究》，中国政法大学出版社 2011 年版，第 153 页。

方式固定下来，从而证明保险人履行了自己的说明义务"①。

再如，也有法官认为，"目前保险人履行明确说明义务一般采取三种方式：一是以区别于其他条款的字体标识免责条款；二是除第一种所称的明显标识外，在保单上还注明'保险人告知'栏，提请投保人仔细阅读免责条款；三是除明显标识外，在保单上单独印刷一行'保险人已将保险合同的内容，包括责任免除部分向我做了说明，我也充分了解，同意该保险合同的内容，同意按该保险合同的内容订立合同'，然后投保人在此处签名。对于以上三种方式，前两种方式一般可以认定保险人已尽到了提示义务，第三种方式一般可以认定保险人尽了明确说明义务。……提示义务和说明义务已经明确分开，因此尚不能将保险公司的'明示告知'等同于明确说明"②。

即使是保险人通过代理人履行说明义务，人们关注的重点仍然是保险人一定要"备足"证明自己履行说明义务的证据或材料。例如，有观点认为，保险法对保险人如何履行说明义务并无具体规定，在订立财产保险合同时，可以通过保险公司内部管理规定在财产保险合同范围内对保险代理人的权限进行限定，规定对于免责条款明确说明等与保险人权益密切相关的义务必须由保险人直接向投保人履行并经投保人确认。只有这样，才能使保险人说明义务真正发挥作用，使保险法规定特别说明义务的立法目的真正得到实现，最大限度地平衡保险人和投保人之间信息不对称的状况，减少相关纠纷的发生。对于明确说明义务具体实现的方式，除了由保险人直接向投保人以口头方式进行之外，为方便保险人，可以通过代理人向投保人发出对免责条款的书面明确说明材料后由投保人签字确认等方式进行操作。③

很显然，对于特别说明义务，保险人对保险合同中约定的免除保险人

---

① 参见杨丽、栾黎等《关于保险合同纠纷案件中法律适用问题的调查报告》，中国法院网 2004 年 12 月 2 日。http：//old. chinacourt. org/public/detail. php？id ＝141265.

② 省法院民二庭课题组：《关于保险纠纷案件适用法律疑难问题的调研报告》，黑龙江法院网 2011 年 10 月 19 日。http：//www. hljcourt. gov. cn/public/detail. php？id ＝484.

③ 参见胡夏《保险人对免责条款的明确说明义务》，《人民司法·案例》2009年第 14 期。

责任条款的说明，仅有出示格式条款或提示投保人注意阅读相关条款，都不能达到明确说明的程度;① 尤其是，保险人虽可以口头形式对投保人进行说明，但要承担对抗"未说明"的举证不能的不利后果。特别说明义务的存在，严重割裂了我国法律有关说明方式自由主义的认识。保险人在履行特别说明义务时，说明方式必须是经选择并能够达到"明确"程度的方式，口头方式绝不可以使用。当我们在理论和实务上将如此多的精力都放在保险人履行说明义务的方式问题上，而不去关心保险人应当"说什么"和"说了什么"的情形下，我国保险法规定的保险人说明义务之立法目的已经被空洞化了，这值得深思。

对保险合同内容予以说明，其方式自由主义，并不表明保险人可以把"沉默"当作说明。对于保险合同的内容，保险人未作合同内容的解释或澄清，或者未对投保人的疑问或要求作出解释、澄清或者回应，都不表明保险人已尽说明义务。保险人的沉默或者未主动说明保险合同的内容，是保险人违反其说明义务的表现形式。

二 说明的对象

保险人并无义务对保险合同的所有内容或条款予以说明。保险合同中普通人均能理解的意思清楚的条款，以及并不直接关涉保险合同当事人或关系人的权利之条款，似乎没有说明的必要。况且，保险人对保险合同的条款是否予以说明以及如何说明，不影响保险合同的成立和生效。因此，说明的对象仅是保险合同中的部分条款或内容，而非保险合同的全部。

有学者认为，保险人应当说明的内容范围，限于保险合同条款规定的有关事项，至于保险合同条款内容以外的事项，诸如保险法的有关规定，保险人不负说明义务。② 另有学者认为，保险人依法应对保险合同中的一切条款进行说明，但保险人没有必要也不可能事无巨细地什么都说明一番，说明的范围应当限于：（1）影响投保人决定投保与否的有关条款，主要是保险合同的基本条款。（2）影响投保人合法权益的其他条款，主

---

① 当然，在司法实务中，我国有部分地方法院支持保险人以出示格式条款或者提示投保人注意的方式，履行特别说明义务。有关内容，参见汪华亮《保险合同信息提供义务研究》，中国政法大学出版社 2011 年版，第 151—152 页。

② 参见温世扬主编《保险法》，法律出版社 2003 年版，第 43 页。

要包括合同生效的时间和条件、免责条款、保险人的合同解除权、保险索赔的先决条件和其他影响被保险人索赔权利的条款。① 亦有学者认为，保险合同条款的基本内容构成保险人说明的对象；在订立保险合同时，投保人对保险合同任何事项提出的询问，保险人应当回答询问。② 还有学者认为，保险人说明义务的范围，应当以保险合同中的重要事项为中心。重要事项的判断标准一般以对接受说明的一方作出是否缔结保险合同的判断所产生的影响程度是否重要加以考虑，而重要事项所涵盖的范围，绝不仅仅限于保险合同约定的免除保险人责任条款。③

还有观点提出，保险人应当说明的对象仅限于保险合同中的格式条款，而格式条款的类型化，又有必要对说明的对象进行重新界定。保险合同的格式条款一般可以分成五类：（1）公共条款。记载保险险种共有的约定或法定事项的条款，包括保险人、投保人、被保险人、受益人等的姓名或名称、住所，以及保险标的等内容。（2）准权利义务条款。与保险人和被保险人权利义务的实现密切相关的条款，包括保险金额、保险期间、保险责任开始时间、保险金赔偿或给付办法、争议处理等内容。（3）权利义务条款。直接规定保险合同当事人、关系人权利义务的条款，主要包括投保人如实告知、缴纳保费、风险维持、及时通知、积极止损等义务和保险人及时足额给付保险金等义务。（4）释义条款。针对保险合同中的专业术语或其他内容进行解释和说明的条款。（5）专有条款。每一类保险合同区别于其他保险种类特有的、专门的条款。公共条款内容简单，不存在投保人不能理解的情形，释义条款已经对保险合同难以理解的事项作出说明和解释，保险人已不可能再作更有意义的补充；专有条款一般不对保险合同当事人的权利义务产生重大影响，且并不必然发生。对上述三类条款，保险人可以不作说明。准权利义务条款和权利义务条款，因

---

① 参见吴庆宝主编《保险诉讼原理与判例》，人民法院出版社 2005 年版，第186 页。

② 参见李玉泉主编《保险法学——理论与实务》，高等教育出版社 2007 年版，第 65 页。

③ 参见于海纯、吴民许《日本法上保险人说明义务制度及其启示》，《保险研究》2009 年第 8 期。

可能影响投保人是否投保和如何投保等关键性问题，保险人必须进行
说明。①

说明对象的取舍，相当程度上是对保险合同的内容所作价值判断的结
果。凡对保险人的相对人是否决定投保以及投保后的权益安排有影响的合
同内容和信息，不论其是否为格式条款所记载，保险人订立保险合同时，
均有义务向投保人予以说明。再者，对于投保人提出的有关保险合同的任
何疑问或询问，不论其是否为保险合同的条款，对于投保人而言，均构成
重要信息，保险人应当对之予以回复或解答。保险人说明义务之履行，目
的在于消除投保人对保险合同的疑虑，帮助投保人理解保险合同的内容。
所以，保险人在订立合同时应当说明的对象并不限于格式条款或保险合同
的记载，有可能包括保险合同内容记载以外的重要信息。

三　说明的程度

说明是保险人对保险合同内容、条款或合同使用的术语所为描述、解
释与澄清。保险人对投保人所为说明，如果达到完整、客观、真实、清楚
的程度，自然是一个完美的说明，符合保险人履行说明义务的程度无疑。
但是，如果我们要求保险人对保险合同的每一个条款，哪怕是那些免除保
险人责任条款，都要作出完整、客观、真实、清楚的说明，实无必要，客
观上也不现实。因此，保险人的说明应当以实现保险人说明义务的目的为
考虑因素，保险人的说明都是相对的，只要让具有一般智力和知识水平的
普通人能够基本理解保险合同相关条款的内容，即应当认为保险人已尽说
明义务。

在我国保险法上，确实有"说明"与"明确说明"的差别。但这种
差别是否应当存在呢？有学者认为，说明义务的目的在于帮助投保人理解
保险合同，该理解过程实质就是不断询问、听取保险人解释的过程；只有
完全理解合同条款的内容之后，投保人才不会再提出问题。"明确说明"
与"说明"不应当有区别，也无法加以区别。法律一旦要求义务人进行
说明，义务人就必须予以明确说明；说明不明确，实际上就没有履行该义
务。免责条款必须明确说明，而其他条款的说明也不得含糊。即使没有

---

① 参见吴勇敏、胡斌《对我国保险人说明义务制度的反思和重构》，《浙江大学
学报》（人文社会科学版）2010 年第 3 期。

《保险法》（2002 年）第 18 条，保险人也应当对免责条款的含义作明确说明，以使投保人、被保险人能够对此有清楚的了解。保险人可以针对保险条款的性质与投保人的实际交易能力，对不同条款与不同的投保人采取不同的说明方式，而投保人的询问正是最终检验说明义务是否有实效的依据。①

保险人的说明以达到帮助投保人理解保险合同的内容之目的为必要。对于保险合同的内容而言，保险人在说明的具体事项方面是具有相当大的弹性的。但是，保险人一旦选择对保险合同的内容作出具体描述、解释或者澄清疑问的说明方式时，其说明相对于普通人的理解而言，就应当是具体、客观、完整和清楚的。也就是说，保险人在说明保险合同的具体内容时，不得有所隐瞒、遗漏或者虚构。保险人在说明保险合同的内容时，也不得以隐晦的方式描述保险合同的条款或者使用引人误解的语言。在这个意义上，保险人的说明和"明确说明"之间是不存在差别的，凡对保险合同的内容进行说明的，其说明都应当是明确的。

第三节　免除保险人责任条款的说明

一　免除保险人责任条款之范围

我国保险法对于免除保险人责任条款之范围没有任何规定，理论和实务上都存在较大的分歧。有观点提出了某种担心，在实践中，保险公司基本上都会在保险合同所谓"责任免除条款"部分之外，拟定其他隐性的免责条款。如果这部分内容被排除在明确说明义务的范围之外，无疑将给保险人规避法定义务留下可乘之机。② 但是，我国司法实务作为保险争议的裁判者，对于免除保险人责任条款的司法裁判解释，会在相当程度上消除这个担心，保险公司所关注的将是我国司法实务所可能采取的立场，而不是如何利用保险法上含义不清晰的术语。

在我国保险法上，免除保险人责任条款的范围问题，曾经有过一个演

_____

① 参见曹兴权《反差与调适：保险人说明义务的履行》，《求索》2005 年第 2 期。

② 参见杨茂《完善我国保险人明确说明义务的法律思考》，《现代法学》2012 年第 2 期。

变的过程。起初，保险人应当予以"明确说明"的合同条款，仅仅限于"责任免除条款"。我国学者对于"责任免除条款"的理解，一般将之等同于保险合同中约定的"除外责任条款"。① 在保险实务上，保险公司使用的保险条款也逐渐将原先惯常使用的"除外责任"相应改成了"责任免除"，以便和《保险法》（1995 年）第 18 条之规定相对应。但是，也有学者对于我国《保险法》（1995 年）所规定之"责任免除条款"的内涵作出了不同的解释，保险合同中的责任免除条款，包括但不限于保险单或者保险条款所约定的"除外责任条款"，凡保险合同中约定的保险人免于承担保险责任的条款，诸如被保险人违反保险条件、保险合同的成立或生效条件等条款，均属之。② "责任免除条款字面含义的内容过狭，仅仅包括免除保险人的保险责任的条款，并不能包括保险合同中有关合同的成立、生效等限制保险人责任的条款"，应当作扩张解释而指向保险合同中约定"限制和免除保险人责任的条款"；限制和免除保险人责任的条款包括以下四个类别：（1）保险合同约定的限制合同成立或生效的条款，如约定保险合同为附条件（或期限）合同的条款；（2）保险人因有合同约定之事由免于承担保险责任的条款，如被保险人违反保险条件的条款；（3）保险合同中约定的效力终止的条款，如危险增加而解除合同的条款、因迟延支付保险费而导致合同失效的条款；（4）保险合同约定的除外责任条款。③《保险法》（2009 年）第 17 条第 2 款将"保险人责任免除条款"修改为"保险合同中免除保险人责任的条款"，其立场显然是要突破我国保险法理论和实务对于"责任免除条款"的一般认知。"免除保险人责任的条款"显然不限于"除外责任条款"。因为缺乏具体的立法理由，"免除保险人责任的条款"的外延边界如何确定，也就是说它包括"除外责任条款"在内的哪些保险合同条款，引起了理论和实务界的普遍关注。

有学者认为，对于明确说明义务的对象，如果限于"责任免除条款"，则保险人仅说明保险条款中命名为"责任免除"的部分即可；如果是保险合同约定的免除保险人责任条款，则保险合同中凡涉及免除责任的

---

① 参见李玉泉《保险法》（第二版），法律出版社 2003 年版，第 60 页。
② 参见邹海林《保险法教程》，首都经济贸易大学出版社 2002 年版，第 49 页。
③ 参见邹海林《保险法教程》（修订第二版），首都经济贸易大学出版社 2004 年版，第 25 页。

条款，即使不在保险条款中的"责任免除"部分，保险人亦须说明。这样，保险合同中的"解除条款"、"终止条款"，甚至"索赔时效条款"等，即使不在"责任免除"部分，但属于免除保险人责任的条款，保险人均须说明。如此，保险人之说明范围大大扩展。免除保险人责任条款应当包括：（1）不负赔付责任条款，包括保险合同中的"责任免除"部分和"被保险人义务"部分的免责条款。（2）限制责任条款，诸如比例赔付条款、自负额条款、免赔额条款、赔偿权放弃条款。（3）涉及特定效力的条款，诸如保险合同生效条款、效力中止条款、合同解除的条款、合同终止的条款。①

有观点认为，依照《保险法》（2009 年）第 17 条第 2 款之立法目的，"免除保险人责任条款"不仅包括保险单中的"责任免除"部分的条款，还应包括散落于保险单其他部分的免除保险人责任的条款。一般而言，"责任免除"部分的条款包括：不保危险所致损害、道德危险所致损害、保险标的自身属性或瑕疵所致损害等。在保险条款中，可能涉及保险人责任承担的条款包括：被保险人范围条款、保险责任条款、责任免除条款、保证条款、专业术语的释义条款、程序条款、合同生效条款、解除条款、被保险人义务条款等。上述条款有的明确表明，在其规定情形下保险人不承担保险责任，有的虽未作此明确表述，但根据其规定，可以推出如存在其规定情形，保险人将不承担保险责任。保险人是否应对所有导致保险人免除责任的条款履行明确说明义务，应综合免责条款存在的正当性以及设定保险人明确说明义务的立法目的进行综合考量。②

也有学者认为，应当依照重要性标准确定保险人应当"明确说明"的对象，主要有：（1）投保人所负担的费用、保费及其费率的变化以及结构信息；（2）保障风险的范围；（3）免除或限制保险人责任的条款；（4）投保人或被保险人义务及其违反效果条款；（5）权利行使期间及撤销、解除、消灭期间条款；（6）投保人或被保险人询问的事项；（7）投保人或被保险人权利放弃效果条款；（8）具有保证性质的特约条款；（9）投资收益及其风险条款；（10）行政法规和部门规章确定披露的信息；（11）可期待的给付及其计算和销售成本信息，以及其他对投保人缔

① 参见梁鹏《新〈保险法〉下说明义务之履行》，《保险研究》2009 年第 7 期。
② 参见张雪楳《保险人说明义务若干问题探析》，《法律适用》2010 年第 8 期。

约判断具有实质性影响的信息。①

还有观点认为，免除保险人责任条款还是应当限定在"责任免除"事项范围内。涉及免责事项的条款往往在保险合同条款中占据较大篇幅，如果不加限定地要求保险人对所有涉及免责的条款都予以说明，于公平与效率上亦似有不妥。保险合同中的很多条款是在特定情况下对保险人责任的免除，如当投保人不适当履行某些义务时，保险人的相应责任将被免除，这些条款大多是根据保险法或其他相关规定加以具体化和实践化而制定的，与一般的免责条款有着显著差异，但在性质与功能上又和免责条款本质上相同。这些条款一般均被表述在格式条款中的"投保人、被保险人义务"或者"赔偿处理"程序项下，而不是"责任免除"项下。这些限制是对保险人责任的合理限制和对投保人、被保险人义务违反的合理制约，是保险业健康发展不可或缺的必要条件，如果将其也认定为免责条款并要求保险人尽明确说明义务，一方面过分加重了保险人在缔约时的负担，于合同之公平原则似有不符，另一方面也不利于缔约的效率性，使解决合同纠纷时的情况更为复杂。②

有学者认为，免除保险人责任条款不能作无限扩大解释，保险人的说明义务是以降低交易成本为目的的信息提供义务，如果无限制扩大说明对象的范围，将会直接增加保险交易的成本；再者，如果保险人说明的内容过多，投保人也将迷失在信息的汪洋大海中无所适从，反而对那些直接、严重影响自己权利的条款不能给予足够的重视。因此，应当以文义解释为基础，并用目的解释方法对免除保险人责任条款进行适当扩张，其外延不仅包括保险合同中常见的责任免除条款（除外责任条款）、有关免赔率和条件等直接免除保险人责任的条款，还应当包括直接限制保险人责任的条款以及可能引起免除或者限制保险人责任效果的其他条款。③ 在我国司法实务中，曾有一种观点认为，保险合同中约定的保险公司承担保险责任范围的条款，实质上排除了保险责任范围之外保险公司承担保险责任的可能

---

① 参见于海纯《保险人缔约信息义务的边界》，《比较法研究》2011年第2期。

② 参见龚贻生、朱铭来、吕岩《论保险合同免责条款和保险人明确说明义务》，《保险研究》2011年第9期。

③ 参见汪华亮《保险合同信息提供义务研究》，中国政法大学出版社2011年版，第147页。

性，故约定保险责任范围的条款，是保险合同中的"最大的免责条款"，保险人应当对之予以"明确说明"，否则，该条款亦不产生效力。这种观点无限扩大免除保险人责任条款的项目，将保险责任范围条款和免除责任条款等同，不具有合理性；而且，如果将保险责任范围也理解成免除责任条款，势必要求保险公司对保险合同的全部内容向投保人作列举性说明，这没有必要也不可能。因此，保险合同中约定保险责任范围的条款，不是免除保险人责任条款。[①]

有学者认为，免除保险人责任条款的范围应当有边界，其不限于保险合同中约定的除外责任条款，还应当包括免责期、免赔额以及其他具有免除保险人责任性质的条款。[②] 也有学者认为，保险合同约定的免除保险人责任条款，一般可归纳为以下五种类型：（1）保险合同约定的限制合同成立或生效的条款，如约定保险合同为附条件（或期限）合同的条款；（2）保险人因有合同约定之事由免于承担保险责任的条款，如保险合同约定的保证条款；（3）保险合同中约定的合同效力终止的条款，如迟延支付保险费而导致合同失效或解除的条款；（4）保险合同约定的除外责任条款；（5）保险合同约定的限制保险人给付金额或方法的条款，诸如保险合同约定的免赔额条款、免赔率条款。[③]

在司法实务的层面，不同地区的法官对于免除保险人责任条款的范围表达了各自有差异的观点。例如，2010 年 4 月 9 日，重庆市高级人民法院《全市法院保险纠纷案件审判实务研讨会会议纪要说明稿》第 2 条强调，免除保险人责任条款应当包括免赔率条款和责任限制条款。2011 年 7 月 1 日，江苏省高级人民法院《关于审理保险合同纠纷案件若干问题的讨论纪要》第 1 条提出，责任免除、除外责任及其他有关免赔率、免赔额等部分或者全部免除保险人赔偿或者给付保险金责任的条款，应当认定为免除保险人责任条款。2011 年 7 月 22 日，广东省高级人民法院《关于审理保险合同纠纷案件若干问题的指导意见》第 8 条规定，则将保险合

---

① 参见刘建勋《新保险法经典、疑难案件判解》，法律出版社 2010 年版，第 210 页。

② 参见王伟《保险法》，格致出版社、上海人民出版社 2010 年版，第 75—76 页。

③ 参见常敏《保险法学》，法律出版社 2012 年版，第 65 页。

同约定的免赔率、免赔额、保证条款，以及约定当投保人或被保险人不履行义务时，保险人全部或部分免除赔付责任的条款，均排除在免除保险人责任条款范围之外。

对于免除保险人责任条款的范围，还有不少学者对法定免除保险人责任的条款持保留立场，而将这些条款排除在免除保险人责任条款之外。例如，有学者认为，免责条款作为权利义务条款的重要组成部分，虽应由保险人进行说明，但保险合同的免责条款较一般合同的免责条款有其特殊的正当性。它不仅是确定保险责任范围的重要基础，也是实现"对价平衡"原理的技术条件，很难想象实践中会有不具备免责条款的保险合同存在。要将免责条款划分为法定免责条款和约定免责条款两类。法定免责条款主要包括不保风险、保险标的自身属性以及道德危险中"保险合同订立时事故已发生"、"投保人、被保险人的故意行为"和"投保人、被保险人的违法犯罪行为"等内容，由于它源于合同法或保险法的直接规定，抑或是由保险监督管理委员会直接制定，应是普通大众都了解的内容，保险人无须进行说明；而对于除法定免责条款之外的约定免责条款，因其主要体现的是保险人的意志，保险人理应作出说明。① 还有学者认为，保险合同中约定的免除保险人责任条款，若其内容直接来源于保险法或者其他法律的强制性规定，不论保险合同对之是否有约定，保险人均不承担保险责任，这类条款即属法定免除保险人责任的条款。例如，被保险人故意造成保险事故的，保险人不承担保险责任。免除保险人责任条款不应当包括保险合同中约定的法定免除保险人责任的条款。②

我国保险法理论对免除保险人责任条款的外延所发生的争议，与《保险法》（2009 年）第 17 条第 2 款规定的刚性说明义务制度有直接的关系。如果不先搞清楚这个问题，刚性说明义务制度如何适用就是不好把握的。但是，恰恰就是这样一个前提性的问题，我国保险法给出了内涵与外延均不十分清楚的描述，在缺乏立法解释的情形下，学理上的解释恐怕都无益于问题的解决。保险合同的性质本身就是限制保险人责任的法律行为，保险人不可能而且也不会对所有的风险承担责任，保险人仅能依照保

---

① 参见吴勇敏、胡斌《对我国保险人说明义务制度的反思和重构》，《浙江大学学报》（人文社会科学版）2010 年第 3 期。

② 参见常敏《保险法学》，法律出版社 2012 年版，第 65 页。

险条款的选择对其所能控制的有限风险承担责任。俗话说得好，保险合同本身就是保险人"这也不保那也不保"的合同。之所以要订立保险合同，保险公司就是要把自己承担的责任降到最低。这无异于表明，保险合同的全部内容都是围绕保险人不承担或不应当承担责任而展开的。因为保险合同有了这个特点，我们若要在保险合同的条款中，真正找出哪些条款不是免除保险人责任条款，几乎是不太可能的事情。当然，在我国保险法继续维持刚性说明义务制度的情形下，讨论免除保险人责任条款的范围或外延还是有必要的，但在结论上恐怕难有共识。

二　免除保险人责任条款的提示方式

免除保险人责任条款的提示义务，这种具有法律意义的内容在于：保险人是否采取了"足以"引起投保人注意的措施？

有学者认为，提请注意保险合同条款的我国法渊源为《合同法》第39条。格式条款提供者应"采取合理的方式提请对方注意免除或者限制其责任的条款，按照对方的要求，对该条款予以说明"。保险人在订立保险合同时，对保险合同中的免除或限制保险人责任的条款的提示注意程度，应以"充分合理"为判断准据。"充分合理"是指，保险人向投保人或被保险人就保险条款订入保险合同的事实、保险条款中免除或限制责任条款和其他影响投保人或被保险人订约意思决定的重要事项的提示注意水平，须达到充分合理的基准。"足以引起注意"的提示注意标准和"充分合理"的提示注意标准有无差异？一般而言，"足以"的程度当然应当是充分的，但"足以"的程度如果过高可能会超出"合理性"的范畴，可能会违背规范提示注意立法的原义，并会增加判断上的难度。以"充分合理"为提示注意的准据，更显其可接受性、可理解性和可操作性。①

也有学者认为，"足以引起投保人注意的提示，不以投保人订立合同时已经注意到免除保险人责任的条款为必要，仅以保险人客观上采取了提请投保人注意的措施为必要。在保险实务中，足以引起投保人注意的提示，一般可以采取两种方式：其一为保险人使用了加重颜色的文字（如粗体字、黑体字）来突出免除保险人责任的条款，以示与保险合同的其

---

① 参见于海纯《保险人说明义务程度标准研究》，《保险研究》2008年第1期。

他条款有所区别；其二为保险人以特殊的方式（如在投保单或者其他保险凭证上）单独列明保险合同中的免除保险人责任的条款，并专门提请投保人注意或者阅读这些条款"①。

三　免除保险人责任条款的"明确说明"判断标准

关于保险人对免除保险人责任条款的说明，是否达到了我国保险法所要求的"明确"程度，事关我国保险法规定的刚性说明义务制度的适用，理论和实务上出现说明认定或者判断标准之争，应属情理之中的事情。

有学者认为，关于"说明"的判断标准，理论上有主观说与客观说之分。前者以说明人的自我感觉为判断标准，后者则以相对人对合同条款的理解为标准。从保险人订约说明义务的立法宗旨考虑，说明应采取客观标准，即以相对人是否理解合同条款内容及含义为标准。在实务上，客观标准又有个别标准与一般标准之别，前者强调具体保险合同中投保人对保险合同条款的理解，后者则以通常情况下具有一般知识的人对保险合同条款的理解为标准，而不考虑具体保险合同中投保人的个体特点。考虑到保险人与投保人的利益平衡，我国司法实践中应采取综合标准或称修正的一般标准，即原则上以投保人所处阶层一般人的认识水平为标准，同时兼顾特定投保人的特殊个体状况，保险人若明知或应知特定相对人的认识水平或理解能力低于一般人，则须以更大的勤勉予以解释和说明。② 也有学者认为，保险人的说明应充分顾及说明对象具体个案的差别性，不宜对所有的投保人设定一项程度统一的说明标准。应以普通外行公众的认知理解水平为一般性标准，以具体特殊个体的理解水平为例外。但无论是一般性外行公众抑或是例外特殊个体，均应以其主观范围上的理解与保险条款所反映的客观实情相一致为判断说明程度的基准。在此情形下，如面对智力残障人、文盲或半文盲等特殊情形，保险人就须以更高程度的提示注意与勤勉解说来履行说明义务，才能达到这一标准。③ 还有观点认为，客观说没有考虑对特殊投保人的权利保护问题，如在保险人明确知道投保人为文盲，对说明的内容理解能力低于普通智识能力的主体的情形下，仍然只按

①　常敏：《保险法学》，法律出版社2012年版，第65页。
②　参见温世扬《保险人订约说明义务之我见》，《法学杂志》2001年第2期。
③　于海纯：《保险人说明义务程度标准研究》，《保险研究》2008年第1期。

普通智识能力的主体所能理解的程度进行说明的话，则显然投保人不能理解该格式条款的内容和含义，当事人间不能就该条款达成合意。主观说虽然强调了对特定投保人的保护，但由于每个人的理解能力不同，是否履行了说明义务完全依赖于投保人主观意志理解，则对保险人也存在不公。应采用客观标准为主、主观标准为辅的原则来判定保险人是否履行了明确说明义务。即原则上，应达到使普通智识能力的社会主体能够理解的程度即可，但兼顾智力欠缺的人、"盲人"、"文盲"等特殊消费者。[1]

另有学者认为，理论上，保险人说明义务的判断标准有三个：（1）保险人的理解标准。只要保险人认为自己已经将保险合同条款向投保人作了适当说明，已经履行了说明义务。（2）投保人的理解标准。保险人对每个投保人就保险合同的内容所进行的说明，应当以该投保人完全明白或理解了该条款的内容为准。（3）合理的外行人理解标准。具有普通知识水平和智力的理智的外行人，在保险人对合同内容进行说明解释后，能够了解合同条款的真实含义，应当认为保险人已经履行了说明义务。保险人的理解标准和投保人的理解标准，只注重对保险合同一方当事人的保护而忽视了双方利益的衡量，达不到法律所要求的公平。而合理的外行人理解标准，既符合普通合同的规则，又兼顾保险合同是标准合同的特性，既侧重于对处于弱势地位的投保人的保护，又维护了保险人正常营业的基础，能够在平衡的基础上给予双方当事人以适当的保护，应是立法的发展趋势。[2] 也有学者认为，保险人标准即保险人对免除责任条款的说明达到自己能够理解即可，这种标准明显不合理，实不足取。被保险人标准是指保险人的说明须达到让与其签订保险合同之具体被保险人理解的程度。此标准要求说明须使各种各样的被保险人理解，对保险人来说，证明其说明已达到对方当事人能够理解的程度实在困难，且容易误导被保险人诈欺，被保险人可能动辄以自己不理解免责条款为由主张保险人赔偿，因此对保险人难言公平，亦不足取。理性外行人标准，是指保险人的说明程度须达到具有一般知识与智力水平的普通保险外行人理解的程度。相对来说，此标准站在中立第三方的立场来判断保险人的说明程度，兼顾了保险

---

[1] 参见张雪楳《保险人说明义务若干问题探析》，《法律适用》2010 年第 8 期。

[2] 参见徐卫东主编《商法基本问题研究》，法律出版社 2002 年版，第 392—393 页。

人和被保险人的利益，是一种客观、公正的标准。① 还有观点认为，至于明确说明的程度应如何界定，则应当由一个普通人能够以他的社会经验和知识，就保险合同的条款和保险人在理解上能够达成一致作为判断标准。尤其是对于一些正常投保人无法理解的但保险人有特殊要求的事项，应由保险人通过口头或书面形式向投保人做出完整、真实、客观的可以为普通人所理解的解释。②

以上关于保险人的说明标准的抽象认知，在分类上并没有本质的区别，区别主要在于描述说明标准的分类的语言或术语存在差异。但我们也可以看出，保险人的理解标准（主观说）和投保人的理解标准（客观说中的个别标准），并不受我国学者的推崇。关于保险人的说明判断标准，我国学者主要关注的仍是"合理的外行人理解标准"（客观说中的一般标准）。这是我国保险法理论和实务上的一个非常奇怪的现象，保险人的说明发生在保险合同订立时，其本身只有帮助投保人理解保险合同的内容之功效，并不具有解释或者确定保险合同内容的效果，但保险人"说了什么"，则应当对其所为说明负责，"说了什么"在保险合同成立后发生争议时，恰好能够成为解释保险合同的"证据"，尤其是做不利于保险人的解释时更具效果。所以，对于保险人的说明程度，并不需要在订立保险合同时进行如此缜密的判断，只需考虑保险人的说明是否与保险合同的条款内容一致。这样一个原本并不复杂的问题之所以在我国变得如此复杂，或者说成为我国具有特色的理论争议，原因就在于我国保险法所规定的"刚性说明义务制度"。刚性说明义务制度将保险人说明义务异化为保护投保人（被保险人或受益人）利益的工具，制度适用的前提就是保险人是否对"免除保险人责任条款"有否"明确说明"，若有"明确说明"的，"免除保险人责任条款"可以订入保险合同；否则，"免除保险人责任条款"不得订入保险合同。于是乎，造就了保险人"明确说明义务"的履行与否的标准之争。

有学者认为，保险法区分使用"说明"与"明确说明"具有相当的实益和必要性。就像"一般"和"重点"、"重要"和"非常重要"之概

---

① 参见梁鹏《新〈保险法〉下说明义务之履行》，《保险研究》2009 年第 7 期。
② 参见胡夏《保险人对免责条款的明确说明义务》，《人民司法·案例》2009 年第 14 期。

念内涵和外延有不同一样，"说明"与"明确说明"虽无本质之鸿沟，却有层次与机能上的差异。"说明"是指保险人于订约之前或订约之时阐述与解说构成保险契约内容之意义，以使投保人、被保险人正确认知和理解保险契约之内容，其指向于保险契约内容的整体；而"明确说明"是指保险人于订约之前或订约之时，对于保险契约中之保险人责任免除条款、投保人或被保险人义务条款等影响投保人或被保险人缔约意思决定的重要事项，在保险单或者其他保险凭证上作出充分合理的注意提示，并对有关免责条款、投保人或被保险人义务及其违反效果条款、保险术语及其他专门术语的含义及其适用等事项，以口头或书面等形式向投保人、被保险人或其代理人作出阐释和解说，以使其充分了解该条款的真实含义和法律后果。[①] 但不论怎么说，区分"说明"和"明确说明"的实益和必要性，都是我国立法人为制造出来的，也是具有中国特色的。

此外，我们还应当注意到，保险人的说明判断标准在司法实务中的应用。理论上的争议，应当与司法实务相结合。有学者认为，保险人对保险合同约定的免除保险人责任条款，是否已向投保人作出说明，或者说保险人的说明是否明确，则属于事实判断问题。保险合同的利害关系人对此发生争议的，保险人应当承担举证责任。[②] 保险人的说明义务是否履行，实际上仅是一个举证的问题。例如，有观点认为，保险人的提示义务不同于明确说明义务。投保人在订立保险合同时的声明不能作为认定保险人已履行明确说明义务的根据。投保人在打印有"上述各项内容填写属实。本人已详细阅读贵公司机动车辆综合保险条款，并特别注意到该条款中有关责任免除说明，同意订立保险合同"一栏上签名或盖章，构成投保人声明。投保人声明内容仅显示投保人确认对免责条款进行了注意，无法证明保险人曾向投保人口头或书面解释免责条款的过程，因此在形式上不符合明确说明的要求。投保人声明无法显示保险人曾对免责条款的概念、内容及法律后果等内容进行解释，在实质上没有达到明确说明的程度要求。即使通过投保人声明内容推定出保险人曾提示投保人对免责条款进行注意，

---

① 参见于海纯《保险人说明义务之涵义与规范属性辨析》，《保险研究》2009年第 11 期。

② 参见邹海林《保险法教程》（修订第二版），首都经济贸易大学出版社 2004年版，第 26 页。

也仅能表明保险人对投保人就免责条款履行了提示义务。提示义务和解释义务是两个不能等同的概念，保险人的提示对投保人对免责条款的理解并无帮助，投保人即使注意到免责条款的内容，也可能对免责条款的真实含义和法律后果并不理解。保险人仅履行提示义务，是不符合明确说明要求的。①

但是，如果投保人在声明中签名确认的内容增加"保险人已经对免除保险人责任的条款作出明确说明，本人已经理解并无疑问"之类的表述，效果又会如何呢？有学者认为，"在订立保险合同时，投保人在投保书或者其他提交给保险人的书据上签名确认保险人已经对免除保险人责任的条款作出明确说明的，应当认为保险人已尽明确说明义务"②。还有学者认为，"从证据类型上讲，'投保人声明'应当属于书证，而且属于直接证据，在其真实性能够得到证明的前提下，应当肯定它具有较高的证明力"③。更有法官为保险人履行说明义务提出了如下建议，"为减少争议，使履行义务规范化，保险人可以印制不同险种标准的具体说明事项详尽的说明书。在签约时，由代理人再结合保险条款、投保单一起交给投保人，并由代理人对重要权利义务进行解释，在投保人没有异议的情况下，在该文书上签字，正面说明保险人已履行义务"④。我国法院在个案裁判中，对保险人的说明是否全面、具体、客观和准确可以作出判断，但是，投保人在投保书或者其他书据上签名确认保险人已经对免除保险人责任的条款作出明确说明的，此签名确认的内容应当作为优势证据予以采信。

最后要说明的是，"免除保险人责任条款"的说明标准之争，或许会因为我国保险人说明义务的本位回归而销声匿迹，尽管目前还看不到这方面的迹象。有学者认为，在法律人的眼睛里，"明确说明"与"说明"不应当有区别，也无法加以区别。法律一旦要求义务人进行说明，义务人就必须予以明确说明；说明不明确，实际上就没有履行该义务。免责条款必

① 参见胡夏《保险人对免责条款的明确说明义务》，《人民司法·案例》2009年第14期。

② 常敏：《保险法学》，法律出版社2012年版，第65页。

③ 汪华亮：《保险合同信息提供义务研究》，中国政法大学出版社2011年版，第163页。

④ 吴安娜：《解构我国保险法的保险人说明义务制度》，《浙江海洋学院学报》（人文科学版）2005年第4期。

须明确说明，而其他条款的说明也不得含糊。即使没有《保险法》（2002年）第18条之规定，保险人也应当对免责条款的含义作明确说明，以使投保人或被保险人能够对此有清楚的了解。① 另有学者提出，我国保险法区分一般说明与明确说明的立法意旨，仅仅在于突出对免除保险人责任条款的说明，在实践中其实是很难加以区分的。因此应将二者统一起来。② 事实上，我国保险法理论对于刚性说明义务制度的存废已有不少的争议，若保险人的特别说明义务能够最终被一般说明义务所包容，尤其是《保险法》（2009年）第17条第2款规定的"刚性说明义务制度"能被废除，则前述保险人的说明判断标准的争议，自然也就没有什么市场了。

第四节 刚性说明义务制度的论争

一 刚性说明义务制度的构成

刚性说明义务制度，是指保险合同中免除保险人责任条款、以保险人的明确说明和提示作为生效条件的制度。依照我国《保险法》（2009年）第17条第2款的规定，刚性说明义务制度由以下要素组成：（1）该制度仅适用于保险合同中免除保险人责任条款，其他保险条款不适用；（2）保险人对免除保险人责任条款承担明确说明和提示的义务；（3）订立合同时，未明确说明或者提示的免除保险人责任条款不发生效力。显然，刚性说明义务制度的前两个构成要素，本质上为保险人说明义务制度；而第三个要素则是对免除保险人责任条款生效与否附加的法定条件，是保险人说明义务制度不包括的内容。因此，这里使用"刚性说明义务制度"这个提法，就是要将《保险法》（2009年）第17条第2款的规定与保险人说明义务制度相区别。刚性说明义务制度是我国保险法特有的。③

---

① 参见曹兴权《反差与调适：保险人说明义务的履行》，《求索》2005年第2期。

② 参见梁鹏《保险人抗辩限制研究》，中国人民公安大学出版社2008年版，第179—189页。

③ 有学者在讨论《保险法》（2002年）第18条的规定时，也称它"是中国特色的，在世界各国立法中极为罕见"。李玉泉：《保险法》（第二版），法律出版社2003年版，第60页。

保险人说明义务制度，基于诚实信用原则和合同当事人意思表示合意的理论，具有存在的合理性与妥当性，毋庸置疑。对于免除保险人责任条款，保险人在订立保险合同时，应当对投保人予以说明，并无不妥。不论法律对之是否有所规定，亦不论投保人在订立保险合同时是否有所要求，保险人基于诚实信用原则项下的先合同义务，也应当将免除保险人责任条款的内容告知投保人，并提请投保人注意，甚至协助投保人准确理解。对于保险人而言，要求其对投保人承担免除保险人责任条款的说明义务，一点都不为过。但是，如果法律规定将保险人的说明和提示作为免除保险人责任条款发生效力的条件，多少都已经偏离了保险人说明义务制度的基本目的。

二 关于刚性说明义务制度的价值判断

刚性说明义务制度创设于 1995 年。存在的就是合理的，刚性说明义务制度或许就是这样生成的。但是，我国保险法缺少相应的立法理由书可资参照，理论上探究其立法目的和缘由已经相当困难。那么究竟立法者是依据什么样的价值判断创设了这个制度？我国学者基于立法论和解释论的立场，对这个问题进行了相应探讨，但所有的分析似乎都停留在价值判断的层面上，而无法形成一套理论。

有学者认为，法律要求保险人尽说明义务，且须达到明确程度，是对保险合同的特征正确把握的结果，也是平衡保险人和投保人利益的要求，本身具有不可争议的正确性。至于所谓明确与否难以认定会致使保险合同除外责任条款效力不定之担心纯属多余，因其混淆了立法与法的适用，立法规定特别是实体法规定代表着立法者的价值判断，解决的是"在某种情形下法律应当如何处理"这样的问题，而"是否出现了法所规定的情形"本身属于事实判断，是法律的适用问题，不能够因为法律适用的困难特别是举证的困难而轻易地否定实体法上规定的正确性。① 在这里，是否可以感觉到前述观点的所谓"不可争议的正确性"结论，恰好是没有说服力的。难道对于保险人未说明或者未提示的免除保险人责任条款，只能选择让其不生效力这样一种处理方式？说明义务具有帮助投保人理解保

① 参见尹田主编《中国保险市场的法律调控》，社会科学文献出版社 2000 年版，第 120 页。

险合同内容的重要作用，但并不具有平衡保险人和投保人利益的功效，利益平衡问题是保险合同的内容控制和解释问题，不是保险人说明义务所关注和解决的问题。同时，将未说明的合同条款排除于保险合同的有效内容之外，是对保险合同的特征（机会性、专业性和格式化）的漠视，缺乏"除外责任"（因保险人未说明或提示而不生效力）条款的"合同"，无论如何不能称为"保险合同"。未说明或提示的免除保险人责任条款不产生效力之刚性规定，何以能够正确把握保险合同的特征？刚性说明义务制度在适用中存在的问题，恰恰反映的是这个制度本身所固有而无法回避的问题，而不是法律适用所能够解决的问题；刚性说明义务制度是导致法律适用问题丛生的原因，那我们只能检讨这个制度是否存在问题，也就是要检讨立法者选择这种制度的价值判断是否妥当？不可否认的是，代表着立法者价值判断而颁布的法律，并非都是"良法"。

还有观点认为，保险合同属于格式合同，保险合同的条款具有专业化和术语化的特点，内容条文繁多难以理解，在对保险合同条款的理解方面，投保人与保险人处于不平等地位。立法上要求保险人对合同条款予以说明，旨在确保保险合同因双方意思表示一致而成立，是保险合同成立的内在要求。我国保险立法中并未对保险免责条款的运用进行禁止或者限制性的规定，从而造成保险人在制定保险条款时对保险条款的运用有扩大或者滥用的趋势。因此，为了避免保险免责条款的订立不合理地增加投保人的责任，保险法通过要求保险人对免责条款进行明确告知的方式来限制保险人对免责条款的滥用。[1] 也有学者认为，保险人的明确说明义务之目的，在于防止保险人利用其单方制定格式合同的机会将一些不合理的免责条款加入到保险合同中，并有助于减少保险人和投保人、被保险人、受益人之间的期待差距和对条款的理解分歧。因此，保险人未就保险合同中的免责条款尽到说明义务，该免责条款将不发生效力。[2] 上述观点都表述了一个重要理由，即保险人的明确说明具有防止保险人利用其优势地位在合同中加入不公平条款的作用，这更是想象中的价值判断。保险人说明义务制度并没有这个功效，保险人对保险合同的内容"说了"还是"未说"，

---

① 参见胡夏《保险人对免责条款的明确说明义务》，《人民司法·案例》2009年第 14 期。

② 参见任自力主编《保险法学》，清华大学出版社 2010 年版，第 103 页。

对相关的保险条款的内容不会产生任何影响；同样，保险合同中如果有不公平条款存在，即使保险人对之予以了"明确说明"，《保险法》（2009年）第19条的规定仍将对其效力进行独立评价，与保险人说明义务无半点关联。

在我国保险法理论上，保险人说明义务的理论基础为诚实信用原则和当事人意思表示合意理论。保险人说明义务的制度构成，与诚实信用原则和当事人意思表示合意理论之间具有相当程度的契合性。但是，诚实信用原则和意思表示合意理论，却难以支撑起刚性说明义务制度因为诚实信用原则和意思表示合意理论，都不具有将"订约一方未说明或未提示的合同条款"排除在合同之外的效果。这正是我国学者对刚性说明义务制度无法解释清楚的地方。我国立法者在制定《保险法》（1995年）时，将"维护被保险人的合法利益"当作起草法律条文的三大原则之一；① 在修订《保险法》（2002年）时，也继续强调"着重加强对被保险人利益的保护"，其措施之一就是在保险人的说明责任免除条款之外，增加规定保险人应当作出"足以引起投保人注意的提示"；保险人未说明或者未提示责任免除条款的，该条款不产生效力。② 刚性说明义务制度的创设，或许根本就不需要什么理论支撑，只要有一个保护被保险人利益的基本价值判断就够了。免除保险人责任条款不利于被保险人，保险人未作说明或提示，投保人订立合同时就不知道该条款的存在，最简单易行的处理方法就是让这些条款无效。这或许就是立法者当时创设这个制度以及后来继续强化这个制度的基本价值判断。由此价值判断而成就的刚性说明义务制度难免会有些武断，导致这个制度完全脱离保险人说明义务的法理论和体系结构，自成系统独立发展。刚性说明义务制度与其说是保险人说明义务制度，不如说是保护被保险人或受益人利益的特殊工具。在该制度创设以来的十多年间，我国学者对保险人说明义务的研究主要是集中于这个制度，但却未能将这个制度说清楚。不得不说的是，刚性说明义务制度是我国独有的，若要为该制度的合理存在创设一种理论或者找到理由，估计是太困

---

① 参见周正庆1995年2月21日在第八届全国人民代表大会常务委员会第十二次会议上所作《关于〈中华人民共和国保险法（草案）〉的说明》。

② 参见《保险法修订草案全文及说明》，http://www.gov.cn/test/2008－12/10/content_ 1173418_ 3. htm。

难了。

在我国，并没有人对保险法要特别保护被保险人或受益人的利益表示怀疑，也共同认识到保险法要不断强化保险人的义务和限制保险人的优势地位，以最大限度地提升处于弱势的被保险人的地位。但是，不能因为我们具有这些目的或愿望，在法律制度实现机制或手段上就可以不顾及保险人说明义务制度的法理念与制度体系。在保护被保险人利益的价值判断上，刚性说明义务制度或许具有一定的功效，但是否就是最为合理和有效的制度选择，则是需要实践检验和讨论的问题。有必要强调的是，刚性说明义务制度的创设在立法过程中是缺乏论证的，而该制度在长达十余年的实践中问题丛生而受到诟病，是到应当深刻反省的时候了。

三 关于刚性说明义务制度弊端的检讨

刚性说明义务制度是否为良法？许多学者对此都持有保留立场，有些学者还建议废除该制度。例如，有学者认为，我国《保险法》（2002 年）有关"责任免除条款"因未说明而不生效力之规定应当取消，将保险人明确说明"责任免除条款"的义务予以淡化，要求保险人对投保人尽"责任免除条款"的提示注意义务，以取代《保险法》（2002 年）规定的明确说明义务；仅当投保人对保险合同的条款提出疑问时，保险人应当对投保人的疑问之事项予以说明。[①]

对于刚性说明义务制度存在的弊端，我国学者从不同角度进行了检视。从该制度的实施效果上判断，刚性说明义务制度有损于保险交易的安全，并同时促成了保险索赔时对该制度的"滥用"。

有学者认为，"未明确说明的，该条款不产生效力"之规定，实际上使得保险合同的所有除外责任条款均可能处于效力不确定状态（是否产生效力，取决于保险人是否对之作出"明确说明"，若双方对此存在争议，就只能求诸法院或仲裁机关作出事实判断），从而成为诱发保险合同纠纷的直接动因，在客观上极不利于保险业务的稳定发展。[②] 还有学者认为，刚性说明义务制度将保险合同中免除保险人责任条款附加保险人明确

---

① 参见常敏、邹海林《我国保险法修订的路径思考》，载谢宪主编《保险法评论》（第二卷），中国法制出版社 2009 年版。

② 参见温世扬《保险人订约说明义务之我见》，《法学杂志》2001 年第 2 期。

说明或提示之生效条件，从保护交易安全的角度上考虑是存在问题的。以保险人是否"明确说明"和"提示投保人注意"来决定免除保险人责任条款的效力，结果使得保险合同约定的免除保险人责任条款，在订立合同时就"可能"处于效力不确定的状态。这是诱发保险合同纠纷的直接动因，在客观上也极不利于保险业务的稳定发展。①

也有学者认为，我国《保险法》（2002 年）第 18 条规定，没有处理好保险原理与保护投保人利益之间的矛盾，容易造成制度预期与现实之间的强烈反差。凡是保险人没有明确说明的责任免除条款都将无效，即使那些体现了"大数法则"要求而内化于保险产品的条款也不例外。这样做的确能够有效保护投保人利益，但却违背了维护保险团体性的基本原理，而对于那些在销售中根本无法进行说明的保险产品，则更是"灭顶之灾"。保险业"诚信危机"已经引起了社会普遍关注，增强保险人说明义务、严格规范保险人说明行为的呼声高涨；但如此不顾一般交易常识、违背保险交易惯例而规定强化保险人的说明义务，是难以产生促进诚信的效果的，反而会进一步加剧保险交易和投保人利益保护之间的矛盾。②

还有学者认为，在司法实践中，凡保险人依据保险合同中的责任免除条款拒绝赔偿保险金，并因此引发与被保险人之间的诉讼时，被保险人一般都会引用《保险法》（2002 年）第 18 条关于保险人对责任免除条款说明义务的规定，主张保险人援用来拒赔的责任免除条款无效。此时，保险人必须举证证明其已对该条款进行了明确说明。但是，保险人的经办人员或代理人在承保过程中实际上很少进行说明，即使确实有过相关的口头说明也无法举证，因而，法院往往会认定保险人援引来拒赔的责任免除条款无效，并判令保险人向被保险人给付保险金。因此，《保险法》（2002年）第 18 条已成为实务中保险客户对付保险人拒赔的有效"杀伤武器"。保险人说明义务规则大大增加了保险人的法律风险，即使从保险的技术性原理看来属于合理拒赔的保险纠纷案件，也因为无法证明已经履行说明义

---

① 参见邹海林《评中国大陆保险法的修改》，《月旦法学》（台北）第 99 期，2003 年 8 月；常敏、邹海林：《我国保险法修订的路径思考》，载谢宪主编《保险法评论》（第二卷），中国法制出版社 2009 年版。

② 参见曹兴权《反差与调适：保险人说明义务的履行》，《求索》2005 年第 2 期。

务而败诉。①

另有学者认为，经考察国内大量涉及说明义务的案件后发现，事实上，保险人在面对说明义务时承担了过高的败诉风险。即便是在《保险法》（2009 年）的框架下，保险人也因难以证明他已向投保人履行了说明义务而被绝大多数法院以免责条款无效为由判令向被保险人承担赔偿责任。因此，毫不夸张地说，"保险人说明义务制度"在某种程度上已经成为投保人（被保险人）滥用权利的"挡箭牌"，若任其发展必将损害到保险业的团体性利益，影响保险业的健康发展，最终损害被保险人的利益。②

保险合同是分散危险的合同，保险人要用合同中的免除保险人责任条款控制风险的范围和程度，但却因为刚性说明义务制度的存在，使得保险人事实上可能丧失控制风险的能力。这是一种制度性的风险，保险人无法避免也无法克服，对保险交易安全的危害巨大，严重损害保险业发展的环境。刚性说明义务制度固有的结构缺陷及其不可操作性，使得被保险人可以轻易利用这个制度来摧毁保险人符合行业标准的控制风险的合同措施。

还有学者认为，在保险合同订入的免责条款中，有些是法定免责条款（包括保险监管部门制定的各种保险条款中的免责条款），若依未说明不产生效力规则，势必导致法定免责条款因保险人未作明确说明而归于无效。因此，"未明确说明的，该条款不产生效力"之规定，与法律的普遍约束力原则是相违背的。若保险人违反订约说明义务，投保人可行使解约权以为救济，或通过合同解释（适用不利解释原则）得到充分保护，因而上述规定并无必要。③ 在这里应当强调一个基本原理，即保险合同的条款是否有效，取决于当事人之间的意思表示合意，并不取决于合同当事人一方在订立合同时的说明。订约人一方在订立合同时对合同内容或条款所为说明，仅为订约人的单方意思，与订约意思表示的合意无关。

刚性说明义务制度在立法论上是缺乏正当性的。有学者认为，保险是

---

① 参见李理《保险人说明义务若干疑难问题研究》，《河北法学》2007 年第 12 期。

② 参见吴勇敏、胡斌《对我国保险人说明义务制度的反思和重构》，《浙江大学学报》（人文社会科学版）2010 年第 3 期。

③ 参见温世扬《保险人订约说明义务之我见》，《法学杂志》2001 年第 2 期。

对被保险人面临的风险之分担，保险人不可能对所有的被保险人面临的危险承担责任，免除保险人责任条款是保险作为一种服务型产品的"特有"品质，如果仅仅因为保险人对之没有作出"明确说明"，这些条款就不产生效力，无异于保险人要对被保险人面临的所有风险承担责任。在这个意义上，《保险法》（2002 年）第 18 条之规定，违背保险"产品"的特质。特别是，在我国《保险法》（2002 年）上，关于合同无效（全部无效或部分条款的无效）的条款仅有以下 4 个条文：第 12 条第 2 款、第 18 条、第 40 条第 2 款和第 56 条第 1 款。《保险法》（2002 年）第 12 条第 2 款、第 40 条第 2 款以及第 56 条第 1 款所规定的保险合同无效，究其原因均在于投保人的行为有悖于社会公共利益，其妥当性不容置疑；但第 18 条将保险人未作"明确说明"的条款规定为"无效"，似与社会公共利益关联甚少。我国《合同法》第 39 条也没有以"无效"对待未作说明的格式合同条款。所有这些使得《保险法》（2002 年）第 18 条的立法理由之正当性更受怀疑。[1]

刚性说明义务制度不具有可操作性，已为普遍达成的共识。有学者认为，我国《保险法》（2002 年）第 18 条是缺乏可操作性的。有些保险产品在销售中根本无法进行说明，对于这样的保险产品要求保险人作明确说明，否则责任免除条款不生效力，这是分配给保险人不能完成的工作。再者，要让保险人详细说明每个条款也是不可能的，尤其是哪些条款属于责任免除条款，保险人应当说明到何种程度，我国保险法都没有给出标准。[2] 当然，我国学术界和司法实务界历经了这么多年的讨论，仅在保险人应当对免除保险人责任条款"如何说"的说明方式这个问题上都难以达成共识[3]，无论如何也不能说我国保险法规定的刚性说明义务制度具有

① 参见邹海林主编《中国商法的发展研究》，中国社会科学出版社 2008 年版，第 298 页。

② 参见曹兴权《反差与调适：保险人说明义务的履行》，《求索》2005 年第 2 期。

③ 参见杨丽、栾黎等《关于保险合同纠纷案件中法律适用问题的调查报告》，中国法院网 2004 年 12 月 2 日。http://old.chinacourt.org/public/detail.php? id = 141265. 省法院民二庭课题组：《关于保险纠纷案件适用法律疑难问题的调研报告》，黑龙江法院网 2011 年 10 月 19 日。http://www.hljcourt.gov.cn/public/detail.php? id =484.

可操作性。一个缺乏可操作性的法律制度，在相当程度上决定着免除保险人责任条款在保险合同中的效力，屡受指责亦在情理之中。

另有学者研究认为，保险人不履行说明义务的现象是普遍存在的。这说明，在保险人说明义务问题上，法的指引作用未能充分地体现。与之相对应的则是，没有履行说明义务的保险人和履行了说明义务的保险人，在面对免除保险人责任条款时，因为证明问题的存在，而使他们所处的地位基本相同，都可能要承担条款无效的风险，法的制裁作用也不能充分地实现。形成如此局面的原因，主要有：（1）保险人说明义务的制度运行成本过高；（2）保险人履行说明义务并非其成本收益分析后的最佳选择，保险人不履行说明义务所承担的风险，远远低于其期望收益；（3）保险业的营销模式或体制，难以建构起保险代理人履行说明义务的机制。除以上主要原因，我国全社会范围内的信用缺失、代理人素质参差不齐、投保人保险知识缺乏或意识淡薄、保险市场竞争不足或者竞争无序，都对说明义务制度的实践效果产生影响。① 以上分析为检视我国保险法规定的刚性说明义务制度的不足提供了一种思考路径。即使有刚性说明义务制度，也没有促成投保人在保险市场中享受到保险人明确说明保险条款的服务。除了保险人宁愿承担风险而不能或者不愿意说明的以外，是否还应当考虑保险人没有必要说明或者根本无法说明的情形，而所有这些情形都与保险市场环境和法律环境相关。刚性说明义务制度如果不能与这些因素或者环境形成一个良性互动的共同体，那么其存在的价值就应当打上一个大大的问号。

① 参见汪华亮《保险合同信息提供义务研究》，中国政法大学出版社 2011 年版，第 174—180 页。

第 七 章

告 知 义 务 论

第一节 如实告知义务的性质

一 如实告知义务的理论基础

如实告知义务是保险人控制风险的制度体系的重要组成部分。如实告知义务，是指投保人在订立保险合同时，将其知晓的有关保险标的的危险情况或与危险情况有关的事项，如实告知保险人所承担的义务。我国《保险法》（2009 年）第 16 条对投保人的如实告知义务有较为全面的规定。告知，是投保人对保险人有关保险标的和被保险人的情况的询问所作的说明、答复或者陈述。投保人的告知，本身不是保险合同内容的组成部分，它仅仅构成影响保险合同成立的一个因子。因此，告知独立于保险合同而存在；告知仅是投保人在保险合同订立时向保险人就事实问题作出的说明或陈述。

关于告知义务的理论基础，学者间存在一定的分歧。但归纳起来，我国学者对于告知义务的理论，提出了四种不同的主张：诚信说、合意说、担保说和技术说。学者多同意技术说这种理论。总体而言，诚信说有循环论证之嫌；合意说在于保险告知义务承担人对于危险程度及其范围等可能缺乏正确的判断，保险人以此为由解除合同对于保险告知义务承担人而言未免过于苛刻；瑕疵担保义务是附随于合同效力的义务，而保险告知义务则是订立合同时保险告知义务承担人所应负的先合同义务；只有危险测定说认为保险合同的成立以能测定危险、计算保险费为条件。①

在我国保险法理论上，应当以诚实信用原则和控制风险理论作为如实告知义务的理论基础。例如，有学者认为，有关告知义务理论的学说有诚信说、合意说、担保说、射幸说和危险测定说。保险法作为商法的一部分，其本身就具有较强的技术性，保险合同的订立有赖于保险技术的支撑。从表面上看，危险测定说注重测定危险的技术要求，似乎反映了如实告知义务的本质。然而，如实告知义务在技术上得到支撑的同时，也要在制度上找到其存在的根据。本质上，如实告知义务应当属于先合同义务，先合同义务是以诚实信用原则为基础的。因此，如实告知义务应该以诚实信用原则为最基本的理论基础。另外，当保险合同订立时，负有如实告知义务的当事人在履行该义务的同时，要求获得保险相对人一致的意思表示。所以，能够全面说明如实告知义务的学理基础的观点应该是危险测定说并辅以诚信说与合意说。②

保险合同的成立，以能测定危险、计算保险费为条件，投保人的告知义务就成为保险人开展保险业务所必需的一项技术上的手段或措施。对于保险标的之危险情况或信息，在保险人和投保人之间存在严重的信息不对称问题，保险人需要借助于投保人的协助来完成对保险标的之危险的估计，从而决定是否承保以及如何收取保险费。有学者认为，"告知义务具有独特性和固有性。告知义务不是一般合同法的概念和制度，而是保险法特有的概念和制度，它反映了保险合同和保险行业的特殊性——保险人依赖投保方告知的内容评价风险，这是保险业赖以生成和合理运营的基础与前提"③。

因此，如实告知义务在保险合同订立时发挥着协助保险人测定风险和确定费率的重要作用，是保险人开展保险业务控制风险的措施之一。在测定保险标的之风险时，如果保险人欠缺必要的技术手段，投保人的告知对于保险人测定风险就至关重要，投保人的告知遂与保险合同的约束力紧密

---

① 参见李玉泉《保险法》（第二版），法律出版社 2003 年版，第 57—58 页；李红润：《论保险法上的告知义务——兼论我国〈保险法〉第 16 条的完善》，《经济与法制》2010 年第 9 期。

② 参见徐卫东、李泓祎、赵亮《投保人如实告知义务刍议》，《学习与探索》2012 年第 4 期。

③ 邹惠：《保险法告知义务的立法缺陷及完善》，《政法学刊》2008 年第 4 期。

联系在一起。可以这么说，保险合同的效力被牢牢地绑在了投保人如实告知义务的履行上。投保人在订立合同时的告知或者陈述是否真实，对于保险人依照保险合同承担责任具有基础性作用；只要投保人所为陈述是真实的，其后所发生的任何变化，对已经成立的合同不会产生影响；否则，保险人将不受保险合同的约束。

二　如实告知义务的性质

如实告知义务为保险法规定之投保人所承担的法定义务。有学者认为，告知义务存在于保险合同订立阶段，从性质上看，该义务不是合同义务，而是先合同义务。告知义务直接源自法律的规定，而非当事人的约定，因此告知义务为法定义务。① 如实告知义务规范为相对强制性规范，不论保险人和投保人在订立保险合同时是否明确投保人有告知义务，投保人均承担如实告知义务，但在订立保险合同时，保险人可以通过保险条款或者其他意思表示，对投保人如实告知义务的内容或事项作出限定或免除投保人的告知义务。有学者提出，"投保人告知义务为相对强制规范，保险条款可以作出更加有利于投保人一方的不同约定，但是不得作出更加不利于投保人一方的约定，否则该条款无效"②。

如实告知义务虽被称为法定义务和先合同义务，但与我国合同法上的先合同义务相比，有无性质上的差异？对此，我国保险法理论研究尚未有效展开。在这里讨论如实告知义务的性质，无非是要回答在投保人违反如实告知义务时如何救济保险人或者如何适用法律的问题。投保人违反如实告知义务，我国保险法对于保险人的救济已有相应的规定，即保险人可以解除保险合同或者不承担保险责任。如此规定是否与如实告知义务的性质有关？

有学者或许已经意识到如实告知义务与合同法上的先合同义务有所不同，但未对之展开深入分析。例如，有学者认为，最大诚信原则对投保人是一种不利益的法律约束，当投保人违反告知义务时，保险人只能解除合

---

① 参见温世扬主编《保险法》，法律出版社 2003 年版，第 39—40 页。
② 汪华亮：《保险合同信息提供义务研究》，中国政法大学出版社 2011 年版，第 220 页。

同或不负赔偿责任，而不能强制投保人履行其告知义务或提出损害赔
偿。① 还有学者认为，如实告知义务并非投保人和保险人意思表示一致而
产生的义务，只是投保人单方面应当履行的"义务"；投保人的告知不
实，自然不会引起保险合同上的义务不履行的责任；保险人也不得以投保
人违反如实告知义务，要求投保人履行如实告知义务，或者请求损害赔
偿。我国保险法对如实告知义务的违反之救济已有明文规定，保险人仅能
寻求解除保险合同或不承担保险责任的救济。②

如实告知义务在性质上应属保险法规定的特殊先合同义务。在合同法
上，订约双方互为承担先合同义务，在订立合同时一方违反先合同义务，
另一方可以相应主张解除或者撤销合同，并可以主张信赖利益丧失的损害
赔偿。然而，在保险法上，或许情形有所不同。保险法有关如实告知义务
制度的结构设计，只专注于投保人的告知义务和保险人的风险测定之间的
关联。保险人依照保险合同承担的保险责任，属于不确定的风险责任。保
险人之所以承保处于不确定状态的危险，很大程度上基于对保险标的之危
险发生程度的测定和估计；而危险发生程度决定着保险费率的高低。投保
人是否对保险标的之重要情况作如实描述或者陈述，直接影响到保险人测
定和估计危险以及决定是否承保，影响到保险人对保险费率的选择。因
此，如实告知义务，仅与保险人测定风险相关，至于风险测定有误所引起
的不利益，保险人只需要解除保险合同即可获得救济，不存在其他保险人
的信赖利益损失问题。尤其是，投保人所承担的如实告知义务纯粹是投保
人单方承担的义务，不具有双向性，即保险人并没有与如实告知义务相对
应的义务。因此，专门服务于保险人测定风险的如实告知义务，以及该义
务所具有的单向性特征，使得如实告知义务不同于合同法上的先合同义
务，仅仅是保险法限定其适用条件和效果的特殊先合同义务。我国保险法
将保险人解除保险合同作为投保人违反如实告知义务的唯一救济手段，并
不涉及合同法上的缔约过失责任的适用。只有这样理解投保人的告知义
务，也就为发生如实告知义务争议时，保险人只能寻求保险法规定的解除
合同之救济提供了解释上的依据，保险人不得再主张合同法规定的撤销保

① 参见李玉泉《保险法》（第二版），法律出版社2003年版，第66页。
② 参见邹海林《保险法教程》（修订第二版），首都经济贸易大学出版社2004
年版，第28页。

险合同或者信赖利益赔偿的其他救济。

另外，在我国保险法理论上，有不少学者经常将投保人的如实告知义务与保险人的说明义务作为对应的义务加以理解。例如，有观点认为，就我国保险法规定的告知义务相比较于保险人的说明义务而言，二者之间的利益失衡。"对于投保人未履行如实告知义务的法律后果，法条第二、三、四款都是具体关于违反这一义务所产生的法律后果。根据投保人的不同主观形态，保险人可以解除合同，对发生的保险事故不负赔偿或给付保险金的责任，甚至可以不退还保险费。这不免给我们这样的感觉：投保人和保险人有着相互对应的法律义务，即保险人的说明义务和投保人的告知义务，但当同样违反义务时，投保人要承担种种不利的、否定的法律后果而保险人却不用承担任何法律后果。有相互对应的义务，却没有相互对应的责任，这不能不说是投保人与保险人之间一种极大的不平衡与不公平。"① 还有学者认为，保险人的一般说明义务之目的在于帮助缺乏保险知识的投保人作出知情选择，并且有利于投保人尽到如实告知义务；如果投保人未尽到如实告知义务是因为保险人未尽到说明义务导致的，保险人的抗辩将受到限制。②

投保人的如实告知义务和保险人说明义务虽有诚实信用原则作为理论基础，但是二者具有性质上的不同。如实告知义务和保险人说明义务并没有形成彼此对应的权利义务体系，前者是保险人控制风险的制度措施的组成部分，而后者仅仅是辅助投保人作出缔约真实意思表示的工具而已。将二者放在一起比较和理解，属于对象比较错误，二者不具有可比性。

第二节　如实告知的制度结构

一　告知义务人的范围

告知义务为先合同义务，只有订立合同的人才承担告知义务。一般而言，告知义务人限于与保险人订立保险合同的相对人，即投保人。我国《保险法》（2009 年）第 16 条规定，订立保险合同时，保险人询问的，

---

① 凌永芳：《保险最大诚信还应彰显公平价值——对保险法第十七条规定不足与完善的思考》，《广东财经职业学院学报》2009 年第 4 期。

② 参见任自力主编《保险法学》，清华大学出版社 2010 年版，第 103 页。

投保人应当如实告知。但是，因为保险合同的权利义务关系的特殊分配机制，财产保险的被保险人受保险合同保障，并享受保险合同约定的给付利益；人身保险的被保险人以其身体或者寿命作为保险标的，并享受保险合同约定的给付利益。因此，与保险合同承保的标的有直接利害关系的被保险人，对于保险人测定危险的措施是否应当承担相应的义务？因为我国保险法对被保险人应否承担如实告知义务未有明文规定，在保险法的理论和实务上，告知义务人的范围是否应当包括被保险人，一直存在不同的看法。

我国学者一般认为，告知义务人包括投保人和被保险人。被保险人作为告知义务人，是扩大解释保险法规定的负有告知义务的投保人的结果。例如，有学者认为，我国保险法仅规定投保人负告知义务，应对保险法规定的投保人作扩张解释，负如实告知义务的主体应当包括投保人和被保险人，但受益人不负告知义务。① 还有学者认为，告知义务的具体行为称为陈述或声明。在财产保险中，仅有投保人负有告知义务；而在人身保险中，投保人、被保险人皆为告知义务人，但受益人一般不负告知义务。② 另有观点提出，保险法规定了如实告知义务的主体为投保人，这样规定似有不妥，应明确规定不论财产保险还是人身保险，保险告知义务的主体均应为投保人和被保险人，特殊情况下还应包括投保人的代理人。③

但也有学者认为，告知义务人仅限于投保人。当投保人与被保险人不是一人时，告知义务的主体应限于投保人，不应包括被保险人。例如，投保人为未成年子女或者年迈力衰的父母投保人身保险，投保人可能比被保险人更清楚后者的病史和健康状况。即使被保险人真的比投保人拥有更多的信息，要求被保险人承担告知义务也是一项增加交易成本、弊大于利的制度。在实践中，一些保险条款约定被保险人负有和投保人相同的告知义务的，此类保险条款加重了被保险人的义务，应当无效。④

我国有学者认为，将被保险人列入告知义务人的范围，是平衡保险合

① 参见樊启荣《保险法论》，中国法制出版社 2001 年版，第 138 页。
② 参见李玉泉《保险法》（第二版），法律出版社 2003 年版，第 57 页。
③ 参见李红润《论保险法上的告知义务——兼论我国〈保险法〉第 16 条的完善》，《经济与法制》2010 年第 9 期，第 245—247 页。
④ 汪华亮：《论作为行为规范的告知义务》，《法学杂志》2011 年第 12 期，第 121—123 页。

同的各方利益的结果，亦符合告知义务制度的目的。例如，有观点认为，将被保险人纳入如实告知义务主体的范围，符合告知义务制度设计的目的。被保险人对保险标的最为了解，只有被保险人也履行告知义务，才能更好地降低社会交易成本，对投保人和保险人都是有益的。而且，被保险人是以其财产和人身受保险合同保障的利害关系人，根据权利和义务相一致的原则，被保险人应负如实告知义务。此外，对于保险人来说，被保险人与保险合同是有着利害关系的，保险人对被保险人承担其保险保障责任，应有权利要求被保险人如实告知。从法律上来说，这种做法对双方也是最为公平的。至于在被保险人是无民事或限制民事行为能力人的情形下，可以由其父母或监护人、法定代理人履行告知义务。在实践中，投保人和被保险人在很多情况下是不一致的，被保险人往往和保险合同有着比投保人更密切的利害关系，只要求投保人履行如实告知义务，并不能最大限度地解决投保人和保险人之间的信息不对称问题，极易导致保险合同无效或者被解除，保险人和投保人订立合同的目的势必落空。因此，将被保险人规定为告知义务人，是十分必要的。[1] 还有观点认为，被保险人的告知对保险人判断风险、作出承保决定以及确定保险费率的适用有至关重要的影响。可以说，在很多情况下，保险人作出这些决定将完全依赖于被保险人所告知的风险状况。保险作为一个发挥"社会稳定器"功能的行业，其存在的基础就是必须对被保险人及其他保险标的进行合理的风险费用精算，否则，这个行业无法存在。但司法实践中有一种倾向习惯于否认这一点，适用法律只着眼于投保人、被保险人相对于保险人的弱势地位，这样进行司法裁量是不客观、不专业和不公平的。因此，被保险人应当作为重要的告知义务主体。[2]

在我国的司法实务中，法官的观点也是存在很大差异的。例如，一种观点认为，被保险人应负告知义务。理由主要是如实告知义务的立法依据主要是最大诚信原则，及保障保险人正确估算危险，并依此决定是否承保和确定保险费率。被保险人在财产保险中对保险标的的状况及危险发生情

---

① 参见凌永芳《保险最大诚信还应彰显公平价值——对保险法第十七条规定不足与完善的思考》，《广东财经职业学院学报》2009 年第 4 期。

② 参见周海涛、李天生《保险法如实告知义务的司法裁量》，《保险研究》2010 年第 11 期。

况最为了解，在人身保险中对自己身体状况的了解更为透彻，特别是有关被保险人的个人或隐秘事项，除被保险人本人，投保人难以知晓，从而影响保险人对危险的判断。另一种观点认为，被保险人不负如实告知义务。理由是当投保人与被保险人分属两人时，法律要求投保人与被保险人之间存在特定关系，即投保人对被保险人的情况是非常清楚的，不会影响保险人对危险的评估。而且，当被保险人是限制或无民事行为能力人时，他的告知无法律效力，要求被保险人承担如实告知义务无任何实际意义。虽然被保险人不是保险合同当事人，但其为保险合同关系人，与保险合同具有密切的利害关系，保险合同是否生效对其有重大影响。被保险人负告知义务符合保险法精神，应对保险法告知义务主体作扩大解释，告知义务人除投保人外还包括被保险人，这不仅符合如实告知义务的本质，也有利于减少保险纠纷的发生。至于被保险人是限制或无民事行为能力人的情况，立法上可作除外规定。①

　　另有学者提出，承担告知义务的投保人应进行扩张解释，即还应包括被保险人、投保人之代理人以及保险经纪人。在投保人与被保险人两者合一的场合，称被保险人也负有如实告知义务并无异议。而在投保人与被保险人两者不合一的场合，被保险人是否负有如实告知义务呢？被保险人是危险发生的承受者，应该是最为关注保险标的危险、最为了解保险标的实际情况的人，如果被保险人不负如实告知义务，势必影响保险人对危险的测定。被保险人被视为投保人，故被保险人也应负有如实告知义务。作为先合同义务的投保人如实告知义务，自然应该包含在保险经纪人为投保人与保险人洽订合同（合同订立之前）的中介事宜之中。因此，保险经纪人也应该负有如实告知义务。② 在这里，被保险人有如实告知义务，已如上述，不用多加讨论，投保人的代理人在订立保险合同时，与投保人具有相同的法律地位，承担如实告知义务无须专门讨论；但对于保险经纪人应当承担如实告知义务的问题，法理依据何在，值得讨论。

　　对于告知义务人的范围的理解，我们似乎不应受保险合同的订约人

---

　　① 参见省法院民二庭课题组《关于保险纠纷案件适用法律疑难问题的调研报告》，2011 年 10 月 19 日。http：//www. hljcourt. gov. cn/public/detail. php？id＝484.

　　② 参见徐卫东、李泓祎、赵亮《投保人如实告知义务刍议》，《学习与探索》2012 年第 4 期。

（投保人）的局限。是否为保险合同的订约人，不是有无如实告知义务的绝对条件。如实告知义务为保险人测定风险的一项重要措施，投保人对保险人承担如实告知义务，主要源自其订约人地位；但被保险人虽不参与保险合同的订立，并不表明其不承担如实告知义务。被保险人受保险合同的直接保障，对保险标的或其自身的情况最为了解，在诚实信用原则的维度内，被保险人是没有理由拒绝回应或者回答保险人对其所为询问的，更没有理由就其隐瞒或者虚伪陈述的行为不承担任何后果。因此，当保险人在测定风险时，认为有必要而询问被保险人的，被保险人应当承担如实告知义务。

二　保险人的询问

保险人的询问与投保人的告知有无关联，长期以来在保险实务和理论上都存在争议。我国学者都承认，投保人并不负担无限告知义务。但是，投保人在承担如实告知义务时，是否应当以保险人的询问为必要？这在理论上存在分歧。再者，即使我国保险法规定了询问告知义务，是否保险人未询问的事项投保人就不承担告知义务？这也是存在争议的。

有学者认为，在确定投保人应当告知的事项时，应当以询问告知为原则，自动申告为补充。如果允许投保人对足以影响保险人承保的有关事项在保险人未询问的情况下不负告知义务，则违反最大诚信的基本要求。保险法的立法目标应当考虑投保人和保险人双方的利益平衡，不能片面地保护投保人，以放纵投保人的失信行为。我国保险法规定保险人可以就保险标的或被保险人的有关情况提出询问，投保人应当作如实回答，但并不意味着投保人对保险人未询问的、足以影响保险的有关事项就不负告知义务，这与询问告知主义的要求明显存在区别。因此，投保人应当告知的事项主要是保险人询问的事项，但对有些情况下，保险人虽未询问、但足以影响保险的重大事项也负有告知义务。[①]

另有学者认为，保险人经营保险业务，富有经验，在订立保险合同时，哪些事项应当由投保人告知保险人最为清楚，若其不向投保人进行询问，基于诚实信用的考虑，该事项对保险人而言就是不重要的事项。再

---

① 参见温世扬主编《保险法》，法律出版社 2003 年版，第 40 页。

者，不考虑保险人的询问，要求投保人（被保险人）主动判断何者为重要事实并告知保险人，并将投保人未能告知的不利后果施加于投保人，保险人始终处于十分有利的地位，对投保人（被保险人）既不合理也不公平。因此，保险立法有必要规定询问告知主义，以提升投保人订立保险合同时的地位。《保险法》（1995 年）规定了"询问告知义务"。保险人在订立保险合同时所为询问，直接效果在于"激活"或者提请投保人履行如实告知义务。投保人应当如实告知保险人的事实，以保险人在订立保险合同时询问的事项为限；保险人没有询问的，投保人不承担告知义务。①

还有观点认为，保险公司放弃保险法所赋予的对保险标的和被保险人有关情况的询问权，投保人的如实告知义务相应免除。例如，保险公司的业务员或代理人代替投保人填写投保单、问卷调查，并代替投保人在投保单中签字，则投保人没有机会阅读到投保单中的有关内容，不知道也没有条件知道保险公司就保险标的或被保险人的有关情况提出了哪些询问，当然地不承担告知义务。对于某些短期的、保险金额不大的保险合同，保险公司并未在投保单中设计调查问卷，甚至不要求投保人签署投保单，只要求投保人交纳保险费，即以"手撕保险单"的方式与投保人订立保险合同，在此情况下，投保人无告知义务。②

保险人的询问构成投保人承担告知义务的先决条件，是否应当采用一定的形式呢？对此，有观点认为，保险人的询问应当采取书面形式。我国保险法对询问和告知的方式，应采取书面回答主义，不仅人身保险，其他保险也应明确投保人履行告知义务，接受询问采取书面方式。通过书面询问与告知，可以明确保险人所询问的事项为重要事项，对于书面询问以外的事项，义务人不必告知，这有利于保护投保人和被保险人的利益。同时，这样做也加快了双方订立合同的速度，提高了交易效率。③ 如果从证据的角度而言，保险人的询问采用书面形式较为妥当可取，但这并非法律的要求。我国保险法对于保险人的询问形式并无相应的规定，依照意思表

---

① 参见邹海林《保险法教程》（修订第二版），首都经济贸易大学出版社 2004 年版，第 29—30 页。

② 参见刘建勋《新保险法经典、疑难案例判解》，法律出版社 2010 年版，第 178—179 页。

③ 参见凌永芳《保险最大诚信还应彰显公平价值——对保险法第十七条规定不足与完善的思考》，《广东财经职业学院学报》2009 年第 4 期。

示形式自由的原则，保险人自然可以口头、书面或者数据电文等形式对投保人进行询问，不以书面形式的询问为限。有学者提出，"保险人的询问，可以是口头的，也可以是书面的，还可以是其他形式。实务中，保险人往往根据不同的险种设计了投保单，有的险种，保险人还设计了风险询问表（Questionaire），要求投保人在投保时如实地逐项填写，据此测定是否承保和费率的大小。投保单应与风险询问表一样，也可以视为是保险人的书面询问"①。

此外，保险人的询问，也不限于保险人本人所为询问；保险人的代理人或者其业务人员在其权限范围内所为询问，亦产生保险人本人询问相同的效果。对于保险人的代理人或其业务人员所为询问，投保人亦应对其询问的事项如实告知，如实告知的效果及于保险人本人。例如，有学者认为，保险人并非当然的、唯一的如实告知义务受领人。保险人对投保人所作出的询问事项往往以书面询问的形式，由其代理人或者其指定的业务员向投保人作出询问，投保人对该等人员履行如实告知义务之效力亦应等同于对保险人履行之效力。②

三 告知事项的范围

一般而言，投保人应当如实告知的事实仅限于重要事实。有学者认为，"告知的内容，主要是指重要事实的告知。因为告知的目的是使保险人准确了解与保险标的的危险状况有关的重要事实"③。因此，对于保险人判断保险标的的危险情况或者被保险人的有关风险事项并不重要的事实，投保人不必告知。在理论上，投保人没有义务告知保险人询问的所有事项，只要投保人的行为符合诚实信用原则，投保人可以不告知保险人询问的某些事项。

我国学者一般认为，投保人告知事项的范围，应以与保险标的的危险状况或者被保险人有关的重要事实为限。例如，有学者提出，投保人应当告知的事项限于"重要事项"。在认定是否属于"重要事项"时，应结合

① 李玉泉：《保险法》（第二版），法律出版社 2003 年版，第 61—62 页。
② 参见徐卫东、李泓祎、赵亮《投保人如实告知义务刍议》，《学习与探索》2012 年第 4 期。
③ 李玉泉：《保险法》（第二版），法律出版社 2003 年版，第 58 页。

以下三个因素：其一，保险利益情况；其二，保险标的的性质状况；其三，保险标的物安全方面的情况。但对于保险人询问的事项，投保人如果能够证明不是重要事项的，可以拒绝告知。① 有观点提出，投保人承担的告知义务有其主观构成要件。在主观上，首先是未告知或告知不实的事实仅限于投保人知道或应当知道的事实，对投保人或被保险人本人未掌握或不可能知情的事实不负告知义务。对保险标的的危险程度降低、保险人已知或应知的事实，保险人申明不需告知或放弃的事实，依默示或明示保险条款不需告知的事实，投保人亦不负此义务。②

但是，我国也有学者认为，投保人告知事项的范围，应以与保险标的的危险状况或者被保险人有关的重要事实为限，但不受保险人询问的限制。例如，有学者认为，允许投保人对足以影响保险的有关事项在保险人未询问时不负告知义务违反最大诚信原则；保险法规定如实告知义务的目的在于平衡投保人和保险人双方的利益，不应片面保护投保人一方，否则，可能放纵投保人的失信行为。我国《保险法》（2002 年）第 17 条的字面含义，也无法得出投保人对保险人未询问的、足以影响保险的有关事项不负有告知义务的结论。因此，投保人应当告知的事项，主要是保险人询问的事项，但对有些情况下，保险人虽未询问，但足以影响保险的重大事项也负有告知义务。③ 还有学者指出，投保人告知的事项须具备以下条件：（1）告知的内容须是重要事实。在"重要事实"的判断标准问题上，应当以询问告知主义为原则，自动申告主义为补充。（2）告知的内容须是保险告知义务承担人知道或应知道的事实。（3）告知的内容须不是保险人已知或应知的事实。④

还有学者表达了如下的观点，投保人的告知，或者与保险标的的危险程度有关，或者与被保险人的个人情况相关。投保人所作的告知只应当是针对其投保的险种具体确定内容，正如告知义务的存在基础所指出的那样，保险本身的风险管理性质决定了告知内容只在保险人对风险的合理估

---

① 参见孙积禄《投保人告知义务研究》，《中国政法大学学报》2003 年第 3 期。

② 参见吴庆宝主编《保险诉讼原理与判例》，人民法院出版社 2005 年版，第 196 页。

③ 参见温世扬主编《保险法》，法律出版社 2003 年版，第 40 页。

④ 参见李红润《论保险法上的告知义务——兼论我国〈保险法〉第 16 条的完善》，《经济与法制》2010 年第 9 期。

算范围之内，如同我国《保险法》（2002 年）所称"足以影响保险人决定是否同意承保或者提高保险费率"的内容。告知内容一定是重要的事项，但保险人询问的事项并不一定是重要的事项。按照询问告知主义，只有保险人对重大事项的询问，投保人才必须如实告知。判断告知内容的事实重要性标准，不能依义务人或保险人的主观意思决定，须依事实的性质综合各种情况进行客观的、全面的考察。假如该事实足以影响保险人承受危险的决定时即为重要事实，而义务人主观上认为不重要、在询问时未作出告知，也产生告知义务的违反。对于有关事项的未告知或者告知不实，保险人须证明其重要性。[①]

考虑到我国保险法对于告知事项的范围未有明确的限定，尽管我国保险法所用语词不同，诸如"故意隐瞒事实，不履行如实告知义务"、"过失未履行如实告知义务"、"故意不履行如实告知义务"等，但都会涉及一个核心问题，即告知事项的重大性问题。有学者认为，投保人"故意不履行如实告知义务"，保险人对于保险合同解除前发生的保险事故不承担保险责任。上述规定没有区别投保人未告知保险人的事项是保险人据以承保的"重要事实"还是其他"重要事实"，一律作为保险人解除保险合同或者拒绝承担保险责任的理由似有不妥。保护保险人的利益也应当公平兼顾投保人（被保险人）的利益，我国《保险法》（2002 年）第 17 条第 2 款和第 3 款规定之"故意隐瞒事实"和"故意不履行如实告知义务"均应当作限缩解释，投保人所故意隐瞒的事实或者故意不履行如实告知义务而隐瞒或者虚伪陈述的事实，应以保险人据以承保的"重要事实"为限。[②] 为更准确地限定投保人的告知事项范围，我国应当通过修改保险法处理好以下问题：（1）明文规定免除投保人或被保险人如实告知义务的正当事由，以减轻投保人或被保险人履行如实告知义务的负担，诸如有关保险风险降低，或者保险人已经知道或者在通常的业务活动中应当知道的事项，投保人不必告知保险人。（2）将投保人或被保险人应当如实告知的事项限定于保险人询问的"重要事项"，仅以投保人或被保险人未告知

---

① 参见吴庆宝主编《保险诉讼原理与判例》，人民法院出版社 2005 年版，第 198—200 页。

② 参见邹海林《保险法教程》（修订第二版），首都经济贸易大学出版社 2004 年版，第 31 页。

保险人的事项之"重要性",作为保险人主张解除保险合同或者拒绝承担保险责任的事实基准,以缩小保险人寻求违反如实告知义务救济的空间。①

另有学者认为,"在保险人询问的事项中,凡属估计危险的事实,均为重要事实;与之相对应,保险人未询问的事项,不论该事项是否为估计危险的事实,均被排除于重要事实之外。因此,重要事实是保险人询问的估计危险的事实。投保人在订立保险合同时,对于保险人询问以外的事项未如实告知,即使该事实在性质上构成估计危险的事实,保险人亦不得以投保人未如实告知为由,对保险合同的有效性提出争议"②。

究竟何种事实为重要事实?我国学者还进行了列举式的探讨。例如,有学者认为,以保险人列入投保单中的问题,作为判断重要事实的出发点。对于投保单中的具体问题,推定其具有重要性,投保人必须如实告知;与此相对应,所有没有列入投保单中的问题,即便是重要事实,均不属于投保人告知义务的范围。对于某些特定的事实,即使已经列入投保单中,但基于法律的排除性规定,投保人也不必告知,这些事实主要包括保险人知道或者应当知道的事实以及保险人明确声明免除投保人告知义务的事实。③

在我国司法实务上,北京市高级人民法院认为,"在下列情形下,投保人的如实告知义务被免除:(1)投保人未告知的事实会导致保险风险的出险率降低;(2)保险人知道或者应当知道的事实;(3)保险人明确声明免除投保人对相关事项的告知义务"④。江西省高级人民法院认为,"投保人对保险人所询问的下列事项不作回答,不应认定为如实告知义务的违反:(一)为保险人所已知的;(二)依常理判断保险人已知的;(三)经保险人声明不必进行告知的"⑤。也有学者认为,投保人应当如

① 参见邹海林主编《中国商法的发展研究》,中国社会科学出版社 2008 年版,第 297—298 页。

② 常敏:《保险合同可争议制度研究》,《环球法律评论》2012 年第 2 期。

③ 参见汪华亮《论作为行为规范的告知义务》,《法学杂志》2011 年第 12 期。

④ 参见北京市高级人民法院《关于审理保险合同纠纷案件若干问题的指导意见(试行)》(2004 年 12 月 20 日)第 14 条。

⑤ 江西省高级人民法院《关于审理保险合同纠纷案件若干问题的指导意见(一)》(2010 年 12 月 21 日)第 6 条。

实告知的事实，以保险人提出询问的范围为限。原则上，保险人提出的询问，应当具体、客观，并与保险标的的危险状况有关，或者与被保险人的个人情况有关，而这些有关的询问均为保险人在决定是否承保和选择保险费率时，应当予以考虑的因素。据此，投保人应当告知的内容原则上限于以下事实：（1）足以使承保危险增加的事实；（2）为特殊动机投保的，有关投保动机的事实；（3）表示承保危险的特殊性质的事实；（4）显示保险标的在某方面非正常的事实。而且，投保人应当告知的这些事实，可以归纳为三种性质的事实，即对事实的陈述、对将来事件或行为的陈述，以及对他人的陈述的转述。但对于下列事项，即使构成影响保险风险的重要事实，除非保险人特别询问，投保人可以不告知：（1）保险风险降低的；（2）保险人已经知道或者在通常的业务活动中应当知道的；（3）经保险人申明不需告知的；（4）投保人按照默示或者明示担保条款不需告知的。①

这里还要注意，当保险人询问的事项是否为重要事实发生争议时，究竟有无判断重要事实的标准？

有学者认为，我国保险法没有明确规定何为"重要事实"，但《保险法》（2002年）第17条第2款提到"足以影响保险人决定是否同意承保或者提高保险费率"的说法，可以看作是对"重要事实"的认定标准。对同一事实，保险人认为是重要事实，被保险人认为不是重要事实，或者有的保险人认为是重要事实，而有的保险人则不认为是重要事实，应当以哪个主体的认识作为判断标准呢？在此情形下，选择保险人的认识作为标准，要比选择被保险人的认识作为标准更加合理，但是，选择判断重要事实的保险人标准应当是谨慎保险人标准或理性保险人标准。②

还有法官认为，"是以保险人认为的标准来衡量是否为重要事实，还是以投保人的标准来衡量？一般来讲，在询问告知、有限告知的原则下，把重要事实判断的权利义务全部施加于保险人，要求保险人自己提供需了解的事项，推定其明确询问的事实具有重要性，是'重要事实'，要求投保人如实回答，推定没有明确询问的事实不具重要性。但是如果投保人能

---

① 参见常敏《保险法学》，法律出版社2012年版，第67—68页。
② 参见梁鹏《保险人抗辩限制研究》，中国人民公安大学出版社2008年版，第154页下。

够证明保险人询问的事实不重要，不是'重要事实'，即使其未告知，也不构成对如实告知义务的违反。所以当事人就此发生争议的，对是否'重要事实'的判断既不能依保险人也不能依投保人的主观意思决定，应当由法院根据个案的具体情势，依事实的性质综合各种情况进行客观的、全面的考察、判断，同时，还要以一个合理谨慎的保险人在这种情况下是否受到影响（是否承保或提高保险费率）作为标准。"①

　　上述内容所讨论之事项，均与保险人的询问相关。在我国的保险实务中，经常会面对这样一种"其他应当告知或说明……"的"兜底式"或者"模糊"询问。兜底式或模糊询问的内容指向不是十分清楚，但又不能认为保险人未询问。如果保险人询问的内容不够清晰或具体，投保人有无告知义务？

　　在我国的司法实务上，对于兜底式或模糊询问所持立场基本相同，但理由有所不同。例如，有法院认为，这种兜底式或模糊询问在内容上违反了有限告知原则，实际上扩大了投保人的如实告知义务，应当认定这些询问事项无效，对这些询问的不真实的回答，即使有证据证明投保人是故意隐瞒事实，也不能认为投保人违反了如实告知义务。② 也有法院认为，"投保人的如实告知义务限于保险人询问的事项，对于保险人未询问的事项，投保人不负如实告知义务。保险人在询问表、告知书等上面采用'其他'、'除此以外'等询问方式的，视为没有询问"③。

　　但是，有学者认为，兜底式或模糊询问事项无效的观点并无依据，也不合理。对于兜底式或模糊询问，因为保险法没有明确规定，也不存在《合同法》第52条规定的无效情形，将之认定为无效缺乏法律依据。兜底式或模糊询问事项虽然概括，但毕竟是保险人表达的询问意思，如果投保人未告知或告知不实存在故意或重大过失而不承担任何消极后果，有违最大诚信原则和公平原则。兜底式或模糊询问在性质上并不属于当事人对合同条款内容有争议的情况，没有适用我国保险法规定的"疑义利益解

---

① 省法院民二庭课题组：《关于保险纠纷案件适用法律疑难问题的调研报告》，2011 年 10 月 19 日。http：//www.hljcourt.gov.cn/public/detail.php？id＝484.
② 参见北京市高级人民法院《关于审理保险合同纠纷案件若干问题的指导意见（试行）》（2004 年 12 月 20 日）第 12 条。
③ 山东省高级人民法院《关于审理保险合同纠纷案件若干问题的意见（试行）》（2011 年）第 4 条。

释原则"的余地。兜底式或模糊询问毕竟还是属于对法律规定的"询问告知"的理解问题。在这种情况下，法官应当对未告知的事项进行裁量，判断该未告知事项是否属于足以影响保险人作出承保或者决定提高费率的"重要事实"，而不应一概而论地判定询问事项无效。① 另有学者认为，对于投保单中的兜底性问题，需要根据具体情况加以判断。如果是没有任何限制的兜底性问题，应当认定为询问无效，或者视为保险人未提出询问。如果是位于列举的问题之后、针对某一方面提出询问的兜底性问题，通常应当认定为询问有效。②

此外，投保人的告知事项还受投保人的认知能力的限制。投保人不知道的事项，以及投保人尽其注意义务而无法知道的事项，均不承担如实告知义务。有学者认为，"被保险人对保险人的告知应当有一定的限制，所告知的内容不能超出一个具有'有限理性'的人所能告知的范围。法学上，具有轻微过失和完全无过错的人不应当承担责任。其原因在于，轻微过失和完全无过错的事实都属于一个'有限理性'的人不能掌握的认知范畴，在这种情况下，要求承担责任是与人性相违背的"③。还有观点认为，"所有保险合同的投保人，都是普通的公民与机构，他们不是万能的，不可能做到无所不知；经验的缺乏、知识的有限、认知能力的不足，均有可能导致投保人对客观情形产生错误的判断。在订立保险合同的过程中，如果要求投保人将自己不知道的，尤其是无法知道的情况必须向保险人予以全面告知，否则即构成不诚信，确属勉为其难。因此，应当将投保人'如实告知'之'如实'，理解为'如其所知'，而不宜理解为'如其实际'"④。在这个意义上，投保人应当如实告知的事项，限于投保人知道或者应当知道的事项。

何为投保人"应当知道"的事项？究竟应当以投保人的谨慎还是一

① 参见周海涛、李天生《保险法如实告知义务的司法裁量》，《保险研究》2010年第11期。
② 参见汪华亮《论作为行为规范的告知义务》，《法学杂志》2011年第12期，第121—123页。
③ 梁鹏：《保险人抗辩限制研究》，中国人民公安大学出版社2008年版，第146—147页。
④ 刘建勋：《新保险法经典、疑难案例判解》，法律出版社2010年版，第170页。

般人的谨慎作为判断标准，理论上有不同的观点。有学者认为，应当以一般意义上非特定的被保险人应当具有的谨慎作为标准，按照普通人标准就可以了解到的信息，为投保人应当知道的事项。① 也有学者认为，应当知道的事项，要按照同类一般人的常识来确定义务人应当知道的事实，即应当知道的事项，限于那些只要尽同类一般人应有的谨慎即可了解到的情况，而同类一般人因商业经营者和普通消费者有所不同。② 另有学者提出，应当知道的事项应以投保人的谨慎作为判断标准，包括那些特定的投保人可以较低成本获取的信息。因为特定的投保人相对于保险人而言，得以较低成本获取信息，故其对于投保人和保险人均不知道的事项负有调查义务。③

四　告知与保险人的调查

投保人对保险人所询问的被保险人的有关情况承担告知义务，但保险人基于对测定风险的谨慎，往往会对投保人告知的事实进行相应的调查。例如，保险人依照投保人的告知对保险标的进行必要的查验，要求被保险人在其确定的时间和指定的医疗机构进行体检等。

被保险人按照保险人的要求所为体检，对投保人的告知义务会产生怎样的影响？

有法官认为，我国有不少学者对于这个问题持肯定的立场，因为在他们看来，在人寿保险或健康保险中，如果保险人未指定医生检查被保险人的身体状况，投保人或被保险人应履行如实告知义务，如有故意或过失不履行如实告知义务的情形，保险人可以解除合同。反之，如果保险人指定医生检查被保险人的身体状况，虽可因此增加危险估计正确性，但同时也削弱了投保人或被保险人的如实告知义务，这是因为保险人所知及应知事项因其代理人检查医生的介入而扩大。因此凡体检医生检查可以发现的病症，即为保险人所知；即使体检医生因学识经验不足，对于检查的结果未

---

① 参见樊启荣《保险契约告知义务制度论》，中国政法大学出版社 2004 年版，第 187—188 页。

② 参见曹兴权《保险合同缔约信息义务制度研究》，中国检察出版社 2004 年版，第 191—192 页。

③ 参见汪华亮《保险合同信息提供义务研究》，中国政法大学出版社 2011 年版，第 231—232 页。

能作出适当的研究判定，或因故意或过失而作出错误的判断，也属保险人应知，投保人或被保险人对之不负告知义务。但这样的立场是不对的。不能因为体检程序的采用而减轻投保人的如实告知义务。有两个理由：（1）投保人的如实告知义务为法定义务，非有法定的免除或减轻事由，不能随意减轻这一义务。（2）体检只是保险人用于过滤欺诈投保的辅助手段，如果仅仅因为保险人启用了体检手段，就免除投保人的如实告知义务，无异于鼓励投保人隐瞒实情，打击保险人采用体检程序的热情，势必导致保险人取消体检程序。①

有学者认为，"在人身保险合同中，体检仅为如实告知义务的辅助手段，受医疗水平与体检成本的制约，体检程序尚不足以减免投保人或被保险人的如实告知义务，如仅仅因为保险人有体检程序而免除投保人或被保险人的如实告知义务，无异于鼓励保险欺诈，也将导致保险人取消体检程序或加重投保人的告知义务成本"②。还有观点认为，保险人指定医院体检不可免除投保人的告知义务，因为被保险人的体检只是对投保人告知义务的补充，无替代投保人告知义务之功能，非独立法律制度。③

另有学者认为，保险人出于谨慎的考虑安排被保险人体检，投保人的如实告知义务不能因此而免除。实际上，保险人安排体检，只是保险人采取的一种风险控制措施，安排体检并不意味着对危险情况的完全确认，对被保险人进行体检，并非保险人衡量危险状况并据以承保的决定性因素，体检因为医疗技术水平等原因也未必能发现投保人的告知有无隐瞒或虚假，对被保险人进行体检不意味着投保人可因此免除相应的如实告知义务。④ 有法官认为，"关于医师体检与如实告知义务的关系。人身保险中，保险人往往会对被保险人组织相关体检，由此带来的问题是，对于体检未能查出的问题，是否可以免除投保人的如实告知义务。《意见》的思路是，如实告知义务是通过使投保人负担义务的方式为保险人评估危险提供

---

① 参见刘振《对保险案件审理中几个法律适用难点的初步思考》，《保险研究》2004 年第 5 期。

② 路志明：《保险合同诚信义务之司法规制》，《山东审判》2009 年第 3 期。

③ 参见胡岩《信息不对称下投保人告知义务的法律规制》，《北京工商大学学报》2011 年 26 卷第 5 期，第 84—91 页。

④ 参见王伟《保险法》，格致出版社、上海人民出版社 2010 年版，第 68—69 页。

途径，但是其并不排斥保险人作为合同当事人通过其他措施积极主动预测、评估危险。因此如实告知义务和保险人组织体检是并行不悖的两项制度，并不能相互替代。对于医师体检未发现的病状，如果投保人在订立合同时确实知道，也应当如实告知，否则应承担相应的不利后果"①。故在我国的司法实务中，尤其是涉及人寿保险的被保险人体检问题，不少法院都认为，人身保险合同中，投保人的如实告知义务不因保险人指定的机构对被保险人进行体检而免除。②

投保人如实告知义务与保险人对保险标的进行查验或安排被保险人体检，均属于保险人控制风险的具体措施，但其具有不同的法律意义。如实告知义务是投保人对保险人承担的义务，除非保险人另有意思表示或者法律另有规定，如实告知义务不得免除或者减轻。保险人对保险标的进行查验或安排被保险人体检，则为保险人控制风险所采取的另一项措施，与投保人的如实告知义务没有关系，其目的并不在于验证投保人告知的事实是否属实，而在于自行搜集信息为保险人测定风险提供辅助。因此，查验保险标的或安排体检与投保人如实告知义务之履行，没有法律上的联系。

与上述讨论有所不同的如下问题，应当值得注意。保险人要求被保险人到指定医院体检，或者对保险标的的危险状况进行查验，不能免除投保人的如实告知义务。但是，如果保险人指定的体检医院就被保险人是否患有某种疾病已有结论或者已有初步结论，而投保人在订立保险合同时所为告知与体检结论不同，是否应当视为保险人已知投保人未如实告知？同样，保险人对保险标的的所为查验所获知的危险状况信息，与投保人告知的事实不同，是否应当视为保险人已知投保人未如实告知？在此情形下，保险人的查验或安排体检虽然不影响投保人的如实告知义务，但保险人通过查验或安排体检所获知的事实，若与投保人所为告知不同，应当视为保险人已知其事实。在保险人已知投保人违反如实告知义务的情形下，仍与投

---

① 《对山东省高级人民法院关于审理保险合同纠纷案件若干问题的意见（试行）（送审稿）的说明》，http: //wenku. baidu. com/link? url = 2HZKrpGEQKG_ lBzbsJjYt-jAj2y74b_ PV3OcyfcGB8RVPbq_ 6LwjVW2LEGgWG4m6OAJaUPX6CBu5ozKoCo4sZ7WN8 –6o1iNmpXlg8k5PJOgG.

② 参见山东省高级人民法院《关于审理保险合同纠纷案件若干问题的意见（试行）》（2011 年）第 6 条、广东省高级人民法院《关于审理保险合同纠纷案件若干问题的指导意见》（2011 年）第 5 条。

保人订立保险合同，发生保险事故的，保险人应当依照《保险法》（2009年）第16条第6款的规定承担保险责任。例如，江苏省高级人民法院认为，"投保人、被保险人或者受益人以保险人指定机构对被保险人进行体检为由，主张减轻投保人的如实告知义务的，人民法院不予支持。保险人知道被保险人的体检结果与投保人的告知不符而仍然承保，或者体检机构未将体检结果告知保险人以致保险人仍然承保的，保险人以投保人未履行如实告知义务为由要求解除合同的，人民法院不予支持"①。

说到这里，还有必要澄清一个问题。有观点认为，对于投保人应告知的重要事实，保险人应当履行调查义务。但是，对于花费较大成本才能调查清楚的事项，保险人不负调查义务；对属于被保险人隐私或涉及国家秘密、商业秘密范围内的信息不用调查；投保人或被保险人有意隐瞒或虚假陈述的相关重要信息以及因重大过失应告知而未告知的重要信息，不在保险人调查义务的范围之内。对于善意无过错的保险人，投保人或被保险人的过错使得保险人的调查义务得以免除，受益人无权获得保险赔偿金，这符合公平正义价值。② 上述观点提出保险人对保险标的的危险状况或被保险人的有关情况承担调查义务并非空穴来风，而我国司法实务中也有这样的看法。但是，保险人承担调查义务的观点肯定是不对的。

主张保险人有调查义务，是对保险业控制风险的措施的误解。在风险的判断技术上，保险人具有优势，但有优势并不表明其应当对投保人（被保险人）承担调查核实保险标的或被保险人的危险状况的义务，如果保险人真要承担调查义务，则投保人的如实告知义务在保险人测定风险事项上就会变得无足轻重，这是违反保险业控制风险甚至控制成本的运营理念的。对于保险标的或被保险人的危险状况之信息提供，因为信息不对称的问题主要存在于投保人一方，保险法以投保人承担如实告知义务为基本制度就足以解决这个问题，无须另行设定保险人的调查义务。因此，投保人有如实告知义务，并不表明保险人应当承担与此对应的义务。保险人对保险标的危险状况进行查验或者要求被保险人体检，并非保险人的义务，

---

① 江苏省高级人民法院《关于审理保险合同纠纷案件若干问题的讨论纪要》（2011年）第19条。

② 参见潘红艳、刘文字《论保险人调查义务》，《当代法学》2007年21卷第4期，第88—93页。

而是保险人为测定风险所采取的风险控制措施；如果非要将之纳入"权利"或"义务"的范畴进行讨论，与其说是保险人的"义务"倒不如说是保险人的"权利"。

五　如实告知义务的时点

投保人的如实告知义务发生于保险合同订立时，而非保险合同订立后。因此，保险合同已经成立的，若有不同于保险合同订立时的危险情况发生，投保人对之没有告知义务。对于保险合同成立后的危险情况变化，则有危险增加的通知义务。投保人或被保险人对于保险合同成立后的危险增加，均承担通知义务。告知义务与危险增加的通知义务具有性质上的不同，应当加以区别。

但是，作为如实告知义务的时点"保险合同订立时"，不限于投保人和保险人约定一个保险合同之时，还应包括投保人和保险人变更已有的保险合同的内容之时。例如，有学者认为，在保险合同订立后，投保人和保险人修改保险合同的内容的，对于投保人修改保险合同前所获得之资料信息，仍应当如实告知。① 还有观点认为，在变更保险合同的内容时，若变更的内容与风险无关，比如提高保险金额、调整保险费支付方式，投保人则没有告知义务。如果变更的内容与风险有关，例如增加承保的风险、改变保险标的，并且保险人就有关重要事实提出询问，投保人负有告知义务。②

在我国的保险实务上，财产保险合同到期届满，投保人和保险人协商"续保"时，有无告知义务？"续保"只是对已有的保险合同到期而另行订立一个新的保险合同的"俗称"，并非已有保险合同到期后的延续。在这个意义上，财产保险合同续保时，投保人应当承担如实告知义务。但是，对于投保人在续保时有无告知义务的问题，在理论上存在不同意见。

有学者认为，续保时，如果两份保险合同在时间上是连续的，就不必履行如实告知义务，只有在原保险合同期限届满而丧失效力后，当事人在

---

① 参见李玉泉《保险法》（第二版），法律出版社 2003 年版，第 60 页。

② 参见汪华亮《论作为行为规范的告知义务》，《法学杂志》2011 年第 12 期，第 121—123 页。

一段时间以后以原合同为内容而续约时，投保人才有必要履行如实告知义务。① 另有学者认为，财产保险合同之所以为短期保险，就是为了赋予保险人定期重新评估保险标的的可保性的权利，进而管理和控制风险；即使在原保险合同期满前当事人就已经达成续保的协议，仍然是在订立一份新合同，投保人在新保险合同成立前的告知义务不能免除，除非保险人出于减少交易成本或者其他目的而豁免投保人的告知义务。②

显然，在续保时，以两份保险合同在时间上的连续作为投保人不承担如实告知义务的理由似乎没有什么依据。两份保险合同在时间上的连续，并不表明后一份保险合同是前一份保险合同的延续，二者仍然是独立的保险合同，投保人在保险合同订立时所承担的如实告知义务，并不能因为保险合同在时间上的连续而有所影响。这样理解，在实务操作上具有一定的便利，但理论上难以自圆其说。事实上，续保时，不论两份保险合同在时间上是否连续，都有发生免除投保人如实告知义务的可能。两份保险合同在时间上的连续仅仅是现象，投保人不承担如实告知义务的理由恐怕在于保险人已知保险标的危险状况的重要事实，而无须投保人在续保时"重复"告知，但应当有一个条件，即保险标的的危险状况在续保时与前一个合同订立时并没有发生显著的变化。再者，续保时，如果保险人未对保险标的的危险状况进行询问，投保人也无如实告知义务。

此外，理论上通常会认为，投保人的如实告知义务也发生于人身保险合同效力中止后的复效时。中止效力的人身保险合同在复效时，投保人对保险人的有关询问应当如实告知。例如，有学者认为，在合同失效期间，被保险人的健康状况或职业可能会有变化，如果健康恶化或者变化的职业危险性增大，就不能申请复效。投保人要求复效时，也要根据诚实信用原则履行如实告知义务。③ 还有学者认为，"保险人不得在保险合同复效后重新主张不可争议条款所约定的期间利益，除非投保人请求复效时，为满足保险合同复效的条件，对保险人另为如实告知。因此，保险人在保险合

---

① 参见樊启荣《保险契约告知义务制度论》，中国政法大学出版社 2004 年版，第 173 页。

② 参见汪华亮《保险合同信息提供义务研究》，中国政法大学出版社 2011 年版，第 221 页。

③ 参见李玉泉《保险法》（第二版），法律出版社 2003 年版，第 248 页。

同复效时得以主张的不可争议期间，仅以投保人在保险合同复效时所告知的事项为限"①。

第三节 如实告知义务的违反

一 如实告知义务违反的类型化

投保人对于保险人的询问，未作出与事实相符的陈述或说明，构成违反如实告知义务。违反如实告知义务，是诚实信用原则对投保人的告知行为的负面评价，因为评价角度的不同，在理论上可以进行类型化处理。

有学者以是否会引起保险人解除保险合同为基础，将违反如实告知义务的行为区分为故意不告知和重要事实的不实陈述。故意不告知或称故意隐瞒，其构成有两个条件：其一为不告知的事实为重要事实；其二为被保险人已经知道但恶意不为告知。重要事实的不实陈述，是指对重要事实所为错误说明，不以投保人有意作出错误说明为限。② 依照上述观点，投保人所为"非重要事实"的不告知或不实陈述，不构成违反如实告知义务，因为这样的行为不会引起保险人解除保险合同的法律后果。

还有学者认为，告知义务的违反一般有两种情形：一种是告知不实，即误告和错告；另一种是应告知而不告知，包括隐瞒和遗漏。我国保险法以投保人的主观心理状态为基础，将投保人不履行如实告知义务区分为故意不履行如实告知义务和过失未履行如实告知义务两种情形。③

另有学者认为，投保人应为告知而不告知或者作不实告知，即违反如实告知义务。违反如实告知义务的主要情形有：故意为非重要事项的不实说明；过失为非重要事项的不实说明；故意为重要事项的不实说明；过失为重要事项的不实说明；对已知的事项不作说明或者作部分说明；等等。投保人违反如实告知义务，保险人不知其事实而订立保险合同的，并不发生保险合同无效的后果，仅发生保险人有条件地取得解除保险合同或者拒

---

① 参见邹海林《保险法教程》（修订第二版），首都经济贸易大学出版社 2004 年版，第 94 页。

② 参见陈欣《保险法》，北京大学出版社 2000 年版，第 61—62 页。

③ 参见李玉泉《保险法》（第二版），法律出版社 2003 年版，第 62 页；温世扬主编：《保险法》，法律出版社 2003 年版，第 41 页。

绝给付的权利。①

　　还有学者认为，一般而言，投保人应为告知而不告知或者作不实告知，即违反如实告知义务。违反如实告知义务的主要情形尽管有故意为非重要事项的不实说明、过失为非重要事项的不实说明、故意为重要事项的不实说明、过失为重要事项的不实说明、对已知的事项不作说明或者作部分说明等，但如上违反如实告知义务的情形，都可以概括为投保人作出了"不真实陈述"，包括虚伪陈述、隐瞒和遗漏。依照我国《保险法》（2009年）第16条的规定，投保人的不真实陈述，因保险人的解除权或抗辩权的差异，可以具体区分为：（1）客观重要事实的不真实陈述。凡保险人询问的事实，推定为重要事实，可以称为"主观重要事实"；依照该事实的性质，以是否影响保险人决定是否同意承保或者提高保险费率为依据所确定的事实，为客观重要事实。投保人因为故意或者重大过失对客观重要事实作不真实陈述，构成违反如实告知义务。（2）主观重要事实的不真实陈述。主观重要事实的外延一般要比客观重要事实为广，投保人应当如实告知，投保人所为主观重要事实的不真实陈述，以其故意为必要。对于保险人的询问，投保人明知其事实而作出与事实不相符的陈述，至于其陈述的事实是否为客观重要事实，则非所问。（3）严重影响保险事故发生的重要事实的不真实陈述。此类型的不真实陈述，以投保人主观上具有重大过失为必要，且其不真实陈述的重要事实与保险事故的发生具有"原因关系"，保险人则有拒绝给付保险金之抗辩权。② 这个观点对告知义务的违反所进行的分类，角度比较独特，力图将我国保险法规定的能产生不同后果、且主观心理状态不同的三种违反如实告知义务的情形进行类型化处理，值得重视。

二　投保人的故意或过失

（一）关于投保人的故意

　　有学者认为，故意是指投保人对已知的事实故意不予告知或仅为一部

---

　　① 参见邹海林《保险法教程》（修订第二版），首都经济贸易大学出版社2004年版，第30页。
　　② 参见常敏《保险法学》，法律出版社2012年版，第68—69页。

分告知，并未说明全部事实；① 故意是指投保人明知某种事实的存在而为与该事实不相符的陈述或说明。② 以上见解，除投保人明知某种事实存在的主观心理状态外，强调投保人所为不实陈述与其明知的事实状态不相符，使得故意这种主观心理状态具有了客观的判断标准。

还有学者认为，故意指义务人知悉某重要事实存在，并明知倘隐匿该事实，或者该事实为不实说明，将影响保险人对危险的估计，而竟有意为之的一种心理状态，但不以有害于保险人并图自己或他人利益之意思为必要。③ 依照上述观点，作为如实告知义务违反的故意，至少应当包括以下要素：其一，投保人明知某种事实的存在；其二，投保人明知该事实对保险人测定危险具有重要性；其三，投保人不告知或不实告知是有意的，也就是主动追求的效果。显然以上观点过于强调投保人的主观心理状态，将故意与投保人对事实存在的明知、对事实重大性的明知以及为不实告知的意图联系在一起。

另有观点认为，实务中，保险人经常以"投保人故意隐瞒事实"为由拒绝赔偿。对于此类保险合同纠纷，投保人告知是否属实很容易认定，难点在于如何认定投保人的主观心理状态。根据证明责任规则，保险人主张投保人故意隐瞒的，保险人应就投保人系"故意"承担举证责任。认定投保人"故意隐瞒"，不仅要证明投保人明知所陈述的内容与事实不符，还需证明投保人有"欺诈保险人的意图"。判断投保人在投保时的主观心理状态（故意还是过失）是十分困难的，应当综合考虑投保人的经验、学识、认知能力、合同订立过程等因素。④ 该观点除了强调投保人在为不实陈述时，具有明知某种事实的存在，以及陈述的内容与事实不符的情形外，还特别强调投保人"欺诈保险人"的意图，即投保人具有以不实陈述诱使保险人信以为真而与之订立保险合同的目的。

---

① 参见李玉泉《保险法》（第二版），法律出版社 2003 年版，第 62 页。
② 参见邹海林《保险法教程》（修订第二版），首都经济贸易大学出版社 2004 年版，第 30 页。
③ 参见樊启荣《保险契约告知义务制度论》，中国政法大学出版社 2004 年版，第 226—227 页。
④ 参见刘云霞、奚少君《投保人的如实告知义务》，《人民司法·应用》2008 年第 1 期。

（二）关于投保人的过失

有学者认为，过失是指投保人对保险标的的有关情况应当向保险人说明，但由于疏忽而没有履行如实告知义务，或者对保险标的的有关情况应当了解，但由于大意没有了解而未能如实告知。① 上述观点区分了过失的两种状态，即投保人未将其已知的某种事实告知保险人的过失，以及投保人未知某种事实存在的过失。

也有学者认为，过失是指投保人对保险标的或者被保险人的有关情况应当知道，但因其不注意或者疏忽而没有知道的，以致未能告知保险人的不作为。②

另有学者认为，告知义务中的过失仅以重大过失为限，包括因为重大过失而不知道该事实的存在、因为重大过失而不知道该事实具有重要性、因为重大过失而为遗漏或者不实说明三个方面。③

还有学者提出，投保人"主观过错"是保险人行使合同解除权不可或缺的条件。《保险法》（2009 年）第 16 条第 2 款对投保人的"如实告知"进行了更加严格的限定，在保留投保人"故意"不履行如实告知义务及其后果的同时，将因"过失"未如实告知改为"重大过失"。这项修改明显倾向于保护被保险人利益，但保险人也因几乎无法承担相应的证明责任而使其合同解除权落空。保险人单方解除保险合同，不仅要求投保人主观上有过错，而且还必须是故意或重大过失的非一般过错。如果投保人只存在一般过错，保险人的合同解除权也就不具备行使的条件。问题在于，什么是"重大过失"，在既无法律规定，又无司法解释的情形下，保险人更是无法依据自己的理解予以认定并得到认可。"重大过失"的事实，属于行为人内心世界的活动，是极难认定的事实，对其认定只能通过考察当事人的外在行为来推理，法官处理此类纠纷时往往因自由裁量权太大而增加错案的发生概率。我国应当通过立法列举"重大过失"的具体情形，并辅以兜底条款加以概括，使其更为具体化、更具透明性和可操作

---

① 参见孙积禄《投保人告知义务研究》，《政法论坛》2003 年第 3 期。

② 参见邹海林《保险法教程》（修订第二版），首都经济贸易大学出版社 2004 年版，第 30—31 页。

③ 参见曹兴权《保险缔约信息义务制度研究》，中国检察出版社 2004 年版，第 196 页。

性，从而尽可能多地限制法官和仲裁员的自由裁量权。①

（三）故意或重大过失的判断路径

综合以上我国学者有关故意和过失的判断标准，无非涉及以下三个问题：

第一，投保人对事实存在的知晓程度，也就是已知、未知与应知三种心理状态如何，对于投保人的故意或过失的认定具有最为直接的意义。对此，我国学者未有明显的异议存在。

第二，投保人对事实存在的重要性的知晓程度，即投保人是否知道该事实对于保险人而言为重要事实。在这个问题上，尽管有学者认为其是判断投保人有无过错的一个方面或因素，但是鉴于我国的询问告知主义制度，对于保险人询问的事项均视为具有重要性，故要求投保人对此事项再做是否具有重要性的判断似乎不尽合理；而且，投保人更不具有判断事实是否具有重要性的能力。因此，投保人对事实存在的重要性的知晓程度，对投保人的故意或者过失之判断，应当没有太多的关联。

第三，投保人对保险人为告知行为是否存在过错，即投保人是否明知或者应知其未告知或不实告知的行为与事实不符。在这一点上，我国学者在强调重点上存在不同意见，有的学者强调投保人的不实告知与事实不符的客观性，至于投保人是否具有主观上的意图，在所不问；但有的学者则强调投保人应当具有未告知或不实告知的主观意图。事实上，当投保人已知事实存在而未将该事实告知保险人，或者告知保险人的事实与其已知的事实不同，如何证明投保人具有不告知或不实告知的主观意图，对保险人而言几乎不可能，除非保险人依照投保人客观上的未告知或不实告知推论投保人具有这样的意图。所以，当投保人已知某种事实存在而未告知保险人或不实告知的，就应当构成违反如实告知义务的故意。

有学者提出："判断投保人是否存在过错以及过错程度如何，核心就在于投保人对于投保单中所询问事实是明知、应知还是不应知。这是一个相对客观的判断标准，能够减轻当事人在诉讼中的举证负担，增加裁判的可预见程度。"如果投保人不知道其应当知道的事实因而未告知或者作不实告知，则属于过失；如果该事实既不为投保人所知，也不属于投保人应

---

① 参见王冶英、任以顺《保险人合同解除权的立法反思》，《理论探索》2012年第3期。

当知道的范围，则投保人无过错。如果投保人明知该事实，但是没有告知或者作了不实告知，通常属于故意。如果保险人能够证明投保人明知某种事实却未告知或者作不实告知，应当首先推定投保人存在故意，即投保人有意隐瞒或作不实告知，如果投保人想推翻这一推定，主张自己在告知行为中存在过失或者无过错，应当负举证责任。① 对于投保人的故意或过失的判断，应当具有简单明了的可操作性，并且符合证明责任分配的基本路径。因为违反如实告知义务，保险人主张解除保险合同或拒绝给付保险金的抗辩，应当负举证责任。在举证责任的分配上，不能给保险人强加其所不能完成的证明义务。

第四节　保险人的救济与限制

一　保险人救济权的类型

我国《保险法》（2009 年）第 16 条以投保人违反如实告知义务为基础，对保险人分别规定有合同解除权和拒赔抗辩权两项救济。理论上，保险人的合同解除权与拒赔抗辩权，在适用条件上不同，独立发生效果，彼此互不依存，是保险人依照法律规定享有的两个独立的救济性权利。

（一）合同解除权

投保人故意或者重大过失未告知或者不实告知重要事实，保险人有权解除保险合同。保险人的合同解除权，性质上为形成权，受法定的除斥期间的限制。保险人的合同解除权，自保险人知道有解除事由之日起，超过30 日不行使而消灭；自合同成立之日起超过 2 年的，保险人亦不得解除合同，发生保险事故的，保险人应当承担赔偿或者给付保险金的责任。

因投保人违反如实告知义务而解除保险合同的，是否发生恢复原状之效果？有学者认为，保险合同的解除是因行使解除权而使保险合同自始无效的法律行为。② 另有学者认为，保险合同为继续性合同，保险合同的解除，原则上不具有溯及力，即保险合同不因解除而自始归于消灭，而是仅向将来发生解除的效力；在例外的情形下，解除保险合同具有溯及既往的

---

① 参见汪华亮《保险合同信息提供义务研究》，中国政法大学出版社 2011 年版，第 240—241 页。

② 参见周玉华《保险合同法总论》，中国检察出版社 2000 年版，第 387 页。

效力。①

在这里要说明的是，我国合同法上有关继续性合同的解除仅向将来发生效力的原理，在保险法上不能作简单的引用；保险合同为继续性合同无疑，但保险合同的机会性及其分散危险的本质特征是普通合同所没有的。在投保人违反如实告知义务的情形下，保险人无论如何是不会承担任何保险责任的，为双方当事人或利害关系人的利益平衡考虑，保险合同的解除应当具有溯及力，即自始不发生效力，对投保人的保护才能称得上周全。所以，有学者认为，在投保人违反如实告知义务而解除保险合同的情形下，保险合同自始不发生效力，合同当事人应当承担恢复原状的义务，保险人已经收取的保险费应当退还给投保人；但可以扣除保险人因为该合同的订立而产生的经营费用。②

（二）拒赔抗辩权

依照我国《保险法》（2009 年）第 16 条第 4 款和第 5 款的规定，发生保险事故的，如果投保人故意未告知或者不实告知保险人询问的事实，或者重大过失未告知或不实告知严重影响保险事故发生的重要事实，则保险人不承担赔偿或者给付保险金的责任，即保险人有拒赔抗辩权。保险人依法享有的拒赔抗辩权，是对抗被保险人或者受益人的保险给付请求权之永久抗辩权。

有学者认为，保险人的解除权受到除斥期间的限制；在除斥期间内，保险人享有解除权或抗辩权。③ 在我国，保险人主张拒赔抗辩权是否应受除斥期间的限制，《保险法》（2009 年）第 16 条第 4 款和第 5 款均未有明文规定，是存在疑问的。

对于这个不明确的问题，就有学者对相关的修订草案提出了意见。例如，有观点认为，《保险法》（2002 年）的修订草案第 16 条第 3 款规定了可抗辩的期间，紧接着该修订草案第 4 款和第 5 款规定了合同解除之前发生保险事故的，保险人享有最大诚信原则赋予的拒赔权。在这里，第 4 款和第 5 款可能导致歧义理解，2 年或者 30 天的可抗辩期间届满之后是否属于这里所讲的"合同解除之前"呢？应该说，任何一份未被解除的保

---

① 参见温世扬主编《保险法》，法律出版社 2003 年版，第 163 页。
② 参见常敏《保险法学》，法律出版社 2012 年版，第 70 页。
③ 参见温世扬主编《保险法》，法律出版社 2003 年版，第 162 页。

险合同都可以被理解为尚处于"合同解除之前"的阶段（至少投保人随时拥有合同解除权）。但是，第 4 款和第 5 款的所谓"合同解除之前"的期间，应当是限于可抗辩期间之内的，否则将赋予保险人无限期的拒赔权，这绝不是立法者的本意。因此，以上条款应当解释为：投保人故意不履行如实告知义务的，保险人在可行使保险法规定授予的解除权的期间内对于保险合同解除前发生的保险事故，不承担赔偿或者给付保险金的责任，并不退还保险费。①

还有学者认为，依照《保险法》（2009 年）第 16 条第 4 款和第 5 款的规定，保险人主张拒赔抗辩权，只能在保险事故发生后为之；在保险事故发生前，不存在拒赔抗辩权的行使问题。而且，保险事故应当发生于"合同解除前"，此处的"合同解除前"仅在于强调保险事故发生在保险法所规定的"除斥期间"内，在此期间内，保险人有可能基于投保人为客观重要事实的不真实陈述而解除合同。因此，在法定的除斥期间经过前发生保险事故的，保险人可以投保人"为主观重要事实的不真实陈述或者严重影响保险事故发生的重要事实的不真实陈述"为由，行使拒赔抗辩权。② 依照上述观点，只要保险事故发生在法定的除斥期间内，即使被保险人在除斥期间经过后索赔的，保险人仍可以依法行使拒赔抗辩权。如果保险事故发生在我国保险法规定的"除斥期间"经过后，保险人不得主张拒赔抗辩权，应当承担保险责任。

二 保险合同解除权的除斥期间

保险合同解除权，应当受除斥期间限制，此为我国学者的共识。在我国，保险合同解除权的除斥期间制度，是《保险法》（2009 年）第 16 条正式确立的。有学者认为，"我国《保险法》第 16 条为保险合同可争议规范的体系化规定。该条的基本内容可以归纳为：保险人仅得以投保人故意或重大过失未如实告知重要事实为由，解除保险合同；前述解除权，仅能于可争议期间内行使；但是，保险人在订立合同时已知有解除合同的事由，或者超过可争议期间的，不得解除保险合同。《保险法》第 16 条相

---

① 参见罗秀兰《论保险法上的不可抗辩条款及其修订》，《法学杂志》2009 年第 12 期。

② 参见常敏《保险法学》，法律出版社 2012 年版，第 70 页。

比较我国 1995 年颁布的保险法，在制度设计上更多地关注了被保险人利益的保护，以多重限制进一步缩小了保险人争议保险合同有效性的空间，这种制度体系的完备而产生的变化，为我国保险法理论和司法实务提出了许多新的课题，值得深入研究"①。

关于保险合同解除权的除斥期间问题，我国学者事实上进行了持续性的研究。

有学者认为，为了防止保险人滥用权力，动辄以投保人不实告知为由解除保险合同或拒绝承担保险责任，法律一般都对保险人的解除权附加除斥期间的限制；在除斥期间内，保险人享有解除权或抗辩权。②

还有学者认为，保险人可以投保人违反如实告知义务解除合同，但是，保险人应当在其知道或者应当知道投保人违反如实告知义务后，及时行使解除合同的权利。若保险人已知投保人违反如实告知义务，没有在知其事实后的法定或合理期间内解除保险合同，或者保险人怠于知道投保人违反如实告知义务而经过法定的期间（诸如合同成立后 2 年）内解除保险合同的，不得再主张解除保险合同。③

有观点认为，投保人违反告知义务，法律使其承担否定性法律后果，赋予保险人保险合同解除权，固然意义重大。然而，并非所有投保人的不实告知均会招致否定性的法律后果，也并非所有有关保险标的的重大事项投保人都应如实告知。在具备法定或约定条件下，如《保险法》（2002年）第 54 条所规定的保险人解除合同的 2 年除斥期间，投保人得以之对保险人主张违反告知义务进行抗辩。为明晰投保人违反如实告知义务的界限，限制保险人的权利，我国立法有必要对保险人的保险合同解除权规定短期除斥期间，从而更好地保护投保人、被保险人及受益人的利益，更好地规范保险业务行为。④

还有观点认为，保险法中的解除权应当有期限限制，除了第 54 条关于被保险人年龄告知不实且超过承保年龄这一情况有 2 年的除斥期间限制

---

① 常敏：《保险合同可争议制度研究》，《环球法律评论》2012 年第 2 期。
② 参见温世扬主编《保险法》，法律出版社 2003 年版，第 162 页。
③ 参见邹海林《保险法教程》（修订第二版），首都经济贸易大学出版社 2004年版，第 30—31 页。
④ 参见付小川《论保险告知义务的违反及其目的性限缩》，《贵州民族学院学报》（哲学社会科学版）2007 年第 1 期。

之外,《保险法》(2002 年)对于保险人的合同解除权没有其他任何期间限制。法律对保险人的解除权未作期间限制,保险人就拥有了决定保险合同存废的主动权,当整个保险期间没有保险事故发生时,保险人可以不行使解除权,继续收取保费;而一旦发生保险事故,保险人又可以以投保人不实告知为由解除保险合同,对保险合同解除前的事故不负保险责任,如果可以证明投保人是主观故意,还可以不退还保险费。那么,不论保险事故发生与不发生,保险人都可以享有收益而不承担任何义务,不支付任何对价。所以,对保险人的合同解除权不规定期间限制有悖法理,对投保人是十分不公平的。①

我国保险法理论持续不断地主张保险合同的解除权应当有除斥期间,司法实务在这个问题上也尝试性地表达了限制保险人滥用合同解除权的立场,最终促成我国《保险法》(2009 年)第 16 条第 3 款作出了如下规定:"前款规定的合同解除权,自保险人知道有解除事由之日起,超过三十日不行使而消灭。自合同成立之日起超过二年的,保险人不得解除合同;发生保险事故的,保险人应当承担赔偿或者给付保险金的责任。"

在我国,也有理论否认保险法上的不可争议期间的性质为除斥期间。例如,有学者认为,限制保险人解除保险合同的"不可争议期间",在性质上既非除斥期间,也非时效期间。"除斥期间说"容易诱导人产生误解,即被保险人发生保险事故后,保险金申请人为规避保险人在约定期间内调查不实陈述,从而故意延至约定期间届满后再提出申请,使保险人丧失解除契约的权利。因此,"除斥期间说"或"绝对期间说"的看法显然落入注释法学的窠臼,而忽略了法律的正义及衡平性。至于"时效说",则更为不妥,因为依法论法,不可抗辩条款的规范对象,系针对保险人之解除权而言,而解除权在性质上属于形成权;而时效的规范对象,则系针对请求权而言,不能随意"移花接木"。"不可争议期间"在法律上的性质,为英、美保险法上特殊之"弃权与禁止反言制度"的具体内容之一。②

---

① 参见凌永芳《保险最大诚信还应彰显公平价值——对保险法第十七条规定不足与完善的思考》,《广东财经职业学院学报》2009 年第 4 期。

② 参见樊启荣《人寿保险契约之不可抗辩条款研究》,《商业经济与管理》2008 年第 3 期。

但绝大多数学者认为，我国保险法上的不可争议期间在性质上属于除斥期间。有学者认为，《保险法》（2009 年）第 16 条规定的短期和长期可争议法定期间，是我国民法上的除斥期间制度在保险法上的自然延伸。该法第 16 条所规定的可争议期间之完成，保险人解除合同的权利将确定地归于消灭，此与我国民法关于除斥期间的制度相吻合。保险人的合同解除权因为法定期间完成而消灭的，并不取决于保险人是否有放弃权利的明示或默示的意思，仅因法定期间的完成就发生权利消灭的效果，该期间应当为除斥期间，这与英美保险法上本属"弃权"和"禁止反言"制度的"不可争议期间"（uncontestable period）相比较，性质有所不同。我国保险法理论将"可争议期间"定性为除斥期间，事实上还受到了居于强势地位的民法学有关除斥期间的理论的影响，以及理解大陆法系民法体系化的期间制度的惯性思维的支配。同时，我国保险法规定的可争议期间，作为除斥期间，更是完善和推进我国民法上的除斥期间制度发展的历史必然。因为合同法已经构建了解除权消灭的除斥期间制度，这一制度体系是完整的，足以包容保险法有关限制保险人解除权的期间制度，上述第 16 条规定的可争议法定期间，只不过是将合同法规定的除斥期间以特别法的形式加以落实而已。[1]

此外，还有学者认为，应当注意的是，《保险法》（2009 年）第 16 条规定的除斥期间，并非对保险合同各方当事人的权利之同等限制，该法定期间仅对保险人单方解除合同的权利加以限制，这不同于普通私法规范规定的除斥期间。而保险法规定的除斥期间之立法目的，在于限制保险人的权利以扩张被保险人受保护的期间利益。在这个意义上，保险合同并非绝对不能对法定的除斥期间作出变更，只要其变更有利于被保险人受保护的利益。例如，保险单可以"不可争议条款"的形式作出比保险法规定的除斥期间"更短"的"不可争议期间"，以限制保险人的合同解除权。[2]

三 关于不可争议条款

不可争议条款，又称为不可抗辩条款，是指保险合同中约定的期间之

---

[1] 参见常敏《保险合同可争议制度研究》，《环球法律评论》2012 年第 2 期。

[2] 参见常敏《保险法学》，法律出版社 2012 年版，第 70 页。

经过而排除保险人以投保人违反如实告知义务解除保险合同的权利之条款。不可争议条款由两个核心要素构成：其一为当事人约定的可争议期间；其二为当事人约定的可争议事项，即投保人违反如实告知义务的具体情形。在我国，不可争议条款是保险合同的约定条款的一种形式，其约定不得违反保险法的强制性规定，即《保险法》（2009 年）第 16 条规定的内容。这里应当注意区别，不可争议条款作为合同的条款，在形式和内容上都与我国《保险法》（2009 年）第 16 条规定的"不可争议规范"不同。

有学者认为，保险法规定的不可争议规范的目的，在于限制保险人的合同解除权，约定的不可争议条款的效力应当得到尊重。因此，保险合同约定的不可争议条款，并不因违反保险法上的不可争议规范而无效；保险合同约定的不可争议条款违反保险法上的不可争议规范，若其约定更有利于被保险人，则依照其约定；反之，则以保险法的相应规定取代合同条款约定的相应内容。①

然而，在我国，却有相当多的学者认为我国《保险法》（2009 年）第 16 条第 2 款和第 3 款的规定，是关于不可争议条款的内容之规定，并不断强调这是对被保险人利益的保护措施。

例如，有观点认为，如实告知义务原为协助保险人评估危险而施加给投保人的义务，但实践中却经常成为保险人推卸责任的恶意抗辩工具。为了解决该问题，《保险法》（2009 年）"借鉴国外保险法的不可抗辩条款"，在第 16 条第 3 款规定："前款规定的合同解除权，自保险人知道有解除事由之日起，超过三十日不行使而消灭。自保险合同成立之日起超过二年的，保险人不得解除合同。"②

还有观点认为，我国 2002 年第一次修订的保险法曾有不可抗辩条款的规定，但适用范围仅限于年龄申告不实，但在 2009 年再次修订保险法时，《保险法》（2009 年）第 16 条增设了保险合同不可抗辩条款的新内

---

① 参见常敏《保险合同可争议制度研究》，《环球法律评论》2012 年第 2 期。

② 参见林海权《保险法修订理念探析——从保护被保险人利益的视角》，《人民司法·应用》2009 年第 17 期。

容，由年龄申告不实扩大到保险标的或被保险人的"有关情况"。①

也有观点认为，不可抗辩条款，也叫"不可争议条款"，是指保险人不得以被保险人在投保单上的误告或隐瞒事实为理由，而主张契约无效或拒绝赔偿的条款。该条款由人身保险合同所约定，在被保险人生存期间，从人身保险合同生效之日起满一定时期后（一般为 2 年），保险合同成为不可争议的文件，保险人不得以投保人在订立合同时违反诚信原则而未如实履行告知义务为由，主张解除合同。我国《保险法》（2009 年）对不可抗辩条款已经做出了强制性的规定，这一规定适应了保险立法的先进理念。②

有学者认为，"根据《保险法》第十六条第二款之规定，告知义务人违反如实告知义务的后果是保险人依法行使保险合同解除权。该条第三款是保险人解除权除斥期间之规定，实际上该规定是在吸收国外保险立法普遍规定的'不可抗辩条款'之后引入的，是中国保险立法上的一大进步"③。

或许正是因为我国不少学者对不可争议条款与"不可争议规范"作了等同处理，以致在对比不可争议条款和"不可争议规范"后发现它们之间存在不少的差异，并进而对我国保险法有关"不可争议规范"（尤其是"除斥期间"制度）提出了批评，批评的立足点似乎都在于《保险法》（2009 年）第 16 条的规定与"不可争议条款"存在某种程度的不适。

例如，有人提出，我国《保险法》（2009 年）第 16 条规定的可争议期间，显系借鉴我国台湾地区保险法第 64 条第 3 款的规定，而台湾地区保险法第 64 条第 3 款又是在借鉴其他国家的规定的过程中存在错误；该条规定适用于财产保险、可争议期间自合同成立时起算，以及没有任何例外的 2 年可争议期间，都是错误的借鉴。④ 还有不少文章在讨论第 16 条

---

① 参见黄积虹《论保险合同不可抗辩条款》，《云南大学学报》（法学版）2010年第 6 期。

② 参见郭建标《〈保险法〉中不可抗辩条款若干法律问题之探讨》，《法律适用》2012 年第 1 期。

③ 徐卫东、李泓祎、赵亮：《投保人如实告知义务刍议》，《学习与探索》2012年第 4 期。

④ 参见梁鹏《借鉴而来的错误——新增订不可控辩条款存在的问题》，《中国保险报》2008 年 9 月 1 日。

第 3 款时，都称我国《保险法》（2009 年）第 16 条引进了"不可争议条款"，并以"不可争议条款"作为参照系，分析《保险法》（2009 年）第 16 条第 3 款存在的不足以及应当采取的改进措施。①

也有观点认为，《保险法》（2009 年）第 16 条将不可争议规则置于保险合同的一般规定中，逻辑上欠合理，立法上欠科学。从立法内容的安排上来说，一般规定应适用于一切保险合同，但从人身保险合同和财产保险合同的突出区别来看，不可争议条款仅仅适用于人身保险合同，而不能适用于财产保险合同。我国保险法的这一立法安排，与其说是对传统的一种创新或挑战，或立法者强化保护投保人一方利益的积极措施，不如说是一种欠成熟或欠科学的制度安排。②

再如，还有学者认为，从我国《保险法》（2009 年）第 16 条的规定来看，我国的不可争议条款的规定比较简略，略显粗糙，特别是对其适用的情形并无太多的具体规范，这容易导致争议的发生。③ 更有学者认为，"由于该条款缺乏细致性规定，这为保险实务带来具体操作上的困难。作为保险人解除权除斥期间，将不可抗辩条款规定于第十六条之做法值得商榷。按国外保险立法惯例，不可抗辩条款均规定于人身保险合同之中，这是由人身保险的自身特征所决定的"④。

有学者注意到并指出了我国保险法理论在这个问题上的混乱。"事实上，我国《保险法》第 16 条根本就没有而且没有必要借鉴英美法上的不可争议条款，我国《保险法》第 16 条规定的内容，连美国有关不可争议条款的州立法的影子都见不到。将我国保险法规定的可争议期间，与普通法上的不可争议条款相联系，在立法上缺乏事实依据，在法律解释上陷入

① 参见贺克玲《评新〈保险法〉新增不可抗辩条款的修法价值与建议》，《金融发展研究》2009 年第 7 期；罗秀兰：《论保险法上的不可抗辩条款及其修订》，《法学杂志》2009 年第 12 期；任以顺、刘宝琳：《新〈保险法〉不可抗辩条款之立法不足与完善建议》，《上海保险》2010 年第 5 期；刘子操：《不可抗辩条款存在的缺陷与弥补措施》，《上海保险》2010 年第 7 期。

② 参见黄积虹《论保险合同不可抗辩条款》，《云南大学学报》（法学版）2010 年第 6 期。

③ 参见郭建标《〈保险法〉中不可抗辩条款若干法律问题之探讨》，《法律适用》2012 年第 1 期。

④ 徐卫东、李泓祎、赵亮：《投保人如实告知义务刍议》，《学习与探索》2012 年第 4 期。

方法论错误。以普通法上的不可争议条款，审视我国《保险法》第16条规定的可争议期间，会产生许多不应有的混乱。"有那么多的"学者怀揣我国保险法借鉴普通法上的不可争议条款的心理暗示，接受了《保险法》第16条借鉴普通法上的不可争议条款的假象。把二个结构体系不同的制度进行比较，肯定会出现'排异'现象"①。非常令人遗憾的是，我国保险实务界直到目前也没有开发设计出具有我国特点的"不可争议条款"，仅仅在众多的保险条款中"照搬"或"照抄"《保险法》（2009年）第16条的规定。

另外，还有一种争论也值得一提。在我国，关于财产保险合同是否可以适用"不可争议条款"的问题，存在两种不同的观点：肯定说和否定说。

否定说认为，不可争议条款仅适用于人身保险，不适用财产保险，理由为：（1）财产保险合同期限通常为1年，而不可争议条款保障的是被保险人的长期期待；（2）相对于人身保险的被保险人而言，财产保险的被保险人更容易举证，因为被保险人并没有死亡，无须不可争议条款进行特殊保护；（3）不可争议条款的目的，在于保护人之生存价值，使得被保险人之亲属在被保险人死亡之后，生活不至于无着落。② 财产保险只关注保险标的财产上价值损益变动的补偿，不涉及对人的生存价值保障，根本不可能适用不可争议条款。也有学者认为，不可争议条款是"寿险契约之独特规则"。③ 不可争议条款是人寿保险契约中一个独特的保单抗辩规则，为阻却保险人因投保人或者被保险人在缔约之际违反如实告知义务而享有的解除权而设，以督促保险人在合理期间内尽核保调查义务，保护被保险人（或受益人）所享有的寿险保单上的合理期待或信赖利益，体现了对被保险人之生命价值的特殊关怀，具有很强的伦理价值评价功能，以及对保险单除外责任条款之内容控制作用。这种限制性的条款不是多数

---

① 常敏：《保险合同可争议制度研究》，《环球法律评论》2012年第2期。

② 参见刘学生《论不可抗辩规则》，载谢宪主编《保险法评论》（第三卷），法律出版社2010年版，第166页。

③ 参见樊启荣《保险契约告知义务制度论》，中国政法大学出版社2004年版，第281页。

其他类型保险合同的典型条款，而仅仅是寿险契约之独特规则。①

肯定说认为，不可争议条款不仅适用于人身保险，也适用财产保险。有学者坚持肯定说，其理由主要有：（1）财产保险合同的期限一般比较短，因此，其适用不可争议条款的实际机会较少。（2）域外立法，包括日本、韩国、我国台湾地区的保险法规定了不可争议条款，但并无不可适用于财产保险的立法限制。② 更有学者认为，不可争议条款不仅在人寿保险合同中适用，在财产保险合同中同样可以适用，除了上述理由外，还包括以下几方面：（1）从立法目的来看，不可争议条款主要是为了保护投保人、被保险人及受益人的信赖利益。不可争议条款适用于财产保险合同，同样可以达到督促保险人严格核保程序、规范保险公司经营、树立保险公司的诚信经营形象的目的。（2）不可争议条款是发展变化的。在英美法上，不可争议条款主要适用于人寿保险业务，但也存在着不可争议条款是否适用于健康保险和意外保险的不同意见。大陆法系的不可争议条款，其理由基础是合同法，在采用不可争议条款的时候，将其适用到财产保险领域并无不可。（3）适用不可争议条款的基本条件是保险合同的期限必须是 2 年以上。在理论上，财产保险合同并非固定为短期保险，就像人身保险合同并非一律为长期合同一样，如果当事人将财产保险合同期限确定为 2 年或者 2 年以上，财产保险就有适用余地。（4）否定说的观点经不起推敲。③

实际上，我国学者对于不可争议条款是否适用于财产保险的争论，本身就是一个伪命题。必须注意的是，如果大家在争论我国《保险法》（2009 年）第 16 条第 2 款和第 3 款的规定是否适用于财产保险，或许是具有意义的，因为这是保险法对可争议期间和可争议事项所作出的规定，财产保险合同和人身保险合同都应当遵守。但是，如果涉及保险合同中的"不可争议条款"，则又是另外一回事。不可争议条款是人身保险合同（特别是人寿保险合同）的特有条款，与财产保险合同无关，无须学者就

① 参见樊启荣《人寿保险契约之不可抗辩条款研究》，《商业经济与管理》2008 年第 3 期。

② 参见曹兴权《保险缔约信息告知义务制度研究》，中国检察出版社 2004 年版，第 201 页。

③ 参见郭建标《〈保险法〉中不可抗辩条款若干法律问题之探讨》，《法律适用》2012 年第 1 期。

此进行争论。不可争议条款与我国《保险法》（2009年）第16条第2款和第3款在性质和内容上并不相同，不能等同对待。因此，引发以上争论的原因，就是有太多的学者认为我国《保险法》（2009年）第16条第2款和第3款规定了"不可争议条款"。这是一个立足点的严重错误，故争论也就没有任何意义了。

正是因为我国《保险法》（2009年）第16条第2款和第3款并非专门规定"不可争议条款"的法律条文，故其也不可能对人身保险合同约定的"不可争议条款"的适用条件和例外情况有所规定。所以，在理论上，有学者提出了完善保险法上的不可争议条款的适用条件和例外情况的立法建议。例如，《保险法》（2009年）第16条可以从两个方面加以完善。其一，规定适用不可争议条款之具体情形。具有以下情形之一，自合同成立之日起超过2年的，保险人不得依第16条第2款规定的解除权解除保险合同：（1）被保险人自合同成立之日2年内一直存活的；（2）继续接受投保人交付的保险费的；（3）危险事故发生后，要求投保人或被保险人提出损失证明的；（4）投保人或被保险人没有欺诈行为的。其二，规定适用不可争议条款之例外情形。具有以下情形之一的，不适用第16条第2款和第3款之规定：（1）保险合同本身无效的；（2）投保人欠交保险费的；（3）被保险人自合同成立之日起2年内死亡的；（4）保险事故超出承保范围的；（5）投保人或被保险人有严重欺诈行为的。①

四 关于拒赔抗辩权的因果关系说

投保人因重大过失未履行如实告知义务，对保险事故的发生有严重影响的，保险人有拒赔抗辩权。但是，如何理解"严重影响"呢？

在保险合同解除之前发生保险事故，但投保人违反如实告知义务，保险人不承担保险责任，是否应当以投保人未如实告知的事实与保险事故的发生之间存在因果关系作为条件？我国学者介绍了三种理论观点：因果关系说、非因果关系说和折中说。② 具体到对上述"严重影响"的理解，这三种理论观点在我国保险法的理论和实务上都有程度不同的反映。

例如，有学者反对因果关系说，认为以因果关系说理解"严重影响"，没有准确体现我国《保险法》（2002 年）第 17 条的"全部含义"。未告知的事项与保险事故的发生有必然的因果关系，固然可以认定"对保险事故的发生有严重影响"；但反过来，对保险事故的发生有严重影响绝不仅限于未告知的事项与保险事故的发生有必然的因果关系，否则，保险法也不会作有严重影响这样的表述。① "必然因果关系之外的其他可能的因果关系、密切的联系等也可以构成严重影响。"② 上述观点有非因果关系说的意思，但与非因果关系说还有距离。

再如，有观点提出，投保人因重大过失未履行如实告知义务，未告知事项足以影响保险人的承保决定或者提高保险费率，但对保险事故的发生没有"直接影响"（即因果关系）的，保险人解除保险合同后，对保险合同解除前发生的保险事故保险人是否承担保险责任，应当依照未告知事项影响到承保决定还是影响到提高费率来区别对待；如果是影响到承保决定的，保险人对合同解除发生前的保险事故不承担保险责任，但应当退还保险费；如果只是会影响保险费率的，则保险人对合同解除前发生的保险事故应当承担保险责任，但是投保人应当补足保费。当然，是影响到是否承保的决定，还是只影响保险费率的高低，保险人必须承担举证责任。③ 这个观点是典型的折中说。当未如实告知的事实与保险事故的发生之间没有因果关系时，"严重影响"等同于投保人未如实告知的事实"足以影响保险人决定是否承保"的法律事实。依照上述观点，投保人因重大过失未履行如实告知义务的，即使发生保险事故，保险人亦有权依照《保险法》（2009 年）第 16 条第 2 款之规定解除保险合同；但保险人的保险责任并不因保险合同的解除而当然消灭；保险人是否承担保险责任，取决于投保人未如实告知的事实是否足以影响保险人承保；如果未如实告知的事实影响保险人决定承保的，那么保险人对已经发生的保险事故不承担保险责

---

① 参见李玉泉《保险法》（第二版），法律出版社 2003 年版，第 65 页。

② 李玉泉主编：《保险法学——理论与实务》，高等教育出版社 2007 年版，第 50 页。

③ 参见周海涛、李天生《保险法如实告知义务的司法裁量》，《保险研究》2010 年第 11 期。

任；否则，保险人应当承担保险责任。

然而，以因果关系说理解"严重影响"，为我国司法实务的主流观点。最高人民法院在相关司法解释的草案中提出过如下的意见：《保险法》（2002 年）第 17 条第 4 款规定的"严重影响"，是指未告知的事项为发生保险事故的主要的、决定性的原因。如果保险事故的发生，并非投保人未告知的重大事项引起，可以认定该未告知的事项对保险事故的发生没有"严重影响"，保险人不得以投保人未告知为由解除保险合同或不承担保险责任。① 上述观点虽然只是讨论中的意见，但对我国司法实务产生了积极的影响。例如，我国地方法院的法官在案件裁决中有过这样的表述，"根据查明的事实，原告系在家中擦窗时不慎从五楼坠落致残，该保险事故的发生纯属意外，与原告的职业状况及投保经历无关联，保险事故的发生并非由于原告未告知的相关事项所引起，原告未如实告知的事项对保险事故的发生也不存在严重影响。故根据我国《保险法》第十七条第四款及保险条款第八条的相关规定，投保人因过失未履行如实告知义务，但未如实告知事项对保险事故的发生无严重影响的，被告仍应承担给付保险金的保险责任"②。依照上述法官的意见，"严重影响"应当以投保人未如实告知的事实与保险事故的发生具有因果关系为必要。尤其是，我国近些年的司法实务对于"严重影响"的理解基本上没有什么分歧，均认同因果关系说。例如，浙江省高级人民法院认为，投保人因重大过失未履行如实告知义务的内容不属保险事故发生的主要原因，对保险人承担保险责任不具有决定性因果关系的，保险人以投保人未尽如实告知义务为由拒绝承担保险责任的，不予支持。③ 依照上述意见，只有保险人证明投保人未如实告知的事实与保险事故的发生之间存在因果关系的，才能主张拒赔。再如，广东省高级人民法院认为，《保险法》（2009 年）第 16 条第 5款规定的投保人因重大过失未履行如实告知义务的，未履行如实告知义务的有关事项与保险事故没有直接因果关系，保险人以投保人未尽如实告知

---

① 参见吴庆宝主编《保险诉讼原理与判例》，人民法院出版社 2005 年版，第 196 页。

② 参见上海市浦东新区人民法院（2006）浦民一（民）初字第 7062 号民事判决。

③ 浙江省高级人民法院《关于审理财产保险合同纠纷案件若干问题的指导意见》（2009 年 9 月 8 日）第 7 条。

义务为由拒绝承担保险责任的，人民法院不予支持。① 山东省高级人民法院认为，投保人因重大过失未履行如实告知义务的内容和保险事故发生之间不具有因果关系的，保险人对合同解除前发生的保险事故，以投保人未尽如实告知义务为由拒绝承担保险责任的，人民法院不予支持。②

投保人的如实告知义务作为保险人测定风险的措施，对于保险人应否承担保险责任有重大影响。就风险的控制而言，投保人未如实告知重要事实，不论其因故意抑或重大过失，保险人有权解除保险合同，对双方而言难说不公平。但是，保险事故已经发生的，若投保人因为重大过失未如实告知的事实与保险事故的发生没有因果关系，仅因为投保人未如实告知，保险人就可以轻易不承担保险责任，多少都会让人觉得不公平。因此，我国《保险法》（2009 年）第 16 条第 5 款专门规定有保险人行使拒赔抗辩权的条件，即未如实告知的事项对保险事故的发生有"严重影响"，以区别于该法第 16 条第 2 款所规定的"重要事实"的未如实告知。因果关系说对"严重影响"的解释更加客观，产生歧义的空间相对较小，解释效果趋向于从严而非从宽，将更有利于贯彻我国保险法保护被保险人和受益人利益的基本目的。

五　关于保险人的弃权

关于保险弃权的内容，本书在前述"保险法的基本原则"章节已有交代，这里不再重复。本部分所关注的仅仅是《保险法》（2009 年）第 16 条第 6 款规定的内容。"保险人在合同订立时已经知道投保人未如实告知的情况的，保险人不得解除合同；发生保险事故的，保险人应当承担赔偿或者给付保险金的责任。"有学者认为，上述规定确立了限制保险人权利的"弃权"制度，就投保人的不真实陈述而言，规定保险人"弃权"制度的基本目的在于贯彻诚实信用原则，以限制保险人滥用合同解除权或者保险合同约定的"不可争议条款"。③ 以上保险弃权规则的建立，使得

---

① 广东省高级人民法院《关于审理保险合同纠纷案件若干问题的指导意见》（2011 年 9 月 2 日）第 6 条。

② 山东省高级人民法院《关于审理保险合同纠纷案件若干问题的意见（试行）》（2011 年 3 月 17 日）第 7 条。

③ 参见常敏《保险法学》，法律出版社 2012 年版，第 70 页。

保险人以投保人违反如实告知义务而行使保险合同解除权或拒赔抗辩权的空间极度缩小。

我国《保险法》（2009 年）第 16 条第 6 款在确立保险弃权规则时，是相当谨慎的，以"合同订立时"的时间节点和保险人"已经知道"的主观心理状态，对保险人的"弃权"予以了限定。有学者认为，依照上述条款的规定，"弃权，以保险人订立合同时知道投保人为不真实陈述作为条件。保险人订立合同时'知道'投保人为不真实陈述的，以其订立合同时'明知'为限；因为保险人的疏忽而未知的，不在此限；再者，保险人在订立合同时'知道'，仅限于保险人在保险合同订立时或订立过程中'知道'为限，不包括保险人在合同订立后'知道'的情形"①。保险法的上述规定相对有利于保险人的利益。

当然，投保人未如实告知的，保险人"弃权"的主观心理状态是否还应当包括"应知"则是值得讨论的。有学者认为，对于弃权的条款，我国《保险法》（2009 年）只规定"自保险人知道有解除事由之日起"，而瑞士《保险契约法》第 8 条第 3 款第 4 项规定："保险人已知或应知隐匿的事实或不实告知之事实时，保险人不得解除合同。"《日本商法典》第 644 条第 1 款和第 678 条第 1 款中规定："但保险人知悉该事实或因过失不知时，不在此限。"同为大陆法系国家的瑞士和日本在规定保险人对投保人未如实告知的情形时，将保险人"应知"和"因过失未知"也考虑在内。不难发现，瑞士和日本的相关规定更为严谨。因为保险代理人的个人行为和保险人的疏忽，都有可能致使保险人应知而未知投保人未如实告知的情形，而仅仅规定"保险人知道有解除事由"，可能会造成法官在判案时产生疑虑。②诚然，将保险人"应当知道"投保人未如实告知纳入考虑的范围，将加大对保险人合同解除权或拒赔抗辩权的限制力度，无疑有利于保护被保险人或受益人的利益。

另外，《保险法》（2009 年）第 16 条第 6 款规定的保险弃权规则所体现的基本精神，可以作为处理类似案件的参照。有学者认为，在合同成立后，保险人知道投保人在订立保险合同时为不真实陈述的，仍然继续向投

---

① 常敏：《保险法学》，法律出版社 2012 年版，第 70—71 页。

② 参见赵冰《新〈保险法〉中的弃权与禁止反言原则》，《上海保险》2009 年第 6 期。

保人收取保险费或者通知投保人增收保险费，表明其愿意受保险合同的约束，与其在订立合同时知道投保人为不真实陈述而订立合同的行为，性质上并无相同。再者，保险合同成立后，保险人知道投保人为不真实陈述，原本享有合同解除权，但仍然收取或者增收保险费，如果继续承认保险人有合同解除权，不符合诚实信用原则。因此，依照诚实信用原则和《保险法》（2009 年）第 16 条第 6 款规定"保险弃权"的精神，应当认为：保险合同成立后，保险人知道投保人有不真实陈述的，仍然收取或者增收保险费，不得解除保险合同；发生保险事故的，应当承担保险责任。[1]

---

[1]　参见常敏《保险法学》，法律出版社 2012 年版，第 71 页。

第 八 章

道德危险控制论

第一节 道德危险不保

一 保险的危险理论

保险是应对危险的一种机制，通过一定的合理措施将危险及其不利后果由一个主体转移给另一个主体，但这种转移，仅限于发生或其结果不确定的危险。保险的危险理论围绕不确定的危险展开。一般认为，不确定的危险，是指现实生活中客观存在的、可能发生的并具有发生偶然性的事件。

有学者提出，保险中所涉及的危险主要是指造成经济损失的不确定性，而保险公司可以承保的风险一般应当具备三个条件：（1）可保危险应当有造成损失的可能；（2）可保危险所造成的损失应当是意外的和偶然的；（3）可保危险所造成的损失必须是明确的和可以计算的。① 依照上述观点，可保危险就是不确定的危险，可能发生、意外以及偶然性为其固有的特征。

也有学者认为，保险所分散的危险，必须是以下危险：（1）危险发生与否不能确定；（2）危险发生的时间不能确定；（3）危险所导致的后果不能确定；（4）危险的发生对被保险人来说，必须是非故意的。② 在这里，以上观点在表述危险的不确定性时，附加强调了保险危险的或然性，即相对于被保险人的主观意图而言，危险是意外发生的。有学者将危险发

---

① 参见陈欣《保险法》，北京大学出版社 2000 年版，第 132 页。
② 参见李玉泉《保险法》（第二版），法律出版社 2003 年版，第 9—10 页。

生的或然性，称为危险的"意外性"，与危险的不确定性并列为可保危险的要件之一。①

还有学者认为，不确定的危险应当是可能发生的危险，且发生不确定而具有发生的偶然性，或者危险必然发生而发生的时间不确定，以及特定危险造成的后果不确定。②

另有学者认为，不确定的危险，主要是危险发生的不确定性，具体包括危险发生的时间不确定、危险的大小不确定以及危险发生的地点不确定等。危险发生的不确定，是客观存在的危险的内在固有本质。③

上述观点虽有表述上的差异，但并不妨碍我们得出如下结论：不论我们如何使用不同的术语（诸如可能性、或然性、不确定性）来表达保险分散的危险，均可以将与被保险人的故意有关联的风险排除于保险分散的危险之外。所以，不确定的危险，对被保险人而言，并非其有意追求的危险。如果是被保险人有意追求的危险，则属于道德危险；因道德危险所引起的任何不利益，保险人不应承担保险责任。这就是道德危险不保制度。依照道德危险不保制度，投保人和保险人在订立保险合同时，不得将道德危险约定为保险事故。通俗地讲，被保险人故意造成的危险，不属于保险分散的危险。

在理论上，我国保险法应当实行更加合理的道德危险控制机制，并无争议。但是，究竟什么是道德危险？我国保险法的相关规定是否已经准确地作出了定位，则还是值得讨论的。

二 道德危险的限定

在我国保险法理论上，有关道德危险的内容的描述是相当宽泛的。这或许与我国保险法的规定相关，或许与我国保险实务中的保险条款的约定之理解相关。总体而言，保险合同的当事人以及关系人故意造成保险事故发生的，似乎都可以归入道德危险的范畴。

例如，有学者认为，当事人为诈取保险金而故意促成或扩大的危险，

---

① 参见温世扬主编《保险法》，法律出版社 2003 年版，第 8 页。
② 参见邹海林《保险法教程》（修订第二版），首都经济贸易大学出版社 2004 年版，第 3 页。
③ 参见王伟《保险法》，格致出版社、上海人民出版社 2010 年版，第 151 页。

为道德危险。道德危险因为当事人的"为"或者"不为"而被区分为积极的道德危险和消极的道德危险。积极的道德危险是指投保人、被保险人或者受益人为诈取保险金而故意促使危险发生的行为；消极的道德危险是指投保人或被保险人因有保险而怠于保护或疏于施救保险标的所造成或扩大的危险①。还有学者概括认为，道德危险，在一定意义上即由当事人的意志而使可能的危险发生或者损失扩大，属人为制造的危险；"在法学意义上，'道德危险'这一概念，是对被保险人的主观状态与保险事故间之因果关系所作的'价值判断'；且从被保险人的主观过错状态出发，将其类型化为二：积极的道德危险与消极的道德危险"②。依照上述观点，道德危险所包括的行为较为广泛，但保险人对上述定义的道德危险并非都不承担责任。

再如，有学者认为，"道德危险是指被保险人故意造成保险事故的发生而引起保险责任的危险"，或者是投保人（被保险人）故意造成保险事故而产生的危险，道德危险还包括了"投保人、被保险人或者受益人有骗取保险给付的行为"，以及包括人身保险的受益人所为故意造成被保险人死亡或伤残的危险。③ 上述观点并没有涉及"消极的道德危险"，因为我国《保险法》所规定的"怠于"防灾减损义务之履行而造成或扩大的损失，保险人不承担责任，但这些行为并非均以投保人或被保险人的"故意"为要件，将之纳入道德危险的范畴，似乎有所不妥。

保险法理论或许并不需要严格限定道德危险的外延。如此一来，"道德危险"这一术语也就具有了灵活性。原则上，保险人对道德危险所引起的保险事故不承担责任。但是，在发生争议时，与保险合同的当事人、关系人的故意行为相关联的危险，究竟是否属于道德危险？将此疑问交由法官作个案的裁判，可能更具有合理性。

---

① 参见温世扬主编《保险法》，法律出版社 2003 年版，第 8 页；任自力主编：《保险法学》，清华大学出版社 2010 年版，第 3—4 页。

② 樊启荣：《保险损害补偿原则研究——兼论我国保险合同立法分类之重构》，《中国法学》2005 年第 1 期。

③ 参见邹海林《保险法教程》（修订第二版），首都经济贸易大学出版社 2004 年版，第 14、68、96、62、139 页。

三 道德危险不保的法律规定

道德危险不保，为保险法所建构的控制道德危险的基本制度。我国《保险法》（2009 年）第 27 条第 2 款规定："投保人、被保险人故意制造保险事故的，保险人有权解除合同，不承担赔偿或者给付保险金的责任；除本法第四十三条规定外，不退还保险费。"因为这个缘由，道德危险成为法定除外责任。我国保险法将道德危险规定为保险人除外责任的法定事由，属于强行法，保险合同不得约定承保道德危险。保险合同约定承保道德危险的，违反强行法，亦违反社会公共利益。不论保险合同对道德危险及其所造成的结果有无约定，保险人对之所引起的被保险人的不利益，均不承担保险责任。在实务上，尽管道德危险已为法定除外责任，但保险合同一般都有道德危险作为除外责任的约定。

当然，道德危险不保，并不能作绝对的理解。如果道德危险的存在对于某种不利益的发生具有合理性，且并不会增加被保险人追求不当利益的风险，道德危险是可以转化为可保危险的。此为道德危险不保的例外。我国学者主要研究了以下情形的例外。

其一，被保险人的自杀。有学者认为，考虑到人的自杀意图只是短时间内的事，世易时移后人自然会打消自杀的念头，法律规定一定的免责期限自然会消减利用自杀来诈取保险金的因素，故以死亡为保险金给付条件的合同，自成立之日起满 2 年后，如果被保险人自杀的，保险人可以按照合同给付保险金。[①] 还有学者认为，在保险合同成立 2 年后，被保险人自杀的，不属于道德危险，而是可保危险，除非保险合同约定保险人不承担保险责任，保险人应当承担保险责任。[②]

其二，履行道德上的义务所致损害。有学者认为，投保人或被保险人因履行道德上的义务所造成保险标的的损害，保险人应当承担保险责任。因为履行道德义务所致保险标的损害的，属于社会善良行为造成的损害，社会善良行为受法律的保护和鼓励，在保险用于防范危险时，也不应当例

---

① 参见杜颖《保险中的道德危险及其消解》，《南开经济研究》2002 年第 4 期。
② 参见常敏《保险法学》，法律出版社 2012 年版，第 92 页。

外。在这种情形下，保险人不得以保险合同的约定免除其保险责任。① 投保人或被保险人履行道德上的义务致人损害，即便是故意所为，亦不能当作道德危险对待。

其三，强制保险情形下的被保险人的故意行为。有学者认为，在机动车第三者责任强制保险项下，因为被保险人的故意造成交通事故受害人的死亡或伤残，保险人对受害人应当承担保险合同项下的给付责任。被保险人的故意加害行为虽为道德危险，但保险人不能以之作为除外责任事由对抗受害人的赔偿利益，交通事故受害人的赔偿利益是机动车第三者责任强制保险的公共利益。②

第二节　道德危险不保的制度结构

一　关于道德危险的担当人

有学者认为，依照我国保险法的规定，被保险人为道德危险的担当者。但是，如果被保险人的代理人故意造成保险事故的发生，保险人是否应当承担保险责任？法无规定，势必会引发争议。按照代理制度的应有含义，被保险人的代理人所为行为，应当由被保险人承担责任；但被保险人的代理人所为故意造成保险事故的行为，并不为被保险人所知或应知，此等事故对于被保险人而言属于意外事故，故被保险人的代理人所为故意造成保险事故的行为，不应当纳入保险人不承担责任的"道德危险"范围内。③ 依照上述观点，道德危险的担当者限于被保险人本人，但是，被保险人指使、授意或者促成其代理人故意造成保险事故的，被保险人的代理人具有与被保险人相同的地位。

再者，除被保险人外，我国《保险法》（2002 年）将投保人（保险合同的当事人）和受益人（保险合同的关系人）都纳入道德危险的担当者范围。投保人和受益人作为道德危险的担当者，是否存在扩大适用

---

① 参见邹海林《保险法教程》（修订第二版），首都经济贸易大学出版社 2004 年版，第 96 页。

② 参见李青武《机动车责任强制保险制度研究》，法律出版社 2010 年版，第 162 页。

③ 参见邹海林主编《中国商法的发展研究》，中国社会科学出版社 2008 年版，第 306—307 页。

"道德危险" 的嫌疑, 争议颇多。

我国保险法有关控制道德危险的初始制度设计存在不少的漏洞。例如, 有观点认为, 为减少道德危险的发生, 维护社会公德, 捍卫被保险人的利益, 规定受益人故意造成被保险人死亡或伤残, 或故意杀害被保险人未遂的, 丧失受益权, 是非常必要和合理的。但问题的关键在于受益权的撤销、保险人不承担保险责任和保险合同无效三者之间的关系上, 法律对其规定前后矛盾并且在其他方面也存在诸多不尽合理之处。依照《保险法》(1995 年) 第 27 条第 2 款规定, 投保人、被保险人或者受益人故意制造保险事故的, 保险人有权解除保险合同, 不承担赔偿或给付保险金的责任。当受益人恶意诱发道德危险时, 保险人一律免除保险责任是因为保险人解除合同的结果。受益人故意制造保险事故时, 保险人并非当然地就不承担给付保险金的责任, 而是必须先行使合同解除权方能免责。因此, 保险人不承担给付保险金的责任并不是法律直接赋予的权利, 也不是因为法律规定在该情况下合同丧失效力, 而是保险人行使保险合同解除权的结果, 这与《保险法》(1995 年) 第 64 条之规定有出入。再者, 《保险法》(1995 年) 第 64 条本身也有不尽合理之处。第 1 款规定受益人故意造成被保险人疾病的, 保险人不承担给付保险金的责任; 而第 2 款规定的丧失受益权的法定事由中没有 "受益人故意造成被保险人疾病的" 这种情形, 但却多了 "受益人故意杀害被保险人未遂的"。同为恶意的道德危险为何区别对待、分别立法, 其合理性值得检讨。最后, 依照《保险法》(1995 年) 第 63 条的规定, 保险受益权被依法撤销后, 并不当然导致保险合同丧失效力, 同时也说明了受益权的丧失并非基于保险合同的无效, 当受益人有故意造成被保险人死亡等情节时, 保险人仍然负有按保险合同履行给付保险金的义务, 这与《保险法》(1995 年) 第 27、64 条之规定又不一致。因此, 我国保险法应当规定, 受益人故意造成被保险人死亡、伤残或疾病, 或者故意杀害被保险人未遂的, 丧失受益权, 保险人向其他权利人履行给付保险金的义务。当受益人恶意诱发道德危险时, 基于特定的法律强制剥夺其受益资格, 保险人因此免除对该受益人的给付之责。但此处所谓的 "免责" 并非完全意义上的免除责任, 保险人仍须依据保险合同对其他权利人 (主要是其他受益人或被保险人) 履行给付保险金的义务, 并且受益人的不法行为并不导致合同无效或保险人享有合同解除权。当然, 保险人和投保人可以就受益人恶意诱发道德危险作例外约定, 如作为合同的附解除条件或约定为免责事由。①

　　对于以上的问题，还有学者认为，受益人故意造成被保险人死亡或者伤残的，或故意杀害被保险人未遂的，丧失受益权，只是为防止受益人图谋保险金而伤害被保险人。但《保险法》（1995 年）规定受益人故意造成被保险人死亡、伤残或者疾病的，保险人不承担付给保险金的责任。这就是问题了。难道保险法不保护有关的其他受益人的权益？因此，这样的规定，忽视了其他受益人权益的保护。② 有学者分析认为，受益人故意造成被保险人死亡或者伤残的，或者故意杀害被保险人未遂的，丧失受益权。这样规定的主要目的是为了防止受益人为获得保险金而引发道德危险。防范道德危险重在道德标准的衡量，由此剥夺了为获得保险金而伤害被保险人的受益人的受益权；法律还有一个合法与非法的衡量，还有公序良俗和公共秩序的标准，虽然不违背道德标准而不以获得保险金为目的，但是伤害被保险人是有违公共秩序的，是应该禁止的，法律上需要惩罚，而惩罚最直接的措施是剥夺受益权。③ 也有观点认为，因为受益人有故意伤害被保险人的行为，保险人不承担给付保险金的责任。这是《保险法》（1995 年）明文规定的，故保险人对于受益人的故意行为所造成的被保险人死亡或者伤残是免责的。但是，在受益人为数人时，在其他受益人毫无过错的情况下，由于某一受益人的过错而剥夺其他受益人享有的保险金请求权，似乎是不合理的。④

　　另有学者认为，我国《保险法》（2002 年）第 65 条有关"投保人、受益人"故意致被保险人死亡时保险人免除给付保险金之责的规定不具有妥当性。如此的规定，注重不法受益人的主观恶性及其应受惩罚性，但却忽略了被保险人以及其他受益人之合法权益，即因该不法受益人之故意非法行为而使被保险人和其他受益人之权益亦被剥夺。受益人故意致被保险人死亡，无论其主观恶性多大，但对于被保险人而言，仍为不可预料之偶发性事件；因受益人故意杀害被保险人而使保险人免除给付保险金之

　　① 参见蓝邓骏、凌哲胥《保险受益权的撤销探析》，《当代法学》2001 年第 4 期。
　　② 参见庄咏文《保险受益人权益的保护》，《上海保险》2001 年第 8 期。
　　③ 参见杜颖《对我国保险法受益人规定的思考》，《经济经纬》2002 年第 4 期。
　　④ 参见陆燕芬《受益人杀害被保险人保险金应拒付》，《保险研究》2002 年第 5 期。

责，则无异于使被保险人"自我处罚"，有悖于被保险人订立保险契约之目的，且与公共政策相悖；因某一受益人故意杀害被保险人，而免除保险人向其他受益人的保险金给付之责，则无异于"株连九族"，对其他受益人亦有失公正，有悖于法律进步的价值取向。因此，受益人故意杀害被保险人的，保险人不得免责；投保人为第三人利益投保后杀害被保险人的，保险人亦不得免责；仅当投保人为自己利益投保后杀害被保险人的，保险人得以免责。①

更有学者认为，受益人因对被保险人具有道德危险的行为，依法应丧失受益权。依照我国《保险法》（2002 年）第 65 条第 1 款的规定，投保人、受益人故意造成被保险人死亡、伤残或者疾病的，保险人不承担给付保险金的责任。以上规定不妥。首先，受益人故意造成被保险人伤残或者疾病，固应丧失其受益的期待权，但受益人故意造成的被保险人的所谓疾病，其实并非健康保险合同中所指的疾病，而是意外伤害保险合同中的意外伤害。如果被保险人参加了意外伤害保险，那么，即使被保险人的伤害是由受益人的故意造成的，但对被保险人而言仍然属于意外伤害，保险人不应因此而免责。受益人丧失受益权的后果已足以制裁受益人，保险人免责既不符合保险的目的，也不符合公平正义的原则，实属罪及无辜、矫枉过正之举。其次，如果被保险人参加的保险仅仅是死亡保险，当谋杀未遂时则因保险事故并未发生，根本不存在保险人给付保险金的问题，当然也不存在保险人免责的问题，保险人应继续承担保险责任。受益人故意造成被保险人死亡，固应丧失受益权，然而受益人的违法行为乃其个人行为，丧失的应仅仅是其本人的受益权，其他受益人仍可以依据保险合同享有保险金请求权，而不应当受到波及致使其受益权名存实亡。从理论上说，如果刑事责任的威慑都不足以防范受益人的道德危险，那么保险人免责的良苦用心则更加无能为力。从事实上看，迄今尚无任何实证性研究成果能够证明保险人免责比保险人不免责可以在更大程度上减少受益人的道德

---

① 参见樊启荣、程芳《投保人、受益人故意杀害被保险人的法律效果——对我国〈保险法〉第 65 条第 1 款规定之妥当性质疑》，《中南财经政法大学学报》2005 年第 2 期。

危险。①

　　道德危险是否应当延及受益人的故意致害行为？我国《保险法》(2002年) 有关道德危险的规定，包括受益人故意造成的被保险人的死亡和伤残。对此，有观点认为，虽然我们可以采取多种途径和方法防范和减少道德危险，但事实上不可能彻底消灭其道德危险。因此，对受益人道德危险的法律规制应当有一个正确的认识，既要正视受益人道德危险的危害，采取系统的措施尽可能地防范和降低其道德危险，但又不能预防过度，损害受益人的正当权利和寿险市场的效率，在寿险的保障和预防受益人道德危险的激励之间应努力寻求平衡点，合理地权衡受益人、保险人和社会公众的利益。②

　　除上述以外，将投保人纳入道德危险的担当者范围，事实上也与保险法理论和制度设计对投保人的地位认识不足有关。投保人在诱发道德危险的层面上，实际上既无利益更无动力。有学者认为，作为保险人的相对人之投保人，是发出订立保险合同要约、负有交付保险费义务的人，并不享有保险合同利益。在此种合同权利配置下，为防范道德危险，保险法应要求在保险事故发生时受有损失的被保险人对保险标的具有保险利益，而不应要求投保人对保险标的具有保险利益。有人会质疑为何投保人只是订立保险合同、交付保险费，而不享有合同利益，谁会那样去订立保险合同。这样的问题无须考虑。至于投保人因何甘心为被保险人利益订立保险合同、交付保险费，属于其内部关系决定的范围，自有其这样行为的理由，在保险合同权利结构设计中无须考虑。若其不愿意，该主体自然可以选择不以非自身的他人为被保险人订立保险合同。③

　　因为我国保险法的立法技术不完善而存在的十分明显的道德危险控制问题，引起理论和司法实务界、立法者的重视，是十分自然的事情。因为共识的逐步达成，尤其是受益人造成被保险人的死亡或伤残并非被保险人

　　① 参见张秀全《受益人道德风险的法律规制》，《郑州大学学报》(哲学社会科学版) 2005年第2期。

　　② 同上。

　　③ 参见高宇《保险合同权利结构与保险利益归附之主体——评〈中华人民共和国保险法 (修改草案送审稿)〉第12条、33条、53条之规定》，《当代法学》2006年第4期。

所希望，在性质上仍然为意外事件，故我国保险法至少已经明确，道德危险不再包括受益人故意造成被保险人死亡或者伤残的危险，但仍然将投保人故意造成保险事故的危险作为道德危险对待。《保险法》（2009 年）第27 条和第 43 条第 1 款将投保人故意造成的保险事故作为排除保险人应负保险责任的法定事由，立法目的在于防止道德危险，本无可非议。但是，将道德危险限定于投保人或被保险人有意识追求的危险，是否就不需要考虑保险人和被保险人、受益人之间的利益平衡，而将道德危险的控制机制予以绝对的贯彻，则是值得我们慎重考虑的议题之一。

还有学者从另一个角度对投保人故意造成保险事故而保险人不承担责任的后果提出了质疑，认为，当投保人同时也是被保险人时，自杀实际上也是投保人制造保险事故的一种特殊情形。但两者的处理方式却截然不同。依照《保险法》（2009 年）第 43 条第 1 款的规定，投保人故意制造保险事故，保险公司一律免责，而该法第 44 条则规定投保人自杀以 2 年的时间为界线来决定保险公司是否免责。无论是投保人故意制造保险事故还是被保险人自杀都受到法律的规制，原因都出于对道德危险的防范。但意外伤害险和死亡保险的保障对象并非投保人，而是被保险人和受益人以及被保险人的近亲属。自杀免责条款的修正主要也是出于保障被保险人的近亲属和受益人的利益的考虑。那么，凭什么都是人身保险合同中自杀仍有获得保险赔付的可能而投保人故意制造保险事故则一律免责？这在法理上缺乏足够的支撑。该法第 43 条关于投保人故意造成被保险人死亡、伤残或者疾病的，保险人不承担给付保险金责任的规定是不合理的。投保人故意造成被保险人伤残、疾病的，保险公司不能免责；投保人故意造成被保险人死亡，系为受益人谋取保险金的或者投保人本人为受益人的，该受益人丧失受益权，保险公司不能免责。[①]

更有学者从利益平衡的角度分析认为，在投保人故意造成被保险人死亡、伤残或者疾病的情况下，投保人之外还存在受益人、被保险人及其继承人等其他权利人；在受益人故意造成被保险人死亡、伤残、疾病的情况下，该受益人之外还存在其他受益人、被保险人及其继承人等其他权利人。因此，在大张旗鼓地防范道德危险的同时，我们还应当一视同仁地保

---

① 参见王雪丹《对投保人故意制造保险事故与保险人免责的质疑——兼评新〈保险法〉第 43 条》，《前沿》2010 年第 4 期。

护其他权利人。防范道德危险的前提是道德危险确实存在，保险人不能动辄以投保人的致害行为属于道德危险为由免除自身义务、剥夺他人权利。①

另外还有一个附带的问题需要注意。我国《保险法》（2009 年）第27 条的规定，在相当程度上可能构成我国保险实务中开展的分期付款保证保险属于"违法"而不构成"保险"业务的一个重要理由。例如，有学者认为，"保证保险合同的投保人，是借款合同的债务人，亦即从银行借款用于购买机动车的买车人"。"按照保险法原理，保险事故必须是客观的、不确定的、偶然发生的危险，换言之，保险事故之是否发生应不受保险合同当事人主观方面的影响。但保证保险合同的保险事故，是投保人自己不履行债务的行为，此保险事故之是否发生，取决于投保人自己的主观意愿。如果投保人履行债务，保险事故就不发生；反之，投保人不履行债务，保险事故就发生。而投保人不履行债务，除遭遇死亡、丧失劳动能力、陷于破产等特殊情形外，均属于投保人故意不履行债务。可见，保证保险合同的保险事故，与保险法原理不合。""除投保人（债务人）遭遇死亡、丧失劳动能力、陷于破产等客观原因外，保险事故之发生（不履行债务），均属于'投保人'（债务人）故意为之，均可构成投保人'故意制造保险事故'，如根据保险法第二十八条的规定，免除保险人给付保险金的责任，势必造成保证保险合同的目的落空，违背保证保险合同的本质和目的。因此，人民法院不得支持被告（保险人）以违反保险法第二十八条为由请求免于承担给付保险金责任的主张。"② 当投保人（主债务人）故意不履行债务时，保险人不能依照《保险法》（2009 年）第27 条主张不承担保险责任；若这个结论成立，则保证保险将因承保"道德危险"而违反该法第 27 条的规定。

这些仍然存在的问题，至少对我国《保险法》（2009 年）第 27 条规定的道德危险的担当者范围之妥当性提出了挑战。我国保险法应当进一步

---

① 参见李显冬、禹良《防范道德危险与保护其他权利人——〈保险法〉第 43 条之解读》，《北京政法职业学院学报》2011 年第 4 期。

② 梁慧星：《保证保险合同纠纷案件的法律适用》，《人民法院报》2006 年 3 月 1 日。引文中所称"保险法第二十八条"系指《保险法》（2002 年）第 28 条。该条有关投保人故意造成保险事故的规定，在内容上与《保险法》（2009 年）第 27 条相同。

缩小道德危险担当者的范围：首先，投保人或者被保险人的代理人故意造成保险事故的发生，并非被保险人有意追求的事故时，不属于道德危险，除非保险合同另有约定，保险人应当承担保险责任。其次，道德危险的控制机制所关联的保险人无给付责任的效果，不能及于投保人和受益人。我国保险法应当彻底将投保人、受益人从道德危险担当者中排除，即投保人、受益人故意造成保险事故的，保险人应当对被保险人或者故意造成保险事故的受益人以外的其他受益人承担保险责任，但保险合同对此另有约定的除外。① 总之，非属于道德危险的担当者之投保人或者受益人，故意造成保险事故发生的，该事故对于被保险人而言属于意外事故，属于可保危险；仅当保险合同将此等危险约定为"除外危险"时，保险人才不承担保险责任。

二　关于保险人防范道德危险的责任

被保险人为道德危险，应当自行承担后果。但是，保险人在订立保险合同时，如果疏于注意义务，以致道德危险发生，有无责任呢？这个问题值得研究。若将这个问题与无民事行为能力人的死亡保险相联系，更具意义。

我国《保险法》（2009 年）第 33 条第 1 款规定，投保人不得为无民事行为能力人投保以死亡为给付保险金条件的人身保险合同，保险人亦不得承保。该条规定的目的，在于防范人身保险的道德危险，保护无民事行为能力人的人身安全。有学者认为，保险法之所以禁止为无民事行为能力人投保死亡保险，立法理由主要有二：其一是防止道德危险。死亡保险金只能由被保险人之外的其他人领取，故以他人的生命订立死亡保险合同，若毫无限制而可随意为之，则无异于以他人之生命为赌注，可能诱发甚至加剧为获取保险金而故意致被保险人死亡的道德危险。其二是保护无民事行为能力人。由于无民事行为能力人不能辨认自己的行为，也没有自我保护能力，因此，为更好地保护其生命安全，保险法禁止投保人以无民事行为能力人作为被保险人投保死亡保险，而保险人也不得承保以无民事行为

---

① 参见邹海林主编《中国商法的发展研究》，中国社会科学出版社 2008 年版，第 307 页。

能力人为被保险人的死亡保险。① 也有学者认为，投保人不得为无民事行为能力人投保以死亡为给付保险金条件的合同，可以最大限度地保护无民事行为能力人的合法权益，因为无民事行为能力人对于保险及其相应的法律后果并无判断能力，我国《保险法》（2009 年）第 33 条第 1 款禁止为无民事行为能力人投保死亡保险。即使父母为其无民事行为能力的成年子女投保死亡保险，亦在禁止之列。②

　　但依照该条款，若保险人承保了无民事行为能力人作为被保险人，并且以死亡为给付保险金条件的人身保险合同，该合同的效力如何？是无效合同还是有效合同？对此，我国学者普遍认为，以无民事行为能力人作为被保险人订立的死亡保险合同无效。例如，有学者认为，投保人与保险人事实上订立的以无民事行为能力人为被保险人的死亡保险合同，也将因违反法律的强制性规定而无效。③ 还有学者认为，我国保险法明文禁止投保人为无民事行为能力人投保死亡保险，且保险人不得承保；这一规定明显属于法律的强制性规定，依照合同法规定，违反法律、行政法规强制性规定的合同无效，投保人为无民事行为能力人订立的死亡保险合同为无效合同。④

　　但是，我国也有学者对此表达了不同的看法。例如，有学者认为，依照《保险法》（2002 年）第 148 条的规定，即保险人"为无民事行为能力人承保以死亡为给付保险金条件的保险"的，由保监会"责令改正"，是否足以表明保险人为无民事行为能力人承保以死亡为给付保险金条件的保险合同有效？依照该法第 55 条第 2 款的规定，投保人可以为其未成年子女投保以死亡为给付保险金条件的人身保险；但若被保险人成年后仍系无民事行为能力人，保险合同的效力是否会受到该法第 55 条第 1 款规定的影响？我们还可以进一步设想，被保险人具有民事行为能力，但在以死亡为给付保险金条件的合同成立后，被保险人沦为无民事行为能力人，该

---

① 参见魏迎宁《保险法精要与依据指引》，人民出版社 2006 年版，第 77—78 页。

② 参见王伟《保险法》，格致出版社、上海人民出版社 2010 年版，第 171—172 页。

③ 参见魏迎宁《保险法精要与依据指引》，人民出版社 2006 年版，第 78 页。

④ 参见梁鹏《未成年人保险道德危险之控制》，载谢宪主编《保险法评论》（第三卷），法律出版社 2010 年版。

保险合同的效力是否会有影响？保险法的相关规定，均无法对这些疑问作出澄清。再者，因为保险人在承保人身保险时，无法确定被保险人是否具有民事行为能力。被保险人的民事行为能力除与其年龄相关外，更与其意思能力相关。保险人在判断被保险人的民事行为能力的有无时，通常与投保人告知的被保险人的个人事项作为基础，但也不具有必然的对应关系。若保险人没有询问有关被保险人的行为能力或判断被保险人的行为能力的事项，投保人也没有告知义务。不论在哪个层面分析，保险人在订立保险合同时，都无法准确把握被保险人的民事行为能力之有无。所以，《保险法》（2002 年）第 55 条第 1 款是保护无民事行为能力人的人身安全的理想选择，但其并不构成死亡保险合同无效的禁止性规定。将该规定解释为禁止性规定，以无民事行为能力人为被保险人的死亡保险合同因违反该规定而无效，不仅不能防止利用保险对无民事行为能力人的加害，更无益于发生加害行为后对被保险人的救济。①

　　另有学者认为，我国《保险法》（2009 年）第 33 条第 1 款不问死亡保险的类别及是否具有道德危险，将无民事行为能力人完全排除于一切死亡保险合同之外，存在明显的不合理之处。原因有三：其一，该禁止性规定之立法理由存在逻辑矛盾。禁止承保无民事行为能力人的死亡保险，但却允许父母为未成年子女投保以死亡为给付保险金条件的人身保险，父母与子女之间的血缘和亲情关系，仅仅因为子女成年与否而存在巨大的差异，这在逻辑上是讲不通的。其二，立法者对该规定可能产生的道德危险估计过高。并非任何以死亡为给付保险金条件的人身保险都必然存在道德危险，至少有一些以死亡为给付保险金条件的人身保险是不存在道德危险的。我国保险法规定"投保人不得为无民事行为能力人投保以死亡为给付保险金条件的人身保险"存在值得商榷之处。其三，该禁止性规定不利于对无民事行为能力人进行实质保护。我国保险法应当破除传统法律思维之桎梏，而立足于我国社会之现实，真正从保护无民事行为能力人的权利出发，从权衡法律效益的最终结果出发，允许投保人为无民事行为能力人投保以死亡为给付条件的人身保险，赋予无民事行为能力人参与保险的权利，通过对投保人和受益人的资格予以严格限制以及合理规制死亡保险金

---

　　① 参见邹海林主编《中国商法的发展研究》，中国社会科学出版社 2008 年版，第 306 页。

总额的方式，遏制道德危险发生的可能性。①

考虑到我国保险法防范道德危险的基本立场，不允许保险人承保以无民事行为能力人为被保险人的死亡保险，保险人在死亡保险合同订立时应当承担注意义务，以确定被保险人有无民事行为能力。这样，保险人就具有了防范道德危险发生的责任。保险人在防范道德危险方面如果存在失误，应当就其失误所致损害承担责任。有学者提出，保险人为无民事行为能力人承保以死亡为给付保险金条件的保险，客观上会助长道德危险发生的概率，危害被保险人的人身安全，保险人对其承保行为应当承担更重的责任。对此，我国保险法应当规定如下的内容：保险人为无民事行为能力人承保以死亡为给付保险金条件的保险，被保险人死亡的，保险人应当按照合同约定给付保险金；被保险人的死亡是投保人故意造成的，保险人除按照合同约定给付保险金外，对被保险人应当承担损害赔偿的责任。② 当立法让保险人切实感受到防范道德危险的责任重大，才能有效阻止以无民事行为能力人为被保险人的死亡保险的随意或者泛滥，真正维护无民事行为能力人的人身安全和生存利益。

三　关于被保险人自杀

（一）何为被保险人自杀？

何为被保险人自杀？这是我国保险法理论首先面对的问题。江西省高级人民法院就"自杀"的含义，曾请示最高人民法院答复。最高人民法院2002年3月6日作出《关于如何理解〈中华人民共和国保险法〉第六十五条"自杀"含义的请示的答复》（2001）民二他字第18号，答复如下："本案被保险人在投保后两年内因患精神病，在不能控制自己行为的情况下溺水身亡，不属于主动剥夺自己生命的行为，亦不具有骗取保险金的目的，故保险人应按合同约定承担保险责任。"最高人民法院对于自杀的上述解释，对我国保险法理论和司法实务产生了重大影响。

有观点提出，"被保险人自杀，指被保险人故意结束自己的生命、造

---

① 参见宋修卫《对禁止无民事行为能力人参保死亡保险的反思与重塑——兼评保险法第33条》，《广西政法管理干部学院学报》2010年第6期。

② 参见邹海林主编《中国商法的发展研究》，中国社会科学出版社2008年版，第306页。

成自己死亡的事件。自杀由四个要素构成：（1）被保险人主观上存在结束自己生命的意愿；（2）被保险人客观上实施了足以造成自己死亡的行为；（3）造成了被保险人死亡的结果；（4）行为与结果之间存在因果关系。上述四个要素缺其一则不构成自杀。如果被保险人主观上不存在结束自己生命的意愿，只是由于自己行为造成死亡，如失足从高空坠下致死，游泳时溺水致死，误食有毒物致死等，不构成自杀"①。

还有学者认为，在保险法上，自杀应当解释为"被保险人故意实施的以结束自己的生命为目的的行为"。因此，判断被保险人的死亡是否为自杀所致，需要从主观和客观两个方面考察。在主观上，被保险人必须具有结束自己生命的故意。被保险人因为非故意的原因、精神失常或者心智失常而导致的死亡或者被保险人死之时为无民事行为能力人，不属于被保险人自杀的范畴。在客观上，被保险人必须具有结束自己生命的行为，并导致死亡的后果。②

我国学者对于自杀的认知，都在不断强调两点：第一，被保险人具有结束自己生命的意图或目的，也就是说被保险人对自行结束生命过程和结果是明知的。因此，凡被保险人不知道或者没有意识到的死亡事件，均非自杀。自杀是被保险人的故意行为，故意是被保险人自杀的固有属性，这是自杀成为道德危险的基础。第二，被保险人的行为导致自己生命的结束，若因被保险人未知或未意识到的外界因素的介入导致被保险人死亡的，也不构成自杀。因此，保险法上的被保险人自杀，是具有特定内涵的术语，自不能随意解释；如果就被保险人自行结束生命的行为有两种以上解释意见的，应当作不利于保险人的解释。

对于被保险人因为精神失常或心智失常而自行结束自己生命的现象，是否构成自杀？理论和实务是有不同意见的。如果我们将被保险人假定为一个具有完整健全心智的人，那么在其患有精神疾病而不能正常控制自己的行为时，发生自行结束自己生命的事件，出于对被保险人（受益人或其遗属）利益的保护，将被保险人死亡的结果排除于被保险人的故意之

---

① 邹泽平：《被保险人自杀和故意犯罪案件的处理》，《中国保险管理干部学院学报》2003 年第 3 期。

② 参见许崇苗、李利《最新保险法适用与案例精解》，法律出版社 2009 年版，第 223 页。

外而认为构成非故意造成的死亡，也是具有一定的合理性的。但是，这样判断被保险人结束自己生命的行为是否为自杀，对保险人而言或许是不公正的。众所周知，被保险人患有精神疾病并不等于被保险人不知道其自行结束生命的行为之后果，更不表明被保险人自行结束生命的行为的无意识，甚至在许多情形下还是被保险人所极力追求的。

有学者认为，自杀通常被定义为具有完整健全心智的人所为故意结束自己生命的行为。被保险人患有精神疾病，诸如抑郁症，不属于"无法控制自己的行为"的精神病人，亦非无民事行为能力人。而抑郁症最大的特点就是具有自杀倾向，且自杀倾向属于诊断抑郁症的重要指标。由于我国当前的抑郁症患者数量极大，如果没有十分准确的诊断方法，轻易地就将实施自杀的抑郁症患者列为可以赔付的对象，随着人身保险的日益推广，导致的后果殊难预料。因此，因精神疾病自杀的被保险人，应当仅限于无民事行为能力人。这样可以有效降低保险欺诈事件的发生概率。再者，限制民事行为能力人在自杀时是否能够辨认其行为较难判定的，限制民事行为能力人的主观状态处于不确定状态，变动性较强，在很多情况下难以确认其是否处于精神疾病的控制当中，或者精神状态能否达到正常的水平。就自杀而言，究竟是精神清醒因不堪忍受精神病的折磨而自杀，还是精神不清醒因无法辨认自己的行为而自毁，如何判定，需要提供何种证据，都是需要深入研究的问题。①

还有学者提出，"在司法裁判上，应逐一审视被保险人于自杀之时是否具有意思能力而为判断。也就是说，即使被保险人为无行为能力人或者限制行为能力人，若自杀时已具有意思能力，也应符合保险法上自杀之概念；相应的，即使被保险人为完全行为能力人，若自杀时不具有意思能力，仍然不属于自杀行为。总之，保险法上自杀的构成要件之一，须是被保险人具有意思能力。民法上有关行为能力之一般抽象标准，在保险法领域中无法适用"。所以，自杀在本质上是基于被保险人自主且自愿的意思自由状况下所为的一种事实行为，不包含缺乏自由意思决定能力者导致自己死亡之情况。若被保险人的行为出于病理失常状态，以致不能自由决定

---

① 参见于涛《被保险人自杀索赔问题的中美法律比较——解析新〈保险法〉第四十四条》，《保险研究》2009 年第 3 期。

其意思时，保险人仍须负责。①

或许可以这样认为，当被保险人心智不健全时，其自行结束生命是否为自杀，应当以其当时的意思能力状态进行判断，而意思能力状态应以被保险人行为时有无民事行为能力为标准，若其行为时已属无民事行为能力的状态，不以自杀论；否则，应当以自杀论。

另有如下的观点值得提及。有学者提出，因为我国保险法对自杀未作定义，也未对自杀的主观心理状态作出规定，但我国审判实务界深受侵权法故意、过失、意外事件三分主观状态之观念的影响，加之自杀的情形纷纭复杂、光怪陆离，不能完全排除"过失自杀"存在的可能性。一旦法官认同"过失自杀"的概念，将其作为自杀的一种，将可能判决保险公司对发生于保险合同成立后 2 年内的"过失自杀"拒赔。为防止发生这样的误判，我国保险法应当在自杀之前增加"故意"一词，即被保险人自杀是指"故意自杀"。②

提出这样的观点，在立法例上或许有一定的依据，例如我国台湾地区保险法就使用了"故意自杀"的用语。但总体上还是觉得该观点所提出的理由，没有任何理论和实证的基础，该观点所担心的法官误判的现象也纯属臆想。首先，我国的法官不会随意扩张被保险人自杀的外延，将"过失自杀"纳入自杀的范畴，这不符合我国保险法着重保护被保险人利益的基本价值判断。其次，"过失自杀"本身就表明被保险人自行结束生命的主观心理状态为过失而非故意，"过失自杀"就不能与以"故意"为本质要素的道德危险相提并论，无论如何也不可能将"过失自杀"经解释而归入到"道德危险"项下。故"过失自杀"与自杀毫无关系。最后，被保险人自杀并不是一个说不清楚的现象，而是一个具有科学内涵的术语，在其前面附加"故意"的限定，人为增加对自杀理解的混乱。在自杀前面加上"故意"二字，以示与其他自杀行为（如"过失自杀"）之区别，除了具有"画蛇添足"之谦，并无任何其他实益。在这里附带说一下，我国《保险法》（2009 年）第 44 条第 1 款的规定也存在类似的不

① 参见樊启荣《人寿保险合同之自杀条款研究——以 2009 年修订的〈中华人民共和国保险法〉第 44 条为分析对象》，《法商研究》2009 年第 5 期。
② 参见梁鹏《自杀条款的司法解释》，《中国青年政治学院学报》2012 年第 3 期。

足，即"但书"部分的内容显然属于败笔：无民事行为能力人是没有意思能力的，其自行结束生命的行为，对于无民事行为能力的被保险人而言均属于意外事件，本身就不构成"自杀"；将此等事件写入"但书"，将造成对被保险人"自杀"这样一种有意识和有目的的自行结束生命行为的理解混乱。

（二）被保险人自杀的法律效果

被保险人自杀，对保险人而言会发生何种后果？这是我国保险法理论面对的核心问题。

有学者认为，被保险人自杀是否当然属于除外责任，是一个有争议的问题。如果自杀也能获得保险金，就可能会鼓励意图自杀的人投巨额的人身保险，从而诱发道德危险。但如果对并非为图谋保险金的原因而发生的自杀，一概不给予保险金，也将会影响受益人即其遗属的正常生活，而且人身保险的目的又是在于保障受益人或被保险人遗属的利益。①

有学者将围绕这个问题所发生的争议作出如下的概括：在保险界，关于保险人对被保险人自杀是否应当承担保险责任，曾长期存在争论。一种意见认为，保险人对自杀不应承担保险责任。其理由是：自杀虽然不违法、不构成犯罪，也不损害他人利益，但如果保险人对于自杀死亡给付保险金，客观上会鼓励、诱导以自杀谋取保险金的行为，违反人道主义原则，也会造成社会问题。此外，自杀属于故意制造保险事故，对于故意制造保险事故的，原则上应属除外责任。另一种意见认为，保险人对自杀应承担保险责任。其理由是：被保险人本人不可能领取保险金，保险人给付死亡保险金的作用在于向被保险人的遗属提供经济保障。被保险人的遗属是无辜的，应该获得这种经济保障，否则保险就失去了意义。此外，被保险人自杀的目的不一定是谋取保险金，失恋、事业上的失败，疾病的痛苦等都可能导致被保险人自杀。②

事实上，保险法对于自杀的法律效果之规范，就是在以上两种意见的基础上寻求被保险人和保险人利益的平衡点。被保险人自杀，是被保险人有意识结束自己生命的行为，构成道德危险无疑。但作为一种特殊类型的

---

① 参见李玉泉《保险法》（第二版），法律出版社 2003 年版，第 249 页。

② 参见邹泽平《被保险人自杀和故意犯罪案件的处理》，《中国保险管理干部学院学报》2003 年第 3 期。

道德危险，如果其发生的概率属于保险业的危险控制方法和技术可以测定的范畴，法律就没有必要将之绝对地排除于保险人的责任范围之外。我国《保险法》（2002 年）第 66 条规定，以死亡为给付保险金条件的合同成立 2 年后，被保险人自杀的，保险人可以按照合同给付保险金。依照该条规定，解释上的应有含义为：保险人可以按照合同约定对被保险人的自杀承担保险责任。

有学者提出，被保险人在合同成立 2 年后自杀的，推定为并非以谋取保险金为目的，保险人可以承担给付保险金的责任，但必须在保险合同中作出约定。其理由是：第一，如果被保险人有以自杀谋取保险金的动机而与保险人订立保险合同，一般不会在合同订立 2 年后再实施自杀行为；第二，产生自杀动机一般是被某种情势所迫。即使被保险人在订立合同时有自杀的动机，经过 2 年之后，形势很可能已发生改变，使被保险人放弃自杀动机；第三，被保险人在订立合同 2 年后，由于订立合同时因为不道德的动机而实施自杀行为的可能性就极小了。①

问题是，如果保险合同没有约定，保险人对于合同成立 2 年后被保险人的自杀应否承担保险责任？依照上述法律规定显然是没有说法的。即使被保险人在保险合同成立后经过 2 年自杀，保险合同是否仍可以约定保险人不承担给付保险金的责任？似乎也难以给出一个确定的答案。有学者认为，我国《保险法》（2002 年）第 66 条的规定，没有就被保险人自杀时保险人应否承担责任给出一个不容争议的明确立场。该法将这样一个棘手的问题交给了当事人意思自治。但是，当事人在这个问题上的意思自治因为欠缺意思表示，又会将该问题复推给立法者。保险合同成立满 2 年后的被保险人自杀，基于保险合同的约定，保险人应当承担保险责任，故此等自杀危险，并非道德危险。在这个意义上，作为道德危险的被保险人自杀和保险合同成立满 2 年后的被保险人自杀完全不同，法律效果上必定存在差别，我国保险法应当区别对待被保险人在保险合同成立 2 年内的自杀和 2 年后的自杀。为有效保护被保险人或者受益人的利益，将保险合同成立

---

① 参见邹泽平《被保险人自杀和故意犯罪案件的处理》，《中国保险管理干部学院学报》2003 年第 3 期。

满 2 年后的被保险人自杀，规定为保险人承担保险责任的危险。① 我国《保险法》（2009 年）第 44 条第 1 款有关被保险人自杀的规定，即"以被保险人死亡为给付保险金条件的合同，自合同成立或者合同效力恢复之日起二年内，被保险人自杀的，保险人不承担给付保险金的责任，但被保险人自杀时为无民事行为能力人的除外"，相比《保险法》（2002 年）的规定而言，已有实质性的改善。

有学者认为，《保险法》（2009 年）第 44 条有关被保险人自杀的规定，相比以前的规定而言，有三个很大的优点：一是如果两年内被保险人自杀，保险人赔付的对象将仅限于被保险人是无民事行为能力人的情况。二是增加了复效日的规定。这样规定考虑得更为周全，避免了被保险人利用人寿保险合同可以复效的规定所可能进行的保险欺诈。三是明确地对人身保险的被保险人自杀的精神状态对索赔的影响予以规定，相比在司法解释中作出规定，更便于保险合同的相关当事人查找和掌握。如此之规定，"既能对受益人和被保险人的继承人的合法利益提供相应的合理保护，又避免了过分宽松，引发难以预计的道德风险，从而损害保险人的合法权益。可以说是达到了一个较为理想的平衡状态"②。

还有学者认为，"在签订保险合同之后经过较长时间而被保险人自杀的，多数已经不是在签订合同时可以预见的行为。因为，按照常理，自杀是在一时想不开的情况下发生的，很难设想一个想要自杀的人会将自杀行为拖到几年之后才付诸实施。因此，在签订合同之后间隔一定时间发生的自杀，符合保险事故具有不确定性的特征"③。

因此，对于《保险法》（2009 年）第 44 条的规定，应当作如下的解释：自保险合同成立之日起 2 年内，被保险人自杀为道德危险，保险人不承担保险责任；与此相对应，自保险合同成立之日起 2 年后，被保险人自杀不属于道德危险，应当属于意外事件，除非保险合同约定保险人不承担保险责任的，保险人应当承担保险责任。

① 参见邹海林主编《中国商法的发展研究》，中国社会科学出版社 2008 年版，第 307—308 页。

② 于涛：《被保险人自杀索赔问题的中美法律比较——解析新〈保险法〉第四十四条》，《保险研究》2009 年第 3 期。

③ 安建主编：《中华人民共和国保险法（修订）释义》，法律出版社 2009 年版，第 80 页。

四 关于被保险人故意犯罪

(一) 故意犯罪作为除外责任的正当性理由

我国学者一般认为,"我国《保险法》之所以规定被保险人故意犯罪导致其自身伤残或者死亡属于除外责任,是因为保险合同只能为合法的行为和事件提供保障,一切犯罪行为都是危害社会的违法行为,保险合同不能为故意犯罪以及故意犯罪过程中的风险提供经济保障,否则,每个打算实施犯罪行为的人,都有可能去购买保险,从而更加肆无忌惮地实施犯罪行为,这无疑将导致'人类文明发展至今之最佳制度'的保险制度被滥用,也会构成对社会公共秩序和善良风俗的严重挑战。因此,只要被保险人故意犯罪,无论其伤残或死亡与其犯罪行为有无直接因果关系,保险人均不承担给付保险金的责任,如果保险单已产生现金价值,则保险人应予返还"①。上述观点基于一个不甚妥当的假定条件,即"保险合同只能为合法的行为和事件提供保障",结论恐怕就难免周延:只要被保险人故意犯罪,无论其伤残或死亡与其犯罪行为有无直接因果关系,保险人均不承担给付保险金的责任。

事实上,我国保险法理论以道德危险不保的理由,将因被保险人的故意犯罪或其他严重违法行为所导致的被保险人死亡、伤残或疾病的危险,归入法定除外责任。有学者认为,对于被保险人因故意犯罪或从事其他严重违法行为所导致的死亡或伤害,也不属于保险责任,保险人不应支付保险金,因为这类行为是受到法律制裁且为社会所不齿的行为。因此,此类行为均列为除外责任。② 我国《保险法》(2009 年)第 45 条规定:"因被保险人故意犯罪或者抗拒依法采取的刑事强制措施导致其伤残或者死亡的,保险人不承担给付保险金的责任。投保人已交足二年以上保险费的,保险人应当按照合同约定退还保险单的现金价值。"很显然,被保险人有故意犯罪行为时,保险人不承担保险责任的前提条件有三:(1)保险事故已经发生,即被保险人死亡或者伤残;(2)被保险人实施了故意犯罪行为;(3)故意犯罪行为与保险事故的发生之间存在因果关系,即故意

① 李玉泉主编:《保险法学——理论与实务》,高等教育出版社 2007 年版,第 369 页。

② 参见王伟《保险法》,格致出版社、上海人民出版社 2010 年版,第 176 页。

犯罪"导致"被保险人死亡或伤残。

有学者提出，在保险法领域，被保险人因其犯罪行为致保险事故的发生，从公共政策的角度来衡量，保险人是可据以免责的。其理由有：其一，维护社会公共政策善良风俗之必要。犯罪行为本质上对于社会共同生活秩序具有重大的破坏性与危险性，而为社会大众所无法忍受，因此从维护社会公共秩序与善良风俗等公益考量，被保险人不得请求给付保险金，始属公平合理与正义。其二，避免保险制度遭滥用而成为犯罪之后盾。若被保险人犯罪后而仍有保险金的请求权，则每位欲犯罪者因已有保险之故而更敢恣意犯之，不仅个人生命、身体、自由、财产等法益受到侵害，更甚者，此举亦危及社会治安与国家整体发展等，故而无异于鼓励犯罪，使保险制度成为犯罪之后盾。因此，为求实现保险真正之目的，在被保险人因犯罪行为致保险事故发生的，保险人皆应予免责，始符法理。[①]

还有学者认为，故意犯罪被当作除外责任，其目的仍然在于防控被保险人的道德危险。故意犯罪行为作为一种危险行为，在保险法上首先属于冒险行为，又因为存在被保险人的故意，与被保险人为道德危险的主观心理状态完全相同；故意犯罪行为不仅会引起被保险人死亡或者伤残的事故发生，而且会放大被保险人发生事故的风险。保险人对于被保险人的故意犯罪行为及其可能引起的危险后果，均难以预测和控制。因此，保险法有必要建立防控被保险人故意犯罪行为的除外责任制度。[②] 然而，也有学者并不认为被保险人的故意犯罪行为等同于道德危险，将之纳入"被保险人的异常危险行为"之列。[③]

并非所有的被保险人的故意犯罪，均为保险人不承担保险责任的法定除外责任。保险法在被保险人的故意犯罪与保险人的保险责任承担之间采取了一项利益平衡的措施，仅将与被保险人的伤残和死亡存在原因关系的"被保险人故意犯罪"归入法定除外责任，这样做不仅考虑到了保险业控制风险的措施的局限性，也照顾到了被保险人或受益人的利益。况且，事

---

① 参见程芳《被保险人故意犯罪致保险事故发生的法律后果——从公共政策的角度分析》，《贵州警官职业学院学报》2006 年第 1 期。

② 参见邹海林主编《中国商法的发展研究》，中国社会科学出版社 2008 年版，第 308 页。

③ 参见常敏《保险法学》，法律出版社 2012 年版，第 124 页。

实上，那些与被保险人的伤残或死亡没有因果关系的被保险人故意犯罪，或者与被保险人的伤残或死亡有因果关系的被保险人过失犯罪，均属于可保危险，除非保险合同对之有除外责任之约定，保险人不得以之对抗被保险人或受益人的保险给付请求权。在这个意义上，被保险人故意犯罪作为除外责任的正当性理由，主要还是保险人控制风险的需要。

（二）故意犯罪的认定

故意犯罪当属刑法和刑事诉讼法上的术语，在现实生活中表现为一种"法律事实"。在被保险人具备刑法上规定的故意犯罪行为的特征时，在保险索赔或者拒赔的过程中是否必须借助于刑事追诉程序才能够对被保险人的故意犯罪作出认定？如果被保险人在故意犯罪活动过程中死亡，则不再追究其刑事责任，法院不会再判决其有罪，因而也就不能确定其有罪。这是否意味着保险人缺乏拒绝给付保险金的依据？

在我国的司法实务上，有关方面的意见基本指明了方向。例如，保监会1999年9月6日发布的《关于保险条款中有关违法犯罪行为作为除外责任含义的批复》认为，对于犯罪行为，如果当事人尚生存，则应依据法院的判决来决定是否构成犯罪；如果当事人已经死亡，无法对其进行审判，则应理解为事实上明显已构成犯罪行为。最高人民法院《关于审理保险纠纷案件若干问题的解释》（征求意见稿）第55条规定，"人民法院在审理保险纠纷案件中，可以依据有权机关依照法定程序最终认定被保险人是否故意实施犯罪行为的结论为依据，认定被保险人的行为是否构成保险法第六十七条规定的'故意犯罪'"。

有学者认为，"刑事法律中构成'犯罪'的行为，应具备以下四个要件：一是社会危害性，二是刑事违法性，三是应受刑罚处罚性，四是行为人具有刑事责任能力。而在保险法领域，对犯罪应作区别于刑事法律领域的考量。在保险法领域，具有社会危害性、刑事违法性和应受刑罚处罚性的行为即可构成犯罪，而无需考虑刑事法律领域中的刑事责任能力"。从维护社会公共秩序和善良风俗、防止保险制度被滥用的目的出发，如果被保险人的行为本质上具备刑事法律的犯罪构成要件，具有明显的社会危害性和违法性，并因该行为导致死亡，尽管刑事上未作有罪判决，保险人仍可据以免除保险责任。况且，从行为的后果方面来考察，导致死亡的行为显然比导致伤残的行为严重，导致伤残的行为尚可因行为人尚生存而受有罪判决，保险人据此而免责，而导致死亡的行为仅因行为人已死亡、由于刑事审判技术的运用而无法作有罪判决，保险人却无法免责，也未免有罚轻纵重之嫌疑。① 依照上述观点，我国保险法所称被保险人故意犯罪应当与刑法上的故意犯罪有所区别；但如果区别仅在于刑事责任能力的有无，那么在保险法上的故意犯罪则会包括那些在刑法上不构成犯罪的行为。这样理解并认定故意犯罪，既无立法论的基础亦无解释论的基础。

有学者认为，当被保险人死亡时，无法通过刑事追诉程序认定被保险人"有罪"时，处理保险索赔案件的法官或仲裁庭自可以在民事诉讼或者仲裁程序中依照刑法的故意犯罪标准对被保险人的行为作出认定，以实现《保险法》（2002 年）第 67 条所规定之防控道德危险的立法目的。②

也有学者认为，保险法上使用故意犯罪这个术语，应当与刑法上的故意犯罪相当，仅仅是法律规定的判断被保险人行为性质的标准问题，而非要对被保险人予以刑罚。在判断被保险人是否具有故意犯罪行为的问题上，法官或者仲裁机构所考量的标准就是刑法规定的故意犯罪标准，并非仅限于被保险人因为刑事追诉程序而被判决有罪的故意犯罪状态。③

还有学者提出，犯罪是刑法领域的概念，但由于保险法把被保险人的故意犯罪行为导致保险事故发生之情形，作为保险人的法定免责事由，这就必然产生保险法中所认定的犯罪是否应与刑法所认定的犯罪相一致的问题。对犯罪的惩治和预防乃刑法特有之任务，加上罪刑法定原则，更加要求对什么是犯罪、如何惩罚犯罪必须以刑法的明文规定为准而不可逾越。因此，保险法规定的作为保险人免责事由的被保险人故意犯罪的认定与刑法相一致或以刑法为准就属自明之理。被保险人的故意犯罪作为保险人的一项法定免责事由，其立法根据在于防止道德危险，维护社会公共秩序和善良风俗，避免保险制度被滥用。在通常情况下，被保险人的行为构成刑法规定的故意犯罪，保险人免于赔付保险金不会发生争议。但在特殊情况下，则发生争议在所难免。但在此情形下以刑法的规定作为认定何谓犯罪的标准，也并不违背保险法把被保险人故意犯罪作为保险人法定免责事由

① 参见李玉泉主编《保险法学——理论与实务》，高等教育出版社 2007 年版，第 369 页。

② 参见杨华柏总编《保险业法制年度报告（2006）》，法律出版社 2007 年版，第 159 页。

③ 参见邹海林主编《中国商法的发展研究》，中国社会科学出版社 2008 年版，第 309 页。

的立法根据。故意犯罪应属于有专门的法律含义的专门术语，其内涵和认定只能以特定时期刑法的规定为依据。①

我国保险法有关被保险人故意犯罪作为除外责任的规定，并非以规定犯罪行为和处罚犯罪行为为目的，故保险法上所称故意犯罪只能是刑法上规定的故意犯罪。只要被保险人的行为具备刑法上规定的故意犯罪行为的特征或要件，在保险索赔或者拒赔的过程中，并非必须借助于刑事追诉程序才能够对被保险人的故意犯罪作出认定；如果被保险人在故意犯罪活动过程中死亡而不再追究其刑事责任的，法院亦不会再判决其有罪，但并不表明保险人缺乏拒绝给付保险金的依据。

（三）故意犯罪与被保险人的死亡或伤残之间的因果关系

保险人不承担保险责任，是否应以故意犯罪和被保险人的死亡或伤残之间存在因果关系为条件？即如何理解我国《保险法》（2009 年）第 45 条所称"因被保险人故意犯罪……导致其伤残或者死亡"？若对上述条文作文义解释，故意犯罪和被保险人的死亡或伤残之间存在直接因果关系，保险人不承担保险责任。直接因果关系，又称近因，并非引起保险事故的、在时间上最为接近的原因关系，而是指在促成保险事故的效果上起支配作用的原因关系。有学者认为，"犯罪行为是被保险人死亡的直接原因，而犯罪行为属于保险合同的免责事项，所以保险人对被保险人的死亡不承担任何责任"②。

但是，有观点认为，"罪犯在犯罪过程中造成的伤残或死亡，其犯罪行为与伤或死亡之间可以存在直接因果关系，也可以不存在直接因果关系。例如，罪犯在私自制造枪支、炸药过程中被炸伤、炸死，罪犯在拒捕时被警察击伤、击毙等属于犯罪行为与伤残或死亡之间存在直接因果关系。又如，罪犯在贩运毒品或逃避追捕过程中因交通事故伤残或死亡，按交通法规衡量，罪犯对交通事故无任何责任，犯罪行为与其伤残或死亡之间不存在直接因果关系。罪犯犯罪后应承担刑事责任，如果经人民法院审理判处死刑，那么罪犯因被执行死刑而死亡。这也属于犯罪行为与死亡之间存在直接因果关系。如果罪

---

① 参见胡选洪《论作为保险人法定免责事由的故意犯罪认定立场》，《经济研究导刊》2011 年第 8 期。

② 杨华柏总编：《保险业法制年度报告（2006）》，法律出版社 2007 年版，第 160页。

犯被判处有期徒刑或无期徒刑，在服刑期间因疾病或意外事故伤残或死亡不属于犯罪导致的伤残或死亡。""只要被保险人故意犯罪，无论是在犯罪过程中伤残、死亡，还是因被判处死刑死亡，或者在犯罪过程中犯罪行为与伤残或死亡之间无直接因果关系，保险人均不负给付保险金的责任。这是因为，保险合同只有合法才具有法律效力，保险合同只能为合法的行为、合法的活动提供保障；一切犯罪行为都是违法行为，不能为犯罪活动过程中的风险提供经济保障。否则，保险合同本身危害社会公众利益。"① 上述观点将被保险人的故意犯罪行为作为保险人免于承担保险责任的事由，不考虑故意犯罪和被保险人的死亡或伤残之间的因果关系，在法解释上已经超出了我国保险法有关被保险人故意犯罪"导致其伤残或者死亡"的应有文义之范围，当不足取。

因此，保险人以被保险人故意犯罪为由，拒绝承担保险责任的，以被保险人故意犯罪与被保险人的伤残或死亡之间存在直接因果关系为必要。例如，有学者认为，"在犯罪致死之免责事由认定上，被保险人行为与其死亡或伤残之发生，从客观上认定须具有相当之因果关系者，始得谓二者具有关联性。否则，不得迳谓被保险人系因其行为致死。然在保险实务中，保险事故的发生并非仅由一种原因所致，多种原因引起的保险事故也较为常见，在这些原因中，有犯罪行为所致，也有可保危险所致，即发生数个原因之竞合，是否只要被保险人存在犯罪行为，就必然导致保险人的免责？笔者以为，对死亡原因的界定须适用近因原则，即确定保险事故发生的直接而有效的原因，近因原则要求被保险人之犯罪行为与其死亡结果在客观上具相当之因果关系。""被保险人故意犯罪并非是保险事故发生的直接原因时，此种情形应为'故意犯罪不理赔原则'之例外，保险人不能当然免责。"②

---

① 邹泽平：《被保险人自杀和故意犯罪案件的处理》，《中国保险管理干部学院学报》2003年第3期。

② 程芳：《被保险人故意犯罪致保险事故发生的法律后果——从公共政策的角度分析》，《贵州警官职业学院学报》2006年第1期。

第 九 章

保险合同效力论

第一节　保险合同的成立与生效

一　保险合同的成立

我国《保险法》（2009 年）第 13 条规定保险合同因意思表示一致而成立，第 14 条规定保险人按照约定的时间开始承担保险责任。上述两个条文均没有直接涉及保险合同的成立和生效的法律事实问题。因此，保险合同成立和生效的法律事实如何，在我国理论和实务上存在不小的争议；尤其是在司法实务中，有些意见还将"投保人按照约定交纳保险费"作为保险合同的生效条件。

一般而言，保险合同的成立、生效与保险人开始承担保险责任，属于不同的法律事实，应当依照保险合同当事人的意思加以确定。虽然我国保险法规定有保险合同因意思表示一致而成立，但投保人与保险人订立保险合同的意思表示如何达成一致，保险法未给出任何指引。合同法有关合同成立的要约与承诺规则以及其他合同成立的规则，对于保险合同的成立同样有其适用。有学者认为，原则上，保险合同的订立应当经过保险要约与承诺这样一个意思表示交换的过程，受要约人对保险要约作出承诺，为保险合同成立的标志。以承诺生效订立保险合同，保险合同的成立时间原则上为承诺的生效时间。以确认书订立保险合同的，保险合同成立于签订确认书之时。以签字或盖章订立保险合同，保险合同成立于投保人和保险人在合同书上签字或盖章之时。除非保险人和投保人另有约定，保险合同的成立不以保险人交付保险单或者保险凭证为条件。①

二　保险合同的生效

我国《保险法》（2002 年）对保险合同的生效更只字未提。与保险合同的生效有关的法律事实，我国《保险法》（2002 年）也仅规定"投保人按照约定交纳保险费"，"保险人按照约定承担保险责任"。在理论和实务上，如何理解保险合同的生效的确有些疑问。毋庸置疑，投保人交纳保险费和保险人承担保险责任应以保险合同的生效为基础。投保人交纳保险费，并非保险合同生效的标志。例如，有学者认为，如果法律没有特别规定，或者当事人无特别约定，保险合同自成立时开始生效；在此情形下，保险合同的成立时间与生效时间是一致的。②

为了避免争议，我国《保险法》（2009 年）第 13 条第 3 款对保险合同的生效已有明文规定，即依法成立的保险合同，自成立时生效。这样，保险合同的成立并生效，为我国保险合同生效的基本原则。有学者认为，保险合同自保险合同成立时生效，但保险合同另有约定的，依照其约定。③ 上述观点所称"保险合同另有约定的，依照其约定"，显然包括但不限于我国《保险法》（2009 年）第 13 条第 3 款所称"投保人和保险人可以对合同的效力约定附条件或者附期限"。另外，我国有学者依据合同法的相关规定，对于保险合同附生效条件和附生效期限进行了分析，并提出：保险合同当事人在合同中约定附生效条件的，保险合同的生效与否取决于所附条件是否成就；保险合同当事人在合同中约定附生效期限的，保险合同自生效期限届满时发生效力，在生效期限截止前发生保险事故的，不论保险人是否已经收取保险费或者签发保险单，均无须承担保险责任。④

还有学者提出，可否考虑将投保人交纳保险费作为保险合同的生效条件，防止发生不必要的争议。我国保险法应当有这样的规定：保险合同成

①　参见邹海林《保险法教程》（修订第二版），首都经济贸易大学出版社 2004 年版，第 55—56 页。

②　参见温世扬主编《保险法》，法律出版社 2003 年版，第 101—102 页。

③　参见常敏《保险法学》，法律出版社 2012 年版，第 63 页。

④　参见温世扬主编《保险法》，法律出版社 2003 年版，第 102—103 页。

立后，投保人按照约定交付保险费。除非保险合同另有约定，投保人未交保险费的，保险合同不发生效力。但是，也应当同时允许保险合同的当事人就保险合同的成立另为约定。① 如果仅是为了防止或减少争议，提出如上的意见并不具有显著的实益。如果当事人在保险合同中对此未有相应的意思表示的话，保险合同生效的争议与保险费的交付事实上没有关系。我国保险法原则上将保险费的交付规定为保险合同生效后的"投保人之义务"，根本就没有将之当作保险合同的生效条件。应当强调的是，除非保险合同将投保人交纳保险费作为保险合同的生效条件加以约定，在我国保险法未有相应的规定时，保险费的交付与否并不构成保险合同的生效条件。保险合同作为意思自治程度相当高的分散危险的合同，法律对其生效不应当多加限定，应当交给当事人充分自治。

此外，有必要注意保险合同与普通民事合同的不同。成立并生效的保险合同，对于合同当事人的约束力是不同的。投保人对于已经生效的保险合同，可以随时解除保险合同而免受约束。人身保险合同的投保人未交纳保险费的，保险人也无权强制投保人交纳保险费。再者，保险合同的生效并不表明保险人应当对被保险人承担保险责任，有关保险合同生效后的保险责任承担问题，通常是由保险合同当事人约定的；仅在当事人没有约定保险人何时开始承担保险责任时，保险人应当自保险合同生效时起开始承担保险责任。

三 保险合同的形式

在民法理论上，合同有要式合同和非要式合同的区分。要式合同的成立，以当事人采用特定的形式为要件；对于非要式合同，当事人可以约定合同成立的形式，合同形式并非合同成立的要件。如果法律规定合同的成立应当采用特定的形式，为法定要式合同；若当事人约定合同的成立应当采用特定的形式，为约定要式合同。要式与非要式合同的理论，对保险合同而言，也是具有意义的。

合同自由包括当事人选择合同形式的自由，故法律对于合同形式通常不加以干预，而是将之交由当事人意思自治。所以，合同的要式与否，亦

---

① 参见李玉泉、李祝用《修改〈保险法〉的若干思考》，《中国保险》2002 年第 4 期。

属当事人的意思自治的领域。我国保险法并没有将合同的形式作为保险合同的成立要件加以规定，在这个意义上，保险合同为非要式合同。投保人和保险人可以采用口头形式、书面形式或者其他形式订立保险合同。但是，若投保人和保险人约定保险合同的形式为保险合同成立之要件的，依照其约定，保险合同为要式合同。在我国，因为对《保险法》（2002 年）第 13 条之规定的解释立场有异，引发了理论和实务上关于保险合同的要式与非要式的争论。但是，如此的争论很快就平息了。

有学者认为，我国曾有不少人主张保险合同为要式合同，因为《保险法》（2002 年）第 13 条规定，保险人应当及时向投保人签发保险单或其他保险凭证；当事人也可以采用其他书面协议形式订立保险合同。其他保险凭证应当载明当事人双方约定的合同内容。当事人也可以约定采用其他书面形式载明合同内容。但这种观点是错误的，这种观点缺乏法解释的依据，因为《保险法》（2002 年）第 13 条并没有排除口头保险合同，保险人向投保人签发保险单或其他保险凭证并非合同成立的要件，保险合同成立于当事人意思表示一致。尤其是，主张保险合同为要式合同的，保险合同的成立始于保险单或其他保险凭证的签发，对于保险实务也是有害的，既不利于保护被保险人的合法权益，也有害于保险人的信誉和影响保险业的健康发展。因此，保险合同为非要式合同。①

还有学者认为，"就保险实务而言，坚持保险合同的要式性有害而无益。保险以分散危险于大众，消化损失于无形为宗旨，具有保障生活安定和促进经济发展之功能。保险制度宗旨的实现即功能的充分发挥，有赖于保险的推广和保险买卖成交的迅捷。商事保险合同的成立系于保险单证的签发，一方面不符合商事交易便利迅捷的要求，他方面则使一些投保人本以为保险合同已成立（甚至已交付了保险费），却因形式要件的欠缺，即使因出险而受损失，保险人却可以合同尚未成立为由，拒绝承担给付保险金之责任。如此，不仅有碍于保险宗旨及功能的实现，而且降低了保险在社会大众中的信任度，不利于保险业务的拓展"②。

在这里，应当注意区分要式合同与合同采用书面形式的不同。要式合同，表明合同所采用的形式（如书面形式）构成合同成立或生效的条件；

---

① 参见李玉泉《保险法》（第二版），法律出版社 2003 年版，第 115—116 页。
② 参见温世扬主编《保险法》，法律出版社 2003 年版，第 54 页。

若当事人未采用特定的形式，合同不成立或者不生效；然而，合同采用书面形式，仅仅表明以书面形式订立合同，合同的书面形式对合同的成立或者生效并没有影响。事实上，我国《保险法》（2009 年）第 13 条有关保险合同的形式之规定，仍然要求保险合同采用书面形式。有学者认为，依照《保险法》（2009 年）第 13 条的规定，保险合同应当采用书面形式，尤其是保险人应当向投保人签发保险单或其他保险凭证。但该规定并没有将保险合同的书面形式规定为保险合同的成立要件，《保险法》也没有条文禁止口头保险合同的适用。在保险实务中，保险合同约定的权利义务关系相当复杂，尤其是对于涉及保险人的责任之事项，更需要大量条款来限制或免除保险人的责任，若想以口头形式成立保险合同，几乎不可能[1]。

除非当事人另有约定，保险合同的形式与保险合同的成立或生效是没有直接关系的。但是，保险合同的形式因为保险法的规定而凸显其重要性。我国有学者对于保险合同所得以采用的书面形式进行了概括，包括但不限于投保单、暂保单、保险单、保险凭证、所附保险条款、保险协议书等。[2] 但更多的学者则将保险合同的书面形式，概括为投保单、暂保单、保险单和保险凭证。[3] 保险合同的书面形式，以保险单或者其他保险凭证为基本形式，而保险合同的书面形式具有多样化的特点，除投保单和保险单以外，还包括投保人和保险人就保险合同的成立和效力变动所采用的确认书、批单、协议等形式。

第二节　保险合同的无效

一　保险合同的无效

保险合同的无效，又称为无效保险合同，是指已经成立的保险合同因为法定的无效原因而自始不发生法律效力的现象。无效保险合同，在性质上本不属于保险合同，在当事人之间不会引起保险权利义务关系的发生与变动。

---

① 常敏：《保险法学》，法律出版社 2012 年版，第 71 页。

② 参见李玉泉《保险法》（第二版），法律出版社 2003 年版，第 156 页。

③ 参见温世扬主编《保险法》，法律出版社 2003 年版，第 82 页；邹海林：《保险法教程》（修订第二版），首都经济贸易大学出版社 2004 年版，第 65 页。

　　理论上，犹如保险合同与合同的同类性，无效保险合同与无效合同也具有相同的法律机理。无效合同的理念与制度逻辑，有条件而且也有必要适用于无效保险合同。一般而言，保险合同的无效与普通合同的无效并不存在性质上的差异。因此，保险合同的无效，并非保险法上的特有现象，原本应属于合同法上的一个现象。

　　在我国合同法理论上，无效合同的通常表述为：合同已经成立但因为在内容和形式上违反法律、行政法规的强制性规定和社会公共利益而自始不发生合同约束力（效力）的现象。无效合同相对于有效合同而言，不同于合同的不成立，也不同于可撤销合同与效力待定的合同，仅是"违反生效要件的合同"的一种典型类型。[①] 无效合同制度是国家干预和纠正当事人意思自治的工具，故法律对无效合同之发生原因以及由此产生的法律后果均有明文规定；合同无效的原因以及效果之法律规定，成为无效合同制度的核心要素。保险合同的无效亦不例外。有学者认为，保险合同无效的原因，除适用民法（包括合同法）关于违反强行规定的无效、违背公序良俗的无效等以外，我国保险法对于保险合同无效的原因有特别的规定。对于无效原因，保险法有规定的，适用保险法的规定；保险法没有规定的，适用其他法律、法规规定的合同无效的原因。[②]

　　因为法定的无效原因对当事人意思表示影响程度的差异，保险合同的无效又可以区分为全部无效和部分无效。保险合同的全部无效，是指保险合同的全部内容自始不产生任何法律效力。例如，因为投保人没有民事行为能力而订立之保险合同、保险人超出其核定的业务范围而订立的保险合同、以合法形式掩盖非法目的保险合同等。再如，违反我国《保险法》（2009 年）第 31 条第 3 款、第 56 条规定订立的保险合同。保险合同的部分无效，是指保险合同的部分内容或个别条款不具有法律效力。保险合同的部分内容因为欠缺生效要件而无效的，不发生保险合同全部无效的后果，除欠缺生效要件的保险条款无效外，保险合同的其余部分仍然有效。我国《合同法》第 56 条规定："合同部分无效，不影响其他部分效力的，

---

　　① 参见王利明、崔建远《合同法新论·总则》（修订版），中国政法大学出版社 2000 年版，第 261 页下。

　　② 参见周玉华《保险合同法总论》，中国检察出版社 2000 年版，第 382—383 页。

其他部分仍然有效。"例如，违反我国《保险法》（2009 年）第 17 条规定的"免除保险人责任的条款"、第 19 条规定之"不公平格式条款"、第 55 条第 3 款规定之"超额保险"，均为保险合同的部分无效。

另外，理论上还有合同的绝对无效和相对无效之区分。一般而言，无效合同仅指合同的绝对无效，而相对无效的合同主要针对的是可撤销合同和效力待定的合同。那么，保险合同的无效是否也存在相同的问题？在合同的可撤销问题上，保险合同确实也有这个问题。我国学者对于投保人违反如实告知义务而成立的保险合同，虽然法律规定保险人可以解除保险合同，但不少观点认为保险人仍可以基于民法上关于可撤销合同的原理或规定，主张撤销保险合同。例如，有学者认为，告知义务人如出于故意违反告知义务，同时其行为又构成诈欺，依保险法的规定，保险人享有解除权；依合同法的规定，保险人则享有撤销权，故发生解除权与撤销权的竞合之情形。在此情形下，保险人既可行使解除权，也可以行使民法上的撤销权，二者互不影响。保险人主张撤销保险合同时，应当以告知义务人出于故意且构成诈欺为要件，而不论其行为是否足以影响保险人对危险的评估。①

二 保险法上的保险合同无效的原因

考虑到保险合同作为分散危险的法律行为，具有区别于普通合同的专属特征，例如机会性特征，保险立法有必要规定保险合同无效的特殊原因。

我国《保险法》（2002 年）明文规定保险合同无效的条文，涉及以下四项内容：违反刚性规定的免除保险人责任的条款（第 18 条）、无保险利益的保险合同（第 12 条第 2 款）、未经被保险人认可保险金额的死亡保险（第 56 条）和超额保险（第 40 条第 2 款）。有学者认为，我国保险法应当为保险合同的无效划定一个边界。保险法的上述规定对于保险合同的无效并没有建构起统一的无效基准。对于免除保险人责任的条款，将保险人未提示或者未明确说明作为无效的原因，实质上仅与保险合同的当事人订约时意思表示（信息提供的明确程度）相关；而其他三项无效原

---

① 参见温世扬、黄军《论保险法上的告知义务》，《法学评论》2002 年第 2 期。

因均与社会公共利益相关。除此以外，即使我国保险法规定有保险合同无效的相关条文，但未能彻底解决基于保险法的特殊规定所发生的保险合同无效的疑问，诸如为无民事行为能力人投保的死亡保险是否无效。因此，我国保险法应当以违反社会公共利益作为保险合同无效的基准。用社会公共利益规范保险合同的无效问题，将减少保险合同无效的发生事由，有利于保险交易的安全，防止不必要的争议发生。再者，除保险法对保险合同的无效已有明文规定外，还应当建立违反法律的强制性规定的保险合同无效的制度，这就要求我国保险法明确区分保险法中的强制性规范、限制性规范和授权性规范，以利于准确判断保险合同是否因为违反保险法的强制性规定而无效。①

对于保险合同的无效原因，我国《保险法》（2009 年）进行了局部的调整，主要表现为三个方面：其一，对于投保人无保险利益的保险合同。仅在订立人身保险合同时，投保人对被保险人没有保险利益的，保险合同无效。其二，对于免除保险人责任的条款，除了保险人未明确说明的以外，同时规定保险人未作足以引起投保人注意的提示的，亦不发生效力。其三，对于格式条款中的不公平条款，采取与合同法相同的无效之立场。对于采用保险人提供的格式条款订立保险合同的，合同中“免除保险人依法应承担的义务或者加重投保人、被保险人责任”的条款和“排除投保人、被保险人或者受益人依法享有的权利”的条款，均属无效。以上的局部调整，其主要目的都是为了更好地保护被保险人（受益人）的利益。

三　无危险的保险合同无效

无危险的保险合同无效是保险合同所特有的一种无效现象。除《海商法》第 224 条规定外，即保险标的已经因保险事故而发生损失的，保险人不承担赔偿责任，我国保险法没有明文规定危险不存在或者危险已经发生时保险合同无效。但保险法理论始终承认，对已经发生的保险事故予

---

① 参见邹海林主编《中国商法的发展研究》，中国社会科学出版社 2008 年版，第 303 页。

以承保，违反保险合同承保不确定的危险之基本理念，保险合同无效。①
保险法上的至理名言"无危险无保险"，充分揭示了保险合同的本质特征
及其存在的基础。任何保险合同的订立违反这一个公理性原则，都应当是
无效的。

有学者认为，保险合同订立时，保险标的的危险已发生或者已消灭，
除当事人双方不知情外，保险合同绝对无效。订约时，仅保险人知道危险
已消灭，保险合同相对无效，投保人可主张保险合同无效，保险人不得主
张。② 这就是说，危险不存在或者危险已经发生，作为防范不确定危险所
可能造成的损失之保险合同，就没有存在的基础，不论当事人订立保险合
同时是否知其事实，保险合同无效。

还有学者认为，无危险无保险为保险立法上的通例，尽管我国保险法
对之没有明文规定，但绝不表明当事人可以违反无危险无保险之原则，无
危险无保险之原则使得承保已经确定发生或确定不发生的危险的保险合同
归于无效，但追溯保险合同应属例外。③

还有学者认为，危险是保险存在的前提，先有危险存在，才有作为危
险管理手段的保险制度的建立。如果危险不存在，保险也就失去了存在的
意义。对于已经发生或者已经消灭的危险，或者以一般人的理解不可能发
生的危险，因为在这些情况下危险不存在，被保险人根本就没有遭受损失
的可能，法律应当禁止其成为保险合同承保的危险，即使以之订立保险合
同，原则上也应归于无效。我国保险法对此没有明文规定，但绝不意味着
当事人可以违反无危险无保险的原则；我国《保险法》（2002 年）第 2
条关于保险的定义中，使用了"可能发生的危险因其发生"的表述，隐
含了无危险无保险的意旨，从而使得承保已经发生或确定不可能发生的危
险的保险合同无效。④

另有学者认为，无危险的保险合同一般情况下应当判定为无效，但是

---

① 参见邹海林《保险法教程》，首都经济贸易大学出版社 2002 年版，第 241
页。
② 参见周玉华《保险合同法总论》，中国检察出版社 2000 年版，第 383 页。
③ 参见温世扬主编《保险法》，法律出版社 2003 年版，第 95 页。
④ 参见李玉泉主编《保险法学——理论与实务》，高等教育出版社 2005 年版，
第 128—129 页。

双方当事人在订立保险合同时不知道危险已不存在的除外。①

四　保险合同无效的法律后果

保险合同无效的，在当事人之间虽不产生合同的约束力，但因为保险合同的无效所引起的当事人之间的利益变动，应当恢复到无效之保险合同订立前的状态。在这里，因为保险合同的无效存在全部无效和部分无效的区分，故在讨论保险合同的无效后果时，对于此等现象应当予以区别性的处理。有学者认为，保险合同的无效，因有保险合同的全部无效和部分无效（个别条款无效）之区别，其法律后果存在相当大的差异。保险合同的部分条款无效，并不影响保险合同的效力，除无效的保险条款对保险合同的利害关系人没有约束力外，应当依照保险合同的其他条款确定利害关系人所享有的权利。但是，对于保险合同的全部无效，法律后果则是要恢复原状，保险合同的利害关系人之间的利益状态至少应当恢复到保险合同订立前的状态；发生保险事故的，保险人也不承担保险责任。②

前已言之，保险合同的无效后果应当有法律的明文规定。但我国保险法对于保险合同的无效所产生的法律后果并没有作任何规定。于是，有学者认为，对于保险合同无效的后果，应当适用合同法有关合同无效的规定，原则上，当事人因为无效保险合同取得的财产，应当返还给受损失的一方；有过错的一方应当赔偿对方因此所受的损失；双方都有过错的，应当各自承担相应的责任。保险合同的当事人双方恶意串通，订立无效保险合同损害国家、集体或者第三人利益的，应当追缴双方取得的财产，收归国家、集体所有或者返还给第三人。③ 上述观点为我国保险法理论的通说。但是，通说并不表明在具体适用合同法的有关规定时不存在理论上的争议。

在保险合同无效时，当事人之间所发生的利益变动，以恢复原状的方式处理，并无什么争议。保险合同无效的，除非保险法另有规定，保险人已收取的保险费，应当返还给投保人；因为保险事故的发生而为保险给

---

① 参见王伟《保险法》，格致出版社、上海人民出版社 2010 年版，第 139 页。
② 参见常敏《保险法学》，法律出版社 2012 年版，第 75—76 页。
③ 参见李玉泉主编《保险法学——理论与实务》，高等教育出版社 2005 年版，第 131 页。

付，保险人可以依照合同无效的返还制度或者不当得利制度，请求被保险人或者受益人返还保险给付的金额。但是，在保险合同无效时，有过错的一方应当如何赔偿对方的损失，即缔约过失责任的承担问题，就是不断引起争议的问题。尤其是，因为保险人的过错导致保险合同无效的，保险人应当如何对被保险人或受益人承担缔约过失责任，亦如在合同法理论上一样，保险法理论上存在相当大的争议。

保险合同无效时的缔约过失责任，究竟应当如何认识和适用？我国学者对缔约过失责任的适用虽无异议，但表示出某种程度的担心。例如，有学者认为，因保险人过错导致保险合同无效的，如果保险事故尚未发生，投保人、被保险人或受益人通过请求返还保险费及利息后，一般不存在其他损失；但在发生保险事故并造成保险标的损失的情况下，被保险人或受益人不能基于保险合同提出索赔，保险人应如何承担保险合同无效的赔偿责任？我国司法实践的一般处理方法，是按照假设保险合同有效情形下的被保险人或受益人因为保险事故的发生所能获得之保险金数额，来认定被保险人或受益人因保险合同无效遭受的损失，保险人在该数额内承担合同无效的赔偿责任，但保险人在赔偿该数额时可以扣减其本应当返还的保险费。然而对于因为保险人的过错导致保险合同无效所造成的损失究竟是什么并不清楚，司法实践的上述做法是值得商榷的。①

对于保险人承担的缔约过失责任，是否可以超出保险合同有效时的"履行利益"？我国学者有不同的认识。

有学者认为，保险合同无效时的赔偿责任为缔约过失责任，受害人所得请求赔偿的范围不应超过保险合同有效时其所能得到的利益。缔约过失责任制度保护的是合同当事人的信赖，其赔偿范围限于信赖利益。因此，缔约过失责任的赔偿范围包括财产损失和机会损失。其中，财产损失包括：（1）为准备签约或为签约而支出的费用。（2）因准备履行合同或履行合同造成的损失。（3）上述支出费用造成的利息损失。机会损失是当事人相信要约或合同有效而不作为所导致的与他人订约机会的丧失，它是

---

① 参见李玉泉主编《保险法学——理论与实务》，高等教育出版社 2005 年版，第 132 页。

一种可得利益损失。①

　　另有学者认为，保险合同无效的信赖利益损失主要包括保险人的保费损失、被保险人不能获得保险赔偿的损失和其他损失，该损失可以超过合同有效时的履行利益，这些损失应当由保险合同的当事人根据过错大小分担。因为信赖利益应当与所信赖的对象相挂钩，应根据一个正常的理性的人基于对某些事实或行为的合理信赖所造成损失的具体情况确定损失的范围。保险合同无效时的信赖利益是指当事人信赖保险合同有效成立所带来的利益。缔约过失责任的初衷主要是为了解决合同没有成立时，在缔约过程中一方违反诚实信用原则给对方造成损失时如何赔偿的问题，不能把合同没有成立时的信赖利益赔偿完全照搬到合同无效的场合。合同无效与合同没有成立时当事人的信赖对象是不一样的。合同没成立时，当事人只是信赖对方会以诚实守信的态度同自己订立合同，但合同毕竟没有成立，当事人完全可以同其他人订立同样的合同，此时不赔偿机会损失是有道理的。但合同成立后，当事人为了履行合同，不能再订立同样的合同，即失去了与第三人订立合同的机会，因此，合同无效时的信赖利益损失除了所受损害外，还应当包括可以确定的机会损失。保险合同的特殊性决定保险合同无效时的信赖利益损失主要是机会损失。②

　　还有观点认为，"由于缔约过失责任的赔偿范围仅限于信赖利益，而非履行利益。这也正是缔约过失责任与侵权责任及合同责任的重要区别。通说认为，信赖利益的损失应限于直接损失。其范围应包括：（1）缔约费用，包括邮电、文印费用、赴订约地域察看标的物所支付的合理费用；（2）履约准备费用，包括为运送标的物或受领对方给付所支付的合理费用，或因信赖合同成立而购租房屋、厂房、机器设备或雇工所支付的费用；（3）因支付上述费用而失去的利息。由此可见，保险金不在直接损失之列。因此，在保险合同中保险人要向投保人或者被保险人承担缔约过失赔偿责任，只能是因为其缔约上忠诚协商义务的违反（过失行为）给投保人或者被保险人造成的信赖利益损失，即该损失纯粹是因为合同未成

---

　　①　参见高华、曹顺明《论保险合同无效的法律后果——兼评保险法司法解释征求意见稿第 21 条》，《东岳论丛》2008 年第 3 期。

　　②　参见徐自力《论保险合同无效时的信赖利益损失》，《学术界》2010 年第 6 期。

立或者无效带来的，而不是直接来源于保险事故的发生。如果将保险金纳入损失的范围，将会导致合同无效比有效更为有利的后果，因为，合同无效不但要退还保险费还要赔偿保险金，也就是说合同无效的话，保险费都不用交但是结果和合同有效一样，这在逻辑上显然是讲不通的"①。这里应当注意的是，上述观点或许混淆了被保险人或受益人的机会利益和无效保险合同的履行利益，被保险人因为保险事故所发生的损失虽源自保险事故，但不能不说这样的损失与保险人的过失无关，与保险人的过失有关的赔偿利益的丧失，为被保险人或受益人的信赖利益无疑，此信赖利益仅是相当于无效保险合同的履行利益，并不等同于保险合同约定之保险赔偿金。

不论怎样，保险合同无效时，保险人应当承担缔约过失责任的信赖利益损失，主要是机会利益损失。机会利益损失与无效的保险合同的履行利益相关，但在性质上毕竟不同于履行利益。那么，如何认识或判断被保险人或受益人的机会利益损失？

有学者认为，以保险事故发生与否来判断被保险人或受益人是否受有损失并不完全符合实际。填补损失原则虽为保险的基本原则，但除了纯粹的补偿性保险合同（指仅有保障功能的保险合同，如传统的财产保险合同）须严格遵循填补损失原则外，其他保险合同的损失补偿性并不十分明显。在纯粹的补偿性保险合同中，于保险事故发生前，被保险人未受任何损失，因此，如此时保险合同被宣告无效，一般来说被保险人没有损失。但在其他保险合同，特别是在兼具储蓄或投资功能的保险合同（如人寿保险合同、投资连接保险产品）中，如保险事故发生前合同被宣布无效，被保险人虽未因保险事故发生受有损失，但其仍可能受有其他损失，如保单现金价值超过保险费时的损失、投资机会丧失的损失等。因此，以保险事故发生与否来判断被保险人或受益人是否受有损失欠合理。②

上述观点具有相当的合理成分，保险事故发生与否对于判断被保险人

① 王涛、张颖杰：《保险人的缔约过失责任——以新〈保险法〉第三十四条为视角》，《广西社会科学》2010年第9期。

② 参见高华、曹顺明《论保险合同无效的法律后果——兼评保险法司法解释征求意见稿第21条》，《东岳论丛》2008年第3期。

或者受益人的机会利益损失的作用力完全不同，如果已经发生保险事故，对信赖利益的判断基于保险事故发生时被保险人或受益人在无效保险合同项下的履行利益，具有可能和事实基础；如果尚未发生保险事故，也以无效保险合同约定的"保险事故发生时"被保险人或受益人所享有的给付利益来判断被保险人的机会利益损失，至少是缺乏事实依据的。

第三节　人身保险合同的转让

一　人身保险合同转让的内涵

人身保险合同的转让，是指人身保险合同约定的利益或者负担向合同当事人和关系人以外的第三人的移转。

人身保险以被保险人的身体或者寿命作为保险标的，以此成立的保险合同为何可以转让？我国保险法理论对之并没有深入研究。通常以为，合同可以转让，人身保险合同作为合同的一种，人身保险合同也可以转让。例如，有学者认为，"人身保险合同作为合同的一种，具有合同的一般法律属性，因此，从理论上分析，人身保险合同是可以进行转让的。《保险法》第55条第2款则规定：'依照以死亡为给付保险金条件的合同所签发的保险单，未经被保险人书面同意，不得转让或者质押。'……经被保险人书面同意的以死亡为给付保险金条件的合同所签发的保险单是可以进行转让的。而且，在实践中，人身保险合同转让也时常发生"[①]。

值得注意的是，并非所有的合同都可以转让。例如，根据合同性质不得转让的合同、按照当事人约定不得转让的合同以及法律规定不得转让的合同，均不得转让。人身保险合同的标的为被保险人的身体或者寿命，具有专属性，故人身保险的标的不会发生转让或变更的问题；再者，人身保险合同可否因为人身保险合同的当事人之一方投保人或保险人的变更而发生转让，亦值得研究。这涉及人身保险合同的转让方式问题。因此，作为分散危险的人身保险合同，是否可以转让以及在何种程度上发生合同转让的效果，在相当程度上要取决于法律的规定。事实上，人身保险合同的可转让性，并非因为人身保险合同是合同的一种，而是因为我国保险法已有

---

① 许崇苗、李利：《人身保险合同转让有关法律问题探析》，《保险研究》2001年第6期。

的人身保险合同转让的规定。也正是在这个意义上，人身保险合同的转让不同于普通合同的转让。

二 人身保险合同转让的分类

人身保险合同的主体，较普通合同复杂得多，不仅有当事人而且有关系人；人身保险合同项下的权利义务关系，在当事人和关系人之间进行分配，也较普通合同的权利义务关系仅在当事人之间进行分配复杂得多。作为保险合同的当事人之投保人，对保险人承担交纳保险费的义务，但并不享有保险合同约定的给付利益；而作为保险合同的关系人之被保险人（受益人），并不承担交纳保险费的义务，但却享有保险合同约定的给付利益以及与其利益相关的其他权利。因此，我们不能笼统地说，人身保险合同的转让问题就是合同转让的问题，而只能依照人身保险合同的权益主体和权利义务关系发生变动的现象，分别叙述人身保险合同的转让。例如，因为保险人的"业务转让"而发生的人身保险合同转让、因为人身保险单的转让而发生的保险合同给付利益的转让等。

再者，人身保险合同约定的给付利益是一种期待利益，期待利益可以转让。但是，因为发生保险事故，人身保险合同约定的给付利益转变为既得利益，此时的保险合同项下的给付利益的转让，也会不同于"期待利益"的转让。因此，有观点认为，以保险事故的发生为界限，人身保险合同的转让可区分为保险事故发生前的转让和保险事故发生后的转让。"在保险事故发生前，人身保险合同的转让仅指投保人和保险人的转让，被保险人和受益人是没有转让的。投保人和保险人转让人身保险合同需要由转让人与受让人达成转让协议。从实质上来说，在保险事故发生前的人身保险合同的转让属于人身保险合同当事人的变更。""在保险事故发生后，被保险人和受益人享有对保险人请求给付保险金的权利，而投保人一般不再享有任何权利。因此，在保险事故发生后，被保险人、受益人和保险人可以转让人身保险合同，但投保人不得转让。被保险人和受益人转让的是保险金请求权，保险金请求权是合同债权。"① 不论该观点所表述的内容是否准确，但至少可以引起人们注意：在保险事故发生前后，人身保

---

① 许崇苗、李利：《人身保险合同转让有关法律问题探析》，《保险研究》2001年第6期。

险合同的转让在内容上是存在重大区别的。

因为人身保险合同存在前述的复杂性，难以用合同转让的理念或制度来评价人身保险合同的转让。有学者认为，人身保险合同转让的情形主要有：因人寿保险单的转让而引起的人寿保险合同债权的让与；因保险人资格的消灭而引起人寿保险合同权利义务的概括承受。① 这里不妨将人身保险合同的转让区分为两种基本形态：其一，保险人转让人身保险合同，包括但不限于人身保险合同随保险人的业务移转而发生的转让。其二，人身保险单证的转让。

三　保险人转让人身保险合同

保险人为人身保险合同的当事人，具有转让人身保险合同的条件或基础。有学者认为，保险人转让人身保险合同，实质上是承担赔偿责任的主体的变更，直接关系到被保险人的合法权益能否得到切实保障的问题，在法律上十分复杂，有的国家甚至通过专门的立法对之加以调整。② 尤其是，保险人在人身保险合同中承担给付保险金的义务，其转让人身保险合同的，应当征得合同的相对人投保人或被保险人之同意，此在相当程度上也会抑制保险人转让人身保险合同。还因为人身保险合同的持续性、长期性以及专属性，保险人在实践中转让人身保险合同的现象并不多见。

理论上，对保险人转让人身保险合同的关注多集中于因保险人的业务转让而发生的人身保险合同的转让方面。例如，我国《保险法》（2009年）第92条规定："经营有人寿保险业务的保险公司被依法撤销或者被依法宣告破产的，其持有的人寿保险合同及责任准备金，必须转让给其他经营有人寿保险业务的保险公司；不能同其他保险公司达成转让协议的，由国务院保险监督管理机构指定经营有人寿保险业务的保险公司接受转让。转让或者由国务院保险监督管理机构指定接受转让前款规定的人寿保险合同及责任准备金的，应当维护被保险人、受益人的合法权益。"

有学者认为，保险人将人身保险合同转让给其他保险公司的，应当经投保人和被保险人的同意。保险人转让人身保险合同的，被保险人或者受益人依约享有的权利，投保人依约承担的交费义务，相应有效于受让人身

---

① 参见温世扬主编《保险法》，法律出版社2003年版，第153页。
② 参见李玉泉《保险法》（第二版），法律出版社2003年版，第223—224页。

保险合同的保险公司。但是，依照保险法的专门规定，保险人转让人身保险合同不以投保人或者被保险人同意为条件。例如，因为保险人终止业务，尚未到期的人寿保险合同可以依照法律规定转让给其他保险人。[①]

四 人身保险单证的转让

人身保险单证的转让，是指人身保险单证的持有人或所有人将该单证转让给第三人的行为。

一般而言，人身保险单证因为具有现金价值，为有价证券。人身保险单证的实质为人身保险合同，但将之作为交易的标的而向第三方转让，可以彰显并突出人身保险单证所具有的有价证券的流通属性。有学者认为，人寿保险单作为保单持有人的资产和投资手段，必须具有可转让性，必须在一定程度上能够自由转让，即可以买卖或馈赠。不合理地限制人寿保险单的转让，就会从根本上限制人寿保险的作用，违反公共利益。[②]

也有观点认为，"人身保险合同转让导致合同的当事人发生了变化。因此，人身保险合同转让生效后，转让人退出合同关系，不再享有合同权利和承担合同义务，而受让人成为合同当事人，代替转让人享有合同权利和承担合同义务。当然，这是以有效转让为前提的。如果欠缺合同转让生效的要件，则不发生转让的法律后果，继续由原合同当事人享受合同权利和承担合同义务。"[③] 但是，人身保险单证的转让虽被称为"人身保险合同的转让"，但其在本质上并非合同的转让，因此，上述观点不适用于人寿保险单证的转让。

人身保险单证的转让，并不涉及人身保险合同当事人和关系人的变更问题。在这个意义上，人身保险单证的转让，不同于普通合同的转让，应予以注意。有学者提出，人寿保险单的转让，是人寿保险单的所有权的转移，人寿保险单的转让并不改变该寿险保单中的被保险人。[④] 因此，人身保险单证的转让并不表明人身保险合同的投保人、被保险人或者受益人将

---

① 参见常敏《保险法学》，法律出版社 2012 年版，第 128 页。

② 参见陈欣《保险法》，北京大学出版社 2000 年版，第 126 页。

③ 许崇苗、李利：《人身保险合同转让有关法律问题探析》，《保险研究》2001年第 6 期。

④ 参见陈欣《保险法》，北京大学出版社 2000 年版，第 126 页。

发生变更，更不表明人身保险单证的受让人将承继人身保险合同的投保人地位。人身保险单证的转让，仅仅使得人身保险单证的受让人取得了人身保险合同所约定的给付利益；人身保险单证的转让，在性质上可以表述为纯粹的"债权让与"。

在我国，因为缺乏人身保险单证的持有人或所有人制度，谁有权转让人身保险单证就成为一个问题。人身保险合同的投保人、被保险人或受益人，均有成为人身保险单证的持有人或所有人的条件。投保人不享有人身保险合同约定的给付利益，但其持有保险单而成为保险单的所有权人，可否转让人身保险单证，颇为值得研究。被保险人或者受益人为人身保险合同约定的给付利益的请求权人，有权转让人身保险单证似无疑问；但因其未持有保险单而并非保险单的所有权人，其转让人身保险单证的依据何在，亦值得研究。

此外，被保险人以外的人身保险单证的持有人转让人身保险单证的，应当经被保险人同意。有学者认为，被保险人或者受益人为人身保险合同的关系人，享有保险合同约定的利益。被保险人或者受益人可以转让人身保险单证。人身保险合同的受益人转让人身保险单证的，应当征得被保险人的同意；受益人以人身保险单证为他人提供担保的，亦同。依照《保险法》（2009 年）第 34 条第 2 款的规定，以死亡为给付保险金条件的保险合同，受益人转让该人身保险单证未经被保险人的书面同意的，不发生转让的效力。[1]

第四节　财产保险合同的转让

一　理论上的各种说法

为避免引起不必要的争议，本书所称"财产保险合同的转让"一词，与保险标的的转让同义，即财产保险的保险标的之所有权，由被保险人转移给第三人（受让人）的现象，为财产保险合同的转让。保险标的的转让是否会对财产保险合同的效力存续产生影响？在理论上是有不同说法的。

---

[1]　参见常敏《保险法学》，法律出版社 2012 年版，第 129 页。

保险法理论普遍认为，保险标的的转让是否会引起财产保险合同效力的继受，因为立法例的规定不同而存在一定的差异。例如，有学者认为，英美法系实行属人原则，除法律另有规定外，保险标的因为法律行为而转让，未经保险人同意的，财产保险合同对受让人不产生效力，保险人亦不再受保险合同的约束。因为保险标的所面临的危险因为转让而可能发生变化，如此变化是因为当事人的行为所引起，应当给予保险人重新评估保险标的的危险的机会。但是，对于法律规定的原因而发生之保险标的的转让，财产保险合同随着保险标的的转让而由受让人自动承继。而大陆法系保险立法则采取保险标的转让的相对继受主义，即保险标的的转让符合法律规定或者保险合同约定的条件，财产保险合同随着保险标的的转让而由受让人承继。①

有观点提出，保险标的转让的"对人主义说与从物主义说体现的是不同的价值取向：对人主义说强调保险合同的个人性质，注重保护保险人利益；而从物主义则是从经济角度来考虑，强调节约交易成本，便捷商事交易，保护受让人利益。""虽然保险合同以双方当事人互信为基础，未经保险人同意本应不得转移，但是如坚持此原则，将对商事交易起阻碍作用，并给保险合同当事人带来不便。""从经济角度讲，保险利益移转时，保险契约除另有订立外，仍为受让人之利益而存在，将更符合现代商品社会的要求。当然在肯定保险利益转让、保险合同继续有效的同时有必要考虑保险人的利益。因此，保险标的转让的，保险合同仍为受让人的利益而存在；为了保护保险人的利益，可以相应地规定转让人或受让人的通知义务、例外情况下保险合同丧失效力的情形。"②

然而，学者也多认为保险立法的规定所呈现出的差异，实际上并没有本质性的区别，只是保险标的的转让对保险合同的效力可能产生影响的侧重点不同而已。保险标的的转让对于保险合同的效力之影响因素，均与保险标的之风险的"重新评估"有关。如果评估风险发生在保险标的转让前，虽有利于保险人控制风险，但评估风险的过程仍然会促使保险标的的转让并实现保险合同的移转；如果评估风险发生在保险标的转让后，客观

① 参见温世扬主编《保险法》，法律出版社 2003 年版，第 150—151 页。
② 赵亚军、白恒晶：《财产保险中保险利益的移转与保险合同的效力》，《法学杂志》2006 年第 1 期。

上有利于保护受让人的利益并实现保险合同的移转。二者在效果上并不存在本质性的差异。有学者认为，"保险合同为高度自治的合同，当事人可以对于合同承保的危险以明确的意思表示予以扩展，故财产损失保险合同可以约定，因保险标的的移转而取得保险标的的受让人，承继保险合同约定的权利"[1]。因此，在高度自治的保险市场环境下，有关保险标的的转让对于保险合同的效力之影响问题，即便法律已有相应的规定，也不影响保险合同的当事人自治解决这个问题，合同当事人可以决定保险标的的转让对保险合同的效力存续或移转的影响程度。

我国《保险法》（2002 年）第 34 条规定："保险标的的转让应当通知保险人，经保险人同意继续承保后，依法变更合同。但是，货物运输保险合同和另有约定的合同除外。"我国学者一般以为，《保险法》（2002年）对于财产保险的保险标的转让，采取属人性原则。保险标的转让给他人时，应当取得保险人的同意。没有取得保险人的同意而将保险标的转让给他人的，保险合同自保险标的的转让之时起失去效力。因为保险标的的危险程度会随着保险标的的转让而发生变化，影响保险人在保险合同订立时估计的危险负担，投保人或被保险人在转让保险标的前，应当通知保险人，由保险人决定是否继续承保转让后的保险标的的风险。但是，货物运输保险合同以及保险合同另有约定的，保险合同不因保险标的的转让而失去效力。货物运输保险合同的标的，为运输中的货物，货物所有权的移转，可能在运输途中就已经完成，若要求投保人在转让货物前通知保险人，并办理货物运输保险单的批改手续，通常是根本不可能的事情。货物所有权的移转，往往要求货物运输保险单或者保险凭证一同移转于货物的受让人。为了不妨碍货物的移转，加速货物的流通，并提高保险的效用，货物运输保险单或者保险凭证随着货物的移转而以背书转让，无须经保险人的同意或者批注。

但是，在我国的保险实务上，保险合同对于保险标的的移转所产生的法律效果几乎均有约定，但是实际效果并不好，并非理论上所设想的那样清楚。原因是保险标的的移转需要经过保险人同意，致使"保险空白期"普遍存在，在"保险空白期"发生保险事故的，保险合同又往往缺乏约

---

[1]　常敏：《保险法学》，法律出版社 2012 年版，第 153 页。

定或者缺乏明确的约定，产生了大量的纠纷或者争议。这在事实上不仅影响我国保险业展业的诚信水准，而且影响被保险人或者保险标的的受让人获得及时有效的赔偿。有观点认为，"当出卖方将货物转让给买受方时，或者当风险转让给买受方时，出卖方就丧失了对该批货物的保险利益，因此而导致保险合同失效，若买受人想继续使货物被保险，其或者要取得原保险人同意，或者要另行投保，这不但会增加交易成本而且也易存在期间上的保险空白期，若保险事故在该期间内发生，买受人将没有办法取得保险赔偿"①。

保险标的转让的属人性原则所产生的纠纷或问题，成为我国保险实务上较难解决的问题。我国《保险法》（2009年）在立法政策上，改变立场而采取了财产保险合同随着保险标的之移转而自动移转的原则。该法第49条规定："保险标的转让的，保险标的之受让人承继被保险人的权利和义务。保险标的转让的，被保险人或者受让人应当及时通知保险人，但货物运输保险合同和另有约定的合同除外。因保险标的转让导致危险程度显著增加的，保险人自收到前款规定的通知之日起三十日内，可以按照合同约定增加保险费或者解除合同。保险人解除合同的，应当将已收取的保险费，按照合同约定扣除自保险责任开始之日起至合同解除之日止应收的部分后，退还投保人。被保险人、受让人未履行本条第二款规定的通知义务的，因转让导致保险标的危险程度显著增加而发生的保险事故，保险人不承担赔偿保险金的责任。"

有学者对于我国保险法关于保险标的转让的立场之转变，表达了如下的观点：对于保险标的转让后，保险合同是否当然转让，向来就有属人主义与从物主义之争。大多数学者认为，关于财产保险合同转让，我国《保险法》（2002年）从"属人主义"，而《保险法》（2009年）则从"从物主义"。单纯坚持"属人主义"，可能会放大保险人拒绝合同转让的权利，从而损害保险标的受让人的利益；单纯坚持"从物主义"，虽然维护了保险标的受让人的利益，但同时剥夺了保险人对保险标的进行风险重新评价的机会，对保险人有失公允。属人特征是财产保险合同的固有特性，在任何时候都不能抛弃。保险立法在采纳"从物主义"对受让人利

---

① 赵亚军、白恒晶：《财产保险中保险利益的移转与保险合同的效力》，《法学杂志》2006年第1期。

益进行保护时，不能顾此失彼而放弃"属人主义"，剥夺保险人对风险进行重新评价的机会。我国《保险法》（2009 年）关于财产保险合同转让的修改，并没有彻底否定财产保险合同的属人特性，而是对"从物主义"和"属人主义"进行了结合与折中，遵循了"先从物，后属人"原则，以实现同时保护保险人和受让人权益的共赢。在财产保险合同中，投保人对作为保险标的之特定财产的合法利益进行投保。当特定财产转移时，保险利益随之转移，受让人因继承了保险标的所生之保险利益，使保险合同对其有效。"先从物"原则是保险利益原则在保险标的转让后的充分体现。"后属人"原则由保险合同的继续性特征决定，当保险标的发生转让，被保险人发生变更时，必须及时通知保险人以使其有机会评价风险是否发生变化，如果由于被保险人变化而使风险增加时，保险人有权提高保险费或解除合同。①

我国《保险法》（2009 年）第 49 条之规定，在促进交易和维护保险标的受让人的利益方面具有显著成效；但也没有忽视对保险人控制风险的利益的维护。有学者认为，"由于保险合同是高度个性化的合同，它原则上不能转让。除海上货物运输保险外，任何转让都需要保险人的同意。但是，考虑到保险人出具保险合同过户批单通常晚于财产转移时间，如果在此期间发生保险事故，保险标的受让人不能获得保障，因此法律规定受让人取得保险利益时，保险合同随即转让给受让人。但是法律又赋予保险人其后管理或控制风险的权利，即被保险人应当及时通知保险人，保险人可在一定情形要求增加保险费或解除合同"②。

还有学者认为，《保险法》（2009 年）规范保险标的转让的法律后果，防止保险人随意以保险标的转让为由拒绝理赔。"保险法对保险标的转让的法律后果进行了完善：1. 明确保险标的的受让人在保险标的转让时可以承继被保险人的权利和义务。2. 明确保险标的转让通知保险人后的法律效果，第四十九条第三款规定：'因保险标的转让导致危险程度显著增加的，保险人自收到前款规定的通知之日起三十日内，可以按照合同约定增加保险费或者解除合同。保险人解除合同的，应当将已收取的保险

---

① 参见冯文丽《财产保险合同转让的立法比较与启示——评新〈保险法〉第 49 条修改的属人主义与从物主义之争》，《保险研究》2009 年第 8 期。

② 邢海宝：《保险法中转让问题研究》，《保险研究》2009 年第 4 期。

费，按照合同约定扣除自保险责任开始之日起至合同解除之日止应收的部分后，退还投保人。' 3. 限制保险人在未得到及时通知时拒绝理赔的权利，第四十九条第四款规定：'被保险人、受让人未履行本条第二款规定的通知义务的，因转让导致保险标的危险程度显著增加而发生的保险事故，保险人不承担赔偿保险金的责任。'"①

我国《保险法》（2009 年）第 49 条之规定，是否就能平衡我国保险实务中长期存在的保险标的之受让人的保险保障利益和保险人的保险标的风险评估利益，仍然是有疑问的。例如，有学者提出，"从法律条文来看，新《保险法》第 49 条的修订有利于保险标的受让人的权益保护，也有助于社会财产关系的稳定。但是，保险合同区别于其他合同的最大特点就是最大诚信原则和风险的射幸性，保险标的转让并不仅仅是保险合同双方当事人的事情，还涉及受让人，除了原有的保险合同外还存在转让合同，保险合同与转让合同之间并不发生直接的法律关系，保险标的转让后危险程度增加的界定较为模糊和无法量化，就此免除被保险人在保险标的转让时的通知义务违背了保险的最大诚信原则，而且转让后受让人的保险利益效力也存疑问。新《保险法》第 49 条立法的初衷是保护被保险人权益，但实践证明，此规定表面上是保护保险消费者权益，实际上并没有真正保护到被保险人，而是将争议推给保险人与被保险人（或受让人）处理，或者推给法院审判，法律规定的不严谨和模棱两可让保险人和被保险人（或受让人）无所适从，保险事故的处理无法根据法律和保险条款规定处理，严重损害了保险合同当事人的权益，进而损害了整个保险业的形象"②。

二 保险标的转让的效果问题

财产保险合同随着保险标的之移转而由受让人承继，并不是无条件的。我国《保险法》（2009 年）第 49 条第 2 款规定有被保险人（受让人）的通知义务、第 3 款规定有保险人的合同变更权或解除权、第 4 款则

---

① 林海泉：《保险法修订理念探析——从保护被保险人利益的视角》，《人民司法·应用》2009 年第 17 期。

② 岑敏华、张伟、罗向明：《保险标的转让效力与立法约束研究——兼论〈保险法〉第 49 条之立法缺陷》，《保险研究》2012 年第 10 期。

规定有保险人的拒赔抗辩权。所有这些规定，并非不存在疑问。

（一）保险合同自动移转的例外

有学者认为，保险标的转让的，无须保险人另有同意继续承保的意思表示，受让人承继保险合同约定的被保险人的权利和义务。但问题是，《保险法》（2009 年）第 49 条第 1 款是否为强制性规定？对此，立法者的有关意图是不清楚的。从保险标的转让的制度目的以及财产保险业务控制风险的角度看，第 49 条第 1 款并非强制性规定，而仅仅具有补充保险合同未约定或者约定不明确的作用。财产保险合同仍可以对保险标的的转让与保险合同的效力存续或者终止事项作出约定。①

如果保险合同的约定不同于《保险法》（2009 年）第 49 条第 1 款的规定，如保险合同约定保险标的的转让未经保险人事先同意的，保险人对保险标的转让后的风险不承担保险责任，如此约定可否为保险合同自动移转的例外？我国司法实务会以何种立场对待保险合同的此等约定尚属疑问。事实上，在我国司法实务中，法官具有主动适用《保险法》（2009 年）第 49 条的潜意识，似乎第 49 条的规定为我国保险标的的转让和保险人的责任承担问题提供了一个全新的应当遵循的解决之道，对于保险合同的约定是有所忽视的。例如，有法官在评价一件涉及保险标的转让的纠纷案件时，就几乎没有考虑保险合同对于保险标的转让的效果之约定，而认为"如果适用新保险法的规定，保险标的的受让人彩钢公司将承继烤鸭店在保险合同中的权利和义务，享有保险金请求权。在保险事故发生之后，保险公司应当向彩钢公司赔偿保险金"②。

（二）保险标的转让的及时通知义务

保险标的转让的，被保险人或者受让人应当及时通知保险人。但是，被保险人或受让人的及时通知义务，是否应以保险标的转让导致保险标的危险增加作为条件？

有观点提出，在危险程度没有变化的情况下，被保险人或受让人没有通知保险人的法律后果是什么？对于一个完整的法律规范而言，应当包括假定、行为模式和后果三个要素，三者缺一不可。《保险法》（2009 年）

---

① 参见常敏《保险法学》，法律出版社 2012 年版，第 154 页。

② 参见刘建勋《新保险法经典、疑难案件判解》，法律出版社 2010 年版，第 322 页。

第 49 条不对非危险显著增加标的变动的法律后果作出规定，属于立法空白。这一立法技术上的缺陷，会成为引发争执的根源。未履行通知义务的，因转让导致危险程度增加而发生的保险事故，保险人不承担赔偿保险金的责任。那么，在危险程度没有增加的情况下，被保险人或者受让人是否就可以不履行通知义务了呢？危险程度没有发生变化，被保险人或受让人仍负有通知的义务。[①]

理论上，不论保险标的的转让是否引起保险标的的危险程度显著增加，被保险人或受让人均有义务将保险标的转让之事实及时通知保险人。有学者认为，"保险标的转让的通知义务，为被保险人或者受让人承担的法定义务，但保险合同另有约定的，被保险人或者受让人不承担转让的通知义务；再者，货物运输保险合同或者保险单随着货物的移转而以背书转让，毋须经保险人的同意或者批注，被保险人或者受让人亦不承担保险标的转让的通知义务。保险标的转让后，被保险人已为及时通知的，受让人的通知义务即告免除；受让人及时通知的，被保险人的通知义务也相应免除"[②]。

有学者认为，"在什么时间段内的通知算是及时通知？对于'及时'二字的认定存在相当大的解释余地，如果不在相关法规中进行细化，在实际操作中易引起纠纷，因此有必要在相关的司法解释中进行解释。因此，我们建议保险公司要做相应的条款梳理，在保险合同中对标的转让的时间及方式重新作出相应规定"[③]。还有学者认为，"'及时通知'义务所称'及时'，为事实问题，应当依照保险标的转让的具体情形加以判断，《保险法》并未而且也没有必要将之限定于一个确定的期间"[④]。

但是，被保险人或者受益人向保险人及时为保险标的转让的通知义务的，除非保险人变更或者解除保险合同，保险人是否应确定无疑地承担保险责任呢？这个问题又可以具体分解为以下两个问题：其一，保险标的转让导致风险显著增加，但转让人或受让人及时履行了通知义务，保险人在

---

① 参见张殊颖《新〈保险法〉第 49 条的修订与完善探析》，《保险职业学院学报》2009 年第 6 期。

② 常敏：《保险法学》，法律出版社 2012 年版，第 154 页。

③ 张殊颖：《新〈保险法〉第 49 条的修订与完善探析》，《保险职业学院学报》2009 年第 6 期。

④ 常敏：《保险法学》，法律出版社 2012 年版，第 154 页。

法定期限内尚未作出解除合同或增加保险费的决定时保险事故发生的，保险人是否承担保险责任?① 其二，被保险人、受让人及时履行通知义务的，保险人不解除合同而是选择增加保险费的，受让人未交纳增加的保险费，即因转让导致保险标的危险程度显著增加而发生保险事故的，保险人是否应当承担赔偿保险金的责任?②

一般认为，财产保险合同随着保险标的的转让而自动移转于受让人，除非保险人解除保险合同，保险合同处于有效状态，只要被保险人或受让人及时履行了通知义务，发生保险事故的，保险人应当承担保险责任。但是，也有许多不同的观点。

有学者认为，在保险标的转让导致风险显著增加，但转让人或受让人及时履行了通知义务，保险人在法定期限内尚未作出解除合同或增加保险费的决定，双方均无过错，这时发生保险事故的，应当将保险标的转让导致风险显著增加从而引发保险事故的风险分配给被保险人。主要基于以下考虑：第一，保险的精算基础。通常保险标的转让并不改变保险人承保时的危险状况，因而立法规定保险合同随保险标的转让而随之移转，但因保险标的转让而导致危险程度显著增加，本质上改变了保险人承保时的危险状况，进而改变了保险合同当事人双方的缔约基础，保险人应当有权拒赔。第二，当事人的可归责性。仅从履行保险法规定的及时通知义务方面考察，被保险人因其及时履行了通知义务而不存在过错，但毕竟导致危险程度显著增加的原因在于保险标的转让，而保险标的转让系被保险人的行为而引发。就此而言，与导致危险程度显著增加毫无关联的保险人相比，由被保险人承受不利后果更为合理。第三，立法例的比较借鉴。③ 上述观点对于保险标的转让时危险分配的分析具有合理性，但合理的风险分配机制并非就是法律选择的工具，我国《保险法》（2009 年）第 49 条第 1 款就不是依照这种危险分配机制设计的，而这种风险分配机制仅在第 49 条

---

① 参见刘振《修订后的保险法引发的司法新课题及其破解》，《人民司法·应用》2009 年第 17 期；冯文丽：《财产保险合同转让的立法比较与启示——评新〈保险法〉第 49 条修改的属人主义与从物主义之争》，《保险研究》2009 年第 8 期。

② 参见冯文丽《财产保险合同转让的立法比较与启示——评新〈保险法〉第 49 条修改的属人主义与从物主义之争》，《保险研究》2009 年第 8 期。

③ 参见刘振《修订后的保险法引发的司法新课题及其破解》，《人民司法·应用》2009 年第 17 期。

第 2 款、第 3 款和第 4 款中获得了有条件的承认。所以，在保险标的转让的情形下，若当事人双方均无过错，将保险事故发生的危险分配给被保险人（受让人）并没有法律上的依据。

还有学者认为，判断保险标的的危险程度是否因其被转让而显著增加，需要一定的时间进行调查才可以确认。故保险法对于保险人的风险评估规定有 30 日的期限，目的就是使得保险人有条件就保险标的的危险程度进行调查。30 日的调查期限为法律赋予保险人的期限利益。保险人在30 日的调查期限内，只要能够有充分的证据证明保险标的的危险程度因其被转让而显著增加的，即有权解除保险合同，而解除保险合同则意味着保险人不承担保险责任。在这样一个逻辑关系中，保险人不承担保险责任的根本原因并不在于保险合同被解除，解除保险合同只是保险人不承担保险责任的形式上的原因，保险人不承担保险责任的根本原因在于保险标的的危险程度因其被转让而显著增加。因此，在保险标的被转让的特定情形下，保险人解除保险合同具有溯及既往的效力，即自保险标的的危险程度因其被转让而显著增加时，保险人的保险责任即可以获得免除。① 上述观点对于保险人不承担保险责任的分析，似乎更加合理；但论点忽视了保险人"逆选择"的危害性。如果将法定的 30 日调查期间理解为法律赋予保险人重新调查保险标的的风险状况的期间利益，使得保险人可以在此期间享有解除保险合同的权利，而不论保险事故是否发生，那么必然会促成保险人利用这个所谓的期间利益而作出"逆选择"，即便保险人已经知道保险标的危险状况显著增加，其也可以等到这个所谓的调查期限届满前，依照保险事故是否发生而作出决定。上述观点貌似相当合理，但却给保险人的"逆选择"提供了借口，其结果不仅违背保险法上的诚信原则，更加有损于保险交易的安全。

另有学者提出，"被保险人、受让人及时履行通知义务的，保险人不解除合同而是选择增加保险费的，受让人未交纳增加的保险费，即因转让导致保险标的危险程度显著增加而发生保险事故的，保险人不应当承担赔偿保险金责任。保险标的危险程度增加，保险人的赔偿责任也增大，若受让人不交纳增加的保险费，会导致保险人以较低的费率承担较大的责任，

---

① 参见刘建勋《新保险法经典、疑难案件判解》，法律出版社 2010 年版，第 320 页。

显失公平，所以保险人不应承担保险责任。为避免受让人恶意拖欠保费问题，保险人可在保险合同中进行特约，保险标的转让导致危险程度显著增加的，交纳保险费之次日起保险人开始承担保险责任"①。

保险标的转让时保险合同的效力问题，在形式上既要照顾保险人的控制保险标的的危险之正当利益，也要照顾保险标的受让人的利益，但我国《保险法》（2009 年）第 49 条之规定，已经在实质上将照顾保险人控制风险的正当利益放在了第二位，将维持保险合同的有效性及其交易安全摆在了第一位。除非保险合同另有约定，保险人对已经发生的保险事故承担保险责任，仅以保险合同在事故发生时是否有效为基础，尤其在保险标的转让时，保险合同的有效性并不因保险标的的转让而受影响，不以保险人在法定 30 日期间内是否有条件作出解除保险合同的决定为条件，更不以投保人是否交纳增加的保险费为条件。依照《保险法》（2009 年）第 49 条第 1 款的规定，保险合同随着保险标的的转让自动由保险标的之受让人承继，保险人对受让人自保险标的转让之时起，就开始承担保险合同约定的给付保险赔偿金的责任。只要被保险人、受让人及时履行了保险标的转让的通知义务，保险人仅得依照该法第 49 条第 3 款行使保险合同的变更权或解除权，保险人的给付义务并不因保险人是否善意而尚未行使上述权利而有所变化。在保险人收到保险标的转让的通知后尚未做出相应的意思表示之前，发生保险事故的，保险人应当无条件承担保险责任；同样的道理，保险人选择增加保险费，在受让人交纳增加的保险费之前发生保险事故的，不论保险事故的发生是否可以归因于因保险标的转让导致保险标的危险程度显著增加，保险人均不得以受让人尚未交纳增加的保险费为由拒绝承担保险责任。当然，保险人和投保人（被保险人或保险标的之受让人）对于保险标的转让与保险责任的承担另有约定的，从其约定。

（三）保险人的合同变更权或解除权

保险标的之转让造成危险程度显著增加的，保险人在收到被保险人或者受让人的转让通知后 30 日内，有保险合同变更权（按照约定增加保险费）或者解除权。

有学者认为，保险标的转让的，保险公司并非无条件地继续承保，保

---

① 吴秉范：《论财产保险合同的转让——兼评我国新〈保险法〉第 49 条》，《上海金融学院学报》2011 年第 1 期。

险公司有权对于保险标的的危险程度是否因其被转让而显著增加进行审查。保险公司在法定的 30 日审查期限内，如果有确切证据证明保险标的的危险程度因其被转让而显著增加，可以行使以下两个权利中的任何一个：（1）解除保险合同。如果保险公司解除保险合同，应当向原投保人退还剩余保险期间内的保险费。（2）增加保险费。保险公司有权按照保险标的被转让后的实际危险水平重新核定保险费，并且要求保险标的的受让人补交保险费；如果保险公司未能与保险标的的受让人达成补交保险费的协议，保险人仍有权解除保险合同。①

还有学者认为，依照《保险法》（2009 年）第 49 条第 3 款的规定，保险人行使变更权或解除权的条件有所不同，应当区别：（1）对于保险人增加保险费的权利，不仅要以保险标的转让导致危险程度增加为条件，而且更以"合同约定"为条件。如果保险合同对保险人增收保险费未约定或者约定不明，保险人不得主张增加保险费，只能选择解除保险合同。但是，在此情形下，保险人和保险标的之受让人基于意思自治，仍可以协商增加保险费的条件并变更保险合同。（2）对于保险人解除保险合同的权利，仅以保险标的转让导致危险程度显著增加为条件。②

（四）保险标的之"危险程度显著增加"

我国《保险法》（2009 年）第 49 条对于保险标的的危险程度显著增加，并没有给出相应的识别标准。有学者提出了这样的疑问，"被保险人、受让人未及时履行通知义务的，保险人对于合同解除前因转让导致保险标的危险程度增加但非显著增加而发生的保险事故，是否应当承担赔偿保险金的责任？什么情况符合'危险程度显著增加'？这些在实务操作中很容易发生争议"③。

有学者认为，因为转让而导致保险标的的危险程度显著增加，并非保险标的的危险程度的一般性增加或者轻微增加。在判断保险标的的危险程度显著增加时，应当考虑以下几个方面的因素：（1）保险标的的用途变

---

① 参见刘建勋《新保险法经典、疑难案件判解》，法律出版社 2010 年版，第 318 页。

② 参见常敏《保险法学》，法律出版社 2012 年版，第 154—155 页。

③ 冯文丽：《财产保险合同转让的立法比较与启示——评新〈保险法〉第 49 条修改的属人主义与从物主义之争》，《保险研究》2009 年第 8 期。

化；（2）保险标的位置的环境变化；（3）保险标的所有者自身危险程度的变化。① 有观点提出，保险标的的危险程度，可以根据被保险人因素、产品性能及损失概率进行风险等级划分，当保险标的转让导致保险标的的风险等级发生变动，即可以认为危险程度显著增加。②

在我国保险法理论和实务上，保险标的的危险程度显著增加既不存在识别标准，更缺乏判断的科学方法。因此，有学者表达了如下的担忧："危险增加或变化的界定模糊。'危险变化'或'危险程度显著增加'是司法实践中迫切需要解决的问题，保险承保的风险种类繁多，危险发生变动的情况复杂多样，很难以统一的规定穷尽各种情况下的保险标的危险变动情况。例如甲将其储存一般货物仓库的建筑物和存货投保财产一切险，后转让给乙而甲乙均未通知保险人，乙受让保险标的后除一般货物外还在仓库堆放建筑材料，后因雷击暴雨，先是击穿了仓库屋顶，然后雨水进入仓库致使建筑材料的石灰遇水发热引起火灾。根据新《保险法》第49条的规定，屋顶受损与仓库存货的风险增加没有必然联系，保险人理应承担赔偿责任，但仓库存货的改变构成危险程度显著增加，石灰发热引发火灾造成的保险事故保险人可以保险标的转让造成危险程度显著增加为由而拒赔，由此就会出现让保险人和受让人都难于理喻的困局，同一份保险合同，屋顶损失保险人负责赔偿，火灾损失却拒赔。"③

保险标的的危险程度显著增加，在认定标准的选择上是一个法律问题，但在具体的判断上则是一个事实问题。我国学者为解决这个问题做出了应有的尝试，但尚未形成具有共识的解决方案。这个问题涉及在保险人和保险标的的受让人之间发生争议时，作为争议的裁判者应当站在什么立场上对危险程度显著增加的事实进行判断。危险程度事关保险人对保险标的风险的评估，与保险人是否同意承保和如何收取保险费有直接的关系，故保险标的的危险程度显著增加的，应当指向那些影响保险人承保或者提高保险费率的危险程度有变化的事实，而这些事实在保险人的业务活动中都是

---

① 参见刘建勋《新保险法经典、疑难案件判解》，法律出版社2010年版，第318—319页。

② 参见吴秉范《论财产保险合同的转让——兼评我国新〈保险法〉第49条》，《上海金融学院学报》2011年第1期。

③ 岑敏华、张伟、罗向明：《保险标的转让效力与立法约束研究——兼论〈保险法〉第49条之立法缺陷》，《保险研究》2012年第10期。

预先圈定范围的，例如投保时保险人对于保险标的的危险情况询问的事实。在保险标的转让时，如果其危险程度与保险合同订立时的危险程度不同，而这种危险程度的变化纯粹是因为保险标的的转让所造成，并达到了保险人不同意承保或者应当提高保险费的状态，应当认为保险标的的危险程度显著增加。

（五）因通知义务违反而享有的拒赔抗辩权

已如前述，不论保险标的之转让是否引起保险标的的危险显著增加，被保险人或者受让人均有义务将保险标的转让的事实及时通知保险人。依照我国《保险法》（2009年）第49条第4款之规定，被保险人或受让人的保险标的转让的通知义务，虽非受让人承继财产保险合同约定的权利和义务之必要条件，但其违反及时通知义务，损害保险人对保险标的的风险予以重新评估的利益，将引起保险人不承担保险责任的严重后果。被保险人或者受让人未将保险标的转让的事实及时通知保险人，因转让导致保险标的危险程度显著增加并继而造成保险事故的，保险人对保险标的的受让人有拒赔抗辩权。

保险人因通知义务违反而享有的拒赔抗辩权，具有严格的条件限制。有学者认为，被保险人或者受让人未通知保险人保险标的转让的事实，保险人行使拒赔抗辩权的，应当同时满足三个条件：（1）被保险人或者受让人违反保险标的转让的及时通知义务；（2）保险标的的危险程度因为保险标的的转让显著增加，危险程度增加是保险标的转让的结果；（3）危险程度增加导致保险标的发生保险事故。[①] 依照上述见解，只要满足了未履行通知义务的事实、两个客观的因果关系的存在，保险人即可行使拒赔抗辩权。但仍然有疑问的是，在保险事故发生前，保险人已知保险标的转让的事实，是否也可以不受限制地行使拒赔抗辩权呢？例如，被保险人或受让人迟延通知保险标的转让的事实，在保险人知其事实后，未在收到通知后的30日内作出变更合同或解除合同的意思表示的，发生保险事故，而保险事故又是保险标的转让引起的危险程度显著增加所导致的，保险人可否行使拒赔抗辩权？

还有观点认为，我国《保险法》（2009年）第49条第4款的规定具

---

① 参见常敏《保险法学》，法律出版社2012年版，第155页。

有一定的不合理成分。依照该款的规定，转让保险标的未通知保险公司的，此后发生保险事故如果与保险标的的转让而导致的危险程度的增加无关，保险公司对于保险事故是应当承担保险责任的。这一逻辑忽略了一个基本事实，即保险合同的被保险人、保险标的的受让人未按照法律的规定向保险公司履行通知义务，自身存在过错。如果被保险人、受让人严格履行法定义务，向保险公司通知保险标的的转让的事实，保险公司即有条件对于保险标的的因其转让而导致的危险程度增加作出判断，并且有可能据此解除保险合同，进而对于此后发生的保险事故（无论该事故是否与保险标的的转让而增加的危险程度有关）不承担保险责任。因此，合理的逻辑应当是，被保险人或保险标的的受让人未将保险标的的转让的事实通知保险公司的，只要保险公司可以证明保险标的的因其转让而显著增加了危险程度，不论该保险事故是否因保险标的的转让并导致危险程度增加而发生，保险公司均可以不承担保险责任。[①] 上述观点，对于保险人因通知义务违反所享有的拒赔抗辩权作出了扩张解释。

第五节　人身保险合同的复效

一　自动复效与合意复效的区别

人身保险合同的复效，是指中止效力的人身保险合同因满足法定或约定的条件而恢复效力的法律现象。复效是中止效力的人身保险之效力的继续，而非重新订立一份人身保险合同。

人身保险合同的复效，对于保险人稳定拓展人身保险业务和保护被保险人的合法权益具有十分重要的意义。复效制度是实现保险业的"双赢局面"的一个重要工具。有学者认为，"就人寿保险合同的订立和履行来说，其不是危险团体成员通过订立合同积极地为自己创造财富的行为，被保险人不能因合同的履行获得使自己现有财产积极增加的效果，而是组成危险团体，以自然赋予的生理机能在得养于后天的条件下的生命或健康状况作为保险事故，对人的生死病残危险予以分散。因此，不能强迫被保险人在自己生活状况发生难以预料或不能控制的变故时，仍要受保险合同约

---

① 参见刘建勋《新保险法经典、疑难案件判解》，法律出版社 2010 年版，第320—321 页。

束。所以，其第二期以后的保险费不能强制执行。但是，合同也不能因不能强制其交付保险费而永久维持效力，于是在保险法上特设区别于一般民事合同效力状态的效力中止与复效的规定予以协调，以使具体合同中的被保险人与危险团体的代表保险人之间求得公平的实现"①。

人身保险合同的复效，是否具有适用范围的限制？例如，有学者认为，保险合同的复效只适用于人寿保险合同。② 但也有观点认为，保险合同的复效不限于人寿保险合同。③ 事实上，我国保险法并没有限制人身保险合同的复效之适用范围，而在保险实践中，人身保险合同的复效多取决于保险合同约定的复效条款，对于长期的人身保险合同，包括但不限于人寿保险合同、医疗保险合同、意外伤害保险合同，均可依其保险给付的性质而约定复效条款，以实现在保险合同的效力中止情形下的复效。

对于人身保险的复效，因为看问题的立场有别，向来就有自动复效与合意复效两种形式。自动复效，是指效力中止的人身保险合同，如果被保险人的健康状况符合保险合同的承保条件，只要有投保人申请复效之意思，保险合同的效力即告恢复。合意复效，是指效力中止的人身保险合同，如果被保险人的健康状况符合保险合同的承保条件，不仅投保人要有申请复效之意思，而且保险人要有接受复效的意思，二者达成一致的，保险合同的效力恢复。自动复效与合意复效的区别，并不在于人身保险的被保险人是否符合承保条件或者投保人是否补交保险费，而在于合同的效力恢复是否取决于保险人接受复效的意思表示，即保险人的同意。

合意复效，给予了保险人在复效过程中过大的权利，容易导致保险人滥用其地位，因为这个原因，合意复效在相当多的场合受到了学者的批评。例如，有学者认为，理论上，如果仅规定合同的复效须经保险人同意，但未限制保险人可以拒绝同意的条件，使得保险人拥有完全依照其主观判断以决定是否同意复效之权利，如果被保险人在提出复效申请时符合复效的条件，但在保险人尚未作出同意复效的意思表示前发生保险事故，保险人知悉事故已经发生而拒绝复效，被保险人将丧失应有的保障，因

---

① 吴伟央、高宇：《寿险合同复效之立法变动及规范方向》，《保险研究》2009年第10期。

② 参见施天涛《商法学》，法律出版社2004年版，第694页。

③ 参见贾林青《保险法》，中国人民大学出版社2006年版，第312页。

此，以保险人的同意作为保险合同的复效要件的，并不合理。①

不论理论上有何见解，我国保险法对于人身保险合同的复效，自始采取合意复效的立场。我国学者从不同角度，对人身保险的合意复效之条件进行了讨论；虽然侧重点有所差异，但基本内容并无实质性的差异。例如，有学者认为，在我国，申请复效一般应当具备以下条件：（1）复效申请的时间不得超过复效申请的保留期限；（2）被保险人符合投保条件；（3）被保险人必须一次交清效力中止期间的保险费及其利息；（4）复效的申请必须得到保险人的同意。② 再如，还有学者认为，人身保险合同的复效应当同时具备以下的条件：（1）投保人向保险人提出复效的意思表示；（2）被保险人的健康状况符合投保条件的要求；（3）投保人应当补交保险费及其利息；（4）投保人和保险人达成复效协议。只有同时具备以上条件的，中止效力的人身保险合同才能复效。③

二 人身保险合同复效的依据

在理论上，人身保险合同复效的依据为合同约定的"复效条款"。复效条款，是指人身保险合同约定的、在投保人不能如期交纳保险费而使保险合同效力中止的，经投保人向保险人申请并交纳保险费以恢复人身保险合同效力的条款。复效条款给予投保人或被保险人一个机会，投保人可以利用这个机会使已经中止效力的人身保险合同恢复效力。复效条款的意义在于，它可以帮助投保人使已经中止效力的保险单恢复效力，以维持保险人对被保险人或者受益人所承担的保险金给付责任。

但是，在理论研究和司法实务上，人们却又将更多的注意力放在了保险法有关人身保险合同复效的规定上，似乎保险法的有关规定具有较人身保险合同约定的复效条款更强和更优越的法律评价力。例如，有学者认为，依照《保险法》（2009年）第37条的规定，人身保险合同复效的，应当同时满足以下两个条件：（1）投保人与保险公司就恢复合同效力达

---

① 参见梁鹏《保险合同复效制度比较研究》，《环球法律评论》2011年第5期。
② 参见李玉泉《保险法》（第二版），法律出版社2003年版，第247—248页。
③ 参见温世扬主编《保险法》，法律出版社2003年版，第158页下。

成协议；（2）投保人应当补交保险费。① 在这里，学者的研究无意识地忽略了人身保险合同约定的复效条款所应当具有的意义。尤其是，当保险法规定的这些复效条件不构成强制性规定时，是否应当鼓励人身保险合同约定的复效条款有所创新？

有学者提出，在保险合同的缔结和履行中，保险人是否可以通过格式条款或其他方式排除保险法有关效力中止和复效的规定，或者约定比效力中止和复效规定更不利于被保险人的合同条款，这涉及对我国《保险法》（2009 年）第 36 条和第 37 条规定的效力强行性的判断。上述规定应当属于"相对强制性规定"。由于相对强制性规范需要通过立法目的予以解释、识别，如果缺乏对法律规定的立法目的确切认知以及体系化理解，就难以识别和确定该种规范。因此，不仅在立法时就要在行为模式的调整上予以明确其该当强行性规范予以调整，还是任意性规范予以调整，还是相对强行性规范予以调整，而且也要通过立法的技术处理让人们有较为确切的认知和判断。就保险合同复效期间规定的性质来说，如果立法时充分地认识到对其应以相对强性规范的方式予以调整，就应在保险法中增设一条关于相对强性规范的效力性规定，使得行为人或司法者在认知或判断该种规范上获得引导。②

三 关于复效的保险人同意问题

人身保险合同的复效，并不如同人们想的那么简单，更不是我国《保险法》（2009 年）第 37 条所规定的那么单纯和原则，而是十分复杂的一个合同效力恢复的过程。因为人身保险合同的复效不仅有保险法规定的指引或规范，更有人身保险合同约定的复效条款的限制。而人们对复效的条件限制所进行的讨论，多多少少都与保险合同约定的复效条款有关，并同时涉及我国保险法的原则规定。

我们要讨论的问题是，人身保险合同的复效所需要的条件"协商并达成协议"究竟指的是什么？这最终会涉及保险人的同意问题。

---

① 参见刘建勋《新保险法经典、疑难案例判解》，法律出版社 2010 年版，第 81 页。
② 参见吴伟央、高宇《寿险合同复效之立法变动及规范方向》，《保险研究》2009 年第 10 期。

有学者认为，在合同效力暂时停止时，投保人可以提出复效申请，但需与保险人协商并达成协议，也就是说，此时保险人控制着是否接受投保人的恢复合同效力的意思表示，只有保险人同意，停止效力的保险合同才能恢复效力。《保险法》（2009 年）第 37 条规定的"协商并达成协议"的文字表述，实际上并未在立法上明确保险合同效力恢复的具体要件。这就造成了在保险合同订立和履行中，如果投保人未交付后续当期保险费至宽限期届满，在停止效力的 2 年内申请复效时，保险人可以自己不同意其复效为由拒绝复效或通过要求投保人或被保险人完成某种行为以及具备某种条件，然后才由其决定是否同意复效。该条的立法设计给予保险人同意的自由过于宽泛，而对于投保人或被保险人的复效请求来说，可能因其宽泛之同意自由而使该条款的设置目的落空。①

与之类似的见解还有保险合同的复效条件，在立法例上可以划分为三种模式：可保主义、宽松的可保主义、同意主义。这三种模式均承认复效须由投保人向保险人提出复效要求，并补交保险费，主要区别在于保险人控制复效的主动权大小。采取可保主义，只要投保人能够证明被保险人仍具备可保性，保险人便不能拒绝保险合同复效。在这种情况下，保险人具有审核可保性的权利，但并无绝对的复效控制权。采取宽松的可保主义，将合同效力的中止期间划分为两个时段：前一时段采取自动复效主义，只要投保人提出复效申请并补交保险费及利息，无须提交可保证明，保险合同自动复效；后一时段采取可保主义，须由投保人提出符合要求的可保证明，保险合同方能复效。在此情形下，保险人对保险合同复效的控制权更小。采取同意主义，保险合同复效须经保险人同意，保险人对复效拥有绝对的主动权。我国保险法规定的复效制度属于典型的同意主义。复效制度的设计需要在投保人利益与保险人利益之间寻求平衡。我国采取同意主义，赋予了保险人过大的权利，易于导致保险人滥用复效同意权阻碍本应复效之保险合同复效，并不合理。②

有一种观点认为，要极大地限缩保险人行使同意权的空间，人身保险合同的复效仅以合法的复效申请和补交保险费为必要。例如，有学者认

---

① 参见吴伟央、高宇《寿险合同复效之立法变动及规范方向》，《保险研究》2009 年第 10 期。

② 参见梁鹏《保险合同复效制度比较研究》，《环球法律评论》2011 年第 5 期。

为，我国保险法规定，中止效力的保险合同应经保险人与投保人协商并达成协议，在投保人补交保险费后，合同效力恢复。保险合同的复效要经过保险人同意，这违反了保险合同复效的本质。因为保险合同的复效本质上不是订立一个新合同，而是一个中止后又复效的合同，因此应直接规定只要投保人交付了保险费，保险合同的效力就直接恢复。① 还有观点认为，"在失效期间，被保险人的健康状况或职业可能会有所变化。如果其健康恶化，或所变更的职业危险性增大，就不能申请复效，投保人要求复效时，也要根据最大诚实信用原则，履行如实告知义务，被保险人必须提交体格检验书或健康证明等文件，那无异于再订立一份新的保险合同，显然有失公平。""既然复效是对原合同效力的继续而非新投保。况且，每一份保单在新投保时均已通过保险人的风险核查，那么在复效时保险人就不应当再设定其他任何附加条件与限制。只要被保险人健在，就是符合恢复保险合同效力的条件。"因此，保险合同的复效仅以投保人"在规定的时间限制内向保险人提交书面复效申请"和"补交逾期保险费及其他相关费用"为条件。②

另有学者认为，在对待复效的问题上，应区别于重新订立合同。但是，如果不考虑在合同效力中止期间发生了何种情形，也有失公允。在处理是否恢复效力的问题上应当体现双方利益的平衡：首先，考虑到复效在于恢复原有合同的效力，而非订立新合同，因而应充分照顾投保人一方的利益，在合同赖以成立的条件没有发生重大变化或者并不存在严重影响保险人利益的不公平事由时，保险人应当同意，而不能不接受复效；其次，考虑到如果过于迁就投保人一方的利益，可能会导致保险人利益的失衡，最终会影响到保险业的正常经营，也应对保险人的利益进行必要的考虑，当在中止效力期间发生了保险人接受复效会导致显失公平的事由时，保险人可以拒绝复效。如果保险人没有充足的证据证明确实存在着显失公平的事实，就应当同意合同复效。③

---

① 参见周玉华《最新〈保险法〉法理精义与实例解析》，法律出版社 2003 年版，第 335 页。

② 刘志东：《寿险复效条款研究》，《保险研究》2008 年第 9 期。

③ 参见郝磊《人身保险合同复效制度的法律探析》，《人民司法·应用》2008 年第 1 期。

四　关于人身保险合同复效时的如实告知问题

中止效力的人身保险合同申请复效，投保人或被保险人在申请复效时，应否对保险人承担如实告知义务？

有学者认为，投保人要求复效时，也要根据最大诚信原则，履行如实告知义务，被保险人必须提交体格检验书或健康证明文件。[①] 还有观点认为，申请复效时，虽然不是重新订立合同，但是在中止期间有时会发生使原有合同基础动摇、丧失或者严重影响保险费率高低的重大事项，如果保险人对此不进行了解，则可能使其处于不利的地位，因而，让投保人在申请复效时承担一定的告知义务是符合公平原则的。告知的方式与订立合同时大体相同，不要求投保人主动告知，而采取保险人询问的方式，但是告知的内容有所不同，主要由保险人询问在中止期间被保险人的健康状况等是否有重大的变化，或者是否发生了严重影响保险人决定是否继续提供保险保障或者确定保险费率的事由。[②]

但是，也有学者认为，"保险合同复效本为危险团体成员利益而设置的特别规定，行为人不能用特约方式任意排除，但也不能让行为人通过复效增加道德危险或导致危险逆选择。因此，有人主张在保险合同复效时，需要义务人履行如实告知义务，将被保险人的有关情况向保险人如实陈述。……至于在保险合同复效时，义务人是否要履行该义务，在学理上存在不同主张，有人认为，在保险合同效力中止后，行为人提出复效时，也应如合同缔结之初，履行如实告知义务，否则合同不能复效；也有人主张，行为人请求复效的保险合同在订立时已经就保险标的的危险状况予以评估，即使复效时，危险发生改变，也属于已经评估过的危险，因此，并没有影响合同的危险评价，既然复效的合同仍然是同一个合同，也就不存在让行为人再履行告知义务的合理基础。但在保险实务中，保险人多通过格式条款要求投保人在申请复效时，也必须履行如实告知义务。保险合同复效是基于其特殊性而设置的特殊规定，不允许再附加额外限制，实务中

---

① 参见李玉泉《保险法》（第二版），法律出版社 2003 年版，第 248 页。
② 参见郝磊《人身保险合同复效制度的法律探析》，《人民司法·应用》2008 年第 1 期。

的做法当然会影响行为人的权利实现，这在保险法理论与实务中多被诟病。"①

还有观点将人身保险合同复效时的如实告知问题，以限制告知事项范围的方式作区别化的处理。例如，有学者认为，人身保险合同约定的不可争议条款，其已经发生的效力在保险合同复效时仍然有效。保险人不得在保险合同复效后重新主张不可争议条款所约定的期间利益，除非投保人请求复效时，为满足保险合同复效的条件，对保险人另为如实告知。因此，保险人在保险合同复效时得以主张的不可争议期间，仅以投保人在保险合同复效时所告知的事项为限。②

还有学者认为，复效合同是一种特殊的合同组合体，即原合同内容与新告知内容的组合。一方面，复效合同在条款、费率、保障范围等方面均遵循依照原合同进行处理的原则，这也是复效制度的宗旨所在；另一方面，投保人新的告知事项明显带有新条款的色彩，并且，我国许多复效保险合同明确约定，复效申请书中的新内容属于复效合同的内容。例如，由投保人提供的复效申请书经常会出现针对合同效力中止期间的身体状况的提问，投保人对该问题的回答是原合同所没有的，而该申请书往往明确规定，申请书作为复效合同的一部分。复效保险合同的性质决定了合同复效后的告知内容应当缩减，投保人无须再就原合同已经告知的内容进行告知，仅须针对复效申请书中的新告知内容进行告知。由于对原合同的告知义务在原保险合同订立时已经履行，故复效时无须再行告知。之所以要求投保人对复效申请书中的新内容另行告知，是因为复效制度为了降低"逆选择"风险，赋予保险人危险选择权，而危险选择权的行使，离开投保人对合同效力中止期间危险情况的告知便无法实现。如果投保人违反申请书中新内容的如实告知义务，根据保险法，保险人可以解除保险合同，拒绝承担保险责任。③ 上述观点将复效后的保险合同理解为"原保险合同"与"复效合同"的组合，实际上已经改变了人身保险合同复效的性

① 吴伟央、高宇：《寿险合同复效之立法变动及规范方向》，《保险研究》2009年第10期。
② 参见邹海林《保险法教程》（修订第二版），首都经济贸易大学出版社2004年版，第94页。
③ 参见梁鹏《保险合同复效制度比较研究》，《环球法律评论》2011年第5期。

质，人身保险合同的复效仅仅发生恢复合同效力的效果，复效后的保险合同仍为原保险合同的继续，不存在保险合同应否加入新的因素的问题，也就是说不存在所谓的"组合"问题。另外，告知义务的履行与否所产生的法律事实，并非保险合同的内容或其组成部分；即使在复效时围绕复效申请达成某种程度的"复效协议"，该协议也仅仅具有帮助中止效力的合同恢复效力的作用，并不具有变更或增加原保险合同内容的效果。将复效后的保险合同解释为原保险合同与复效合同的组合，已然超越了保险合同复效的应有含义。

如果说投保人在复效申请时对保险人承担如实告知义务，那就无法回避"二年不可争议期间"的适用问题。在这个问题上，有观点认为不可争议期间应当重新计算，但也有观点认为不应当重新计算。例如，有观点认为，在保险合同复效时重新计算不可争议期间，这对于投保人、被保险人或受益人而言是不公平的。假设投保人未发生过应交未交保险费的情形，保险合同已过可抗辩期，被保险人同样可能在保险合同效力中止期间内由于身体状况的改变而使危险增加，保险人在这时无可厚非应当支付保险金：为何在投保人因某种原因未交保险费，或者说是迟延交纳保险费的情况下，可抗辩期间就得重新起算？人身保险合同的复效是对原合同的继续，并非订立一个新合同，因而合同约定的不可争议期间，不应当重新计算。①

人身保险合同的复效，是对中止效力的保险合同恢复效力的确认，并非订立一个新合同。我国《保险法》（2009 年）已为复效设定了一个中止效力的 2 年期间，该 2 年期间应当解释为保险人测定被保险人的复效风险可以容忍的合理期间，投保人在申请复效时，不承担《保险法》（2009年）第 16 条所规定之订立合同时的"如实告知义务"。保险合同如果约定投保人在复效申请时承担如实告知义务的条款，该条款实为加重投保人负担、扩张保险人解除权的不公平条款，应当接受司法审查以评价其效力。此外，如果投保人申请保险合同的复效发生在中止效力 2 年以后，是否应当考虑投保人承担复效申请时的如实告知义务，则取决于保险合同的约定；保险合同有此约定，或许是公允的。所以，在保险合同中止效力的

① 参见刘志东《寿险复效条款研究》，《保险研究》2008 年第 9 期。

2 年期间内，投保人申请复效的，不承担如实告知义务，也不发生保险合同约定的不可争议条款重新计算的问题。

五　关于复效的期间问题

依照我国保险法的规定，仅有处于效力中止期间的人身保险合同才可以复效。如何理解"效力中止期间"，有以下三个问题需要回答。

第一个问题涉及人身保险合同的效力中止的起点计算问题。有学者认为，关于人身保险合同的效力因为欠交保费而中止效力的，有自动中止主义和催告中止主义两种方式。我国《保险法》（2002 年）实行的是自动中止主义，但《保险法》（2009 年）除继续实行自动中止主义，增加了催告中止主义，即投保人自保险人催告之日起超过 30 日未支付当期保险费的，或者超过合同约定的期限 60 日未支付当期保险费的，合同效力中止。自催告之日起计算的 30 日或者自合同约定的交费期限届满之日的 60 日，为投保人交付保险费的宽限期。交付保险费的宽限期届满，投保人未交付保险费的，合同效力中止。①

虽然理论上对我国保险法规定有两种不同的"宽限期"之必要性有不同的意见，但法律规定本身并没有什么不妥当之处，而且这种多选性的规定为保险合同约定复效条款提供了更多的选择空间，意义还是显著的。

第二个问题涉及人身保险合同的"效力中止"的解释问题。对于这个问题，主要有以下几种不同的观点。

第一种观点认为，在人身保险合同中止效力的 2 年期间内，该保险合同处于效力待定的状态。例如，有学者认为，保险合同效力中止是行为人请求复效的前提，没有保险合同效力中止的情况出现，也就没有合同效力恢复发生。保险合同的效力中止，是指本处于有效状态的保险合同在履行中，投保人超过宽限期仍未交付后续保险费用而使合同的效力处于暂时停止的状态，保险合同中止也是保险合同特有的效力状态。效力中止后，在一定期间，保险合同的未来效力处于不确定的状态，变成一个效力待定的合同，其效力可能恢复，亦可能终止。就效力中止对双方的实质影响而言，因投保人未交付当期保险费，保险人对该期间发生的保险事故亦不承

---

① 参见王学冉《我国新〈保险法〉复效制度探析》，《中国保险》2012 年第 9 期。

担保险给付义务。该保险合同并非无效，亦非失效。① 效力待定的合同通常限于那些不完全符合生效要件而效力可能发生但尚不确定的合同；效力待定的合同一般存在于合同的成立阶段。而保险合同因为投保人欠交保险费而发生合同的部分约定停止效力的现象，与合同成立阶段的效力待定合同有所不同。特别是，人身保险合同因为欠交保险费所发生的效力中止状态，主要是暂时停止了保险人对保险事故的发生所应当承担的保险责任，保险合同的其他内容仍然具有效力。将效力中止的人身保险合同表述为效力待定的合同似有不妥。

第二种观点认为，在人身保险合同中止效力的 2 年期间内，该保险合同处于短时失效的状态。例如，有观点认为，保险合同的复效是相对于失效而言的。复效制度设立的目的在于给予投保人保持合同效力的机会，促使失效合同效力由中止状态恢复为具有法律约束力，避免合同解除影响被保险人的未来生活或长期投资利益损失。失效保单在复效时效内，需由投保人提出要求恢复合同效力。保险合同的失效有两个类别：永久失效和短时失效。根据我国《保险法》（2002 年）第 59 条的规定，复效时效为 2 年。保险合同失效期达 2 年以上者，为永久失效，永久失效的保险单一般不得复效，保险人应按合同约定退还保险单的现金价值，或在扣除手续费后退还保险费。② 合同失效意味着合同效力的终止，用失效表达效力中止的保险合同之状态，并不准确。

第三种观点认为，人身保险合同的效力中止，为人身保险合同的部分条款停止效力的特有现象。保险合同的效力中止，与保险合同的无效、失效或者效力待定均无关系。例如，有学者认为，"合同效力的中止，只是暂时的而非终局的使保险合同失去效力，保险人也只是暂时的而非终局的免除保险责任的承担"。③ 还有学者认为，"保险合同的效力中止，不同于解除合同所导致的合同效力消灭，而是保险合同的效力处于一种待定的暂

---

① 参见吴伟央、高宇《寿险合同复效之立法变动及规范方向》，《保险研究》2009 年第 10 期。

② 参见刘志东《寿险复效条款研究》，《保险研究》2008 年第 9 期。

③ 李玉泉主编：《保险法学——理论与实务》，高等教育出版社 2005 年版，第360 页。

时停止状态"①。保险合同为一种特殊的合同，因为投保人欠交保险费而发生的"效力中止"难以用合同法上的"效力待定"、"无效"、"失效"等术语来概括和表达，学者对于效力中止的保险合同的法律状态的描述常常语焉不详，也并不奇怪。我国保险法使用了"效力中止"这一术语，应当有其特定含义；效力中止恰恰表明该保险合同仍然有效，保险人欲使其效力消灭，只能依照保险合同的约定或者依照保险法的规定解除该合同。我国保险法理论恰恰欠缺对于"效力中止"的内涵和外延方面的研究挖掘，应当引起重视。

第三个问题涉及效力中止期间届满的效果认定问题。人身保险合同自宽限期过后效力中止，投保人在效力中止期间（2年）可以申请复效，但该期间是否仅限于效力中止后的2年期间届满前？与此相对应，在2年期间经过后，有无人身保险合同的复效问题发生？我国学者在这个方面的研究还只是尝试性的。

例如，有观点提出，保险合同效力中止（失效）的，申请复效的时限为2年，在这个2年期间，投保人应当提出要求恢复保险合同的效力。但保险合同的效力中止（失效）期达2年以上者，为"永久失效"，永久失效的保险单一般不得复效，保险人应按合同约定退还保险单的现金价值，或在扣除手续费后退还保险费。② 依照这个观点，似乎保险合同效力中止后超过2年的，即发生终止保险合同效力的效果，投保人自然没有基础申请复效了。但是，无论在理论上还是在法律制度的运行层面，保险合同效力中止后，不论是否经过2年期间，保险合同固有的约束力都不会自动终止。依照《保险法》（2002年）第59条第1款和《保险法》（2009年）第37条第1款之规定，保险人可以解除保险合同以终止保险合同的效力。因此，只要保险人未有解除保险合同的意思表示，在效力中止后超过2年的人身保险合同，与处于2年效力中止期间的人身保险合同，并没有实质性的差异。或许人身保险合同的效力中止具有其特定的内涵，不论2年效力中止期间是否届满，除非保险人解除保险合同，投保人均有申请复效的条件或基础。

---

① 刘建勋：《新保险法经典、疑难案例判解》，法律出版社2010年版，第80页。

② 参见刘志东《寿险复效条款研究》，《保险研究》2008年第9期。

有学者这样认为，"'两年'是投保人提出恢复合同效力申请的保留期限，即投保人在合同效力中止后两年内，可以随时提出申请，而保险人则不能在该期间内解除保险合同，从而剥夺保险人在此期间解除保险合同、阻止合同效力恢复的权利。但是，两年的保留期限并不是投保人恢复合同效力的条件，即投保人只能在此期间提出申请，超过该期间，投保人并不是不能提出申请，它仅构成保险人解除保险合同的理由之一。因此，如果在两年的保留期限结束以后，保险人没有解除合同，并且愿意接受投保人恢复合同效力申请的，在满足其他条件的情况下，合同效力仍然可以恢复"[1]。

还有观点提出，在保险合同中止效力 2 年后，如果保险人未行使解除权，投保人一方能否继续提出复效的请求？尽管保险法未作明确规定，但根据一般法理，保险人在合同中止效力 2 年后有合同解除权，就意味着保险人有一定的选择权：因行使解除权而使合同效力归于消灭，或者不行使解除权而继续维持合同原有的状态。如果保险人明确向投保人表明了解除合同的意思，则保险合同的效力终止，投保人丧失了申请复效的基础，无法再申请复效；如果保险人未解除保险合同，则投保人应仍可以申请复效。根据《合同法》第 95 条的规定，如果保险人在合理的期限内未行使解除权，实质上是对其权利的漠视，应当认可投保人仍有请求复效的权利。保险人不及时行使解除权的行为，也可理解为对自己权利的放弃，不能在投保人提出复效请求后，以自己享有解除权否定对方的复效申请。因此，在保险合同中止效力 2 年后，投保人向保险人提出了复效申请，保险人未表示反对而接受复效，此前也未表达过解除合同的意思，符合私法意思自治的基本精神，因而在司法实践中应认定其效力，而不能以合同已经解除为由否定复效的效力。[2]

六　关于复效时补交保险费问题

我国保险法对于人身保险合同的复效规定有"补交保险费"的先决

---

① 李玉泉主编：《保险法学——理论与实务》，高等教育出版社 2005 年版，第 361 页。

② 参见郝磊《人身保险合同复效制度的法律探析》，《人民司法·应用》2008 年第 1 期。

条件，而且这个条件是法定的。但是，补交保险费仅是一个原则性规定，于是又将这个问题交给了当事人意思自治。

投保人应当如何补交保险费以实现人身保险合同的复效？有观点提出，对于保单借款本息超过责任准备金的失效保单，投保方仅需按保户借款条款归还借款及其利息即可。但对于未交费失效的保单而言，投保人申请复效时，补交保险费的方法主要有三种：（1）补息复效。投保人补交所欠保险费，并按不低于保险预定利率的同期储蓄存款利率补交利息。大部分寿险合同采补息复效条款。（2）预延交费。投保人补交所欠保险费的同时，预交与补足等额保险费，预交保险费的利息抵充欠交保险费的利息。此方法操作简便、易于投保人接受，实务中常予采用。（3）展延到期。将保险合同交费到期日（及相关生存保险金给付日期）以失效期等期后延，失效期保险费不补交，复效保单保费依复效时的年龄而订，保费率一般高于原契约。例如，原合同规定交费至被保险人15周岁，且于被保险人15周岁时给付生存保险金，若失效一年，则交费延至该被保险人16周岁。生存保险金则延至被保险人16周岁时给付。补息复效和预延交费复效两种方法所补失效期间的保险费中含有危险保险费，而保险人一般免负失效期间的保险责任，故展延到期较其他复效方法可予被保险人更充分的保障。①

另外，在学理上，也有人主张投保人清偿其欠交的保险费应扣除暂停效力期间的危险保费。但是，有学者认为，就保险费交付与合同危险之间的对价关系来说，在技术上无法将被保险人的生命过程与健康状况分期分段予以精确划分，而随着年龄的必然增长，根据生命机体的运行规律，在合同订立多年之后，被保险人可能出现身体老化及各身体器官功能退化的情况。保险人通过其精算技术的进步将自然保费改为平准保费制度，投保人在缔约之初、被保险人年龄小时交付的超过危险概率的保险费往往要补充被保险人年龄大时因危险概率增加的危险保费，据此，如果投保人不交付停效期间的保险费，就会在实质上破坏危险概率与保险费的对价平衡关系，因此，应该补交停效期间的保险费，实现合同约定的承担危险期间与对应的保险费数额相平衡。这也可以防止行为人基于获得不交付停效期间的保险费的目的而不交付后续当期保险费，而在身体状况明显不良时才主

---

① 参见刘志东《寿险复效条款研究》，《保险研究》2008年第9期。

张复效。我国《保险法》（2009 年）第 37 条的规定，应当明确投保人补交费用的范围，包括投保人欠交的保险费及其利息。①

七　关于人身保险合同复效后的自杀条款问题

原则上，被保险人自杀为道德危险，保险人不承担保险责任。但是，在人身保险合同成立后经过 2 年的，被保险人的自杀则相应地转化为"可保危险"，保险人对此等情形下的被保险人自杀应当承担保险责任。在保险法理论上，保险合同有关被保险人自杀的约定，在保险合同复效时是否应当重新计算期限？

我国《保险法》（2002 年）第 66 条第 2 款所规定的法定除外责任之被保险人自杀，仅限于保险合同成立之日起 2 年内的被保险人自杀，而没有包括"自保险合同复效之日起 2 年内的被保险人自杀"。有学者认为，复效前的保险单约定有自杀条款的，如果因期限的经过已经失效，在保险合同复效后，已经失效的自杀条款不能恢复其效力，被保险人自杀的，保险人应当承担保险责任，除非保险人能够证明投保人请求复效以被保险人自杀获取保险金为目的。即使复效前的保险单约定的自杀条款没有失效，在保险合同复效时，该自杀条款所规定的期限应当继续计算，不得自保险合同复效之日重新计算。因法律对于自杀条款在保险单复效时的效力并没有强制性的规定，保险人若希望自杀条款规定的期限自保险合同复效后重新计算，应当在保险合同中有明确的约定。② 也有观点认为，在我国保险实务中，通行的做法是保单复效后重新计算自杀期间。各家寿险公司的寿险条款中均明确规定："被保险人在本合同生效或复效之日起 2 年内故意自杀，属于除外责任。"但如果保险合同双方当事人未有如此约定，则受益人可以抗辩：保险合同的复效是对原合同效力的恢复，如无特别约定，合同效力都应当追溯至合同成立时的状态。③

我国《保险法》（2009 年）第 44 条第 1 款有如下的规定，"以被保

①　参见吴伟央、高宇《寿险合同复效之立法变动及规范方向》，《保险研究》2009 年第 10 期。

②　参见邹海林《保险法教程》（修订第二版），首都经济贸易大学出版社 2004 年版，第 94 页。

③　参见刘志东《寿险复效条款研究》，《保险研究》2008 年第 9 期。

险人死亡为给付保险金条件的合同，自合同成立或者合同效力恢复之日起二年内，被保险人自杀的，保险人不承担给付保险金的责任"，使得自杀条款在保险合同复效时具有了重新计算其效力期间的依据。有学者认为，出于避免道德危险的考虑，防止被保险人以自杀为手段、以获取保险金为目的，从而申请恢复保险合同的效力，因此，被保险人在保险合同复效后2年内自杀的，保险公司不承担给付保险金的责任。①

但是，也有学者对我国《保险法》（2009 年）第 44 条第 1 款将自杀条款与保险合同的复效相关联提出了批评。"自杀免责期间之计算与复效条款之关联问题而论，其中争议最多的问题在于：人寿保险契约复效时自杀免责期间是否无须重新起算？从比较法的角度观察，多数国家或地区之立法采'否定性'的立法例，仅有《意大利民法典》、加拿大《魁北克民法典》与我国台湾地区所谓'保险法'等持'肯定主义'立场。'肯定主义'立法例所采之立法理由，大概是'旨在于预防被保险人于保险契约停效期间，萌生自杀短念，乃于交清积欠之保险费及其他费用使保险契约恢复效力后，进一步采取自杀行为，其结果不但造成被保险人之逆选择，而且保险制度反成为其自杀行为之催化剂，殊非保险之宗旨。'若单纯从预防被保险人在复效后为获取保险金以利受益人而自杀之角度而言，上述理由并非毫无道理。但是，既然人寿保险契约之复效在性质上为原契约之延伸而非新契约之缔结，那么，就自杀免责期间之计算与复效条款之关联问题而论，合乎逻辑的理论推理应当是'人寿契约复效时自杀免责期间不需重新起算'；否则，相反之推论势必与复效为原契约效力之延伸的本质不符。"②

---

① 参见刘建勋《新保险法经典、疑难案例判解》，法律出版社 2010 年版，第 82 页。

② 樊启荣：《人寿保险合同之自杀条款研究——以 2009 年修订的〈中华人民共和国保险法〉第 44 条为分析对象》，《法商研究》2009 年第 5 期。

第 十 章

保险合同解释论

第一节　保险合同的解释原则

一　保险合同解释的对象

理论上，对保险合同的条款内容或者条款使用的语言文字的内容进行释明的活动，称为保险合同的解释。一般而言，保险合同解释的对象，就是意思不明确的保险合同之内容。有关保险合同的解释对象，在学理上的描述大同小异，表述上存在一些差异。

有学者认为，"保险合同解释只发生在有争议的文字应该如何按其订约时所包含的本意去加以说明与释义的情形，而不是按照合同的条款去对照考察当事人是否违反合同义务。至于说合同当事人是否违反义务与保险合同的条款解释无关"①。保险合同的解释以保险合同的内容发生争议为条件，如何把握当事人的争执点并予以妥善合理地解决，首先面临的问题就是解释保险合同。② 也有学者认为，保险合同所要解释的对象为"合同中使用的语言文字发生争议"。③

还有学者认为，保险合同的解释不以当事人之间发生争议为必要，仅以保险合同的内容不明确为必要。因为存在着诸多影响保险合同内容的理解的因素，例如当事人对合同内容的认知能力差异，选择使用的语言文字可能因文化、习俗或者使用场景存在不同的含义，订立合同时所用语言文

---

① 徐卫东：《保险法论》，吉林大学出版社 2000 年版，第 325 页。
② 邹海林：《保险法教程》，首都经济贸易大学出版社 2002 年版，第 125 页。
③ 李玉泉：《保险法》（第二版），法律出版社 2003 年版，第 164 页。

字的含义随时间的迁移会发生变化，以及保险合同条款的语法结构、上下文表述方式的差异等，均可能导致保险合同的内容不明确。保险合同的内容不明确，或为保险合同的条款表述的内容不明确，或为保险合同使用的语言文字表述的内容不明确。①

保险合同的条款所援引的具有解释性内容的部门规章等规范性文件，是否适用保险合同的解释规则？有一种观点认为，国家依法对保险业实施监督管理，可能制定一些具有解释性的部门规章及规范性文件，这些内容直接被保险合同援引，即为法定解释条款。在保险合同中经常统一使用的法定解释条款虽具有格式化的特征，但其与通常解释条款有着本质上的区别。法定解释条款不是保险人单方拟定的，是当事人都必须遵守的硬性法规，当事人都有义务遵照执行。而且，法定解释条款不偏袒保险人的利益，是调节保险当事人权利义务的杠杆，有助于平衡诸方的合法利益，保障保险市场的公平合理。因此，该类条款无须适用保险合同解释规则。②

二 保险合同的解释原则

一般而言，保险合同的解释应当以探求合同当事人订约时的真实意思为原则。有观点认为，合同解释的一般原则为意图解释。贯彻意图解释原则的合同解释一般方法主要有文义解释、上下文解释、补充解释等。适用合同解释的一般原则解释保险合同，应当尊重当事人的意图、并尊重当事人选择使用的语言文字，不能通过解释随意扩充或者缩小保险合同的条款内容。③

也有学者认为，保险合同的当事人就保险合同的内容发生争议，应从最大诚实信用原则和公平原则出发，综合考虑与合同有关的诸多因素，努力探求当事人的真实意思。解释保险合同的原则主要有：（1）文义解释原则；（2）合乎逻辑的解释原则；（3）专业解释原则；（4）诚实信用解释原则；（5）有利于被保险人的解释原则。④

---

① 常敏：《保险法学》，法律出版社 2012 年版，第 109 页。

② 参见闫海、薛莉《论保险合同格式条款的解释体系——基于杨树岭案的新释》，《哈尔滨师范大学社会科学学报》2011 年第 4 期。

③ 参见邹海林《保险法教程》，首都经济贸易大学出版社 2002 年版，第 126 页。

④ 参见李玉泉《保险法》，法律出版社 2003 年版，第 169—171 页。

还有与上述说法基本类似的观点认为，寻求合同双方订立合同时的意思表示应是合同解释中最重要和优先适用的原则，具体表现为文义解释原则、整体解释原则、习惯和惯例解释原则和诚实信用原则。[1]

也有学者认为，保险合同的解释原则，实际上是合同法上的合同解释原则与方法的具体应用。《合同法》第 125 条不仅规定有合同解释的一般原则，而且规定有合同解释的方法。保险合同的内容不明确，如何解释与之相关的保险合同的条款或者所使用的语言文字，首先应当考虑适用合同解释的一般原则。关于保险合同的解释，保险法对于解释原则和方法均没有具体的规定，对保险合同进行解释的，应当适用《合同法》第 125 条规定的合同解释的一般原则，并以文义解释、整体解释、目的解释和补充解释等方法贯彻和落实合同解释的一般原则。合同解释的一般原则为意图解释，即探求合同当事人订约时的真实意思。如何探究合同当事人订约时的真实意思，应当以当事人订立的保险合同采用的书面形式，诸如保险单、其他保险凭证、投保单、协议书等，作为说明、推理和阐述的基础；在特殊且有必要的情况下，可以利用"口头证据规则"，将保险合同的书面形式记载外的"口头表述"或者其他相关文件，用以释明保险合同的内容。《保险法》（2009 年）第 30 条所称"按照通常理解予以解释"，解释客体或者对象为保险合同的有争议的"格式条款"，而"格式条款"又是由"语言文字"构成的，因此，应当按照保险合同所使用的"语言文字"的通常理解或含义予以解释。在这个意义上，"按照通常理解予以解释"仅仅是对《合同法》第 125 条规定的"文义解释"的补充，并不具有创设解释保险合同的特有原则和方法的意义。也就是说，保险合同的解释，应当适用《合同法》第 125 条的规定。[2]

第二节　保险合同的解释方法

一　关于保险合同解释方法的归纳

保险合同的解释方法，又可称为保险合同的解释规则，因为我国保险

---

① 参见刘信业《保险合同的解释问题研究》，《河南金融管理干部学院学报》2006 年第 5 期。

② 参见常敏《保险法学》，法律出版社 2012 年版，第 109—111 页。

法并没有为保险合同的解释方法作出具体的规定，学理上对于保险合同解释方法的归纳主要还是对合同法上的合同解释方法之归纳。例如，有学者认为，解释保险合同的一般方法或规则有文义解释、目的解释、整体解释和习惯解释。① 但是，我国学者对于保险合同解释方法的归纳，在表述上还是存在一些差异的。

有学者认为，合同解释的一般原则为意图解释，实现意图解释原则的一般方法主要有文义解释、上下文解释、目的解释、整体解释和补充解释。② 也有观点认为，保险合同是合同的一种，因而对保险合同的解释，首先应该遵循合同法的解释方法。《合同法》第125条规定了合同解释方法，包括文义解释、整体解释、目的解释、习惯解释和诚信解释。③ 还有观点认为，《合同法》第125条不仅规定有合同解释的一般原则，而且规定有合同解释的方法。合同解释的具体方法有文义解释、整体解释、目的解释和补充解释。合同解释的方法仅为实现合同解释的一般原则的工具。关于保险合同的解释，应当适用文义解释、整体解释、目的解释和补充解释等方法。④ 以上有关保险合同的解释方法，不仅适用于保险合同中当事人协商拟定的合同条款，而且适用于保险合同中的格式条款。

我国《保险法》（2009年）第30条规定："采用保险人提供的格式条款订立的保险合同，保险人与投保人、被保险人或者受益人对合同条款有争议的，应当按照通常理解予以解释。"该条所称对有争议的合同条款"按照通常理解予以解释"，是否构建了保险合同特有的解释方法？对此，有学者认为，《保险法》（2009年）第30条所称"通常理解"，其客体或者对象为保险合同的有争议的"格式条款"，而"格式条款"又是由"语言文字"所构成的，故"通常理解"只能是保险合同所使用的"语言文字"的通常理解或含义。在这个意义上，该条所称"按照通常理解予以解释"，仅仅是对《合同法》第125条规定的"文义解释"的补充，并不具有创设解释保险合同的特有原则和方法的意义。⑤ 这是否表明按照通常

① 参见温世扬主编《保险法》，法律出版社2003年版，第136页。
② 参见邹海林《保险法教程》，首都经济贸易大学出版社2002年版，第129页。
③ 参见刘文字《论保险合同的解释方法》，《行政与法》2004年第4期。
④ 参见常敏《保险法学》，法律出版社2012年版，第110页。
⑤ 参见常敏《保险法学》，法律出版社2012年版，第111页。

理解予以解释是对保险合同的条款进行文义解释的固有内容?

二 保险合同的文义解释

一般而言，文义解释，又称为语义解释，是指按照保险合同条款用语的文义及其特定或者通常使用的方式，释明保险合同内容的方法。我国《合同法》第 125 条要求按照合同所使用的词句解释有争议的合同条款。保险合同所用语言文字的语义，最能表达当事人订约时的意图，除非有充分的理由表明保险合同所用语言文字的语义不能代表当事人的真实意思。文义解释方法，构成解释保险合同条款的基本方法。解释保险合同，必须先进行文义解释。文义解释为解释保险合同所用语言文字之含义的基础。

理论上通常认为，解释保险合同的条款时，如果发现格式条款和非格式条款不一致，首先应当确立居于优先地位的合同条款，然后对该条款进行文义解释。《合同法》第 41 条规定："格式条款和非格式条款不一致的，应当采用非格式条款。"但是，也有学者对此持不同意见。例如，有观点认为，如果机械地按照合同法规定的路径进行解释，当然要按照非格式条款来解释保险合同，但这对于作为格式合同的保险合同的解释是十分不利的。保险合同大多为格式合同，而且，保险合同在当前一般是经过国家有关部门、组织审查并批准的，它一般是符合公平正义和有利于保险事业发展的。如果在有非格式合同的情况下，就一概否定保险格式合同的效力，更否定保险格式合同在解释保险合同中的作用，不但对公正合理地解释保险合同不利，还可能造成对被保险人不正当的保护，也有可能助长利用非格式合同的特别约定来排斥保险格式合同的效力，甚至对国家规范保险市场造成不利影响。因此，解释保险合同时，应该考虑对《合同法》第 41 条的规定作适当限制，将保险合同中格式条款和非格式条款不一致的时候对保险合同的解释作例外的规定。①

按照保险合同的用语之通常理解解释保险合同，此为文义解释的应有之义。例如，有学者认为，所谓"通常解释"应当是指普通的、通用的、常规的、规范化的解释。如保险合同当事人在保险合同中约定保险费和保险金额的计价单位同为"元"，按照"通常理解"予以解释，这一计价单

---

① 参见刘文宇《论保险合同的解释方法》，《行政与法》2004 年第 4 期。

位所指的货币自然为人民币，不应当是美元或日元等其他币种。假设有一位投保人与某保险公司签订了一份财产保险合同且拖欠保费，当保险标的在保险期限内没有发生保险事故，需要补交保费之时，他就可能将这个应交保费计价单位的"元"解释为日元，当保险标的在保险期限内发生了保险事故，被保险人向保险人提出索赔主张之时，他又可能将保险金额这个计价单位的"元"解释为美元，这显然就不是通常理解的解释。① 再如，有观点提出，"为维持格式条款合理化之功能和有利于相对人，在解释格式条款时，并非基于使用人的立场，也并非基于个别相对人所理解或认识的效果，而是以该条款能预定适用之特定或不特定对象之平均的合理的理解可能性为判断基础。在实务中，行业间的特殊用语或文句，应作出平常的、通常的、通俗的、日常的、一般含义的解释。如果某个条款所涉及的术语或知识不能为某个可能订约的相对人所理解，则应根据可能订约者的平均的、合理的理解为基础进行解释，即通常解释"②。

但是，对于保险合同中使用的专业术语而言，按照通常理解予以解释则应当以相关专业领域的通常理解为解释基础。例如，有学者提出，保险合同的解释与其他合同的解释一样，应按其用语所具有的通常意义解释，即应按其表面意义或自然含义解释，以一般知识及常识的人对于保险合同用语所给予的理解为标准，不能局限于保险合同用语的特定意义。因保险合同条款是由专家拟定的，遣词造句极其严谨，对保险合同的文义解释一般应按通常意思去理解，但是如果涉及法律及其他专业术语时，则应按其在专业上所具有的特别意义加以理解。如对"暴雨"、"暴动"的解释就应当从专业的角度去解释其具体含义，而非依通常人的理解来解释。③

对于保险合同中所用"专业术语"的文义解释，还有学者将之称为"专业解释原则"，即对保险条款中所使用的某些专门术语，应以所述行业的通常理解的专业含义予以解释。如保险条款所承保的"暴风"、"暴雨"的含义，应当按照我国气象部门对"暴风"（风速在28.3米/秒以

---

① 参见任以顺《论保险合同格式条款的解释原则——兼论新〈保险法〉第30条之修订价值》，《保险研究》2009年第12期。

② 闫海、薛莉：《论保险合同格式条款的解释体系——基于杨树岭案的新释》，《哈尔滨师范大学社会科学学报》2011年第4期。

③ 参见张世增《如何正确理解和适用保险合同的解释原则——完善我国保险合同解释制度的一点建议》，《河北法学》2003年第3期。

上，即风力等级表中的 11 级风）、"暴雨"（每小时降雨量达 16 毫米以上、或者连续 12 小时降雨量达 30 毫米以上、或者连续 24 小时降雨量达 50 毫米以上）的规定来理解。不符合上述规定条件的大风、大雨所造成的保险财产的损失，不构成保险危险，保险人不承担赔偿责任。① 更有学者认为，"包括医学术语在内的一切术语，是在特定领域内对于有关事物通行的描述和定义，最客观地反映了事物的本质和特征，在相关领域之内，对于术语所作出的科学的、专业的解释，本身就是'通常理解'。科学不同于交易，不允许违背事物的本质对相关问题作出任意的解释，对于一个科学术语，绝对不存在可以作出两种以上合理解释的可能性"②。

另外，在保险实务中，保险合同经常会对"专业术语"在保险合同中予以解释（保险合同的解释条款），如果保险合同的解释与专业术语所述行业的通常理解之专业含义有所不同，则可能发生解释歧义的问题，为消除歧义就有适用不利解释原则或方法之必要。在此情形下，如果要适用保险合同的解释条款，应先确定该解释条款的效力；否则，应当对保险合同的解释条款所涉及的语言文字或术语的意思，按照通常理解进行解释。

例如，有学者提出，"杨树岭案中，在签订的保险合同的第四部分第 25 条规定：'家庭成员包括被保险人的直系血亲和在一起共同生活的其他亲属。'该规定系保险合同中的解释条款，该条款专门解释了'家庭成员'这一名词含义。保险公司制定解释条款的行为并无不当之处，但是其制定的条款是否有效，还需要进一步分析。该'家庭成员'条款属于保险人单方制定的解释条款。根据《保险法》第 17 条规定保险人责任免除条款的保险人明确说明义务要求，未明确说明的该条款无效。平安保险宝坻支公司虽然在涉案机动车辆第三者责任险保险合同文本中以黑体字提示了解释条款，但仅是尽到了提醒投保人注意的义务，根据本案事实、证据，不能认定平安保险宝坻支公司已经履行了就该条款的概念、内容及其法律后果等以书面或者口头形式向投保人或其代理人作出解释，以使投保人明了该条款的真实含义和法律后果的明确说明义务。因此，该解释条款不具有法律效力，而依据《保险法》第 30 条前段规定，'采用保险人提

---

① 参见李玉泉主编《保险法学》，高等教育出版社 2005 年版，第 180 页。
② 参见刘建勋《新保险法经典、疑难案例判解》，法律出版社 2010 年版，第 121 页。

供的格式条款订立的保险合同，保险人与投保人、被保险人或者受益人对合同条款有争议的，应当按照通常理解予以解释'"。①

进行文义解释时，应当尊重保险合同条款所用词句的语义，如果保险合同的条款所用文字并无歧义，不能借助解释来扩大或者缩小保险合同所用词句的可能语义。保险合同所用词句的语义是否清楚，也是需要进行判断的。判断保险合同所用词句的语义是否有争议，应当以普通人的立场进行判断，即以一个在法律方面或者在保险业方面没有受过训练的人的立场对保险合同所用词句的语义进行判断。通常而言，进行文义解释时应当注意以下三点：第一，保险合同所用文字，应当按其所具有的通俗语义进行解释，不得局限于保险合同用语的哲学或者科学上的语义。第二，除非有强有力的其他解释，保险合同用语应当按其表面语义或者自然语义进行解释。第三，保险合同所使用的法律术语或者其他专用术语，应当按照该等术语所特有的意义进行解释。另外，依照保险惯例，批注、加贴或者附加条款和保险合同的原有条款有相同的效果，而且批注、加贴或者附加条款和保险合同的原有条款发生冲突时，保险合同的批注、加贴或者附加条款居优先地位。② 尤其是，保险合同因为批注或者加贴批单而致其内容发生冲突时，以手写批注优于打字批注、打字批注优于加贴批单、加贴批单优于基本条款、旁注附加优于正文附加的顺序，明确居优先顺序的条款后再进行文义解释。保险合同中使用的数字不一致或者有冲突，在文义解释时，大写的数字优于阿拉伯数字。③

三 保险合同的整体解释

整体解释，是指结合保险合同中有关联的条款或者全部条款、这些条款所使用的语言文字以及其相互间的逻辑联系，以释明有争议的保险合同内容的方法。当保险合同的内容不明确而有解释的必要时，除合同所用词句外，其内容通常与保险合同的其他条款或者全部条款有关；尤其是保险

---

① 闫海、薛莉：《论保险合同格式条款的解释体系——基于杨树岭案的新释》，《哈尔滨师范大学社会科学学报》2011 年第 4 期。

② 参见刘信业《保险合同的解释问题研究》，《河南金融管理干部学院学报》2006 年第 5 期。

③ 参见常敏《保险法学》，法律出版社 2012 年版，第 112 页。

合同所用词句的含义，更经常地受到保险合同条款上下文的约束。仅孤立地分析、推断内容不明确的合同条款本身，往往难以释明保险合同的内容。

有观点认为，在解释合同时应把全部合同条款和构成部分看作一个相互衔接、具有严密逻辑性的统一整体。合同的全部条款可以相互解释，以便确定每一条款在整个合同中的含义，不得仅注意或偏重于某一特定条款、断章取义，而应从合同的全部内容和合同的总体联系去理解分析和确认有关争议条款的含义。① 有学者认为，整体解释，是指对保险合同的全部条款作相互解释，以确定当事人约定合同条款的真实意图的解释方法。我国《合同法》第 125 条要求应当按照合同所使用的词句、合同的有关条款解释有争议的合同条款。这就是说，不能孤立地解释发生争议的合同条款，合同条款相互间具有紧密的联系，解释有争议的合同条款，必须考虑其他合同条款的规定。② 还有观点认为，整体解释原则就是依据有争议条款在整个保险合同中的位置以及从上下文的意思整体连贯性来把握当事人的真实意图，它追求的是合同解释的整体性、逻辑性。③

保险合同的结构复杂和专业性较强，权利义务关系的构造相对于普通合同而言更具有神秘性。在许多场合，保险合同的内容之理解有争议，并不单纯是其所用语言文字的理解问题，而是对保险合同的条款或者条款相互间的关系之理解问题，整体解释对于探求保险合同的条款之当事人的真实意思，意义更加显著。有学者认为，整体解释可以更加客观地释明保险合同的内容。整体解释，经常被用于释明保险合同所用的词句，依照有争议的词句在保险合同条款中的位置，结合该条款的上下文对有争议的词句予以解释。例如，保险合同中对于"不保财产"约定如下："金银、珠宝、玉器、首饰、古玩、古书、古画、邮票、艺术品、稀有金属和其他珍贵财物。"究竟什么样的财物可以解释为"其他珍贵财物"？这时应当结合前文所列举的珍贵财物的种类作出解释：与前文所列举的珍贵财物同类

---

① 参见张世增《如何正确理解和适用保险合同的解释原则——完善我国保险合同解释制度的一点建议》，《河北法学》2003 年第 3 期。

② 参见邹海林《保险法教程》（修订第二版），首都经济贸易大学出版社 2004 年版，第 132 页。

③ 参见刘信业《保险合同的解释问题研究》，《河南金融管理干部学院学报》2006 年第 5 期。

的财物，属于"其他珍贵财物"；非同类的财物即使珍贵，也不属于"其他珍贵财物"。[①]

保险合同的整体解释，理论上又被称为体系解释。另外，还有理论上所讨论的"上下文解释"方法，则为保险合同的整体解释的具体运用。

四 保险合同的目的解释

一般认为，目的解释是指保险合同的解释应当符合当事人订立保险合同的目的。合同目的可以区分为抽象目的和具体目的，前者是指当事人订立合同时所具有的使合同有效的目的，后者则指当事人订立合同所欲达成的具体的私法上的效果。在保险合同的条款文义清楚的情形下，应当遵照当事人所用文义解释当事人订立合同的真实意图，不能借口目的解释而对保险合同的内容作任意推测，从而曲解当事人的真实意思。

需要说明，目的解释最为重要的作用，是对保险合同的内容作有利于实现合同目的的有效解释。有学者认为，保险合同的条款有无效的危险时，除非违反社会公共利益或者法律的强制性规定，应当基于保险合同"分散危险、消化损失"的基本目的，将相关条款解释为有效。[②] 在保险法理论上，我国学者对于保险合同的目的解释，尤其是目的解释在保险实务中的应用尚未展开有深度的研究。

我们注意到，有学者对保险合同的目的解释作了相应的实证分析。例如，有论者就下述案件所涉及的保险合同条款的解释，从目的解释的维度进行了分析。争议保险合同的条款有如下规定："保险车辆发生责任范围内的损失应当由第三方负赔偿责任的，被保险人应当向第三人索赔。如果第三方不予支持，被保险人应提起诉讼。在被保险人提起诉讼后，保险人根据被保险人提出的书面赔偿要求，应按照保险合同予以赔偿……"在发生保险事故后，被保险人向第三人提起了诉讼，并向保险公司索赔；保险公司认为合同条款所称"诉讼"并非仅指被保险人起诉，还应当包括法院对赔偿事项做出生效判决，在法院判决第三人赔偿被保险人之前，保险公司没有义务向被保险人按照保险合同予以赔偿。该论者认为，"由于'诉讼'这一说法本身含糊不清，或者仅指提起诉讼，或者还包括法院做

---

① 参见常敏《保险法学》，法律出版社 2012 年版，第 112—113 页。
② 同上书，第 113 页。

出判决，因此，对该条款不能适用文义解释原则，而只能通过该条款的文义表达来探究当事人订立合同时的真实意思，即运用目的解释原则分析和判断其真实含义。"该论者特别提出，"本案中，投保人和保险公司对'诉讼'理解的分歧需要通过探究合同目的来解决。但是，由于双方订立合同时的具体的经济目的不同，保险公司的目的是尽量减少或降低赔偿的可能性和赔偿数额，因此其对'诉讼'的理解是法院就赔偿事项做出生效的判决；而投保人的经济目的是在因第三人的原因造成投保人车辆损害时，及时获得保险赔偿，因此其对'诉讼'的理解是向法院提起诉讼，而不必等到法院做出判决。这种因合同目的不同而导致的对合同条款的理解的差异，只能通过理性第三人对合同目的的理解来确定。而一个无利害关系理性之人在缔约环境下对'诉讼'含义的一般理解为投保人向法院提起诉讼后即有权要求保险公司理赔，因为该交通事故的责任方已经经过公安机关的认定，公安机关的认定已使该事故纳入保险责任范围之内，因此，只要投保人提起诉讼，就应当认为满足本案中的'诉讼'要件"①。

以上实证分析，当属我国保险法理论对目的解释适用于保险合同解释的有益尝试。该实证分析，如果是为了说明目的解释具有印证文义解释结果是否正确的作用，以增强文义解释的合理性或说服力，还是可以接受的。但是，该实证分析忽略对争议保险合同的条款作文义解释，并认为"该条款不能适用文义解释"，直接对当事人就"诉讼"所发生的理解差异进行目的解释，就让人难以理解了。这是否表明我国学者以及司法实务在保险合同的解释过程中尚缺乏运用目的解释的足够经验？对于上述争议案件而言，"诉讼"为法律专业术语，并非文义不清；而且保险条款白纸黑字已经写明"提起诉讼"，按照保险合同所用"提起诉讼"的文字的"通常理解"，当然不含"法院做出生效判决"的意思，文义解释就足以对涉案保险条款的不同理解作出符合当事人意图的解释，根本没有适用目的解释的余地。顺便说一句，目的解释是要将复杂的解释问题简单化，而不是将原本简单的解释问题复杂化。以上实证分析所用目的解释，客观上使得原本简单的问题复杂化了。

---

① 参见吴庆宝主编《保险诉讼原理与判例》，人民法院出版社 2005 年版，第 19—20、23 页。

五 保险合同的补充解释

保险合同的补充解释，是指利用法律规定、习惯、诚实信用原则、公平原则等价值判断要素，对保险合同有所欠缺的内容作出能够反映当事人意图的解释方法。一般认为，保险合同的解释应当遵循合同法上的合同解释原则和方法。故文义解释、整体解释以及目的解释均被反复提及。但在解释保险合同的条款时，按照交易习惯、诚实信用原则等来确定当事人真实意思的解释方法，如习惯解释方法、诚信解释方法、利益衡量方法等，也不容忽视。保险合同的补充解释，是对保险合同的条款进行文义解释的补强，或者说是确定保险合同中的内容有所欠缺的条款之真实意思的文义解释的辅助。例如，有观点认为，在保险合同的约定有遗漏或不完整时，当事人的意图仅依照保险合同的条款难以确定的，可以借助法律的规定、商业习惯、国际惯例以及诚实信用原则或公平原则等，补充保险合同的内容欠缺，以探明合同当事人的真实意图。①

有学者认为，习惯解释，是将保险行业的习惯和惯例作为解释合同条款的标准和依据。但是，保险行业习惯或者惯例的形成，为习惯解释的基础。认定和判断保险行业习惯或惯例，应以保险行业得到公认和认同的习惯做法为基准，例如保险同业间在长期业务实践中所形成的共同约定的条款（行业条款）。② 也有学者提出，"当文义解释和整体解释都先后适用受挫时，我们应当尊重保险合同当事人普遍接受的、长期的、反复实践的行为规则，即按照习惯和惯例解释原则进行解释。利用交易习惯来确定合同含义，弥补合同内容遗漏，已成为世界各国公认的解释原则"③。还有学者认为，保险合同是专业性非常强的商业合同，保险商业惯例很难在合同中——列出，其具有不成文性的特性。有限、谨慎地运用保险商业习惯解释，可以有效地弥补保险合同的漏洞，利用习惯解释原则也是一条寻找

---

① 参见常敏《保险法学》，法律出版社 2012 年版，第 113 页。

② 参见吴庆宝主编《保险诉讼原理和判例》，人民法院出版社 2005 年版，第 33—34 页。

③ 刘信业：《保险合同的解释问题研究》，《河南金融管理干部学院学报》2006 年第 5 期。

通常解释的途径。①

　　也有观点认为，诚实信用是市场经济的道德规则，它要求人们在市场活动中讲求信用、信守诺言、诚实无欺，在不损害他人及社会利益的前提下追求自己的利益。用诚实信用原则解释合同，符合当事人的本意和法律的基本要求，与探求当事人真意原则在本质上是统一的。诚实信用原则作为解释、补充、评价合同的准则，倡导应从兼顾当事人双方利益的立场出发，公正合理地确定合同的内容和含义，采取以客观理性的第三人姿态来理解合同，有助于合同的解释。我国《合同法》第 125 条中也有按照诚实信用原则确定条款真实意图的相关规定，但考虑到适用该原则把握保险合同当事人意图时弹性较大、对法官要求较高，在保险合同解释原则中，其适用位阶较低。②

六　解释保险合同的合理期待原则

　　简言之，对于保险合同的条款之解释，应当满足被保险人的合理期待。说合理期待是原则，不如说其只是一种在极端个案中分配保险合同风险的工具和规则。有学者提出，合理期待原则有别于一般格式条款的解释原则，不再以探究合同当事人的真实意思为要务，而是以被保险人一方的意思（客观的合理期待）作为判断基准去解释合同条款。因此，在适用合理期待原则时，保险合同并不存在语义含糊或者歧义，但保险条款以明示的方式排除了保险人的责任，而投保人依照其常识可以合理地期待保险条款所排除的责任仍属于承保范围的，尽管这种期待与合同条款不符，法官仍可以判决保险人承担。合理期待原则与其称为合同解释方法，不如称为对保险合同进行司法规制的措施。③

　　我国保险法对于保险合同解释的合理期待原则没有任何规定，但众多学者在理论上都十分推崇合理期待原则在保险合同解释中的应用。有学者提出，合理期待原则或规则兴起于美国 20 世纪 70 年代后。合理期待原则

---

　　①　参见闫海、薛莉《论保险合同格式条款的解释体系——基于杨树岭案的新释》，《哈尔滨师范大学社会科学学报》2011 年第 4 期。

　　②　参见刘信业《保险合同的解释问题研究》，《河南金融管理干部学院学报》2006 年第 5 期。

　　③　参见陈百灵《论保险合同解释中的合理期待原则》，《法律适用》2004 年第 7 期。

是指当投保人、被保险人或受益人对保险合同的保障存在客观上合理的期待时，无论保险合同条款是否明确地将所期待的保障排除在外，法院都应当保护该种期待的合同解释原则。① 还有学者认为，合理期待原则"是通过司法审判来限制保险合同，当保险人的限制承保范围或解释保险条款与保险消费者的合理期待不一致时，保险人的行为将不被承认。换言之，如果保险人对保险合同的'专业理解'与被保险人对保险合同的'合理期待'之间产生差距时，应遵循'满足合理期待原则'，作出有利于投保人或被保险人的解释"②。

保险合同的格式化以及保险合同内容的技术性与复杂性，为被保险人的合理期待应受保护提供了理由，合理期待原则同时迎合了法律追求实质公平正义的目标，以促进保险对社会公众利益的保护水平之不断提高。有学者认为，合理期待原则是保护被保险人利益的有力工具。我国的保险业尚处于发展初期，对保险业的监管还存在着诸多的缺陷与不足。保险人常常利用其制度性优越地位来谋取巨额利润。在强大的保险人面前，缺少专业知识与缔约经验的消费者显得软弱可欺，法律的公平正义也显得苍白无力。在这种情况下，"满足被保险人的合理期待"作为一种新兴的法益思潮，体现了优先保护被保险人的立法精神，是值得借鉴的。③ 还有学者认为，合理期待原则在美国的适用虽然遭到了理论界和实务界的褒贬不一，但其作为一项合同解释原则，的确促进了美国保险法理论的完善和保险业的发展。我国保险业起步较晚，但发展迅速，在司法实践中引入合理期待原则有其必要性，亦有其可行性。为了平衡保险消费者在保险交易中的弱势地位，保护保险消费者的合理期待，在对该原则做出必要限制的基础上，应当适时引入合理期待原则。④

合理期待原则毕竟与合同条款的解释之固有理念发生冲突，故将之适

① 参见梁鹏《保险法合理期待原则研究》，《国家检察官学院学报》2007 年第 5 期。

② 王林清：《保险法中合理期待原则的产生适用及其局限性》，《保险研究》2009 年第 5 期。

③ 参见孙宏涛《保险合同解释中的合理期待原则探析》，《当代法学》2009 年第 4 期。

④ 参见李书聪《保险法中合理期待原则之辩与思》，《重庆交通大学学报》（社会科学版）2012 年第 3 期。

用于合同的解释环节，应当满足诸多的限制性条件。有学者提出，"合同的本质不过是双方意思表示的一致。而适用合理期待原则绝不能颠覆合同本质的传统理论。必须在有充分理由与依据确认投保人没有或应该没有注意及了解到保险合同中保险范围的文字规定时方能适用。判别标准应从合同的形式与内容两个方面进行考察，再综合考虑投保人阅读的机会、主观努力的状态与理解的可能性。其次，依投保人的缔约目的、意图进行合同解释，并不意味着可以满足投保人的所有意图，哪怕是真实的意图也存在限制。只有一个有理性之人的合理的意图才可以被认可，那些过分的、不符合保险商业运作规律的合同目的则不能视为合同内容。再者，合理期待原则不是用于填补合同漏洞，也不是否定整个保险合同的效力，而一般只是适用于那些不够明显、清楚、明白的保险承保条款。最后，合理期待原则的适用必须慎之又慎"①。

也有学者认为，合理期待原则作为"事后救济机制"，不能为保险消费者的利益提供全程救济；况且，合理期待原则采取弃合同条款于不顾的违逆常规做法，不论保险单文义如何规定，若由保险人承担的危险是被保险人正当而合理的期待，那么被保险人的正当和合理期待就不容被剥夺，被保险人的订约目的亦不容落空。这无异于代替当事人在诉讼阶段重新订立一个新的合同，以"司法权力"重新分配当事人之间的权利义务。当法院援引"合理期待原则"时，不同的法院所依据的条件并不一致，宽严尺度的把握及适用的结果均存在差异，以至于难以预测、存在结果的不确定性。无论保险消费者是否有真实的"合理期待"，合理期待原则被引入合同解释，将提供给他们借诉讼获得理赔的诱因，从而助长诉讼，增加诉讼成本。以上局限性的存在，我国不能盲目引进，而是应当继续深入研究。②

还有学者提出，由于保险合同的射幸性所带来的悬殊的对价特征，决定了传统合同救济方法在特殊情况下不能提供有效救济。为此，在我国目前的司法实践中，不少法院通过不利解释原则的扩张适用对投保人和被保

---

① 陈百灵：《论保险合同解释中的合理期待原则》，《法律适用》2004年第7期。

② 参见王林清《保险法中合理期待原则的产生适用及其局限性》，《保险研究》2009年第5期。

险人提供救济，在实质上是运用了美国保险法上的"合理期待"的法律理念。由于我国保险法并未确立合理期待原则及其适用的条件，造成不利解释原则的滥用，破坏了法律的严肃性和权威性，在一定程度上也损害了保险合同当事人的利益和实质的合同自由与公平正义。美国保险法上的"满足被保险人的合理期待"的法律理念自提出并被不少国家逐渐接受后，目前已发展成为一种全新的格式合同解释原则。"合理期待原则"的产生和存在有其历史背景和理论基础：传统合同救济办法不能对被保险人提供有效救济是合理期待原则产生的直接动因；保险合同为射幸合同，其所具有的悬殊的对价特征是合理期待原则产生的根源。合理期待原则在本质上是公平原则的必然要求和延伸，其法律价值目标是实现合同实质自由和公平正义，在我国目前也有比较广泛的实践基础。我国保险法上应确立合理期待原则，但其适用要在满足传统合同救济方法不能提供有效救济这一前提下受到严格限制。[①]

不论合理期待原则在保护被保险人利益方面具有什么样的作用，实质都是法官对保险合同内容的直接干预，而非对保险合同条款的"解释"。正如有学者所言，"满足被保险人合理期待之法理观念，是通过法官行使自由裁量权时作为一种新兴的保险合同解释规则来加以贯彻并推展开来的。不过，这一规则却突破和超越了传统保险合同的解释规则及其体系，乃至背离了传统合同法的基本思想与法理"[②]。法官在运用合理期待原则时，并不是在对保险合同的条款所具有的意思进行解释，而是在保险合同的条款之外为被保险人的利益保护寻找具有正当性的理据，在为被保险人创设合同没有约定的权利或利益。因此，合理期待原则在个案争议的处理上或许可以为利益极端失衡的被保险人的权益保护提供指引，并由此产生较为显著的效果，但在保险合同的条款解释问题上绝不能夸大合理期待原则的作用。

---

① 参见李利、许崇苗《论在我国保险法上确立合理期待原则》，《保险研究》2011 年第 4 期。

② 樊启荣：《美国保险法上"合理期待原则"评析》，《法商研究》2004 年第 3 期。

第三节 保险格式条款的不利解释

一 不利解释的意义

不利解释,是指对保险合同中的格式条款的理解有歧义时,应当作不利于保险人的解释。不利解释,在学说上又被称为"疑义利益解释"或者"有利解释"。这些不同的称谓只是因为立足点的不同,其内容和适用在学理上并没有区别。

保险合同格式条款的不利解释规则,在我国保险法上作为解释合同的一种特殊方法,起始于《保险法》(1995 年)第 30 条之原则规定。后经《保险法》(2009 年)第 30 条之相对完善,不仅要求对保险合同的格式条款按照通常理解予以解释,而且对不利解释的适用对象和条件作出了相应的限制。不利解释在我国已经发展为解释保险合同格式条款的较为成熟的方法。与此相适应,我国学者 21 世纪以来,对于保险合同的格式条款不利解释的研究也呈现出与时俱进的时代特点。

有学者认为,观《保险法》(2002 年)第 31 条之规定,不难发现其最大的立法缺陷就在于,对保险合同格式条款适用"有利于被保险人和受益人解释"的前提条件和适用范围未作限制性规定,这直接导致了司法实践中部分裁判机关在解释保险合同时,适用不利解释的断章取义和过度偏激,只要在保险合同争议中当事人双方对保险条款发生争议,一律作"有利于被保险人和受益人"的解释,或对保险人作不利的解释。无限制的不利解释规则,不仅直接导致一些涉及保险条款解释的保险合同纠纷案件发生错误裁判,而且还使得上述错误裁判结论更具有一定的迷惑性和隐蔽性。我国《保险法》(2009 年)第 30 条对不利解释的适用条件和范围都作了限制性规定,社会意义和适用价值显著:(1)不利解释的适用对象和范围的限定,可以防止扩张解释保险条款,实现矫正的公平;(2)不利解释的适用前提条件的限定,可以实现法律制度自身对裁判权的有效制约;(3)不利解释规则在重视保护被保险人利益的同时,从制度上和根本上将保持健康稳定的保险市场秩序置于首位,充分体现了法律的公平正义价值。①

二 不利解释的正当性问题

保险合同的格式化,已为保险合同的常态。在保险合同订立时,普遍使用格式条款,限制了投保人订立保险合同的意思表示的自由,同时也妨碍投保人(被保险人)对保险合同的内容之理解,用不利解释方法释明保险合同的格式条款的内容,确实有助于改善投保人订立保险合同时的被动状态,以增强对被保险人或者受益人利益的保护。不利解释是对保险合同当事人之投保人(被保险人)所提供的一种经济利益平衡的事后救济工具,而且事实上发挥着保护被保险人和受益人利益的积极作用。

有学者认为,疑义利益解释原则仅仅为解释保险合同的歧义条款提供了一种手段或者途径,它本身并不能取代合同解释的一般原则,更没有提供解释保险合同的方法;而且,疑义利益解释原则不具有绝对性,不能排除解释合同的一般原则或者方法的适用,对保险合同任意作不利于保险人的解释。疑义利益解释原则所具有的"辅助性原则"的特征,决定了在保险合同的当事人就保险合同的条款产生争议的情况下,保险合同解释原则的正确适用位次为:首先得以适用的应为保险合同的一般解释原则——意图解释原则。从保险单本身及任何附件(例如投保单等)中发现当事人的意图应居于统治地位。在探究当事人的意图时,可以采用隶属于该一般原则的一些辅助规则,如文意解释规则、上下文解释规则以及补充解释规则等。只有在运用意图解释原则以及该原则的相关辅助规则仍不能正确解释保单条款的情况下,疑义利益解释原则的适用方为可能。②

实际上,不利解释原则并没有提供解释合同条款的具体方法,不利解释的适用以解释合同的各种方法(如文义解释或整体解释等)的运用为基础,在用合同解释的方法释明格式条款的内容时,只是因为存在两种以上的解释结论,应选择最有利于被保险人的解释结论作为争议格式条款的当事人真实意思。所以,不利解释原则与其说是格式条款的解释方法,倒

---

① 参见任以顺《论保险合同格式条款的解释原则——兼论新〈保险法〉第三十条之修订价值》,《保险研究》2009 年第 12 期。

② 参见樊启荣《保险合同"疑义利益解释"之解释》,《法商研究》2002 年第 4 期。

不如说是选择正确的合同解释结论（风险分配）的价值判断工具。不利解释的价值判断之正当性基础何在呢？我国学者从不同的角度进行了分析研究，略举若干论点如下。

对于疑义利益解释原则的法理正当性基础，有学者提出，学说上存在的"附和合同说"、"专业技术说"和"弱者保护说"从不同的角度和层面揭示了保险合同疑义利益解释规则的法理依据及其目的，均具有一定的价值和合理性；但"满足合理期待说"不仅不能成为"疑义利益解释规则"的理论基础与法理依据，而且是对"疑义利益解释规则"的背离。因此，保险合同之疑义利益解释规则之基础和目的，系基于保险合同为一种附和合同，保险条款由保险人单方拟定，加之被保险人欠缺保险专业知识，且经济力量相对弱小，为衡平当事人双方的利益，当保险条款的用语有歧义或模糊时，疑义利益解释规则的适用就成为必要。①

对于不利解释方法的运用，如果不特别注意保险合同作为附和合同所具有的自身特点，即保险合同的专业性和技术性，其正当性应受质疑。有观点提出，"保险有其自身特点，即高度的技术性，这使保险合同的解释规则应该与其他附和合同有所区别。保险的技术核心是精算。所谓精算，专指寿险精算，它应用数学、统计学、金融学、保险学及人口学等学科的知识和基本理论，去解决商业保险和社会保障体系中需要精确计算的一些项目，如死亡率的估计、生命表的编制、保险费率的厘定、风险准备金的提取、保单的分红等。保险经营的对象是风险，可以保险的风险必须是净风险（区别于投资或投机风险），具有客观性、不确定性和可测性等特征。精算理论根据概率和大数定律可以估计到在一定时期内，给定投保人群中发生死亡的人数，从而使保险公司计算出保险的风险。同时，精算的前提又是强有力的保险统计，保险统计包括社会有关的信息与保险公司自身的信息等。其中保险合同作为保险的运作工具被保险公司大量使用，各保险公司的保险合同条款成为保险公司的一个重要特点而成为精算工作的一个重要支撑。若裁判者使用'不利解释'规则对保险合同条款进行的解释不同于保险人在计算风险时的解释，且这一种解释被广泛适用于之前生效而又未产生争议的保险合同，这样不但无助于保险纠纷的解决，甚至

---

① 参见樊启荣《保险合同"疑义利益解释"之解释》，《法商研究》2002 年第 4 期。

会引起其他不必要的纠纷，而最为严重的是，它将影响保险公司对风险的计算，动摇保险的基础，以致陷保险公司于困境之中"①。

格式条款的本质所造就的信息不对称以及利益失衡，是不利解释规则得以生成和应用的基础。

有学者认为，"无法否认由保险人单方制作提供的保险条款，在简化缔约手续、减少缔约时间、避免重复劳动、降低交易成本、提高经营效率、平衡消费心理方面为社会做出的贡献，但同时也应当承认，保险条款具有'事先确定性、不可变更性'的特点，保险人在单方拟制保险条款、投保单、保险单等文件时，其内容多对保险人的利益考虑有加，对保险相对人的利益考虑不足，投保人一般又没有修改条款的权利，也不能轻易更改保险单证的内容，而仅能在投保或不投保上作出选择，这可能直接损害投保人与被保险人的利益。尽管目前我国各保险公司制定的保险条款须经'保监会'备案甚或审批，而'保监会'作为国务院的职能部门之一，是代表政府乃至国家利益，但保险人利用拟制条款之便损害投保人或者被保险人利益的可能性依然客观存在，并不因此消除，这难以改变保险条款的本质属性。另外，由于保险相对人通常欠缺必要的保险知识，对保险条款含义的理解不够透彻，当双方发生合同纠纷时必然处于不利地位。因而，投保人、被保险人、受益人一方作为保险相对人与保险人相比，在确定及理解保险合同权利与义务内容方面，通常处于被动的弱者地位。法律是社会关系的调节器。如果我们把《保险法》作为一架调整保险合同关系的天平，要想发挥其积极的、正面的调节作用，就应当在对保险合同格式条款解释的规定中，偏移天平的支点，只有这样操作，方可求得相对平衡。"②

还有观点认为，保险合同相对于一般的商事合同而言，有其特殊性。一般商事合同的双方当事人都是商主体，而保险合同的两方主体并非是完全对等的商主体。即使合同双方均为商主体的保险合同，双方当事人的地位也非完全对等。在保险专业知识和信息的占有量上，双方力量悬殊。保

---

① 苏兆勇：《反思保险合同的解释规则》，载王保树主编《中国商法年刊》（2007），北京大学出版社2008年版。

② 任以顺：《论保险合同格式条款的解释原则——兼论新〈保险法〉第三十条之修订价值》，《保险研究》2009年第12期。

险的专业性比较强，民众对保险的认知程度有限，即使是商主体，对保险基本原理也谈不上了解，对内容繁杂的保险条款缺少专门研究。保险合同中的保险术语繁多、内容复杂，难以理解；合同附件多，相关内容分散在不同地方约定，而不是集中在一起表述，容易误导投保人。综上所述，保险合同中的投保人、被保险人，因风险承受能力较低、信息量占有不对称、合同地位不平等，处于劣势而无法维护其合法权益，属于商事交易中的弱势群体，"不利解释原则"可以通过合理的解释来校正当事人之间利益失衡的天平。①

三　不利解释的对象限于保险格式条款

一般而言，因为格式条款的使用而在保险合同的当事人或关系人之间形成意思不自由、信息不对称以及利益不平衡的现象，利用不利解释以为必要的纠正。所以，不利解释只能适用于格式条款的解释；非格式条款，无不利解释适用的余地。例如，有观点认为，我国《保险法》（2002 年）未区分格式条款和协商条款，均采用有利于被保险人的解释。非格式条款是当事人经过协商达成一致的结果，合同他方对起草者所用合同语言语句有异议，在订立合同过程中即可提出，当事人对条款用语也是共同商议的结果，应共同对此负责。在我国，保险合同通常由保险人起草，表现为格式条款，仅极少数表现为非格式条款，因此通常适用不利于保险人的解释。与格式条款的特点不同，经由个别谈判达成的非格式条款较为充分地反映了投保人和保险人的真实意愿，不利解释原则无适用之余地。我国《保险法》（2002 年）不论格式条款还是非格式条款均适用不利解释的规定，这在一定程度上损害了保险人之利益。②

还有观点认为，不利解释的对象应当为格式条款，且是部分格式条款。首先，在保险合同的格式条款中，有相当一部分是属于由国家保险管理机关如保险监督管理委员会制定的在全国统一适用的基本条款。不利解释原则不能适用于由国家保险管理机关制定，并在全国范围内统一适用的

---

①　参见董桂文、王晓琼《寻求当事人意思自治与合理期待目的之间的平衡——对保险法中不利解释原则的探讨》，《法律适用》2011 年第 11 期。

②　参见程兵、严志凌《论保险合同条款的不利解释原则》，《法学》2004 年第 9 期。

基本保险条款或法定保险条款。其次，保险合同中由于保险标的不同、保险期间不同、保险条件不同等原因，定型化格式条款无法一一涵盖，合同中仍存在一部分由投保人和保险人通过协商确定的非格式条款，就这部分非格式条款，不利解释原则自然不再适用。①

《保险法》（2002年）第30条对于不利解释的适用对象未加限定。经具体分析，有学者提出，"不利解释原则"在我国的立法和司法两个层面，均存在相当严重的问题。从立法上看，保险合同的"不利解释原则"，初见《保险法》（1995年）第30条，后见《保险法》（2002年）第31条，但内容只字未动，均为"对于保险合同的条款，保险人与投保人、被保险人或者受益人有争议时，人民法院或者仲裁机关应当作有利于被保险人和受益人的解释"。以上规定存在的问题主要有：（1）适用前提不当。"不利解释原则"的适用前提是"有争议"。保险人与投保人、被保险人或者受益人，往往处于利益的对立面，对某些合同条款产生争议，是再自然不过的事情。当事人之间的争议，应当通过辨明事实、适用法律来解决，而不能一遇争议，即作对保险人不利的解释。（2）适用过于刚性。只要保险人与投保人、被保险人或者受益人有争议，就"应当"适用"不利解释原则"，法院或仲裁机关没有自由裁量的空间。这样一来，就限制了法院或仲裁机关通过综合运用各种合同解释原则，探求当事人真意的可能。（3）适用范围过宽。未严格限定不利解释原则的适用范围，未将审批的条款和格式条款以外的其他条款排除于不利解释的适用范围之外，导致各种条款均纳入"不利解释原则"的适用范围，这显然对保险人有失公允。我国保险立法的不足必然导致司法的偏颇。《保险法》（2002年）关于不利解释原则的规定过于原则化，表述不够严谨，内容存在疏漏，导致了司法实践中对此原则无条件的种种滥用。② 因此，在我国的保险实务中，不利解释的适用被人为扩大化了，只要被保险人和保险人就保险合同的条款发生争议，不论所争议条款是否为格式条款，甚至不论所争议的条款是否存在歧义，均作不利于保险人的解释。这是对不利解释

---

① 参见刘信业《保险合同的解释问题研究》，《河南金融管理干部学院学报》2006年第5期。

② 参见李寿双、曹志平、郭文昌《从"不利解释原则"看保险生态环境》，《中国保险》2007年第2期。

规则的误用。

我国《保险法》（2009 年）第 30 条明文将不利解释的适用对象限定于"保险人提供的格式条款"。对此，有学者认为，不利解释的适用对象限于保险合同中发生争议的保险格式条款，而非所有的保险合同条款。这就意味着：第一，如果保险合同没有使用保险人提供的保险条款，就不应当作不利解释。第二，保险合同的格式条款有争议的，才可以作不利解释；倘若保险合同当事人对保险条款没有争议，裁判机关不可依照职权去做解释。第三，如果当事人双方发生歧义性解释所针对的内容不属于格式条款，同样也不应当适用不利解释的规定。第四，有权适用不利解释的主体，只能是人民法院或者仲裁机关。①

更有学者认为，有利解释原则的适用对象是格式条款。我国《保险法》（2002 年）第 31 条规定："对于保险合同的条款，保险人与投保人、被保险人或者受益人有争议时，人民法院或者仲裁机关应当作有利于被保险人和受益人的解释。"按照上述规定，有利解释原则适用于保险合同的所有条款，而《保险法》（2009 年）将有利解释原则适用对象的条文表述为"保险人提供的格式条款"。格式条款有别于一般保险合同的条款，因为它不是基于保险双方当事人的自由合意。由此可见，有利解释原则适用的对象应当是由保险人提供的格式条款，而不适用于投保人及其他相对人提供的条款。②

四　不利解释的适用条件

我国学者对于如何适用不利解释原则，从多个方面予以了概括总结。

有学者对不利解释原则的正确适用，提出了以下六点指引：（1）不利解释原则的适用不具有唯一性和排他性，它不能取代或者排除合同解释的一般原则和方法的适用，更不具有绝对性。（2）不利解释原则不具有优先性，其适用应以合同解释的一般原则和其他解释方法的运用为前提和基础。（3）仅对具有争议而引起纠纷的保险合同的条款，才能适用不利

---

① 参见任以顺《论保险合同格式条款的解释原则——兼论新〈保险法〉第三十条之修订价值》，《保险研究》2009 年第 12 期。

② 参见李泓祎《有利解释原则的适用与限制》，《山东社会科学》2011 年第 11 期。

解释原则。（4）经证实的合同当事人的真实意图、经当事人解释已经排除条款的歧义以及经司法解释而不再具有歧义的保险合同用语，都不适用不利解释原则。（5）适用不利解释原则，应当注意适当考虑被保险人的弱势地位，坚持不利解释原则保护弱者的基础。（6）不利解释原则应当仅适用于保险合同中的格式条款。①

有观点具体提出，不利解释原则的适用，应当满足以下五个前提条件：（1）双方当事人对保险合同的条款在理解上产生歧义；（2）依通常理解仍然无法寻找到条款的真实含义或者发现条款的真实意思；（3）不利解释原则仅仅为解释保险合同的歧义条款提供了一种手段或者途径，它本身并不能取代合同解释的一般原则，也不具有绝对性；（4）一切合同解释原则用尽而争议局面仍旧存在；（5）适用于完全由保险人拟定、被保险人不参与任何意见的保险附和性条款。②

还有学者认为，不利解释原则在保险合同所有解释原则中适用位阶最低。运用不利解释原则时应具备以下几个条件：第一，如果保险合同的用语明确、清晰没有歧义，没有解释保险合同的余地，就不能适用不利解释原则，不能做出有利于被保险人的语义解释。第二，如果保险合同有文义不清的条款，但是经当事人的解释而被排除，也不能适用该原则。第三，保险合同用语经过司法解释已经明确不会再产生歧义的，不能再适用该原则。第四，作为保险合同解释的一项特殊原则，不利解释原则只有在适用保险合同的一般解释原则未能解决当事人之间争议的情况下方能得以适用。③

一般而言，保险合同中的格式条款发生争议，按照通常的理解予以解释后，仍有两种以上的意思的，即可适用不利解释规则。不利解释的适用，以格式条款存在歧义为必要。

有学者认为，不利解释原则仅能适用于保险合同有歧义而致使当事人的意图不明确的场合。对于保险合同中文义不清的条款，经当事人的解释

---

① 参见李玉泉主编《保险法学——理论与实务》，高等教育出版社2005年版，第182—183页。
② 参见史鑫蕊《论保险法中"不利解释原则"的适用及其修订》，《河南金融管理干部学院学报》2005年第5期。
③ 参见刘信业《保险合同的解释问题研究》，《河南金融管理干部学院学报》2006年第5期。

而被排除了，没有适用不利解释原则的余地；再者，如果当事人的意图可以通过其他途径予以证实，也不能适用不利解释原则以排除当事人的明示意图。除上述以外，对于保险合同中的用语，经司法解释已经明确而没有歧义的，说明合同条款的用语不存在歧义，不能作有利于被保险人的解释。但是，对于保险合同中的用语，经不同的法院解释，对于相关用语的正确含义、所表达的当事人意图以及由此产生的效果，仍然存在相互冲突的结论，则说明保险合同条款中的用语存在歧义，可以适用不利解释原则。①

有学者认为，有利解释原则适用的一个根本前提，就是保险合同条款的文字存在"疑义"。如果合同文字语义清晰，双方意图明确，尽管当事人事后对保险条款理解发生争议，法院或仲裁机关也不能对此条文进行解释。因此，保险条款的疑义性，就成为不利保险人解释规则的适用前提。根据语言学的理论，语言表达的有限性与人类思维的无限性之间存在着一种天然的矛盾，以及人与人之间客观存在着知识结构和文化程度的差异，因此合同条款存在疑义性，是不可避免的。明确了其适用的前提，接下来就是要确定疑义的判断标准。普通读者标准是最为科学、合理的，它是根据正常的具有合理理解能力的、未经过专业训练的合同阅读者在阅读该合同时，是否对其含义产生歧义来判断。如果具有正常理解能力的第三者对保险合同条款并未看出歧义，即便当事人对相关条款的理解有争议，也应当视为合同条款意思清晰明白，而不能适用有利解释原则。②

还有学者认为，对于保险合同中的格式条款，即使当事人双方对格式条款的解释发生歧义，产生了两种以上的解释，裁判机关及其裁判人员在没有按照通常理解对争议条款予以解释的情况下，是不应当直接适用不利解释规则对争议条款进行解释的。③ 依照上述观点，对于发生争议的格式条款，如果没有按照通常理解对该条款的意思作出释明，不能适用不利解释规则。按照通常理解解释保险合同中的格式条款，仍有两种以上的意思

①　参见邹海林《保险法教程》（修订第二版），首都经济贸易大学出版社 2004年版，第 133 页。

②　参见张儒芳、张胜利《"保险合同的有利解释原则"相关法律问题的探讨》，《上海保险》2006 年第 8 期。

③　参见任以顺《论保险合同格式条款的解释原则——兼论新〈保险法〉第三十条之修订价值》，《保险研究》2009 年第 12 期。

的，则可以适用不利解释规则。另有学者提出，格式条款应首先按照通常理解解释，并应适用《合同法》第 125 条第 1 款之规定，从普通人的角度解释合同的词句和条款，但对于格式条款中的专业术语，如果普通人的理解与词语的专门意义不一致，刑法术语应优先采用，但在其他法律中被另外定义的，刑法术语并不必然优先适用；投保人所处阶层通常不熟悉的术语不能优先适用，当事人双方熟悉该词的专门意义应优先适用；术语的专门含义在保险合同中被明确表述的，或者保险人在履行说明义务时对术语含义已明确说明的，优先适用；术语的专门含义被保险合同明确排除或通过上下文解释被排除的，则不适用。法律有强制性规定的，应按法律规定解释，没有的，借助任意性规范解释。保险惯例为保险人所知晓，无同等议价能力的投保人通常并未经过专业训练，推定其熟知保险惯例必导致强化其弱势地位之恶果，故不应以之解释合同条款；有同等议价能力的投保人在技术上并不处于弱势，保险惯例为其所熟知，应予以参照。①

有观点认为，不利解释的适用应当"穷尽一般解释原则"。这是不利解释原则适用的前提，即对于格式合同的解释，应优先适用普通解释原则，不利解释原则仅仅是格式条款解释的一种补充性规则，在其他解释原则无法确定合同条款含义的情况下方可采用。即对保险合同争议的内容，只有在运用合同的其他解释方法（如文义解释、整体解释、习惯解释、诚实信用解释等）后，仍无法得出确切结论时才适用。对格式条款的理解发生争议时，应首先按"通常理解"予以解释，如果依据文义解释等基本方法，可以消除当事人的理解歧义，就无须再适用不利解释原则。只有存在两种以上合理解释的，才应作出"不利于提供格式条款一方的解释"。②

另有观点认为，有利解释原则的适用前提是通常理解。所谓"通常理解"是指对合同条款含义的解释发生争议时，不应当直接采用合同格式条款提供者对于条文的单方面理解来解释合同，而应当首先按照一般保险合同当事人对于合同条款的一般性理解进行解释。双方当事人对保险条

① 参见程兵、严志凌《论保险合同条款的不利解释原则》，《法学》2004 年第 9 期。

② 参见董桂文、王晓琼《寻求当事人意思自治与合理期待目的之间的平衡——对保险法中不利解释原则的探讨》，《法律适用》2011 年第 11 期。

款的争议一般包括两种情形：一是可以对争议的条款作出两种或者两种以上合理的解释，即合同条款存在多种解释；二是合同条款在表述上很难甚至无法让一般人明确其真实含义，即合同条款内容含混不清。对于前一种情形，应当直接适用有利解释原则，作出有利于投保人而不利于保险人的解释；对于后一种情形，应当根据《合同法》第125条规定的"通常理解"方式——文义解释、体系解释、目的解释、习惯解释以及诚信解释——进行解释，只有在穷尽上述五种解释方式仍然存在歧义时，才能进行"有利解释"。因此，"通常理解"应是优先于"有利解释"的保险合同条款之解释方法。①

五 不利解释的适用例外

不利解释适用于保险合同的格式条款，且以格式条款产生歧义作为适用条件。但是，具有歧义的保险合同格式条款，是否都应当适用不利解释？我国保险法对于有歧义的格式条款不适用不利解释的情形未有任何规定，但学者对此仍表现出了研究的浓厚兴趣。例如，有学者提出，我国保险法所确立的保险合同不利解释规则无疑值得肯定。但是，保险合同是一种特殊的格式合同，它是建立在保险精算和保障社会安全利益的基础上的，保险合同双方当事人对某项条款内容理解有歧义时，一律作不利于保险人而有利于被保险人的解释，那么在很多情况下会造成保险的社会价值难以实现，甚至会对保险业以及社发展造成消极影响。因而，在解释保险合同时，应该对不利解释的适用范围和前提作"限缩性解释"。② 关于不利解释的适用例外，主要有两种观点。

第一种观点认为，由国家保险监督管理机构制定的保险合同格式条款，如基本保险条款，不适用不利解释。例如，有学者认为，当保险监督管理机构依法制定商业保险的主要险种的基本保险费率和基本保险条款时，这些条款和费率并非保险人预先拟定的格式条款，对于这样的条款，在发生争议时，作有利于被保险人或受益人的解释，对保险人来说是不公

---

① 参见李泓祎《有利解释原则的适用与限制》，《山东社会科学》2011年第11期。

② 参见刘文宇《论保险合同的解释方法》，《行政与法》2004年第4期。

平的，故不能适用不利解释规则。① 当基本保险条款发生歧义或者文义不清时，应当由保险监督管理机构依照法律、基本保险条款所用语言文字、制定基本保险条款的目的作出公正的解释，不适用不利解释原则。②

有观点认为，基本保险条款不同于保险人事先拟定的保险条款，不论保险人是否将其插入保险合同，保险人均不能变更基本保险条款。因此，依照基本保险条款签订的保险合同，与纯粹作为附和合同的保险合同不具有等同的意义，在发生歧义或者文义不清的争议时，应当由国家保险管理机关，或在发生诉讼时由司法机关，依照法律、基本保险条款所使用的语言文字、制定基本保险条款的目的作出公正的解释，不应当适用不利解释原则。③ 还有观点认为，对于保险监督管理机构制定的法定条款而言，该条款制定的本意是由政府对保险人和保险相对人的利益进行一种合理的分配，条款内容所体现的双方权利义务关系实质是国家期望保险可以达到的一种理想模式，即被保险人的风险得到充分的转嫁、保险公司不断发展壮大、社会稳定繁荣的多赢局面。因此，如果对该条款仍然适用有利解释原则，就将增加保险人负担，破坏了法定条款所力图构建的理想模式，有违政府制定法定条款的初衷。④

另有观点认为，"在保险合同的格式条款中，有相当一部分是属于由国家保险管理机关如保监会制订的在全国统一适用的基本条款。不利解释原则是否可以适用于由国家保险管理机关制订，并在全国范围内统一适用的基本保险条款或法定保险条款呢？""尽管在签订保险合同时，保险人处于相对优势地位，但是保险法以及国家保险管理机关在制订基本保险条款的时候已经考虑了这一问题。另外，人们在私法观念上，出现了以个人本位向社会本位过渡，即主张个人在行使权利的时候，应当意识到同时负有增进社会福利、巩固国家安全和维护社会公共秩序的任务。而在保险当事人中，保险人为累积资金，为社会主义市场经济的稳定发展发挥了巨大

---

① 参见李玉泉《保险法》（第二版），法律出版社 2003 年版，第 169 页。
② 参见邹海林《保险法教程》，首都经济贸易大学出版社 2002 年版，第 131 页。
③ 参见吴庆宝《保险合同案件应适用不利解释原则——对一起因自杀引起的保险索赔纠纷案件的分析》，《人民司法》2002 年第 6 期。
④ 参见张儒芳、张胜利《"保险合同的有利解释原则"相关法律问题的探讨》，《上海保险》2006 年第 8 期。

的作用。因此从这个意义上说，对保险合同基本条款发生争议时，不应一味采用不利解释原则。"①

也有学者认为，由保险监管机构制定的法定保险条款，合同双方都不是该条款的制定者，而仅为规范的执行者。法定条款的制定是政府对保险人和保险相对人的利益进行的一种合理分配，同时也是政府调控保险市场的手段。法定保险条款发生歧义或者文义不清时，应当由保险监管机构做出公正的解释，不应当适用疑义利益解释原则。如果对法定保险条款仍然适用疑义利益解释原则，就会损害立法的严肃性，破坏法定条款所力图构建的理想模式，有违政府制定法定条款的初衷。②

对于上述观点，也有学者表达了不同意见。例如，有学者认为，《保险法》（1995 年）第 30 条所确立的疑义利益解释规则在性质上是一种对保险合同附和性的司法规制手段，属一种事后的司法救济机制；而《保险法》（1995 年）第 106 条则通过立法授权金融监督管理部门制定基本保险条款和审查非基本保险条款，在性质上属于一种针对保险合同附和性的行政规制手段，通过行政主管机关的公正立场制定公平合理的基本保险条款以及对保险人拟定非基本条款的审查以排除不合理内容，实现保护被保险人利益之目的，属于一种事前的行政控制机制。国家保险管理机关在制订基本保险条款时，出于有效规范保险活动和维护被保险人和受益人利益的目的，一般均会对格式保单中不合理的条款加以修改，但由于这一修改过程并无被保险人的参与，因此经由格式保单条款修正而来的基本保险条款仍旧体现了保险人的利益。基本保险条款未从根本上改变被保险人所处的弱势地位，因此按照疑义利益解释原则的创立本旨，在保险人和被保险人因基本保险条款"模糊不清"而产生争议的情况下，该原则仍有适用的必要。③

还有学者认为，依照我国《保险法》（2002 年）第 107 条的规定，保险监督管理机构不再负责制定商业保险的主要险种的基本条款和保险费

---

① 刘信业：《保险合同的解释问题研究》，《河南金融管理干部学院学报》2006年第 5 期。

② 参见李秀芬《论保险合同疑义利益解释原则》，《法学论坛》2008 年第 1 期。

③ 参见樊启荣《保险合同"疑义利益解释"之解释》，《法商研究》2002 年第4 期。

率，仅对保险人拟定的某些保险条款和保险费率进行审批，有的仅为备案，保险人成为保险合同的真正起草者，享有了起草者的权利，同样也应承担相应的义务和制作格式条款的法律后果。虽然，在理论和法律上，保险监督管理机构在审批有关保险人起草的保险条款时有义务对不公平的保险条款不予审批以规范保险活动和保护投保方利益，但在理论和法律与现实之间存在差距。保险监管部门可能会因过失甚至基于其和保险人的密切关系而故意偏袒、审批不公平的保险条款。若此，如排斥不利解释原则，则使被保险人失去法律救济，为规范保险活动和保护投保方利益的审批制度反成为保险人利用模糊用语损害投保方权益的保护伞。而且，《保险法》（2002 年）针对保险合同为格式合同而规定不利解释，是在保险合同订立后对处于弱势地位的被保险人和受益人进行的司法救济，而条款的行政审批则是针对保险合同为格式合同，为保护投保人利益和规制不当竞争而于保险合同订立前进行的行政规制，二者均为保护投保方利益的有效手段，并无冲突。①

更有观点提出，我国《保险法》（1995 年）第 106 条规定：商业保险的主要险种的基本保险条款和保险费率，由金融监督管理部门制定。旧法是在我国当时保险市场不完善、保险公司缺乏经验的条件下，立法者不得已才授权金融监督管理部门制定基本保险条款。这造成了我国《保险法》（1995 年）第 30 条不利解释原则和第 106 条之间的冲突，导致了保险人权利与义务的错位。因为保险人并不是保险合同条款之真正草拟人，并未真正享有条款起草人之权利，但其却要履行起草人的义务并承担起草人的法律后果，这显然是有失公平的。因此当时对于保险基本条款是否适用不利解释原则产生了两种截然相反的说法，有的认为适用，有的认为不适用。然而这种争论在我国《保险法》（2002 年）规定基本保险条款的审批和备案制度后就应当停止了。在这种制度下，保险人已经成为了保险合同基本条款的真正制定者，当基本条款的内容产生歧义且同时满足不利解释原则适用基本前提时，应作不利于保险人之解释。②

---

① 参见程兵、严志凌《论保险合同条款的不利解释原则》，《法学》2004 年第 9 期。

② 参见史鑫蕊《论保险法中"不利解释原则"的适用及其修订》，《河南金融管理干部学院学报》2005 年第 5 期。

第二种观点认为，当保险合同的当事人双方为商事主体，或者投保人（被保险人）并非法律拟制的弱者时，保险合同中的格式条款发生歧义，不能适用不利解释规则。例如，有学者明确提出，不利解释原则不适用于再保险合同中的格式条款的解释。"不利解释方法具有其功能价值，即适应保险合同格式化的常态，以保护经济上的弱者即被保险人或者受益人的利益，成为消除保险合同的格式条款歧义的一个工具。假如投保人并非立法者想象的经济上的弱者，而是一个拥有巨大市场份额并富有经营之道的企业，不利解释方法的适用将不再有保护经济上弱者的基础，此时仍然利用不利解释方法来释明保险合同的内容，其妥当性应当受到质疑。例如，再保险合同的投保人与保险人，均为保险公司，在法律上视其专业水准和认知能力相当或相同，其对保险合同的条款或内容具有充分的判断力，合同条款有歧义时，仍然作不利于保险人的解释的，理由并不充分。所以，不利解释方法不能用以解释再保险合同的条款或内容。"①

有学者认为，"因为疑义利益解释原则被设计来对附意合同的当事人拥有迥然不同的谈判实力这一状况进行补救，该原则并未被扩展至对拥有相同谈判实力的当事人提供保护，并且法院将拒绝这样做。在保险人和被保险人的谈判实力不存在巨大差异的情况下，双方签订的保险合同并非附意合同，由此疑义利益解释原则将无法适用。""由于疑义利益解释原则是为了适应合同格式化的趋势，以保护经济上的弱者利益为目的而发展起来的合同条款解释原则，因此在审判实践中，根据保险人和被保险人交易实力的强弱决定疑义利益解释原则的适用与否，应当是该原则的内在要求。如果被保险人的交易实力与保险人相当，被保险人即不属于'经济上的弱者'，疑义利益解释原则即不应对其适用。"②

还有学者认为，对于双方商行为产生的保险合同，即保险合同的当事人均为商事主体时，这一类型的保险合同的最大特点在于合同的当事人都是具有丰富交易经验的商事主体，尽管投保人与保险人的经济实力、信息上并非完全等同，但是由于长期的交易往来，投保人对于其订立的保险合同的各个条款都具有充分的认识，而且这种认识与保险人的认识应该是一

① 常敏：《保险法学》，法律出版社 2012 年版，第 114 页。
② 樊启荣：《保险合同"疑义利益解释"之解释》，《法商研究》2002 年第 4 期。

致的，因为在长期的交易过程中，双方已经形成了一种共识，或者称为交易习惯，若是双方对于保险合同的某一条款有不同解释时，一般情况下，根据交易习惯一定可以找出合理的解释，而无须借助其他规则。在这里我们无须引入附和合同的特殊解释规则，譬如"不利解释"原则，因为没有任何附和合同存在。对于双方商行为产生的保险合同，应以一个富有交易经验的、谨慎的商人作为标准，并参考相关的保险交易习惯，包括保险合同当事人之间的交易习惯，保险人与其他投保人之间的交易习惯，投保人与其他保险人之间的交易习惯以及其他保险人与其他投保人之间的交易习惯，以考察合同条款的含义，解释歧义条款。①

更有学者认为，有利解释原则仅适用于保险相对人为社会一般保险相对人的场合，当保险相对人的地位发生变化时，不能当然地适用该原则。在保险实践中，保险相对人有时是较有规模、经验丰富且具有与保险人业务水准相当的公司，或者是由专业保险中介以公正第三人的身份代理投保，保险双方当事人对合同格式条款的理解和判断能力不存在过于悬殊的差距，在洽商过程中，保险人很难将事先拟订的格式条款强加给投保人。无论保险人与何人订立保险合同，格式条款都会存在，这是保险行业特殊性的表现之一。格式合同对于保险业的发展具有一定的积极意义，有利解释原则的价值在于当争议发生时平衡当事人双方利益，偏重于任何一方都有悖有利解释原则的初衷。②

我国学者从不同的角度或侧面对不利解释适用的例外进行了富有成效的分析研究，但相关理论研究尚未达成共识，我国的保险实务亦未对此有积极的回应。

---

① 参见苏兆勇《反思保险合同的解释规则》，载王保树主编《中国商法年刊》(2007)，北京大学出版社 2008 年版。

② 参见李泓祎《有利解释原则的适用与限制》，《山东社会科学》2011 年第 11 期。

第十一章

保险代位权论

第一节　保险代位权的立论基础

一　保险代位权的定义

保险代位权，是指保险人享有的、代位行使被保险人对造成保险标的损害而负有赔偿责任的第三人的赔偿请求权的权利。有学者将保险代位权，又称为保险代位求偿权，是指"在财产保险合同中，保险人赔偿被保险人的损失后，所取得的被保险人享有的依法向负有民事赔偿责任的第三者请求赔偿的权利"。①

在保险法理论上，保险代位权适用于财产保险并无任何疑问。但若更加准确地说，保险代位权是财产损失保险的专有制度，随着财产损失保险向其他以财产利益为保险标的之财产保险的扩张与发展，保险代位权才逐步扩展适用于其他财产保险。有学者认为，保险代位权为财产损失保险的专有制度，也是与财产损失保险具有相同属性的填补损失的保险（诸如责任保险、保证保险和信用保险）所专有的制度。② 这种区分性的认识是有重要意义的，因为保险代位权在这些具有不同特征的财产保险中的适用，是存在区别的。

关于保险代位权的发生根据，有学者认为我国保险法采取当然代位主义。当发生向第三人求偿的保险赔案时，保险人按照合同约定履行了对被

---

① 李玉泉：《保险法》（第二版），法律出版社 2003 年版，第 228 页。

② 参见邹海林《保险法教程》（修订第二版），首都经济贸易大学出版社 2004 年版，第 119 页。

保险人的赔偿后，保险人当然取得代位求偿权。因为依照我国保险法的相关规定，只要保险人支付了保险赔偿金，就自然取得向第三人请求赔偿的权利，无须被保险人同意。在我国的保险业务中，保险人在支付赔款的同时往往要求被保险人签发权益转让书，这只具有事实上的证明作用，被保险人是否签发权益转让书，不影响保险人取得保险代位权。① 还有学者认为，"保险代位权为保险人享有的法定权利，不论保险合同对之是否有所约定，保险人均可依法行使该项权利。保险人的代位权基于法律规定而当然取得，随同保险合同的订立而发生，在保险事故发生时，当然归属于保险人。"② 以上这些内容，都是有关保险代位权的法定化的观点。

因为我国保险法规定有法定代位权，在保险法的理论研究层面或多或少具有排斥约定代位权的倾向。例如，有观点认为，"实务中，因第三人的原因造成保险事故发生后，有时保险人与被保险人私下签订协议约定：被保险人向保险人出具权益转让书，由保险人先向第三人求偿，求偿所得归被保险人，不足部分再由保险人负责赔偿。这种协议和做法，是违背法律规定的"③。事实上，法定代位权的存在，并不妨碍保险人和被保险人就保险代位权的成立、行使的条件与方式另为约定。理论上，保险代位权是被保险人对第三人的赔偿权利向保险人的移转，是赔偿权利的主体地位的"替换"，基于当事人的意思自治即可完成，所以保险人和投保人（被保险人）约定保险代位权的，不受我国保险法有关保险代位权规定的限制。

在我国，人们讨论的保险代位权通常都是法定代位权，即不论保险合同中是否约定有保险代位权，财产保险的保险人对被保险人均有代位向造成损害而负有赔偿责任的第三人求偿的权利。保险代位权的法定化，因为保险法规定的制度设计本身存在一些缺陷，这些缺陷是否会影响法定的保险代位权制度的功能，在我国的保险法理论上还没有展开普遍深入的检讨。2003 年，有观点对保险代位权在我国的法定化提出了质疑，但可惜

---

① 参见李玉泉《保险法》（第二版），法律出版社 2003 年版，第 231 页；温世扬主编：《保险法》，法律出版社 2003 年版，第 203 页。

② 邹海林：《保险法教程》（修订第二版），首都经济贸易大学出版社 2004 年版，第 120 页。

③ 李玉泉：《保险法》（第二版），法律出版社 2003 年版，第 232 页。

的是这场讨论并没有深入下去。

有学者认为，保险代位权为法定权利的定位，一方面有违民法理论中债权转移的原则，破坏了当事人权利行使的自由；另一方面也在事实上取消了保险这一行为的价值，使保险合同失去了意义，保险的功能大打折扣。而最终受益的不是被保险人，而是保险人。保险代位权的法定性，使保险代位权蒙上了"不当性"的色彩。法律规定在保险人按保险合同给付被保险人赔偿金后，将被保险人对第三人债权请求权转移给保险人行使，这种强制转移的合理性有多大不无疑问。保险代位权不应该是保险人的法定权利，相反，它只能由当事人约定。即使法律明文规定，也不应视为是强行性的规定，当事人可以协议排除适用。①

关于保险代位权的发生根据，也有学者将视角予以扩大，不再局限于保险法规定的"保险代位权"，认为依照保险代位权发生的根据的不同，可以区分为约定代位权和法定代位权。"法定代位权是指保险人依照法律规定享有的代为行使被保险人对第三人的求偿权的权利。保险法第60条第1款规定：'因第三者对保险标的的损害而造成保险事故的，保险人自向被保险人赔偿保险金之日起，在赔偿金额范围内代位行使被保险人对第三者请求赔偿的权利。'""约定代位权，是指保险人依照财产损失保险合同的约定享有的代为行使被保险人对第三人的求偿权的权利。约定代位权是保险人主张保险代位权的最为基本的形式，因其内容取决于保险合同的约定而呈现多样性，适用场景和空间很大。"②

或许，我国保险法的理论研究应当对约定代位权和法定代位权做更加深入的分析和实证研究，以期对保险代位权的制度功能予以总体性的评价，才有可能提出改革我国法定的保险代位权制度的创新观点，以推动我国保险代位权的理论发展和实践应用。

二 保险代位权的理论基础

在我国保险法理论上，保险代位权存在的理论基础，通常是从保险代位权具有的功能这个角度展开的。

---

① 参见王占明、焦艳玲《保险代位权法定的初步质疑》，《经济师》2003年第1期。

② 常敏：《保险法学》，法律出版社2012年版，第155页。

依照通说，保险代位权的功能表现为两个方面：其一，实现财产保险的填补损失的原则。保险代位权具有实现财产损失保险的填补损失原则的基本功能。填补损失为财产损失保险的基本原则，无损害即无保险。填补损失原则的本质内容或者核心价值，在于填补被保险人因为保险事故所受到的损失和维护社会公共利益。保险代位权具有防止被保险人获得双重赔付的功能。其二，避免损害赔偿责任人逃脱责任。造成被保险人损害的第三人，最终在经济上有所负担。造成被保险人损害的第三人，仅仅因为被保险人通过保险获得了损失的填补，就可以不对其行为造成的损失后果承担责任，借助被保险人和保险人订立的保险合同而获得本不应当获得的利益，这对被保险人而言是不公正的，对于承担填补损失义务的保险人而言也是不公正的；只是因为被保险人采取了分散危险和消化损失的措施，造成被保险人损失的第三人就可以轻易地不受法律追究而不承担经济上的不利后果，势必形成加害人放任其行为而不利于防范甚至会加重危险的社会混乱局面。保险代位权的存在，使得加害人无法逃脱其应当承担的责任。①

另外还有一种观点认为，保险代位权的存在可以使得保险公司增加利润，提高经营效果，间接影响保险费的降低。从保险代位权行使的效果上看，保险人赔付保险标的之损失后，因为行使保险代位权而取得之利益，对于保险人因为赔付所受之不利益确实有所弥补，对于保险公司增加收入会有帮助。此论点是否可以作为保险代位权的依据，在理论上始终是缺乏实证数据的，而事实上保险公司在精算其保险产品的费率时，并没有将保险代位权（也是一种或然性的要素）作为基准因素加以考虑。保险人因为保险代位权的行使所获得的收益，严格地说是一种意外所得，不属于保险营业的常态。如果将此种观点作为保险代位权的理论基础，实在过于牵强，甚至会引发保险代位权不具有存在正当性的讨论。

当然，在保险法理论上，我国也有不少学者对保险代位权的理论基础提出质疑。例如，有观点认为，从损失补偿的本义上看，它并不包括保险代位的情形。损失补偿原则的适用具有针对性，即它只适用于保险合同双

① 参见陈欣《保险法》，北京大学出版社 2000 年版，第 200 页；邹海林：《保险法教程》，首都经济贸易大学出版社 2002 年版，第 118 页；温世扬主编：《保险法》，法律出版社 2003 年版，第 202—203 页。

方当事人之间，损失补偿原则中的损失指的是保险合同所约定的被保险人的损失，而非保险人的损失。如果将该原则扩大适用于第三人，实际上是在为保险代位权找出一个普遍公认的法理依据，这种做法是值得怀疑的。保险人的代位求偿权的行使，即使有合理依据，它也应更加侧重于被保险人不当利得的禁止，而非填补损失原则。对这一原则任意的扩大适用，不但没有弥补保险代位的种种不合理性，反而使损失补偿原则丧失其本来面目。① 还有观点认为，保险代位权的制度本体应当保留，但其功能定位则是错误的。保险代位权的产生并非基于保险事故发生而使被保险人享有双重请求权，而是以保险人先行赔偿为前提的。如果是为实现这一功能，完全可以通过让被保险人只能就双重请求权择一行使或将第三人责任作为除外不保风险来达到此目的。而且在保险人弃权情形下，被保险人双重获益也不违背保险法的规定。保险代位权可以防止被保险人不当得利，无从谈起。保险代位权源于被保险人对第三人的赔偿请求权，此赔偿请求权属于债权请求权，转移于保险人后，并不发生性质上的变化，保险人支付保险补偿金而取得保险代位权后，可以向第三人请求赔偿，也可以放弃，法律并不强制保险人行使之。保险人放弃保险代位权的，第三人因保险人弃权行为所取得的利益可以对抗任何人。在保险业务的实践中，保险人或因不经济或因第三人欠缺偿付能力而放弃保险代位权的情形屡见不鲜。避免第三人脱责与保险代位权并无必然联系。②

20世纪70年代后，英美法系国家的一些学者对保险代位权的正当性和合理性提出了质疑。这些学者在对保险代位权正当性追问之下，进而对支撑保险代位权的种种理论进行逐一批驳，最后提出了废除保险代位权的口号。这一思潮在20世纪90年代中后期也传到了我国，引起许多学者纷纷发表意见，对我国已确立多年的保险代位权制度进行批驳，甚至发出了废除保险代位权制度的呼声。

针对否定保险代位权的论点，有学者提出，保险代位权作为财产保险的一项基本法律制度，在防止被保险人双重得利、维护社会公平正义方面

---

① 参见王占明、焦艳玲《保险代位权法定的初步质疑》，《经济师》2003年第1期。

② 参见孙积禄《保险代位权研究》，《法律科学》（西北政法学院学报）2003年第3期。

具有十分积极的意义。理论上质疑保险代位权存在的合理性和正当性，并提出废除保险代位权的口号，颇有新颖性和建设性，但在论证上却欠缺周延。更重要的是，保险代位权危机论所要引起的不仅是保险法内部的重大变革，而且对侵权法会造成巨大的冲击，其影响非同小可。保险代位制度已经深深融入保险法中，保险代位权的性质、损害填补原则、民事惩罚的理论、保护投保人利益等有关代位权的理论基础，虽经质疑，仍具有合理性。①

另外，应当注意的现象是，我国《保险法》（2009 年）并没有对有关保险代位权的内容作出不同于先前规定的任何实质性变化。这不是立法者"无视"我国学者有关保险代位权的争议，而是保险代位权在我国目前阶段并没有对保险业的发展和社会经济生活秩序产生消极影响。所以，理论上有关保险代位权的争议，并没有真正触动保险代位权赖以存在的理论基础之正当性或合理性。

三 保险代位权的性质

在我国的保险法理论上，通说认为保险代位权的性质是被保险人对第三人请求权的转移。

有观点认为，保险代位权实质上是一种债权转移，不同于民法上的连带之债的求偿权，也不同于保证关系中的代位权，而是当保险标的因保险责任事故而发生的损失，是因为第三人的侵权或违约行为所致，被保险人即有权向其提出赔偿请求。这就在被保险人和第三人之间形成损害赔偿关系，同时也产生被保险人和保险人之间的保险赔偿关系。被保险人的债权因为保险补偿获得实现，其对第三人的债权并不因此而消灭，应当转让给保险人，保险人因之替代被保险人而成为该第三人的债权人，债的内容和客体没有发生任何变更。②

也有观点以"保险代位权的从属性"对其加以概括。例如，有学者认为，保险代位权作为保险人依法享有的权利，在性质上完全从属于被保险人对第三人的赔偿请求权。第三人造成保险标的损害而应当承担的赔偿

---

① 参见何丽新、朱明《保险代位权质疑之反思》，《政治与法律》2006 年第 6 期。

② 参见李玉泉《保险法》（第二版），法律出版社 2003 年版，第 229—230 页。

责任，或为侵权责任，或为违约责任，或为法律规定的其他赔偿责任。被保险人对于第三人的损害赔偿请求权，或为侵权损害赔偿请求权，或为违约损害赔偿请求权，或者为法律规定的其他赔偿请求权。被保险人对加害保险标的的第三人享有的赔偿请求权的性质，不会因保险代位权的行使而发生变化。因此，保险人所行使的保险代位权，实际上仍然是被保险人对第三人的赔偿请求权。①

还有观点认为，"保险代位"并非代位权，而是法定的请求权转移。与合同法上的代位权不同，保险人所行使的请求权不是自己的权利，而是依法转移的权利，原属被保险人所有的债权。"保险代位"一词有令人误解之嫌，但碍于保险业长期形成的用语习惯，保险法仍以"代位权"称之。② 应当注意的是，保险代位权原本就不同于民法上的"代位权"，不具有可比性，这是没有疑问的。因为保险人对第三人所行使的权利，不是保险人自己对第三人享有的权利，而是被保险人对第三人享有的权利，保险人仅是依照法律规定或者合同约定，才得以行使被保险人对第三人的权利，在法律现象上表现为一种权利人行使权利的地位之"替换"，故而才称为保险代位权。保险代位权与民法上的"代位权"没有任何制度上的关联。

在近期的研究中，更有学者提出，以英美保险法制度下的"权利的法定代位"理论改造基于"债权的法定移转"而构造的代位权制度，或许是一个理想的选择。保险代位权应当构造成"权利的法定代位"而非"债权的法定移转"。在权利法定代位的构架之下，保险代位权制度的本质乃是在于其代位性，即该制度只是赋予保险人处于被保险人之地位而向第三人主张请求权的权利，而并非将被保险人对于第三人之请求权法定地移转给保险人。保险代位权制度的构造重点主要是保险人行使对于第三人之请求权的结果而非该请求权本身。保险人所能代位行使的绝非仅仅限于被保险人对于第三人的损害赔偿请求权；那些与投保损失存在间接关联的请求权也能被纳入保险代位权的客体范畴，保险代位权之客体一般不再受

---

① 参见邹海林《保险法教程》（修订第二版），首都经济贸易大学出版社 2004 年版，第 120 页。

② 参见上海市高级人民法院课题组《保险代位求偿权纠纷案件的法律适用问题研究》，《法律适用》2011 年第 5 期。

限于"因保险标的的受损或灭失而直接产生"的请求权。即使被保险人对于第三人之请求权的产生并非与投保损失存在直接的关联，但是，只要该请求权有助于减少投保损失并进而防止被保险人获得超额补偿，保险人都应当被赋予代位请求的权利。①

或许应当注意的是，保险人所代位的被保险人之权利，并不限于被保险人对第三人的、与保险标的损失存在直接关联的请求权，这是法定的保险代位权制度的局限性如何克服的问题，如果我们将视角扩大到约定代位权的范畴，这个问题本身就不是问题了。不论如何争议，保险代位权的性质不能脱离被保险人对第三人的请求权之性质，这是保险代位权存在的正当性的核心价值判断。

第二节　保险代位权的适用范围

对于如下的通常表述，在我国保险法理论上似乎并没有什么争议。"损害填补原则是保险的基本原则，保险代位权是损害填补原则的具体表现，因此具有补偿性质的保险都可适用代位权制度。财产保险具有补偿性质，各国立法都规定保险人对于财产保险享有法定的代位求偿权，但人身保险是否能够适用代位权，各国的立法和司法实践有很大的不同。我国保险法把保险代位权制度放在财产保险合同部分规定，表明在我国保险代位权只适用于具有财产保险性质的保险合同。"②

但这并不表明保险代位权的适用范围没有争议。在我国保险法理论上，涉及保险代位权适用范围的争议，主要集中于以下两个方面：其一，保险代位权可否适用于人身保险？其二，保险代位权可否适用于强制责任保险？

一　保险代位权对人身保险的适用

关于保险代位权可否适用于人身保险，有许多不同的观点表达。保险

---

① 参见黄丽娟、杨颖《法定的债权移转之下的保险代位权制度的困境与选择》，《现代法学》2012 年第 3 期。

② 刘恩媛：《论保险代位权的适用范围与法理基础》，《学术交流》2007 年第 7 期。

代位权作为财产保险的专有制度，成为保险代位权能否适用于人身保险的争论的起点，这与保险的分类具有一定的关系。尤其在我国，《保险法》（2002 年）将保险分为人身保险与财产保险，并且专门规定："被保险人因第三者的行为而发生死亡、伤残或者疾病等保险事故的，保险人向被保险人或者受益人给付保险金后，不享有向第三者追偿的权利，但被保险人或者受益人仍有权向第三者请求赔偿。"显然，依照上述规定，保险代位权不适用于人身保险。有观点认为：其一，人身损失的补偿与物质损失的补偿不可同日而语。物质财产的补偿有一定的衡量标准，即补偿至事故发生前的状态即可，并可以金钱价值度量，但人身的补偿是不确定也不可能确定的，因为被保险人也许因疾病、伤害而造成精神损害和预期收益的减损等，不能仅因为二者兼具补偿性质便将保险代位求偿权套用。其二，代位求偿权的一个基本要求是禁止不当得利，但对人身损害的受偿者而言，并不存在不当得利的问题，因为人身损害是难以度量的，即使受害者获得双重赔偿，也无从判明其是否"得利"，更无法探究这种受偿是否"不当"。其三，在由第三人造成人身侵权保险事故时，由此而生的侵权损害赔偿请求权，其行使具有人身上的专属性，不宜移转由保险人行使。因此，在健康保险和伤害保险方面，保险人在支付医疗费用保险金后，无权分享被保险人从侵权行为人处获得的赔偿金。①

但是，随着近年来我国人身保险业的发展，人身保险究竟是"全部"抑或"部分"不适用保险代位的规范，成为困扰保险从业者、保险主管机关、学者以及司法机关的议题。尤其是法院有关保险代位权是否适用于医疗保险的判决结果不一，使得保险从业者无所适从，这已成为我国保险业发展的障碍。②"我国《保险法》全部禁止保险代位规范适用于人身保险合同。然而，人身保险又分为人寿保险、健康保险、人身意外伤害保险与年金保险等，其保险给付基础及其性质，有的属定额给付，有的属损害填补。因此，保险代位规范是否适用于以填补实际损失为承保范围的人身

---

① 参见郭建标《保险代位求偿权若干法律争议问题之探讨》，《法律适用》2011年第 5 期。

② 参见杨华柏总编《保险业法制年度报告（2006）》，法律出版社 2007 年版，第 144—150 页。

保险，争议迭出。"①

因此，在我国保险法理论上，学者普遍认为保险代位权可以有条件地适用于人身保险，绝对禁止保险代位权在人身保险的适用，是没有道理的。

有观点提出，我国保险法将健康保险全部归属为人身保险，没有针对医疗费用保险原本属于损失补偿性合同而就保险代位权的行使作出单独的规定，存在法律漏洞。填补损失原则是财产保险合同理赔时的基本原则之一。根据填补损失原则，被保险人所获得的赔偿不得超过其所受到的损失，被保险人不能因保险关系而取得额外的利益。人身保险不适用填补损失原则，但医疗费用保险除外。医疗费用保险属于损失补偿类合同，因第三者对保险标的损害而造成保险事故的，保险人自向被保险人赔偿保险金之日起，在赔偿金额范围内代位行使被保险人对第三者请求赔偿的权利。所以，应当修改完善我国保险法的相关规定，以从根本上解决医疗费用保险是否适用保险代位权的争议。②

有学者认为，"如不容许对医疗费用等实际物质费用支出适用代位求偿，势必会造成被保险人就同一份物质损失获得双重补偿，从而获得超额利益（在理论上），或者因保险人先行赔付时要收回医疗费用等的原始单据，而又不能代位向第三人追偿，被保险人也因不能出示原始票证无法另行向第三人索偿，从而造成第三人逃脱法律责任（在实务上）。无论上述哪种情形，都与保险法理相悖。因而在人身保险中完全不适用代位求偿并不可取，但要具体区分出哪些险种或某险种的哪些部分具有补偿性从而适用代位求偿，哪些不具有补偿性从而不适用代位求偿，未免既过于复杂又易因认识不同造成处理结果的不公。考虑到人身损失与财产损失的差异，即使某些健康保险或伤害保险合同的目的是仅补偿被保险人所损失的医疗费用，从理论上似可适用代位求偿，但是对于被保险人而言，医疗费用的损失绝非其在保险事故中的损失全部，其因疾病、伤害而带来的精神痛苦等远大于实际的物质损失，也即医疗费用的保险赔付并不足以弥补被保险

---

① 樊启荣:《"人身保险无保险代位规范适用"质疑——我国〈保险法〉第68条规定之妥当性评析》,《法学》2008 年第 1 期。

② 参见刘斌《关于医疗费用保险代位追偿问题的探讨》,《上海保险》2001 年第 8 期。

人的全部损失，因此容许其可以再向责任第三人另行索赔，从总体看实际上并不导致双重得利。有鉴于此，还是将此权利留给被保险人投保时选择为佳，也即保险立法应容许对意外伤害或健康保险合同中涉及的如医疗费用等实际物质费用支出的保险责任，可由被保险人选择约定保险人是否享有代位求偿权，如约定则应支持；反之，则否定其行使"①。

有学者认为，讨论人身保险能否适用保险代位求偿权应当由保险险种本身的性质来决定，不能一概而论。在人身保险中如保险人支付的赔偿金是属于损害补偿性质的，则应当适用保险代位求偿权；如果不属于损害补偿性质的，就不应当适用保险代位求偿权。健康、意外伤害保险的性质与特点介于人身保险和财产保险之间，保险金的给付具有补偿损失的性质，因而，保险代位求偿权可适用于健康和意外伤害保险。当然，对于死亡保险金和残疾保险金，保险人不能行使代位权，但对医疗费和误工费，保险人应当可以行使代位求偿权。②

还有学者认为，除人寿保险外的其他人身保险，在一定程度上具有填补损害的特征，其保险的目的也是为了补偿被保险人因保险事故发生所支出的费用。人身保险的这种消极利益的损害是能以金钱价值计算的，所以人身保险除人寿保险外的其他险种也应允许适用保险代位权。我国保险法把人身保险的各类保险全都包括在内不允许保险人享有向第三者追偿的权利，应当予以修正。保险代位权在除人寿保险以外的其他人身保险中也是有很大的适用空间的。③

也有学者认为，人寿保险的生存给付（含年金保险的给付）并不涉及第三人，无保险代位权问题；人寿保险的死亡给付，以及因为第三人的侵权而发生的损害赔偿，皆归属于受益人，不存在不当得利的可能，且其给付目的和理由互不相同，彼此不产生影响，亦无保险代位权的适用问题；在健康保险中，由于承保的风险为疾病、分娩等事由，皆属于被保险人内在的身体变化所致，而非外部因素造成，根本不会涉及第三人侵害被

---

① 霍艳梅：《论保险代位求偿权行使的法律限制》，《河北法学》2006 年第 1 期。

② 参见李记华、孙玉荣《完善我国保险法制的若干问题的探讨》，《河北法学》2007 年第 3 期。

③ 参见刘恩媛《论保险代位权的适用范围与法理基础》，《学术交流》2007 年第 7 期。

保险人权利的情形，应无保险代位的问题。但是，意外伤害保险的情形较为复杂：一方面，因系以意外事故所致身体伤残或死亡为保险事故，该事故可能由其他应负责任之第三人所致，涉及三方面关系之当事人，即保险人、被保险人以及在法律上应负赔偿责任之第三人；另一方面，人身意外伤害保险之保险给付基础及其性质，有的属于定额给付，有的属于损害填补。因此，意外伤害保险有无适用保险代位权规范之必要，仍有讨论之空间。对意外伤害保险有无保险代位规范之适用，不可一概而论，应从意外伤害保险之给付基础及其性质而推断。在意外伤害保险的医疗费用给付情形下，被保险人对第三人之医疗费用损害赔偿请求权，本身就为保险代位规范效力所及。保险代位属利得禁止原则下所衍生的规范，凡保险契约如系属于损害补偿保险，自必适用利得禁止原则，同时为避免被保险人获取大于实际损害之利得，也应为保险代位适用之对象。但是，如泛指人身保险时，能否适用保险代位则应有所审慎，尤其在人身保险中，其给付系建立于损害填补之基础上，如伤害保险中之实支实付医疗费用保险，或如死亡时填补被保险人之实际丧葬费用之支付等，由于此等损害可以计算经济上价值，故自有利得禁止原则之适用。伤害保险中之医疗费用给付在性质上属于损失保险，亦应有保险代位规范适用之余地。因此，所谓"人身保险不适用保险代位规范"之论断，在逻辑上并不精确，有待未来保险法修正时一并修正。①

还有学者提出，由于每个人身保险险种在不同的方面会有不同的性质，如在保险标的、保险赔偿的方式、保险费的缴交方式等方面，人寿保险、健康保险和伤害保险都存在区别。因此，在解决上述问题时，应当按照一定的原则进行区分。由于保险代位求偿权的产生是基于填补损失原则的存在，因此在人身保险中确定保险代位求偿权的基本原则也应当是填补损失原则，即保险人支付的补偿金如果属于损害补偿性质的，则应当适用保险代位求偿权，如果不属于损害补偿性质的，就不应当适用保险代位求偿权。但是，如果仅从填补损失原则来区分，就可能将问题带回原先的轨道。因为传统的保险理论也承认填补损失原则，也是依据此原则来确定保险代位求偿权的适用与否，只不过传统理论认为只有财产保险才存在损害

① 参见樊启荣《"人身保险无保险代位规范适用"质疑——我国〈保险法〉第68条规定之妥当性评析》，《法学》2008年第1期。

补偿问题，而所有的人身保险都不存在损害补偿问题。现在的问题是，是否应当承认人身保险中也存在损害补偿因素，在多大程度和范围上存在，以及如何在人身保险中适用该原则。而讨论人身保险中的损害补偿因素，就必须对人身损害的赔偿项目和计算方法进行研究，从而找到符合填补损失原则的项目。在意外伤害保险和健康保险中，保险人用于赔付医疗费、护理费、交通费、营养费、后续治疗费、康复费、整容费、配置残疾用具费等费用的支出，一般应当可以适用保险代位求偿权制度。①

还有学者提出，保险代位权和填补损失原则有着紧密的联系，是填补损失原则在具体制度层面的体现之一。保险代位权的首要功能在于避免被保险人获得双重赔付，如果不是补偿性保险，则根本无所谓双重赔付可言。是否适用保险代位权的基础性标准确实在于该保险是否属于补偿性保险，而不在于其保险标的的具体类型。补偿性保险和给付性保险的概念本身是明确的，相互之间的界限是清晰的。事实上，这两类保险都发生了赔付，前者根据实际损失的数额赔付，后者不拘泥于损失而根据合同事先约定的数额赔付。财产保险是最典型的补偿性保险，理应适用保险代位权；人寿保险为定额给付保险，必不可适用保险代位权。对于意外伤害和健康保险，要区分出其中的补偿性保险，以决定保险代位权的适用。某些意外伤害保险和健康保险中同时包含了损失赔付和定额给付条款，可取的方法是，能区分的，按区分来适用；不能区分的，则倾向于优待被保险人，而否定保险代位权在整个保单中的适用。②

还有观点认为，保险应当区分为补偿性和非补偿性保险，前者适用保险代位制度，后者则不适用。人身保险不适用补偿原则和保险代位制度的原因在于生命、身体的无价性。当保险标的是人的生命或身体完整性时，因其无法以金钱价值计算，所以被保险人所获赔偿与其损失之间无法进行比较衡量，也就不存在被保险人借由保险超额获利。医疗费用保险是否适用保险代位制度，应依照保险代位制度的立法宗旨判断。如医疗费用保险所补偿的是被保险人的生命和身体完整性所导致的损失，则该保险不适用

---

① 参见胡鸿高、李磊《保险代位求偿权在人身保险中的适用问题研究》，《当代法学》2009 年第 1 期。

② 参见温世扬、武亦文《论保险代位权的法理基础及其适用范围》，《清华法学》2010 年第 4 期。

保险代位制度；相反，如补偿的是被保险人的医疗费用损失，因医疗费用的损失可用金钱衡量，就应适用保险代位制度。在司法实践中，对医疗费用保险是否适用保险代位制度应当遵循合同"有约定从约定"的原则处理。如果保险合同对此没有约定或约定不明的，鉴于医疗费用通常被作为人身保险的附加险，通常人也将它理解成不适用补偿性原则的人身保险，从保护消费者利益的角度出发，可以将之视为定额给付医疗费用，不适用保险代位。①

还有学者提出，保险分为人身保险和财产保险。保险代位权作为填补损失原则的一个工具，原则上适用于财产保险。人身保险的被保险人因为第三者的行为而发生死亡、伤残或疾病等事故的，保险人向被保险人或者受益人给付保险金后，不享有向第三者追偿的权利。但是，具有填补被保险人"物质损失性质"的短期人身保险，保险人在给付保险赔偿金后，对造成被保险人"物质损失的第三人"有保险代位权。②

二 保险代位权对强制责任保险的适用

保险代位权是保险人对造成被保险人损害的第三人行使的权利，这是我国法定的保险代位权之应有之义。故在责任保险之场合，保险人承保被保险人对第三人的损害赔偿责任，当被保险人造成第三人损害时，保险人依照法律规定或依照合同向第三人给付保险赔偿金的，不得向被保险人求偿。但是，如果因被保险人故意或者重大过失造成第三人损害，而保险人依照保险合同的约定不承担给付保险金的责任，但强制责任保险法却规定保险人应当对受害的第三人直接赔偿的，保险人在履行给付保险赔偿金的法定义务后，可否代位第三人向被保险人追偿？这个问题，对于我国交通事故责任强制保险而言，具体存在，尤为突出。在理论和实务上存在否定说和肯定说的对立。

否定说认为，保险人所承担的责任保险合同项下的责任，是对被保险人损害赔偿责任的分担，不能向被保险人追偿，在强制责任保险的情形下亦同。例如，有观点认为，"《侵权责任法》第48条、《道路交通安全法》

---

① 参见上海市高级人民法院课题组《保险代位求偿权纠纷案件的法律适用问题研究》，《法律适用》2011年第5期。

② 参见常敏《保险法学》，法律出版社2012年版，第162页。

第 76 条的规定，机动车发生交通事故造成人身伤亡、财产损失的，由保险公司在机动车第三者责任强制保险责任限额范围内予以赔偿；不足部分，由侵权行为人按过错的不同程度承担相应责任。由此可知，交强险保险人虽未实施侵权行为，但仍应依法承担赔偿责任；侵权行为人仅对交强险赔付的不足部分承担补充赔偿责任，对保险人应赔偿部分，被保险人无须对受害人承担赔偿责任。换言之，保险人对受害人的赔偿责任是一种法定责任、终局责任、替代责任，而不是连带之债或不真正连带之债，侵权行为人并不因交强险的存在而获得任何责任减免。所以，交强险保险人无权对侵权行为人行使保险代位权，减免自己的赔偿责任，加重侵权行为人的赔偿责任"①。

肯定说认为，保险人所承担的责任保险合同项下的责任，如果因为法律的规定，保险人不得以保险合同的约定对抗被保险人致害的第三人的赔偿请求时，向第三人给付保险赔偿金的，可以依照法律的规定或者保险合同的约定向被保险人行使保险代位权。这里的保险代位权，显然不是我国《保险法》（2009 年）第 60 条规定的"保险代位权"，而是其他法律规定或者保险合同约定的保险代位权。例如，有学者认为，保险人在赔付受害第三人后，根据法律规定或者保险合同的约定，可以对被保险人行使追偿权，保险人追偿权的产生基础为保险代位权。机动车强制责任保险中的代位权，是指被保险人对第三人（受害人）虽有赔偿义务，但保险人基于法律规定的强制责任保险的优先赔付义务赔付受害人后，由受害人处取得损害赔偿请求权，保险人代受害人之位，向恶意被保险人请求，使被保险人负终局责任。②

第三节　保险代位权的行使

一　保险代位权的成立

在理论上，保险代位权的成立，并不同于保险代位权的行使。在保险

---

① 上海市高级人民法院课题组：《保险代位求偿权纠纷案件的法律适用问题研究》，《法律适用》2011 年第 5 期。

② 参见李青武《机动车责任强制保险制度研究》，法律出版社 2010 年版，第 176 页。

法理论上，通说认为，保险代位权于保险合同订立时成立。

例如，有观点认为，保险代位权随着保险合同的成立而成立。保险代位权不论是基于法律规定而发生，还是基于保险合同的明确约定而发生，或者基于保险合同的默示条款而发生，均在保险合同订立时成立。成立于保险合同订立时的保险代位权，是保险人对第三人享有的代位求偿的期待权。行使要件尚未完全实现或者具备的民事权利，构成期待权。不论保险合同对保险代位权是否有所约定，保险人依法享有保险代位权，但是法律为平衡保险人和被保险人之间行使权利的正当利益，对于保险代位权的行使设定有相应的条件。保险合同成立时，保险人依法取得保险代位权；唯有在符合法律规定的条件时，保险人才可以行使保险代位权。[①]

还有观点认为，从保险法对保险事故发生后保险人责任的规定可以看出，自向被保险人赔偿保险金之日起，保险人行使代位求偿权。由此可知，保险人给付保险赔偿金是保险代位求偿权行使的条件，而不是其取得的条件。若认为保险事故发生前，保险代位求偿权并不存在，实际上是混淆了保险代位求偿权的成立时间与该权利的行使时间。保险代位求偿权成立于保险合同订立之时。[②]

但是，也有观点认为，保险代位权既非成立于保险合同生效时，也非成立于保险事故发生时，而只能成立于保险人给付保险金之后。在保险实务中，保险人在保险金给付前要求被保险人签发"权益转让书"，并作为保险人理赔的必经程序。然而"权益转让书"仅有保险人取得保险代位权之证据效力，是否取得及何时取得应以保险人给付保险金为唯一判断依据。法律规定保险代位权以保险给付为前提，并没有要求被保险人须有让与意思表示或授权。在实践中，保险人与被保险人在保险单中约定，代位权可以在保险补偿前行使。被保险人对第三人的损害赔偿请求权于保险补偿后方转移于保险人，补偿前保险人所行使的赔偿请求权不过是代理被保险人行使损害赔偿请求权。保险人支付保险赔偿金后，即使被保险人拒绝签署，保险人也享有代位求偿权；反之，如果保险人未给付保险补偿金，

---

① 参见邹海林《保险法教程》，首都经济贸易大学出版社 2002 年版，第 118—119 页。

② 参见袁滔《损害赔偿请求权的放弃对保险代位求偿权的影响》，《人民司法·案例》2009 年第 20 期。

即便被保险人签署了"权益转让书",其保险代位权仍不成立。① 还有学者认为,保险代位权的成立应当满足以下三个条件:其一,存在承保损失,即损害事故和受损的标的,均在保险责任范围内。其二,存在可转移的权利,即被保险人对造成保险标的损害的第三人有损害赔偿请求权。其三,保险人履约,即保险人依照保险合同的约定向被保险人履行赔偿义务。② 这些观点所表达的内容,实际上并不区分保险代位权的成立和行使,而是将二者一体对待。

强调保险代位权的成立,与保险代位权的行使没有必然的关系,只是为了区分保险代位权在成立和行使时的状态不同。保险代位权的成立,所要解决的问题是保险代位权的期待权问题,任何一个财产保险合同都会有保险代位权问题存在;而保险代位权的行使,则要回答保险代位权由期待权向既得权转化的问题。

二 保险代位权的行使要件

保险代位权的行使,是保险人如何主张和实现保险代位权的问题。在我国保险法理论上,保险代位权的行使主要涉及保险代位权的行使要件和行使方式问题,在学理上是存在表述上的差异的。

关于保险代位权的行使条件,有观点认为,依照我国《保险法》(2002 年)第 45 条的规定,保险人行使代位权,应当满足以下三个要件:其一,第三人对保险标的的损害负有赔偿责任;其二,保险人已为保险赔偿或给付。其三,保险人仅能以给付的保险金额为限行使权利。③ 上述观点实际上表明保险代位权的行使仅需要满足两个条件,即第三人对保险标的的损害负有赔偿责任和保险人已经履行保险给付义务。也有观点对保险代位权的行使作出了类似的表述,但增加了一个保险事故发生的条件,即发生保险事故、对事故的发生承担赔偿责任以及保险人已为保险给付。④

因为我国保险法对于法定代位权已有规定,理论和实务对于第三人的

① 参见孙积禄《保险代位权研究》,《法律科学》(西北政法学院学报)2003 年第 3 期。
② 参见温世扬主编《保险法》,法律出版社 2003 年版,第 204 页。
③ 参见邹海林《保险法教程》,首都经济贸易大学出版社 2002 年版,第 119 页。
④ 参见温世扬主编《保险法》,法律出版社 2003 年版,第 204 页。

行为与保险事故的发生之间的关联性也会相应有所强调。例如，有观点认为，保险代位权的行使要件有两个：其一为保险事故的发生与第三人的过错行为之间须有因果关系，即发生的事故应当是保险合同约定的保险事故，且是由第三人的过错引起的；其二为保险人给付保险金额。① 还有观点认为，保险代位权行使的要件包括如下的内容：其一，被保险人因同一事故，对第三者有请求权；其二，保险人已给付保险金；其三，代位标的之一致性，即保险人的支出不属于保险赔偿金的，不得代位求偿。②

还有观点认为，保险代位权的行使要件包括：其一，保险人已赔付保险金；其二，保险人以自己的名义行使保险代位权；其三，保险人追偿所得不超过保险赔偿金。③

由上述不同的观点可知，我国学者对于保险代位权的行使条件之表述还是不够清晰。但无论如何，保险人已为保险给付，作为保险代位权的行使要件，在我国学者间不存在任何分歧。

关于保险人已为保险给付，是否应当以保险人已经给付全部保险赔偿金为必要？我国保险法对此没有明文规定。

有观点认为，保险人在只支付了部分应支付的保险金时，其是否能在已支付的保险金范围内取得对第三人的求偿权，对此问题，我国保险法未予明确，实践中理解也不一。在保险人已支付部分保险金的情况下，保险人可以在其已支付的保险金范围内向第三人求偿。理由在于，在保险人已支付部分保险金的情况下，被保险人相应数额内的损失已得到弥补，对于这部分已从保险人处得到补偿的损失，被保险人已不能再向第三人请求赔偿，此时，将这部分数额的代位求偿权转让给保险人行使并不会对被保险人造成不利影响，对于未得到赔偿的部分，被保险人可选择向保险人或第三人行使赔偿请求权，被保险人不会因部分求偿权的转移而影响对于未受偿部分损失的求偿权。④

另外，保险人已为保险给付，是否应当以保险人应当承担保险责任为

---

① 参见马原主编《保险法条文精释》，人民法院出版社2003年版，第148页。
② 参见上海市高级人民法院课题组《保险代位求偿权纠纷案件的法律适用问题研究》，《法律适用》2011年第5期。
③ 参见王伟《保险法》，格致出版社、上海人民出版社2010年版，第199页。
④ 参见郭建标《保险代位求偿权若干法律争议问题之探讨》，《法律适用》2011年第5期。

必要？依照保险合同的约定，保险人不承担保险责任的，但保险人仍向被保险人给付保险赔偿金后，可否对造成保险标的损害之第三人行使保险代位权，不无疑问。

有学者认为，保险人行使保险代位权，必须首先向被保险人给付保险赔偿或保险金。因为被保险人可以向第三人请求赔偿，也可以向保险人请求给付保险赔偿或保险金，保险人对第三人的代位权仅为将来求偿权，在其履行保险给付义务前，尚未转化为既得权，不能行使。如果被保险人向第三人请求赔偿而取得部分或者全部赔偿，保险人在给付保险金时，有权相应扣除被保险人已经取得的赔偿。所以，保险人唯有在向被保险人给付保险赔偿或保险金后，对第三人的代位权转化为既得权，才能够行使。保险人行使保险代位权，仅以其事实上给付保险赔偿或保险金为必要，至于保险人的保险给付，是否源自保险合同约定的保险给付义务，在所不问。[①]

三　保险代位权的行使方式

保险人究竟应当以自己的名义还是以被保险人的名义行使代位权，不仅是一个理论问题，也是一个实务问题。对此问题，在保险法理论和实务上，一直存在着"被保险人名义说"和"保险人名义说"两种不同的观点。

被保险人名义说认为，保险人行使保险代位求偿权，以被保险人对第三人的损害赔偿请求权为基础，保险人只是在赔付了被保险人的损失后，代位被保险人向第三人行使请求权，保险人代位行使的权利仍为被保险人的权利而非保险人自己的权利，保险人应当以被保险人的名义行使代位权。

例如，有观点认为，保险代位权是保险人的法定权利，为保险人所独立享有。保险人以谁的名义主张代位权，对第三人来讲无关紧要，不产生责任的增大或缩小。但考虑到债的相对性理论以及保险实务的便利，保险

---

① 参见邹海林《保险法教程》（修订第二版），首都经济贸易大学出版社2004年版，第122页。

人应以被保险人的名义行使代位权。① 有学者认为，保险人代位求偿，应当以被保险人的名义行使代位权。② 甚至还有学者认为，保险人取得代位权之后，既可以自己的名义，也可以被保险人的名义，向第三人行使保险代位权。③

保险人名义说认为，保险人行使保险代位权，虽其权利之本体为被保险人对第三人的损害赔偿请求权，但保险人在赔付了被保险人的损失后，已经相应取得被保险人对第三人的赔偿请求权，保险人应当以自己的名义行使保险代位权。保险人名义说为我国保险法上的通说。

例如，有学者认为，保险代位权为被保险人对第三人的债权的法定移转，原债权债务的内容不变，仅债权人变更为保险人，保险人作为新的独立的债权人，应当以自己的名义向第三人求偿。④ 还有学者认为，保险人取得保险代位权后，实质上实现了债权的移转，原债权债务关系中的内容没有发生变化，只是债权人发生了变化，保险人替代了被保险人的地位而成为债权人。因此，在代位求偿时，保险人是权利主体，应当以自己的名义向第三人求偿。既然保险人以法定形式取得了代位权，保险人作为独立的债权人以自己的名义行使权利，无疑是正确的。⑤ 也有学者认为，保险人的代位权依照法律规定而发生，保险人行使代位权，不以被保险人移转赔偿请求权的行为为要件，只要具备代位权的行使条件，即可径以自己的名义行使被保险人对于第三人的赔偿请求权；实务上，保险人以自己的名义行使代位权，可以避免以被保险人的名义行使代位权所可能产生的诸多不便，从而取得独立的请求权人地位或者诉讼地位。⑥ 更有观点认为，"代位求偿权在本质上是债权转让，是债的主体的变更，代位权一经产生，被保险人对第三人的损害赔偿请求权便移转与保险人，保险人成为此

---

① 参见孙积禄《保险代位权研究》，《法律科学》（西北政法学院学报）2003 年第 3 期。

② 参见张秀全主编《保险法学》，郑州大学出版社 2004 年版，第 42 页。

③ 参见郑云瑞《保险法论》，北京大学出版社 2009 年版，第 172 页。

④ 参见李玉泉《保险法》（第二版），法律出版社 2003 年版，第 232 页。

⑤ 参见温世扬主编《保险法》，法律出版社 2003 年版，第 205 页。

⑥ 参见邹海林《保险法教程》（修订第二版），首都经济贸易大学出版社 2004 年版，第 123 页。

权利的主体，因此，保险人自得以其自己的名义行使"①。

也有学者提出保险人以何者名义行使保险代位权，应当区别约定代位权和法定代位权。例如，有学者提出，关于保险人应当如何行使代位权的各种观点，事实上均有其存在的合理性，实际与保险人取得保险代位权的方式有关。保险人依照保险合同的约定所取得之代位权，应当依照当事人的意思所确定的方式行使代位权，若被保险人有将其权利转移给保险人的意思的，则保险人以自己的名义行使代位权；若被保险人没有将其损害赔偿请求权转移给保险人的意思的，保险人仅能以被保险人的名义行使保险代位权。但对于保险人享有的法定代位权，因为法律规定的被保险人的损害赔偿请求权向保险人的法定移转，保险人自然以自己的名义行使代位权。在我国，保险代位权是保险人依法取得的法定权利，其在性质上虽然从属于被保险人对第三人的损害赔偿请求权，但却是独立于被保险人之外的法定权利，保险人无须经被保险人的同意、转让或者协助，在其给付保险赔偿金后，可以直接对第三人行使被保险人对第三人享有的损害赔偿请求权，应当以自己的名义为之。在保险实务上，保险人在给付保险赔偿金后，一般要求被保险人签署权利转让的证明文件，以示自己已经取得被保险人对第三人的损害赔偿请求权，同样支持保险人以自己的名义行使保险代位权。在我国的司法实务上，也已经确认保险人以自己的名义行使保险代位权，并具有独立的诉讼地位。②

保险代位权具有多样性问题，尤其是约定代位权的存在，使得保险代位权的行使方式更加复杂。总体而言，对于约定代位权而言，保险人以何者名义行使保险代位权，受保险合同有关保险代位权的意思表示的约束，保险人行使保险代位权时，应当依照保险合同约定的方式，以自己名义或者被保险人名义行使保险代位权。对于法定代位权而言，保险代位权产生于法律的直接规定，相当程度上封闭了当事人的意思表示空间，保险人行使保险代位权时，原则上以自己名义为之。

---

① 王林清、杨心忠：《保险代位求偿权行使限制理论问题研究》，《法律适用》2011 年第 5 期。

② 参见常敏《保险法学》，法律出版社 2012 年版，第 159—160 页。

四 保险代位权行使的限度

在理论上，学者多认为，保险代位权的行使，以保险人向被保险人已经给付的保险赔偿金数额为限，不得超过其向被保险人给付的保险赔偿金数额。其依据来自我国保险法的规定，即保险人在"赔偿金额范围内"代位行使被保险人对第三者请求赔偿的权利。因此，保险代位权的行使，仅以保险人给付的保险赔偿金数额为限。

现在面临的问题是，保险人行使代位权，可否超出其已经给付的保险赔偿金额？对此则有否定说和肯定说两种不同的观点。

否定说认为，因为保险法规定保险人行使代位权以其向被保险人给付的金额为限，故保险人不得超出其给付的保险赔偿金额行使代位权。

例如，有学者认为，保险代位求偿权的取得是因为保险人履行了赔偿义务，不允许保险人获得超过赔款金额的额外利益，损害被保险人的利益。所以，代位求偿权就其范围来说，并不一定和被保险人对第三人的原有求偿权相等，当保险人的赔偿金额与第三人向被保险人支付的损害赔偿额相等时，保险人即取得对第三人原有的全部求偿权。当保险人的赔偿金额低于第三人向被保险人原来应支付的损害赔偿额时，保险人在无特别授权的情况下，只能行使与其赔偿金额相等的求偿权，超过部分仍归被保险人。[①] 有观点认为，保险代位权既然以给付保险补偿为前提，也必须受给付数额的限制，从而与保险代位权的法理前后贯通，相映生辉，故我国《保险法》（2002 年）第 45 条规定"保险人在赔偿金额范围内代位行使"权利的内容公平合理。[②]

肯定说认为，保险法虽规定保险人行使代位权以其向被保险人给付的金额为限，但保险人为保险给付后，被保险人对第三人的损害赔偿请求权法定或者约定转让给保险人，保险人以自己的名义行使保险代位权，可以超出其给付的保险赔偿金额行使代位权，但其结果不得损害被保险人的赔偿利益，保险人行使代位权所获超出保险给付的部分，应当无条件地归还给被保险人。

---

① 参见李玉泉《保险法》（第二版），法律出版社 2003 年版，第 230—231 页。
② 参见孙积禄《保险代位权研究》，《法律科学》（西北政法学院学报）2003 年第 3 期。

例如，有学者认为，保险人行使代位权只能以其向被保险人给付的保险金数额为限，不得超过其向被保险人给付的保险赔偿或者保险金数额。保险人行使保险代位权，不应当影响被保险人的其他权利。保险人以给付的保险金额为限行使代位权，是保险人行使代位权的充分条件，但并不具有绝对的意义。保险人在不损害投保人或被保险人的权利的范围内，可以超出其给付额对第三人行使代位权。保险人行使代位权而从第三人处取得的赔偿，超过其向被保险人给付的保险赔偿或保险金数额的，应当将超过的部分退还给被保险人。① 还有学者认为，当保险人给付的赔偿金数额低于被保险人所受到的损失金额，被保险人可以继续请求第三人赔偿，保险人也可以对第三人行使代位权。保险人以给付的保险赔偿金数额为限行使代位权，只是保险人行使代位权的充分条件，而非必要条件。保险人对第三人行使代位权时，只能是被保险人对第三人享有的全部权利而非部分权利。保险人在不损害被保险人的赔偿权利的范围内，应当以被保险人对第三人的损害赔偿请求权的全部，向第三人行使保险代位权，由此取得的赔偿，超过保险人向被保险人给付的保险赔偿金数额的，应当将超过的部分退还给被保险人。②

如果将保险代位权定性为被保险人对第三人的赔偿请求权之法定或者约定转让，那么依照民法债权让与的法理，债权人可以将自己的债权全部或者部分让与他人，故在保险人向被保险人为保险给付的情形下，被保险人对第三人的损害赔偿请求权在保险人所为给付的金额范围内，全部或者部分转让给保险人。当被保险人对第三人的损害赔偿请求权超过保险人所为保险给付的金额，发生部分债权让与的效果，保险人仅取得被保险人对第三人的损害赔偿请求权的一部分，保险人只能以其保险给付额为限，对第三人行使保险代位权。当被保险人对第三人的损害赔偿请求权低于保险人所为保险给付的金额，发生全部债权让与的效果，保险人取得被保险人对第三人的损害赔偿请求权的全部，对第三人行使保险代位权。所以，在这个意义上，保险人对第三人行使保险代位权，不得超过其所为保险给付额。保险人因其保险给付额的限制而部分取得被保险人对第三人的损害赔

---

① 参见邹海林《保险法教程》（修订第二版），首都经济贸易大学出版社2004年版，第122页。
② 参见常敏《保险法学》，法律出版社2012年版，第159页。

偿请求权的，在行使保险代位权时，不得影响或损害被保险人对第三人继续保有部分的损害赔偿请求权。

不论否定说抑或肯定说，都会面临下述问题：当保险人所为保险给付不足以弥补被保险人的全部损失时，保险代位权是否应当劣后于被保险人的损失填补？这是一个事关利益平衡的理论和实务问题。对此，有学者认为，保险代位求偿权是从属于被保险人的求偿权的权利，因为其从属性，当被保险人与保险人在对第三人的求偿权发生冲突时，应首先满足被保险人的求偿权。① 还有观点认为，当保险人支付的保险赔偿不足以弥补被保险人的全部损失，而第三者的赔偿又不能完全满足保险人的保险代位权和被保险人就剩余部分损失向其追偿的要求时，即出现保险代位权与被保险人赔偿请求权的冲突。这时，保险代位权的法律功能是次要的，其仅是基于衡平法理，用以避免被保险人获得补偿损失之外的额外利益。所以，当两者发生冲突时，应当优先考虑填补被保险人的损害。只有当被保险人的损害能够获得最大填补时，保险人才能行使保险代位权。②

在这里，还需要考虑一个问题，即保险人向被保险人所为保险给付的范围如何？我国保险法所称"赔偿金额范围"是否包括公估费用，即保险人在保险事故发生后为查明和确定保险事故的性质、原因和保险标的之损失程度而进行的评估、鉴定、检验所产生的费用？

在我国的司法实务上存在两种观点。一种观点认为，如果公估费用是被保险人为履行举证责任而发生的，保险人在赔付被保险人后可以代位向第三者追偿；如果公估费用不是被保险人支付的，则不发生保险代位的问题。另一种观点认为，保险人支出的公估费用不属于保险赔偿金，不得向第三人代位求偿。保险赔偿金是针对被保险人因保险事故所致损失的补偿，公估费用不是被保险人因保险事故所遭受的损失，而是保险人为理赔所支出的成本，因而不属于保险赔偿金的范畴，也就不能代位求偿；再者，公估费用作为保险人的运营费用，也不能通过保险代位制度转嫁给造成被保险人损害的第三者。何况，公估费用的支出是保险人为履行保险合同所为，与第三者的违约行为或侵权行为并无相当因果关系，故保险人不

---

① 参见任自力主编《保险法学》，清华大学出版社 2010 年版，第 224 页。
② 参见上海市高级人民法院课题组《保险代位求偿权纠纷案件的法律适用问题研究》，《法律适用》2011 年第 5 期。

能代位求偿。①

依照我国《保险法》（2009 年）第 64 条，保险人、被保险人为查明和确定保险事故的性质、原因和保险标的损失程度所支付的必要的、合理的费用，均由保险人承担。所以，为理赔所进行的勘验、鉴定费用，不论其是否先由被保险人支付，均与保险合同约定的保险给付责任不发生关联，保险法已明文规定保险人应当自行承担这部分费用。也就是说，保险事故的勘验、鉴定费用，不是保险合同约定的"保险赔偿金"的组成部分，自不存在保险人可以之向第三人行使保险代位权的问题。保险代位权的行使，以保险合同约定的保险赔偿范围为限；即便保险人以保险事故的勘验、鉴定费用向第三人主张保险代位权，第三人亦得以保险人超出保险合同约定的保险赔偿范围予以对抗。

五　第三人对抗保险代位权的行使问题

在理论上，因为保险代位权的本体为被保险人对第三人所享有的损害赔偿请求权，故保险人对第三人主张保险代位权的，第三人自可以对损害赔偿责任的成立与否以及赔偿责任的数额多少进行抗辩。第三人对抗保险人行使保险代位权的事由，究竟应当包括哪些内容呢？

（一）第三人对抗被保险人的事由

一般而言，就被保险人的损害赔偿请求权而言，因请求权的性质不同，第三人对抗被保险人的事由包括但不限于合同法上的抗辩事由和侵权法上的抗辩事由。第三人对被保险人所承担的责任，或为侵权法上的责任，或为合同法上的责任。第三人得以援引的抗辩事由，依其来源分为法定抗辩事由和约定抗辩事由。法定抗辩事由，是指法律所规定的抗辩事由。例如，不可抗力造成的损害，未尽止损义务而扩大的损失，受害人故意或过失，正当防卫、紧急避险、监护人尽了监护职责仍造成的损失，第三人过错等。约定抗辩事由，是指当事人以意思表示而事先确定的抗辩事由。当事人约定的抗辩事由，符合契约自由原则，但所约定的抗辩事由违反诚实信用原则、公序良俗原则等强行法规范的，其约定无效。例如，当事人不得预先约定免除因故意或重大过失致人损害而应当承担的民事责

① 参见上海市高级人民法院课题组《保险代位求偿权纠纷案件的法律适用问题研究》，《法律适用》2011 年第 5 期。

任。总之，在被保险人和第三人的损害赔偿法律关系中，凡第三人可以对抗被保险人的赔偿请求权之存在、成立、范围、减轻或免除的事由，不论该事由源自法律规定抑或当事人的意思表示，均得以之对抗保险代位权的行使。

(二) 被保险人减免第三人赔偿责任的意思表示

被保险人减免第三人赔偿责任的意思表示，包括但不限于被保险人单方减轻或者免除第三人损害赔偿责任的意思表示、被保险人和第三人之间达成的减轻或者免除第三人损害赔偿责任的双方意思表示，如合同、协议等。被保险人减免第三人赔偿责任的意思表示，除非违反法律的强制性规定、社会公共利益或者善良风俗，对被保险人具有约束力，第三人相应取得被保险人减免责任范围内之利益。被保险人减免第三人赔偿责任的意思表示，发生被保险人放弃对第三人的损害赔偿请求权的一部或者全部的私法上的效果，又可称为"被保险人放弃赔偿请求权"。当被保险人放弃赔偿请求权时，第三人可否以之对抗保险人行使保险代位权？

有观点认为，第三人可否以被保险人放弃赔偿请求权对抗保险人行使保险代位权，应当区别以下三种情形而定其效果：其一，保险合同成立前，被保险人预先放弃对第三人的赔偿请求权，保险人已知其事实，或者保险合同没有保险代位权的约定，保险人受被保险人放弃赔偿请求权的约束。其二，在发生保险事故后而保险人尚未给付保险前，第三人因为被保险人放弃赔偿请求权而取得的利益，可以有效对抗保险人的代位权。保险合同成立后，但在保险事故发生前，被保险人放弃对第三人的求偿权或者就该求偿与第三人达成和解以减轻第三人的责任，第三人得以被保险人放弃赔偿请求所取得的利益，对抗保险人行使代位权；在此情形下，保险人的代位权行使不能的，被保险人应当对保险人承担债务不履行的责任或者赔偿责任。此后发生保险事故，保险人不知其事实而向被保险人给付保险赔偿金，保险人因为被保险人放弃请求权的行为而不能向第三人行使代位权，可以向被保险人追回已为的保险给付。保险事故发生后，在保险人未给付保险赔偿金之前，被保险人放弃对第三者的请求赔偿的权利的，情形亦同，第三人也可以之有效对抗保险人行使代位权。其三，在保险人向被保险人给付赔偿保险金后，被保险人未经保险人同意，放弃对第三者请求赔偿的权利的，其放弃权利的行为无效。在此情形下，第三人不得以之对抗保险人行使保险代位权。①

　　还有观点认为，被保险人与第三人之间约定减免赔偿责任的，因其发生的时间不同，对保险代位权所产生的影响也不相同：其一，保险合同成立前，保险人明知存在被保险人减免责任的事实仍同意承保的，保险人受减免责任的约定之约束，第三人自得以减免责任的约定对抗保险代位权的行使。其二，保险合同成立后，保险事故发生前，被保险人放弃赔偿请求权的，第三人可以之对抗保险事故发生后保险人的保险代位权。至于保险人能否以被保险人放弃赔偿请求权对抗被保险人的保险给付请求，则取决于被保险人是否将其放弃赔偿请求权之事实在保险事故发生前通知保险人；被保险人通知保险人的，保险人未要求增加保险费或解除保险合同、亦未以其他方式明确表示反对的，保险人受被保险人放弃赔偿请求权的意思之约束；否则，保险人有权在相应减免责任的范围内拒绝履行保险赔偿义务。其三，保险事故发生后保险理赔前，被保险人减免第三人的赔偿责任的，第三人得以之对抗保险人行使保险代位权；保险人相应地有权拒绝承担保险责任。其四，保险理赔后，保险人当然取得保险代位权，被保险人不再享有对第三人的损害赔偿请求权，被保险人放弃赔偿请求权属于无权处分，不发生效力，第三人不得以之对抗保险人行使保险代位权。②

　　依照法理，不论有无保险合同或者保险事故是否发生，只要被保险人放弃对第三人的赔偿请求权，被保险人对第三人就不得主张其已经放弃或者失去的赔偿利益，第三人因此取得的相应利益，可以有效对抗保险人行使保险代位权。但是，在我国保险法上有一个例外，即在保险人给付保险赔偿金后，因为法律规定被保险人权利的法定移转，被保险人放弃赔偿请求权的意思表示无效，故第三人不得以此对抗保险人行使保险代位权。

　　（三）被保险人对抗保险人的事由

　　保险代位权的行使，应当符合保险代位权的成立要件和行使要件；保险代位权的成立要件或行使要件欠缺的，被保险人可以之对抗保险人行使保险代位权。例如，保险人行使保险代位权，应当以保险人向被保险人给

---

　　① 参见邹海林《保险法教程》（修订第二版），首都经济贸易大学出版社 2004 年版，第 124—125 页。

　　② 参见吴庆宝主编《保险诉讼原理与判例》，人民法院出版社 2005 年版，第 483—484 页。

付保险赔偿为条件，保险人尚未给付保险赔偿而主张保险代位权的，被保险人可对保险人行使保险代位权的行为提出异议，并拒绝保险人的协助要求。因此，保险人行使保险代位权，不符合法律规定或者保险合同约定的条件的，被保险人可以其条件欠缺否认保险人的代位权。但第三人是否可以相同的事由对抗保险人行使保险代位权呢？

在我国保险法理论上，对于这个问题尚未有深入的研究。例如，有观点认为，保险人行使保险代位权的，能成为第三人抗辩理由的，应是保险人的保险代位权是否已取得，保险人是否向被保险人支付了保险赔偿金及保险代位的求偿是否已过诉讼时效等。[①] 还有观点认为，"保险人行使代位权不符合法律或者保险合同约定的条件的，被保险人可以其条件否认保险人的代位权，第三人也可以相同的事由对抗保险人行使代位权"[②]。

另外，在司法实务上也提出了类似的问题。第三人能否就保险人的赔付是否属于保险合同约定的保险责任范围作为抗辩事由？对于这个问题，在理论上有截然相反的观点。例如，有观点认为，保险人所为保险给付必须符合保险合同的约定，若保险人依照保险合同对于被保险人所受的损失原无保险责任而竟予以赔偿，其保险给付出于自愿，不得据此对第三人行使代位权。[③] 另有观点认为，保险人行使代位求偿权，仅以事实上给付保险赔偿金为必要条件。只要保险人向被保险人支付了保险赔偿金，保险人就当然取得了保险代位求偿权，而不论保险人依照保险合同是否应当向被保险人承担保险责任。[④]

有学者认为，保险代位权制度的立法目的，在于防止被保险人因保险合同不当得利，同时避免第三人逃避法律责任。只要被保险人所遭受的损失，本应由第三方责任人承担赔偿责任，那么保险人的赔付是否超出保险责任范围都不影响保险人行使保险代位权。除外责任、免赔额或者不足额保险时的比例赔偿原则等，都是保险人用来限制其保险责任的方法，是保险人的权利，保险人有权放弃。放弃这种权利并未加重被保险人或第三人

---

① 参见郭建标《保险代位求偿权若干法律争议问题之探讨》，《法律适用》2011年第5期。

② 常敏：《保险法学》，法律出版社2002年版，第162页。

③ 参见周耀荣《保险代位权若干问题探析》，《苏南科技开发》2004年第8期。

④ 参见王乐宇《论保险代位求偿权的权利限制》，《法学论坛》2007年第5期。

的责任，不应当影响保险人的保险代位权。①

　　还有观点认为，保险代位权制度的法理基础和制度价值在于防止被保险人既从保险人处获得保险赔偿又基于第三人赔偿而双重获利，导致对财产保险填补损失原则的违反，保险人是否具有保险合同约定的给付义务不应成为考量的重点。保险人行使保险代位权是基于第三人对被保险人的损害事实而产生的赔偿责任，保险人行使该权利对第三人利益不会产生任何不利影响；无论是由被保险人自己对第三人行使索赔权，还是由保险人行使保险代位权，在本质上并无任何区别。保险人放弃保险合同约定的除外责任利益对被保险人予以赔付，不能成为第三人的抗辩理由。在保险人放弃保险合同约定的除外责任抗辩对被保险人予以赔付时，被保险人的接受可以视作其选择以接受保险人的赔偿来代替向第三人请求赔偿，因此保险人的赔偿只要是事实上的赔付即可。因此，保险人对超出保险责任范围的"自愿给付"行使保险代位求偿权，应受支持。②

　　这里或许应当有一个原则认识。保险人行使保险代位权，其与被保险人之间发生损害赔偿请求权的法定或约定的移转关系，被保险人具有对抗保险人行使保险代位权的事由，不论该事由源自法律规定抑或保险合同的约定，若其不主张对抗的，表明被保险人默认或承认保险人的代位请求地位，第三人不得以被保险人未主张的对抗保险人之事由，对抗保险人行使保险代位权。

第四节　保险代位权行使的限制

一　保险代位权的相对人限制

　　保险代位权的相对人，以被保险人享有损害赔偿请求权的第三人为限。但是，保险代位的相对人，是否包括造成被保险人损害而应当承担赔偿责任的投保人不无疑问。

　　有学者认为，保险人行使代位权的相对人，为被保险人本人以外的第

---

　　① 参见李玉泉主编《保险法学——理论与实务》，高等教育出版社 2005 年版，第 265 页。

　　② 参见郭建标《保险代位求偿权若干法律争议问题之探讨》，《法律适用》2011年第 5 期。

三人，但不包括非故意造成被保险人损害之被保险人的家庭成员或其组成人员。① 依照该观点，保险人行使代位权的"第三人"，仅是相对于被保险人而言的，而非相对于保险合同的当事人而言的。因此，投保人造成保险标的损害而应当对被保险人承担赔偿责任的，保险人自可以对投保人行使保险代位权。但是，保险合同另有约定的，依照其约定。

也有观点认为，投保人和被保险人为同一人时，无代位求偿权，自不待言。但若投保人与被保险人不是同一人时，保险人可否向投保人行使保险代位权？投保人与被保险人之间虽然存在着密切关系，但我国法律并未将投保人列入禁止追偿的范围。投保人虽为保险合同的当事人，但其并非保险合同保障之对象，若因保险事故的发生而对被保险人负损害赔偿责任，自无因保险合同的订立而免除其对被保险人所负赔偿责任的理由。保险人对投保人有代位求偿权，完全符合保险法的有关规定。②

还有学者认为，依据我国《保险法》（2009 年）第 62 条的规定，对第三人的范围限制，仅为被保险人的家庭成员或者其组成人员；除此以外，被保险人之外的主体均为第三人。因此，除非投保人与被保险人为同一主体或者为前述限制人员，否则，投保人应属于第 60 条规定的第三人。应当说，在司法实务中，投保人与被保险人非为同一主体的情形下，投保人为被保险人投保确会基于一定的原因，投保人与被保险人确会具有一定的利益关系，但这不能否定由于投保人的原因致保险标的损害、引发保险事故的情形下，保险人可以向其行使代位求偿权。否则，则会导致作为致害人的第三人可以据此免除赔偿责任，有违保险代位求偿权制度制裁责任者的立法目的。③

再者，保险代位权的相对人不包括非故意造成被保险人损害的被保险人的家庭成员或组成人员。我国《保险法》（2009 年）第 62 条规定："除被保险人的家庭成员或者其组成人员故意造成本法第六十条第一款规定的保险事故外，保险人不得对被保险人的家庭成员或者其组成人员行使

① 参见邹海林《保险法教程》（修订第二版），首都经济贸易大学出版社 2004 年版，第 125 页。
② 参见上海市高级人民法院课题组《保险代位求偿权纠纷案件的法律适用问题研究》，《法律适用》2011 年第 5 期。
③ 参见张雪楳《论保险代位求偿权的行使范围》，《法律适用》2011 年第 5 期。

代位请求赔偿的权利。"有学者认为，"保险人不能对被保险人的家庭成员或者其组成人员等具有特殊身份的第三方责任人行使代位求偿权。这些具有特殊身份的第三方责任人或者是被保险人的家庭成员，其财产与被保险人的财产混同，或者是被保险人的工作人员，其行为应当视为被保险人的行为，应当由被保险人负责。向这些具有特殊身份的第三方责任人追偿，等于保险人将支付给被保险人的保险赔款又从被保险人处取回。《保险法》作出上述规定的目的正是为了防止因被求偿的亲属或雇员与被保险人具有一致的利益，而使保险赔偿失去实际意义"①。同时，保险法仅规定保险人不得对非故意造成保险标的损害的被保险人的家庭成员或其组成人员行使保险代位权，那么被保险人的家庭成员或其组成人员，因为故意造成保险标的损害而发生保险事故的，保险人则可对之行使保险代位权，这样做还有助于防范诱发道德危险。这在理论上是说得通的。

问题是，被保险人的家庭成员或其组成人员的范围如何？还是存在争议的。

关于被保险人的家庭成员，我国保险法理论的通说认为，为了保护被保险人的利益，并满足家庭生活的观念或伦理需求，对被保险人的家庭成员有必要作广义的理解。家庭成员应当包括所有与被保险人共同生活的人，包括配偶和亲等较近的血亲而共同生活、或者姻亲而共同生活的人，以及虽非共同生活但负有法定扶养义务的人。②

有观点认为，法律规定"家庭成员"的意义并不在于明晰出家庭成员的范围，而在于凸显"家庭成员"的自然人性，以示与"被保险人组成成员"的法人性和组织性相区别。所以，"家庭成员"是与被保险人共同生活在一起，有一定的时间性和持续性，且相互间进行抚养、扶助或赡养的成员。对于在血缘上具有同源关系的自然血亲，如伯、叔、姑与侄、侄女，舅、姨与甥、甥女，堂兄弟姐妹，表兄弟姐妹等，在一起共同生活的，也应当作为家庭成员来对待。③

---

① 李玉泉主编：《保险法学——理论与实务》，高等教育出版社 2005 年版，第 254 页。

② 参见邹海林《保险法教程》（修订第二版），首都经济贸易大学出版社 2004 年版，第 125 页。

③ 参见郭建标《保险代位求偿权若干法律争议问题之探讨》，《法律适用》2011 年第 5 期。

也有学者认为，关于家庭成员，在我国不应当仅限制在近亲属的范围内。依照《最高人民法院关于贯彻执行〈中华人民共和国民法通则〉若干问题的意见（试行）》第12条规定："民法通则中规定的近亲属，包括配偶、父母、子女、兄弟姐妹、祖父母、外祖父母、孙子女、外孙子女。"但是，在司法实务中，与被保险人具有遗赠扶养关系的人，因其扶养关系的存在，与被保险人具有经济上的一致利益，尽管其非上述司法解释界定的近亲属，但仍然可以认定为被保险人的家庭成员。所以，被保险人的家庭人员之界定，应以是否具有经济上的一致利益作为主要的判断标准。①

关于被保险人的组成人员，我国保险法理论的通说认为，被保险人的组成人员，是指作为法人或者其他组织的被保险人的内部工作人员。② 与之相似的表述还有，被保险人的"组成人员"是指被保险人为法人或非法人组织时其员工或雇员。③

但是，也有观点提出了解释我国《保险法》（2009年）第62条第1款所称"其组成人员"的不同结论，认为该条所称"其组成人员"并非是针对作为组织体的被保险人而言的，而是对被保险人的家庭成员的进一步扩展。例如，有观点认为，家庭成员一般是指夫妻、父母、子女；家庭组成成员则指上述成员之外的与上述成员具有共同生活关系的人员，如祖父母、外祖父母、孙子女、外孙子女、兄弟姐妹，还有抚养人和被抚养人。④ 有学者并不认同以上的解释结论，提出：具有家庭成员的被保险人应为自然人。根据保险法的基本法理，被保险人可以是自然人，也可以是法人、其他组织等组织体。如果将组成人员理解成为家庭组成人员的话，则将被保险人的范围限缩为自然人，与法理不符，也与司法实务显然不适应。应当说，从其文义进行分析，我国《保险法》（2009年）第62条中的"其"字指代的应是与其同处主格位置的"被保险人"，因此，"其组

---

① 参见张雪楳《论保险代位求偿权的行使范围》，《法律适用》2011年第5期。

② 参见温世扬主编《保险法》，法律出版社2003年版，第206页；安建主编：《〈中华人民共和国保险法（修订）〉释义》，法律出版社2009年版，第103页。

③ 参见霍艳梅《论保险代位求偿权行使的法律限制》，《河北法学》2006年第1期。

④ 参见马原主编《保险法条文精解》，人民法院出版社2003年版，第153页。

成人员"应指"被保险人的组成人员",而非"被保险人家庭的组成人员"。①

　　我国保险法理论的通说,将被保险人的组成人员限定于被保险人的内部工作人员,范围极其狭小,是否有扩张的空间,学者进行了一定程度的探讨。有学者提出,被保险人作为组织体,在组织体的意义上确定其组成人员的范围,是不宜作宽泛的理解的。被保险人的组成人员应当作狭义解释,即为被保险人的利益或者受被保险人的委托或者与被保险人有某种特殊法律关系而进行活动的人,包括被保险人的雇佣人员、合伙人、代理人等。② 还有观点提出,因为被保险人的"组成人员"不是确切的法律概念,法院对此概念在解释上应当从宽掌握,可以将与被保险人有劳动关系、聘用关系和投资关系的人员均认定为被保险人的组成人员。③

　　因为故意造成保险标的损害的,保险人可以对被保险人的家庭成员或其组成人员行使保险代位权。但是,被保险人的家庭成员或其组成人员若因重大过失造成保险标的损害的,保险人可否对其行使保险代位权?

　　有学者认为,"除被保险人家庭成员或其组成人员的故意行为外,无论是因为轻微过失还是重大过失造成保险标的的保险事故,保险人均不得向被保险人家庭成员或其组成人员行使代位求偿权。并且保险人以被保险人家庭成员或其组成人员故意造成保险事故为由,向其行使代位求偿权的,应就其故意负举证责任"④。还有学者认为,我国立法严格限定保险人行使保险代位权的相对人范围不包括非故意造成保险标的损害的被保险人的家庭成员或其组成人员,发生道德危险的应为明知而为的故意行为,应知而不加注意的重大过失行为不构成道德危险,因此,不能突破立法的规定做扩大解释,因为被保险人的家庭成员或其组成人员的重大过失行为

---

① 参见张雪楳《论保险代位求偿权的行使范围》,《法律适用》2011 年第 5 期。
② 参见邹海林《保险法教程》(修订第二版),首都经济贸易大学出版社 2004 年版,第 125 页;郭建标:《保险代位求偿权若干法律争议问题之探讨》,《法律适用》2011 年第 5 期。
③ 参见刘建勋《新保险法经典、疑难案例判解》,法律出版社 2010 年版,第 375 页。
④ 霍艳梅:《论保险代位求偿权行使的法律限制》,《河北法学》2006 年第 1 期。

造成保险标的损害，保险人仍不得行使保险代位权。① 但也有学者提出不同意见。一般认为，重大过失与故意只存在甚微差别，在我国，将重大过失行为所致的损害与故意行为所致的损害同等对待。而且，依据法理，法人或者其他组织体因其工作人员故意或者重大过失行为对外承担赔偿责任后，对内可以向具有上述过错的工作人员追偿。因此，既然在故意情形下，保险人可以对上述人员行使代位求偿权，那么，在重大过失情形下也应可以行使代位求偿权。

十分明显的是，我国保险法理论就保险代位权的相对人之限制所为讨论，主要是围绕我国保险法有关保险代位权的规定展开的。法定代位权制度取代了保险合同的意思自治，因其规定的僵化和术语使用的不科学引起争议就是难免的。尤其是，涉及法律规定的保险代位权行使的限制内容时，是否允许保险合同通过约定予以明晰，仍然属于待解决的问题。因此，只要我国保险法继续维持法定保险代位权的制度结构，以上问题仍会持续讨论下去。

二 保险代位权的时效限制

一般认为，保险代位权从属于被保险人对第三人的损害赔偿请求权。第三人造成保险标的发生损害而应当承担的赔偿责任，或为侵权法上的责任，或为合同法上的责任，由此发生的损害赔偿请求权，均受诉讼时效期间的限制。被保险人对第三人的损害赔偿请求权的时效，应当适用《民法通则》以及其他有关法律的规定。保险代位权，原本为被保险人对第三人的损害赔偿请求权，应当受与被保险人的损害赔偿请求权的时效期间的相同限制，不应存在任何疑义。有学者认为，"至于保险代位权的标的的时效类别、期间的长短以及起算，应当依照被保险人对第三人的请求权基础或者性质加以决定。保险代位权因其标的时效完成，保险人不得再以诉讼或者仲裁方式对第三人行使其求偿权"②。

首先，保险代位权并没有独立的诉讼时效。有观点认为，保险代位权与其他民事权利一样，有自己独立的诉讼时效。既然法律没有做出特殊规

① 参见张雪楳《论保险代位求偿权的行使范围》，《法律适用》2011 年第 5 期。
② 邹海林：《保险法教程》（修订第二版），首都经济贸易大学出版社 2004 年版，第 126 页。

定，就应适用《民法通则》有关普通诉讼时效的规定，诉讼时效期间为两年。也有观点认为，保险代位权的诉讼时效应与被保险人原债权保持一致，按"任何人不得将大于自己所有之权利让与他人"的法理，其诉讼时效应与被保险人对第三者的求偿权一致，即保险人向第三者行使代位求偿权的诉讼时效期间与被保险人向第三者行使赔偿请求权的诉讼时效期间相同。所谓"保险代位"并非代位权，而是法定的请求权转移。与合同法上的代位权不同，保险人所行使的请求权并非自己的权利，而是依法转移的，原属被保险人所有的债权。既然保险代位权并非一种独立请求权，故无独立的诉讼时效。①

其次，保险代位权行使的诉讼时效，从属于被保险人的请求权之时效。有观点认为，保险代位权的诉讼时效期间，从被保险人知道或者应当知道权利被第三者侵害时起计算。② 还有观点认为，"被保险人在取得保险赔偿金前，作为第三者的债权人，向第三者请求赔偿或提起诉讼的，可以导致时效中断的法律后果。发生保险代位时，该债权上的时效利益一并转移至保险人，保险人在行使保险代位权时，也就可以被保险人此前的上述行为主张时效中断。""保险人取得保险代位权后，保险人或被保险人通知第三者的，诉讼时效从通知到达第三者之日起中断。"③

---

① 参见上海市高级人民法院课题组《保险代位求偿权纠纷案件的法律适用问题研究》，《法律适用》2011 年第 5 期。

② 参见奚晓明主编《〈中华人民共和国保险法〉保险合同章条文理解与适用》，中国法制出版社 2010 年版，第 409 页。

③ 参见上海市高级人民法院课题组《保险代位求偿权纠纷案件的法律适用问题研究》，《法律适用》2011 年第 5 期。

第十二章

重复保险论

第一节　重复保险的基本范畴

一　重复保险的定义

在我国保险法理论上，学者多引用我国保险法有关重复保险的明文规定来定义重复保险。

有学者认为，重复保险是指投保人于同一保险期间内，就同一保险标的、同一保险利益、同一保险事故与数个保险人分别订立的数份保险合同。① 有观点认为，重复保险是指投保人对同一保险标的、同一保险利益、同一保险事故在重复的保险期间与数个保险人分别订立数个保险合同，其保险金额总和超过保险标的价值的行为。② 也有学者认为，"重复保险是指投保人为同一被保险人利益，就同一保险标的、同一保险事故分别向二个以上保险人订立保险合同，且该数份保险合同均于重叠保险期间内发生法律效力的保险"③。还有观点认为，投保人对同一保险标的、同一保险利益、同一保险事故分别与两个以上保险人订立保险合同，数个保险合同的保险期限相互重合，且保险金额总和大于保险价值的保险。④ 保

---

① 参见李玉泉《保险法》（第二版），法律出版社 2003 年版，第 106 页；温世扬主编：《保险法》，法律出版社 2003 年版，第 63 页。

② 参见练姿秀《重复保险构成要件探析》，《中国保险管理干部学院学报》2003 年第 6 期。

③ 李青武：《论重复保险——兼论中国重复保险制度的完善》，《安徽教育学院学报》2007 年第 1 期。

④ 参见李俊飞《浅议重复保险超额保费之退还》，《上海保险》2012 年第 2 期。

险法规定重复保险制度的理由，有学者作了如下的概括："复保险制度的产生是基于损失填补原则，为了防止超额保险所可能引发的道德危险。因此其适用前提必须是损失填补保险，且保险标的的价值能以金钱加以估计。"①

但是，我国保险法规定的重复保险定义是否妥当，并非没有争议。尤其是，重复保险应否为数个保险合同的保险金额总和超过保险标的的保险价值，在我国学者间一直就有争议。而且，同一保险利益、因为同一保险利益而限定的同一投保人，作为重复保险的核心构成要素，也是存在争议的。例如，有学者认为，同一投保人对同一保险标的具有不同的保险利益，以不同的保险利益投保，也能成立重复保险。只要保险标的相同，保险标的的价值就是一个确定的价值，不因为保险利益的不同而有所变化，保险人依照不同的保险合同所承担的保险责任，在总量上也不会超过保险标的的保险价值。故保险利益是否相同，对于重复保险的成立不应当产生影响。我国《保险法》（2009 年）有关重复保险的定义是不周延的。因此，重复保险是指"投保人就同一保险标的、同一保险事故分别与数个保险人订立保险金额总和超过保险价值的保险合同"。②

二 重复保险的立法定位

在我国保险法理论上，始终存在如下的说法：重复保险有广义和狭义之别。狭义重复保险和广义重复保险的区别，在于重复保险的成立要件有异，以各保险合同约定的保险金额总和是否超出保险标的之保险价值作为区别特征。广义重复保险，是指投保人对同一保险标的、同一保险利益、同一保险事故与数个保险人分别订立数个保险合同的行为，而不论各保险合同约定的保险金额总和是否超出保险标的之保险价值。狭义重复保险，是指投保人对同一保险标的、同一保险利益、同一保险事故与数个保险人分别订立数个保险合同的行为，且各保险合同约定的保险金额总和超出保

① 孙玉芝：《复保险与保险竞合》，《山东社会科学》2004 年第 9 期。
② 参见常敏《保险法学》，法律出版社 2012 年版，第 208—209 页、第 207 页。

险标的之保险价值。① 但是，我国保险法并没有同时规定广义和狭义的重复保险。

有学者提出，在早期的重复保险的概念中"重复"非常重要，损害填补原则以及防止被保险人重复保险获得不当得利，是法律处理重复保险的主要出发点。1906年英国海上保险法将重复保险和超额保险联系在一起，有关重复保险的规定主要是用于规范被保险人的保险行为，并在此基础上平衡重复保险的几个保险人的赔付责任。重复保险实际上并不一定必须引起超额保险。② 依照上述观点，重复保险制度并不是为应对超额保险的问题而产生的。

或许因为这个原因，我国《保险法》（1995年）第40条规定的重复保险，为广义重复保险。有学者认为，"立法例规定重复保险的目的，在于合理分担各保险人的赔偿责任，而不论各保险人的赔偿责任之和是否超过保险标的的保险价值。将重复保险限定于超额的重复保险，并没有多少实益"③。在这里，重复保险所关注的核心问题，为各保险人如何分担保险责任的问题，如果真要涉及超额保险的应对事项，也非重复保险制度所要面对的问题，因为保险法对于超额保险已有相应的制度安排，根本无须借助于重复保险制度的设计和落实来防止超额保险情形下的不当得利问题。

当然，我国也有不少学者认为，重复保险一定是超额保险。广义复保险论不仅不符合复保险制度的立法意旨，而且没有实际意义。基于此，复保险的构成除须具备《保险法》（1995年）第40条所规定之要件外，尚须各保险合同的保险金额之总额超过保险标的之价值，始成立复保险，并非一有重复投保，即可以当然适用复保险的规定。质言之，重复投保绝非必然构成复保险。这是因为：首先，如各保险合同保险金额之总额未超过保险标的之价值，则无引发道德危险之顾虑及获取不法利益之可能，那么，自无从法律上对之加以限制的必要。其次，在此情形下，投保人向数

① 参见温世扬主编《保险法》，法律出版社2003年版，第63页；邹海林：《保险法教程》（修订第二版），首都经济贸易大学出版社2004年版，第188页；任自力主编：《保险法学》，清华大学出版社2010年版，第229页。
② 参见陈欣《保险法》，北京大学出版社2000年版，第217—218页。
③ 邹海林：《保险法教程》（修订第二版），首都经济贸易大学出版社2004年版，第194页。

个保险人投保，一则可分散危险，二则可增强安全保障，此恰恰与保险的基本理念相吻合，亦不会危及保险制度本身的生存。① 还有观点认为，"采用广义的重复保险立法，显然不能很好地体现重复保险的立法意旨和目的"②。

也有学者认为，投保人向数个保险人基于同一保险标的、同一保险利益、同一保险事故向数个保险人订立数个保险合同，若各保险合同保险金额总和没有超过其保险价值，既不会损及保险法的损失补偿原则，也不会诱发道德危险；而且从被保险人（投保人）角度来看，订立一个或数个保险合同，只要保险金额总和并没有超过保险价值，除另有约定外，各保险人仅就其所承保危险承担比例分摊责任，其他方面并无质的差异。因此，在法律上加以控制实无必要。③

以上观点并不认同我国《保险法》（1995 年）规定之广义重复保险，因为广义重复保险不是以规范超额保险为目的的。在保险法理论上，重复保险的制度目的，似乎已经无可争辩地与财产保险的填补损失原则之落实、被保险人不当得利的防止，以及重复保险中的数个保险人的赔付利益的平衡联系在了一起。

有学者从理论上分析了重复保险的立法目的，将之归纳为以下四个方面：其一，防止超额保险。损失填补是保险的重要特性。保险实务中，一些投保人为规避法律对恶意超额保险效力的否定性评价，放弃向同一保险人超额投保而变相地采用化整为零的方法向两个以上的保险人投保，从而达到超额保险的真实目的。基于此，法律对此类恶意复保险的行为，应有否定性评价的对策。其二，避免不当得利。投保人就同一危险分别与数个保险人订立数个保险合同，当保险事故发生时，倘若投保人或被保险人从数个保险人处皆能得到补偿，那么保险不仅填补了实际损失本身，还将使其获得额外的利益。保险立法为使保险制度沿着既定的轨道运行，对复保险加以有效控制是十分必要的。其三，制止道德危险。保险旨在消灾，而

---

① 温世扬、黄军：《复保险法律问题研析》，《法商研究》2001 年第 4 期。

② 游明：《对重复保险若干法律问题的思考》，《甘肃政法学院学报》（双月刊）2004 年第 6 期。

③ 韩伟：《复保险制度的理论探究》，《山东财政学院学报》（双月刊）2006 年第 2 期。

非使灾害增多。如果任凭复保险恣意妄为，那么，为获取不正当利益，投保人或被保险人"铤而走险"的情形甚而会成为常态，社会秩序为之紊乱。为控制道德危险，保障保险制度本身，有效调整复保险关系，其意义殊非小可。其四，增强安全保障。复保险制度尚具有保护投保人或被保险人利益的功能——增强安全保障。也正是基于此，立法上对复保险的评价并非全盘否定，而是有区别地进行调整，使之发挥积极作用。在存在复保险的情况下，投保人可能是善意，也可能纯粹是出于多一分安全保障的考虑，而非意图谋利，故区分善意复保险与恶意复保险而为不同的处分，应是必要且可能的。①

在我国，人们在讨论重复保险制度时，总是以部分立法例上规制"超额保险"的重复保险为参照系，反映在重复保险的解释论和立法论上也属自然。但重复保险制度究竟应当基于何种目的，似乎到现在也没有弄得很清楚。非常有意思的是，我国《保险法》（2009年）第56条来了一个大转弯，将重复保险界定为"狭义重复保险"。该法第56条第4款规定："重复保险是指投保人对同一保险标的、同一保险利益、同一保险事故分别与两个以上保险人订立保险合同，且保险金额总和超过保险价值的保险。"但这样做的立法理由如何，尚不得而知。我国保险法上的重复保险，由广义重复保险转变为狭义重复保险，将要解决什么样的问题以及将会产生什么样的效果，有待于今后的保险业实践来回答。

关于重复保险的立法定位，以下观点还是值得重述的。有学者认为，我国应当采用广义的复保险。采用狭义的复保险，仅能规制以积极保险利益为保险标的的财产保险。在以消极利益为保险标的的财产保险中，由于不存在确定保险价值的可能和必要，若保险法仅对狭义的复保险予以规定，则对以消极利益为保险标的的保险难以有效规制。事实上，在以消极利益为保险标的的保险如责任保险中，如果投保人就同一保险标的、同一保险利益、同一保险事故，分别向两个以上保险人订立保险合同，在保险事故发生后，如果被保险人分别向各保险人索赔，则其获得保险人之赔偿金额亦有超过其责任之可能，故此法律有必要对此加以规制，课以当事人通知的义务。②

---

① 参见温世扬、黄军《复保险法律问题研析》，《法商研究》2001年第4期。
② 参见程兵《复保险之法律研究》，《宁夏社会科学》2003年第5期。

另外，我国保险法规定的重复保险制度，一方面没有"加重"投保人的重复保险的通知义务，另一方面也没有将重复保险合同之订立与投保人的主观心理状态相联系，似乎在制度设计上存在不小的漏洞。有学者认为，复保险派生于保险法上的损失填补原则，是损失填补保险中的重要制度。从复保险的立法意旨出发，《保险法》（1995 年）对复保险的界定并不全面，还欠缺保险金额总和超过保险价值及保险期间发生交叉或重合两个要件。对于复保险的适用范围，应限于具有损失填补性质的险种，而非任一险种均可适用。我国立法虽然规定了复保险的通知义务，但由于对违反此义务将承担何种法律后果缺乏相应的规定，使之形同具文。对复保险的法律效力，应区分善意与恶意而分别规制，使恶意复保险归于无效，对善意复保险则宜采用连带赔偿主义的立法模式。我国保险法应当区分投保人的主观心理为善意和恶意两种样态，分别对复保险合同的效力予以评价。所谓恶意，系指投保人于订约之际，意图谋取不当得利，或在保险合同有效期内知悉复保险的存在而不为通知，或故意为虚假通知。所谓善意，指投保人因估计错误，或者因保险标的价格下跌，使保险金额总和超过保险标的的价值，或缔约之后方知晓存在复保险，且立即向各保险人通知复保险的有关情况。对于恶意复保险，由于投保人企图谋取不法利益，破坏保险制度分散危险、填补损失的宗旨及功能，恶意复保险的各保险合同均应当归于无效。①

然而，我国保险法几经修改，除了将广义重复保险改为狭义重复保险，对重复保险的其他制度设计并没有实质性的改动。

三 重复保险和其他保险

重复保险作为落实填补损失原则以及分担保险人的赔付责任的工具，常与其他类似的承保相同保险标的之"数个保险合同"的存在情形有所混淆。我国学者在这个方面做出了一些有益的尝试。

有学者提出了"其他保险"的观点。其他保险，是指在同一保险标的上以相同的保险利益分别订立数个保险合同的情形。构成其他保险应当满足三个条件：其一，数个保单承保的可保利益相同；其二，数个保单承

---

① 温世扬、黄军：《复保险法律问题研析》，《法商研究》2001 年第 4 期。

保相同的保险标的；其三，数个保单承保一种或一种以上的相同风险。其他保险形式上似乎与重复保险相同，但是承保同一标的和同一风险的数个保单，因为合同的约定而存在赔付被保险人的效力上的区别，故不能形成重复保险，只能以"其他保险"对待。其他保险仅限于补偿性保险，主要目的仍在于维护保险的补偿原则并减少道德危险的因素。① 在这里，其他保险在赔偿被保险人所发生的损失时，各保险合同约定的保险人对被保险人承担的保险责任的条款成为保险人赔付的依据，没有适用重复保险的余地。还有学者认为，因为允许当事人在保险合同中约定不同于法律规定之重复保险的赔付方式或条件，故有其他保险的存在；其他保险的作用在于协调不同保单之间的关系。尤其是，随着综合保险业务的广泛应用，重复投保的现象剧增，人们更加注重保险人之间如何分担损失，其他保险的应用就十分普遍了。再者，保险人在保险合同中使用"其他保险条款"，主要目的还是在于维护保险的填补损失原则，防止被保险人不当得利和减少道德危险。②

也有学者提出了"保险竞合"的观点。保险竞合与前述之"其他保险"具有基本相同的意义。在补偿性保险中，当保险事故发生时，两个以上保险人就同一保险事故所致同一保险标的的损失对被保险人均须承担保险责任的情形为保险竞合。同一投保人投保的不同保单，各个保险人承保的不同责任发生重合；或者不同投保人投保的不同保单，各个保险人保障的不同被保险人发生重合，均会引起保险竞合。保险竞合有广义和狭义的区分。广义的保险竞合，包括复保险在内。复保险和广义的保险竞合都是为了防止被保险人获得实际损失以外的赔偿，发生情形均是同一保险事故造成同一保险标的的损失，两个以上保险人对此均须承担赔偿责任，均存在于补偿性保险中。但是，复保险与狭义的保险竞合，是有严格区别的：（1）受保障的当事人范围不同。前者的被保险人必须是同一被保险人，而后者保障的被保险人通常不同。（2）适用的具体险种不同，前者主要适用于财产损失险，而后者主要适用于责任保险。（3）保障的利益不同，前者保障的是同一被保险人的利益，而后者保障的通常是不同被保险人的

---

① 参见陈欣《保险法》，北京大学出版社2000年版，第221—222页。

② 参见李玉泉主编《保险法学——理论与实务》，高等教育出版社2005年版，第245页。

利益。（4）保险人承担责任的方式不同。在保险事故发生时，复保险的各保险人的赔付责任一般由法律规定，而保险竞合时的各保险人责任则依保险合同的约定。①

四　重复保险适用范围问题

重复保险为财产保险的专有制度，适用于补偿性保险，似乎没有疑问。但是，因为补偿性保险的种类多样性，同样会引起是否有重复保险适用的问题。

财产保险中的责任保险，因为保险标的为被保险人对第三人承担的赔偿责任，保险合同仅能约定最高赔偿限额，而没有保险价值的约定，不会发生超额保险的问题，自然也就不存在狭义重复保险的适用。例如，有学者认为，我国《保险法》（2002 年）第 41 条将重复保险制度规定于财产保险合同之中，但并非所有的财产保险都可以适用重复保险制度。保险对财产的保障功能可以体现为两种类型：第一种是对财产积极损失的保障；第二种是对财产消极损失的保障。财产保险依据财产损失的种类可以划分为损失保险和责任保险两大类。损失保险以有形的财产为标的，如房屋、货物、机器设备等。该种保险的标的可以在订立合同时确定价值，保险事故发生时该房屋、货物或者机器设备等遭受损失，可以精确计算出损失额和保险价值之间的差额，从而为衡量保险金额是否超出保险价值提供依据。责任保险以被保险人依法应当对第三人承担的损害赔偿责任为标的，其实质是一定范围的侵权损害赔偿责任。投保人按照约定向保险人交付保险费，在被保险人应当向第三人承担赔偿责任时，保险人按照约定向被保险人给付保险金。可见，责任保险的保险标的不能在订立合同时确定价值，保险当事人也无法预先确定保险价值，必须等到保险事故发生时才能根据被保险人的具体侵权情况确定保险人应该承担的保险金额。所以，虽然同为财产保险，责任保险因其标的具有消极特征，不能适用重复保险的规定。② 对于上述观点自然会有疑问。学理上的近期研究结论在澄清疑问时，多少也有些遮遮掩掩。例如，有观点认为，当消极保险中的保险金额

① 参见孙玉芝《复保险与保险竞合》，《山东社会科学》2004 年第 9 期。
② 参见潘红艳《论重复保险——兼评我国〈保险法〉第 41 条之缺失》，《当代法学》2006 年第 5 期。

低于损害额时，被保险人只能在责任限额内获得赔偿，而当保险危险发生时被保险人对第三人的损害赔偿额超过保险金额时，保险公司只在保险金额范围内予以赔偿。就是说，责任保险作为消极保险的一种，在保险事故发生之前，均不会发生所谓的超额保险或者重复保险问题，即便有两份以上的保险合同存在，也仅在形式上构成重复投保或者构成"复合保险"。①

如果我国保险法规定的重复保险为广义重复保险，如《保险法》（2002 年）第 41 条之规定，上述观点显然不能够得到法律规范层面的支持，理论上承认重复保险适用于责任保险，也没有解释路径的障碍。那些主张重复保险不适用于责任保险的观点，反而是没有法律依据的。非常令人不解的是，为何我国有不少学者非要坚持重复保险应当以超额保险作为成立要件？其"正当性理由"无非是防止恶意重复保险获取不当得利，甚至附加投保人相当重的重复保险的通知义务，例如未经通知的重复保险合同不生效力，以否定恶意重复保险所具有的合同效力等。所有这些的"正当性理由"，在我国《保险法》（1995 年）建立重复保险制度后，都没有反映在法律规范上，即使《保险法》（2009 年）采取狭义重复保险的立场，也没有将这些内容写入法律。这个现象值得我国学界深思，重复保险制度不应当是简单"复制"域外立法例的产物。另外，我国《保险法》（1995 年）采取广义重复保险的立场，是否与我国保险市场的发展产生了某种程度的冲突或者不适？好像也没有发生这种情况。在这里，学者是否应当花些工夫来分析和研究重复保险制度的中国特色或本土化问题？

在我国《保险法》（2009 年）采取狭义重复保险的立场之下，是否责任保险就没有重复保险的适用余地？责任保险没有保险价值的约定，仅有保险金额（给付限额）的约定，但数个责任保险合同的给付限额之和，在发生保险事故时有可能超过被保险人应当承担的损害赔偿额时，仍然说此等情形下的数个责任保险不是重复保险而是"复合保险"或其他保险，显然是没有实际意义的，因为这样的结论并不解决任何实际问题；如果说这种情形下的数个责任保险为重复保险，至少可以按照保险法有关重复保险的规定协调各保险人的给付责任，有助于实际问题的解决。再者，数个责任保险合同承保同一被保险人的损害赔偿责任，不论其是否具有财产损

① 参见韩长印、韩永强《保险法新论》，中国政法大学出版社 2010 年版，第218 页。

失保险的"超额保险"情形，将其归入重复保险而令投保人对各保险人承担通知义务，以便发生保险事故时协调各保险人的给付责任，以防止发生被保险人获得之保险赔偿总额超过其实际损害赔偿额，具有十分重要的意义。因此，不能因为我国保险法已将重复保险在定义上限定为"狭义重复保险"，就否定重复保险在责任保险领域的适用。

　　另外，重复保险是否可以适用于财产保险以外的险种呢？财产保险以外的险种为人身保险，尽管人身保险多为定额给付性保险，但人身保险也有补偿性保险的存在。重复保险制度适用于补偿性保险，是否意味着能够适用于补偿性人身保险，如医疗费用保险？有学者认为，重复保险制度根源于填补损失原则，目的在于防范因为重复保险可能引起的道德危险。因而，重复保险制度只能适用于补偿性保险，而不能适用于定额给付保险。但是，并非所有的人身保险都属于定额给付保险。也有部分人身保险的险种属于补偿性保险。换言之，并非只有财产保险才适用填补损失原则，部分人身保险同样适用填补损失原则。财产保险的保险利益存在的基础，以经济上的利益为限；而人身保险的保险利益存在的基础，有的是经济上的利益，有的则是基于身份上的利益。因而，虽然大部分人身保险属于定额给付保险，但是也有人身保险的险种属于可以适用重复保险制度的补偿性保险。重复保险的适用范围应当从单纯的财产保险有限度地扩展到部分人身保险，如"实支实付型医疗费用保险"。[①]

第二节　重复保险的成立要件

一　重复保险的成立要件之学说

　　依照我国保险法的规定，我国学者一般认为重复保险的成立应当同时具备四个条件：保险标的相同，保险事故相同，数个保险合同分别订立，以及保险金额总和超过保险价值。依照上述理解，如果投保人与数个保险人订立的财产保险合同，缺少以上四个条件中的任何一个，均不成立重复保险。但在我国保险法理论上，有关重复保险的成立要件的表述还是存在相当差异的。

———————

① 参见董彪《论我国重复保险制度的立法完善》，《上海金融》2010 年第 3 期。

有学者认为，重复保险的成立应当同时具备以下条件：（1）投保人与两个以上的保险人分别订立数个或不同的保险合同；（2）数个保险合同的保险标的、保险利益和保险事故同一；（3）数个保险合同的保险期限相同或者发生重合。①

还有学者认为，重复保险的成立要件包括以下五项：（1）同一保险标的、同一保险利益和同一保险事故，即数个保险合同的保险标的、保险利益和保险事故相同；（2）同一个保险期间，即数个保险合同的保险期间发生重叠；（3）同一投保人，即数个保险合同的投保人为同一人；（4）保险人与保险合同均为复数，即保险人为数人和保险合同为数份；（5）保险金额总和超过保险标的之价值。②

也有学者认为，重复保险的成立，应当满足以下几个条件：（1）五个"同一"，即同一投保人、同一标的、同一保险期间、同一保险利益和同一保险事故；（2）两个以上保险合同，即投保人必须是与两个以上保险人签订保险合同；（3）保险金额总和超过保险标的的实际价值。③

另有学者认为，重复保险的成立要件由单一性要件和复合性要件组成。重复保险的单一性要件是指同一保险标的、同一保险利益、同一保险危险和同一保险期间。复合性要件则是指多个保险人和数个保险合同。④

这里必然会有一个疑问，为何学者在表述重复保险的成立要件时会存在差异？差异的存在或许能够说明我国保险法关于重复保险的规定是有缺陷的，上述有些观点所表达的重复保险的成立要件，恰恰是我国保险法所没有规定之事项。再者，学者对于重复保险的成立要件之归纳，之所以有些内容与我国保险法规定的重复保险的表述不同，同时也表明我国保险法规定的重复保险之构成存在可以讨论的巨大空间。

事实上，尽管我国保险法对重复保险已有明文规定，但究竟何种情形下的数份保险合同能够成立重复保险，或者重复保险合同相互间的效力如

---

① 参见李玉泉《保险法》（第二版），法律出版社 2003 年版，第 106—107 页；邹海林：《保险法教程》（修订第二版），首都经济贸易大学出版社 2004 年版，第 189—190 页。

② 参见吴庆宝主编《保险诉讼原理与判例》，人民法院出版社 2005 年版，第 507—515 页。

③ 参见王伟《保险法》，格致出版社、上海人民出版社 2010 年版，第 43 页。

④ 参见任自力主编《保险法学》，清华大学出版社 2010 年版，第 230—231 页。

何确定，在理论和实务上都不是十分清楚。例如，有学者曾提出这样的疑问，在传统的保险法理论中，投保人同一为重复保险的构成要件，但在现代保险业的实践中，大量存在着满足重复保险其他构成要件的保险合同，但投保人并不相同；如果投保人并不相同，但数份保险合同的保险金额之和超过保险标的之价值，是否为重复保险，尚无定论。① 因此，重复保险的成立要件，仍有待于我国保险法理论和实务的深度探索。

二　关于同一保险利益的问题

重复保险的成立应当以同一保险利益作为条件，被我国学者反复强调，而且也为我国保险法所明文规定。基于这样的见解和制度逻辑，承保同一保险标的的数个保险合同，若其保险利益不同，则不能构成重复保险。

有学者认为，重复保险必须是基于同一保险标的和同一保险利益。如果对于非同一的保险利益，订立几个保险合同，例如货主就同一货物为其货物订立一个火灾保险合同，而仓库营业员基于其保管责任，又订立了一个火灾保险合同，这两个保险合同的保险标的同一和保险事故同一，但因其保险利益不同，不构成重复保险。②

有观点认为，投保人对同一保险标的、同一保险事故，与数个保险人订立数个保险合同，如每份保险合同针对的是不同的保险利益，则不构成重复保险。也就是说，如果不同的人对同一保险标的的具有不同的保险利益但以同一保险事故订立数个保险合同，不属于重复保险。③

还有观点认为，就同一保险标的的不同保险利益，向不同的保险人投保，分别构成彼此独立的保险合同，例如对于同一栋房屋，所有权人和抵押权人均具有保险利益，两主体就这同一标的各自拥有不同的保险利益，分别向保险公司投保，这样成立的两份以上的合同也是独立存在的，不构成重复保险。④

---

① 参见吴庆宝主编《保险诉讼原理与判例》，人民法院出版社 2005 年版，第512—513 页。

② 参见李玉泉《保险法》（第二版），法律出版社 2003 年版，第 107 页。

③ 参见练姿秀《重复保险构成要件探析》，《中国保险管理干部学院学报》2003年第 6 期。

④ 参见孙玉芝《复保险与保险竞合》，《山东社会科学》2004 年第 9 期。

重复保险的成立是否应当以同一保险利益作为条件，在理论和实务上都是值得讨论的。保险利益是投保人或被保险人对保险标的所具有的法律上承认的利益（利害关系），并非保险合同的标的。而重复保险所要解决的基本问题在于防止投保人以分别订约的形式发生超额保险，以及合理分配各重复保险人之间的保险责任。超额保险的判断，与保险利益本不具有关联性，仅与保险标的的保险价值有关。在财产保险的情形下，保险利益的作用在于评价被保险人是否有权要求保险人给付保险赔偿金。对保险标的具有法律上承认的相同利益的被保险人，可以是同一被保险人（如保险标的的所有权人），也可以是不同的被保险人（如对保险标的享有优先受偿权的不同的抵押权人或其他担保权人）。所以，重复保险在避免超额保险和分配各保险人的保险责任上，只要立足于同一保险标的即可解决所有问题，要求保险利益同一并没有理论上和实务上的需要。

在实务中，投保人以同一保险标的向不同的保险人订立数个保险合同，各保险合同的保险利益并不相同，但因保险标的同一而发生保险事故，各保险人如何对享有不同保险利益的被保险人赔付，有利用重复保险制度的需求。例如，在同一栋不动产上存在所有权和担保物权等数个物权的，所有权人和担保权人对该不动产均有保险利益；投保人以该不动产与保险人订立所有权人为被保险人的保险合同后，又与保险人订立担保权人为被保险人的保险合同，这两个保险合同的保险利益并不相同，是否成立重复保险？在这种情形下，理论上借助于权利混同或者吸收的原则，要求投保人以其享有的较大的利益投保，但并不能阻止投保人以不同的保险利益分别投保，此等情形应当例外地成立重复保险。

有学者认为，在财产保险中，只有被保险人有权依照保险合同请求保险人填补损害，被保险人对保险标的必须具有保险利益，投保人对保险标的是否具有保险利益并无实际意义，被保险人是保险利益的当然承受者。重复保险制度的目的之一是防止保险利益的承受者，即被保险人，获取不当利益，因此，重复保险的要件之一是被保险人相同。投保人针对同一保险标的的不同保险利益投保，通常情况下，不构成重复保险，但是，若该保险利益存在权利混同或者吸收，构成重复保险。因此，保险利益是否同一，不是重复保险的一般构成要件之一，而同一保险标的则是重复保险的构成要件之一。①

　　还有学者认为，投保人以同一保险标的向不同的保险人订立数个保险合同，各保险合同的保险利益并不相同，但只要保险标的相同，保险标的的价值就是一个确定的价值，不因为保险利益的不同而有所变化，保险人依照不同的保险合同所承担的保险责任，在总量上也不会超过保险标的的保险价值。所以，保险利益是否相同，对于重复保险的成立不应当产生影响。②

三　关于同一保险期间的问题

　　理论上，数个保险合同就同一保险标的和保险事故均约定有相同的保险期间或者其所约定的保险期间重合，才能成立重复保险。这是因为不同的保险人对相同的保险标的，以相同的保险事故订立的数个保险合同，如果各保险合同的责任起讫期间或者保险期间不相同或者不重合，各保险人不会同时对保险事故的发生所致保险标的的损害承担保险责任，自然不会发生重复保险超额赔付或者分配各保险人的保险责任之问题，也就不存在重复保险。

　　我国保险法对于重复保险的成立要件，并没有明文规定数个保险合同的保险期间相同或者重合这一条件。但是，保险期间同一，是重复保险现象不言自明的构成条件。有观点认为，投保人对同一保险标的、同一保险利益、同一保险事故与数个保险人订立数个保险合同，各保险合同的保险责任期间相同或者部分重合，才能构成重复保险。故重复保险必须具备在同一保险期间这个要件，我国《保险法》（2002 年）关于重复保险的定义中没有明确指出，这是保险法的一大失误。③

　　同一保险期间中的"期间"应当如何理解，在学者间存在不同的看法。例如，有些学者认为，"重复保险的存在与否以保险事故发生为判断时点，与保险合同订立时点无关，根据此，重复保险是否成立的判断时点

---

　　①　参见李青武《论重复保险——兼论中国重复保险制度的完善》，《安徽教育学院学报》2007 年第 1 期。

　　②　参见常敏《保险法学》，法律出版社 2012 年版，第 208—209 页。

　　③　参见练姿秀《重复保险构成要件探析》，《中国保险管理干部学院学报》2003 年第 6 期。

是保险事故发生时，而不是保险合同订立时"①。也有观点认为，"是否构成复保险，其判断时点，应以保险事故发生之时为准，而与保险合同订立之时点无关。以此来解释保险期间发生重合或交叉，其意为保险事故发生时，各保险合同均在有效期间内"②。

有观点认为，重复保险的"同一保险期间"不能限定于"保险事故发生时"，尤其对于先后订立的保险合同而言，但它们在保险事故发生时，前面订立的保险合同已经失效了，那么这种情况不属于重复保险。这种观点忽视了对投保人的保护，使得投保人对在没有发生保险事故的重复责任期间支付了更多的保险费。③

还有学者认为，同一保险期间实为保险责任期间的"重叠性"。重复保险责任期间的重叠性包括全部重叠和部分重叠。全部重叠，是指保险责任的起讫时间完全相同，亦称同时复保险。部分重叠，是指保险责任的起讫时间非完全相同，但存在部分相同，亦称异时复保险。同一保险期间，不必数个保险合同的保险责任始期与终期完全相同，只需其一部分期间发生交叉关系或者重叠。同一保险期间与数个保险合同的"生效期间"没有关系，仅限于保险责任期间。④

同一保险期间所称"期间"与保险合同的订立时间或者时点没有任何关系，自不待言；但是否就是保险事故发生的"时点"或者将保险事故发生的"时点"当作同一保险期间的判断依据，在解释的理由和方法上是存在问题的。保险期间为一个时间段，表明保险人对保险标的承担保险责任的期间，它可以包括一个确定的"时点"，诸如发生保险事故的时点，但绝对不能理解为一个确定的时点。所以，对保险期间的理解不能仅以保险事故发生的"时点"作为参照坐标。两份以上的保险合同发生的保险事故的"时点"相同，称其为"同一保险期间"自无疑问，因为事实上保险事故已经在相同的时点发生了；但是，保险事故具有偶然性，对于尚未发生保险事故的数个保险合同而言，如果保险合同约定的保险期间

① 参见周玉华《保险合同法总论》，中国检察出版社2000年版，第90页。

② 参见温世扬、黄军《复保险法律问题研析》，《法商研究》2001年第4期。

③ 参见练姿秀《重复保险构成要件探析》，《中国保险管理干部学院学报》2003年第6期。

④ 参见李青武《论重复保险——兼论中国重复保险制度的完善》，《安徽教育学院学报》2007年第1期。

的"始期"和"终期"相同，或者其期间在进行中有一段重合，而保险人对处于相同或重合的保险期间内的保险事故是要承担保险责任的，这就是同一保险期间。

四　关于同一投保人的问题

在理论上，同一投保人作为重复保险的成立要件似乎是不可辩驳的。因为人们在定义重复保险时都在不断强调投保人以同一保险利益和数个保险人订立数个保险合同这样的情形，故数个保险合同的当事人之一方投保人只能是同一个人。再者，因为固有的保险利益制度要求投保人对保险标的应当具有保险利益，那么因为同一保险利益所限定的投保人，也只能是同一个人。但是，保险合同关系的实际状况并不完全是这样。

有学者认为，"从保险合同的性质看，保险合同是一种可为第三人利益而签订的合同，受保险合同保障的人可以是投保人自己，但他必须是被保险人；也可以不是投保人自己，那么他必然不是被保险人。重复保险的规制目的是防止被保险人而不是投保人获得积极利益。如果限制投保人为同一人，那么保险法上的关于重复保险防止被保险人获得积极利益的规定的目的可能会落空。因此，重复保险并不要求投保人相同。虽然很多学者认为重复保险的投保人一般为同一人，但那是基于财产保险合同的投保人与被保险人一般为同一人，被保险人出险时应对保险标的具有保险利益的规定。以归纳法进行的推理，投保人为同一人并不是法律上重复保险定义的应有之义"[1]。

在这里有必要说明的是，同一投保人的制度机制，在我国目前的财产保险法律制度结构下已经不存在了。投保人可以为自己的财产投保，也可以为他人财产投保，法律并不要求投保人对保险标的（财产或财产利益）应当具有保险利益，故将重复保险限定于同一投保人以同一保险标的向数个保险人投保的场合没有任何实际意义。再者，投保人在保险合同中的地位较为特殊，并非保险给付请求权人，而重复保险所要解决的根本性问题，是数个保险合同项下的保险给付请求权如何实现的问题，此与投保人是否为同一个人并无关联。所以，同一投保人并非重复保险的成立要件。

---

[1]　陈会平：《重复保险认定标准辨析》，《上海保险》2012 年第 3 期。

第三节　重复保险的通知义务

一　重复保险的通知义务之存在必要性

理论上，重复保险的各保险合同，不论其订立时间的先后，均互为重复保险。有学者认为，重复保险的各保险人彼此独立，难以知晓其他保险合同的存在，为了防止各保险合同项下的给付超过被保险人所发生的损失，保险立法例均会要求投保人对各保险人承担重复保险的通知义务。[①]还有学者认为，"法律之所以规范重复保险，并课以当事人通知义务，在于避免因超额保险违反损失补偿原则，造成投保人获取非法利益，并引发道德风险"[②]。

重复保险的通知义务，为投保人对重复保险的各保险人承担之法定义务，不论重复保险的各保险合同对之是否有所约定，投保人均应当将其重复投保的事实通知保险人。但是，立法例对重复保险的通知义务所为规定存在相当大的差异，我国学者对之是有所认识的。例如，有学者认为，立法例有关重复保险的投保人为通知事项的规定、通知的方式，以及未能通知的后果等方面，有明显不同的规定；但我国保险法的规定较为原则和缓和，既未严格限定重复保险的通知事项，也未明确规定投保人未通知重复保险事实之法律上的后果。[③]

在这样的情形下，重复保险的通知义务是否应当具有其他法域的保险立法例规定之重复保险的通知义务的效果，颇为值得研究。为此，有许多学者对我国保险法的制度逻辑提出了批评。例如，有学者认为，投保人如果没有履行重复保险的通知义务，其法律后果如何，我国保险法未有明确规定不能不说是一个缺憾。如此一来，不论投保人是否履行重复保险的通知义务，一旦出险都能够得到按比例赔偿，毫发无损，保险法设置重复保险的通知义务也就变得毫无意义，故应当参考其他国家和地区的立法模

---

① 参见李玉泉主编《保险法学——理论与实务》，高等教育出版社 2005 年版，第 240 页。

② 游明：《对重复保险若干法律问题的思考》，《甘肃政法学院学报》（双月刊）2004 年第 6 期。

③ 参见邹海林《保险法教程》（修订第二版），首都经济贸易大学出版社 2004 年版，第 190—191 页。

式，对于恶意不履行通知义务规定相应的法律后果，以示惩戒。①

再如，有学者认为，"我国现行保险法虽然规定了投保人在进行重复保险时应当履行的通知义务，但是，并没有对投保人不履行通知义务应当承担何种不利法律后果作出明确规定。只规定行为模式，却不规定违反该行为模式应当承担何种法律后果的立法方式，使得关于重复保险通知义务的规定形同虚设。投保人虽然负有通知义务，但是无论其是否履行该义务所承担的法律后果都是相同的，这就必然诱使投保人怠于履行通知义务"②。

或许是因为我国学者太过于专注重复保险制度防止超额保险的功能，而对于投保人在订立重复保险合同时所承担之法定义务，非要附加法律上的否定后果，似乎法律制度的设计才够得上完美。但是，我国学者似乎都在忽视一个非常重要的现象：既然这么多人都已经认识到我国保险法对于重复保险通知义务的规定存在漏洞或不足，立法者为何不对其加以完善和补充呢？之所以会有这个现象，说明我国许多学者并没有认识到保险法的重复保险制度与许多学者所讲述的"立法例上的重复保险"存在的不同及其差异性的缘由，尤其是这些差异性的制度结构甚至重复保险的制度目的之演变，或多或少都在影响重复保险的制度设计，尤其是重复保险的通知义务。

再者，重复保险的通知义务作为投保人承担的法定义务，保险法未对之附加违反义务的法律上的后果，并不表明保险合同的约定也会无所作为，我国保险法将重复保险的通知义务交给保险合同当事人意思自治，顺应法理并合乎现代保险市场发展的需求，应属正当。我国保险法理论对于重复保险通知义务的批评，多属于立法论上的批评，实际意义并不显著；但在解释论上，对于保险实务中的重复保险就有关重复保险的通知义务的约定所为研究，不仅缺乏关注而且缺乏理论指引，不应当引起我们的反思吗？

二　重复保险的通知义务的履行

（一）通知义务人的范围

理论上，重复保险的通知义务由投保人承担。因为重复保险的成立要

---

① 参见李玉泉主编《保险法学——理论与实务》，高等教育出版社 2005 年版，第 240—241 页。

② 董彪：《论我国重复保险制度的立法完善》，《上海金融》2010 年第 3 期。

件有同一投保人的要求，故重复保险通知义务人仅限于投保人，因为只有投保人在订立重复保险合同时，知其订立数个保险合同的事实，其有条件将此事实通知保险人。但是，随着保险利益制度的改革，财产保险的投保人对保险标的可以不具有保险利益，这就使得重复保险的投保人不限于同一投保人的情形，如果重复保险的投保人不是一个人，而是两个以上的不同的投保人，则仅有知其所订立的保险合同为重复保险的投保人，才对保险人承担重复保险的通知义务。

当然，重复保险的被保险人享受数个保险合同的保障，如果其已知重复保险的事实，是否如同投保人应当承担重复保险的通知义务？我国有学者认为重复保险的通知义务人，应当包括被保险人。例如，有观点认为，重复保险的通知义务原则上由投保人承担，但在司法实践中有必要对"告知义务人"作扩张解释，被保险人应当承担重复保险的"告知义务"。① 还有观点认为，对于重复保险的事实，如果投保人不同且彼此不知情，被保险人在知情的情况下，应当履行重复保险的通知义务；如果投保人和被保险人均不知情，应免去投保人和被保险人的通知义务。②

（二）重复保险的通知事项

投保人应当将重复保险的何种事实通知保险人？我国保险法对此没有作出列举式的限定，而是规定投保人应当向保险人通知"重复保险的有关情况"。

何为重复保险的有关情况？有学者认为，在法解释上，重复保险的"有关情况"应当是各保险人承保的重复保险合同的有关情况，包括保险人的名称和住所、保险标的、保险价值、保险费、保险金额、保险责任范围、保险期间、保险金的给付等。③ 除此以外，另有学者认为，因为保险法毕竟对于重复保险的通知事项没有作列举式的限制规定，保险人和投保人在订立保险合同时，可以意思表示约定或者限定重复保险的通知事项的

---

① 参见吴庆宝主编《保险诉讼原理与判例》，人民法院出版社 2005 年版，第535 页。

② 参见李青武《论重复保险——兼论中国重复保险制度的完善》，《安徽教育学院学报》2007 年第 1 期。

③ 参见邹海林《保险法教程》（修订第二版），首都经济贸易大学出版社 2004年版，第 190 页；任自力主编：《保险法学》，清华大学出版社 2010 年版，第 233 页。

范围。①

应当注意的是，投保人虽有重复保险的通知义务，但保险人已经知道或者在通常的业务活动中应当知道的重复保险的有关情况，或者经保险人申明不需投保人通知的重复保险的有关情况，投保人不必通知保险人。②

（三）重复保险通知的时间

对于重复保险的通知义务履行的时间，因为保险法没有作出明文规定，学者间有不同的意见。

有学者认为，依照我国保险法的相关规定，投保人应当在订立重复保险合同时，主动将重复保险的事实通知各保险人。重复保险的通知义务的履行，不同于我国保险法规定之如实告知义务的履行，投保人不得以保险人没有询问而不通知保险人其订立重复保险合同的有关情况。投保人同时和数个保险人分别订立重复保险合同的，应当在订约时向各保险人履行重复保险的通知义务。在不同的时间先后订立重复保险合同的，在订立后一个重复保险合同时，应当将先前成立的保险合同的有关情况通知保险人；在后一个重复保险合同订立后，应当将该保险合同的有关情况及时通知先前成立的保险合同的各保险人。投保人以同一保险标的在不同的时间先后订立数个保险合同的，应当分别通知各保险人。③

还有学者认为，依照我国保险法的规定，重复保险的通知义务似乎为投保人承担的主动性义务，不需要保险人的询问。但在解释保险法的相关规定时，重复保险的通知义务应当参照我国保险法关于如实告知义务的立法宗旨（即询问告知主义）进行解释，不应理解为投保人的主动性义务，避免造成对投保人的要求偏高。④依照这种观点，当保险人对重复保险的有关情况提出询问时，投保人应当履行重复保险的通知义务。还有观点提出，"为实现保险人与投保人、被保险人之间实质公平，规定保险人的前置义务，即投保人通知义务的履行（含通知的内容）以保险人的书面询

---

① 参见常敏《保险法学》，法律出版社 2012 年版，第 210 页。

② 参见邹海林《保险法教程》（修订第二版），首都经济贸易大学出版社 2004 年版，第 191 页。

③ 参见邹海林《保险法教程》（修订第二版），首都经济贸易大学出版社 2004 年版，第 191 页。

④ 参见吴庆宝主编《保险诉讼原理与判例》，人民法院出版社 2005 年版，第 533 页。

问为条件"①。

也有学者认为，一方面，重复保险的通知之目的，主要是为了避免被保险人获得超额赔付，而不是便于保险人决定是否承保及保险费的多少；另一方面，在保险实务中，保险期间完全重合的情况极少，多数是部分重合，被保险人在保险事故发生后获得超额赔付仅仅是一种可能性。因此，只要投保人或被保险人在保险索赔前或索赔时通知保险人即可。②

重复保险的通知义务的履行，并不以投保人在订立重复保险合同时，向保险人通知其已经订立的保险合同。即使在订立保险合同时未为通知，亦不妨碍投保人在合同成立后向保险人为重复保险的通知。例如，有学者认为，"重复保险的通知，不限于投保人在订立保险合同时的'通知'；保险合同成立后，若有订立重复保险合同的行为，亦应当向先前成立的保险合同的保险人进行通知。"③ 但是，仍应当注意的是，投保人在订立重复保险时，如果合同对于投保人履行重复保险的通知义务的时间已有约定，那么投保人应当按照合同的约定履行重复保险的通知义务。

三 违反重复保险的通知义务之后果

在保险法理论上，我国保险法对投保人违反重复保险的通知义务未规定法律后果，故因此认为投保人不承担任何义务不履行的后果。这也成为我国许多学者对保险法的如此规定予以抨击的对象。究竟应当如何看待呢？

一种主张认为，应当将重复保险的通知义务之违反，按照投保人的主观心理状态进行区分，对于恶意违反重复保险的通知义务，应当承担重复保险合同无效之后果。

有学者认为，《保险法》（1995 年）第 40 条第 1 款规定投保人须履行重复保险的通知义务，但看不到任何有关违反重复保险的通知义务应承担何种法律后果的规定。如此一来，便使重复保险的通知义务的规定形同具文。因为不论投保人通知与否，法律后果均相同，甚而至于，不履行通知

---

① 李青武：《论重复保险——兼论中国重复保险制度的完善》，《安徽教育学院学报》2007 年第 1 期。

② 参见任自力主编《保险法学》，清华大学出版社 2010 年版，第 232 页。

③ 常敏：《保险法学》，法律出版社 2012 年版，第 210 页。

义务还可能因为保险人不知重复保险的存在而获得不当得利，投保人何乐而不为？《保险法》（1995 年）所设定的重复保险的通知义务也就显得毫无意义。这之所以是一个问题，是因为《保险法》（1995 年）对于复保险的法律效果未能从当事人主观心态的立场加以划分，而是笼统地规定为"重复保险的保险金额总和超过保险价值的，各保险人的赔偿金额的总和不得超过保险价值。除合同另有约定外，各保险人按照其保险金额与保险金额总和的比例承担赔偿责任"。为了解决这一立法上的缺漏，唯一可行的办法就是针对投保人的主观心态，将其明确区分为善意与恶意，从而在法律上赋予不同的法律后果，使重复保险的通知义务发挥其应有的功效。① 也有学者基本上重述了以上的见解。② 依照上述观点，投保人违反重复保险的通知义务，若为恶意，则订立的重复保险合同无效。

　　有观点认为，如果保险人已向投保人表明重复保险应当通知的，投保人因为过失遗忘、故意隐瞒或欺骗，投保人应当承担保险合同无效的后果。③ 还有学者认为，凡投保人出于恶意而订立的重复保险合同，应当归于无效。但在现行的法律框架下，如果确有证据证明投保人系恶意保险，目的在于骗取保险金，构成以合法形式掩盖非法目的，还可以根据《合同法》第 52 条第 3 款关于"以合法形式掩盖非法目的的合同无效"的规定，主张该保险合同无效。④

　　也有学者认为，"为实现保险人与投保人、被保险人之间实质公平，规定保险人的前置义务，即投保人通知义务的履行（含通知的内容）以保险人的书面询问为条件。如果投保人不同且彼此不知情，被保险人在知情的情况下，应履行通知义务；如果投保人和被保险人均不知情，应免去投保人和被保险人的通知义务，超额重复保险在保险价值内有效，除此以外，投保人或被保险人没有履行通知义务的，各保险合同无效。但非超额

①　参见温世扬、黄军《复保险法律问题研析》，《法商研究》2001 年第 4 期。

②　参见游明《对重复保险若干法律问题的思考》，《甘肃政法学院学报》（双月刊）2004 年第 6 期

③　参见吴庆宝主编《保险诉讼原理与判例》，人民法院出版社 2005 年版，第 537 页。

④　参见李玉泉主编《保险法学——理论与实务》，高等教育出版社 2005 年版，第 241—242 页。

重复保险，不因投保人或被保险人没有履行通知义务而无效。"①

更有学者认为，应当根据投保人的主观态度将重复保险作恶意与善意的区分。依照合同法的基本原则，合同内容的合法性为其生效要件之一，恶意重复保险的合同内容并不一定违反法律的相关规定，但订立恶意重复保险合同的目的在于骗取超额赔款，即投保人主观上具有获取非法利益的意图，合同之效力应当受到一定程度的影响。我国保险法对重复保险的投保人违反通知义务的法律后果未有规定，但投保人在后订立的重复保险合同有恶意的，该保险合同应属无效，这样既能保护合同的有效性，又能兼顾保险人的利益。②

有学者认为，我国《保险法》（2009 年）第 55 条第 3 款和第 56 条第 3 款的规定，没有区分善意重复保险和恶意重复保险，即投保人或被保险人恶意签订重复保险合同，一旦在保险期限内发生保险事故均可以获得保险费的退还。这对于善意重复保险的被保险人或保险人而言均有失公平。我国保险法应当按照投保人或被保险人的主观意图区分善意和恶意重复保险。针对善意投保人，允许投保人就保险金额超过保险价值的部分，要求各保险人按照比例进行返还；针对恶意投保人，不仅不允许退还超额部分的保险费，而且规定保险合同自始至终无效。③

对于重复保险，投保人应为通知而未通知保险人的，保险人有无合同解除权或者拒赔抗辩权？于是，便有了另一种主张。这种主张认为，投保人违反重复保险的通知义务，并不会导致保险合同的无效，可以适用我国保险法有关如实告知义务的违反之规定，在投保人因为故意或者过失未履行重复保险的通知义务时，保险人有解除保险合同的权利；发生保险事故的，保险人不承担保险责任。有些观点虽然没有明示在投保人违反重复保险的通知义务时，保险人不承担保险责任的理由或依据，但多少都受到了这种主张的影响。例如，有学者认为，如果不论通知与否，被保险人均能从重复保险得到赔偿，甚至不通知还可能因保险人不知重复保险的事实而获得超额赔偿，则通知义务将形同虚设，并诱发重复保险的道德危险。因

---

① 李青武：《论重复保险——兼论中国重复保险制度的完善》，《安徽教育学院学报》2007 年第 1 期。

② 参见陈思远《试论重复保险合同效力》，《经济与管理》2012 年第 2 期。

③ 参见李俊飞《浅议重复保险超额保费之退还》，《上海保险》2012 年第 2 期。

此，投保人、被保险人违反重复保险的通知义务的，保险人有权拒赔；保险人已经赔付的，有权请求被保险人返还其受领的给付。①

当然，我国也有不少学者认为，投保人违反重复保险的通知义务，并不具有相当于违反如实告知义务的法律效果，因为这两个制度的功能或目的以及运行机制并不相同。例如，有学者认为，我国《保险法》（2009年）第16条所规定的如实告知义务，采取询问告知主义的立场，投保人应当告知的事项以与保险标的之危险有关的情况为限；而该法第56条规定的重复保险的通知义务，不以保险人提出询问为必要，而重复保险合同的有无，与保险标的的危险情况没有关联。如实告知义务制度的目的，在于帮助保险人确定和控制保险危险的程度；而重复保险制度的目的，在于防止保险人的超额给付以及被保险人谋取不当得利，即降低投保人超额保险的道德危险。在这些意义上，投保人的如实告知义务和重复保险的通知义务，性质显然不同。当投保人违反重复保险的通知义务时，保险人不得以投保人"违反如实告知义务"为由，解除保险合同或者不承担保险责任。②

我国保险法对于投保人违反重复保险的通知义务的后果没有明文规定。这是学者都承认的事实。在此情形下，无论如何解释，也难以得出恶意不为通知的重复保险合同无效的结论，也无法得出保险人得以投保人违反重复保险的通知义务为由解除保险合同或不承担保险责任的结论。这就是说，投保人违反重复保险的通知义务，对于各保险合同的效力，依照保险法的规定并不会产生否定性的影响。但是，这并不意味着，当投保人未向保险人通知重复保险的情况，或者通知重复保险的事实不真实，或者因为过失而未能及时通知重复保险的情况的，除超过保险价值的保险金额部分无效外，对重复保险合同的效力不会产生影响。这是一个应当由当事人通过意思自治解决的问题，只是一个没有通过法律规定的方式加以明确而已。例如，有学者提出，"我国保险法规定重复保险的基本目的，在于防止因超额保险而损害财产保险填补损失的原则。投保人违反重复保险的通知义务，与保险标的发生事故的危险的增加或者促使被保险人为道德危险行为之间并不具有直接的因果联系，因此不宜对投保人违反重复保险的通

---

① 参见任自力主编《保险法学》，清华大学出版社 2010 年版，第 233 页。
② 参见常敏《保险法学》，法律出版社 2012 年版，第 211 页。

知义务施加对被保险人不利的法定后果。有学者研究表明，保险立法例正在全力改善不利于被保险人或者受益人的条款，以突出保护被保险人的立场，正在逐步取消重复保险的通知义务，即使对之有所规定，也严格限定其适用条件。因此，在我国，投保人违反重复保险的通知义务时，给保险人以合同解除权或者拒赔抗辩权的救济，其必要性似乎并不显著。但是，在保险实务中，基于保险合同内容的意思自治，当事人可以就投保人违反重复保险的通知义务的后果作出约定；保险合同对投保人违反重复保险的通知义务的后果有约定的，依照约定确定重复保险的当事人或被保险人在保险合同中的利益。"①

我国保险业务的实践未在这个方面作出应有的探索，以致在投保人违反重复保险的通知义务时，缺乏相应的问题解决机制。这个现象不能归因于我国保险法的规范缺失，保险法未规定违反重复保险的通知义务的后果，并不表明合同当事人不能通过合同约定来解决这个问题，并且这也是应当由合同当事人约定来解决的问题。法律规定不是万能的，尤其是对具有高度意思自治特性的保险行业而言，通过意思自治可以解决的问题而不去寻求解决方案，却要盲从于法律对于义务不履行后果的规定，实在令人难以理解。

第四节　重复保险各保险人的责任分担

一　重复保险各保险人责任分担的意义

理论上，重复保险的各保险合同彼此独立，在效力上互不影响，保险标的发生保险事故的，重复保险的各保险人对被保险人所受到的损害均应当承担保险责任。但是，因为财产保险填补损失原则的作用，重复保险的各保险人向被保险人给付保险赔偿金的总和，不得超过保险标的之保险价值。因此，财产保险禁止超额保险的法理，对于重复保险而言，同样具有意义。问题是，以不超过保险价值为原则，重复保险的各保险人应当如何承担保险责任呢？

我国学者在理论上，将保险立法例规定的重复保险的各保险人承担责

---

① 常敏：《保险法学》，法律出版社 2012 年版，第 211—212 页。

任的方式归纳为三种类型，即优先责任、连带责任和比例责任。我国保险法则采取了较为普遍的比例责任的分担方式。①

保险业为高度自治的行业，保险合同对于重复保险的各保险人如何承担保险责任一般会有相应的约定，故法律规定重复保险的各保险人的责任承担方式，仅仅具有补充保险合同当事人意思表示不足的价值。有学者认为，"立法例承认重复保险的各保险人的责任分担，尤其是在被保险人分别请求各保险人给付保险赔偿时，各保险人分担其责任就显得更为重要，同时还应当有各保险人合理的分担保险责任的方法。首先应当明确，重复保险各保险人的责任分担，应当依照重复保险的各保险合同的约定；各保险人在保险合同中对于保险责任的分担已有约定的，应当承认各保险合同约定的效力。当重复保险合同对各保险人分担保险责任的方式没有约定或者约定不明时，保险法应当对此进行调控，规定相应的分担保险责任的方式，实现各保险人的责任分担。"②

二　重复保险各保险人的比例责任

重复保险的各保险合同，不论其成立的时间，均为有效。各保险人依照其合同约定的保险金额与重复保险的保险金额总和的比例，分担保险责任，此为比例责任。但是，保险合同另有约定的，依照其约定。

有学者认为，尽管重复保险的各保险人均对保险期间发生的保险事故向被保险人承担赔付保险金的责任，但是各保险人对被保险人的责任是相互独立的，被保险人有权按照投保人与各保险人订立的保险合同在保险金额的范围内选择各保险人进行索赔。基于公平原则，法律规定各保险人之间按比例分摊保险责任，但这种责任份额不得对抗被保险人。重复保险的责任既非连带责任，也非按份责任，而应当属于非真正连带责任。③

有学者提出，有效的重复保险的各保险人对被保险人应当承担连带责任而非比例责任。我国《保险法》（1995 年）第 40 条规定："重复保险

---

①　参见李玉泉《保险法》（第二版），法律出版社 2003 年版，第 107—108 页；吴庆宝主编：《保险诉讼原理与判例》，人民法院出版社 2005 年版，第 524—525 页。

②　常敏：《保险法学》，法律出版社 2012 年版，第 212 页。

③　参见李静《论重复保险责任的非真正连带性》，《北京工商大学学报》（社会科学版）2006 年第 2 期。

的投保人应当将重复保险的有关情况通知各保险人。重复保险的保险金额总和超过保险价值的，各保险人的赔偿金额的总和不得超过保险价值。除合同另有约定外，各保险人按照其保险金额与保险基金额总和的比例承担赔偿责任。"显然，我国采用的是比例责任方式，其特点为：不管复保险合同是同时订立还是异时订立，各保险人仅就自己所承保的保险金额占总保险金额的比例承担补偿责任，即各保险人只对属于自己比例范围内的部分损失负补偿责任。因此，可能产生部分保险人偿付不能而致使投保人利益受损的局面。这对必须交付全部保险费的投保人而言显然是不公平的。相比之下，连带责任方式对于保护投保人的利益十分有利。在连带责任方式下，不问保险合同成立的先后，所有保险合同均有效。各保险人在其所承担的保险金额范围内承担连带责任。给付保险金的保险人有权按照保险合同的保险金额与总保险金额的比例向其他保险人追偿。因此，只要数个保险人中的一人具有偿付能力，即使其他保险人偿付不能，投保人的利益也不会因此受到影响。当然就保险人而言，当其他保险人的偿付发生困难时，其所负责任较之比例责任方式情形下为重，但并非不合理。连带责任方式较其他责任方式具有明显的优点，尤其是与比例责任相比，更利于保护投保人的利益，更具合理性。[1]

也有学者认为，重复保险的各保险人保险责任的承担方式，应当区分同时复保险和异时复保险。我国《保险法》（1995 年）不论重复保险是同时复保险还是异时复保险，均采用比例责任，忽视了保险人丧失赔付能力之情形，同时否定了保险人责任的先后，对后订立合同的保险人不利。对同时复保险，应采用限制责任与连带责任方式；对异时复保险，各保险人应依保险合同成立的先后承担保险责任。[2]

还有学者认为，对于恶意重复保险，不应当适用比例责任。我国保险法在规定重复保险的各保险人的比例责任时，没有考虑投保人订立重复保险合同的主观心理状态是不合理的。凡投保人出于恶意而订立重复保险合同应当归于无效，不发生比例责任问题；对于因善意订立的重复保险合

---

① 参见吕苏榆《从日本复保险制度的修正看我国复保险责任承担方式》，《法学杂志》2002 年第 5 期。

② 参见程兵《复保险之法律研究》，《宁夏社会科学》2003 年第 5 期。

同，各保险人应按其所承保金额与保险标的的实际价值的比例承担赔偿责任。① 然而，问题是我国保险法并没有区分重复保险的投保人之善意或恶意，而对重复保险的各保险人之责任有所区别。比例责任相对于重复保险的各保险人而言，并没有加重任何一个保险人的责任，是较为公平的分担保险责任的方式。

另有观点认为，超额重复保险的各份合同是投保人分别与数个保险人签订的合同，各保险人之间没有协商，财务上都是独立的。这些合同都是依法成立有效的，并且各自相互独立，对当事人具有法律约束力。因此，各份保险合同单独来看都应当是有效的。但由于财产保险要遵循填补损失原则，超额重复保险的赔偿不能超过保险价值，故各份保险合同放在一起在效力上必有相互影响。按比例赔偿的方式似乎是从公平的角度来处理这一问题，让每一个保险公司都承担一些责任，可是各保险人都没有完全按照各自保险合同的金额来赔偿，也就是各保险合同的实际效力都有缩小。可以说所有保险合同部分有效，部分无效。根据保险合同的保险金额部分无效的规定，各保险公司应当将未赔偿的部分对应的保险费退还。可是《保险法》（2002 年）并没有关于退还保险费的规定，各保险公司制定的保险合同的条款中也没有相关规定，现实中也没有投保人获得保险费的退还。所以，采取按比例赔偿的方式实际在法理上是很难讲通的。这种赔偿方式，使得被保险人须分别向所有保险人请求给付，增加了被保险人的索赔成本。② 以上观点基于超额重复保险之无效部分的保险费退还之救济手段欠缺，对于相对公平的比例责任提出异议，并不具有说服力；况且，我国《保险法》所规定的比例责任，并没有要求被保险人应当分别向重复保险的各保险人请求给付。相比较而言，比例责任对于重复保险的各保险人是公平的。

事实上，在重复保险的场合，发生保险事故时，各保险人无条件或者有条件的承担"比例责任"是十分普遍的现象。这在相当程度上说明"比例责任"作为重复保险的各保险人分担责任的方式，具有更充分的合理性。

---

① 参见李玉泉《保险法》（第二版），法律出版社 2003 年版，第 108 页。

② 参见王群、杨月斌、赵朋《论超值重复保险的赔偿》，《金融理论与实践》2008 年第 12 期。

三 重复保险各保险人比例责任的实现路径

（一）比例责任的性质

关于比例责任的性质，我国学者在理论上存在分歧。我国保险法规定了重复保险的各保险人按照比例分担责任，但却没有明示各保险人所分担的比例责任对被保险人的请求权会产生何种影响。也就是说，比例责任究竟有无对抗被保险人的给付请求权的效力？

有学者认为，我国《保险法》（1995 年）第 40 条第 2 款规定："重复保险的保险金额总和超过保险价值的，各保险人的赔偿金额的总和不得超过保险价值。除合同另有约定外，各保险人按照其保险金额与保险金额总和的比例承担赔偿责任。"由此看来，该法对善意复保险的法律效力采取比例分担主义的立法对策。这样，不仅不便于被保险人请求权的行使，且存在被保险人无法获取全部补偿的可能性。因此，为解决此一问题，应采用连带赔偿主义的立法技术，使各保险人在外部关系上承担连带责任，而各保险人在内部关系上则按连带责任的内部求偿权处理，其求偿额度按各自保险金额与保险金额总和的比例来确定。① 还有学者认为，依照我国《保险法》（2002 年）第 41 条之规定，重复保险的各保险人仅按照一定的比例承担部分责任，而没有为其他保险人垫付的义务。②

依照这种观点，比例责任具有对抗被保险人的给付请求之效力。当重复保险的保险人中有一人以上丧失清偿能力时，由于各保险人所应负担的比例是固定的，被保险人因为某一保险人给付不能而不能获取保险金，又无法转由其他有给付能力的保险人补偿。这种观点至今仍然是有影响的。例如，有观点认为，我国保险法规定的比例分摊方式具有一定的合理性，但是，当出现部分保险人丧失给付能力的情况时，被保险人的利益难以实现。这就与善意重复保险的投保人或被保险人最初的预期相悖。③

另有学者认为，法定的比例责任不具有对抗被保险人的给付请求权的效力。依照《保险法》（2002 年）第 41 条第 2 款的规定，重复保险的保

---

① 参见温世扬、黄军《复保险法律问题研析》，《法商研究》2001 年第 4 期。

② 参见李玉泉主编《保险法学——理论与实务》，高等教育出版社 2005 年版，第 244 页。

③ 参见董彪《论我国重复保险制度的立法完善》，《上海金融》2010 年第 3 期。

险人对被保险人承担责任，仅以不超过保险价值为限度，立法并没有限制被保险人对各保险人分别行使请求权。故在发生保险事故时，除非保险合同另有约定，重复保险的被保险人得向任一保险人请求支付合同约定的保险赔偿的全部。被保险人请求重复保险的任一保险人承担保险责任的，除非保险合同另有约定，该保险人不得以法定的比例责任对抗被保险人的请求。正是因为被保险人有权请求重复保险的任一保险人承担保险责任，而其他保险人则可能因之取得不当利益，故我国《保险法》（2002 年）第41 条第 2 款规定："除合同另有约定外，各保险人按照其保险金额与保险金额总和的比例承担赔偿责任。"①

对比例责任的对抗力存在理论上的分歧，原因或许在于：对比例责任的性质没有予以充分的认识。

有学者提出，"保险法规定的比例责任，对于重复保险的各保险人分担保险责任发生效力，其在本来不具有法律关系的各保险人的权益之间，建立了法律上的关联，使得重复保险的各保险人均有承担比例责任的同等权利。但是，比例责任的制度安排并不能改变重复保险的各保险合同项下的保险责任的承担，也不影响被保险人依照各自独立的保险合同向保险人请求保险给付的权利。在这个意义上，法定的比例责任不构成重复保险的合同内容或者组成部分，与各保险合同约定的保险责任及其承担没有关系。所以，法定的比例责任仅对重复保险的各保险人相互间最终分担保险责任发生效果，是专门为各保险人相互间分担保险责任提供的制度工具。"②

上述观点基于《保险法》（2009 年）所规定的重复保险的各保险人承担比例责任的制度结构，首次提出了比例责任作为重复保险的各保险人相互间分担保险责任的制度工具的观点，将比例责任的适用限定在了各保险人的相互关系层面，具有十分重大的意义。

（二）比例责任无对抗被保险人的给付请求之效力

重复保险的各保险人承担的比例责任，对被保险人的保险给付请求权会产生何种影响？一般而言，如果存在重复保险，除非保险合同另有约

---

① 参见邹海林《保险法教程》（修订第二版），首都经济贸易大学出版社 2004年版，第 193 页。

② 常敏：《保险法学》，法律出版社 2012 年版，第 214 页。

定，被保险人在其保险标的的保险价值范围内，可以向任一保险人要求给付保险赔偿的全部，也可以按照重复保险合同成立的先后顺序，依次要求相应的保险人给付保险赔偿。

实际上，被保险人选择哪个保险人承担保险责任，属于重复保险中独立保险合同的履行问题，与各保险人如何分担保险标的的赔偿责任没有关系。有学者认为，重复保险的各保险人如何分担保险赔款的问题，与保险赔偿是两个不同的问题；如果说后者处理的是各保险人与被保险人之间的关系，那么前者所处理的则是各保险人之间的关系。①

再者，重复保险的各保险人对被保险人承担的赔偿责任总和，仅以不超过保险价值为限度，保险法并没有要求被保险人对各保险人依照法定的比例责任分别行使请求权。尤其是考虑到，重复保险的各保险合同分别成立并发生效力，互不影响，各保险人不得援引其他保险合同的约定对抗被保险人的给付请求。

因此，法定的比例责任，仅在于分担重复保险的各保险人的责任负担，并不能改变各保险人依照其保险合同对被保险人承担的保险责任。在发生保险事故时，除非保险合同另有约定，重复保险的被保险人可以向任一保险人请求支付该保险合同约定的保险赔偿的全部。被保险人请求重复保险的任一保险人承担保险责任的，除非保险合同另有约定，该保险人不得以法定的"比例责任"对抗被保险人的请求。②

（三）重复保险的各保险人的比例责任求偿权

在保险法理论上，如果认为重复保险的各保险人所承担的比例责任具有对抗被保险人的保险给付请求权的效力，那么重复保险的各保险人仅在其比例责任的范围内，对被保险人承担保险责任，不会发生各保险人的比例责任求偿权问题，因为各保险人所承担的保险责任，不会超过其所承担的比例责任，即使其中一个或几个保险人失去偿付能力，其他保险人也不会超过其比例责任对被保险人承担保险责任。与之相关的观点已如前述。

但坚持上述观点的学者也认识到，如果发生这样的情形，不利于对被

---

① 参见李玉泉主编《保险法学——理论与实务》，高等教育出版社 2005 年版，第 243 页。

② 参见邹海林《保险法教程》（修订第二版），首都经济贸易大学出版社 2004 年版，第 193 页。

保险人之保护，所以为合理保护被保险人的利益，我国未来保险立法应当借鉴连带责任方式，赋予被保险人向任一保险人请求给付保险金的权利，各保险人在所承保金额的范围内，承担连带给付赔偿的义务，保险人给付保险金后，按照各保险合同的保险金额与总保额的比例，享有向其他保险人追偿的权利。①

　　当我们认识到我国保险法规定的重复保险的各保险人之比例责任并不具有对抗被保险人的保险给付请求权的效力时，情形就会大不相同。重复保险的各保险人对被保险人所承担的保险责任，取决于被保险人行使保险给付请求权的选择。当各保险人只能依照保险合同的约定对被保险人履行保险赔偿责任，而不能以法定的比例责任对抗被保险人的请求时，保险人对被保险人所承担的责任则会超出其比例责任范围，其他保险人因为已有保险人为其分担了比例责任而获得利益，应将其利益相应返还给已为保险赔偿的保险人。在这种情形下，就会发生重复保险的各保险人之比例责任的求偿权问题。

　　有学者认为，重复保险的各保险人依照各保险合同对被保险人所为给付的总金额之和，不得超过保险标的的保险价值。在这个原则下，除非保险合同另有约定，各保险人按照其保险金额与各保险合同约定的保险金额的总和之比例，分担其对被保险人承担的保险责任；任一保险人对被保险人承担的责任超过其所应当承担的分担额的，有权向其他保险人追偿。对被保险人承担保险责任的重复保险的保险人，在其给付保险赔偿（或分担额）的限度内，取得被保险人对造成保险标的损害的第三人请求赔偿的代位权。②

　　还有学者认为，正是因为被保险人有权请求重复保险的任一保险人承担保险责任，而其他保险人则可能因之取得不当利益，承担保险给付责任的保险人，可以向其他保险人追偿他们应当分担的保险责任份额。法定的比例责任，为承担保险责任的保险人向其他重复保险的保险人求偿其应当分担的保险责任，提供了法律上的依据。③

　　①　参见董彪《论我国重复保险制度的立法完善》，《上海金融》2010 年第 3 期。
　　②　参见邹海林《保险法教程》（修订第二版），首都经济贸易大学出版社 2004 年版，第 193 页。
　　③　参见常敏《保险法学》，法律出版社 2012 年版，第 214—215 页。

第十三章

责任保险发展论

第一节　责任保险的基本理论

一　关于责任保险的定义

责任保险，又被称为第三者责任保险，是指以被保险人依法应当对第三人承担的损害赔偿责任为标的而成立的保险合同。对于责任保险的学术研究，主要还是集中于责任保险的概念、适用、责任保险项下的权利义务分配以及专门的责任保险制度等方面。责任保险的权利义务关系的基本构造可以表述如下：依照责任保险合同，投保人按照约定向保险人支付保险费，在被保险人应当向第三人承担赔偿责任时，保险人按照约定向被保险人给付保险赔偿金。

在保险法理论上，学者通说基本认同我国《保险法》关于"责任保险"的定义，即"责任保险是指以被保险人对第三者依法应负的赔偿责任为保险标的的保险"①。有学者提出，责任保险不仅可以分散被保险人因为履行损害赔偿责任所受利益丧失或者损害之风险，实现被保险人自身损害的填补，而且可以保护被保险人的致害行为的直接受害人，使受害人可以获得及时赔偿。责任保险的基础意义在于加强被保险人的赔偿能力，从而使得被保险人加害行为的受害人值得提起诉讼，并能通过胜诉获得切

---

① 参见李玉泉《保险法》（第二版），法律出版社 2003 年版，第 178 页；温世扬主编：《保险法》，法律出版社 2003 年版，第 250 页；王伟：《保险法》，格致出版社、上海人民出版社 2010 年版，第 208 页；任自力主编：《保险法学》，清华大学出版社 2010 年版，第 262 页；常敏：《保险法学》，法律出版社 2012 年版，第 164 页。

实赔偿。责任保险一定程度上保障加害人和受害人的利益，从而具有特殊的安定社会的效能。①

当然，也有观点对我国保险法所表述的责任保险的定义表达了不同意见，认为我国保险法关于责任保险的定义存在不足。

有观点认为，《保险法》（2009 年）第 65 条第 4 款的规定是对责任保险定义的概括，该定义比较准确地描述了责任保险的核心内容，揭示了责任保险的本质。但是该定义"界定不够清晰"，没有全面地描述责任保险的特征，容易在理论及实践中引起争议。其不足之处有三：第一，没有明确责任保险中可保责任风险的性质。责任保险所承保的责任风险必须是民事责任，也即私法上的责任，主要包括违约责任与侵权责任。至于刑事责任与行政责任均不能成为责任保险的标的。第二，没有明确责任保险中可保责任的范围。一般而言，责任保险要求必须是被保险人或者其代理人或雇佣人的过失行为所造成的损害，如果是故意的行为，因为该风险无法控制，而且是被保险人咎由自取的行为，不应该在责任保险的承保范围内。第三，没有明确受害第三人可否已经由其他保险所保障。因为责任保险所承保的是被保险人对第三人的民事责任，一旦被保险人给第三人造成损害，该损害可以由责任保险的保险人予以赔偿。但同时，受害第三人也可能另投了其他的保险，诸如相应的财产险等。这样一来，第三人在遭受责任保险的被保险人的损害时，可以或不可以依据两份保险合同获得两份保障，保险法并没有予以明确的规定。因此，责任保险的定义应当表述为："责任保险是指以被保险人因故意或过失而对第三者依法应负的民事赔偿责任为保险标的的保险。该第三者可以是已经由其他保险合同予以保障的民事主体。"②

以上论点提出的疑问，是否应当是我国保险法规定责任保险的定义时必须回答的问题？我国《保险法》（2009 年）第 65 条第 4 款对责任保险的定义，系延续我国《保险法》（1995 年）第 49 条第 2 款的结果。一个已经使用了十多年的定义并没有因为人们的议论而改变，足见其具有科学

---

① 参见邹海林《保险法教程》（修订第二版），首都经济贸易大学出版社 2004 年版，第 155 页。

② 参见陈飞《论我国责任保险立法的完善——以新〈保险法〉第 65 条为中心》，《法律科学》（西北政法大学学报）2011 年第 5 期。

性。定义或法律术语的内涵，应当高度抽象概括。责任保险的定义应当揭示责任保险的本质，而非其全部特征。上述观点的前二项质疑，均非责任保险的定义所要回答的问题，而是解释责任保险的定义时，就其内涵在理论上需要扩展回答的问题，这些内容不应当包含在责任保险的定义中；责任保险的定义没有涉及刑事责任或者道德危险，并不表明责任保险承保被保险人的刑事责任风险或者道德危险。至于第三项质疑，更与责任保险的定义无关，而且混淆了不同保险的保障机理。即便如论者所言，受害第三人可以由其他的财产保险获得赔偿，但该第三人也绝对不可能再由责任保险获得"双倍赔偿"，赔偿受害人财产损失的保险公司对造成该第三人损害的被保险人有代位求偿权；被保险人所承担的赔偿责任，最终将由责任保险人依照责任保险合同的约定予以分担。上述观点居然在责任保险的定义中引入"被保险人因故意……对第三者依法应负的民事赔偿责任"作为保险标的这一因素，违反"道德危险不保"的社会公共利益，更让人难以理解。

二　关于责任保险的标的

责任保险的定义围绕责任保险的标的展开。但是，围绕责任保险的标的，理论上还是存在不小的分歧。对于责任保险的标的，如何在理论上加以概括分类，一直都存在着三种不同的认识：（1）责任保险的标的仅限于非故意的侵权责任，因为合同义务的不履行而发生的赔偿责任，不得为责任保险的标的。（2）责任保险的标的主要为侵权责任，在侵权责任之外，合同责任可以约定为责任保险的标的。（3）当事人未履行或者不适当履行合同而应当承担的违约赔偿责任，行为人因为过失致人损害而应当承担的赔偿责任，行为人依照法律规定应当承担的无过失赔偿责任，均可以约定为责任保险的标的。

事实上，我国责任保险制度的发展并没有因为理论上的如上认识差异而受到影响，因为实务上所开展的各类责任保险所承保的危险，尽管绝大多数为被保险人非故意所引起的侵权损害赔偿责任，但并不限于非因故意而引起的侵权损害赔偿责任。例如，有些学者认为，依照我国《保险法》（1995年）第65条第4款的规定，责任保险的标的限于被保险人依法对第三人承担的赔偿责任。至于被保险人的赔偿责任的范围，保险法并没有加以限定，故有关责任保险标的的通说是：合同法上的赔偿责任

（如缔约过失赔偿责任或者违约赔偿责任）、侵权责任法上的赔偿责任以及其他法律规定的赔偿责任，均可为责任保险的标的。①

限定责任保险的标的之关键因素，为被保险人的行为。被保险人的行为致第三人损害而发生损害赔偿责任，该行为是被保险人的加害行为或义务不履行的行为，保险法理论上称为"危险原因"更为妥当。被保险人的行为因其主观心理状态的不同，可以区分为"故意行为"和"过失行为"。为防止行为人利用保险机制而将故意侵害他人或者故意违反法定义务的不利后果转嫁给保险公司，责任保险不得承保因被保险人的故意所引起的损害赔偿责任，成为责任保险的一项基本公共政策。被保险人的故意引发的危险后果，因为"道德危险不保"的危险控制机理，责任保险也不能予以承保。我国《保险法》（2009 年）第 27 条第 2 款亦有相应的规定。因此，原则上，非因被保险人的故意而对第三人承担的赔偿责任，均可构成责任保险的标的。但是，在我国的责任保险发展过程中，被保险人的某些违反社会伦理的行为（基本上都是违法行为），诸如被保险人酒后驾驶机动车的行为，是否可以经由责任保险来分散因该行为而产生的损害赔偿责任，曾经引起了不小的反响。

有学者认为，责任保险的发展历史就是一部可保范围的扩张史，也是一部期待与焦虑的交织史。对行为者而言，只要自己行为对他人、对社会产生了不利，不管该行为是过失的还是故意的，都有充分利用责任保险分散风险的需求。对受害人而言只要某个主体对自己产生了不利，也不管该行为是过失的还是故意的，都有利用责任保险机制获取充分保障的期望。作为一种重要的社会管理工具，责任保险确有合法存在并且扩张的现实必要。无论是基于以上逻辑推演还是基于弱者保护现实需求所致的责任保险扩张，都不可避免地要面临某些焦虑乃至责难。这些焦虑，映射出社会对责任保险伦理基础的反思。显然，故意而为某种反道德乃至违法行为的人，竟然仅因事先购买保险而几乎逃脱承担民事赔偿责任的惩罚，这简直是不可理喻的。法官在交通事故责任强制保险案中判决保险人赔偿受害人醉酒驾车造成的损失以及获得大量舆论支持的事实，正好反映了社会将某些故意行为风险纳入责任保险可保范围的某种努力，而某些保险公司尝试

---

① 参见邹海林《保险法教程》，首都经济贸易大学出版社 2002 年版，第 153 页；温世扬主编：《保险法》，法律出版社 2003 年版，第 252 页。

推出酒后驾车保险的社会背景也在于此。不过，责任保险的扩张冲动与伦理焦虑之间的紧张关系，也预示我国责任保险发展面临着严峻的伦理困境。该困境在某种程度上限制某些责任保险产品的开发和推广。在强大的舆论责难面前，保险公司开发的那些酒后驾车险似乎偃旗息鼓了。虽然不得将醉酒驾车作为交通事故责任强制保险的除外条款在国外早成惯例，但我国《机动车交通事故责任强制保险条例》的表现则是羞羞答答。①

有观点提出，"南方都市报联合腾讯汽车、腾讯微博进行了一项'你赞成交通事故责任强制保险承保醉驾等意外吗？'的调查，其中关于'你赞成下列哪些行为驾车造成的损失应该由保险公司来赔付？'这一问题，接受调查的网友就'驾驶人未取得驾驶资格'、'醉酒'、'吸毒'、'滥用麻醉药品或者精神药品'、'被保险人故意制造交通事故'、'以上所有行为都应该赔付'、'以上所有行为都不应该赔付'、'不关心这个问题'等选项，赞同的比例分别为 22%、22.49%、8.37%、9.72%、6.04%、18.94%、17.41% 和 1.95%。尽管很多人并不赞同交通事故责任强制保险应该赔付以上所有驾驶行为，但是反对交通事故责任强制保险赔付以上所有驾驶行为或者不关心这个问题的人总共只占 19.36%；关于'你觉得上述这类行为的损失，是否应该由交通事故责任强制保险来赔付？'这一问题，高达 72% 的被调查者认为'是，交通事故责任强制保险应该带有一定的公益性'。也就是说，多数被调查者认为交通事故责任强制保险应该赔付醉驾或者类似的驾驶行为。"②

有学者认为，"基于弱者保护政策立场，为确保受害的第三者得到及时有效的经济补偿，即使是为那些社会难以容忍的过失行为提供保险、甚至为那些重大过失乃至某些故意行为提供保险，也最终可能为社会所容忍。""出于强化弱者保护的特定政策需要，社会转而也越来越多地要求将那些故意行为产生的风险纳入可保范围，以实现增强被保险人承担责任能力的目标。拿酒后驾车险来说，虽然该险种在我国引发过激烈争论，但在国外因酒后驾车导致第三人损失责任事实上早就纳入了责任保险的可保

---

① 参见曹兴权《走出责任保险伦理困境的观念路径》，《贵州财经学院学报》2012 年第 3 期。

② 李文中、王一博：《交通事故责任强制保险该不该为醉驾买单辨析》，《中国保险》2012 年第 5 期。

范围。可以预见，在不久的将来，酒后驾车险也会得到广大民众的支持。在这个意义上说，把故意行为导致的责任纳入责任保险的可保范围，未必不可能。"①

以上观点对于我们认识责任保险的拓展有十分积极的意义。被保险人违反伦理的行为，纳入责任保险的承保范围，会引起社会层面的躁动或不安，保险分散危险的需求与社会伦理之间会有一个博弈的过程，但总是可以通过转换责任保险正当性基础的路径，减弱甚至消除责任保险承保违反伦理的加害行为与社会伦理之间的冲突。尤其是，强制责任保险的目的，使得受害人因为被保险人违反伦理的任何行为，哪怕是故意加害行为或者故意犯罪行为，所遭受的损害都能获得责任保险的保障，已经成为责任保险发展的一个显著特征；但即使在此情形下，被保险人因其故意行为或犯罪行为所应当承担的损害赔偿责任，并不因为责任保险的存在而获得免除。例如，有观点认为，"被保险人违法犯罪同交通事故责任强制保险履行赔付责任是两个不同的法律关系，被保险人醉驾应受什么惩处，刑法上规定得很清楚，与保险公司无关，被保险人与保险公司之间，只是交纳保费与提供保险服务的关系，而且交通事故责任强制保险的性质决定了其不同于机动车第三者责任保险，这种转嫁赔偿责任风险的服务需要让位于对交通事故受害人的保护"②。

但是，当我们在讨论这些问题时，必须清醒地认识到，责任保险（尤其是非强制性的责任保险），不具有分散"被保险人故意造成保险事故"（道德危险）的功能。以上观点将被保险人违反伦理的某些行为（如酒后驾驶机动车，不论酒后驾驶是否构成故意）与被保险人的故意造成保险事故的行为（道德危险）等同，并进而认为责任保险的承保危险应扩张至道德危险层面，这与保险分散不确定危险的基本功能相悖，结论似难成立。尤其是，以上观点将"酒驾、醉驾、撞红灯"等被保险人的行为归入违反伦理的行为，并将之与被保险人的"故意行为"等同，试图为责任保险可以承保被保险人的故意行为寻找正当性，在论证方法上也不

---

① 曹兴权：《走出责任保险伦理困境的观念路径》，《贵州财经学院学报》2012年第3期。

② 李文中、王一博：《交通事故责任强制保险该不该为醉驾买单辨析》，《中国保险》2012年第5期。

严谨，有"偷换概念"的嫌疑：因为责任保险不能承保被保险人的"道德危险"（故意造成他人损害而应承担的赔偿责任），而被保险人"酒驾、醉驾、撞红灯"的行为（即使造成了他人损害）也不构成保险层面的"道德危险"。

三　关于责任保险的发展

责任保险源自财产保险，以填补损害的原则为基础。责任保险的理论发展受财产损失保险的机理影响巨大。例如，有学者认为，"在被保险人因种种原因而需根据法律规定向他人承担赔偿责任时，被保险人的全部财产均为该赔偿责任的担保财产。因此，当责任保险的保险事故发生时，事实上等于被保险人的全部财产受到了损失。从这一意义上说，责任保险相当于以被保险人的全部财产为保险标的的财产损失保险"①。事实上，责任保险正是在逐步摆脱财产损失保险的机理束缚的过程中得以发展的。

有学者认为，责任保险历经百余年的发展，已经发展成为具有相对独立的理论体系和应用价值的保险险种。为合理地利用责任保险，责任保险在以下四个方面的发展趋势值得重视：（1）保护受害人为责任保险的基本价值目标。随着责任保险的发展，责任保险对受害人的保护价值正日益受到重视，从纯粹的填补损失的责任保险中分离出"以被保险人对受害人的赔偿责任"为填补对象的现代责任保险，保险人对被保险人承担保险责任，不再以被保险人实际向受害人给付赔偿金为条件；并在此基础上进一步发展了受害人对责任保险人"直接"请求给付保险赔偿金的制度。（2）扩充责任保险的适用范围。责任保险的适用范围主要以被保险人对第三人的侵权损害赔偿责任为限，但这并不能完全满足社会上分散民事赔偿责任的客观需求。责任保险作为分散危险、消化损失的制度，其所关注的重点并不在于损害赔偿责任发生的原因，而在于损害赔偿责任成立后的分担方式。责任保险的承保范围必将逐步扩大而包括侵权责任和违约责任。（3）适度推行强制责任保险。责任保险的基本政策目标，正日益倾向于保护受害人的利益。建立在自愿基础上的责任保险制度，对实现责任保险保护受害人利益的机能是有缺陷的。投保人（被保险人）不投保责

---

① 参见李玉泉主编《保险法学——理论与实务》，高等教育出版社2005年版，第205页。

任保险，或者保险人拒绝承保责任保险，可供利用的责任保险对受害人没有任何保障，责任保险的基本政策目标势必落空。民事责任制度的发展显示出强化保护受害人的赔偿利益的趋势。适度推行强制责任保险，符合责任保险保护受害人的基本政策目标。（4）发展无过失责任保险。无过失责任制度在现代民事责任制度上已经取得长足的进步，其适用面呈现逐步扩张的趋势。在民事责任制度承认和扩张无过失责任的趋势下，责任保险应当为分散因无过失责任的适用而出现的"浪潮般"的赔偿责任，尽其所能。在民事责任制度承认和适用无过失责任的历史趋势下，有必要积极适用"无过失"责任保险制度。①

还有学者认为，责任保险与法律制度和法制环境息息相关。法律制度日益健全，为开发责任保险市场提供了较充分的法律依据。责任保险产生之本意在于填补被保险人因故意或过失侵害第三人利益而为损害赔偿所造成的损失。随着社会经济的快速发展与保护受害人权益思想的发展，责任保险作为一种法律制度，其新的建构体系正在逐渐展现。表现在：第一，在诸多领域责任保险由"自愿责任保险"向"强制责任保险"方向发展；第二，在所承保被保险人的行为方面，由承保被保险人"过失行为责任"逐渐走向承保被保险人的"无过失行为责任"的方向；第三，在责任保险的功能方面，逐渐由"填补被保险人因赔偿第三人所受之损失"转向以"填补受害人的损失"为目的的方向。②

如果说我国《保险法》（1995 年）关于责任保险的规定还是一种被动尝试的话，那么《保险法》（2009 年）关于责任保险的规定，就责任保险的自身发展趋势已有非常深刻的认识，其制度设计已经足以反映责任保险在现代社会条件下所呈现出的自身特点。例如，有学者认为，"责任保险原本是用于分散被保险人的责任风险的保险。但是，随着责任保险的发展，责任保险对受害人的保护价值日益受到重视，从纯粹的填补损失的责任保险中逐步分离出'以被保险人对受害人的赔偿责任'为填补对象的现代责任保险，保险人对被保险人承担保险责任，不再以被保险人实际

① 参见邹海林《保险法教程》，首都经济贸易大学出版社 2002 年版，第 154—155 页。

② 参见郑侠、魏尧钱《对我国责任保险发展若干问题的思考》，《企业经济》2009 年第 5 期。

向受害人给付赔偿金为条件；并在此基础上，进一步发展了受害人对责任保险人'直接'请求给付保险赔偿金的制度。并且，立法者着重考虑对受害人的保护机理而创设诸多保护受害人的制度。例如，《保险法》第65条第2款规定：'责任保险的被保险人给第三者造成损害，被保险人对第三者应负的赔偿责任确定的，根据被保险人的请求，保险人应当直接向该第三者赔偿保险金。被保险人怠于请求的，第三者有权就其应获赔偿部分直接向保险人请求赔偿保险金。'在一定意义上说，保护受害人已经逐步成为责任保险的基本目标。"[1]

第二节 责任保险的特征及其分类

一 责任保险的特征

关于责任保险的特征，我国学者从不同的角度进行了描述，因而其内容会有差异。

有学者认为，责任保险的特征主要有：（1）保险人承担被保险人的赔偿责任。责任保险为被保险人转移其赔偿责任的方式，除不能通过责任保险转移的责任以外，被保险人依法应向第三人承担赔偿责任时，由保险人承担赔偿责任。（2）责任保险的标的为一定范围内的损害赔偿责任。责任保险的标的，限于一定范围内的损害赔偿责任；非损害赔偿责任，依法不能作为责任保险标的的损害赔偿责任，不能投保责任保险。（3）保险责任不能及于被保险人的人身或其财产。责任保险的目的在于转移被保险人对第三人应当承担的赔偿责任，所以，当被保险人的人身或者财产发生损失时，保险人不承担保险责任。（4）保险赔偿金限额给付。被保险人赔偿责任发生的偶然性，决定保险人不可能确切地知道保险合同约定的保险事故所造成损害的大小，保险人也不可能承诺被保险人造成多大损害就赔偿多少；投保人和保险人不可能约定保险金额，只能约定保险责任的最高限额；责任保险为限额保险。[2]

有学者认为，责任保险具有以下的特点：（1）责任保险合同订立的

---

[1] 常敏：《保险法学》，法律出版社2012年版，第166页。

[2] 参见邹海林《保险法教程》，首都经济贸易大学出版社2002年版，第156页。

目的是对第三人实施救济。责任保险相当程度上是为第三人的利益订立的合同。（2）责任保险的标的是法律上的赔偿责任。赔偿责任为责任保险的标的，但因被保险人故意造成他人损害而依法应当承担的民事损害赔偿责任，不能作为责任保险的标的。（3）责任保险合同明确约定赔偿的最高限额。赔偿责任难以预先衡量和估计，责任保险合同要事先约定赔偿的最高限额。（4）责任保险合同的赔付具有替代性。责任保险为被保险人转移其赔偿责任的一种合法方式，除不能通过责任保险转移的责任以外，被保险人依法应向第三人承担赔偿责任时，由保险人承担赔偿责任。保险人履行实际上替代被保险人承担对受害人的经济赔偿。（5）责任保险合同有特殊的承保基础。承保基础分为"事故发生基础"和"期限内索赔基础"。[1]

还有学者认为，从理论上说，商业保险的特性主要是社会性、经济性、互助性、科学性等，但与商业保险相比，责任保险的特性表现为：（1）责任保险的社会性与其他商业保险的社会性有一定的差异性。其他商业性保险的社会性主要是体现在保险涉及社会上众多的被保险人。而责任保险的社会性不仅体现在涉及社会上众多的被保险人，还体现在与社会生产和生活密切相关。（2）责任保险的法律性与其他商业保险的法律性不同。责任保险的法律性，一是体现在保险标的是侵权的民事责任，二是责任风险的产生与转移保险的需求与法律有关。责任保险的重要特点之一是风险难于控制，很有可能出现巨大的赔付造成保险公司的财务困难。（3）责任保险保障的是第三人。责任保险以被保险人对受害人承担的赔偿责任为标的，它与以有形财产或者利益为标的的财产保险也有一定差别。责任保险需为第三人的利益而存在。因此，责任保险呈现出与传统的财产保险的差异性，从而使得责任保险制度在一定程度上脱离了填补损害的保险之范围，朝着为第三人利益而订立保险的方向发展。（4）责任保险的需求产生于社会发展及各国相关法律制度的变迁。各国法律制度直接影响责任风险的产生、大小，以及保险公司承保责任保险所应承担的保险责任的大小。[2]

---

[1] 参见温世扬主编《保险法》，法律出版社 2003 年版，第 251—252 页。

[2] 参见江生忠、邵全权《完善我国责任保险制度的几点理论思考》，《南开经济研究》2004 年第 4 期。

也有学者认为，责任保险具有以下特征：（1）责任保险以法治为基础。责任保险产生和发展的基础是健全的法律机制。民事赔偿法律制度的完善和民事法律危险的存在产生了对责任保险的需求，责任保险成为社会经济活动正常有序运行的重要机制。（2）责任保险以民事赔偿责任为标的。责任保险以被保险人对第三人承担的民事赔偿责任为标的，该赔偿责任因为被保险人的疏忽、过失、行为不当、懈怠其职责造成第三人损害而发生。（3）责任保险事关第三人利益。责任保险的给付，与第三人利益有着直接或间接的关系。保险人对责任保险的被保险人给第三者造成的损害，可以依照法律的规定或者合同的约定，直接向该第三者赔偿保险金。① 还有学者认为，责任保险具有以下四个特征：（1）法律责任是责任保险产生的基础。（2）责任保险合同赔偿的对象具有双重性，直接补偿对象是被保险人，间接补偿对象则是不特定的第三者。（3）责任保险合同只有责任限额的规定，无保险金额的规定。（4）责任保险合同的保险事故具有特定性。保险事故的确定需要具备两个条件，其一为被保险人依法对第三者的损害负有赔偿责任；其二为第三者受到损害并向被保险人提出赔偿要求。②

另有观点提出，责任保险具有三个典型特征：第一，责任保险以民事责任的健全与发展为基础。民事责任千差万别，因此责任保险的种类也具有多样性，典型的有机动车交通事故责任强制保险、雇主责任险等。第二，责任保险的承保均无保险金额的直接约定。因为责任保险承保的是被保险人的法定赔偿责任，而非固定价值的标的，其赔偿责任因损害责任事故大小而异，很难准确预计，所以不论何种责任保险，均无保险金额的规定，而是采用在承保时由保险双方约定赔偿限额的方式来确定保险人承担的责任限额，凡超过赔偿限额的索赔仍由被保险人自行承担。第三，责任保险的法律关系较为复杂。责任保险中主要有三方法律主体，分别是保险人、被保险人以及受害第三人，三者之间互相负有权利义务。③

---

① 参见王伟《保险法》，格致出版社、上海人民出版社 2010 年版，第 210—211 页。

② 参见任自力主编《保险法学》，清华大学出版社 2010 年版，第 262 页。

③ 参见陈飞《论我国责任保险立法的完善——以新〈保险法〉第 65 条为中心》，《法律科学》（西北政法大学学报）2011 年第 5 期。

还有学者认为，责任保险具有以下特征：（1）保险人的替代赔偿责任。责任保险为被保险人转移其赔偿责任的方式。保险人依照责任保险所承担的赔偿责任，并非被保险人对受害人的损害赔偿责任，仅仅是代替被保险人向受害人赔偿的合同约定的责任或给付义务。责任保险为保险人的替代赔偿责任的基础，履行替代赔偿责任的相对人为被保险人。（2）责任保险的标的有限。责任保险的标的，为被保险人依法对第三人承担的赔偿责任，但又非被保险人的赔偿责任的全部。一方面，并非所有的损害赔偿责任都可以作为责任保险的标的，损害赔偿责任依法不能作为责任保险标的的，不能投保责任保险。另一方面，依法可以作为责任保险标的的损害赔偿责任，因其风险异常而保险人不予承保的，也不能作为责任保险的标的。（3）保险责任不及于被保险人。责任保险在性质上为第三人保险，若没有第三人的存在，亦没有被保险人的损害赔偿责任，当无责任保险；被保险人的人身或者财产因意外事故受到损失，不属于第三人所发生的损害，为第一人保险填补的对象。（4）限额赔偿。保险人对被保险人承担的给付责任，以保险合同约定的责任限额为限，被保险人所承担的赔偿责任超出保险责任限额的，保险人不负给付保险赔偿金的责任。①

总体而言，对责任保险的特征的描述，无非是要体现出责任保险自身的某些特殊性。如果责任保险不具有自身的某些特殊性，描述责任保险的特征就没有什么意义了。责任保险属于财产保险的一部分，自然具有财产保险的全部特征，但因其保险标的和功能的特殊性，与财产保险存在差异性。理论上对责任保险所具有的不同于财产保险的特征之描述，具有立法论和解释论的意义。

二 责任保险的分类

（一）以实务为视角的分类

责任保险的分类更多的是理论对实务中的具体险种的描述。一般而言，理论描述的出发点不同，责任保险就会有不同的分类。

有学者认为，以责任保险承保的风险性状为标准，将责任保险划分为公众责任保险、产品责任保险、雇主责任保险、专家责任保险、展览会责

---

① 参见常敏《保险法学》，法律出版社 2012 年版，第 167—168 页。

任保险、环境责任保险、汽车第三者责任保险、飞机第三者责任保险、工程承包商第三者责任保险、承运人旅客责任保险等；以责任保险保障的对象为标准，将责任保险区分为企业责任保险、专家责任保险和个人责任保险等。① 但也有学者认为，责任保险合同在我国，因为所承保的民事责任不同，分为雇主责任保险、公众责任保险、产品责任保险和职业责任保险等四种；② 因为责任保险承保的方式和内容可以概括区分为公众责任保险、产品责任保险、雇主责任保险和职业责任保险。③

（二）以保险人的责任基础为视角的分类

我国学者已经注意到保险人在责任保险合同项下承担保险责任的条件或基础的差异性，总结性地提出责任保险还应当以事故型或索赔型为基础予以划分的观点。

有学者认为，以保险人承担保险责任的基础为标准，责任保险可以区分为"索赔型责任保险"和"事故型责任保险"。"索赔型责任保险"，指保险人以第三人向被保险人请求索赔的事实发生在责任保险单的有效期间作为条件，而对被保险人承担保险给付责任的保险。此类责任保险并不考虑被保险人致人损害的行为或事故是否发生在保险单的有效期间。"事故型责任保险"，指保险人仅以被保险人致人损害的行为或者事故发生在责任保险单的有效期间作为条件，向被保险人承担保险给付责任的保险。此类责任保险并不考虑第三人对被保险人的索赔是否发生在保险单的有效期间。我国保险实务中的责任保险，基本上属于"事故型责任保险"。④

也有学者认为，责任保险有两种不同的索赔基础，即"事故发生为

① 参见邹海林《保险法教程》，首都经济贸易大学出版社2002年版，第156页；温世扬主编：《保险法》，法律出版社2003年版，第252页。

② 参见李玉泉《保险法》（第二版），法律出版社2003年版，第179页下；李玉泉主编：《保险法学——理论与实务》，高等教育出版社2007年版，第205—206页。

③ 参见王伟《董事责任保险制度研究》，知识产权出版社2006年版，第124—125页；王伟：《保险法》，格致出版社、上海人民出版社2010年版，第208—209页。

④ 参见邹海林《保险法教程》，首都经济贸易大学出版社2002年版，第156页。

基础"和"索赔提出为基础"。"事故发生为基础",指只要保险事故在保险期限内发生,不论索赔在何时提出,保险人均对保险责任范围内的索赔予以赔付。"索赔提出为基础",指只有事故在保险期限内发生,且在保险期限内提出的保险责任范围内的索赔,保险人才予以赔付。我国由于对责任保险的"长尾巴责任"认识不足,早期推出的责任保险,尤其是产品责任保险,都"以事故发生为基础"。①

还有学者认为,责任保险按照"事故发生期间"进行分类,有"期内索赔式责任保险"和"期内发生式责任保险"。前者指第三人向被保险人请求索赔的事实首次发生在责任保险单的有效期间,保险人应对被保险人承担保险给付责任的保险;后者指保险人承诺对被保险人因为约定事件的发生而导致的损失予以补偿,该约定的事件,仅以对第三人有所影响而在保险单约定的期间内所发生的事件为限。②

(三)关于强制责任保险的理论

在理论上,责任保险具有保护受害人的功能,不论该功能是直接的还是间接的。因为责任保险保护受害人的功能在国家政策目标上的强度不同,以当事人自愿为基础的责任保险正在逐步地向国家强制当事人参与责任保险的方向发展,强制保险成为责任保险发展及其理论体系中最值得关注的险种。以此为基础,责任保险被划分为自愿责任保险和强制责任保险两类。自愿责任保险又称为任意责任保险;强制责任保险又称为法定责任保险。我国学者把诸多的注意力都放在了强制责任保险的创设、特点、功能以及完善等议题上。

对于强制责任保险产生的原因,学者进行了多角度的分析。有学者认为,在缺乏责任保险,而且存在判决无法执行或致害人逃避责任的情况下,就会造成将来对受害者的不足额赔偿或者根本无法赔偿。在市场力量无法解决受害者赔偿问题的情况下,政府往往需要充当救济者的角色,但绝大多数损失还是需要由受害者自己承担,这样一方面增加了政府的经济压力,更严重的是,重大事故不予赔偿严重危害着百姓的基本权利,危及社会稳定。那么,政府可以在一些关乎百姓生存权的领域实行强制责任保险;为了保证对受害者的足额赔偿,强制责任保险一般要求足额投保,并

① 参见李玉泉《保险法》(第二版),法律出版社2003年版,第184页。
② 参见王伟《保险法》,格致出版社、上海人民出版社2010年版,第209页。

且不设免赔额。①

　　还有学者认为，"强制责任保险在责任保险领域内的出现有其必然性，其存在价值也是毋庸置疑的，这得益于两个方面的重要缘由：第一，强制责任保险的基本政策目标在于：通过对受害人利益的保护，分散风险，以维护社会公共利益。第二，强制责任保险产生的根本原因在于：用全面的社会保险取代民事责任的赔偿机能，缺乏现实的经济基础和伦理道德，而以自愿为基础的责任保险又不能满足责任保险的政策目标的基本需求。上述原因决定了强制责任保险自其诞生以来就应与任意保险之间保持着应有的和谐，强制责任保险和任意保险之间在保险性质上既有相同的一面，又有无法相互替代的一面：二者在发展目标上既可以相互协调，又相互支持；在政策目标上既相互区别，又可以相互依存；在服务功能上既可以相互补充，又可以相互促进"②。

　　对于责任保险，尤其是强制责任保险对侵权责任法所产生的影响，更是一个值得重视的理论问题。有学者认为，虽然责任保险有助于受害人因侵权所遭受损失的补偿，有助于侵权法之目的与功能的实现，但另一方面，责任保险也会削弱侵权法对责任构成要件的需要，削弱侵权法对侵权人的谴责与阻吓功能的实现，对侵权法产生消极影响。尤其是，强制责任保险削弱了侵权法对责任构成要件等要素的需求。由于强制责任保险的主要目的在于通过立法强制当事人投保或承保，强制利用保险的分散风险的功能对受害人予以快速补偿，并借以达到填补受害人损失，消散社会矛盾的目的。由于在保险合同的缔结上，有法律法规的强制，并且加害人所造成的损失在一定程度上已经由保险人来分担，保险人往往是实力雄厚的机构，因此无论是立法者还是司法机构，甚至是一般的执法人员，都会倾向于将赔偿责任归结给保险人，侵权法所要求的侵权责任成立所必备的构成要件，就或多或少地变得不那么重要，甚至进而被忽视掉了。例如，交通事故责任强制保险中的因果关系构成要件，我国大部分地方性法规都对机动车一方的事故责任与保险人的赔付责任的比例作出了不一致的规定，使得交通事故责任的认定与交通事故责任强制保险的赔付产生脱节，并进而

---

　　① 参见郭振华《责任保险：市场失灵、立法强制与道德风险管理》，《金融理论与实践》2007 年第 2 期。

　　② 郭锋、胡晓珂：《强制责任保险研究》，《法学杂志》2009 年第 5 期。

使得交通事故责任中关于致害原因的认定，即事故责任的认定，已经变得不太重要了。①

诚然，责任保险的发展对于侵权法固有功能的实现会产生消极影响。但是，以我国交通事故责任强制保险的赔付制度的不完善，认为强制责任保险"削弱了侵权法对责任构成要件等要素的需求"，似乎没有任何法律制度设计上的依据。我国侵权责任法有关侵权责任的构成要件并没有因为强制责任保险的应用而有所弱化；实践中的交通事故责任认定与交通事故责任强制保险赔付限额制度的脱节，与我国侵权法上有关交通事故损害赔偿责任的构成要件没有关系；交通事故责任认定与否，不影响我国侵权法上的损害赔偿责任的构成要件。交通事故责任强制保险实行"无过错责任"或"无责赔付"的伪命题及其在实务中的"误用"，不是削弱我国侵权法对责任构成要件等要素的需求，而是制造理论上和实务操作层面的混乱，有害于我国侵权法的责任构成要件及其贯彻，应当引起理论上的深刻反思。

有关我国强制责任保险制度的进一步完善问题，在理论上也有不少构想。例如，有学者认为，我国强制责任保险的完善和发展应遵循以下路径：（1）强制保险与自愿保险的协调。强制责任保险和任意保险之间在保险性质上既有相同的一面，又有无法相互替代的一面。二者在发展目标上既可以相互协调，又相互支持；在政策目标上既相互区别，又可以相互依存；在服务功能上既可以相互补充，又可以相互促进。（2）以被保险人可能承担的危险责任为保险标的。强制责任保险的归责原则应当定位在危险责任的基础上，强制责任保险的适用范围与危险责任理论下的各种危险活动有着密切的联系。（3）设立标准应建立在对公共利益政策考量的基础上。法律不仅仅保护个人权利，而且更强调保护公共利益。由于强制责任保险所包含的浓厚的社会政策意义，限制了契约自由原则的适用，对其滥用不但会从根本上破坏强制责任保险的私法属性，而且，也违反了宪法对财产权和自由权的保障。对公共利益的政策考量往往是强制责任保险的立法活动中必须要遵循的标准。（4）确立一个法律、行政法规、地方性法规并列的多层次立法体系。（5）坚持社会效益与市场效益相协调的

---

① 参见陈飞《责任保险与侵权法立法》，《法学论坛》2009 年第 1 期。

经营模式。①

我国学者主张，强制保险主要适用于危险责任，但并不限于危险责任，基于特定的国家政策需求，强制保险也可以适用于危险责任以外的民事赔偿责任。在理论上，就有不少学者提出，环境责任保险②、医疗事故责任保险③、上市公司独立董事责任保险④等应当实行强制保险。例如，有观点提出，设立医疗责任强制保险的目的在于借助责任保险的形式来补充社会保险的不足，以维护社会公共利益。由于我国各医疗机构抗风险能力和医师对医疗风险的认识程度存在巨大差异，通过立法途径确定医疗责任强制保险无疑是最有效力和效率的手段。2010 年实施的《侵权责任法》以专章的形式规定了医疗损害责任，但没有对医疗责任险进行规定，我国医疗损害责任强制险在法律层面上仍然存在缺失。在我国未来《侵权责任法》的修改中，应加入医疗责任强制保险的规定。在具体制度设计上，可以借鉴我国交通事故责任强制险的经验，建构医疗责任强制保险制度，同时加强行业协会在医疗责任保险领域的推广和监督作用，以此更好地落实医疗责任保险的实施。⑤

但应当注意的是，在民事赔偿责任的领域推行强制保险，应当是保险法理论研究的难点，不仅涉及公民基本权利的保护、国家公共政策的实现，而且需要借助于适当的法律改革路径，不宜轻言强制责任保险的推行。

（四）以特别目的为视角的责任保险

责任保险以被保险人的民事赔偿责任为标的。被保险人的民事赔偿责任制度的不断演化，促使责任保险顺应赔偿责任的发展变化而具有更强的生命力。除强制责任保险外，责任保险以高度的私法自治为基础，衍生出大量的针对特定的民事赔偿责任的责任保险险种。我国学者对其中的

---

① 参见郭锋、胡晓珂《强制责任保险研究》，《法学杂志》2009 年第 5 期。

② 参见李华《论我国"二元化"环境责任保险制度的构建》，《中国人口·资源与环境》2006 年第 2 期。

③ 参见丁风楚、赵清明《试论我国医疗责任强制保险制度》，载谢宪主编《保险法评论》（第二卷），中国法制出版社 2009 年版。

④ 参见李华《董事责任保险制度研究》，法律出版社 2008 年版，第 141 页。

⑤ 参见翟宏丽《我国医疗责任强制保险的法律定位》，《医学与法学》2012 年第 4 期。

"环境责任保险"和"董事责任保险"倾注了更多的注意。

环境责任保险在我国具有发展的正当性制度基础和理论基础。环境责任的强化和发展，对环境责任保险产生了现实和巨大的潜在需求。我国学者在理论上，以实务上积极探寻符合我国环境责任制度体系和发展要求的环境责任保险的尝试为基础，从我国环境责任保险存在和发展的条件与功能、现实的制度障碍以及完善环境责任保险的思路和具体构想等角度，提出了许多建议或对策主张，以期推动我国环境责任保险制度的建立和完善。① 还有学者提出，在一些高风险作业的行业，如石油、化工、核工业等，潜在的环境危害更是显而易见的，工业化的进程产生了其自身不能即时克服的环境问题，这可视为发展的代价。利益博弈的结果之一便是责任社会化的发展，应当看到责任社会化的推进除借助于政府的制度选择外，其成败在很大程度上还取决于责任社会化工具本身的分散责任风险的能力，而其中保险制度则具有分散风险的天然特性，保险制度的引进也是侵权法面对激变的社会现实而做出功能性调整的结果。通过保险制度将损失分摊给全体投保人，由全体可能成为致害人的被保险人负担可能产生的损失，从而在一定限度内将因为侵权责任而由责任人承担的损失再一次向特定的潜在的加害人转移。②

环境责任保险事关社会公共利益，因为环境责任受害人的救济正在日益成为较为严重的社会问题，而我国的环境责任保险并没有获得普遍的推行。环境责任保险是否应当实行强制保险，就必然成为理论关注的内容。实际上，环境责任保险是否应当推行强制保险制度，应当成为我国环境责任保险理论的一个支撑点，但是这方面的研究并不深入，学者仅仅提出了某些理论上的构想或建议。例如，有学者认为，"基于我国环境问题的现状，我国的环境责任保险需要政府强制力的介入，……采取以强制保险为

---

① 参见周柯、刘红林《论我国环境侵权责任保险制度的构建》，《政法论坛》2003 年第 5 期；陈会平：《试论在我国建立环境责任保险制度》，《重庆工商大学学报》（社会科学版）2004 年第 2 期；丁宇飞：《论环境侵权损失承担社会化与我国环境责任保险制度的构建》，《华东政法大学学报》2005 年第 2 期；张梓太、张乾红：《我国环境侵权责任保险制度之构建》，《法学研究》2006 年第 3 期；杨辉：《我国环境强制责任保险探讨》，《中国保险》2007 年第 2 期；李凯：《论环境责任保险制度》，《江西社会科学》2008 年第 6 期。

② 参见钭晓东《论环境法律责任机制的重整》，《法学评论》2012 年第 1 期。

主，以政府指导与企业自愿参保相结合的任意保险为辅，强制保险与任意保险二者并存的制度模式。对不同的行业和企业规模实行'区别对待'，实行'双轨制'，同时，根据保险模式的不同，决定其承保机构的设置和承保范围的划定"①。再如，还有学者认为，在风险社会中，通过市场机制运行的方式（商业保险）转移风险成为首要选择。我国环境污染责任保险模式的选择必须考虑到我国社会发展的水平，既要考虑循序渐进，又要考虑制度的发展与现有制度的冲突与协调。政府介入的必要性以及环境侵权责任保险制度的社会政策的属性都为强制性保险制度的推行提供了依据。基于我国经济发展之现状，我国的环境污染责任保险制度不可能一步到位，而应采取分步走的策略。首先可以在一些具有高度环境危险或普遍环境危险的行业中，针对突发性的环境污染，施行环境污染责任保险，以解决可能的普遍性环境危害问题。由于投保环境污染责任保险会加重投保人的负担，投保人一般不会自愿投保，所以可以在环境保护管理部门的要求下，引导部分企业必须参加，待时机成熟，通过立法模式在高污染行业推广环境污染责任强制保险，其他一般污染企业可以自愿投保。②

我国学者关于董事责任保险的研究，与我国公司法的改革逐步加强和完善公司董事的民事赔偿责任的进程密切相关。有学者提出，"强化公司的社会责任同改善公司治理结构是同时发展的。作为公司事务的具体管理人员，董事和高级职员对各种利害关系人的义务和责任也相应加强。在瞬息万变的市场中，任何精明的董事或高级职员都不能保证作出风险最小的决策，其行为可能随时面临被诉而招致损失的风险。基于激励和保护职业经理管理人员的需要，客观上需要某种机制分散或消化董事和高级职员在过失甚至仅仅基于其职位等情况下而承担的对他人的赔偿责任。作为一种社会化的产物，董事责任保险担负了保护受害人利益和激励公司专业经营管理人员的双重作用，这就不难理解董事责任保险在市场经济条件下的重要意义。可以这么认为，董事责任保险是针对市场经济的特点以及公司运

---

① 秦宁：《中国环境责任保险制度研究》，中国海洋大学出版社2010年版，第208页。

② 参见李华《我国环境污染责任保险发展的路径选择与制度构建》，《南京社会科学》2010年第2期。

作的实际而发展起来的。"①

关于董事责任保险，理论上的研究主要集中于董事责任保险在我国存在的意义、董事责任保险的基本特征、董事责任保险存在和发展的正当性基础、独立董事责任保险的适用、董事责任保险的危机及其替代性措施、董事责任保险合同的条款设计等方面。这些研究的主要目的在于，为董事责任保险在我国获得发展的路径和方法寻求理论支撑。② 有学者认为，我国有关董事责任保险的研究现状，或是对他国董事责任保险制度予以介绍，或是对董事责任保险制度作一般性的研究，而对于董事责任保险进行系统性研究的较少，对独立董事责任保险的研究更薄弱。对于影响中国董事责任保险发展的问题，虽有学者开始予以关注，但多固守于移植而来的董事责任保险制度，仅期望通过协调现有的法律制度来解决冲突问题。③

有学者对董事责任保险存在的现实问题进行了初步梳理。例如，我国的董事责任保险有其存在的法律环境和理论依据，但制度缺陷众多，表现在董事责任保险主体的有限性、董事责任性质的混淆、董事没有支付保险费的法律义务等，容易诱发道德危险。这就需要充分利用董事责任保险的除外条款、让董事适度支付保险费以及扩大被保险人的范围来完善董事责任保险制度。④ 还有学者对董事责任保险向强制保险的方向演变提出了初步的设想。例如，董事责任保险中应当区分出独立董事责任保险，尽管独立董事责任保险与董事责任保险有着相同的法理基础，但独立董事的地位及其责任的特殊性，使得董事责任保险不能完全适用于独立董事，尤其是考虑到我国的实际情况，独立董事的责任应当单独保险，并对上市公司的

---

① 王伟：《董事责任保险制度研究》，知识产权出版社 2006 年版，第 320—321 页。

② 参见徐英《我国发展董事和高级职员责任保险的必要性》，《财经理论与实践》2002 年第 2 期；王颖：《对开办我国独立董事责任保险的思考》，《上海保险》2002 年第 2 期；蔡元庆：《董事责任保险制度和民商法的冲突与协调》，《法学》2003 年第 4 期；何敏：《论我国的董事责任保险制度》，《南京财经大学学报》2004 年第 5 期；张运所：《论独立董事责任保险制度》，《经济师》2005 年第 3 期。

③ 参见李华《董事责任保险制度研究》，法律出版社 2008 年版，第 12 页。

④ 参见黄华均、刘玉屏《董事责任保险——制度变迁的法律分析》，《河北法学》2004 年第 4 期。

独立董事实行董事责任强制保险。①

　　从什么视角对董事责任保险制度予以研究，实际为一个较为基础性的方法问题。在此问题上，我国学者进行了有意义的尝试。董事责任保险不是责任保险理论在董事责任分散机制上的简单复制，董事责任有其自身的许多特点，董事责任保险也具有不同于其他特定目的的责任保险的制度特征。以特定的视角研究董事责任保险，不仅能够找寻我国董事责任保险的发展障碍，而且有助于直接推动我国董事责任保险的深度发展。例如，有学者注意到董事责任保险的责任基础的差异性，提出如下的观点：为更好地发挥董事责任保险的作用，增强对公司及其董事的保护，我国的董事责任保险应当以"期内索赔式保险"为制度基础，这也符合当代董事责任保险的发展趋势。② 还有学者将董事责任保险研究的视角转向了董事责任保险合同，并以合同条款或其内容作为研究的对象，这是我国保险法理论能否推动董事责任保险健康发展的真正有效路径。例如，有学者认为，董事责任保险合同不仅仅是一种风险分散机制同时还是一种利益保护机制，对董事责任保险的研究不能将视角仅局限于董事责任保险合同的分散危险的功能上，而应当将视角扩展至董事责任保险合同的利益保护功能上，更多地从董事责任保险合同作为一种利益保护机制的角度对股东、债权人、公司雇员、消费者等利益相关主体所起到的保护作用。我国实践中的董事责任保险合同在条款名称、保险责任范围、除外条款、过错的认定等许多事项上存在不清楚或不完善的问题，甚至在赔偿责任与抗辩费用的分摊方面欠缺约定，无法适应我国董事责任保险市场的发展需求，应当在保险合同的内容设计上更细致、具体和明确。③

第三节　责任保险的第三人

　　没有受害人的存在，就没有责任保险；故责任保险的制度及其理论必

---

　　① 参见李华《董事责任保险制度研究》，法律出版社 2008 年版，第 138—141 页。

　　② 参见王伟《董事责任保险制度研究》，知识产权出版社 2006 年版，第 124—126 页。

　　③ 参见孙洪涛《董事责任保险合同研究》，中国法制出版社 2011 年版，第 13、207—210 页。

有受害人问题。这是责任保险的"第三人性"特点。例如，有学者认为，责任保险中的第三人或受害人，在损害事故发生前为不特定的人；但在损害事故发生后，则为对被保险人享有损害赔偿请求权的特定受害人。① 责任保险作为财产保险的组成部分，在本质上仍为填补损害的保险；但因为责任保险在实现被保险人自身损害的填补的同时，更可以保护因为被保险人之行为而受到损害的受害人之利益，使受害人可以获得及时赔偿。如何对待责任保险的第三人？或者说如何通过责任保险的制度架构保护责任保险的第三人利益？这是保险法理论必须面对的问题。

一 关于责任保险的第三人之界定

一般而言，责任保险的第三人，指被保险人以外的、因被保险人的行为而受到损害且对被保险人享有赔偿请求权的人。因此，责任保险的第三人仅仅相对于被保险人而言，似与责任保险的保险人和投保人无关；在理论上说，责任保险的保险人有可能成为责任保险的第三人；但投保人与被保险人并非同一人时，投保人也有可能成为责任保险的第三人。

责任保险的第三人，既然相对于被保险人而言，因此在界定第三人时，应当首先确定被保险人的范围；在确定被保险人后，凡不属于被保险人的其他人，原则上均可归入责任保险的第三人范围。通常而言，责任保险的被保险人是确定的，在保险合同中有明确的记载；但投保人与被保险人为同一人时，投保人即为被保险人；当投保人与被保险人不同时，保险合同会写明被保险人的主体信息，即"记名被保险人"。除"记名被保险人"外，还会约定"附加被保险人"，即并不记载其主体信息但被认定为具有与"记名被保险人"相同地位的其他人。例如，我国《机动车交通事故责任强制保险条例》第42条所规定之投保人"允许的合法驾驶人"。有学者认为，"合法驾驶人是指经投保人同意驾驶该机动车，并且驾驶人符合法律规定的驾驶条件"，"未取得驾驶资格或者驾驶资格不符合法律规定的不能成为被保险人"。② 在这个意义上，责任保险的第三人应当是"记名被保险人"和"附加被保险人"以外的人。

---

① 参见温世扬主编《保险法》，法律出版社2003年版，第253页。

② 参见张新宝、陈飞《机动车交通事故责任强制保险条例理解与适用》，法律出版社2006年版，第323页。

再者，并非被保险人以外的任何第三人均可为责任保险的第三人，责任保险的第三人之范围，还受到责任保险合同约定的保险事故的限制，仅以因保险合同约定的保险责任范围内的事故受害的第三人为限。有学者提出，凡对属于保险责任范围的被保险人的行为可请求赔偿的受害人，取得责任保险的第三人的地位。在这个意义上，责任保险的第三人，受被保险人的行为所产生的损害赔偿请求权的基础的限制。① 因此，责任保险的第三人不是抽象的人，而是对被保险人享有损害赔偿请求权的人。

除上述以外，理论上认识责任保险的第三人，还应当注意责任保险合同对第三人的限定之"特别约定"。责任保险合同基于特定的目的，一般会对被保险人以外的第三人进行特别的限制，将原本属于第三人的某些人或某类人排除于第三人之外，作为保险人控制危险的工具以缩减保险人的保险责任范围。例如，有学者认为，责任保险的第三人的范围可以在合同中约定，也可因法律规定而限定；为防止诱发道德危险，责任保险通常将被保险人的配偶排除在第三人之外。② 再如，我国《机动车交通事故责任强制保险条例》第 21 条将"本车人员"排除于第三人之外，也就是说责任保险的第三人不包括被保险机动车上的"乘客"。有学者提出，将乘坐被保险机动车的乘客所受到的交通事故损害，列为机动车责任保险的除外责任，与责任保险向受害第三人提供基本保障的本意相冲突。③

有学者提出，机动车第三者责任保险的"第三者"的范围一直就是备受关注的问题。长期以来，保险理论界一直存有"大三者"（包括本车乘客）和"小三者"（不包括本车乘客）两种不同的说法。保险实务中多数保险公司甚至将第三者的范围缩小到不但不包括本车乘客，也不包括被保险人及其家庭成员的地步，其主要理由是防止发生道德危险。基于我国机动车交通事故责任强制保险制度保护交通事故受害人的立法本意，第三人的范围应当扩大到交通事故中被保险机动车驾驶员以外的所有人员，以

---

① 参见邹海林《保险法教程》，首都经济贸易大学出版社 2002 年版，第 160 页。

② 参见温世扬主编《保险法》，法律出版社 2003 年版，第 253 页。

③ 参见李青武《机动车责任强制保险制度研究》，法律出版社 2010 年版，第 192 页。

更好地保护受害人利益，充分实现机动车交通事故责任强制保险的社会功能。①

在理论上，责任保险的第三人之范围，属于责任保险的当事人意思自治的事项；责任保险的第三人之范围，将完全取决于责任保险合同的约定。对于被保险人造成的第三人损害所承担的赔偿责任，保险人应否承担保险责任，并不依赖于法律的规定，而是取决于责任保险合同的约定；以保险合同的约定限定保险人承担给付责任的第三人范围，是责任保险的伦理和制度层面理所当然的事情。但是，人们在理论上仍然会有疑问，责任保险合同约定的第三人范围，与责任保险保护第三人的诉求发生冲突时，应当如何处理？

有观点认为，如何理解第三者的范围，不仅关系到第三者合法权益的实现，也关系到合同免责条款效力的认定。但目前，我国法律对于第三者的范围尚没有明确的规定，实践中更多地通过免责条款作出的排除性约定来界定第三者的范围。在机动车第三者责任保险中，责任免除条款约定"保险车辆造成下列人身伤亡，不论在法律上是否应当由被保险人承担赔偿责任，保险人均不负责赔偿：（一）被保险人或其允许的驾驶员及他们的家庭成员……"不仅将被保险人本人及其允许的驾驶员排除在第三者的范围之外，而且将被保险人的家庭成员（按照解释，包括其直系血亲和一起共同生活的其他亲属）排除在外。在法律尚未对第三者的范围作出界定之前，当事人可以在合同中对其进行约定，但是上述约定将"被保险人或被保险车辆驾驶人员的家庭成员"排除在第三人之外，以预先设定的格式免责条款，人为故意缩小第三者的范围，以最大化地免除自己的责任，没有法律依据，该格式化免责条款应认定为无效条款。② 仅仅因为保险合同的条款有"被保险人或被保险车辆驾驶人员的家庭成员"不属于第三人的约定，就以涉嫌违反格式合同中的不公平条款的规制为由而认为该条款无效，理由上似乎并不充分，值得讨论。

责任保险合同约定"第三人"的范围，以限制保险人对被保险人的

① 参见孙玉荣《机动车交通事故责任强制保险疑难问题研究》，《法学杂志》2012 年第 3 期。

② 参见李杰《第三者责任保险合同中第三者的范围》，《人民司法·案例》2008 年第 2 期。

损害赔偿责任承担保险责任，符合责任保险的目的；责任保险并不承保被保险人的所有损害赔偿责任，仅仅承保符合保险人危险控制水平和技术要求，并经选定的被保险人的损害赔偿责任。责任保险合同对"第三人"范围的约定或限制，只要不违反法律的强制性规定，从保险伦理和制度基础上都不能对其约定作出否定效力的评价。讨论这个问题的前提条件是，我国法律并没有规定责任保险人对被保险人承担保险责任的"最低限度的第三人范围"，也就是说法律根本没有规定保险人"应当"或者"必须"对某些人或某类人所受被保险人的损害承担保险责任，仅以保险人通过格式条款缩小"第三人"的范围而免除自己的责任为由，否定责任保险合同约定的条款之效力，才是真正意义上的"没有法律依据"。不论怎么说，责任保险的第三人之范围，最终会由保险合同的约定加以限定，但基于不同目的而订立的责任保险合同，其限定第三人的方式会存在相当大的差异，理论上应当注意识别。例如，有学者提出，被保险人的人身或财产因意外环境污染事故受到的损害，不属于环境责任保险的承保范围，但环境责任保险本身具有公益性，环境损害责任保险就不能只针对第三人所受到的损害，而且应当针对被保险人受到的损害。从整个社会的整体利益考虑，如果被保险人的自有场地受到污染损害而没有经济能力治理，那么受到损害的不只是被保险人本人，整个人类社会都会受到影响。即使保险单关于被保险人自有财产的除外责任另有约定，只要法律规定被保险人应当承担污染治理的责任时，保险单的约定就不具有对抗社会公共利益的效力，保险人应当对被保险人承担保险责任。①

在这个意义上，责任保险的第三人之界定，多为个案问题而非一般性问题。例如，我国保险司法实务上有这样的问题：车上人员离开被保险车辆后发生事故的，应否适用第三者责任险？对已经投保商业第三者责任保险和座位险的车辆，车辆驾驶员下车后，车辆后溜并撞倒走到车后的驾驶员，造成其死亡的，保险公司该如何承担赔偿责任？实践中，对第三者责任保险中第三者的范围认定问题，即第三者的身份的确定标准和驾驶员、车上人员是否有在特定情况下向第三者转化的可能，也是一个争议较大的问题。有观点认为，驾驶员不属于第三者的范围，一般来说，每辆车在行

---

① 参见秦宁《中国环境责任保险制度研究》，中国海洋大学出版社 2010 年版，第 220 页。

驶中其驾驶人员是确定的，即便在上述案例中驾驶人员短暂离开该车，并未改变其驾驶人员的身份，否则将出现车辆无驾驶员而发生交通事故的情形，显然违背常理。因此对驾驶人员的伤亡应按照车上人员责任处理。但也有观点认为，车辆驾驶员和第三者身份的确定，主要应依照其对车辆的操作和控制状况来进行，驾驶员身份的判定，应依事故发生时其是否实际操纵和控制保险车辆或者有能力操纵和控制保险车辆来确定。而本案事故的发生恰恰是因为原驾驶人员停止了驾驶行为，离开该车导致无法控制该车造成的。在此情形下，其身份符合第三者的条件和保护范围，已由驾驶员向第三者转化。① 对于同样的问题，江苏省高级人民法院的立场则为，"界定机动车第三者责任险中的'第三者'，应以被保险人是否对其依法承担赔偿责任为标准。被保险人自身无论何种情形都不构成第三者。同一被保险人的车辆之间发生事故所造成的同一被保险人的损失，不属于机动车第三者责任险赔偿的范围，保险人以此为由主张不应当向被保险人赔偿保险金的，人民法院予以支持"②。

　　如果再把责任保险合同约定限制第三人范围的问题置于强制责任保险的语境下，情况又会怎样呢？基于强制责任保险保护受害人的利益的基本政策目标，将受害人利益的保护作为责任保险实现其保障目的的第一位要素，保险人有义务对受害人承担保险合同约定的限额内的赔偿责任，虽可以得出结论，以保险合同限定"第三人"范围的约定不得对抗受害人（第三人），但也难以得出结论，该约定对被保险人不具有效力。在此情形下，保险人对被保险人依照合同限定"第三人"范围的约定不承担保险责任，但应当对受害人（第三人）依法承担法定的赔偿责任；保险人在承担法定的赔偿责任后，仍然可以依照保险合同的约定向被保险人追偿。

　　在我国，理论上对于受害人的保护已经倍加关注，针对我国在保险实务上的"机动车第三者责任强制保险"的第三人范围问题，多以扩展受害人的范围作为论点。我国机动车第三者责任强制保险的相关规定，将被

---

　　① 参见省法院民二庭课题组：《关于保险纠纷案件适用法律疑难问题的调研报告》，2011 年 10 月 19 日。http：//www. hljcourt. gov. cn/public/detail. php? id＝484.

　　② 江苏省高级人民法院《关于审理保险合同纠纷案件若干问题的讨论纪要》（2011 年 1 月 7 日）第 27 条。

保险车辆上的"乘员"排除于"第三人"范围，而无法获得责任保险的保护，受到了保险法学者的广泛质疑。

有学者认为，我国因交通事故造成乘客重大伤亡的现象频发，肇事司机在此情况下无力赔偿作为受害人的乘客，如果机动车责任强制保险人，在责任限额内赔偿保险机动车乘客损失，对乘客来说也是一种巨大的安慰。但是，我国《机动车交通事故责任强制保险条例》第 21 条将乘客排除在机动车责任强制险的赔偿范围之外，有违该强制保险之宗旨，难以实现社会和谐。为此，应拓展受害人的范围，将乘客纳入机动车责任强制保险范围。①

还有学者认为，对于受害第三者的范围如何界定，尽管目前有关法律没有明确的规定，但是根据《机动车交通事故责任强制保险条例》第 3 条关于"机动车交通事故责任强制保险"定义可以推论，即受害第三者是指道路交通事故发生时机动车车载人员和被保险人以外的受害人。我国现行法律对于第三者的范围规定采取的是狭义上的概念，不利于对受害第三者的保护。对受害第三者的范围做广义上的解释是完善机动车第三者强制责任保险制度的解决之道，应将车载乘客纳入受害第三者的范围，对被保险人采取严格的狭义认定，被保险人允许的驾驶员仅限定于直接操作车辆的有驾驶资格的人；对第三者采取尽可能宽松的广义认定，包括车外人员、其他车辆上的受害人、事故当时未驾驶事故车的驾驶者或辅助驾驶者、同乘的家属、好意同乘者，以及对运行起间接的、潜在的对车辆运行不起决定性影响的人等。②

也有学者认为，机动车第三者责任保险的被保险人，应当调整为车辆的实际使用人，被保险人不应该是机动车第三者责任保险中的"第三者"；从事驾驶工作的雇用驾驶员不应该成为机动车第三者责任保险的"第三者"，但是其家庭成员应该包括在"第三者"之中；"车上人员"和被保险人的家庭成员是否应当成为"第三者"，对于强制第三者责任险和商业第三者责任险而言，应该区别对待。"车上人员"应当纳入强制第

① 参见李青武《我国机动车责任强制保险制度现状及其完善对策》，《北京建筑工程学院学报》2008 年第 3 期。
② 参见钟良生《机动车第三者强制责任保险制度若干问题研究》，《人民司法·应用》2011 年第 5 期。

三者责任险的"第三者"范围，但是至于是否将"车上人员"纳入商业第三者责任险的"第三者"范围，应该由保险公司自由选择。①

以上诸多观点均试图从根本上解决责任保险的第三人范围过于狭窄的问题，以增强对交通事故受害人保护的力度。但是，我们也应当注意到，因被保险机动车肇事而受到损害的所有的"受害人"都应当获得同等保护，而不单纯是扩张责任保险合同约定的"第三人"范围。即便法律规定扩张责任保险的第三人范围，将被保险车辆的"乘员"纳入第三人的范围，无疑会对保险公司的经营产生重大影响。在此情形下，保险公司没有合理的分摊其承担保险责任的其他措施，只有通过提高保费来应对制度的变革，造成保险成本上升将不可避免，被保险人甚至交通事故的受害人能否真正从中获得益处，结论可能就不一定乐观了。实现对被保险车辆上的"乘员"以及任何被保险人以外的"某些人"或"某类人"的保护，手段可以有多种，但不一定非要采取"法定第三人范围"的方法。责任保险的第三人范围一旦法定，保险公司就不能以约定的方式来控制或限定其保险责任，有违责任保险的经营理念和规律。交通事故的受害人在强制责任保险的框架下，是相对于被保险人而言并对被保险人有损害赔偿请求权的人，保险人有义务对其承担责任限额范围内的赔偿责任；但责任保险的"第三人"范围仍可交由保险合同约定，以便保险人仍有渠道来控制或限定其保险责任，为其在对交通事故的受害人承担责任后向被保险人依照约定进行追偿提供制度支持。在对待责任保险的"第三人"范围问题上，如何将责任保险的意思自治与国家强制有机结合，才是消除诸多不利于保护交通事故受害人的障碍之立足点。

二　关于责任保险的第三人之法律地位

责任保险的第三人的法律地位，是指第三人在责任保险法律关系中的地位，核心内容为第三人如何实现责任保险给付的赔偿利益问题。依照责任保险合同的约定，因保险人承担的给付责任所产生的利益，是分配给被保险人的，第三人并非责任保险合同的关系人，责任保险合同的相对性，使得第三人不具有相当于被保险人的法律地位。事实上和理论上，责任保

---

①　参见李文中《论机动车第三者责任保险中"第三者"的界定》，《保险研究》2011 年第 10 期。

险对第三人利益的保护通常都是间接完成的。但是，因为责任保险毕竟不同于财产损失保险，其主要功能正在逐步演化为保护被保险人的行为所致损害的第三人之利益，在第三人的法律地位的制度构造上，呈现出责任保险的第三人责任之利益优先于合同相对性的发展趋势，第三人在如何实现责任保险给付的赔偿利益方面具有独特的法律地位。例如，有学者认为，责任保险合同原则上适用合同相对性原则，但保险人对第三人利益负有保护义务。在某些强制性保险领域中，为了强化对受害第三人利益的保护，法律也允许受害第三人超越保险合同关系，直接向无合同关系的保险人行使请求权。①

关于第三人的请求权，我国保险法在修订前后的立场有所不同，学者主要研究第三人应否享有责任保险给付的直接请求权以及如何行使其请求权的问题。

有观点主张，责任保险的第三人对保险人享有直接的保险给付请求权，而不论责任保险是否为强制保险。例如，交通事故的受害人（第三人）对保险人的直接请求权，并不取决于机动车第三者责任保险是否为强制保险。因为"第三者责任车辆保险合同属于商业保险还是强制保险，这与受害人是否可以直接向保险公司请求保险金的赔偿无关。即使是商业保险，受害人也可以直接向保险公司请求保险金的赔偿"。我国《保险法》（2002 年）第 50 条对"直接向该第三者赔偿保险金"只规定了"依照法律的规定或者合同的约定"，而并没有作保险种类的限制。所以，"以并非强制性保险来否定在机动车损害赔偿责任保险合同约定的责任发生时受害人的直接请求权是没有法律依据的"②。这种观点对于责任保险的第三人之保护固然周到，也符合现代责任保险的发展趋势，但因为《保险法》（2002 年）第 50 条并没有赋予第三人直接请求保险人给付保险赔偿金的权利，如此主张缺乏法律上的依据，未能成为责任保险的第三人之法律地位通说。

我国《保险法》（2002 年）第 50 条没有明确责任保险的第三人所具有的法律地位，只是提及"保险人……可以依照法律的规定或者合同的

---

① 参见王伟《保险法》，格致出版社、上海人民出版社 2010 年版，第 220 页。

② 于敏：《机动车损害赔偿责任保险的定位与实务探讨》，《法律适用》2005 年第 12 期。

约定，直接向该第三者赔偿保险金"。有观点认为，"当被保险人对第三人的损害赔偿责任确定，被保险人受到求偿，则应赔付保险金，而不必等被保险人赔偿了第三人之后。当然，依照法律的规定或者合同的约定，可以直接向第三者赔偿保险金，也可以在被保险人赔偿了第三人之后向被保险人赔付"①。与其说上述观点是对责任保险的第三人之法律地位的解说，不如说是在回避责任保险的第三人之法律地位问题。也有观点明确提出，除非责任保险合同对第三人的赔偿利益已有约定或者法律已有规定，责任保险的第三人对责任保险合同的缔结无任何意思表示，并非责任保险合同的当事人，仅为责任保险的直接或间接的"受益人"。依照责任保险合同的约定，第三人享有请求保险人给付的权利，取得约定的责任保险之"受益人"地位；依照法律的规定，第三人享有请求保险人给付的权利，取得法定的责任保险之"受益人"地位。除此以外，第三人仅对被保险人有损害赔偿请求权，因合同相对性而不受责任保险合同的保障。②

责任保险具有保护第三人利益的基本功能，对于解释第三人的法律地位有所帮助，但并不能为第三人实现责任保险给付的赔偿利益提供具体的路径，保险法理论也总是在突破责任保险合同相对性的问题上寻找可能的支点。有学者提出，就保险人的保险给付责任而言，责任保险的第三人并非保险合同的当事人，可否请求保险人给付保险赔偿金，只能取决于立法例的相关规定。依照立法例的规定，责任保险的第三人对保险人的给付请求权，主要表现为：附条件的请求权、基于保险人的注意义务的请求权、法定请求权等三种类型。③ 附条件的请求权，是指责任保险的第三人依照责任保险合同的约定，或者第三人、被保险人与保险人之间的意思，或者第三人已经取得对被保险人的胜诉判决，请求保险人给付保险赔偿金的权利。基于保险人注意义务的请求权，是指责任保险的第三人因为保险人承担对其赔偿利益的注意义务而享有的请求保险人给付保险赔偿金的权利。法定请求权，是指责任保险的第三人依照法律规定直接请求保险人给付保

① 温世扬主编：《保险法》，法律出版社 2003 年版，第 253 页。
② 参见吴庆宝主编《保险诉讼原理与判例》，人民法院出版社 2005 年版，第 298 页。
③ 参见邹海林《保险法教程》，首都经济贸易大学出版社 2002 年版，第 161 页。

险赔偿金的权利。以上观点对于理解《保险法》（2002 年）第 50 条所规定之第三人地位具有十分积极的意义；而且，因为以上观点所表述的第三人的请求权之开放性结构，也为责任保险的第三人之法律地位的拓展提供了空间。《保险法》（2009 年）第 65 条第 2 款和第 3 款新增加规定的内容，均可相应地表述为责任保险的第三人所享有的附条件的请求权以及基于保险人的注意义务的请求权。

围绕我国《保险法》（2009 年）第 65 条之规定，我国学者对于责任保险的第三人之法律地位的提升，有如下的评论。

有学者认为，为防止责任保险的第三人的利益受到损失，我国《保险法》（2009 年）第 65 条第 3 款引入了"先付条款"，即在被保险人尚未赔偿第三人之前，保险人不得向其赔偿保险金，督促和强制被保险人履行其对第三人的赔偿义务。该条强化了保险人对第三人的赔偿利益的注意义务，如果保险人违反规定，直接向未履行赔偿责任的被保险人给付全部或者部分保险赔偿金，而第三人最终并未获得被保险人赔偿的，第三人有权以保险人违反注意义务为由，向保险人主张赔偿。[①]

有观点提出，关于责任保险制度的改进，我国保险法实现了责任保险从"保障被保险人利益"向"保护第三人利益"的转变，在法律意义上确立了责任保险的第三人利益属性，有利于实现该制度保护受害第三人的社会公益功能。责任保险的第三人属性具体表现为：第一，责任保险的第三人可以成为保险人的直接给付对象。保险法肯定了责任保险的第三人对保险单享有的利益，保险人对责任保险的被保险人给第三者造成的损害，可以依照法律的规定或者合同的约定，直接向该第三者赔偿保险金。第二，特定条件下，保险人只能向第三人履行保险金给付义务。只要被保险人对第三人的赔偿责任确定，并且经过被保险人的请求，保险人就必须无条件地向第三人支付保险金，而不得以被保险人未赔偿第三人损害为由对抗被保险人和第三人，这是保险人的法定义务。第三，责任保险第三人对保险金的直接请求权。保险人在赔偿责任确定并应被保险人请求的情况下，负有向受害第三人直接给付保险金的义务，但如果被保险人不予以配合（怠于请求），第三人则可以直接请求保险人给付。第四，保险人对保

---

① 参见吴定富主编《中华人民共和国保险法释义》，中国财政经济出版社 2009 年版，第 161 页。

险金的留置义务。责任保险的被保险人给第三者造成损害，被保险人未向该第三者赔偿的，保险人不得向被保险人赔偿保险金。①

也有学者认为，我国《保险法》（2009 年）第 65 条在是否赋予责任保险的第三人的保险赔偿请求权的问题上，淡化了合同相对性立场，注重发挥责任保险对第三人的保护作用，构建了一个确保第三人的利益得到保障的严密体系，包括：（1）保险人的直接赔偿权。保险人可以依照法律规定或者合同约定，直接向第三人赔偿保险金。（2）经被保险人请求直接向第三者赔偿保险金，即在被保险人请求的情形下，保险人应当依照被保险人的要求直接向第三人支付保险金。（3）第三者附条件的保险金赔偿请求权。责任保险的被保险人应当主动请求保险人直接向第三人赔偿保险金，怠于请求的，第三人享有直接的请求权。（4）保险人对第三人的注意义务。责任保险的被保险人给第三者造成损害，被保险人未向该第三者赔偿的，保险人不得向被保险人赔偿保险金，以保护第三人的赔偿利益；第三者据此获得对保险人的赔偿请求权。②

还有学者认为，责任保险的第三人对保险人享有的请求给付保险合同约定的赔偿金的权利，依照其类型可以分为：（1）附条件的请求权。责任保险的第三人享有的附条件请求权，包括但不限于《保险法》（2009年）第 65 条第 2 款所规定的请求权。（2）基于保险人的注意义务的请求权。被保险人致人损害而尚未向受害第三人作出赔偿的，保险人在向被保险人给付保险赔偿金时，有照顾受害第三人的赔偿利益的注意义务。依照《保险法》（2009 年）第 65 条第 3 款，责任保险的被保险人给第三者造成损害，被保险人未向该第三者赔偿的，受害第三人可以请求保险人给付保险合同约定的赔偿金。（3）法定请求权。法定请求权又被称为责任保险的第三人对保险人的直接请求权。第三人的法定请求权，源自强制责任保险，例如机动车第三者责任保险等。但是，我国《道路交通安全法》第76 条以及国务院颁布的《机动车交通事故责任强制保险条例》，均未明确交通事故的受害人对于保险人的直接请求权；受害人在发生交通事故

① 参见姜南《论责任保险的第三人利益属性——解析新〈保险法〉第六十五条》，《保险研究》2009 年第 12 期。
② 参见王伟《保险法》，格致出版社、上海人民出版社 2010 年版，第 222—223 页。

受到损害时，可否直接请求保险人给付保险赔偿金，仍存疑问。在我国，责任保险的第三人对保险人享有的直接请求权，仅限于《民用航空法》第 168 条第 1 款规定的受害人对保险人的法定请求权。①

我国《保险法》（2009 年）第 65 条第 2 款规定的第三人附条件的直接请求权，在具体的行使条件上因为用语不清晰而存在疑问。

有观点认为，根据《保险法》（2009 年）第 65 条第 2 款的规定，"被保险人对第三者应负的赔偿责任确定"是第三者向保险人请求赔偿的前提之一，这确定了该直接请求权的担保属性，即仅是为担保被保险人侵权责任的实现，而非使第三者获得侵权责任法之外的损失救济；再者，从第三者向保险人直接请求赔偿的第二前提"被保险人怠于请求"的规定可以推定，直接请求权的作用还应限于对第三者因"被保险人怠于请求"所遭遇的不利情形进行补救。因此，赋予第三者直接请求权所提供的保护自然不应超越第三者在被保险人未怠于请求时所可能获得的利益，即取代被保险人直接受领保险金给付的权益。这意味着，该直接请求权应当是受到保险契约限制的。②

也有学者认为，保险法本着保护受害第三者利益的初衷，赋予受害第三者在赔偿责任确定且被保险人"怠于请求"时的保险金直接请求权。这是我国责任保险法律制度不断走向成熟与完善的结果，也是我国责任保险法律制度顺应世界立法潮流和趋势的表现。"受害第三者的权利是建立在被保险人的请求权的基础之上的，即被保险人与受害第三者在赔偿程序上具有先后顺序，只有在被保险人怠于行使保险金请求权时，受害第三者才有权直接向保险人行使请求权。所以对被保险人'怠于请求'行为的界定，直接决定了受害第三者对保险人行使直接请求权的诉讼请求能否得到法院的支持，事关第三者的切身利益。""怠于请求"的典型表现为被保险人应当并且能够请求保险人赔偿保险金，但却根本不请求赔偿或迟延索赔，实质上是被保险人对保险索赔主观上不情愿、消极抵触的不作为，并非客观上的不能作为。对"怠于请求"行为的认定标准，保险法的规定较为宽松。保险法并不要求被保险人必须通过诉讼或仲裁的方式向保险

---

① 参见常敏《保险法学》，法律出版社 2012 年版，第 175—176 页。

② 参见陈亚芹《论责任保险第三人直接请求权的立法模式——对直接请求权理论基础的新解读》，《保险研究》2011 年第 1 期。

公司提出索赔，被保险人是否采用诉讼或仲裁的方式向保险人索赔，不是认定被保险人构成"怠于请求"的必需条件及标准；同样，保险法也没有限制受害第三者只能在被保险人没有诉讼或仲裁时才能行使直接请求权，公力救济的存在与否与受害第三者行使直接请求权没有必然联系。只要被保险人能够采取而没有采取合理方式向保险公司索赔，那么被保险人的行为就可被认定为"怠于请求"。在我国司法实务上，应当引入被保险人的"不作为"和索赔的"时间期限"等因素作为认定"怠于请求"的标准。①

在论及责任保险的第三人之法律地位时，无不与第三人对保险人的给付请求权相联系。然而十分明显的是，责任保险的第三人对保险人的请求权基础存在巨大的差异，有的请求权源自合同的约定或者被保险人的意思，有的请求权则源自法律的规定。故在理论和实务上，对责任保险的第三人之请求权基础予以区分就十分重要。而责任保险的第三人的请求权基础之区分，又与责任保险的任意性与强制性保持了高度的吻合。

有学者提出，区分任意性责任保险与强制性责任保险而分别建构相应的立法模式，就有必要对直接请求权与保险契约的关系作出不同的处理。在任意责任保险中，强调在保险契约框架内通过直接请求权强化对第三人的保护更有现实意义；而建立在强制性责任保险制度基础上的受害人直接请求权，既具备超越保险合同约束的物质基础，也为实现强制性责任保险目的所必需。我国保险法"确定了具有担保属性并受保险契约约束的直接请求权，与任意责任保险相适应，但未考虑到以保障受害人利益为目的的强制责任保险的特别需求。这就导致与强制责任保险相应的直接请求权制度的建构将不得不依赖特别法。而这样不仅立法成本过高，而且周期过长。因此，有必要完善保险法有关直接请求权的一般规定，分别确定适用于任意责任保险的依附于保险合同的直接请求权，以及适用于强制责任保险的独立于保险合同的直接请求权"②。

以保险法理论审视责任保险的第三人之法律地位，区别对待自愿责任

---

①　参见任以顺、王冶英、王芹《论责任保险被保险人"怠于请求"行为之司法界定》，《保险研究》2011 年第 7 期。

②　参见陈亚芹《论责任保险第三人直接请求权的立法模式——对直接请求权理论基础的新解读》，《保险研究》2011 年第 1 期。

保险和强制责任保险，则是十分必要的。

三 关于责任保险的复数第三人之赔偿问题

一般而言，责任保险的保险人以保险合同约定的责任限额为限，对被保险人造成第三人损害引起的赔偿责任承担保险责任。因被保险人的加害行为而受害的第三人不止一人时，即受害人为多人或复数，复数第三人应当获得的赔偿与责任保险合同约定的责任限额是什么关系？我国《机动车交通事故责任强制保险条例》第 21 条第 1 款规定："被保险机动车发生道路交通事故造成本车人员、被保险人以外的受害人人身伤亡、财产损失的，由保险公司依法在机动车交通事故责任强制保险责任限额范围内予以赔偿。"交通事故责任强制保险条款则将交通事故责任强制保险的责任限额表述为"保险人对每次事故在责任限额内赔偿"。由此，《机动车交通事故责任强制保险条例》项下的保险人承担保险责任的责任限额，经由交通事故责任强制保险条款被具体描述为"每次事故的赔偿限额"。那么在保险实务中，被保险机动车发生交通事故致复数第三人受到损害时，保险人如何对每一个受害人承担赔偿责任？这不单纯是个实务问题，更是一个应当以何种思维逻辑来对待的理论问题。

对于责任保险合同约定的"赔偿限额"，我国学者普遍认为，责任保险合同的约定为保险人承担保险责任的依据。一般而言，在实务上，责任保险人依照保险单约定而应当给付的赔偿限额，主要有四种形式：保险期间的累计最高赔偿限额、每次事故赔偿限额、每次事故每人赔偿限额和被保险人的自负额。其中的"每次事故赔偿限额"，是指保险人对每次事故（one accident）所造成的被保险人的赔偿责任承担给付保险赔偿金的最高限额。若保险单约定有每次事故赔偿限额的，在保险单约定的保险期间内，发生任何一次意外事故造成被保险人应当承担赔偿责任时，保险人以每次事故赔偿限额为限，对被保险人承担保险给付责任；若其后又发生事故致使被保险人应当承担赔偿责任的，保险人仍以保险单约定的每次事故赔偿限额承担保险责任。[①] 还有学者认为，为了有效地控制风险，保险人往往在保险单中规定对每次事故的赔偿限额和在保险期限内保险人的累计

---

① 参见邹海林《保险法教程》（修订第二版），首都经济贸易大学出版社 2004 年版，第 161 页。

赔偿限额。① 因此，责任保险单约定保险人的"每次事故赔偿限额"是再平常不过的事情了。毕竟"每次事故赔偿限额"在面对复数第三人时就会出现"赔付不足"或"赔付降低"的现象。如何在保险人的赔偿责任与复数第三人的受偿利益之间找到平衡点？

北京市西城人民法院在一起涉及交通事故责任强制保险的复数第三人的赔偿案中表达了如下的代表性观点：《机动车交通事故责任强制保险条例》第21条第1款规定："被保险机动车发生道路交通事故造成本车人员、被保险人以外的受害人人身伤亡、财产损失的，由保险公司依法在机动车交通事故责任强制保险责任限额范围内予以赔偿。"上述规定并未采用保险人在责任限额内"对每次事故"给予赔偿的文字表述。因此，在交通事故的受害人即第三者为复数的情形下，依据上述规定所采用的词句表述，不能得出交通事故责任强制保险合同所约定之责任限额的适用范围是"每次事故"的结论。此外，《机动车交通事故责任强制保险条例》第1条阐述了该条例的立法目的在于"保障受害人依法得到赔偿"。据此法院在理解适用该条例第21条有关"保险责任"的规定时，应当以第三者获得赔偿之效果的优化作为出发点，并且据此作出如下判断：交通事故责任强制保险合同所约定的赔偿责任限额的适用范围，不是"每次事故"，而是"被保险人对每一个第三者依法承担的赔偿责任"。交通事故责任强制保险条款确实包含有保险人按照"合同的约定对每次事故"负赔偿责任的内容。保险公司与保险行业协会在开展交通事故责任强制保险业务的过程中，应当严格按照《机动车交通事故责任强制保险条例》的规定确定保险人的保险责任，不能利用制定格式条款的便利修正该条例的文字表述使其有利于自己而不利于保险相对人。因此，在交通事故责任强制保险条款与《机动车交通事故责任强制保险条例》有关保险责任的表述不一致的情形下，法院应当以《机动车交通事故责任强制保险条例》的文字表述作为认定保险责任的依据。另一方面，交通事故责任强制保险条款虽然约定保险人按照"合同的约定对每次事故"负赔偿责任，但是并未对于"每次"作出更为明确的定义。法院亦无从判断"每次"究竟是指保险车辆与其他物体或人员发生的每一次物理意义上的碰撞，还是指在时间

---

① 参见李玉泉《保险法》（第二版），法律出版社2003年版，第185页；温世扬主编：《保险法》，法律出版社2003年版，第257页。

上与空间上相对集中的、具有关联性或者不具有关联性的一系列碰撞,抑或是指保险事故造成每一名第三者的人身或者财产受到损害的独立事实。鉴于保险条款之约定的模糊性,法院决定采取其中最不利于保险公司的解释。①

西城区法院的判决以《机动车交通事故责任强制保险条例》第 21 条为基础,认为交通事故责任强制保险条款约定的"每次事故赔偿限额"与该条例的规定不同,应当按照该条例的规定解释涉案条款所约定的"每次事故赔偿限额"。既然该条例的目的在于保障每一位因交通事故受害的第三人的利益,则在解释该条例规定的"责任限额"时,并不存在两种以上的解释。"保险人对被保险人致损的每一位受害人在限额内予以赔偿"的结论,应为该条例第 21 条所称"责任限额"的解释结论。在此情形下,作为解释基础的该条例第 21 条为强制性规定,涉案条款约定的"每次事故赔偿限额"不符合该强制性规定且有不利于保险人的相对人(被保险人)之内容,在解释上应以该条例第 21 条规定的内容为准。因此,按照这样的解释逻辑,涉案条款约定的"每次事故赔偿限额"在解释上是没有歧义的,也就没有适用疑义利益的不利解释之余地。如此处理争议的基本逻辑,应当是以法律适用所作的"法解释"取代保险合同的约定。

就前述具有代表性的观点,有学者提出了解决相同问题的两个思路:(1)对于自愿第三者责任险而言,对格式保险条款有两种以上解释的,人民法院或者仲裁机构应当作出有利于被保险人和受益人的解释。据此,法院可以通过"解释合同"消除自愿第三者责任险的责任限额之适用范围的不确定性。鉴于自愿第三者责任险条款并未约定责任限额的适用范围,因此存在两种解释结果。第一种,对于保险车辆造成第三者损失的每一次事故引发的被保险人的赔偿责任,保险人在责任限额内给予赔偿;第二种,因保险事故导致被保险人对每一个第三者承担的赔偿责任,保险人在责任限额内给予赔偿。上述解释在文义上均合理,因此法院可以选择不利于保险人的解释结果。(2)对于强制第三者责任险而言,交通事故责任强制保险的保险责任是法定责任,《机动

---

① 参见刘建勋、张璐《机动车责任保险之责任限额与保险人针对复数第三者的赔偿义务》,《人民司法·案例》2012 年第 4 期。

车交通事故责任强制保险条例》有关保险责任之规定的效力，应当高于交通事故责任强制保险条款的约定。鉴于该条例并未规定责任限制之适用范围为"每次事故"或"被保险人对每一个第三者依法承担的赔偿责任"，因此法院可以通过法意解释和目的解释探究条例的内涵。交通事故责任强制保险制度的目的在于保障机动车道路交通事故受害人依法得到赔偿，因此尽量满足每一个第三者的损害赔偿请求权，更为符合《机动车交通事故责任强制保险条例》的法意解释及目的性要求。法院在判定交通事故责任强制保险的责任限额对复数受害人之适用时，可以排除交通事故责任强制保险条款对于保险人承担责任作出的"每次事故"的限制，直接援引《机动车交通事故责任强制保险条例》第21条的规定，判定保险人应当以责任限额为限，就被保险人向每一个第三者依法承担的赔偿责任承担保险责任。①

值得注意，涉案条款约定的"每次事故赔偿限额"的意思，无须借助于法解释而仅以合同解释就足以释明。在解释涉案条款的相关内容时，可以不考虑其是否违反或者不同于《机动车交通事故责任强制保险条例》第21条的规定。解释合同条款是探求当事人的意思，与法律规定无关，除非法律规定会导致即将解释的合同条款无效。在责任保险的第三人为复数时，因为保险条款并没有给出"每次事故赔偿限额"的确切含义，若用合同解释的原则和基本方法对"每次事故赔偿限额"予以解释，同一被保险机动车在同一时间和同一地点造成不同受害人损害，可以当作"一次事故"，但因为复数受害人的个体之差异，对每一位受害人造成的损害，相对于受害人和被保险人而言，又可以认为复数受害人中的"每人"均成立"一次事故"。这两个解释结论都不能说不合理，歧义难以消除，只能适用不利解释原则，作有利于被保险人的解释。显然，涉案条款约定的"每次事故赔偿限额"，在解释的结论上并不会影响对复数受害人的赔偿救济，保险人应当以合同约定的赔偿限额分别对复数受害人承担赔偿责任。

---

① 参见刘建勋、张璐《机动车责任保险之责任限额与保险人针对复数第三者的赔偿义务》，《人民司法·案例》2012年第4期。

第四节　责任保险赔付的控制

一　责任保险赔付的内容控制

一般而言，对责任保险赔付的内容控制，是通过保险合同的条款约定来实现的。当然，法律的规定在责任保险赔付的内容控制方面会有巨大的作用，但毕竟不是当事人的意思。例如，我国《保险法》（2009 年）第19 条规定的"不公平格式条款"无效制度，对于责任保险赔付的内容控制具有显著的约束作用。在这里，责任保险赔付的内容控制，主要还是限于与当事人的意思表示相关的三个方面：保险责任范围、除外责任、保险给付限额。

保险责任范围，为责任保险的保险人作出赔付的基础和依据。有学者提出，保险责任范围的大小，取决于责任保险合同的约定。如机动车责任保险合同可以约定被保险机动车的行驶区域、使用性质、有效期间、每次事故赔偿限额、免赔额以及除外责任等事项，以限定保险责任的责任范围。[①] 在通常情形下，以保险合同的约定限定保险责任范围，主要有三种方法：（1）限定保险事故的种类，即将被保险人致人损害的行为依其性质"分门别类"而有选择地纳入保险责任范围；（2）限定被保险人的范围，非被保险人本人致人损害并应由被保险人承担赔偿责任的其他人，是否列入被保险人之范围，应有明示；（3）限定保险事故的发生地。

保险责任范围并非单纯的被保险人对受害人的赔偿责任问题，同时涉及保险人所承担的给付责任，故在约定保险责任范围时，除了对引起被保险人的赔偿责任的法律事实有所约定外，责任保险合同还应当约定保险人作出赔付的实质性条件。例如，有学者认为，责任保险的赔付应当具备以下的条件：（1）发生责任保险合同约定范围内的被保险人致人损害或债务不履行的行为；（2）被保险人的行为发生在保险责任期间；（3）第三人的损害可归责于被保险人的上述行为；（4）被保险人对于第三人依法负有赔偿责任；（5）受害第三人向被保险人请求赔偿。[②] 因为保险人作出

---

① 参见吴庆宝主编《保险诉讼原理与判例》，人民法院出版社 2005 年版，第291 页。

② 参见温世扬主编《保险法》，法律出版社 2003 年版，第 252 页。

赔付的实质性条件无法回避"第三人"问题，保险人仅对有限范围内的"第三人"所受损害的赔偿利益承担保险责任，故责任保险合同对于保险人应当承担赔付责任的"第三人"必有所交代。

再者，除外责任是责任保险合同普遍使用的限定保险责任范围的惯常方式。除外责任因为责任保险险种的差异，在内容选择上会呈现出巨大的差异。例如，有观点提出，责任保险单通常会约定下列情形为除外责任：（1）军事冲突；（2）罢工暴动、民众骚乱；（3）核危险；（4）天灾；（5）被保险人对第三人的单方承诺；（6）被保险人自己所有或者保管的财物；（7）保险单限制以外的营业或者行为；（8）酒、药的影响；（9）被保险人的雇员之伤亡。① 我国学者对于责任保险的除外责任的研究尚缺乏系统性的总结和归纳。一般而言，责任保险的除外责任约定应当集中于下列事项：（1）被保险人的无过错责任，即被保险人虽无过错，但依照法律规定应当承担的赔偿责任，如核事故责任、不可抗力所致损害的赔偿责任；（2）被保险人因为重大过失或者过失犯罪行为所致损害而发生的赔偿责任；（3）已经由其他专门的责任保险险种承保的危险，例如公众责任保险可以将环境损害的危险责任作为除外责任予以约定；（4）其他被保险人的异常风险行为，如被保险人的常规营业外的行为、被保险人的冒险行为等。

就保险赔付的内容控制而言，还有两个问题被学者注意到：第一，责任保险有无施救费用的赔偿问题。第二，责任保险的和解与抗辩费用如何赔偿的问题。

在责任保险的场合，保险事故发生后，被保险人为防止或减少自己的赔偿责任而采取合理措施而支出的合理费用，诸如抢救受害人、清理事故现场等支出的合理费用，是否属于施救费用？若为施救费用，则保险人应当在保险合同约定的保险责任限额范围内另行赔偿。对此，学者间存在争议。有学者认为，责任保险不存在施救费用的问题，理由主要有：（1）施救费用发生于保险事故发生后，而在责任保险中，保险事故是受害人对被保险人的索赔，而不是损害事故的发生；责任保险的损害事故发生后所支出的所谓"施救费用"，发生于保险事故（索赔）之前，与保险

---

① 参见邹海林《保险法教程》（修订第二版），首都经济贸易大学出版社2004年版，第162页。

法所称"施救费用"在发生的时间上不同。（2）责任保险的损害事故发生后所支出的所谓"施救费用"，构成被保险人赔偿责任的一部分，若将之当作"施救费用"，则难以区分哪些为赔偿责任、哪些为施救费用。（3）依照《保险法》（2002年）第42条之规定，责任保险中存在施救费用，在逻辑上难以解释责任保险的被保险人所支付的必要合理费用是为防止或减少"保险标的的损失"所支付的必要合理费用。① 以上观点在法解释的方法上是否妥当，颇为值得讨论，且其结论也是不能成立的。另有学者认为，依照《保险法》（2002年）第42条第2款的规定，保险事故发生后，被保险人防止或减少保险标的的损失，例如拖走交通事故车辆，所支付的必要合理费用由保险人承担；保险人所承担的数额在保险标的损失赔偿金额以外另行计算。被保险人在保险事故发生后，支付施救费用，客观上有可能起到减少损失的作用，进而减少责任保险人赔偿保险金数额的后果，上述费用应当由保险人负担，不允许保险人以特别约定的方式逃避负担此项义务。② 从上述不同的观点中或许有所启发，在责任保险的情形下，我们不能断然否定不发生"施救费用"问题；保险事故发生后，因被保险人的行为而支出的必要合理费用，是否应当列入"施救费用"获得补偿，应当基于个案的法律事实予以判断。

一般认为，责任保险人应当负担责任保险的被保险人所支出的和解与抗辩费用，除非责任保险合同另有约定。例如，有学者认为，"在责任保险中，保险人除对依法应由被保险人承担的赔偿责任和被保险人为防止或减少损失所支付的必要的、合理的费用分项进行赔偿，赔偿金额分别不超过保险单中约定的每次事故的赔偿限额外，还应承担有关由被保险人支付的仲裁或者诉讼费用以及其他必要的、合理的费用（合同另有约定的除外）"③。还有学者认为，"在责任保险制度中，抗辩费用通常属于保险责任范围，保险公司应当负担。当被保险人面临第三人以仲裁、诉讼或其他方式提出索赔时，应当依照合同约定提出抗辩。除保险合同另有约定外，

---

① 参见李玉泉主编《保险法学——理论与实务》，高等教育出版社2005年版，第206—207页。

② 参见刘建勋《新保险法经典、疑难案例判解》，法律出版社2010年版，第454页。

③ 李玉泉：《保险法》（第二版），法律出版社2003年版，第185页。

抗辩人为此所开销的仲裁、诉讼以及其他合理、必要的费用（如律师费、差旅费、鉴定费、邀请证人作证的费用等），均由保险公司在责任限额内负担"①。依照上述观点，被保险人的仲裁或诉讼费用等合理费用，并非法定之保险责任范围，可以由保险合同约定。但真正的问题在于，责任保险合同应当如何约定和解与抗辩费用的负担才不会受到理论和实践的质疑。有学者提出，和解与抗辩费用并非必然由保险人负担，保险人可以约定不负担上述费用；但是，责任保险合同对此项费用的负担没有作出特别约定，此项费用即成为保险人法定应当负担的费用。保险人在对此问题进行特别约定时，语义必须清晰明确，不得含有歧义。②

实际上，我国保险法理论对于责任保险赔付的内容控制尚未展开有深度的研究，主要原因在于我国的保险实务未能供给有分析和研究价值的素材。我国保险实务中使用的责任保险条款在保险人的赔付内容的控制事项方面，普遍存在内容简单、结构粗糙、技术含量不高的问题。

有学者认为，保险交易具有丰富的技术内涵，而保险产品的开发、销售和理赔服务等市场环节，无不围绕着合同条款而展开。为破解从法律可保转向伦理可保、从法律与伦理可保转向经营可保的转化难题，以便将责任保险的社会需求转化为有效市场供给，保险公司应当充分关注保险技术在破解责任保险伦理困境过程中的可能作用、如何有效利用保险合同技术手段等问题。为维护责任保险的伦理正当性，可将重大过失、故意、恶意导致的责任排除在某些保险的责任范围之外。为克服责任保险的长尾性给保险公司经营带来的不确定性，可考虑在保险产品中加入时限条款。为避免司法机关不当利用不利解释原则来扩大第三人范围，保险人可在条款中详细界定第三人的边界。为避免侵权制度的修改对保险带来的不确定性风险，保险人可以事先有预见地设计特定限制条款，如将责任限制在过错范围之内，或者限制纯经济损失、惩罚性赔偿责任的保险责任范围。为确保责任保险不出现诱发行为人降低注意的伦理困境，可以引进浮动保险费

---

① 王伟：《保险法》，格致出版社、上海人民出版社 2010 年版，第 211 页。

② 参见刘建勋《新保险法经典、疑难案例判解》，法律出版社 2010 年版，第 455 页。

率、共保条款、免赔条款等合同机制。①

我国保险业现在所面临的问题主要是，保险条款对于保险人的责任限制或者排除，往往缺乏技术含量又会受到社会生活一般观念的挑战，在发生争议时，法院的裁判通常不利于保险人，客观上造成责任保险合同的条款缺乏稳定性和可预见性，增大了保险人的经营风险。保险人的责任保险条款对保险人的保险责任予以限制和排除，若符合保险伦理，则其具有正当性与可操作性。在责任保险的场合，我们不能过度责备。法院对于责任保险赔付的内容控制进行适当的干预，有助于推动我国保险业群体积极改进其保险条款的技术含量并有所创新。例如，就责任保险中的条款如何表述责任限额的问题，有学者提出，"在我国目前的社会环境之下，司法对于个案的裁判，一方面在客观上难以推动保险制度的深度变革，另一方面却可能增大保险人的经营风险。因此，保险人群体应当认真审视目前使用的条款所带来问题的复杂性和风险的不确定性，以积极的态度在产品设计中推行保险责任更加明确的责任限额适用方式"②。

就责任保险赔付的内容控制所表达的以上观点，对于提高我国的责任保险条款的设计水准，以意思自治推动我国保险法理论和制度的发展具有十分显著的意义。我国的责任保险在理论上能否获得突破和发展，并不依赖于我国保险法有关责任保险的制度规范的变化，有关责任保险的法律规范的制度变化是缓慢的、滞后的。如果我国保险实务界向社会提供的责任保险条款，在保险人赔付事项上不能达到"内容复杂、结构合理、逻辑严密、技术水平高"的程度，我国责任保险业自身的生存和发展基础就是不牢靠的。我国保险法理论的进步应当着眼于我国的责任保险条款的设计水平与适用，以及市场或公众对相关的责任保险条款的评价。所以，保险实务未有创新且不能提高其条款的技术含量，保险法律理论研究也难以上新台阶。

二 责任保险赔付的程序控制

一般而言，当第三人对责任保险的被保险人提出索赔的，被保险人是

---

① 参见曹兴权《走出责任保险伦理困境的观念路径》，《贵州财经学院学报》2012 年第 3 期。

② 刘建勋、张璐：《机动车责任保险之责任限额与保险人针对复数第三者的赔偿义务》，《人民司法·案例》2012 年第 4 期。

否有赔偿的责任以及如何承担赔偿责任，取决于被保险人的对抗或者和解立场。被保险人如何应对第三人的索赔，对于保险人的责任承担至关重要；责任保险人不会放任被保险人自行决定应对第三人索赔的方式与方法之选择。因此，在责任保险被保险人应对第三人索赔的问题上，保险人必须采取程序性的策略以控制被保险人的行为。在保险实务上，所有的责任保险合同均约定有索赔参与权条款。"索赔参与权条款是责任保险合同约定保险人有控制和解与抗辩权利的条款，又称之为抗辩与和解的控制条款。依照索赔参与权条款，保险人对于被保险人就其和第三人之间的损害赔偿责任的有无、大小等事项，享有决定、和解以及进行抗辩的充分权利。"① 按照通常的理解，责任保险的保险人所享有的索赔参与权，并非源自保险法的规定，而是保险合同当事人意思自治的结果。

有学者提出，"我国现行《保险法》中并无参与权的规定，但在《保险法（修改建议稿）》第 50 条第 3 款中规定：'未经保险人参与，被保险人直接向第三者承认赔偿责任或者与其达成和解协议的，保险人可以按照合同约定核定保险赔偿责任。' 这说明立法者已经意识到了这个问题"②。保险人基于其业务经验与控制风险的谨慎，有条件在责任保险合同中约定索赔参与权，保险法或许实无必要对此有所规定。

还有学者认为，我国保险法没有规定责任保险中保险人的索赔参与权，保险人的索赔参与权制度缺失。索赔参与权主要是为保护责任保险中的保险人而设，主要目的在于保护保险人，平衡保险人、被保险人以及受害第三人这三方之间的关系。我国再修订保险法时，应当增加规定保险人的索赔参与权：未经保险人的参与，被保险人直接向第三者承认赔偿责任或与其达成和解协议的，该协议对保险人不发生约束力，保险人可以按照合同约定核定保险赔偿责任。但经投保人或被保险人通知，保险人无正当理由拒绝或借故迟延参与的，不在此限。③ 上述观点认为我国责任保险制度缺乏保险人的索赔参与权制度是没有任何依据的。索赔参与权制度并非

---

① 邹海林：《保险法教程》，首都经济贸易大学出版社 2002 年版，第 162 页。

② 张俊岩：《责任保险中保险人的参与权研究》，《广东商学院学报》2006 年第 5 期。

③ 参见陈飞《论我国责任保险立法的完善——以新〈保险法〉第 65 条为中心》，《法律科学》（西北政法大学学报）2011 年第 5 期。

责任保险的法定制度；而事实上，实务中的责任保险合同均有索赔参与权之约定，责任保险合同可以对保险人的"索赔参与权"的内容、构成、适用范围以及效力作出相应的约定。索赔参与权已为责任保险合同的内容之组成部分，并不缺乏保险人的索赔参与权制度。

我国保险法是否应当规定保险人的索赔参与权，并不应当是一个问题。因为保险人如何控制其责任保险合同项下的赔付责任，并不需要借助于保险法的规定来实现；保险人的索赔参与权问题，属于责任保险合同的意思自治的事项，保险人对于受害人索赔被保险人的过程可否参与以及如何参与，取决于合同的约定。在实务上，所有的责任保险合同都约定有保险人的参与权条款。就保险人的索赔参与权而言，真正应当引起我们关注的问题应当是保险人如何"参与"（或者说控制）被保险人的抗辩与和解的问题。

在理论上，应当加强对责任保险中保险人的索赔参与权的内容及其效果的分析。例如，有学者提出，"一般而言，责任保险的保险人享有参加有关确认被保险人赔偿责任的仲裁或诉讼的权利；被保险人就有关赔偿责任的任何诉讼或仲裁，特别是有关赔偿责任的承认、和解、权利的放弃等事项，应及时书面通知保险人，并提供必要的材料、资料；保险人以被保险人的名义参与诉讼的，取得被保险人享有的抗辩权，被保险人应当将其一切权利转移给保险人并提供相应的协助；如果被保险人的损害赔偿责任是由第三人引起的，被保险人还应将其请求赔偿的权利转移给保险人并协助保险人向第三人追偿。在保险人参与诉讼、仲裁或协议的过程中，一般要求保险人对被保险人的利益予以必要的考虑"[1]。

一般认为，责任保险人的索赔参与权为合同权利，是被保险人让与保险人的一种利益，保险人可以明示或默示地放弃该权利，而使得和解与抗辩的利益回归被保险人。

有学者提出，"保险人的索赔参与权作为一项契约权利，其本质是被保险人依合同约定，将自己享有的抗辩与证明利益，让与保险人而形成的权利。依民事权利自由处分原则，保险人当然可以放弃。弃权是指有意识地放弃一项已知的权利，它要求放弃权利的人了解自己拥有权利这一事

---

① 张俊岩：《责任保险中保险人的参与权研究》，《广东商学院学报》2006 年第5 期。

实，并且，是在了解这项权利的基础上放弃权利的。弃权，即使没有对价也不要紧。弃权可以是明示的，即书面或口头通知放弃一项已知的权利，也可以是由特定状况所默示的"①。

还有学者提出，"索赔参与权产生于责任保险合同的约定，是被保险人将自己享有的和解与抗辩利益，让与保险人而形成的权利。保险人可以放弃索赔参与权。放弃索赔参与权，为保险人的单方法律行为。保险人作出放弃索赔参与权的意思表示，即时发生弃权的效力。保险人放弃索赔参与权应当向被保险人作出明确的意思表示。但是，发生以下情形的，可以视为保险人放弃索赔参与权：（1）被保险人请求保险人给付保险赔偿金，保险人以保险合同约定的除外责任或条件，拒绝给付保险赔偿金的，视为保险人放弃索赔参与权。（2）在被保险人通知保险人第三人索赔的事实后，保险人就是否参与和解与抗辩经过合理期间不为相应的意思表示，视为保险人放弃索赔参与权。责任保险人放弃索赔参与权的，被保险人取得自行就第三人的索赔进行和解或抗辩的地位；此后，保险人不得拒绝接受被保险人自行和解或者抗辩的结果。"②

责任保险人的索赔参与权与被保险人应当支付的和解与抗辩费用的负担是什么关系？我国保险法并未在二者之间建立起任何联系。但因为有"除合同另有约定外"的但书条款，责任保险合同是否可以将"索赔参与权"的行使约定为保险人承担和解与抗辩费用的条件？应当注意的是，索赔参与权条款为责任保险的程序控制条款，对保险责任范围或承担没有实质影响；若将和解与抗辩的控制费用当作保险责任范围事项对待，则其负担与索赔参与权无关，这样的解释路径应当反映在理论和制度建构上。再者，即使保险合同约定保险人不承担和解与抗辩的诉讼费用或仲裁费用，但此等费用的产生若与责任保险合同约定的索赔参与权存在合理的联系，保险人亦应承担被保险人因为和解与抗辩而发生的合理费用。例如，有学者认为，对于保险条款中保险人不负担被保险人因第三人提起诉讼或仲裁而发生的费用的特别约定，可以提出合理的质疑。保险条款中约定有索赔参与权的，被保险人不得与第三人随意达成和解，否则，保险人有可

---

① 王运福：《责任保险人索赔参与权初探》，《中国保险干部管理学院学报》2004 年第 3 期。

② 常敏：《保险法学》，法律出版社 2012 年版，第 178 页。

能会拒赔；第三人只能选择诉讼或仲裁的方式对被保险人主张损害赔偿。在这种情形下，第三者因不能与被保险人就损害赔偿达成和解而对被保险人提起诉讼，实际上是保险条款的索赔参与权发生作用的结果，对于此种情形下的被保险人负担的诉讼费或仲裁费，无论保险条款如何约定，都应当由保险人负担。①

就保险赔付的程序控制而言，最引人关注的一个问题是，责任保险的保险人有无为被保险人的利益进行和解与抗辩的义务。目前看来，责任保险的和解与抗辩义务是我国保险法上的纯理论问题。例如，有学者认为，在我国的保险实务上，保险人对于第三人的索赔有参与和解与抗辩的权利，并不承担和解与抗辩的义务。保险人的和解与抗辩义务，仅存在于保险法的理论上。理论上的和解与抗辩义务将对我国保险实务产生影响，并为我国建立和发展责任保险的保险人的和解与抗辩义务的制度提供必要的理论准备。② 对于责任保险赔付的程序控制，我国的保险法理论和实务都注意到了保险人在第三人索赔问题上的主动参与权，并进行了相应的研究。在第三人索赔的控制问题上，真正具有价值的议题应当是责任保险人的和解与抗辩义务。关于这个问题的研究，21 世纪以来似乎并没有取得实质性的进展。

有学者认为，第三人对被保险人起诉损害赔偿的，责任保险人有为被保险人的利益承担索赔的抗辩或和解的义务。抗辩与和解的义务是责任保险人对被保险人所承担的不依赖于保险给付义务的基本义务，其理论基础是当事人的意思自治（合同约定）或者诚实信用原则。保险人对被保险人承担抗辩与和解的义务，可以有效地改善被保险人在有关其损害赔偿责任的确定方面的劣势地位，在观念上符合民法追求的诚实信用和公平理念；在效果上，可以使被保险人有机会免受诉讼及其费用的牵累，更加有效地利用保险人在诉讼费用及其技巧方面的优势，使被保险人的赔偿责任的诉讼或者仲裁费用的负担归属趋于合理化。我国保险法没有明文规定保险人的抗辩与和解的义务；保险人对被保险人承担抗辩与和解的义务已为

---

① 参见刘建勋《新保险法经典、疑难案例判解》，法律出版社 2010 年版，第 455 页。

② 参见常敏《保险法学》，法律出版社 2012 年版，第 179 页。

责任保险发展的大趋势，我国有必要承认责任保险人的抗辩与和解的义务。①

还有学者提出，"保险人的索赔参与权，产生于责任保险合同所约定的抗辩与和解控制条款，是保险人依照保险合同所取得的参与第三人索赔（诉讼）的契约权利，并非保险人依照法律规定而享有的法定权利。根据合同自由原则与对价理论，保险合同的抗辩与和解控制条款在赋予保险人索赔参与权的同时往往也设定了保险人的抗辩义务。保险事故发生后，第三人对被保险人主张或起诉损害赔偿，保险人有为被保险人的利益承担针对索赔的抗辩义务，称之为责任保险人的抗辩义务。抗辩义务是责任保险人对被保险人所承担的不依赖于保险给付义务的基本义务。""保险合同作为最大诚信合同，依诚实信用原则之权利不得滥用原则，责任保险人不仅享有抗辩的权利，而且承担抗辩的义务。索赔参与权是保险人享有的契约权利，而抗辩义务则是保险人因享有索赔参与权的附随义务，并不以合同条款的明示为必要，是一种法定的默示契约义务。"②

也有观点提出，抗辩义务目前在我国法律上并无明确规定。但是保险理论和实务已表明，确立责任保险人之抗辩义务势在必行。责任保险人之抗辩义务以诚实信用原则和禁止权利滥用原则为基础，具有法定义务和合同义务的双重属性，符合保险确保被保险人财务稳定和心境安宁的本旨。而在我国保险立法有待完善的今天，处于强势地位的保险人往往在订立保险合同时从自身利益出发，规定自己以"索赔参与权"这种权利的姿态参与抗辩，而漠视被保险人的利益（尤其是责任保险人和被保险人的利益发生冲突时），使被保险人不得不听命于保险人。法律在保护保险人利益的同时，也应兼顾被保险人的利益，规定责任保险人的抗辩义务，以使保险人与被保险人的利益在第三人索赔过程中达到平衡。我国保险法应明确规定责任保险人的抗辩义务。责任保险人的抗辩义务是责任保险人对被保险人所承担的不依赖于保险给付义务的基本义务。只要第三人向被保险人提出的索赔请求具有属于保险人承保范围的潜在可能性，保险人就有义

---

① 参见邹海林《保险法教程》，首都经济贸易大学出版社 2002 年版，第 163—164 页。

② 王运福：《责任保险人索赔参与权初探》，《中国保险干部管理学院学报》2004 年第 3 期。

务为被保险人进行抗辩。责任保险人违反该义务将构成侵权责任与违约责任的竞合。①

另有学者提出，责任保险项下的和解与抗辩义务，是保险人对被保险人所承担的不依赖于保险给付义务的基本义务。一方面，保险人不履行和解与抗辩义务，相当程度上可以成立违约行为，应当承担违约责任；另一方面，保险人不履行和解与抗辩义务，被保险人可以依照诚实信用原则，以保险人不履行义务为由，诉请侵权损害赔偿。保险人违反和解与抗辩义务，第三人索赔而经确定的被保险人的损害赔偿责任超过保险合同约定的赔偿限额，若有以下情形之一的，保险人应当承担超额赔偿责任：(1) 保险人拒绝对保险责任限额内的索赔作出和解；(2) 保险人对于保险责任限额内的索赔，过分讨价还价（即未接受合理的和解要约）以致和解不成立；(3) 保险人过分相信被保险人的陈述而没有详加调查，误以为被保险人并无过失责任。②

第五节　交通事故责任强制保险

一　交通事故责任强制保险

交通事故责任强制保险，是指"由保险公司对被保险机动车发生道路交通事故造成本车人员、被保险人以外的受害人的人身伤亡、财产损失，在责任限额内予以赔偿的强制性责任保险"。交通事故责任强制保险是我国《机动车交通事故责任强制保险条例》明文规定的机动车第三者责任强制保险，以区别于不具有强制保险特性的"机动车第三者责任险"。

有学者提出，我国《道路交通安全法》第17条规定，"国家实行机动车第三者责任强制保险制度，设立道路交通事故社会救助基金。具体办法由国务院规定"。第76条规定："机动车发生交通事故造成人身伤亡、财产损失的，由保险公司在机动车第三者责任强制保险责任限额范围内予以赔偿。"自2004年5月1日后，人们从学理、保险实务和司法实务等不同的角度，开始对"机动车第三者责任保险"进行审视，对"机动车第

---

① 参见陈静《责任保险人的抗辩义务初探》，《西部法学评论》2008年第3期。

② 参见常敏《保险法学》，法律出版社2012年版，第179—180页。

三者责任保险"是否为强制保险的性质问题展开争论。在争论尚未被彻底理清的过程中，国务院 2006 年 3 月发布《机动车交通事故责任强制保险条例》，以机动车第三者责任保险的"双轨制"模式，暂时终结了人们有关机动车第三者责任保险问题的过多争议。①

将交通事故责任强制保险与我国《道路交通安全法》第 17 条所称"机动车第三者责任强制保险"直接挂钩，而将不属于《机动车交通事故责任强制保险条例》规范的其他机动车第三者责任保险，归入"商业性机动车第三者责任保险"。这样的人为区分，事实上促成了机动车第三者责任保险的"强制险"和"自愿险"并存局面的出现。如此一来，交通事故责任强制保险自然不同于其他形式的机动车第三者责任保险。

有学者认为，交通事故责任强制保险并没有改变其商业保险的属性。交通事故责任强制保险和"商业性机动车第三者责任保险"的区分，在商业保险的属性上仍然相同，均属于我国保险法规范之责任保险。交通事故责任强制保险，只不过属于我国《保险法》（2002 年）第 136 条所称"条款和费率"应当经保险监督管理委员会审批的"依法实行强制保险的险种"而已。而事实上，交通事故责任强制保险仍然是由依照保险法规定设立的保险公司按照"商业模式"经营的财产保险业务的一种。② 还有学者认为，某一保险产品是否具有商业属性并非取决于投保和承保是否强制，而是由其经营模式决定的。因国家需要通过机动车责任强制保险在道路交通事故领域建立起新的社会公共政策，所以法律或行政法规赋予该险种的强制性特质，使它在某些方面超越了契约自由原则。该保险经营模式的特征表现为，全国统一的基础保险费率由政府制定，由政府指定的商业保险公司经营，不以营利为目的，实行统一的保险条款，该险种与保险公司经营的其他险种分别独立核算等。我国实施的交通事故责任强制保险即属此种情形。因此，其性质仍属商业保险范畴。保险采用自愿原则，强制源于法律的规定，但法定保险本身并不因此改变该险种的商业险属性。③

① 参见邹海林《交通事故责任强制保险的性质和法律适用》，《人民法院报》2006 年 8 月 16 日。

② 参见邹海林《我国机动车交通事故责任强制保险的制度评析》，载李劲夫主编《保险法评论》（第一卷），中国法制出版社 2008 年版。

③ 参见官邦友《交通事故责任强制保险中六个突出法律问题的澄清》，《法律适用》2010 年第 8 期。

在我国的保险法理论上，认识或解读交通事故责任强制保险的制度结构或者适用，不能脱离责任保险的法理或制度结构，因为交通事故责任强制保险作为商业保险，在性质上仍然为责任保险。有学者认为，"无责任即无责任保险"是责任保险的基本原理。因为我国《道路交通安全法》第76条不严谨的行文，导致该条规定被误读误用，认为只要发生交通事故造成他人损害，保险公司就应当在保险责任限额内赔付受害人。在此误读的基础上，《机动车交通事故责任强制保险条例》第23条则又明文规定了所谓的"无责赔付"。此种情形所产生的负面影响十分明显：首先，扭曲了责任保险制度。其次，增加了保险人的经营负担。再次，为保险人增加保险费或者拒绝降低保险费增加了借口。因此，应当恢复责任保险制度的本来面貌，改变将责任保险和无过失保险杂糅在一起的现状，修改相关法律的行文，明确规定保险公司承担保险责任的前提条件是，被保险人或其他非法使用被保险机动车的侵权责任人对受害第三人承担赔偿责任。①

另有学者对于我国交通事故责任强制保险的制度重构提出了设想。以交通事故受害人的直接请求权的保护为制度基点，从两个层面分别构建相应的制度体系：（1）在交通事故受害人请求保险公司给付保险赔偿方面，所关注的主要制度包括但不限于机动车交通事故的构成、受害人的直接请求权、受害人的范围、请求权的行使及方式、请求权行使的限度、保险公司的给付义务或分项给付限额、受害人抢救费用的给付、保险公司对抗受害人请求的事由、保险公司给付保险赔偿金的时间和方式、保险公司的追偿权以及机动车交通事故社会救助基金等。（2）在交通事故责任强制保险合同方面，主要是对交通事故责任强制保险合同的订立、内容、效力维持、履行等方面体现出当事人承担的强制性义务，所关注的主要制度包括但不限于强制投保与承保、基本条款和基础费率法定、基础费率的调整、保险费的支付、合同效力的维持、合同终止或解除、被保险机动车及其使用、被保险人的范围、约定除外事项的限制、最低保险责任限额、分项保险责任限额、每次事故给付限额、每次事故每人给付限额、交通事故发生

① 参见李青武《机动车责任强制保险制度研究》，法律出版社2010年版，第265—266页。

的通知义务、被保险人的协助、保险公司的追偿权等。①

二　关于保险人赔付责任的性质

对于交通事故责任强制保险而言，保险人的赔付责任究竟属于何种性质的责任，不仅是一个理论问题，更是一个实务问题。这个问题自《道路交通安全法》颁布后就受到了我国学者的高度关注。

有观点认为，《道路交通安全法》第76条确立了一个归责原则体系，对于不同主体之间的责任承担适用不同的归责原则：（1）保险公司在第三者强制责任保险责任范围内承担无过错责任；（2）道路交通事故社会救助基金在特定情况下垫付受害人的损害赔偿，适用无过错责任；（3）机动车之间的交通事故责任适用过错责任；（4）机动车与非机动车驾驶人、行人之间的交通事故适用无过错责任或严格责任。② 更有观点认为，"该条规定明确确立了保险公司对机动车第三者责任强制保险承担无过错责任，因而是法定责任。根据这一责任，如果肇事车辆参加了机动车第三者责任强制保险，在保险期内该车辆发生交通事故造成第三者人身伤亡、财产损失的，由保险公司在保额内予以赔偿，而不论交通事故当事人各方是否有过错以及当事人过错程度如何"③。"机动车交通事故责任强制保险实施后，不论被保险人是否在交通事故中负有责任，保险公司均将按照《条例》以及机动车交通事故责任强制保险条款的具体要求在责任限额内予以赔偿。"④ "保险公司的责任是法定的责任，只要发生了交通事故造成人身伤亡、财产损失的，就由保险公司在机动车第三者责任强制保险责任限额范围内予以赔偿。即便交通事故是有人故意造成的，保险公司也

---

① 参见邹海林《我国机动车交通事故责任强制保险的制度评析》，载李劲夫主编《保险法评论》（第一卷），中国法制出版社2008年版。

② 参见张新宝、明俊《道路交通安全法中的侵权责任解读》，《人民法院报》2003年11月7日。

③ 童琳：《机动车第三者责任强制保险若干法律问题》，《中国人大》2005年11月10日。

④ 国务院法制办、保监会负责人就《机动车交通事故责任强制保险条例》答记者问，载《机动车交通事故责任强制保险条例》，法律出版社2006年版，第15页。

要承担责任。"① 按照上述观点，只要发生交通事故致人损害，保险公司就要承担责任。

以上观点已经成为解释我国《道路交通安全法》第 76 条第 1 款关于保险人承担之"限额内责任"之性质的通说，不仅成为我国有关"交通事故责任强制保险"实行"无责赔付"的始作俑者，而且强有力地支持着《机动车交通事故责任强制保险条例》项下保险公司承担保险赔偿责任属于"无过错"赔偿的各种版本。对此，有学者提出，保险公司承担无过错责任的观点，造成了民事损害赔偿制度上的交通事故无过错归责原则与被保险人在交通事故中因违反交通法规的行为所承担的"交通事故责任"的混淆，更造成了保险公司承担交通事故责任强制保险项下的保险给付责任与被保险人承担的无过错赔偿责任的混淆。"无责"抑或"有责"应当系指交通事故的加害人对受害人有无损害赔偿责任而言的，在性质上属于侵权法上的"归责原则"及其项下的"赔偿责任"问题，构成机动车第三者责任保险得以适用的基础。何况，《道路交通安全法》第76 条并没有规定被保险人不承担赔偿责任时，保险公司仍要给付机动车责任保险限额内的赔偿金。《道路交通安全法》对于交通事故损害赔偿责任实行"无过错"责任，此系针对被保险人对交通事故的受害人而言的，并不针对提供机动车第三者责任保险的保险公司。因此，保险公司仅在被保险人应当承担赔偿责任的前提下，对受害人才有责任限额范围内的给付义务。②

对于我国《道路交通安全法》第 76 条所存在的疏漏，我国学者是有深刻认知的。有学者认为，不论《道路交通安全法》第 76 条第 1 款如何规定保险公司承担的责任，保险公司依照该条所承担的赔偿责任，充其量是替肇事机动车的所有人或管理人承担赔偿受害人的责任，其法律性质为保险公司对交通事故中受害的第三人承担的法定保险给付义务；保险公司所承担的保险给付义务，仅与机动车第三者责任保险的缔结有关，与交通事故损害赔偿责任自无关系，故不存在保险公司承担过错责任还是无过错

---

① 丁玉娟、张雅光：《论机动车交通事故责任强制保险的法律适用》，《行政与法》2007 年第 1 期。

② 参见邹海林主编《中国商法的发展研究》，中国社会科学出版社 2008 年版，第 317—318 页。

责任的问题。但该条第 1 款的用语确实提出了一个答案不十分明确的问题：不论机动车所有人或管理人应否对受害人承担赔偿责任或者不论其赔偿责任的高低，保险公司均应当向受害人承担保险给付责任？仅从该条款本身的文义解释，得出肯定的结论是不奇怪的。因为在发生机动车致人损害的场合，保险公司应当在强制责任保险的限额内予以赔偿，在条款文辞的使用上并没有附加任何其他限制。该条第 1 款规定，混淆了机动车所有人或管理人和保险公司应当对受害人所承担的不同性质的责任，使得保险公司承担了其本不应当承担的"责任"，有点对保险公司强加"社会责任"的味道。对于法律规范的解读和适用不能仅仅依照其所用的文辞，应当考察该法律规范适用的制度场景，《道路交通安全法》第 76 条第 1 款存在显而易见的漏洞，应当作出有限度的内容补充。再者，解读该条款的含义还应当考虑两个因素，即《道路交通安全法》第 17 条规定的"机动车第三者责任强制保险"对《道路交通安全法》第 76 条第 1 款规定的保险公司所承担的责任之限定，《道路交通安全法》第 76 条对于保险公司的"赔偿责任"仍然强调其为"机动车第三者责任强制保险责任限额范围内"的赔偿责任。另外，将《道路交通安全法》第 76 条第 1 款规定的保险公司的赔偿责任，解释为保险公司对所有交通事故造成的损害负责，并没有任何立法的支持或法理依据。[①]

也有学者认为，立法应首先确定机动车交通事故这一特殊侵权行为统一的侵权责任归责原则，解决车辆使用人或所有人的民事赔偿问题，然后才论及责任保险的介入。即是说，应当在特殊侵权行为领域以特殊的归责原则确认被保险车辆一方即被保险人的民事责任基础上，来构建强制责任保险制度，而不是既然有保险，则保险范围内不必讨论侵权赔偿归责问题。这恰是《道路交通安全法》第 76 条第 1 款的问题所在。该条只是在第 1 款后半部分，即交通事故责任强制保险责任限额以外部分确立了侵权法意义上的归责原则，在交通事故责任强制保险责任限额内完全回避侵权责任认定的所有问题。《道路交通安全法》第 76 条第 1 款的后半部分，确立了车辆交通事故的赔偿原则：车辆之间发生交通事故，按照过错原则来承担责任；车辆与非机动车驾驶人、行人发生事故，车辆承担一个有限

---

① 参见邹海林《我国机动车交通事故责任强制保险的制度评析》，载李劲夫主编《保险法评论》（第一卷），中国法制出版社 2008 年版。

定的严格责任，对方有过错的，减轻机动车一方的责任，机动车没有过错的，承担有最高限额的赔偿责任。归责原则明确具体，值得赞赏。但是其第1款首句，在交通事故责任强制保险责任限额范围内完全没有考虑机动车交通事故的归责原则，而是规定只要机动车造成人身或财产的损害，保险公司就在保险责任限额内赔偿，这是逻辑颠倒。①

因此，《道路交通安全法》第76条的制度设计确实存在疏漏，但不能因为制度设计的疏漏，硬要解释出没有法理基础和不合逻辑、违反生活常识的"无过错责任原则"或者"无责赔付原则"。该法第76条第1款仅要求保险公司在强制保险的责任限额内对受害人承担赔偿责任，没有特别要求保险人承担赔偿责任以被保险人对受害人负有损害赔偿责任为前提，这本是我国立法上的疏漏，通过"法解释"是完全可以弥补的。

三 关于保险人"无责赔付"说

"无责赔付"说，实际为交通事故责任强制保险项下的保险人承担无过错责任赔偿的具体适用说。关于"无责赔付"的观点，均指向我国《机动车交通事故责任强制保险条例》的制度设计失误。例如，有学者举例认为，"无责赔付"是这样的：有两辆车，都投保了"交通事故责任强制保险"，一辆是"奥迪"，一辆是"奥拓"。奥迪车碰撞奥拓车，根据交管部门的事故认定，奥迪对事故负全部责任，奥拓车完全无责。两车各有毁损，但奥迪损失比奥拓大，奥迪修复的费用是400元，奥拓修复的费用是200元。如何进行赔偿呢？根据《道路交通安全法》确立的交通事故责任强制保险"无责赔付原则"以及《交通事故责任强制保险条款》，保险公司要承担限额内的损失赔偿责任，首先，奥迪的保险公司赔付奥拓车主200元，然后，奥拓的保险公司赔偿奥迪车400元。因为，根据交通事故责任强制保险"无责赔付原则"，奥拓虽然没有责任，但仍然要承担负全责的奥迪的损失，根据2006年的《交通事故责任强制保险条款》，保险公司以无责任财产损失赔偿限额400元对奥迪车主承担赔偿责任。② 以

---

① 参见刘学生《交通事故责任强制保险立法与实践的两个法律问题辨析——以侵权责任法律关系为视角》，《保险研究》2011年第9期。

② 参见刘学生《交通事故责任强制保险立法与实践的两个法律问题辨析——以侵权责任法律关系为视角》，《保险研究》2011年第9期。

上例子所表达的观点有无法律依据，或许值得讨论；但观点和实例之间的联系，究竟有多荒谬，无须多言。但这确实是"无责赔付"说的现状。

事实上，"无责赔付"在我国的法律制度上并不存在，仅仅是我国实践部门的错误认识以及对交通事故责任强制保险制度的"误用"。但是，因为不少学者都有这样的认识，"无责赔付"是我国交通事故责任强制保险制度的组成部分，才使得本不存在的"无责赔付"至今未获纠正。《机动车交通事故责任强制保险条例》第 23 条规定，"责任限额分为……被保险人在道路交通事故中无责任的赔偿限额"。《机动车交通事故责任强制保险条款》（2006 年）第 8 条规定，"被保险人无责任时，无责任死亡伤残赔偿限额为 10000 元；无责任医疗费用赔偿限额为 1600 元；无责任财产损失赔偿限额为 400 元"。以上条款所述"无责任赔偿限额"，纯粹是指"致损机动车一方无交通事故责任时的赔偿限额"；在被保险机动车无交通事故责任时，并不表明该机动车的保有人不承担赔偿责任；当被保险机动车应当承担赔偿责任时，保险公司按照"无责任赔偿限额"对受害人予以赔偿。前述观点所引用的"无责赔付"案例，在我国的交通事故责任强制保险制度的设计上找不到依据：两个机动车发生事故，应当按照"过错"程度承担赔偿责任，奥拓车无交通事故责任，自无过错，对负有交通事故责任的奥迪车不承担任何赔偿责任，奥拓车的保险公司没有任何理由要向受损的奥迪车支付"无责财产损失赔偿限额 400 元"。若用这样的案例来抨击我国交通事故责任强制保险制度的设计缺失，自然没有任何说服力。

有学者认为，有责赔付还是无责赔付实为一个伪命题。因为"交通事故责任强制保险"系保险人对受害人的损失的赔偿，作为交通事故责任强制保险的赔付主体，保险公司不存在是否有责任或是否存在过错问题。其是否赔付完全取决于法律强制性规定或者合同约定的保险范围内的事故是否发生，赔偿的前提是被保险人的侵权责任成立。产生错误认识的根源在于我国《道路交通安全法》及《机动车交通事故责任强制保险条例》在其制度设计上存在先天不足，这一先天不足导致定性模糊。① 有关交通事故责任强制保险的"无责赔付"的观点，应当休矣。

---

① 参见官邦友《交通事故责任强制保险中六个突出法律问题的澄清》，《法律适用》2010 年第 8 期。

有学者认为，将《道路交通安全法》第 76 条第 1 款解读为保险公司不论缘由地承担保险给付责任，立论的基础已经将被保险人对受害人应否承担赔偿责任"剔除"于保险公司应否承担保险给付责任的考量因素之外，显然违背交通事故责任强制保险的责任保险性质，亦不符合我国《机动车交通事故责任强制保险条例》对交通事故责任强制保险所采取的责任保险机制的基本立场。对于这个问题的理解，还应当特别注意以下两点：第一，《机动车交通事故责任强制保险条例》第 21 条强调保险公司在"保险责任限额范围内予以赔偿"的条件为"依法"，并专门规定受害人故意造成交通事故为保险公司拒绝赔偿的抗辩事由，使得交通事故责任强制保险符合责任保险的性质。第二，经保监会审批的《机动车交通事故责任强制保险条款》（2006 年）第 8 条规定，"在中华人民共和国境内（不含我国港、澳、台地区），被保险人在使用被保险机动车过程中发生交通事故，致使受害人遭受人身伤亡或者财产损失，依法应当由被保险人承担的损害赔偿责任，保险人按照交通事故责任强制保险合同的约定对每次事故在赔偿限额内负责赔偿。"保险公司对交通事故致人损害的保险给付责任，以"依法应当由被保险人承担的损害赔偿责任"为基础，彰显交通事故责任强制保险的责任保险性质。①

无责任赔偿限额的制度，未能很好契合交通事故责任强制保险保护交通事故受害人的基本目的，这才是真正的制度设计"失误"。《机动车交通事故责任强制保险条例》第 23 条、《机动车交通事故责任强制保险条款》（2006 年）第 8 条依照被保险人有无"交通事故责任"实行分项限额赔偿，规定有保险公司的"无责任赔偿限额"。上述制度设计中的"无责任"之"责任"两字，并非交通事故的赔偿责任，而是"交通事故责任"。"交通事故责任"原本就不应当与"交通事故责任强制保险"项下的保险公司的给付责任相关联。被保险人使用机动车造成受害人损害，未有任何过错或者违反交通法规的行为，但依照交通事故损害赔偿的归责原则，仍然要对受害人承担法律规定的损害赔偿责任。故真正应当与保险公司的限额内的赔偿责任相关联的，应当是被保险人对交通事故受害人的损害赔偿责任而非"交通事故责任"。

---

①　参见邹海林《我国机动车交通事故责任强制保险的制度评析》，载李劲夫主编《保险法评论》（第一卷），中国法制出版社 2008 年版。

顺便在这里提及一个与上述问题不同但相关的问题，即"机动车保险条款"中的"无责免赔"条款。"无责免赔"条款同样属于违反生活常识的保险条款，备受学者质疑。有学者认为，"汽车保险中的无责免赔条款乱象，即映射出保险条款设计中的该类思维缺陷。被保险人对交通事故的发生没有责任的保险公司不予赔偿，此类无责免赔条款至少在三个方面违背了保险技术原理：第一，保险的目的就在于为被保险人提供防范风险的机制，将被保险人自己拥有的车辆无辜地被他人损害排除在被保险人所遭受损失之外的做法显然有问题。第二，被保险人没有责任就不赔偿、有责任才赔偿的规定意味着，汽车第三者责任险本身要鼓励被保险人的非理性行为了。这既违背伦理，也违反社会常识。第三，无责不赔的规定不正当地限制了被保险人的合理利益，严重缺乏交易公平意识。"① 在这里，保险法理论研究期待着技术含量高的"机动车保险条款"的出现。

四　交通事故责任强制保险的强制性

一般认为，交通事故责任强制保险的强制性，在相当程度上排除了合同自由原则在机动车第三者责任保险领域的适用。我国《机动车交通事故责任强制保险条例》实施时，人们都把交通事故责任强制保险的强制性集中于交通事故责任保险的"强制投保和承保"方面。"机动车交通事故责任强制保险的强制性不仅体现在强制投保上，同时也体现在强制承保上。一方面，未投保机动车交通事故责任强制保险的机动车不得上道路行驶；另一方面，具有经营机动车交通事故责任强制保险资格的保险公司不能拒绝承保机动车交通事故责任强制保险业务，也不能随意解除机动车交通事故责任强制保险合同（投保人未履行如实告知义务的除外）。"②

有学者认为，强制投保和承保为交通事故责任强制保险作为强制保险的固有内容。但是，交通事故责任强制保险的强制性，并不应当仅限于强制投保和承保这样一个层面，同时应当建构起交通事故责任强制保险的强制性的理论和制度体系，即交通事故责任强制保险的投保和承保的强制、

---

① 曹兴权：《走出责任保险伦理困境的观念路径》，《贵州财经学院学报》2012年第3期。
② 国务院法制办、保监会负责人就《机动车交通事故责任强制保险条例》答记者问，载《机动车交通事故责任强制保险条例》，法律出版社2006年版，第14页。

责任限额的法定、条款和费率法定以及合同效力维持的法定等。再者，交通事故责任强制保险提供保障的核心问题之一为受害人的赔偿问题，即受害人有无权利直接请求保险公司给付保险金，并继而起诉保险公司。交通事故责任强制保险的强制性还直接赋予交通事故受害人向保险公司直接请求保险金给付的地位，并排除保险公司援引《交通事故责任强制保险条款》（2006 年）或保险法的规定对抗受害人请求赔偿的机会，以彻底实现保护交通事故受害人之利益。这方面的强制已经超出了保险合同的关系范围。①

还有学者认为，国家通过法律或行政法规规定投保人的投保义务、保险人的承保义务、保险合同的基本条款、基础费率、保险合同的效力维持等，保险合同当事人无权任意变更或限制保险合同的效力。交通事故责任强制保险的强制性特征，主要表现在以下三个方面：（1）机动车保有人投保义务的强制性；（2）保险人承保义务的强制性；（3）受害人法律地位优先的强制性。②

我国《机动车交通事故责任强制保险条例》有关交通事故责任强制保险的强制性规范，并没有体现出交通事故受害人对保险公司享有直接请求权的制度理念。《机动车交通事故责任强制保险条例》第 28 条和第 30 条似乎并未明文赋予交通事故的受害人对保险公司享有直接请求权；而且，经保险监督管理委员会批准的《机动车交通事故责任强制保险条款》（2006 年）对受害人请求保险公司给付保险赔偿金的权利，更是只字未提。有学者认为，《机动车交通事故责任强制保险条例》第 28 条和第 31 条的规定表明，立法者采取了间接保护交通事故受害人的方法，也就是说，只有被保险人才享有对保险公司的直接请求权，受害人没有这项权利。③ 这是否表明交通事故的受害人对保险公司享有直接请求权并非我国交通事故责任强制保险具有强制性的制度内容？

有学者认为，交通事故责任强制保险的目的并不在于分散被保险人的

---

① 参见邹海林《我国机动车交通事故责任强制保险的制度评析》，载李劲夫主编《保险法评论》（第一卷），中国法制出版社 2008 年版。

② 参见李青武《机动车责任强制保险制度研究》，法律出版社 2010 年版，第 15—18 页。

③ 参见张新宝、陈飞《机动车交通事故责任强制保险条例理解与适用》，法律出版社 2006 年版，第 249 页。

责任风险，而在于对受害人提供最为基本的损害保障，使得交通事故受害人获得及时的经济赔付和医疗救治。《道路交通安全法》第 76 条第 1 款已明文规定，机动车发生交通事故造成人身伤亡、财产损失的，由保险公司在机动车第三者责任强制保险责任限额范围内予以赔偿。《机动车交通事故责任强制保险条例》第 1 条更以"保障机动车道路交通事故受害人依法得到赔偿"作为《机动车交通事故责任强制保险条例》的宗旨。在这个意义上，承认交通事故受害人对保险公司的直接请求权，构成交通事故责任强制保险具有强制性的最具理论和实践价值的内容。《机动车交通事故责任强制保险条例》未规定受害人的直接请求权，并不影响受害人依照《道路交通安全法》第 76 条第 1 款享有和行使直接请求权。《道路交通安全法》第 76 条第 1 款未明确保险公司在责任限额内的"赔偿"的相对人为被保险人还是交通事故的受害人，但从法律规范用语及该条款制度创设的基本目的考察，将保险公司的保险赔偿之相对人解释为"交通事故的受害人"，更加符合法律逻辑和制度应用的理性判断。① 交通事故的受害人，依照《道路交通安全法》第 76 条第 1 款对保险公司享有直接请求权。因此，因交通事故责任强制保险发生争议，在涉及保险公司和受害人之间的关系时，法院应当适用《道路交通安全法》第 76 条第 1 款和《机动车交通事故责任强制保险条例》的规定，作为裁判交通事故责任强制保险争议的依据，无适用保险法的余地；于此场合，法院也不能援引《交通事故责任强制保险条款》的约定作为裁断交通事故责任强制保险争议的依据；即使保险公司依照《机动车交通事故责任强制保险条例》第 29 条向被保险人给付赔偿金，也不能够以此对抗受害人对保险公司的直接请求权。相比其他形式的机动车第三者责任保险，这是交通事故责任强制保险在强制性方面具有的差异性特征。②

五 交通事故责任强制保险的被保险人

一般而言，交通事故责任强制保险的被保险人，是指"交通事故责

---

① 在《机动车交通事故责任强制保险条例》实施前，我国不少地方的法院依照《道路交通安全法》第 76 条第 1 款的规定，承认交通事故受害人对保险公司的直接请求权。

② 参见邹海林《我国机动车交通事故责任强制保险的制度评析》，载李劲夫主编《保险法评论》（第一卷），中国法制出版社 2008 年版。

任强制保险"的投保人和投保人允许的合法驾驶人。投保人在交通事故责任强制保险单中均有记名,为"记名被保险人";投保人允许的合法驾驶人,则构成交通事故责任强制保险的"附加被保险人"。"附加被保险人"在交通事故责任强制保险单上没有记名,仅以投保人的意思表示(允许或者同意)予以识别;在一般情形下,经"记名被保险人"同意使用被保险车辆的人与被保险人之间具有某种特定的利害关系,诸如"记名被保险人"的配偶、家庭成员、雇员等。再者,"附加被保险人"客观上还应当具有使用机动车的资质。

有学者认为,交通事故责任强制保险的被保险人范围应当扩张,才足以保护交通事故的受害人,以彰显交通事故责任强制保险的目的。从保障机动车事故受害第三人的立法目的出发,强制机动车责任保险的被保险人的范围不宜仅限于"投保人及其允许的合法驾驶人"。强制机动车责任保险的被保险人须包括"投保人以及任何可能成为被保险机动车事故民事责任主体的单位或个人"。强制机动车保险法的立法目的在于为受害人迅速提供基本保障,如果强制保险仅仅是为投保人利益的保险,只是为免除投保人可能承担的民事赔偿责任而存在,则于被保险车辆肇事而肇事者非投保人时,因其并非被保险人,保险人即无依保险合同填补损害的义务,此时纵使强制保险法承认受害人对保险人的直接请求权,赋予受害人无须经由被保险人而得以直接向保险人请求填补损害的权利,但是因肇事者并非被保险人,保险人也无须对受害人赔偿,强制保险法的立法目的在此将全部落空。因此,为周全地保障受害人,唯有扩大被保险人的范围使其及于因被保险车辆肇事而可能承担民事赔偿责任的所有责任主体,方能实现既定的立法目的。既然是所有可能承担民事责任的主体,就应包括"任何使用或者管理被保险机动车之人",而不能再以"有权"或"无权"来区分他人使用被保险车辆的合法性。[①]

还有学者认为,从机动车责任强制保险保障受害人利益救济的宗旨来看,立法不应当对被保险人的范围作过多的限制,否则,交通事故发生后,很多受害人将无法获得保险救济。被保险人的范围应当规定为:被保险机动车的保有人及其允许的使用或管理被保险机动车之人,至于其使用

---

① 参见李理《我国强制机动车保险法应扩大被保险人范围》,《金融与经济》2005 年第 6 期。

的手段或目的是否"合法"，不是确定被保险人范围的参考因素。①

六　交通事故责任强制保险的保障水平

《机动车交通事故责任强制保险条例》第 23 条规定："机动车交通事故责任强制保险在全国范围内实行统一的责任限额。责任限额分为死亡伤残赔偿限额、医疗费用赔偿限额、财产损失赔偿限额以及被保险人在道路交通事故中无责任的赔偿限额。机动车交通事故责任强制保险责任限额由保险监督管理委员会会同国务院公安部门、国务院卫生主管部门、国务院农业主管部门规定。"该条例所称"责任限额"究竟应当为"最高限额"抑或"最低限额"？采取哪种方式将更有利于保障交通事故的受害人的赔偿利益呢？

在我国的保险实务上，经保险监督管理委员会审批的《机动车交通事故责任强制保险条款》（2006 年）第 6 条将"责任限额"定位于保险公司给付赔偿的最高额，并实行分项赔偿责任限额制度。有学者对此表达了不同意见，认为：交通事故责任强制保险对交通事故受害人提供的最高"责任限额"的保障，在每次事故一人受害的场合都明显不足；若在每次事故多人受害的场合，更谈不上为受害人提供基本保障了。在责任保险的场合，实行分项责任限额本属正常，但规定如此低廉的最高保障限额，在我国经济高速发展以及日益尊重人权的当下，不免令人质疑交通事故责任强制保险存在的合理性。②

---

① 参见李青武《机动车责任强制保险制度研究》，法律出版社 2010 年版，第 88 页。

② 与最低保障限额有关的问题，当数保险费的高低问题。我国交通事故责任强制保险的费率水平相较以前的机动车第三者责任险有明显的提高，而交通事故责任强制保险提供的对应保障水平则出乎人们的预料。有关部门的解释是，交通事故赔偿的法律环境自 2004 年 5 月 1 日后发生了较大的变化，交通事故责任强制保险的保费收入的一定比例要进入道路交通事故社会救助基金，交通事故责任强制保险的费率水平会有所上升。参见国务院法制办、保监会负责人就《机动车交通事故责任强制保险条例》答记者问，载《机动车交通事故责任强制保险条例》，法律出版社 2006 年版，第 17—18 页。学者对此并不认同，认为交通事故责任强制保险费率有所提高的理由确有其合理成分，但并不是支持高保费的充分根据。参见刘锐《"交通事故责任强制保险"存在的问题及其对策》，载杨华柏总编《保险业法制年度报告（2006）》，法律出版社 2007 年版，第 213 页。

也有学者认为，《机动车交通事故责任强制保险条例》更以所谓的"无责赔偿"牺牲了交通事故责任强制保险对交通事故受害人本应提供的基本保障。因为《机动车交通事故责任强制保险条例》中设计有"被保险人在道路交通事故中无责任的赔偿限额"，将保险公司的保险赔偿责任与被保险人的"交通事故责任"挂钩，而不是与被保险人的损害赔偿责任挂钩。这将造成交通事故的受害人难以获得本应获得的超过无责任赔偿限额的赔偿。《交通事故责任强制保险条款》规定之分项责任限额本身就过于低廉，而且不完全对应于被保险人对交通事故受害人承担之损害赔偿责任。正是由于交通事故责任强制保险对交通事故受害人提供的极度低廉的保障水准，机动车第三者责任保险的"双轨制"模式才得以生存，而这种"双轨制"模式事实上进一步削弱了机动车第三者责任保险制度对交通事故受害人的保障功能。我国本应当对机动车第三者责任保险附加强制性的立法步骤，实现机动车第三者责任自愿保险向机动车第三者责任强制保险的转轨，在立法技术和可操作性层面都具有合理的预期，但事实上却不是这样。在交通事故责任强制保险之外，机动车所有人或管理人不得不另行购买所谓的"商业性机动车第三者责任保险"，以为交通事故责任强制保险的补充。在交通事故责任强制保险的作用下，"商业性机动车第三者责任保险"对被保险人或者受害人提供的保障水平，因为保险条款的调整或者变化，事实上更是有所降低的。①

还有学者认为，将交通事故责任强制保险的赔偿标准机械地规定为死亡伤残赔偿限额、医疗费用赔偿限额、财产损失赔偿限额以及被保险人在道路交通事故中无责任的赔偿限额，并且授权中国保监会对每一个赔偿项目都分别作出责任限额规定，对于受害人来说，这就面临着在总额12.2万元的责任限额内，某一项费用的赔偿不足规定限额，而另一项费用却因超过规定限额而得不到赔偿的情况，这样就会出现即使受害人损失总额超过12.2万元，获得的交通事故责任强制保险赔偿却不足责任限额12.2万元的概率非常大。因此，这种只能按照规定的项目分别适用责任限额的赔付方法，实际上是以机械呆板的赔偿标准变相降低了责任限额，无疑使受害人的利益得不到应有的保护。将交通事故责任强制保险与商业性机动车

---

① 参见邹海林《我国机动车交通事故责任强制保险的制度评析》，载李劲夫主编《保险法评论》（第一卷），中国法制出版社2008年版。

第三者责任保险相比较，商业性第三者责任保险的赔偿限额内涵盖了所有的损害赔偿，即只要是在商业性第三者责任保险赔偿责任范围内，被保险人或受害人可以充分期待保险责任限额的赔偿，而因为交通事故责任强制保险进行了分项区分，被保险人或受害人对交通事故责任强制保险之责任限额的赔偿期待必然大打折扣。就这一点来说，交通事故责任强制保险的制度设计与商业性第三者责任保险相比较，显然是一种缺憾。《道路交通安全法》第76条之规定并未细分各赔偿项目的限额，然《机动车交通事故责任强制保险条例》及相应的保险条款设定分项责任限额偏重保护保险公司的利益，使道路交通事故的受害人实际获得的赔偿数额大大减少，既不利于对受害人的保护，也使交通事故责任强制保险的保障能力进一步降低，其公平合理性值得探讨。①

七 交通事故受害人的直接请求权

一般而言，交通事故责任强制保险的强制性特征在于依法赋予交通事故受害人对保险公司的直接请求权。交通事故受害人对保险公司的直接请求权，通过对《道路交通安全法》第76条第1款作符合第三者责任强制保险的理念解读，可以获得肯定的结论。例如，有观点认为，"通过对我国道路交通安全法第七十六条第一款规定的'机动车发生交通事故造成人身伤亡、财产损失的，由保险公司在机动车第三者责任强制保险责任限额范围内予以赔偿'进行法律上的文义解释和目的解释，可以推出该条实际已经赋予了第三者直接请求权"。② 还有观点认为，依照责任保险原理，《道路交通安全法》第76条第1款应当解释为授予受害人的直接请求权，理由有三：（1）该条规定的赔偿主体为保险责任赔偿限额内的保险人；（2）先由被保险人赔偿受害人，再由保险人赔偿被保险人的解释，不合责任保险的立法原理；（3）依照《道路交通安全法》实施强制责任保险的立法目的，解释为受害人具有直接请求权，符合立法本意。③

---

① 参见孙玉荣《机动车交通事故责任强制保险疑难问题研究》，《法学杂志》2012年第3期。

② 李寿双、郭文昌：《机动车第三者责任强制保险的制度研究》，《保险研究》2005年第8期。

③ 参见李青武《机动车责任强制保险制度研究》，法律出版社2010年版，第221页。

然而在事实上，《机动车交通事故责任强制保险条例》对交通事故受害人的直接请求权保持了"沉默"。该条例有关保险给付请求及其保险公司的给付义务事项，以三个条文分别规定有如下的内容：（1）被保险人为交通事故责任强制保险合同项下的赔偿请求权人，赔偿义务人为保险公司。被保险机动车发生道路交通事故的，由被保险人向保险公司申请赔偿保险金。① （2）交通事故责任强制保险的保险事故的通知。被保险机动车发生道路交通事故，被保险人或者受害人通知保险公司的，保险公司应当立即给予答复，告知被保险人或者受害人具体的赔偿程序等有关事项。② 该条虽提到了受害人通知保险公司发生道路交通事故的事项，但并没有提及受害人的保险赔偿请求事宜。（3）保险公司给付保险赔偿金的选择权。保险公司可以向被保险人赔偿保险金，也可以直接向受害人赔偿保险金。③ 上述规定不仅没有强调保险公司向受害人给付保险赔偿金的义务，更没有赋予受害人请求保险公司给付保险赔偿金的权利。有学者认为，因为《机动车交通事故责任强制保险条例》没有赋予受害人对保险公司的直接赔偿请求权，而是授权保险公司选择向被保险人或受害人赔偿保险金，增加了受害人的索赔成本、延长了受害人的索赔期限，更使受害人的赔偿没有制度保障。④

还有学者认为，缺乏交通事故受害人法定的直接请求权的交通事故责任强制保险制度，已经构成交通事故责任强制保险的最显著的制度缺陷，难以实现作为强制保险而保障交通事故受害人的赔偿利益的基本目标，并切实贯彻《机动车交通事故责任强制保险条例》第1条规定的"保障机动车道路交通事故受害人依法得到赔偿"的宗旨。相比较《道路交通安全法》第76条第1款的规定，《机动车交通事故责任强制保险条例》突出了保险赔偿金的请求权人为被保险人，是否表明《机动车交通事故责任强制保险条例》"否定"了《道路交通安全法》第76条第1款所"隐含"的交通事故受害人请求保险公司给付保险赔偿金的内容？在《机动

① 参见《机动车交通事故责任强制保险条例》第28条。
② 参见《机动车交通事故责任强制保险条例》第27条。
③ 参见《机动车交通事故责任强制保险条例》第31条。
④ 参见刘锐《"交通事故责任强制保险"存在的问题及其对策》，载杨华柏总编《保险业法制年度报告（2006）》，法律出版社2007年版，第216页。

车交通事故责任强制保险条例》的起草以及实施的过程中，确实没有出现直接"否定"交通事故受害人对保险公司享有直接请求权的表述；否则，那将是我国交通事故责任强制保险制度的"倒退"。《机动车交通事故责任强制保险条例》对交通事故受害人的直接请求权保持"沉默"，仍然为法律明文赋予交通事故受害人对保险公司的直接请求权留下了空间。①

也有学者提出，从我国立法来看，尽管《保险法》（2009 年）第 65 条对责任保险的请求权问题进行了补充完善，但在《道路交通安全法》及《机动车交通事故责任强制保险条例》未作相应修订之前，受害人直接请求权制度仍受到很大程度的限制。我国交通事故责任强制保险在制度设计上并未赋予受害人向保险公司的直接求偿权。但从这一制度的立法目的出发，使受害人损失得到及时补偿才是该保险制度设立的最高目标。因此只有赋予受害人较多情形下的直接请求权，才能充分地体现交通事故责任强制保险制度对受害人损失补偿给予保障的及时有效性。②

另有学者认为，机动车第三者责任强制险以保护受害人的利益为目的，其公益性也日渐突出，我国应该以立法的形式明确赋予第三者责任强制险中第三人直接请求权。但应该注意的是，所确立的第三人直接请求权一定要符合中国国情，即我国既不能采取那种完全不附抗辩事由的直接请求权，也不能采取那种附双重（被保险人及保险人）抗辩事由的直接请求权。因为前者对保险人显然不公，后者于第三人极为不利。我国应当采取非双重附抗辩事由的直接请求权，即除法律另有规定外，受害人对保险人享有直接请求权。③

还有观点提出，目前，我国法律对是否承认受害第三者的直接请求权采取了回避的态度，具体见《机动车交通事故责任强制保险条例》第 28 条与第 31 条。第 28 条仅规定了赔偿保险金的申请应由被保险人来完成，如果将该条理解为强制性规范，则明确排除了受害第三者的直接请求权；

---

① 参见邹海林《我国机动车交通事故责任强制保险的制度评析》，载李劲夫主编《保险法评论》（第一卷），中国法制出版社 2008 年版。

② 参见官邦友《交通事故责任强制保险中六个突出法律问题的澄清》，《法律适用》2010 年第 8 期。

③ 参见万晓运《"交通事故责任强制保险"中受害第三人直接请求权问题探析》，《法学》2011 年第 4 期。

如果将该条理解为指导性规范，则受害第三者的直接请求权未被明确否认。第 31 条则赋予了保险公司直接赔付对象的选择权。将来《道路交通安全法》和《机动车交通事故责任强制保险条例》修订时应当肯定第三者的直接请求权。①

我国《机动车交通事故责任强制保险条例》没有清楚地表达出保护交通事故受害人的极为强烈的色彩，对交通事故受害人的直接请求权保持沉默，导致交通事故责任强制保险制度本当含有的强制性责任保险的制度结构无法存在，而只能以交通事故责任强制保险的投保和承保的强制、基本条款和费率法定、合同的效力维持之法定等制度，勉强维系着一个具有划时代意义的保护交通事故受害人的机动车责任保险制度，实际上远不能适应保护交通事故受害人的赔偿利益的时代需求。交通事故责任强制保险制度作为我国保险公司经营的机动车第三者责任强制保险业务，承认和彰显交通事故受害人的直接请求权，同样是保险公司在经营交通事故责任强制保险业务时必须面对的社会责任。有学者提出，我国的交通事故责任强制保险立法在交通事故受害人请求保险公司给付保险赔偿方面，以明确承认交通事故受害人的直接请求权作为制度改革或创新的突破口，并建构起如下的主要制度：机动车交通事故的构成、受害人的直接请求权、受害人的范围、请求权的行使及其方式、请求权行使之限度、保险公司的给付义务、保险公司的给付限额或分项给付限额、受害人抢救费用的给付、保险公司对抗受害人请求的事由、保险公司给付保险赔偿的时间和方式、机动车交通事故社会救助基金等。②

八 保险公司拒绝给付的抗辩权

在交通事故责任强制保险项下，保险人对于给付请求权人所应当享有的拒绝给付抗辩权，会沿着以下两个路径展开：其一，对于被保险人的保险给付请求，保险公司得以法定或者合同约定的事由予以抗辩而拒绝承担保险责任；其二，对于交通事故的受害人的保险给付请求，保险公司得以

---

① 参见钟良生《机动车第三者强制责任保险制度若干问题研究》，《人民司法·应用》2011 年第 5 期。

② 参见邹海林主编《中国商法的发展研究》，中国社会科学出版社 2008 年版，第 328 页。

法定的事由予以抗辩而拒绝承担保险责任。

在理论上，就交通事故责任强制保险而言，被保险人基于保险合同向保险人请求给付的，保险公司和被保险人之间的关系受《机动车交通事故责任强制保险条例》和保险法的规范；当被保险人请求保险公司给付保险赔偿金时，保险公司自得以《机动车交通事故责任强制保险条例》和保险法规定的不承担保险责任的事由，以及《机动车交通事故责任强制保险条款》（2006 年）约定的不承担保险责任的事由，对抗被保险人的请求而拒绝承担保险责任。但是，实际情形恐怕并不乐观。《机动车交通事故责任强制保险条例》第 21 条规定："被保险机动车发生道路交通事故造成本车人员、被保险人以外的受害人人身伤亡、财产损失的，由保险公司依法在机动车交通事故责任强制保险责任限额范围内予以赔偿。道路交通事故的损失是由受害人故意造成的，保险公司不予赔偿。"《机动车交通事故责任强制保险条款》（2006 年）第 10 条（责任免除）规定："下列损失和费用，交通事故责任强制保险不负责赔偿和垫付：（一）因受害人故意造成的交通事故的损失；（二）被保险人所有的财产及被保险机动车上的财产遭受的损失；（三）被保险机动车发生交通事故，致使受害人停业、停驶、停电、停水、停气、停产、通讯或者网络中断、数据丢失、电压变化等造成的损失以及受害人财产因市场价格变动造成的贬值、修理后因价值降低造成的损失等其他各种间接损失；（四）因交通事故产生的仲裁或者诉讼费用以及其他相关费用。"有学者认为，上列条款关于"责任免除"之约定，并没有起到保险合同控制保险公司的危险之应有作用，将交通事故责任强制保险摆在了似乎什么危险都保的尴尬境地。[①]

有学者认为，《机动车交通事故责任强制保险条例》第 22 条是有关保险公司的责任免除条件及其例外的规定，如果发生该条例第 22 条所规定的情形之一，即使加害人造成了第三人人身损害和财产损失，保险公司也不用承担赔偿保险金的责任。但是有例外，即保险公司对受害人承担"垫付"抢救费用的义务。[②] 以上观点是否妥当，是值得讨论的。有学者

[①]　参见邹海林《交通事故责任强制保险的性质和法律适用》，《人民法院报》2006 年 8 月 16 日。

[②]　参见张新宝、陈飞《机动车交通事故责任强制保险条例理解与适用》，法律出版社 2006 年版，第 163 页。

提出，在道路交通事故损害赔偿案件中，承保交通事故责任强制保险的保险公司可否以被保险车辆驾驶人无证、醉酒驾驶为由不承担对受害人的人身损害赔偿责任呢？保险公司主张免责的主要根据是《机动车交通事故责任强制保险条例》第 22 条和《机动车交通事故责任强制保险条款》（2006 年）第 9 条及具体的合同，而法院的态度并不一致，有支持保险公司主张的，但多数法院并不认可保险公司的前述抗辩，并根据《道路交通安全法》第 76 条和《机动车交通事故责任强制保险条例》第 21 条、第 22 条等判决保险公司直接向受害人承担责任限额内的赔偿责任。① 因为《机动车交通事故责任强制保险条例》第 22 条第 1 款除了明确保险公司"垫付"抢救费用外，并没有明文规定保险公司不承担给付保险责任限额的赔偿责任；而该条第 2 款仅对被保险人造成受害人的财产损失部分规定保险人不承担赔偿责任。因此，该条例第 22 条对于被保险人因为有法定的三种情形造成受害人的人身损害时，保险人应否承担赔偿责任语焉不详。对于"语焉不详"的法律规范，在以保护交通事故受害人为主旨的责任保险之场景中，难以解释出保险人不承担赔偿责任的结论。

再者，保险人对被保险人所享有的拒绝给付的抗辩权，是否可以延伸效力至交通事故的受害人，我国《机动车交通事故责任强制保险条例》没有给出明确的指引。而且，在涉及保险人的拒绝给付的法定事由时，《机动车交通事故责任强制保险条例》更没有明确这些事由是否仅仅针对被保险人。有学者认为，《机动车交通事故责任强制保险条例》没有明文规定交通事故受害人的直接请求权，该条例规定的保险公司不承担交通事故责任强制保险项下的保险责任的抗辩，似乎是专门针对被保险人的抗辩。② 那么，当交通事故受害人直接请求保险公司给付保险赔偿金的，保险人可否以其对抗被保险人的事由对抗受害人的请求，就成为一个大问题。在完善交通事故责任强制保险的保险人拒绝给付抗辩权时，还应当构建保护交通事故受害人的"防火墙"制度。有学者提出，受害第三人对保险公司的直接请求权源自法律的强制性规定，保险人抗辩受害人的事

---

① 参见刘锐《交强险制度的解释适用与立法完善》，《保险研究》2012 年第 8 期。

② 参见邹海林《我国机动车交通事故责任强制保险的制度评析》，载李劲夫主编《保险法评论》（第一卷），中国法制出版社 2008 年版。

由，与保险人抗辩被保险人或被保险机动车非法使用人的事由应隔开，保险人不得以抗辩被保险人或非法使用人的事由来抗辩受害人的请求权。这就是保护受害第三人利益救济的"防火墙"制度。《机动车交通事故责任强制保险条例》第 22 条关于保险公司"垫付费用"和"不承担责任"的规定，违反强制责任保险应有的"防火墙"制度。我国应当尽快建立"防火墙"制度，规定保险人抗辩受害人的法定事由，保险人不得在此事由外抗辩受害人，至于这种抗辩事由的范围，可以从三个方面考虑：（1）从侵权责任角度，凡是被保险人或非法使用人对受害人不承担赔偿责任或减轻赔偿责任的事由，均可以用来抗辩受害人的直接请求权。（2）从人从车因素。在遵循第（1）点的前提下，造成受害人损害的交通事故与被保险人或被保险机动车无关的情形，可以用来抗辩受害人。（3）在符合前两点条件下，保险事故不是发生在保险合同有效期内，或者不是发生在合同终止后的一定宽限期内（如 15 天）。除了这三点以外，保险人不得再采用其他抗辩事由。①

《机动车交通事故责任强制保险条例》至少应当区分交通事故责任强制保险项下的两种不同类型的法律关系，即保险公司和被保险人之间的保险合同关系、保险公司与交通事故受害人之间的法定请求权关系，分别建构起保险公司对抗相关当事人的索赔请求的制度。

就保险公司和被保险人之间的关系而言，《机动车交通事故责任强制保险条例》的制度设计并没有充分合理地平衡保险公司与被保险人之间的利益，事实上形成了本应由被保险人承担的赔偿责任反而不当地由保险公司承担了。交通事故责任强制保险条款本可以约定保险公司不承担保险责任的更多的事由，以控制保险公司的风险，从而控制交通事故责任强制保险的费率成本，但基本条款的法定化使得保险公司失去了约定更多的"除外责任"事项的自由。事实上，交通事故责任强制保险条款项下的除外责任，并非针对交通事故的受害人，而是在保险公司和被保险人之间就损害责任的分摊设计的条款，原理上应当基于保险公司和投保人的意思自治予以确定，以体现交通事故责任强制保险保单的多样化。交通事故责任强制保险合同之除外责任事项的增加，不仅与控制交通事故责任强制保险

————————

①　参见李青武《我国机动车责任强制保险制度现状及其完善对策》，《北京建筑工程学院学报》2008 年第 3 期。

的保险危险相关而有助于降低保险费率，而且有助于提高被保险人驾驶机动车的谨慎注意程度而防止或减少交通事故。① 这样建构的保险公司对抗被保险人索赔请求的制度就是完整的，以此为基础的追偿权制度亦能发挥效用。就保险公司与受害人之间的关系而言，《机动车交通事故责任强制保险条例》几乎没有触及。

因为《机动车交通事故责任强制保险条例》的保守，更没有区分交通事故责任强制保险项下的不同法律关系，仅以简单规定"受害人故意造成交通事故的损失"而保险公司不承担赔偿责任，替代了责任保险项下的体系缜密的保险公司拒绝承担保险责任的抗辩制度，不仅制度设计上十分粗糙，而且留下了诸多理论和实务均无法回避的制度缺失。②

九　保险公司给付后的追偿权制度

理论上，交通事故责任强制保险加重了保险公司的保险给付责任。尤其是，保险公司对交通事故的受害人承担的保险赔偿责任，不受交通事故责任强制保险合同条款或者交通事故责任强制保险合同效力欠缺的影响；除《机动车交通事故责任强制保险条例》有规定外，保险公司对于交通事故受害人的赔偿利益，不得以交通事故责任强制保险合同的约定予以排除、减少或者降低。但是，保险公司并非社会福利机构，保险公司对交通事故的受害人承担的保险赔偿责任，若属于不应当承担的风险，应当有合理的途径予以消化或者分解。原则上，机动车第三者责任强制保险立法在加重保险公司对交通事故受害人的保险赔偿责任时，以保险公司对肇事机动车加害人的追偿权制度予以救济。

有学者认为，《机动车交通事故责任强制保险条例》第22条构造了保险公司"功能不全"的追偿权制度，进一步造成了交通事故责任强制保险制度的体系紊乱。保险公司有权向交通事故的加害人追偿的"标的"，并非真正意义上的"保险赔偿"，而仅仅限于"垫付"的抢救费用。那么，保险公司依照《机动车交通事故责任强制保险条例》向交通事故

---

① 参见邹海林主编《中国商法的发展研究》，中国社会科学出版社2008年版，第332—333页。
② 参见邹海林主编《中国商法的发展研究》，中国社会科学出版社2008年版，第334页。

受害人支付的保险赔偿金和非"垫付"的抢救费用，不能向被保险人或致害人追偿。①

也有学者认为，我国《机动车交通事故责任强制保险条例》只在第22条规定了保险人行使追偿权的情形及其追偿的范围，在制度设计方面没有构建完整的保险人追偿权制度。现行制度存在保险人行使追偿权的情形过窄、追偿情形下的保险赔付范围缩水的缺陷。应当在制度体系上恢复机动车责任强制保险的保险人追偿权的应然状态，从以下几个方面构造保险人的追偿权制度：（1）明确规定保险人对被保险人或其他机动车侵权责任人行使追偿权的事由，如被保险人的故意或重大过失、未经被保险人同意而使用被保险机动车、被保险人违反如实告知义务而被解除保险合同、被保险人与受害人恶意串通夸大损失等；（2）明确规定保险人不得以前述事由对抗交通事故受害人的请求权；（3）明确规定保险人在上述情形下赔付交通事故受害人后，可以对被保险人或其他侵权责任人行使追偿权。②

还有学者认为，我国《机动车交通事故责任强制保险条例》规定的追偿权适用范围狭小，甚至都没有明确地表述保险人是否应当承担责任，其在立法制度选择和立法技术上均不可取。汽车责任强制保险为责任保险，如果保险人依照保险法或者保险合同的约定对被保险人不承担保险责任，但无法对抗交通事故受害人的赔偿要求的，其在赔偿受害人后对被保险人应当有追偿权。保险人在下列情形下，可以向被保险人追偿：（1）保险公司超额承担赔偿的。保险公司超出保险单约定的保险给付限额的赔偿，有权向被保险人追偿。（2）责任保险单失去效力而保险公司仍然承担赔偿责任的。被保险人违反保险合同的规定，或者违反其法定义务或保证，保险公司有权解除或者终止合同，并不承担保险责任；但受害人对保险公司的赔偿请求权不受影响，保险公司因此而赔偿受害人的，其依照保险合同所应当取得之利益，有权要求被保险人予以偿还。（3）保险公司因有除外责任的约定不应当承担赔偿责任而承担的。保险公司对受害人承担的赔偿责任，可以依照保险合同约定的除外责任条款向被保险人追偿。③

---

① 参见邹海林《我国机动车交通事故责任强制保险的制度评析》，载李劲夫主编《保险法评论》（第一卷），中国法制出版社2008年版。

② 参见李青武《机动车责任强制保险制度研究》，法律出版社2010年版，第181页。

③ 参见常敏《保险法学》，法律出版社2012年版，第193页。

第十四章

保证保险规范论

第一节　保证保险的界定

一　保证保险的概念

保证保险为一种以保险人作为一方当事人的担保交易行为。就其法律行为的内容而言，保证保险不是我国担保法规定的"保证"行为，而是我国《保险法》（2009 年）专门规定的"有名合同"。我国保险法对于"保证保险"的名称已有明文规定，但缺乏规范保证保险的内容之规定。保证保险的内容已经完全交给了保险合同当事人意思自治。因此，对于保证保险的认识和适用，不论是在理论上抑或实务上，存在争议都是难免的。对于保证保险的概念如果不作科学的界定，将无法推动保证保险的实务发展，也无法开展富有深度的保证保险理论研究。

因为我国保险法对于保证保险的内容未作规定，而保险实务所开展的保证保险业务存在差异化，导致人们对于保证保险的概念认识不清，并造成了保证保险合同性质判断的对立，以至于产生了保证保险法律适用上的分歧。当保证保险合同纠纷被诉诸法院，法院应当以什么样的态度对待保证保险合同并正确适用法律呢？这不仅是一个理论问题，更是一个实践问题。对于上述问题的回答，无法回避保证保险的概念。

有观点认为，保证保险合同是一种特殊的财产保险合同，它是指保险人为被保证人（债务人）向被保险人（债权人）提供担保而成立的保险合同。在该合同项下，投保人按约定向保险人支付保险费，在被保险人因其受雇人之不诚实行为或其债务人不履行债务而遭受损失的，由保险人负赔偿责任。① 上述观点是对我国保证保险的概念作出的具有代表性的描述，也是我国保证保险的概念之通说。② 依照保证保险的概念之通说，保证保险的当事人为保险人和投保人，投保人负有支付保险费的义务，保险人对于被保险人因为保险事故的发生所遭受的损害（如权利被侵害、债权未获满足）承担保险责任。

保证保险的概念不可或缺的要素，为保证保险的权利结构。对此，有学者认为，保证保险合同的关系主体应包括投保人、保险人和被保险人，投保人是保证保险合同相对应的基础合同中的债务人，被保险人则是债权人。保证保险所保障的是债权人的利益，虽然银行一般未在保证保险合同中签字盖章，但银行是保险合同的关系人，是约定的受益人。因而，银行应该是享有保险金请求权的被保险人。在保证保险合同中虽然债务人是投保人，但受合同保障的却是债权人，享有保险利益的也是债权人，因此，保证保险的被保险人应该是债权人。如果将被保证人（债务人，保证保险中一般也为投保人）视为被保险人，那么依法享有保险金请求权的就只能是债务人，而作为保证保险合同保障对象的债权人却无法向保险人行使保险金的给付请求权，那是荒谬的。③ "典型的保证保险合同中当事人主体有二，其中义务人为投保人，保险公司为保险人。权利人为被保险人，可以作为合同的关系人，也可以作为合同的当事人，视合同订立具体情况而定。"④

还有观点认为，信用保险和保证保险在本质上都是保证保险，都是对信用的保证，保险人（保证人）要承担被保证人（义务人）的信用风险，所以是信用保证保险。这里的信用是广义的信用，即"遵守诺言，实践成约"之意。事实上无论信用保险还是保证保险都涉及三方：权利人（被保险人）、义务人（被保证人）和保证人（保险人），两类保险都是保证在权利人因为义务人方的原因而使自己的合法利益受损失时由保险人

①　褚红军：《保证保险合同三议》，《人民司法》2000 年第 12 期。

②　参见邹海林《保险法教程》，首都经济贸易大学出版社 2002 年版，第 147 页；李玉泉：《保险法》（第二版），法律出版社 2003 年版，第 189 页；温世扬主编：《保险法》，法律出版社 2003 年版，第 274 页。

③　参见徐卫东、陈泽桐《保证保险合同若干法律问题研究》，《当代法学》2006 年第 3 期。

④　陈佰灵：《保证保险若干法律问题探析》，《法律适用》2006 年第 5 期。

依照约定给予补偿，都是对义务人提供的信用担保。无论保证保险还是信用保险，保险人作为担保人，在因为信用风险发生使被保险人（受益人）利益受到损害时依约定给予赔偿之后，都有向被保证人（义务人）追偿的权利。因此，保证保险是保险人作为保证人为义务人提供其信用保证的保险；以为义务人提供其信用保证的保险作为保险标的的带有担保性质的保险，统一为保证保险或信用保证保险。① 上述观点所表达的保证保险之基本内容，与前一种观点所表达的意思基本相同。然而，十分遗憾的是，该观点将保证保险归结为"为义务人提供其信用保证的保险"，将其标的限定为"义务人的信用"，则与该观点所表达的前半部分内容不相吻合，甚至发生冲突。若从保证保险的目的上看，保证保险是保险人为权利人而非义务人提供的信用担保，义务人的信用丧失或缺乏则为保证保险所承保之危险，保证保险的标的为被保险人的权利而非义务人的信用。

另有观点认为，保证保险是财产保险的一种，是保险人作为保证人为作为被保证人的被保险人向权利人提供的一种担保，因被保险人不履行合同义务，致使权利人遭受经济损失，保险人向被保险人或受益人承担赔偿责任。这种观点在我国的保险实务上是有实践基础的。例如，保险监督管理委员会 1999 年 8 月 30 日向最高人民法院出具的《关于保证保险合同纠纷案的复函》中称："保证保险是财产保险的一种，是指由作为保证人的保险人为作为被保证人的被保险人向权利人提供担保的一种形式，如果由于被保险人的作为或不作为不履行合同义务，致使权利人遭受经济损失，保险人向被保险人或受益人承担赔偿责任。"在理论上也获得了学者某种程度的认可。例如，有学者认为，在分期付款购车还款保证保险中，由投保人（同时也是被保险人）与保险人约定，当被保险人不履行合同义务而给权利人（银行）造成损失时，由保险人负责赔偿，这是保证保险合同与其他保险合同的区别所在。② 依照这个观点，"保证保险合同的当事人是债务人（被保证人）和保险人（保证人），债权人一般不是保证合同的当事人，可以作为合同的第三人（受益人）"。这个观点所描述的保证保险，仅有保证保险之名称或形式，但并不具有保证保险之实（保证保

① 参见庹国柱《信用保证保险概念与分类之质疑》，《上海保险》2002 年第 4 期。

② 参见李玉泉《保险法》（第二版），法律出版社 2003 年版，第 190 页。

险权利义务关系），而恰恰是责任保险所规范之权利义务关系。或许因为这一非主流的观点事实上长期影响着我国保险法理论有关保证保险的概念之认识，并造成了保证保险的法律结构的认识错误，引起保证保险的当事人和关系人权益分配的理论混乱。

对于保证保险的概念在认识上的混乱现象，虽与我国保险实务界所开展的保证保险业务的混乱状态有相当大的关系，但我国学者对此早就进行了澄清。例如，有学者提出，我国关于保证保险业务的性质，之所以长期难下定论，除了保证保险与保证担保在外观上有很多相似之处外，还因为保险实务中开办的某些保证保险业务，名为保证保险，实为责任保险，以至于难辨"真伪"。只有将这些名不副实的保证保险业务剔除在外，才能正确辨析真正的保证保险的性质。关于保证保险，中国保监会有两个前后并不一致的界定。1999 年 8 月 30 日保监发〔1999〕16 号文《关于保证保险合同纠纷案的复函》将被保证人作为"保证保险"的被保险人，如果由于被保险人的作为或不作为不履行合同义务，致使权利人遭受经济损失，保险人向被保险人或受益人承担赔偿责任。而在 2004 年 1 月 15 日保监发〔2004〕7 号文《关于规范汽车消费贷款保证保险业务有关问题的通知》中，规定"各保险公司承保的汽车贷款业务必须符合中国人民银行《汽车消费贷款管理办法》的有关规定；投保人应当符合车贷条件，履行如实告知义务，并向被保险人（信贷机构）办理担保手续；被保险人只有按照《汽车消费贷款管理办法》及《贷款通则》发放贷款才能取得保险保障"。比较这两份文件，前者规定的被保险人为债务人（借款人），但债权人可被约定为受益人；后者规定的被保险人为债权人（贷款银行），投保人均为债务人。以借款人为投保人和被保险人的消费贷款保证保险，名为保证保险，实为责任保险。[①] 依照上述观点，我国的保险实务已经认识到保证保险并非以债务人为被保险人的保险，故对于保证保险的核心要素被保险人已经有所限定，所以在理论上不应当再将债务人作为被保险人的"保证保险"作为保证保险对待。

我国《保险法》（2009 年）第 95 条已经明确"保证保险"为财产保

---

① 参见李理《保证保险究竟是保证还是保险》，《金融与经济》2005 年第 8 期。

险业务的一种。与此相适应，保险人和投保人就保证保险权利义务所形成的"保证保险合同"已经成为有名合同。但因为法律未对保证保险的构成要素或内容加以规范，我国学者对于保证保险的理解仍然是存疑的。

有观点将保证保险与信用保险相比较，并将它们做严格的区分，将保证保险纳入责任保险的范畴。例如，有学者认为，信用保险合同是指保险人对被保险人（债权人）的信用放款和信用售货所产生的债权提供担保而订立的保险合同。在该合同中，投保人和保险人是当事人。投保人应按照保险合同的约定向保险人支付保险费，在债务人不能偿还债权人的款项时，保险人按照约定承担赔偿责任。保险人赔偿保险金后，有权向债务人或负有责任的第三人追偿。所以，信用保险合同的保险标的是信用风险。信用保险合同一般称为商业信用保险合同，是一种分散信用风险的财产保险业务。而保证保险合同是指投保人为防范自身不能履行债务而承担的责任风险而订立的保险合同。保证保险与信用保险相比，在适用范围上是不同的。从风险的角度来看，信用保险承保的风险是合同债权不能实现的风险；保证保险承保的风险是债务人不能履行债务的风险。从保险合同主体和保险利益的角度分析，信用保险合同的当事人一般是债权人和保险人，债权人是被保险人，保险利益为被保险人享有的债权，是为债权人利益存在的保险；而保证保险合同的当事人一般为债务人和保险人，债务人是被保险人，保险利益为债务人不能履行约定债务而承担的责任，是为债务人利益存在的保险。从这个意义上讲，目前实务中的汽车消费贷款保证保险并不是真正意义上的保证保险，其实质为信用保险。真正意义上的保证保险在性质上属于财产保险，是指由保险人和债务人订立保险合同，并约定如果由于债务人（被保险人）不履行合同义务，致使权利人遭受经济损失，保险人向被保险人或受益人承担赔偿责任。从保险利益的角度分析，保证保险实质上为责任保险之一种，与保证担保具有本质上的不同。真正意义上的贷款保证保险合同的当事人应为投保人（债务人）和保险人，债务人同时为被保险人，其保险标的为合同债务，其保险事故应为债务客观上不能或无法履行，并不包括故意不履行债务。保证保险合同应定义为由债务人以自己为被保险人向保险人投保自己的信用，当其客观上不能或无法履行合同义务致债权人遭受损失的，由保险人承担赔偿保险金责任的责任保险合同。①

再如，有观点认为保证保险不同于保证担保，更因其标的为被保证人所承担之履约义务，也不同于信用保险。"保险人是按照保险业务经营的特点和规律开展保证保险经营活动的，借以达到保障相关债权人实现债权的制度价值，保险人在保证保险中承担的保险责任便是标志。该保险责任是保险人基于保证保险合同的约定而向被保险人或者受益人承担的核心义务，是保证保险适用目标的物化形式。需要强调的是，保险人承担和履行的该项保险责任是第一位的义务，即只要具备了保证保险约定的各项履行条件，保险人就应当予以履行，故借助保证保险运行中的保险理赔机制达到确保相关债权人之债权的实现，这区别于保证人在保证担保中承担的保证责任是从属于主债务人之债务履行的补充性的第二位义务。同时，保险人承担的保证保险责任是以支付保险赔偿金的方式来补偿相关债权人因其债务人不履行债务所造成的经济损失为内容的，不同于保证人在保证担保中承担的保证责任包含着的代偿责任或者连带责任。""保证保险的法律结构设计包括：第一，保证保险的当事人应当包括保险人、投保人（相关债的债务人）、被保险人（亦应当是债务人），而受益人则应由被保险人指定（一般应指定相关债的债权人为第一受益人）。第二，保证保险的保险标的，应当是被保险人（债务人）的履约信用。第三，保证保险的内容，应当确认为保险人与投保人、被保险人和受益人之间相互对应条件的双务有偿的法律结构。此一保证保险的结构设计，就是为了在保证保险与保证担保之间形成明显的法律界定依据，也使得保证保险与信用保险区别开来。"②

对于保证保险，因为理论认知的混乱，研究的视角不清楚，致使我国保险法理论有关"保证保险"的界定发生严重错位，确实令人十分遗憾。近期对保证保险所开展的研究，不仅有重复以前既有研究的不必要劳动，更是提出了一些令人难以理解的观点，诸如前述"保证保险"为责任保险的观点、保证保险的被保险人为"债务人"的观点。这些观点无助于我国保证保险制度的健全和健康发展，在保险实务上应当已经不是主流，

① 参见李利、许崇苗《论保证保险合同法律关系——兼谈汽车消费贷款保证保险合同》，《保险研究》2010 年第 7 期。
② 贾林青：《重构保证保险制度的法律思考》，《保险研究》2012 年第 2 期。

但若在理论上继续不断提及，会增加更多的困扰。在这一点上，不能不说我国保险法理论对保证保险研究的水平不高。

作为保险业务组成部分的保证保险，在界定其法律内涵时，无须与保证担保做比较，只要弄清楚保证保险的法律结构即可：（1）保证保险的当事人为保险人和投保人。投保人可以为债务人，亦可为债权人。（2）保证保险的被保险人为保证保险的关系人，对保险人享有给付保险赔偿金的请求权。被保险人仅限于债权人或与债权人具有同等地位之其他利害关系人。（3）保证保险的保险标的为债权人的债权，债务人的债务不履行则为保证保险承保的危险（保险事故）。（4）保证保险的权利义务在保险人、投保人和被保险人之间予以分配。因此，"保证保险，是指保险人作为被保险人的保证人提供担保而成立的保险合同。在该合同项下，投保人按照约定向保险人支付保险费，因被保证人的行为或者不行为致使被保险人（权利人）受到损失的，由保险人负赔偿责任"①。

二　保证保险的适用

保险法理论和制度结构应当有效支撑保证保险在我国的适用和推广。有学者很早就提出，"目前我国的信用保证保险业务主要是出口信用保险和消费贷款保证保险。出口信用保险在我国虽然已有十多年的发展历史，但多年以来承保金额只占出口总额的1%左右，而世界平均水平为12%，日本、法国、德国则分别达到了39%、21%和13%，因此，我国出口信用保险的发展还处于初始阶段。我国信用保证保险的发展受到制约，主要原因在于存在增加保险人核保成本、提高保险人代偿率的因素，导致信用保证保险的经营成本居高不下，让保险双方很难获得'双赢'的效果，因而难有发展"。"如何加快发展信用保证保险，促进我国市场经济建设，成为我们亟待研究的课题。"②

保证保险在我国曾经有过一段爆发式发展的阶段。尤其是，保险业随银行业对机动车消费贷款增加信用的需求，在2001年推出了机动车辆消费贷款保证保险。机动车辆消费贷款保证保险产品从2001年投放市场到2003年8月陆续退出，在短短两年多的时间里，受机动车辆消费贷款保

---

① 邹海林：《保险法教程》，首都经济贸易大学出版社2002年版，第147页。
② 徐亚西：《论我国信用保证保险的发展》，《保险研究》2002年第12期。

证保险保障的机动车消费贷款规模就高达 2000 多亿元人民币。机动车辆
消费贷款保证保险促进了机动车消费及相关信贷市场的加速发展，推动了
国家汽车产业政策的实施，为我国向汽车社会转型和全面建设小康社会作
出了贡献。机动车辆消费贷款保证保险是保险公司基于合同法和保险法而
推出的信贷危险保障产品，但在具体履行机动车辆消费贷款保证保险合同
的过程中，因为出现了诸多当时推出机动车辆消费贷款保证保险产品时未
深入考虑的问题，再因为机动车辆消费贷款保证保险的粗犷运营，造成机
动车辆消费贷款保证保险的利益相关者对机动车辆消费贷款保证保险产品
的性质和功能出现认识上的巨大分歧，也相应产生了大量的机动车辆消费
贷款保证保险合同纠纷。保证保险业务突然就退出了机动车辆消费贷款的
市场。但在商品房分期付款的贷款市场，保证保险仍然具有一定的运用。

有学者认为，将保险职能与保险公司职能混为一谈，误以为保证保险
既然由保险公司开办，又冠以保险之名，应属保险之一种无疑。殊不知保
险体现的是一种风险分散职能，通过保险公司这一中介而实现，这是保险
生命之所在。而保险公司既是一个保险组织，又是一个金融机构，作为一
个保险组织，成为风险分散的中间机构；作为一个金融机构，其与其他金
融机构一样具有融通资金的职能，如投资。所以保险公司除从事保险业务
外，还可以从事其他非保险业务。认为保险公司的业务都是保险业务，势
必将保证保险视为保险并随便加以应用，其结果是忽视了风险评估，从而
加大了保险公司的经营风险。将保证保险定位于保险，保险业人士多认为
该险种运用范围极广，几乎可运用于一切合同。我国实务界却在贷款合同
中大量使用保证保险，企图利用保险的办法一举三得：保证银行贷款之安
全、扩大保险公司业务和刺激国民消费，结果却事与愿违，保险公司成为
最大受害者。①

还有学者提出，保证保险合同纠纷（尤其是机动车辆消费贷款保证
保险纠纷）曾经被成批地诉诸法院。银行业认为机动车辆消费贷款保证
保险就是保险业的保证行为，机动车消费贷款业务是零风险业务；保险业
则认为，机动车辆消费贷款保证保险是保险，保险公司只能按照保险业经
营规则承保约定范围内的可保风险，超过约定范围的风险有权拒赔。在法

---

① 参见樊启荣、李娟《保证保险性质之探讨——兼论我国保证保险之误区》，
《云南财贸学院学报》2005 年第 5 期。

院审理机动车辆消费贷款保证保险纠纷案件过程中，因为认识上的分歧，难免出现就基本相同的事实，不同地区的法院作出不同判决的现象。实务界有关机动车辆消费贷款保证保险的性质产生的分歧，有其理论准备不足的原因。学术界有关机动车辆消费贷款保证保险的纠纷在法律上的定位亦是众说纷纭：学术上的分歧基本上形成对立的阵营，一种观点认为保证保险在性质上是保证而非保险，应当适用我国担保法所建构的保证制度来解决保证保险合同纠纷；另一种观点认为保证保险在性质上是保险而非保证，不能适用担保法有关保证的规定，应当适用我国保险法来解决保证保险合同纠纷。①

在我国的保险实务上，理论如何总结经验教训而引导保证保险业务健康有序发展，就显得十分重要。保证保险作为增强银行贷款回收、防范银行贷款的损失风险的一种商业交易形式，不能因为有法律规定的其他担保手段或工具之存在，而忽视其所应当发挥的作用。银行等金融机构对外发放贷款，因为借款人的信用不足或者偿债能力缺陷，例如，普通的消费者、不能提供财产担保的小微企业，那么银行等金融机构面临贷款不能回收的高风险。保险公司开发的保证保险业务正好对于开办贷款业务的银行等金融机构而言具有转嫁贷款风险和提供贷款回收保障的十分积极的作用。因此，保险公司大力发展保证保险业务对于我国的金融市场的健康发展是不可或缺的要素。但是，保证保险的适用，尤其对于保险公司而言，应当严格地按照保险的制度机理来运营。

有学者提出，我国民营经济快速发展，融资需求日益旺盛，为信贷履约保证保险业务的快速发展带来了历史性机遇。信贷履约保证保险业务（以下简称为保证保险业务）既是缓解中小企业融资难的有效举措，也是保险公司新的业务增长点。实现保证保险业务的规范发展，需要充分借鉴融资性担保机构的风险管理经验，丰富产品线，有效控制业务风险。尤其要建立科学合理的保证保险费率定价和管理机制。开发基于大数定律的保费风险定价模型，测算保险费率水平。制定费率应考虑经营成本、企业信用、信贷品种、反担保措施、预期回报等。同时，也要考虑经济周期、区

---

① 参见邹海林主编《中国商法的发展研究》，中国社会科学出版社 2008 年版，第 312 页。

域、行业风险溢价等因素的影响，实施差别化的保证保险费率管理。①

三　保证保险与信用保险

在保险理论和实务上，保证保险与信用保险是何关系？理论上，人们一直试图将保证保险与信用保险予以区分，但在实务上，人们并不关注它们之间存在的区别究竟有多大，而且经常混用。保证保险与信用保险的关系会否影响保证保险的适用呢？

有学者认为，信用保险是指保险人对被保险人（债权人）的信用放款或信用售货提供担保而同投保人订立的保险合同。在该合同项下，投保人按照约定向保险人支付保险费，在借款人或者赊货人（债务人）不能偿付其所欠被保险人的款项时，保险人按照约定对被保险人承担赔偿责任。保险人对被保险人因为债务人的信用危机所发生的损失承担保险责任而订立的保险合同，为信用保险合同。在实务上，信用保险合同的常态则有：出口信用保险、投资（信用）保险以及国内商业信用保险等。依照上述观点，信用保险的标的是被保险人对其债务人的债权，其所承保的危险是被保险人的债务人的清偿能力。在这个意义上，信用保险与保证保险在法律结构上没有本质的区别。

因为有保证保险和信用保险的存在，我国《保险法》（2009 年）第 95 条将信用保险与保证保险并列。我国学者试图将它们区别开来，作了不少努力。有学者认为，信用保险与保证保险的区别是明显的，前者主要是针对被保险人的信用放贷和信用售货而言的，投保人一定是权利人。②还有学者认为，"就保证保险和信用保险的主要区别而言，在保险实务中，根据承保方式的不同而划分为信用保险和保证保险业务。当债权人作为投保人投保债务人的信用危险时就是信用保险；反之，当债务人作为投保人投保自己的信用危险时就是保证保险"。从上述有关信用保险和保证保险的区别之观点中，我们实难抽象出保证保险和信用保险的本质区别。

还有学者认为，概念上的不确切常常给业务分类造成一些混乱。尽管

---

① 参见李海峰《信贷履约保证保险风险控制》，《中国金融》2012 年第 4 期。

② 参见李玉泉《保险法》（第二版），法律出版社 2003 年版，第 192 页；温世扬主编：《保险法》，法律出版社 2003 年版，第 269 页；王伟：《保险法》，格致出版社、上海人民出版社 2010 年版，第 225 页。

有一些教科书将信用保险和保证保险作为两类保险来讨论，但信用保险和保证保险在本质上都是保证保险，都是对信用的保证，保险人（保证人）要承担被保证人（义务人）的信用风险，所以是信用保证保险。这里的信用是广义的信用。而经济活动中的信用或商业信用，如信贷活动、买卖活动中的信用，是狭义的信用。事实上无论信用保险还是保证保险都涉及三方：权利人（被保险人）、义务人（被保证人）和保证人（保险人）。两类保险都是保证在权利人因为义务人的原因而使自己的合法利益受损失时依约予以补偿，这都是对义务人提供的信用担保。无论保证保险还是信用保险，保险人作为担保人，在因为信用风险发生使被保险人（受益人）利益受到损害时依约予以赔偿之后，都有向被保证人（义务人）追偿的权利。保证保险和信用保险不必区分为两类保险，可以统称为保证保险。有的学者虽然认为信用保险和保证保险区分依据是"谁是投保人"。但在银行贷款的信用保险或保证保险实务上，人们并没有严格地区分；事实上义务人和权利人都可以购买贷款信用保险，也都可以购买诚实保证保险。以投保人的不同为依据难以从本质上区分信用保险和保证保险。因此，没有必要严格区分信用保险和保证保险，最好将它们统称为"信用保证保险"比较科学。①

保证保险和信用保险在保险法理论上确实没有区分的必要性，因为它们之间并不存在区分的显著特征；之所以有保证保险和信用保险的称谓，纯粹是因为保险实务的不经意且习惯性使用所造成的，在保险实务和理论上，这样的习惯使用是可以容忍的。有学者认为，"信用保险以向被保险人（债权人）的信用放款和信用售货提供担保为目的，适用的领域相对狭小。相反，保证作为一种债务履行的担保形式，则在更为广泛的意义上被使用；它不仅可以用于担保债权人的信用放款和信用售货，而且可以用于担保一切债务的履行"②。保证保险和信用保险的实务上的区分，在理论上不能将之解读为完全不同的两个保险类别，以至于影响保证保险业务的发展。我国《保险法》（2009 年）第 95 条明文规定"保证保险"，并

---

① 参见庹国柱《信用保证保险概念与分类之质疑》，《上海保险》2002 年第 4 期。

② 参见邹海林《保险法教程》，首都经济贸易大学出版社 2002 年版，第 148 页。

非创设一种不同于"信用保险"的新类型险种；保险法将保证保险"有名化"的真正目的和作用，仅在于消除我国司法实务对"保证保险"的性质与法律适用所产生的争议。保险法理论不再纠缠保证保险与信用保险的区别时，我国保证保险业务的发展空间或许会有一个较大的拓展。

第二节　保证保险的性质

保证保险是指保险公司作为被保险人的保证人提供担保而成立的保险合同。我国保险法除名称外，对于保证保险的其他事项并没有明确的规定，如保证保险合同如何订立和履行，在理论和实务上的确存在疑问。不论过去还是现在，当事人的意思自治都是保证保险定性的核心依据。一般而言，在保证保险合同项下，投保人按照约定向保险公司支付保险费，因被保证人的行为或者不行为致使被保险人（权利人）受到损失的，由保险公司对被保险人负赔偿责任。保险公司和投保人为保证保险合同的当事人；保证保险合同的投保人，可以是被保证人，如债务人作为投保人的确实保证保险，也可以是被保证人的相对人，如债权人作为投保人的信用保险、权利人作为投保人的诚实保证保险。不论投保人是债权人抑或债务人，就保证保险的内容而言，均与私法上的"保证担保"近似或极为近似，于是在我国出现了关于保证保险性质的大讨论。

一　保证保险的性质保证说

保证保险的性质保证说认为，保证保险具有担保债权人的债权实现的功能，而在合同约定的内容上又存在与保证担保相同或者类似的内容，保证保险应当定性为保证而非保险。

保证保险的性质保证说的主要理由，概括起来主要有以下四项：第一，保证保险与保证一样均有担保债权实现的功能，均由债务人之外的其他人提供；第二，保证保险不具备保险的射幸性，其保险事故绝大多数是由投保人故意制造的，但保险人却仍要承担责任，此与《保险法》（2002年）第 28 条的规定相悖，如定性为保险难以自圆其说；第三，保险公司对保证保险的投保人享有代位权，结果使得保证保险不具有实质性分散风险的功能，亦与我国《保险法》（2002 年）第 45 条规定的保险代位权适用于造成保险标的损害的第三人的制度相冲突。第四，保证保险的投保人对保险标的不具有保险利益。

有观点认为，保证保险虽在一定程度上具有保险的特征，但它的本质仍属于保证。理由在于，保证保险具有三方当事人，符合保证法律关系的主体特征；保证保险在地位上依附主债务合同，具有从属性；保证保险承担的是履行保证责任，即在投保人不履行债务的情况下由保险人履行代偿责任。并且，从当事人缔约目的、合同的主体方面分析，保证保险具有保证的性质，从合同的具体内容来看，保证保险具有保证的功能，从比较法的视野分析，保证保险在性质上就是保险公司向受益人提供的担保，保险公司的地位就是保证人。意大利最高法院在判决上也同样认定保证保险的性质属于保证，实质上具有担保性质，其目的不是专以被保险人的风险，而是担保主合同的债的履行利益，所以它是担保而不是保险。①

也有观点认为，无论是在存在原因、责任还是运作上，保证保险都应当属于一种担保方式而非保险经营：（1）保证保险存在之原因在于保障债权。债权人选择保证保险作为一种债权保证方式，一方面是因为有资金雄厚的保险公司作为保证人，不存在保证人无力承担保证责任的情形；另一方面是因为保证比保险更有利于债权人利益的实现。（2）保证保险责任具有从属性。保证保险合同是指债务人未履行债务或雇员的欺瞒舞弊行为给债权人或雇主造成经济损失时，保险人负赔偿责任。可见保险人（保证人）承担的赔偿责任是针对债务人未履行债务的行为或雇员的欺瞒舞弊行为给债权人或雇主带来的损失，而非别的损失。保险人责任之存在以主合同之有效为前提。（3）保证保险之运作不符合保险之本质。保险的本质是一种特有的分配关系，体现为保险共同体的互助共济关系。保险人通过收取保险费的方式将风险分散给众多的投保人，自己实际上并未承担什么损失，其保险资金的来源具有社会性，保险人支付保险金后不得向被保险人进行追偿。而在保证保险中，债权人将风险转移至保证人（即保险人），由保证人自身独立承担风险，该行为不具有社会性，保证人唯有通过反担保或追偿权来保障自己的利益。理论上，保证不应发生损失，但是在大量的保证中，损失确实会发生，这是指被保证人违约不能偿还、又没有其他经济来源偿还保证人的情况。这种损失本质上是无法预测的，

① 参见苏治、纪步超《保证保险合同辨析》，《人民司法》2004 年第 6 期。

因而费率是建立在经验判断基础之上的。保证保险的保险费的实质，是被保证人因使用保险人的信誉而支付的一种手续费。（4）保证保险是连带责任保证担保。在保证保险中，只要发生损失，债权人可以直接要求保险人赔偿，符合保险责任第一位的特征。①

有学者认为，保证保险合同是借用保险合同的形式、实现担保债务履行的目的、采取保险形式的一种担保手段。持此种观点的理由主要有：其一，投保人自己对于保险标的并不具有保险利益，与《保险法》（2002年）第 12 条关于投保人对保险标的应当具有保险利益的规定显然不合。保证保险的保险标的是借款合同债务的履行，而此债务的履行对借款合同的债务人不利。作为投保人的债务人自己对于保险标的并不具有保险利益。其二，保证保险中的保险事故是债务人的违约，保险事故之是否发生，取决于投保人自己的主观意愿，违反"保险事故必须是客观的、不确定的、偶然发生的危险"的保险法原理。由于保证保险的保险事故之是否发生，实际上是由投保人主观方面决定的，因此保证保险本身就包含着投保人故意不履行债务，造成保险事故发生的可能性。换言之，保证保险本身包含保险诈骗的危险。②

还有学者认为，保证保险从表面特征上讲是一种财产保险，形式上与一般保险一样具有保单的表现形式，其主体也有相应的保险法律称谓如保险人、投保人、被保险人和受益人等，其内容中也通常附有保险人的免责约定，即免赔条款。但从其法律特征上分析，保证保险实质上应是一种保证合同，是一种有着特殊约定的保证合同。特别是，如果将保证保险定性为保险并适用《保险法》（2002 年），将存在以下两个法律障碍：第一，保证保险的投保人（债务人）对于保险标的（"债务人履约"）不具有保险利益；第二，保险人将援引《保险法》（2002 年）第 28 条以投保人故意造成保险事故拒赔。因此，将保证保险定性为保险而仅适用保险法的规定来处理保证保险合同纠纷会造成不合理的结果。将保证保险定性为保证符合当事人的真实意思表示，有利于确定各方当事人的权利义务法律关

---

① 参见樊启荣、李娟《保证保险性质之探讨——兼论我国保证保险之误区》，《云南财贸学院学报》2005 年第 5 期。

② 参见梁慧星《保证保险合同纠纷案件的法律适用》，《人民法院报》2006 年 3 月 1 日。

系，有利于法律的正确适用，也有利于纠纷的公平解决。①

在我国《保险法》（2009 年）第 95 条明文规定"保证保险"以后，仍有观点认为，不能因为保证业务是保险公司开办的，就为其冠以"保险"之名，而忽视保险所体现的风险分散职能。保证保险与保险相比较，因为存在原因、运作方式、履约前提、赔偿要求、损失预想、客户动机等方面的不同，保证保险实际上只是保险公司经营的保证业务，而非保险业务。② 上述观点虽没有将保证保险与保证担保做比较，但却以保证保险不符合保险分散危险之机理而将之归结为保证担保，"误读"的成分量大点多，应当引起我国学者的注意。例如，上述观点所依据的实证分析，在结论上对"保证保险"的性质进行了多处"误读"，"投保人对于自己的行为投保，而保险事故的发生，在一定程度上取决于投保人的主观意愿，违反'保险事故必须是客观的、不确定的、偶然发生的危险'的保险学原理。""'保证保险'的被保险人实则为债务人，而'保证保险'条款又允许保险人履行赔偿责任后向债务人（实际意义上的'被保险人'）追偿，这有违保险的经营原则。"③ 另有"误读"的其他观点认为，"保证保险针对的虽然也是一种可能的风险，但这种风险相对于债务人（地位相当于传统保险合同中的投保人）是非客观的，反而更多地取决于主观因素，相对于保险公司来说，是不可测算的。债务人的合同目的是为了创造与债权人签订合同条件，保险公司的目的是获得价金，债权人的目的是为了保证债权实现。可见，保证保险不具备传统保险的根本要件"④。

保证保险的性质保证说主张的主要理由，对于保险法理论上的挑战都是极为牵强的，简单概括如下：

第一，保证担保以第三人提供担保的方式担保债权的实现，并不妨碍保险公司以借用保证担保的方式对债权提供保险保障业务。保证担保与保证保险在内容上某种程度的类似，并不表明这两个法律行为的性质相同，因为这两个法律行为的法律结构之存在基础不同，不具有可比性。

---

① 参见徐卫东、陈泽桐《保证保险合同若干法律问题研究》，《当代法学》2006年第 3 期。
② 参见李慧《"保证保险"的伪保险性探讨》，《上海保险》2009 年第 6 期。
③ 李慧：《"保证保险"的伪保险性探讨》，《上海保险》2009 年第 6 期。
④ 吕曰东：《保证保险的性质与法律适用》，《山东审判》2010 年第 2 期。

第二，保证保险的标的为债权人的债权，其受偿面临信用风险，信用风险源自债务人的行为或者债务人行为以外的因素，信用风险的发生与否具有不确定性；即便保险事故绝大多数由投保人故意制造，对债权人（被保险人）而言仍具有意外性，属于可保危险。当投保人故意造成保险事故，依照《保险法》（2002 年）第 28 条之规定，保险人不承担保险责任，发挥着防范道德危险的制度作用；但是对于债权人（被保险人）而言，投保人的故意违约行为仍然属于意外事件，不构成道德危险，保险人应当对被保险人承担赔偿责任。保证保险合同约定有保险人对投保人的追偿权，足以实现《保险法》（2002 年）第 28 条规定之防范道德危险的制度目的。

第三，保证保险所承保的标的为债权人的权利，所分散的危险仅限于债权人的消极利益损失，并不分散投保人的危险，不能将二者混同。我国《保险法》（2002 年）第 45 条所规定的保险代位权之第三人，只是相对于被保险人而言的第三人，与投保人无关；因为投保人的行为致被保险人损害时，投保人亦可以成为保险代位权的第三人。况且，在保险法理论和实务上，因为意思自治而普遍存在约定代位权制度，保险代位权成为填补损害的保险实现风险转移具有正当性的一个工具。保证保险合同普遍约定有保险人对投保人的代位求偿权，最为科学地体现了保证保险存在的伦理价值和目的，不仅符合保险伦理而且符合保险制度的运行机理。以保证保险的保险人对投保人享有代位权否定保证保险之分散危险属性，没有任何理论和法律依据。

第四，对于财产保险而言，投保人对保险标的是否具有保险利益，对于保险合同的成立与生效并不重要，我国《保险法》（2002 年）第 12 条关于投保人应当具有保险利益的规定存在明显的法律漏洞，可以并且应当进行漏洞补充（该漏洞已经过修法予以补充）。保证保险的投保人对于保险标的没有保险利益，不影响保证保险合同的效力。

二　保证保险的性质保险说

保证保险的性质保险说认为，保证保险在性质上是保险而非保证。该说的主要理由在于，保证保险业务是由保险公司经营分散危险的业务，且其主体、内容并不完全相同于保证担保，属于保险之一种。

相对而言，目前理论界和司法实践中更倾向于将保证保险定性为保险，主要理由大致可以概括如下：第一，保证担保的保证人是具有代为清偿债务能力的法人、其他组织或者公民；而保证保险的保险人只能是保险公司。第二，保证担保一般是无偿性合同；保证保险是有偿性合同，投保人要缴纳保险费。第三，保证担保是单务合同，除了一般保证有先诉抗辩权外，连带责任保证人在主债务人的抗辩理由外不存在单独的免责理由；而保证保险是双务合同，保险人有独立的法定或约定免责事由。第四，保证担保从属于主合同；保证保险具有独立性，不从属于其他任何合同。第五，保证担保保证人承担责任后依法取得追偿权；而保证保险保险人承担责任后依法取得代位求偿权。此外，保证保险在保障范围、权利行使期间、承担责任的财产来源等方面亦与保证不同。

这里需要说明的是，对于保证保险的性质保险说，就如同"保险是保险"一样，本来就不应当有这样的论点和论证过程，但是因为在我国发生了保证保险非保险的争议，事关保证保险业务开展的法律基础和保证保险争议的法律适用，保险实务和理论被迫面对"保证保险的性质保证说"而主张保证保险的性质保险说。所以，我国保险法理论上，保证保险的性质保险说基本上都是围绕着反驳保证保险的性质保证说展开的。

有学者认为，保证保险与保证担保有许多共同点，但是，作为两种不同的法律制度，二者的共性是次要的，而区别却是本质上的。二者的区别表现为：（1）主体不同。保险合同法律关系的主体是投保人和保险人，另有被保险人和受益人等关系人；而保证合同法律关系的主体是债权人和保证人。且在保险合同中，保险人只能是国家经营保险业务的保险公司；而在保证合同中，保证人可以是除担保法第八条、第九条、第十条规定之外的任何法人、自然人或其他组织。（2）性质不同。保险是一种损害填补手段；而保证作为一种担保方式，则属于一种债权保障方法。因而，保险合同能够独立存在，而保证合同则是附属于主合同的一种从合同，必须依附于特定的债权债务关系，不能独立存在。虽然保证保险合同与保证合同都要以另一合同债务的存在为前提，但它们之间的依附程度不同。对保证合同而言，它不但以主合同债务的存在而存在、消灭而消灭，而且其效力和保证人应承担的责任也受主合同效力的影响，即主合同无效保证合同也无效，保证人基于缔约过失只承担与其过错相应的赔偿责任。而对保证保险合同而言，虽然要以被保险的合同债权的存在为前提，但这只是有关当事人签订保证保险合同的动因。保证保险合同作为一种独立的合同，它的效力不受产生被保险债权的合同效力的影响。（3）责任方式不同。保证合同有一般保证和连带责任保证之分，而且一般保证合同的保证人享有先诉抗辩权；而保证保险合同的保险人承担的赔偿责任是一种独立的合同责任，只要合同约定的保险责任范围内的危险事故发生，保险人就应当承担赔偿责任，不存在连带责任、一般责任或先诉抗辩权问题。（4）保护的方法不同。保险依据投保人交付的保险费对被保险人进行保护，主要是对已发生并属于保险范围的损失进行补偿，属于事后保护；而保证则是利用保证人提供的信用对债权人进行保护，集事前保护与事后保护于一体。（5）保险人、保证人享有的抗辩权不同。保证合同由担保法调整，而保证保险合同作为财产保险合同的一种，属于保险法的调整范围，保险法关于财产保险合同的规定原则上均适用于保证保险合同。基于保险合同的最大诚信原则，保险人、投保人、被保险人均应履行相应的诚信义务和合同义务，如投保人或者被保险人的如实告知义务、交纳保险费义务、危险增加的通知义务、防损减灾义务等，保险人在保险合同履行过程中也因此享有广泛的抗辩机会，并受合同免责条款的保护；而保证合同中保证人的抗辩权则有很大的局限。因而，案件定性不同，适用法律和实体处理将会大相径庭。①

　　类似的观点还有不少。例如，有学者认为，保证保险与保证担保虽被认为是一种担保的形式，但二者在诸多方面却有着本质上的区别，即责任范围不同、债权人行使权利的期间不同以及抗辩权不同。这在司法实践中直接影响案件的实体处理。② 保证保险是我国保险公司业务创新出来的新的保险品种，目前监管部门的有关规定是原则性的，实践操作中比较混乱。保证保险合同不同于保证担保合同。虽然二者都与保证有关，存在着很多相似之处，但本质上却存在着很大的区别：合同的主体不同、合同的内容不同、合同的性质不同、保证的范围不同、保证的程度不同、适用的法律不同。③ 还有学者认为，保证保险与保证之间的相似之处仅仅是形

---

① 褚红军：《保证保险合同三议》，《人民司法》2000 年第 12 期。

② 参见梁冰、周洪生《保证保险合同若干法律问题探析》，《法律适用》2004年第 1 期。

③ 参见建克胜、席月民《保证保险合同≠保证担保合同》，《中国经济周刊》2004 年第 19 期。

似，二者在本质上却有很大的区别：内容不同、主体不同、性质不同、保证的范围不同、享有的抗辩权不同、适用的法律不同。将保证保险理解为保证，在理论上很难成立，虽然保证保险有保证的内容，但我国担保法中并无涉及。同时中国保险监督管理委员会也明令禁止保险公司从事担保业务，因此，保证保险仍应理解为属于保险。① 保证保险和民法上的保证担保虽然在外观上很相似，并且二者的适用同样会产生债权保障的效果，但二者终究是性质不同的法律制度，不能加以混淆：保证保险具备保险的本质属性，是保险公司经营的一个产险品种，并可以分保转移风险；保证保险承保义务人的不诚实行为或不履行债务行为的风险；保证保险在内容、承保的赔偿责任之范围选择、责任承担方式等诸多方面均有别于保证。总之，保证保险为保险而非保证。②

另有学者认为，保证保险合同本质上是一种保险合同，其与保证担保存在着"质"的区别。这种法律适用意义上的"质"的差别，决定了两者在司法实践中不能混同，因此，保证保险合同只应当具有单一的保险属性。保证保险具有不同于担保的风险转移机制，保证保险的功能在于采用大数法则、概率学说，集众多投保人之力来分散风险、化解危险，保险人所收取的保险费中包含了保险金支出、运营成本与合理利润，保证保险合同是典型的双务有偿合同。一旦保证保险合同无效并且不是由于投保人的责任所致时，保险人则必须返还投保人所缴纳的保险费。由于保险是一种高风险的行业，控制事故发生率成为保险业经营的第一要务。与其他险种不承担因主观恶意而导致的损失不同，保证保险中债务人的不履行或不完全履行债务的行为主观上可能存在恶意。为了控制风险，保险法以及保证保险合同赋予了保险人相当齐备、相当主动的风险防范手段。在司法审判中轻视和疏忽保证保险的质的规定性，简单地将保证保险等同于保证担保，就有可能剥夺保险人依照法律规定和依照合同约定所享有的风险控制权利，也有违国际保险业界的惯例。③

也有学者认为，保证保险虽然与一般的财产保险比较而言具有某些特点，但是它依然符合保险法的基本原理，是"本来意义上的保险合同"，

① 参见栾桂玲《保证保险法律问题探析》，《山东审判》2005年第1期。
② 参见李理《保证保险究竟是保证还是保险》，《金融与经济》2005年第8期。
③ 参见陈佰灵《保证保险若干法律问题探析》，《法律适用》2006年第5期。

而非担保法意义上的担保。首先，由于投保人（债务人）办理了保证保险，当自己不（或者不能）履行而违约时，被保险人（债权人）便直接根据保证保险合同向保险人请求赔偿而不再向投保人主张债权，从而避免了投保人（债务人）承担违约责任。保证保险的投保人也是有保险利益的。其次，保险事故的偶发性应该是相对被保险人而言，即保险利益发生损失的偶发性，不是对于投保人而言的偶发性。投保人虽然可以控制是否主动履行义务，但是对于被保险人而言，由债务人主观控制的债务不能履行，依然是不确定的。最后，保证保险和信用保险并没有性质上的差别，不能因为债务人在保证保险的场合作为投保人就否定其保险的性质。①

还有学者认为，保险与担保在对特定人保障与补偿方面，有倾向于一致的功能，而保险的对象与担保的对象也可能发生重合。故保险与担保这两种制度就有可能相互连接与配合，从而发挥保障与补偿方面的整合功能。事实上，国外已有不少法人之间的有偿担保，一方面，随着专业担保公司及保险公司的发展，保证担保都逐渐走向了专业化、有偿化，这样解决了保证人资金实力不足的问题；另一方面，保证关系的无偿性制约了交易的进行，理想中的"保证基金会"、"保证储备基金制度"等在实践中存在很大的困难，而以保险制度解决保证担保中存在的种种问题，就使担保制度与保险制度存在了衔接点。当保险公司经营这种保险业务时，即表现为保证演变为一种保险的趋势，而由保证演变而来的保险即是保证保险。"保证保险属于一种具有担保作用的保险，也是以保险形式提供的担保，是保险公司在其经营范围内，以合法形式运营的一种以'为债务人提供保证'为内容的保险险种。保证保险合同的性质须依具体合同的约定具体判断。"②

以上观点，主要着眼于保证保险与保证担保之差异化比较，试图由此找到二者间的本质性差别，以得出保证保险为保险的结论，显然有些似是而非，十分缺乏说服力。作为担保债权受偿的保证保险和保证担保，它们所具有的共性（目的和内容）如果不能被否定，或者说它们之间存在的差异性不能取代它们之间存在的共性，试图通过差异化的比较得出保证保

---

① 参见宋刚《保证保险是保险，不是担保——与梁慧星先生商榷》，《法学》2006 年第 6 期。

② 杨峰：《保证保险法律性质分析》，《保险研究》2008 年第 3 期。

险不是保证而是保险的结论，几乎是不可能的。事实上，保证保险的性质保证说是一个伪命题，这个命题对于保证保险不是保险的挑战过于牵强，已如前述；但当这个命题提出来的时候，保险法理论和实务想要证明保证保险不是担保而是保险，本来已经十分被动，迫不得已要来证明"保证保险为保险"这样一个不需要证明的命题；又在证明"保证保险是保险"的过程中，保险法理论和实务界非要以对比保证保险和保证担保的主体、内容和目的之方式来说明保证保险不是保证，反而欠缺考察保险与保证的本质区别，出现了证明方法的严重错误。保证保险和保证担保因为性质的差异不具有可比性，比较其相互间的某些差异实际上也没有任何意义。从保证保险和保证担保存在的差异性特征来论证保证保险的性质，并非支持保证保险为"保险"的强有力理由。这就是为什么在我国的理论和实务界，对保证保险的性质从 2001 年开始就有争论，而历经这么多年仍然没有结论的原因。为了消除这些不必要的争议，我国《保险法》（2009 年）第 95 条将保证保险明文规定为"有名"保险合同。

实际上，在证明"保证保险为保险"的过程中，也有不少学者做出了接近"真理"的努力。例如，有学者认为，"界定和区分民事行为的法律性质，其依据应当是民事主体的意思表示和民事法律行为成立的标准，而不是对行为的目的或功能的推断。民事主体的意思表示，是界定和区分民事行为和民事关系性质的最直接、最基本的依据；民事法律行为成立的标准是以法律为准绳的最直接体现"[①]。还有学者认为，"法院应当依据具体合同的约定，通过探求当事人的真实意思具体加以确定。因为实践中保证保险合同纠纷的情形相当复杂，既有明确约定保险的，也有明确约定为保证的，也存在约定不清的情形。如何约定属于当事人意思自由范畴，因此，除非其约定违背法律或行政法规的禁止性规定，否则，法院应当尊重当事人契约自由的权利"[②]。2010 年 6 月 24 日，最高人民法院《关于保证保险合同纠纷案件法律适用问题的答复》指出，"汽车消费贷款保证保险是保险公司开办的一种保险业务。在该险种的具体实施中，由于合同约

---

① 李记华：《再谈保证保险——兼与梁慧星先生商榷》，《中国保险报》2006 年 3 月 27 日。

② 官邦友：《保证保险的性质及追偿权范围的探讨》，《中国审判》2009 年第 5 期。

定的具体内容并不统一，在保险公司、银行和汽车销售代理商、购车人之间会形成多种法律关系。在当时法律规定尚不明确的情况下，应依据当事人意思自治原则确定合同的性质。你院请示所涉中国建设银行股份有限公司葫芦岛分行诉中国人民保险股份有限公司葫芦岛分公司保证保险合同纠纷案，在相关协议、合同中，保险人没有作出任何担保承诺的意思表示。因此，此案所涉保险单虽名为保证保险单，但性质上应属于保险合同。"

保证保险合同的性质，应当依照当事人的意思表示来确定是否为保险的路径予以考察，而不应当先入为主将之归入保证担保的范畴。从实际操作层面说，在保证保险合同关系中，保险人与投保人签订的合同，是明明白白的保险合同，双方真实意思表示是投保保证保险、缴纳保险费、承保、依法承担保险合同责任；即使是保险公司与银行债权人签订的保证保险合作协议，其明白无误的意思表示也是双方就保证保险业务进行合作，而不是提供保证担保。当然，名为"保证保险"合同的当事人就合同的性质意思表示不清，则另当别论。所以，保证保险的性质为保险，取决于当事人的意思表示，对保证保险的性质发生争议，应当将保证保险置于当事人的意思之下，通过探求当事人的真实意思判明保证保险是否为保险；如果当事人的意思仍然存疑，可以利用法律解释的方法，将保证保险置于我国保险法规定的保险制度结构中予以判断，若当事人的意思符合我国《保险法》（2009 年）第 2 条之规定，则不能将保证保险解释为其他性质的法律行为。

第三节　保证保险的法律适用

一般而言，保证保险为私法自治的产物，其法律适用自应当以当事人的意思为准。唯有在当事人的意思不清或者存在疑问时，才应当考虑如何适用法律规范的问题。但在我国，保险法理论和实务在解决保证保险合同纠纷时，首先考虑的问题总是保证保险"应当适用什么法"的问题。这在保证保险的性质争议方面尤为突出。于是，关于保证保险的法律适用存在着多种观点。

对于保证保险的性质，因为存在保证保险的性质保证说和保证保险的性质保险说的对立，故在法律适用上会存在两种不同的观点。坚持保证保险为保证的观点认为，保证保险应当适用《担保法》关于保证的规定，而不能适用保险法的规定。与之对立的观点则认为，保证保险与保证无关，不能适用担保法有关保证的规定，应当适用保险法的规定。当然，在理论和实务上，对于保证保险的性质尽管有"或者保险或者保证"的理解，但法律适用并不是简单选择适用担保法抑或保险法的问题，因保证保险合同争议的复杂性或者产生争议的焦点之不同，保证保险的法律适用相对会较为复杂一些。

有观点认为，确定保证保险合同纠纷所适用的法律，不能仅看合同的名称，还应研究其内容即当事人的约定。保证保险合同既是合同的一种，也是财产保险之一种。因此，涉及保证保险合同的签订、解除、违约责任等适用合同法的一般规定；在保险事故的索赔、理赔以及保险责任等方面应适用保险法的一般规定和财产保险合同的有关规定；合同法和保险法均无明确规定的，如保险人的代位求偿权问题，可参照适用《保险法》（2002 年）第 45 条的规定；对当事人既约定保险责任又约定保证责任的，要视债权人以何种法律关系主张权利，若债权人要求保险人承担保证责任，适用担保法的有关规定，若债权人要求承担保险责任，则适用保险法的规定。① 上述观点或许可以理解为，基于对当事人争议的保证保险合同的内容之解释，从而决定法律适用；但需要注意的问题是，保证保险合同发生争议时，不能仅仅依照债权人（被保险人）的要求来决定适用担保法或保险法；债权人（被保险人）的要求仅仅是解释当事人发生的争议之起点，争议的解释结果也许与债权人（被保险人）的要求不同。例如，债权人主张保险人按照保证合同承担保证责任的，但保险人认为涉案保证保险合同并非保证合同，而是保险合同的，法院应当首先确定涉案保证保险合同是否为保险合同，再决定应当适用的法律。

有学者认为，"正确认定保证保险合同的性质，对于人民法院审理保证保险合同纠纷案件具有重要意义。既然保证保险采用保险合同的形式，属于'财产保险的一种'，则人民法院审理保证保险合同纠纷案件就应当适用保险法的规定；既然保证保险的实质是'保险人对债权的一种担保行为'，则人民法院审理保证保险合同纠纷案件也应当适用担保法关于人的担保（保证合同）的规定。根据保证保险合同的形式与实质的关系，

---

① 参见梁冰、周洪生《保证保险合同若干法律问题探析》，《法律适用》2004
年第 1 期。

人民法院审理保证保险合同纠纷案件，应遵循以下法律适用原则：（一）对于保险法和担保法均有规定的事项，应当优先适用保险法的规定；（二）保险法虽有规定但适用该规定将违背保证保险合同的实质和目的的情形，应当适用担保法的规定，而不应当适用该保险法的规定；（三）对于保险法未有规定的事项，应当适用担保法的规定"①。上述观点将保证保险合同定位于形式上的保险与实质上的保证，并为保证保险合同的法律适用确定了一个基本路径，但这些法律适用的原则缺乏对保证保险合同性质的解释作为基础，仅以形式和实质的关系来确定法律适用，引起混乱是难免的。在我国发生的保证保险合同纠纷，当事人之间的权利义务关系在保证保险合同中已有约定，但问题往往在于，有关保证保险合同的内容，保险法恰恰是没有任何规定的，而保证保险合同的约定并没有违反保险法的规定时，但与担保法的规定有所不同，当事人之间发生争议时，若其性质上仍为保险合同，按照上述观点应当适用担保法，就难以理解了。再者，对于保证保险的效力之判定，我国保险法是有特别规定的，而担保法对于保证合同的效力也有特别规定，若不经解释而明确保证保险合同的性质，无法作出应当适用保险法还是担保法的判断。

也有学者提出，在美国等保证保险颇为发达的国家，这一问题的争论似乎早已解决。多数法庭在审判时，并不刻意将保证保险与保证加以区分，而是依保证保险合同的内容对合同各方的权利、义务关系加以判定。在不少实际的判例中，法官往往将保证保险视为保险人向权利人提供的保证担保。也有一些法庭，在保险人的从业资质、被保险人的信息披露方面往往会适用保险法的规定，而在承保内容上则将之视为保证的一种。鉴于普通法的逻辑特征，这种做法也许并无不妥。但在成文法系国家，尤其在早已制定了《保险法》（1995 年）与担保法的我国，如此混合适用则会带来一些法律上的阻碍与结论的冲突。② 依照上述观点，保证保险的法律适用应当视当事人争议的保证保险合同的内容而定。

还有学者认为，"经济活动中的保证行为受担保法调整，保险行为受保险法调整，保证保险的性质属于保险性质，是因为它满足保险法的构成

---

① 梁慧星：《保证保险合同纠纷案件的法律适用》，《人民法院报》2006 年 3 月 1 日。

② 参见陈佰灵《保证保险若干法律问题探析》，《法律适用》2006 年第 5 期。

要件，不能满足担保法的构成要件，依据价值判断，保证保险不应适用担保法"。"保证保险属于财产保险之信用险，适用保险法，因此，在保险法的规定下，保证保险合同不具有从属性，其与债权合同之间无主从关系，债权合同无效或者被撤销，不影响保险合同的效力。诉讼程序中，基于保证保险关系的独立性，保证保险纠纷案件可以独立成讼，法院不必追加投保人参加诉讼，除非法院认为被保险人信用是否保险，需要投保人参加诉讼予以证明。保证保险关系中当事人之间的权利义务，按照保险合同（保单）的约定；没有约定的，按照保险法的规定予以确定"[①]。"保证保险合同的法律适用，应该首先适用保险法，如果保险法没有规定的，就应该适用合同法，以及适用民商法的基本原则。由于保证保险合同在我国还处于发展阶段，是一个新的险种，即使个别地方不符保险法的某项具体规则，但如果完全符合保险法的原理，此时应该根据商法中'促进交易'的原则和合同法中'减少合同无效'的立法取向，确认保证保险合同的效力。这样，既尊重当事人意思自治，又鼓励商事主体发挥创造力，积极进取创新，繁荣经济。"[②]

更有学者提出，保证保险合同在性质上为保险合同，在司法实践中处理保证保险合同纠纷的法律依据和确认保证保险合同效力的依据，应当是保险法及相关的保险法律规范，而不是担保法。具体而言，关于确认保证保险合同的效力之依据，只能是保险法而不是担保法。凡保险法有特别规定的，应当适用保险法的规定；保险法没有特别规定的，应当适用其他法律、行政法规的规定。根据保险法规定，投保人或被保险人对保险标的不具有保险利益的保证保险合同应当认定为无效，保险人在订立保险合同时未尽说明义务的责任免除条款，对投保人或者被保险人不发生效力。如果保证保险合同违反了保险法规定以外的法律或行政法规的强制性规定的，如恶意串通、损害第三人利益的保证保险合同，也应认定为无效。但应当注意的是，不能以产生被保险债权的合同无效而认定相关的保证保险合同无效。关于保险人的责任承担，若保险人主张依照《担保法》第28条规

---

① 曹士兵：《从法律关系的多样性看保证保险》，http：//www. civillaw. com. cn/article/de - fault. asp？id =21459。

② 宋刚：《保证保险是保险，不是担保——与梁慧星先生商榷》，《法学》2006年第6期。

定的先诉抗辩权，法院不应当予以支持，除非保证保险合同对此另有约定。关于保险人的代位求偿权，应当适用保险法关于保险代位权的规定，并应当尊重保证保险合同对于代位权的约定。①

我国《保险法》（2009 年）第 95 条明文规定，财产保险业务包括"保证保险"。保证保险已经成为我国保险法规定的"有名合同"，应当受保险法的规范无疑。但该条之规定并未彻底终结我国理论上有关保证保险的性质之争论，那么保证保险的法律适用的争论也会相应有所反映。例如，有观点提出，"保证保险本质上是保险公司经营的保证业务"。"保证保险合同首要的是要适用合同法。在订立、履行合同过程中，应本着自愿、公平、合法的原则，除违反法律强制性规定的合同条款外，有效成立的合同是当事人之间的法律。至于基于保证保险性质的不同认识，存在的保证保险适用法律方面的争论，无非是当合同发生纠纷，而其相关条款不严谨或疏漏时，明确裁判所依据的法律。在辨明了合同的形式和实质以后，有关适用法律的问题也就迎刃而解了，如同最高法院关于名为联营、实为借贷的适用法律问题的司法解释。在这里把保证保险理解为保险保证——保险公司的保证业务也许更为贴切。基于保证保险这种民事行为和民事关系性质的担保本质，在处理民事关系时当然应适用《担保法》，但由于合同一方当事人——保险公司的特殊性，在处理主体问题时，当然应适用有关主体制度的规定，有关保险公司的主体制度规定在保险法中，首先适用《保险法》，其次适用《公司法》，也是必然。"② 上述观点将保证保险合同定性为保证，适用担保法也就罢了，还非要扯上保险法对于保证保险合同的主体的适用，就让人难以理解了。

关于保证保险合同的法律适用，不论争论是否还会继续下去，因为我国《保险法》（2009 年）第 95 条肯定保证保险的立场鲜明，主流的学术观点也积极肯定保证保险作为财产保险业务的应有地位，保险实务界也在积极推进和大力发展保证保险业务，保证保险适用保险法并受其规范已为确定之势。在这里，有必要强调以下两点：

第一，保险作为一种特殊的行业，行业标准或规范决定着保证保险的

---

① 参见邢培泉《保证保险合同的性质及其法律适用》，《河南金融管理干部学院学报》2006 年第 3 期。

② 吕曰东：《保证保险的性质与法律适用》，《山东审判》2010 年第 2 期。

属性，它是保险公司经营的一种业务，属于合法的"商业交易行为"，这也是保险公司之所以能够经营并受到保险监督管理委员会监管的基础。中国保险监督管理委员会《关于保证保险合同纠纷案的复函》（保监法〔1999〕16号）指出，保证保险是财产保险的一种，保险合同纠纷，应按保险合同的约定确定保险人是否应承担赔偿责任。保险合同纠纷，不在《担保法》的适用范围之内。

第二，保证保险和保证担保属于形式上具有相同或类似成分而性质不同的法律行为，并以意思自治为基础，在解决保证保险合同纠纷时，应当首先考虑当事人在保证保险合同中的约定，确定当事人的权利和义务关系，"……保证保险并非保证，故不能适用有关保证的法律，当事人对于保证保险合同没有约定的事项，应当适用保险法"①。

---

① 参见邹海林主编《中国商法的发展研究》，中国社会科学出版社 2008 年版，第 315 页。

第十五章

我国保险法学的发展论

我国保险法的产生和成长历史不长。改革开放催生了我国保险法并促成了其发展。改革开放已有30余年，但我国保险法和保险法学的真正发展，恐怕不能说有30余年。在1995年颁布《保险法》之前，我国虽然已初步形成保险市场，且已经开始了有关保险制度的相应立法尝试，例如，1981年颁布的《经济合同法》就财产保险合同有所规定，后国务院1983年发布的《财产保险合同条例》、1985年发布的《保险企业管理暂行条例》等，但不论是在形式意义上抑或在实质意义上，皆不能说我国已有保险法。与当时的历史条件相适应，我国的保险法（学术）研究也只能是启蒙式的。这里所形成的文字，只是笔者近年来不断观察和学习保险法而产生的一些想法，试图总结出来与公众分享。

第一节　认识我国保险法学的弱点

有位学者说，中国保险立法如以1911年《大清商律草案》为嚆矢，至2011年正好一百年。其间，虽然几经波折，但仍有两个繁荣兴盛的发展时期。第一个时期：以1917年拟定《保险业法草案》为起点，1929年又拟定《保险契约法草案》，终在1937年完成立法程序，颁行《保险法》、《保险业法》和《保险业法实施法》，共经历了20年。第二个时期：以1981年颁布的《中华人民共和国经济合同法》（其第25条为"财产保险合同"）为起点，经过1983年和1985年国务院相继颁行的《财产保险合同条例》和《保险企业管理暂行规定》的过渡，于1995年完成立法程序，颁行《中华人民共和国保险法》；其后，于2002年和2009年进行了两次修订，至 2011 年正好 30 年。① 我国保险法走过了百年也好、30 年也好，但不论怎么走过来的，总有一个历史事实无法人为改变：我国保险法先天就是舶来品，而保险法学则是对作为舶来品的保险法的域外法理念的逐步继受形成的。

保险法及其学说在我国的历史，别说百年，说 30 年都多。不妨以我国《保险法》（1995 年）的颁布作为我国保险法及其学术发展的起点，保险法在我国的发展历史也仅有不到 20 个年头。在这不到 20 年的极短期间，我国保险法律制度体系完全形成，学术研究也从保险法的知识启蒙阶段上升为对保险法律制度的概念、体系、逻辑以及实践经验的学术探索和积累阶段。

我国保险法的制度发展和学术研究之间的确有着富有成效的互动。例如，有学者认为，我国《保险法》（2009 年）与保险立法的理念之间存在着互动关系，这一关系表现为立法者在保险法修订活动中对社会责任、被保险人中心主义以及适度监管等理念的选择，我国保险法的修订路径也贯彻了上述法理念；而这些法理念对于充分发挥保险的"社会稳定器"功能，解决我国保险业实践中出现的新情况、新问题具有重要的指导意义，也为我国保险事业的健康发展指明了方向。我国保险法秉承了承担社会责任的品性，在立法宗旨中阐明维护社会公共利益的立法价值取向，对保险经营活动符合社会公共利益标准的选择，强调对第三人的保护亦是社会责任理念的重要体现；被保险人利益在保险合同法律结构中居于中心位置，在保险利益的层面上明确了被保险人的法律地位；告知义务中弃权、禁止反言规则的引入以及重大性标准的确立，彰显了法律对被保险人利益的特别保护；在保险合同关系中着力构建保险人与被保险人的利益平衡机制。② 对于被保险人中心主义的体现，有学者更认为，《保险法》（2009年）对保险合同中保险利益的规定更加明确与清晰，对财产保险合同转让时的效力承接与延续之规定减少了社会成本，对保险合同中告知义务的规定保护了投保人的利益，对保险公司理赔时间的规定体现了以客户为本

---

① 参见樊启荣《中国保险立法之反思与前瞻——为纪念中国保险法制百年而作》，《法商研究》2011 年第 6 期。

② 参见胡晓珂《保险法二次修订之理念与路径选择》，《法商研究》2009 年第 6 期。

的理念。① 所有这些具有积极因素的正面评价，一定程度上肯定了我国保险法制度的时代特点，突出了我国保险法制度反映现代保险理念的基本价值判断，同时也表明我国保险法学术研究的深度已经有所提升。

　　然而，我们始终应当认真对待的一个事实是：保险法及其制度结构、历史传承以及理念在我国是缺乏传统的。所有这些纯属于舶来品。虽然在1949年之前，我国的确有名为"保险法"的法律颁行，但在中华人民共和国成立后，保险法在我国仅有的短暂历史，还曾被人为地切断。在保险法颁布后不到20年的期间，我国保险法的制度体系以及理论研究，基本上都是借鉴域外法及其理论的产物。

　　改革开放后，我国保险法的创制和发展是在没有充分的理论准备和实践经验的基础上开始的。改革开放，使得我国已经具备传承发达国家和地区的法治经验的历史和社会环境，我国虽然没有保险法的固有历史，但是身处人类法治文明、国际政治经济文化的深度交流的大环境下，域外保险法发展的制度积累和经验，可以顺利地在我国得以传承。这是我国保险法制度建设的美好期望，也是现状。我们无法回避的是，我国保险法的体系、制度结构以及所使用的术语，几乎都借鉴了域外法，并非我国自创。尤其是，自《保险法》（1995年）颁布以来，在短短的不到20年间，我国保险法在制度的养成道路上已经走过了"从无到有、自成体系、理念相对成熟"的发展历程，取得了显著的成就。也有论者并不认为我国《保险法》（2009年）在制度上已有显著的进步和成功，对我国保险法的制度总体评价仍然是较为消极的。例如，有观点认为，我国保险法历经两次修订，其立法水平仍然未超越我国历史上已颁行的保险法的立法水平，尤其是关于保险合同的立法，可以说是今不如昔，此绝非妄言和虚断。我国《保险法》（1995年）之颁布以来，虽然在短暂的十几年间经历2002年和2009年的两次修订，在许多方面仍然无法适应当前保险业的发展，尤其是其中有关保险合同的规定，无论是就条文数量而言，还是就体系内容而言，抑或就规范技术而言，远不及1929年的《保险契约法草案》及

---

① 参见袁建《2009新〈保险法〉的显著特点与实施效果预测》，《现代财经》2009年第9期。

1937 年的《保险法》。① 但是，这样的批评至少向我们提出了一个必须思考的问题：我国保险法制度的弱点究竟表现在哪里？与此相适应，我国保险法学研究的弱点又是什么？

我国保险法仍然存在问题是正常的，但其肌体总体而言是健全的，尤其是 21 世纪以来在国际经验借鉴和融合的过程中，保险法历经两次较大规模的修订，制度设计和理念基本上能够满足我国现代保险业发展的需求，这已经是非同小可的进步。在短短不到 20 年的期间内，我国通过引进域外保险法的制度经验，在制度体系和结构上基本上具有发达国家和地区的保险法的特质。在这个意义上，我国保险法的诞生及其逐步改善，不仅仅是借鉴域外法的产物，更是人类保险法治文明在中国的延续。

保险法制度和结构的引进和消化问题，应当是域外法律制度在我国继受的核心问题。我国保险法在这个方面做得如何？有好的地方也有不好的地方，但至少到目前学者对我国保险法已有的制度成果不能持否定的立场。例如，我国保险法的立法结构，在效仿大陆法系的成文法结构的同时，照顾到了保险合同法与保险业法的差异，在同一部法律中对二者作了相对清晰的区别处理。我国保险实务学习和借鉴了英美法系的许多做法，诸如保险法的制度设计以被保险人的利益为构建的基点，将被保险人放在保险法律关系的核心地位，引进了许多英美保险法的制度经验。但是，我国的保险法制度在借鉴这些域外经验时，是否在法的结构和权利义务关系的分配问题上处理得十分妥当，则又未免"仁者见仁、智者见智"。有不少学者对我国保险法的立法结构或体例提出质疑，其质疑的主要立足点仍然是保险立法例上的"保险合同法"与"保险业法"的划分问题；还有不少学者对我国保险合同关系中的投保人、被保险人和保险人的主体划分提出质疑，主要也是大陆法系的保险合同主体的"三分法"说或者英美法系的保险合同主体的"二分法"说；更多的学者不断质疑我国保险法对保险合同所作的"人身保险与财产保险"的基本分类。就上述问题而言，保险法的立法结构或体例仅仅是法律规范的表现形式问题，我们可以借鉴其他法域的经验将保险合同法与保险业法区分而单独立法，但这个问题真的如此重要而应当是我国保险法的立法技术所必须面对的基础问题

---

① 参见樊启荣《中国保险立法之反思与前瞻——为纪念中国保险法制百年而作》，《法商研究》2011 年第 6 期。

吗？在保险合同的主体问题上，"三分法"与"二分法"的划分在域外保险法制度上是普遍存在的，说明这样的划分本身并不是问题，我国保险法借鉴域外保险法的制度经验采用"三分法"也不是问题。财产保险和人身保险的划分有其历史渊源，我国保险法尊重保险业发展的历史和现状，以财产保险和人身保险的区分作为保险法制度结构的基础，不值得大惊小怪。以上问题都不是我国保险法特有的、基于我国本土经验而形成的问题，而是围绕保险法制度的引进而衍生出来的问题。因此，这些问题并非导致我国保险法真正存在问题的根源，具有形式意义而没有实质意义。如果我国的保险法理论对于这些具有形式意义的问题评头论足，忽略我国保险法所存在的真正弱点，那么理论发展就是一句空话。

我国保险法借鉴域外法获得了发展，但不可否认的是，借鉴域外法的发展历程并不平坦。借鉴的过程是学习和吸收消化的过程，这个过程远没有结束。例如，我国机动车第三者责任保险，不论是保险法规定的责任保险制度，还是国务院颁布的《机动车交通事故责任强制保险条例》规定的交通事故责任强制保险制度，借鉴域外立法的痕迹十足；但对于责任保险中的第三人的特别保护问题，无论是保险法还是《机动车交通事故责任强制保险条例》都不愿意表明立场，这些是域外保险法早已解决的问题，但在我国却还是非常棘手的问题。如果展开来看我国的责任保险制度，法律制度层面的问题更是具有多样性和复杂性。

再者，我国保险法从域外法经验中究竟学习了多少，到目前没有可靠的数据；又有多少域外保险法制度的借鉴被吸收消化，则更令人担忧。例如，我国保险法借鉴了域外法上的投保人告知义务制度，这本来是一项先契约义务制度，但我国保险实务则将投保人的如实告知义务普遍写进保险合同条款中，保险合同的条款在形式和内容上就是简单地复制保险法的相关规定，并将之视作投保人所承担的合同义务；然而，域外法上的如实告知义务并不是这种状况，我国保险法究竟借鉴了域外法制度上的如实告知义务的哪些内容，没有多少人可以说清楚。再如，我国保险法为了消除保险合同的当事人之间普遍存在的信息不对称问题，借鉴域外法上的保险人说明义务制度，并出于对被保险人利益的特殊保护之考虑，特别规定了"刚性说明义务"。刚性说明义务制度是我国借鉴域外法的保险人说明义务制度的产物，目的和路径是否具有正当性一直受到我国学者和司法实务界的普遍质疑。以上两个例子说明，我国保险法在引进和消化域外保险法的制度经验时，在制度建构方面多少有些盲从，仅仅继受了域外保险法的制度形式。从我国保险法制度所产生的争议就足以支持这种结论。在这里，我们不应当过多地责难立法者在起草和创制保险法的制度体系时的力不从心甚至失误，而应当深刻反省我国保险法的理论准备是否充足。就舶来品的保险法而言，如何引进域外保险法的制度经验是学术问题，如何消化更是学术问题。我国保险法理论在制度引进和消化方面做得不到位。也就是说，我们在理论上不能理直气壮地回答保险法的制度应当引进和消化哪些域外保险法的制度经验。这是造成我国保险法制度结构的缺失或问题的根源。

我国保险法借鉴域外法的形式意义大于实质意义，这是我国保险法的弱点。在当下，我国保险法对域外保险法的制度经验的借鉴过程可以说基本结束了。形式意义上的借鉴，造成了我国保险法的许多基础性问题，诸如保险合同的当事人、权利义务关系的分配、合同的效力及其延伸等问题，在立法论和解释论上都没有获得很好的解决。被保险人权益的保护应当是保险法的制度中枢，但我国保险法在保护被保险人的规范设计上是缺乏灵魂的，虽有许多看似足以保护被保险人利益的工具，但保护被保险人利益的规范总体上还是保险市场和司法实务的"软肋"。

同时，我国保险法在借鉴域外法的过程中，还是没有处理好我国保险法发展的本土化问题。在不到 20 年的期间，我国保险法历经两次修订，虽然次数不多，但每次修订都代表了一个时代的特点。例如，保险法的第一次修订，主要为了"入世"，解决我国在保险业监管方面所遗留的问题，转变保险业监管的理念，为市场经济条件下的中国保险业的发展塑造具有以市场为主导的保险监管制度，拓展保险业发展的自治空间。但现在看来，第一次修订所形成的保险业监管机制远远不能适应我国保险业发展的需求。问题并非来自对域外保险法经验的借鉴不足，而来自我国的保险法理论研究严重滞后，其核心问题是我国保险业监管的思路不明晰以及对市场经济发展的自身规律认识不足。在第二次修订保险法时，我国在保险业监管问题上几乎也没有什么作为。这是否说明，我们在理论研究的层面对于我国保险业法存在的真正问题把握不准？再如，我国第一次修订保险法时对于保险合同法几乎没有修订，如果说因为修法的时间仓促以及理论准备有所不足，而未能修订保险合同法，似乎也还说得过去。但到了第二次修订保险法时，可以说情形已经大不相同了，我国保险司法实务已经积累了较为丰富的经验，理论研究也可以说有了长足的进步，但保险合同法的修订却仍然在借鉴域外保险法的事项上花了不少工夫，而对于保险法在我国发展的本土化问题关注不够。例如，在保险法第二次修订草案公布后，学术研究大谈特谈我国《保险法》（2009 年）第 16 条规定的不可争议条款为我国保险法借鉴域外保险法的重大成果，但却丝毫不见我国保险实务界有无"不可争议条款"的问题存在，"不可争议条款"问题究竟出在哪里。在重复保险的域外保险法的经验借鉴方面，理论上犯有同样的错误，导致区分恶意复保险和善意复保险的呼声高涨。幸亏立法者走得还不够远，为我国保险法理论的研究者留着一点面子。如果我国的重复保险制度按照理论上的"域外经验借鉴论"修订，不知道还会闹出多大的乱子来。事实上，我国《保险法》（2009 年）在保险合同法方面已有许多不错的制度设计，可惜理论研究者没有看到，仍旧站在域外法经验借鉴的立场上看待我国保险法的发展。借鉴域外法经验成长起来的我国保险法在本土环境的适应性方面的考虑相当缺乏，这不仅无助于我国保险法治的发展，而且束缚着我国保险法学的发展空间。

第二节　拓展我国保险法学的发展空间

我国保险法以及保险法学的发展路径，将会是基本实现域外保险法文化在中国的本土化成长，并形成我国自己的特点。借鉴域外保险法的制度积累和经验，已经使我国保险法具有相当程度的"超前性"，但"超前"与现实之间有了距离，本身就是值得检讨的。我国保险法不能脱离我国的现实基础获得发展。影响我国保险法发展的现实基础主要有两个：一个是保险市场的市场化程度，另一个是我国法院解决保险争议的审判活动。这两个现实基础，都是本土资源，构成我国保险法发展的内生动力和外部推力。

我国已有保险市场，但市场化程度并不高，保险市场尚处于培育阶段，远没有成熟。我国《保险法》（2009 年）已经基本做到充分尊重保险市场的意思自治，但保险市场本身却不能有效地践行意思自治所具有的基本内涵。这与保险市场参与者的能力、经验与技术水平有相当的关系，具体表现在市场能够向公众提供的保险产品的"技术含量"不够高，这恐怕是最大的问题。保险市场的市场化程度是需要通过保险公司向公众提供的保险产品的"竞争力"与"创新程度"体现出来的，在这一点上，我国的保险市场做得相当不够，无法为我国保险法和保险法学的本土化发展提供基础性的资源。我国保险法和保险法学有没有发展的空间，未来将完全取决于保险市场的市场化程度。保险市场的培育需要一个漫长的过程，对保险法与保险法学的发展之期待更要有耐心。我们不能奢求在一个市场化程度不高的保险市场中，形成一部完全市场化的保险法。

就保险市场的市场化程度而言，有两个方面值得我国保险法学界的重视。

一方面，我们需要审视《保险法》（2009 年）的适应性。保险法经过两次修订，与我国的保险市场的契合度究竟如何，是需要认真对待的问题。我们不能仅从理论上苛求保险法的制度体系完整、结构缜密以及对应实践问题的规则细密，而应当从实践的角度反思，《保险法》（2009 年）仍然表现出来的"不足"、"操作性差"等问题是法律本身的问题还是我们的实践问题。如果是法律本身存在的问题，应当有进一步改善的空间，即通过修法来解决，但是否改善并不是有问题就应当改善，而是应当考虑"如何改善"和"改善到何种状态"的问题。如果是我们的实践错位①，或是对《保险法》的制度设计的误读②，或者是我们在实务上做得不够好③，恐怕都不应当是如何"改善"保险法的问题，主要还是保险市场培育过程中的市场自身产生的问题。保险市场自身的问题，不一定非要求助于保险法的制度设计细腻化，而是可以由市

---

① 如我国的交通事故责任强制保险不是以被保险人对交通事故受害人的赔偿责任为基础的责任保险，这不是我国保险法存在的问题，亦非我国《道路交通安全法》存在的问题，而纯粹是因为解读机动车第三者责任强制保险的错误造成了实践对责任保险的背离。

② 如没有保险利益订立的财产保险合同无效；保证保险不是保险而是保证等。

③ 如我国《保险法》（2009 年）第 16 条规定有保险合同解除的"2 年不可争议期"（除斥期间）。但保险公司在保险条款（尤指人寿保险条款）中如何再现《保险法》（2009 年）所规定的"2 年不可争议期"，也就是说应当如何设计保险合同中的"不可争议条款"，至今尚未有任何实质性的举动；我们所面对的事实则是众多保险条款仅仅是将《保险法》（2009 年）第 16 条的内容"复制"到合同条款中。在这里，保险实务没有清醒地认识到，《保险法》（2009 年）第 16 条的规定并非人寿保险合同的"不可争议条款"，而人寿保险合同的不可争议条款具有更丰富多样的内容。

场自行解决的。

另一方面，保险市场的市场化程度越高，其自治性就越高。高度自治的基本内涵，在于保险条款的拟定和适用，能够给予保险产业创新的空间和生命力。发展我国的保险法不能只盯住我国保险法上的规范。毕竟《保险法》（2009 年）仅是我国实质意义上的保险法的一个组成部分，而非我国保险法的全部。在保险法之外，我们更要关注保险公司拟定的条款。在某种意义上，保险公司拟定的保险条款就是法律，甚至较保险法本身更具有法律意义，因为它决定着当事人之间的权利义务关系，更能贴合现实生活；除保险法中的强制性规范外，决定保险合同当事人之间的权利义务的制度基础，不是保险法而是保险公司使用的保险条款。尊重保险公司拟定的保险条款，就是尊重法律。保险公司拟定的保险条款适应性强，是真正意义上的"活法"。因为市场化的推动而使"活法"有所发展，将是决定我国保险法和保险法学发展的内生动力。

我国法院解决保险争议的审判活动，可以说是发展保险法的外部推力。法院的司法审判活动，笼统地将之归结为两个层面：司法解释（准司法解释）和个案裁判。这两种现象不同，但其目的相同。就保险法的规范解释而言，司法解释和个案裁判在一定的意义上具有"造法"的功能，但都是辅助性的。解决保险争议的司法审判活动，不仅是我国保险法规范适应性的评价渠道，而且是实践我国保险法规范的平台。笔者认为，能真正推动我国《保险法》发展的司法审判活动，应当限于以下两个方面：

其一，保险法中的强制性规范的适用与解释。不论是司法解释还是个案裁判，在一定程度上均应服从于法律的规定，并尊重法律的应有价值。如我国《保险法》（2009 年）第 17 条第 2 款的解释，就有必要做柔性的处理。① 笔者曾以为，"关于保险人的明确说明义务，有两个疑问在我国保险法以及审判实务上始终难以明确，即保险人应当明确说明的事项或范围和明确说明的认定标准。保险法第十七条要求保险人对合同中'免除保险人责任的条款'作明确说明，为便于识别'免除保险人责任的条款'，《解释（二）》第九条对之作了限缩解释。至于保险合

---

① 参见最高人民法院《关于适用〈中华人民共和国保险法〉若干问题的解释（二）》（2013 年）第 9 条、第 10 条、第 11 条第 2 款、第 12 条和第 13 条第 2 款。

同中约定的'法律、行政法规规定保险人不承担保险责任的事由',即使保险合同将之作为责任免除条款的组成部分,被保险人以保险人未明确说明而主张该条款不生效的,违反法律的强制性规定或有悖于社会公共利益;此等条款是否生效不取决于保险人是否对之有明确说明。关于明确说明的认定标准,《解释(二)》第十一条和第十二条对之作出了较为清楚的解释。为防止实践中认定保险人的明确说明时出现偏差,《解释(二)》以保险人承担明确说明义务的举证责任的方式将前述明确说明的认定标准予以固定,从程序上确保法院认定保险人履行明确说明义务的统一尺度。《解释(二)》关于保险人的明确说明义务的解释,将极大地缓解因为保险法第十七条的'不严谨'规定形成的保险人和被保险人之间的巨大利益冲突,是对保险人的说明义务贯彻诚实信用原则的科学理解与具体落实。"① 至于保险法中的任意性规范,以司法解释丰富其内容,必要性并不显著。基于法解释论的立场适当"造法",对我国保险法上的"法律漏洞"作出补充,应当主要通过个案裁判来完成,司法解释应当作为补充。司法解释创设一般规范对保险交易的影响是普遍性的,从而也会制造较个案裁判更危险的制度性的交易风险,法院不宜充当这个角色。

其二,尊重保险公司使用的保险条款。属于当事人意思自治的事项,保险条款有约定的,应当予以充分尊重,这是维护交易安全的必经之路。在私法领域,意思自治原则使得当事人交易的意思表示,在形式上已经具备了法律解释的"文本"的价值,在内容上也具有替代法律解释对象——私法规范法律文本的功效。私法规范的法律文本具有私法属性,其主体构成为任意性规范,当事人的意思自治具有取代私法规范法律文本的效力,在发生争议时,私法规范的文本解释相当程度上将转化为对当事人意思表示的解释,案件事实(事实文本)俨然成为法律解释的主要方面,当事人的意思表示的有无、以言辞所表达的当事人的意图、当事人所用言辞以及意思表示的目的或效果等,将成为法官适用法律裁断争议的主要依据。因此,在这个意义上,对事实文本予以解释并赋予其法律上的意义,

---

① 邹海林:《统一保险案件裁判尺度的重要举措》,《人民法院报》2013 年 6 月 19 日第 05 版"理论周刊"。

要比解释相应的私法规范的法律文本更有价值。①

第三节　转变我国保险法学发展的方法论

我国已有保险法，而这部法律已经具备成年人的品格，但因为其生长的环境，在肌体上还未成年。因为这个缘由，包括社会公众在内的社会各界几乎都认为我国保险法存在这样或那样的不足，甚至将许多实践中产生的问题都归咎于保险法的"不完善"，还要继续"大修"保险法。这是典型的"以功能设计与规范建构"为内容的立法论的思维逻辑。人们是否已经清楚地意识到，不断"大修"的保险法因缺乏稳定性，并不一定能够解决我国保险业界仍在争论的各种问题。笔者以为，我国保险法发展的当务之急，实际上是观念的重塑问题，而不是"修法"的问题。观念重塑的核心在于转变发展我国保险法和保险法学的方法论。观念重塑涉及三个方面的内容：私法观念的再认识、保险法规范解释论的成长、保护被保险人利益的"中性化"。

一　私法观念的再认识

关于保险法的私法性，在理念上应有一个再认识的过程。保险法有关契约的规范为私法，各方面似乎都不存在争议；但"法律规范"至上的观念，却在阻碍着我国保险法作为私法的理念认知及其贯彻。在发生保险纠纷时，人们首先想到的是"法律有无规定"。这种思维定式与保险法的私法性是有冲突的。"法律有无规定"的问题，涉及的法律规范应当是强行法规范，不论其为效力性强制规范还是管理性强制规范，均非保险法有关契约的规范之全部。就私法观念的再认识而言，至少应当达成以下三个方面的效果：

1. 准确区分保险法上的强制性规范，确认评价强制性规范的标准以

---

① 参见邹海林《私法规范文本解释之价值判断》，《环球法律评论》2013 年第 5 期。

及此等规范所具有的"干预"或"取代"当事人的意思表示的法律效力。① 在这个问题上，我国的司法实务和相关的理论研究还是相当薄弱的。

2. 充分尊重保险合同的条款，除强制性规范外，保险法的规定不应当成为司法实务乃至保险实务评价或认识保险合同的权利义务关系的法律适用基准。保险合同对于当事人的权益已有明确的意思表示，法院裁判时有无必要继续引用保险法的相关规定作出判决，这不是裁判文书应当如何写的问题，而是我国的私法观念仍然没有将保险合同的条款当作裁判的依据。尤其是，当保险合同的条款与保险法中的任意性规范不同时，法院裁判的依据只能是保险合同的条款而非保险法的规定。当事人在保险合同中表达的意思，其地位优于保险法上的规范。

3. 保险法规范对当事人意思的补充意义。除强行法规范外，保险法上的规范仅具有补充当事人的意思表示的作用，当事人在保险合同中没有意思表示或者意思表示不明时，才有适用保险法规范的余地。

私法观念的再认识，目的在于促成我国保险法的"法源"更加丰富。保险公司使用的"保险条款"这种体现多样化的"活法"，将为我国发展保险法和保险法学提供更加丰富的本土资源。在这一点上，若剔除保险法上的强制性规范，并且保险公司在合同条款的设计上更细密具体，除了教学和讲授的需要外，保险法上还会有多少规范值得我们去评头论足呢？

二　保险法规范解释论的成长

在保险法领域，如同在我国的整个民商法领域一样，立法论的认识方法始终占据主导地位，这与我国保险法的创制和两次修订有紧密的关系。保险法的立法论基点主要靠"引进域外法学资源和法律资源"，本土资源的利用度相对缺乏，这种认识方法使得我国保险法仅用了不到 20 年的时

---

① 如《保险法》（2009 年）第 49 条（财产保险标的的转让）是否为强行法规范，在理论和实务上存在争议，但从风险控制的角度分析，前述规范不应当是强行法规范。《保险法》（2009 年）第 16 条第 2 款（解除保险合同）和第 3 款（除斥期间）为强行法规范，但当事人在人寿保险合同中约定"不可争议条款"的空间如何，尤其值得讨论；《保险法》（2009 年）第 33 条第 1 款（禁止无民事行为能力人为死亡保险的被保险人）为强行法规范，违反该规定是否必然导致保险合同的无效，也是我国司法实务和保险法理论需要特别注意的问题。

间，就在体系和制度结构、理念上基本具有了发达国家和地区保险立法的特质。在许多场合，立法论所依赖的域外保险法学或法律资源，更多的是因为学术偏好或者立法时的需要才引进的。① 毫无疑问，我国保险法是应当制定并不断完善的，但是立法论的目的更加偏重于保险法制度规范的改善，以域外保险法的经验借鉴作为支撑的立法论本身，就具有相当大的局限性。

当保险法的建构任务完成，理论和实务所面对的首要问题则是保险法在我国的适应性。基于立法论构建的我国保险法制度，能否在我国得以消化，只有经过解释论的评价才能得到验证；保险法规范解释论所要解决的中心问题是保险法规范的实施问题。在我国已经建构的保险法之制度体系下，仍以立法论的认识方法对待我国已有的保险法，难以满足保险法的适用所面对的各种挑战；继续以其对待我国保险法的发展，不仅限制我国保险法规范解释论的发展空间，而且会进一步膨胀"法律规范至上"的思维定式。就保险法的适应性而言，解释论将扮演重要的角色，解释论将比立法论的视野更加广阔、将以本土资源的利用为核心，否则，我国保险法的规范仍将水土不服。如果说我国保险法研究或学术发展尚不成熟，主要还是我国保险法规范解释论没有成长起来，我国真正意义上的保险法规范解释论没有受到足够的重视。

解释论所关注的核心问题，应当是在我国的保险市场语境下的"中国问题"②，甚至是借用域外保险法资源的概念下的"中国问题"③。如果不解决我国保险法的"本土化"适用问题，或者说不发展我国保险法在中国语境下的"法解释论"，保险法在我国难以获得根本性的发展，保险法学的发展也是一句空话。在我国的实践中被反复列举的诸多保险法上的

---

① 如我国《保险法》（1995 年）第 11 条（保险利益原则）、第 16 条（说明义务和如实告知义务）、第 17 条（除外责任同款的明确说明）、第 19 条（特别约定）、第 27 条（道德危险不保）、第 30 条（不利解释原则）、第 33 条（保险标的的转让与通知）、第 40 条（重复保险）、第 44 条（保险代位权）、第 59 条（人身保险的保险费不得强制请求交纳）、第 64 条（受益人的故意）、第 65 条（被保险人自杀）、第 67 条（保险代位权不适用于人身保险）、第 68 条（保险合同解除时的现金价值）等。

② 如投保人、被保险人和受益人的法律地位问题。

③ 如《保险法》（2009 年）第 12 条（保险利益的区分原则）、第 31 条（人身保险的保险利益）和第 48 条（财产保险的保险利益）提出的问题。

问题，尤其是我国司法解释所面对的法律适用问题，或多或少都与保险法规范或制度结构的解释不完整、不科学或者解释混乱有关。保险法规范解释论，不单纯是学术问题，更是实践问题，我国立法机关在"修法"和法院在"用法"时，都无法脱离保险法规范解释论。保险法规范解释论的成长，将直接影响我国保险法的规范适用和发展，并影响我国保险法学的发展趋势。

三 保护被保险人利益的"中性化"

保护被保险人的利益是我国保险法发展的永恒主题。我国自 1995 年颁布《保险法》以来，连续两次修订保险法，均在强调保护被保险人的利益的重要性。与此相对应，我国保险法确立了相当多的保护被保险人利益的制度工具，并呈现出不断强化这些制度工具的倾向。①

但现实情况又如何呢？一方面是我国保险法在不断强化保护被保险人利益的措施，而另一方面则是"中国的保险消费者合法权益受侵害或剥夺的现象仍较为普遍和严重"②，经常被提及的社会现象是"保险人和保险消费者之间的利益出现明显失衡，保险合同霸王条款现象屡禁不止，如高保低赔、保险人拖延或无理拒赔、保险人不当诱导投保人及不充分履行说明义务"等。保险合同"霸王条款"不就是指保险合同中的格式条款吗？而格式条款又多以免除保险人的责任的形式存在，如果这也算"霸王条款"，保险营业又该如何进行呢？保险合同的性质就是限制和排除保险人责任的合同，通俗地说保险合同本来就应当是"这也不保那也不保"的合同，包括社会公众在内的各方面对此均应有一个基本的共识；与此相关的问题，因为合同约定而拒赔更是保险业界的常态。如果我们对此缺乏事先的认知，仅仅凭着保护被保险人利益的朴素感情，是难以平衡保险人与被保险人之间的利益落差的。所有这些问题的出现，并非都是保险法出了问题。换个角度思考一下，这些问题的存在是否与我国保险法不断强化的保护被保险人利益的倾向性有关？当我们客观地分析这些现象时，就会发现有许多问题完全是我国保险法规范制造出来的，如我国《保险法》

---

① 如《保险法》（2009 年）第 17 条加重了"保险人的明确说明义务"、第 19 条增加规定"违反公平的格式条款无效"制度。

② 参见尹田《新兴的保险法学》，《检察日报》2011 年 8 月 11 日。

（2009 年）第 17 条第 2 款规定的"刚性说明义务"制度，保险公司在事实上根本就不可能做到"明确说明"，由此制造了太多的保险纠纷，而此类纠纷多以保险公司败诉收场，作为保险业经营者的保险公司能够从中获得好名声吗？

保护被保险人的利益是我国保险法创制和修订的"潜意识"。这种"潜意识"在修法过程中被不断强化，甚至已经延伸到了法院审理保险纠纷案件的活动中；法院在司法解释乃至个案裁判中都在不断强调保护被保险人的利益。保护被保险人利益的倾向，事实上已经走向了绝对化，为了达成保护被保险人利益的目的，甚至可以"不讲道理"。①

笔者只是想说，保险法应当保护被保险人的利益，但不能将保护被保险人的利益作为口号到处贯彻。② 在如何对待保护被保险人利益的问题上，我们仍然要尊重保险这种特殊的法律行为的品格：保险产品的危险分散性、高度自治性、专业技术性、格式普遍性、效率性与安全性。如果我们忽视保险法律行为的这些特有品格，只是强调保护被保险人的利益，其结果是保险市场的交易成本将不断增加，被保险人将承受更多的不幸：受保障的水平降低或者最终分担不断增加的交易成本。将保护被保险人的利益作"中性化"处理，可以缓和许多因为我国保险法人为制造的"矛盾"，在保险人和被保险人之间基于保险法律行为的品格作利益平衡，拓展我国保险法规范解释论成长的空间，推动我国保险法保护被保险人利益的制度均衡发展。

---

① 如《保险法》（2009 年）第 17 条第 2 款规定的"刚性说明义务"制度，是"不讲道理"的典型。

② 在我国保险法上，有许多制度只不过是还原了该制度的应有之义，并非因为保护被保险人利益而专门设计。例如《保险法》（2009 年）第 16 条规定的"除斥期间"、第 49 条规定的"保险合同的自动转移"。

关键词索引

103, 104, 105, 106, 107,
108, 109, 110, 111, 112,
113, 114, 115, 116, 117,
118, 119, 120, 121, 122,
123, 124, 125, 126, 127,
128, 129, 130, 133, 134,
135, 136, 137, 138, 139,
140, 141, 142, 143, 144,
145, 146, 147, 148, 149,
150, 151, 152, 153, 154,
155, 156, 157, 158, 159,
160, 161, 162, 163, 165,
166, 167, 168, 169, 170,
171, 172, 173, 174, 175,
176, 177, 178, 179, 180,
181, 183, 184, 185, 186,
187, 188, 189, 190, 191,
192, 193, 194, 195, 196,
197, 198, 199, 200, 201,
202, 203, 204, 205, 206,
207, 208, 209, 210, 211,
212, 213, 214, 215, 216,
217, 218, 219, 220, 221,
222, 223, 224, 225, 226,
227, 228, 229, 230, 231,
232, 233, 234, 236, 237,
238, 239, 240, 241, 242,
243, 244, 245, 246, 248,
249, 250, 251, 252, 253,
254, 255, 256, 257, 258,
259, 260, 261, 268, 274,
275, 276, 277, 278, 279,

280, 281, 282, 283, 284,
285, 287, 288, 289, 290,
291, 293, 294, 295, 296,
301, 302, 306, 307, 309,
310, 311, 312, 313, 314,
315, 316, 317, 318, 319,
324, 326, 327, 328, 331,
333, 334, 335, 338, 339,
340, 341, 342, 343, 346,
347, 350, 351, 352, 354,
358, 375, 381, 382, 388,
389, 390, 391, 392, 393,
394, 395, 396, 397, 398,
399, 400, 401, 402, 403,
404, 405, 406, 407, 408,
409, 410, 411, 412, 413,
414, 415, 416, 420, 426,
428, 437, 438, 441, 463,
477, 478, 480, 489, 492,
493, 494, 495, 496, 497,
498, 501, 502, 503, 504,
505, 506, 507, 508, 509,
510, 511, 513, 516, 520,
522, 523, 531, 532

被保险人 3, 5, 6, 7, 8, 10,
11, 16, 17, 18, 19, 20, 25,
26, 27, 30, 31, 34, 35, 36,
37, 38, 39, 42, 43, 47, 48,
49, 50, 51, 52, 54, 55, 56,
60, 61, 62, 63, 64, 65, 66,
67, 69, 70, 72, 73, 74, 75,
76, 77, 78, 79, 80, 81, 82,

参考文献

著　作

1. 安建主编：《中华人民共和国保险法（修订）释义》，法律出版社 2009 年版。

2. 艾素君：《保赔保险合同法律问题研究：兼论第三人对保赔协会的直接诉讼》，法律出版社 2008 年版。

3. 《机动车强制责任险制度比较研究》编写组：《机动车强制责任保险制度比较研究》，中国财政经济出版社 2008 年版。

4. 曹兴权：《保险合同缔约信息义务制度研究》，中国检察出版社 2004 年版。

5. 曹云刚、彭朝晖主编：《保险法律法规与保险条款》，人民交通出版社 2011 年版。

6. 常敏：《保险法学》，法律出版社 2012 年版。

7. 陈欣：《保险法》，北京大学出版社 2000 年版。

8. 初北平：《船舶保险条款研究》，法律出版社 2009 年版。

9. 方乐华：《保险法论》，立信会计出版社 2006 年版。

10. 方乐华：《保险与保险法》，北京大学出版社 2009 年版。

11. 方志平：《保险合同强制规则研究》，中国财政经济出版社 2007 年版。

12. 樊启荣：《保险法论》，中国法制出版社 2001 年版。

13. 樊启荣：《保险契约告知义务制度论》，中国政法大学出版社 2004 年版。

14. 傅廷中：《保险法论》，清华大学出版社 2011 年版。

15. 关浣非：《保险利益论》，中国金融出版社 2003 年版。

16. 郭锋：《强制保险立法研究》，人民法院出版社 2009 年版。

17. 韩长印、韩永强：《保险法新论》，中国政法大学出版社 2010 年版。

18. 何光辉：《存款保险制度研究》，中国金融出版社 2003 年版。

19. 黄健雄、陈玉玲：《保险法》，厦门大学出版社 2010 年版。

20. 黄英君：《保险和保险法理论与实践问题探索》，西南财经大学出版社
    2007 年版。

21. 姜南：《保险合同法定解除制度研究》，中国检察出版社 2010 年版。

22. 贾林青：《保险法》，中国人民大学出版社 2006 年版。

23. 贾林青主编：《保险合同案例评析》，知识产权出版社 2007 年版。

24. 贾林青主编：《海商法保险法评论：新〈保险法〉解读与适用研讨
    （专辑）》（第三卷），知识产权出版社 2010 年版。

25. 李春彦：《保险法告知义务及其法律规制》，法律出版社 2007 年版。

26. 李华：《董事责任保险制度研究》，法律出版社 2008 年版。

27. 李劲夫主编：《保险法评论》（第一卷），中国法制出版社 2008 年版。

28. 李青武：《机动车责任强制保险制度研究》，法律出版社 2010 年版。

29. 李秀芬：《保险法新论》，中国人民公安大学出版社 2004 年版。

30. 李庭鹏：《保险合同告知义务研究》，法律出版社 2006 年版。

31. 李玉泉：《保险法》（第二版），法律出版社 2003 年版。

32. 李玉泉主编：《保险法学——理论与实务》，高等教育出版社 2007
    年版。

33. 李玉泉主编：《保险法学案例教程》，知识产权出版社 2005 年版。

34. 李兆良：《保险法律的理论与实践》，大连海事大学出版社 2006 年版。

35. 黎建飞：《保险法的理论与实践》，中国法制出版社 2005 年版。

36. 黎建飞、王卫国：《保险法教程》，北京大学出版社 2009 年版。

37. 梁鹏：《保险人抗辩权限制研究》，中国人民公安大学出版社 2008
    年版。

38. 刘建勋：《新保险法经典、疑难案件判解》，法律出版社 2010 年版。

39. 龙卫洋、米双红主编：《保险法教程》，电子工业出版社 2010 年版。

40. 陆爱勤：《新保险法精解教程》，上海财经大学出版社 2009 年版。

41. 罗胜强主编：《金融工具及保险合同准则》，中国财政经济出版社
    2007 年版。

42. 马宁主编：《保险法理论与实务》，中国政法大学出版社 2010 年版。

43. 马原主编：《保险法条文精释》，人民法院出版社 2003 年版。

44. 秦宁：《中国环境责任保险制度研究》，中国海洋大学出版社 2010 年版。

45. 覃有土、樊启荣主编：《保险法学》，高等教育出版社 2003 年版。

46. 覃有土主编：《保险法概论》，北京大学出版社 2001 年版。

47. 任自力主编：《保险法学》，清华大学出版社 2010 年版。

48. 任自力、周学峰：《保险法总论：原理·判例》，清华大学出版社 2010 年版。

49. 石慧荣主编：《保险法学》，武汉大学出版社 2009 年版。

50. 史卫进：《保险法原理与实务研究》，科学出版社 2009 年版。

51. 史学瀛、郭宏彬主编：《保险法前沿问题案例研究》，中国经济出版社 2001 年版。

52. 孙洪涛：《董事责任保险合同研究》，中国法制出版社 2011 年版。

53. 孙积禄：《保险法》，高等教育出版社 2008 年版。

54. 孙蓉主编：《保险法概论》，西南财经大学出版社 2004 年版。

55. 孙玉芝：《保险法学》，中国民主法制出版社 2005 年版。

56. 唐金成主编：《现代财产保险》，清华大学出版社 2012 年版。

57. 汪华亮：《保险合同信息提供义务研究》，中国政法大学出版社 2011 年版。

58. 王保树主编：《中国商法》，人民法院出版社 2010 年版。

59. 王保树主编：《中国商法年刊》（2007），北京大学出版社 2008 年版。

60. 王保树主编：《中国商法年刊》（2010），法律出版社 2011 年版。

61. 王葆莳、杨凡主编：《财产保险法理论精义和实例解析》，知识产权出版社 2009 年版。

62. 王成军主编：《保险合同》，中国民主法制出版社 2003 年版。

63. 王萍：《保险利益研究》，机械工业出版社 2004 年版。

64. 王伟：《保险法》，格致出版社、上海人民出版社 2010 年版。

65. 王伟：《董事责任保险制度研究》，知识产权出版社 2006 年版。

66. 王卫国主编：《保险法》，中国财政经济出版社 2003 年版。

67. 王卫国主编：《商法》（第二版），中央广播电视大学出版社 2008 年版。

68. 魏迎宁:《保险法精要与依据指引》,人民出版社 2006 年版。

69. 温世扬主编:《保险法》,法律出版社 2003 年版。

70. 文才:《论完善我国的责任保险法律制度:兼论责任保险对侵权行为法的影响》,西南交通大学出版社 2010 年版。

71. 吴定富主编:《中华人民共和国保险法释义》,中国财政经济出版社 2009 年版。

72. 吴庆宝主编:《保险诉讼原理与判例》,人民法院出版社 2005 年版。

73. 吴韬主编:《保险索赔》,中国检查出版社 2006 年版。

74. 吴浣非:《保险利益论》,中国金融出版社 2001 年版。

75. 奚晓明主编:《〈中华人民共和国保险法〉保险合同章条文理解与适用》,中国法制出版社 2010 年版。

76. 肖和保:《保险法诚实信用原则研究》,法律出版社 2007 年版。

77. 谢宪主编:《保险法评论》(第 2 卷),中国法制出版社 2009 年版。

78. 谢宪主编:《保险法评论》(第 3 卷),法律出版社 2010 年版。

79. 谢宪主编:《保险法评论》(第 4 卷),法律出版社 2012 年版。

80. 邢海宝:《中国保险合同法立法建议及说明》,中国法制出版社 2009 年版。

81. 徐卫东:《保险法论》,吉林大学出版社 2000 年版。

82. 徐卫东主编:《商法基本问题研究》,法律出版社 2002 年版。

83. 徐卫东主编:《保险法学》,科学出版社 2009 年版。

84. 许崇苗、李利:《保险合同法理论与实务》,法律出版社 2002 年版。

85. 许崇苗、李利:《最新保险法适用与案例精解》,法律出版社 2009 年版。

86. 杨东霞:《中国近代保险立法移植研究》,法律出版社 2009 年版。

87. 杨华柏总编:《保险业法制年度报告(2006)》,法律出版社 2007 年版。

88. 于敏:《机动车损害赔偿责任与过失相抵》,法律出版社 2004 年版。

89. 余志远:《人寿保险与索赔理赔》,人民法院出版社 2002 年版。

90. 张民安主编:《保险法案例与评析》,中山大学出版社 2005 年版。

91. 张新宝、陈飞:《机动车第三者责任强制保险制度研究报告》,法律出版社 2005 年版。

92. 张新宝、陈飞:《机动车交通事故责任强制保险条例理解与适用》,法律出版社 2006 年版。

93. 赵明昕：《中国信用保险法律制度的反思与重构：以债权人的信用利益保障为中心》，法律出版社 2010 年版。

94. 郑云瑞：《财产保险法》，中国人民公安大学出版社 2004 年版。

95. 周玉华：《保险合同法总论》，中国检察出版社 2000 年版。

96. 周玉华：《最新〈保险法〉法理精义与实例解析》，法律出版社 2003 年版。

97. 周玉华：《最新保险法释义与适用》，法律出版社 2009 年版。

98. 祝铭山主编：《保险合同纠纷》，中国法制出版社 2004 年版。

99. 邹海林：《保险法教程》（修订第二版），首都经济贸易大学出版社 2004 年版。

100. 邹海林主编：《中国商法的发展研究》，中国社会科学出版社 2008 年版。

论　文

1. 曹兴权：《走出责任保险伦理困境的观念路径》，《贵州财经学院学报》2012 年第 3 期。

2. 常敏：《保险合同可争议制度研究》，《环球法律评论》2012 年第 2 期。

3. 常敏、邹海林：《我国保险法修订的路径思考》，载谢宪主编《保险法评论》（第二卷），中国法制出版社 2009 年版。

4. 褚红军：《保证保险合同三议》，《人民司法》2000 年第 12 期。

5. 陈飞：《论我国责任保险立法的完善——以新〈保险法〉第 65 条为中心》，《法律科学》2011 年第 5 期。

6. 陈百灵：《论保险合同解释中的合理期待原则》，《法律适用》2004 年第 7 期。

7. 程兵：《复保险之法律研究》，《宁夏社会科学》2003 年第 5 期。

8. 陈会平：《论遗嘱变更受益人的法律效力》，《上海保险》2003 年第 8 期。

9. 丁凤楚：《再保险合同是责任保险合同吗？》，《政治与法律》2006 年第 2 期。

10. 董彪：《论我国重复保险制度的立法完善》，《上海金融》2010 年第 3 期。

11. 董桂文、王晓琼：《寻求当事人意思自治与合理期待目的之间的平衡——对保险法中不利解释原则的探讨》，《法律适用》2011 年第 11 期。

12. 方芳：《保险利益之法律探析》，《西南政法大学学报》2003 年第 4 期。

13. 樊启荣：《保险合同"疑义利益解释"之解释》，《法商研究》2002 年第 4 期。

14. 樊启荣：《保险损害补偿原则研究——兼论我国保险合同立法分类之重构》，《中国法学》2005 年第 1 期。

15. 樊启荣：《"人身保险无保险代位规范适用"质疑——我国〈保险法〉第 68 条规定之妥当性评析》，《法学》2008 年第 1 期。

16. 樊启荣：《人寿保险合同之自杀条款研究——以 2009 年修订的〈中华人民共和国保险法〉第 44 条为分析对象》，《法商研究》2009 年第 5 期。

17. 高华、曹顺明：《论保险合同无效的法律后果——兼评保险法司法解释征求意见稿第 21 条》，《东岳论丛》2008 年第 3 期。

18. 高宇：《论我国保险法上受益人之变更》，《当代法学》2004 年第 6 期。

19. 高宇：《被保险人与受益人同时死亡时保险金之给付》，《当代法学》2005 年第 6 期。

20. 宫邦友：《交通事故责任强制保险中六个突出法律问题的澄清》，《法律适用》2010 年第 8 期。

21. 龚贻生、朱铭来、吕岩：《论保险合同免责条款和保险人明确说明义务》，《保险研究》2011 年第 9 期。

22. 郭锋、胡晓珂：《强制责任保险研究》，《法学杂志》2009 年第 5 期。

23. 郭建标：《保险代位求偿权若干法律争议问题之探讨》，《法律适用》2011 年第 5 期。

24. 韩永强：《保险合同法"最大诚信原则"的祛魅》，《甘肃政法学院学报》2011 年第 3 期。

25. 何丽新、朱明：《保险代位权质疑之反思》，《政治与法律》2006 年第 6 期。

26. 黄华均、刘玉屏：《董事责任保险——制度变迁的法律分析》，《河北法学》2004 年第 4 期。

27. 黄积虹：《论保险合同不可抗辩条款》，《云南大学学报》（法学版）2010 年第 6 期。

28. 黄军、李琛：《损失填补原则探微》，《法学评论》2006 年第 2 期。

29. 霍艳梅：《论保险代位求偿权行使的法律限制》，《河北法学》2006 年第 1 期。

30. 姜南：《论保险法上的因果关系原则》，《河北法学》2006 年第 7 期。

31. 李泓沸：《有利解释原则的适用与限制》，《山东社会科学》2011 年第 11 期。

32. 李华：《医疗费用保险适用损失补偿原则之研究——兼评新〈保险法〉第 46 条的理解与适用》，《安徽大学学报》2011 年第 2 期。

33. 李理：《保险人说明义务若干疑难问题研究》，《河北法学》2007 年第 12 期。

34. 李利、许崇苗：《论在我国保险法上确立合理期待原则》，《保险研究》2011 年第 4 期。

35. 李青武：《我国机动车责任强制保险制度现状及其完善对策》，《北京建筑工程学院学报》2008 年第 3 期。

36. 李寿双、郭文昌：《机动车第三者责任强制保险的制度研究》，《保险研究》2005 年第 8 期。

37. 李文中：《论机动车第三者责任保险中"第三者"的界定》，《保险研究》2011 年第 10 期。

38. 李新天：《论保险标的与保险利益——从物之保险到保险利益之保险》，《法商研究》2005 年第 3 期。

39. 李毅文：《近因原则是理赔的基本原则》，《保险研究》2003 年第 2 期。

40. 李玉泉、李祝用：《修改〈保险法〉的若干思考》，《中国保险》2002 年第 4 期。

41. 梁冰、周洪生：《保证保险合同若干法律问题探析》，《法律适用》2004 年第 1 期。

42. 梁鹏：《保险利益概念立法之检讨——以我国〈保险法〉第 12 条为中心的研究》，《中国青年政治学院学报》2006 年第 5 期。

43. 梁鹏：《保险法近因论》，《环球法律评论》2006 年第 5 期。

44. 梁鹏:《保险法合理期待原则研究》,《国家检察官学院学报》2007 年第 5 期。

45. 林海泉:《保险法修订理念探析——从保护被保险人利益的视角》,《人民司法·应用》2009 年第 17 期。

46. 刘信业:《保险合同的解释问题研究》,《河南金融管理干部学院学报》2006 年第 5 期。

47. 刘学生: 《交通事故责任强制保险立法与实践的两个法律问题辨析——以侵权责任法律关系为视角》,《保险研究》2011 年第 9 期。

48. 罗向明、岑敏华:《基于损失补偿原则的保险竞合研究——兼论保险利益与重复保险》,《中央财经大学学报》2010 年第 3 期。

49. 穆圣庭、徐亮:《关于保险合同法中的最大诚信原则问题》,《武汉大学学报》2003 年第 3 期。

50. 潘红艳:《被保险人法律地位研究》,《当代法学》2011 年第 1 期。

51. 覃怡、樊启荣:《再保险合同定位的若干问题探讨》,《法商研究》2000 年第 1 期。

52. 任自力:《保险法最大诚信原则之审思》,《比较法研究》2010 年第 3 期。

53. 任以顺:《保险近因原则之"近因"概念内涵探析》,《保险研究》2008 年第 5 期。

54. 任以顺:《论保险合同格式条款的解释原则——兼论新〈保险法〉第三十条之修订价值》,《保险研究》2009 年第 12 期。

55. 荣学磊:《保险利益原则与意思自治原则的冲突及适用》,《中国保险》2010 年第 2 期。

56. 宋刚:《保证保险是保险,不是担保——与梁慧星先生商榷》,《法学》2006 年第 6 期。

57. 宋云明、张建梅:《再保险合同的性质探讨》,《人民司法》2011 年第 5 期。

58. 孙宏涛:《保险合同解释中的合理期待原则探析》,《当代法学》2009 年第 4 期。

59. 孙积禄:《投保人告知义务研究》,《中国政法大学学报》2003 年第 3 期。

60. 孙积禄:《保险利益原则及其应用》,《法律科学》(《西北政治学院学报》）2005 年第 1 期。

61. 孙玉荣：《机动车交通事故责任强制保险疑难问题研究》，《法学杂志》2012 年第 3 期。

62. 孙玉芝：《保险利益的概念分析》，《河北法学》2004 年第 1 期。

63. 孙玉芝：《复保险与保险竞合》，《山东社会科学》2004 年第 9 期。

64. 汤媛媛：《保险法损失补偿原则的适用范围》，《社会科学战线》2011 年第 6 期。

65. 汪华亮：《论作为行为规范的告知义务》，《法学杂志》2011 年第 12 期。

66. 王飞、王高英：《论投保人死亡后被保险人利益的保护》，《上海保险》2011 年第 10 期。

67. 王皓：《投保人死亡后保险合同解除权归属研究》，《上海保险》2009 年第 10 期。

68. 王乐宇：《论保险代位求偿权的权利限制》，《法学论坛》2007 年第 5 期。

69. 王林清：《保险法中合理期待原则的产生适用及其局限性》，《保险研究》2009 年第 5 期。

70. 王西刚：《人身保险合同投保人法定解除权研究》，《兰州学刊》2007 年第 4 期。

71. 王新红、王礼生：《保险利益原则与中国保险立法》，《湖南社会科学》2002 年第 4 期。

72. 王冶英、任以顺：《保险人合同解除权的立法反思》，《理论探索》2012 年第 3 期。

73. 王运福：《责任保险人索赔参与权初探》，《中国保险干部管理学院学报》2004 年第 3 期。

74. 温世扬：《保险人订约说明义务之我见》，《法学杂志》2001 年第 2 期。

75. 温世扬、黄军：《复保险法律问题研析》，《法商研究》2001 年第 4 期。

76. 温世扬、黄菊：《保险利益的法理分析——以人身保险为重点》，《河南省政法管理干部学院学报》2004 年第 1 期。

77. 温世扬：《给付性保险中保险利益的制度构造——基于比较法的视

角》,《中国法学》2010 年第 2 期。

78. 吴伟央、高宇:《寿险合同复效之立法变动及规范方向》,《保险研究》2009 年第 10 期。

79. 吴勇敏、胡斌:《对我国保险人说明义务制度的反思和重构》,《浙江大学学报》(人文社会科学版)2010 年第 3 期。

80. 晓静:《论保险利益以及我国相关立法的完善》,《江西财经大学学报》2008 年第 6 期。

81. 邢海宝:《保险法中转让问题研究》,《保险研究》2009 年第 4 期。

82. 邢培泉:《保证保险合同的性质及其法律适用》,《河南金融管理干部学院学报》2006 年第 3 期。

83. 徐卫东、陈泽桐:《保证保险合同若干法律问题研究》,《当代法学》2006 年第 3 期。

84. 杨峰:《保证保险法律性质分析》,《保险研究》2008 年第 3 期。

85. 杨茂:《完善我国保险人明确说明义务的法律思考》,《现代法学》2012 年第 2 期。

86. 于海纯:《保险人说明义务之涵义与规范属性辨析》,《保险研究》2009 年第 11 期。

87. 于海纯:《保险人缔约信息义务的边界》,《比较法研究》2011 年第 2 期。

88. 于敏:《机动车损害赔偿责任保险的定位与实务探讨》,《法律适用》2005 年第 12 期。

89. 詹昊:《论我国保险法基本原则的立法完善》,《当代法学》2007 年第 3 期。

90. 张俊岩:《责任保险中保险人的参与权研究》,《广东商学院学报》2006 年第 5 期。

91. 张秀全:《受益人道德风险的法律规制》,《郑州大学学报》(哲学社会科学版)2005 年第 2 期。

92. 张秀全:《保险受益人研究》,《现代法学》2005 年第 4 期。

93. 张雪楳:《保险人说明义务若干问题探析》,《法律适用》2010 年第 8 期。

94. 张雪楳:《论保险代位求偿权的行使范围》,《法律适用》2011 年第 5 期。

95. 赵志军：《论受益人保险合同效力维持权》，《保险研究》2010 年第 12 期。

96. 周海涛、李天生：《保险法如实告知义务的司法裁量》，《保险研究》2010 年第 11 期。

97. 周琨：《论财产保险合同中保险利益原则的适用》，《法律适用》2006 年第 6 期。

98. 庄咏文：《保险受益人权益的保护》，《上海保险》2001 年第 8 期。

99. 邹海林：《评中国大陆保险法的修改》，《月旦法学》（台北）第 99 期，2003 年 8 月。

100. 邹海林：《我国机动车交通事故责任强制保险的制度评析》，载李劲夫主编《保险法评论》（第一卷），中国法制出版社 2008 年版。